סֵפֶר

סִיפּוּרֵי מַעֲשִׂיּוֹת

מְנֻקָּד

לְרַבֵּנוּ

רַבִּי נַחְמָן מִבְּרֶסְלָב

נחל נובע מקור חכמה

SimchatChaim.com

ידוע כי אין בר בלי תבן, כך אין ספר בלי טעויות, ועוד יודע אני כי דל ועני אני, **ואין עני אלא בדעה**. לכן מבקש אני בכל לשון של בקשה אם יש לכל אחד שאלות, הערות, הארות, תיקונים, נא לשלוח ל - simchatchaim@yahoo.com והשתדל לענות, ולתקן את הצריך תיקון.

אין לעשות שימוש כל שהוא בחומר שבחלק זה לצורך מסחרי, אלא רק ללמוד וללמד.
להשיג ספר זה או ספרים אחרים לאינפורמציה
simchatchaim@yahoo.com

Copyright © All Rights reserved to Itzhak Hoki Aboudi

כל הזכויות שמורות למהדיר © יצחק חוגי עבודי

מהדורה שלישית תשפ"ד 2024

סיפורי מעשיות הקדמה ותוכן הספר מוהר"ן

בס"ד

ירפא המאציל ויושיע הבורא את כל חולי בני ישראל, וישלח להם רפואה שלימה, רפואת הנפש ורפואת הגוף, בכל אבריהם ובכל גידיהם לעבודתו יתברך.

בי"ב במנחם אב תשס"ה, הובהלתי לבית החולים, הרופאים לא נתנו לי סיכוי לחיות יותר מכמה שעות בגלל מספר תסבוכות. עם כל זאת בזכות התפילות של בני ישראל הקדושים, ברחמיו הרבים, ריחם עלי הקדוש ברוך הוא, ונשארתי בחיים.

עם כל זאת, הובחנה אצלי מחלה קשה בכליות, ונאמר לי שהצטרך למכונת דיאליזה. בשבילי זה היה שוק!!! אף פעם לא הייתי אצל רופא, או בבית חולים. כך בעל כרחי התחברתי למכונת דיאליזה, ומכונה זאת הייתה קשורה בי ככלב במשך שמונים חודשים בדיוק, כמניין יסוד, במשך 10-12 שעות ביום.

בשבת פרשת ויחי יעקב י"ב טבת תשע"ב, בזכות בני ישראל, שכולם אהובים כולם ברורים כולם גיבורים כולם קדושים... וכולם פותחים את פיהם באהבה שלוש פעמים ביום, ואומרים - ברוך אתה... רופא חולי עמו ישראל, וכללותם כל האברכים, תלמידי הישיבות, רבנים וחכמים, חסידים, מקובלים עם תינוקות של בית רבן, זקנים עם נערים, בחורים וגם בתולות, בארץ הקודש ובעולם.

ומצד שני בנות ישראל היקרות מפז, שהתפללו וקבלו עליהם כל מיני קבלות, מהפרשת חלה עד צניעות וכיסוי הראש, עם הרבנים, המנהלים, המורים, המורות והתלמידות של בית יעקב דטורונטו שכל יום התפללו, וכללו בתפילתם שבקעה את כל הרקיעים אותי, ונושעתי אני הקטן. הושתלה בי כליה. והתנתקתי ממכונת הדיאליזה.

אמר המלך דוד - לולי תורתך שעשעי אז אבדתי בעניי. מה שנתן לי חיות היא התורה הקדושה, בשעות הרבות שהיתי מחובר למכונת הדיאליזה (כ12 שעות ביום), ערכתי סדרתי, וכתבתי, פצחתי את ראשי התיבות וניקדתי [חלק מהספרים] במחשב את קונטרסים שלמדתי במשך שנים עד עכשיו בעזרתו יתברך. וקונטרסים אלו הפכו לחיבורים, ואחרי התלבטויות ובקשות מבני גילי, החלטתי בעזרתו יתברך להדפיס קונטרסים אלו ושל החברים.

בברכה והצלחה בלימוד התורה הקדושה.
ובעיקר בפנימיות התורה, ותורת רבינו נחמן מברסלב

ורפואה שלימה לכל חולי ישראל.
היב"ש

תוכן הספר

דף	תוכן
3.	הקדמה א'
8.	הקדמה ב'
21.	מעשה א' מאבידת בת מלך.
27.	מעשה ב' ממלך וקיסר.
37.	מעשה ג' מחיגר.
47.	מעשה ד' ממלך שגזר.
52.	מעשה ה' מבן מלך שהיה מאבנים טובות.
55.	מעשה ו' ממלך עניו.
58.	מעשה ז' מזבוב ועכביש.
63.	מעשה ח' מרֹב ובן יחיד.
66.	מעשה ט' מחכם ותם.
82.	מעשה י' מבערגיר [סוחר גדול] ועני.
102.	מעשה י"א מבן מלך ובן השפחה שנתחלפו.
119.	מעשה י"ב מבעל תפילה.
156.	מעשה י"ג משבעה קבצנים.
184.	שיחות שאחר סיפורי המעשיות.

2

סיפורי מעשיות הקדמה א'

מַה שֶּׁהָיָה כְּבָר נִקְרָא שְׁמוֹ וְנוֹדָע שֶׁהוּא אָדָם וְזֹאת תּוֹרַת הָאָדָם דִּקְדֻשָּׁה, אֲשֶׁר זָכָה לְהַשְׁלִים דְּמוּת אָדָם כִּי זֶה כָּל הָאָדָם הֲלֹא הוּא כְּבוֹד אֲדוֹנֵינוּ מוֹרֵנוּ וְרַבֵּנוּ, עֲטֶרֶת תִּפְאַרְתֵּנוּ גְּאוֹן עֻזֵּנוּ, הָרַב הַקָּדוֹשׁ וְהַנּוֹרָא בּוּצִינָא רַבָּא בּוּצִינָא עִלָּאָה בּוּצִינָא יַקִּירָא וְקַדִּישָׁא קְדֻשַּׁת-שֵׁם מוֹרֵנוּ הָרַב נַחְמָן, זֵכֶר צַדִּיק וְקָדוֹשׁ לִבְרָכָה נִין וָנֶכֶד לְהָרַב הַקָּדוֹשׁ וְהַנּוֹרָא הָאֱלֹקִי הַבַּעַל-שֵׁם-טוֹב, זֵכֶר צַדִּיק וְקָדוֹשׁ לִבְרָכָה אֲשֶׁר כְּבָר נֶהֱנוּ יִשְׂרָאֵל לְאוֹרוֹ בְּחִבּוּרָיו הַקְּדוֹשִׁים הַנִּפְלָאִים אֲשֶׁר כְּבָר יָצְאוּ לְאוֹרָה רַבִּים רָאוּ וַיִּשְׂמָחוּ וִישָׁרִים יַעֲלֹזוּ וְהָאֱמֶת יוֹרֶה דַּרְכּוֹ וְהִנֵּה עוֹד רְאֵה זֶה נִמְצָא בְּאַמְתְּחוֹתֵינוּ סִפּוּרֵי מַעֲשִׂיּוֹת נִפְלָאוֹת וְנוֹרָאוֹת אֲשֶׁר זָכִינוּ לִשְׁמֹעַ פֶּה אֶל פֶּה מִפִּיו הַקָּדוֹשׁ אֲשֶׁר אִזֵּן וְחִקֵּר וְתִקֵּן מְשָׁלִים הַרְבֵּה וְהִלְבִּישׁ וְהִסְתִּיר הַשָּׂגוֹת גְּבוֹהוֹת וַעֲצוּמוֹת בְּסִפּוּרֵי מַעֲשִׂיּוֹת בִּדְרָכִים נִפְלָאִים וְנוֹרָאִים מְאֹד כִּי זֹאת לְפָנִים בְּיִשְׂרָאֵל עַל הַגְּאֻלָּה וְעַל הַתְּמוּרָה כְּשֶׁהָיוּ רוֹצִים לְדַבֵּר בְּנִסְתָּרוֹת ה' הָיוּ מְדַבְּרִים בְּדֶרֶךְ חִידָה וּמָשָׁל וְהִלְבִּישׁוּ סִתְרֵי תוֹרָה גִּנְזַיָּא דְּמַלְכָּא בְּכַמָּה וְכַמָּה לְבוּשִׁים מַלְבּוּשִׁים שׁוֹנִים כַּמּוּבָא אַחַר הַמַּעֲשֶׂה שֶׁל בֶּן הַמֶּלֶךְ וּבֶן הַשִּׁפְחָה שֶׁאָמַר רַבֵּנוּ, זִכְרוֹנוֹ לִבְרָכָה, אָז שֶׁבַּיָּמִים הַקַּדְמוֹנִים כְּשֶׁהָיוּ הַחֲבֵרִים מְדַבְּרִים וּמְשִׂיחִים קַבָּלָה הָיוּ מְשִׂיחִים בְּלָשׁוֹן כָּזֶה כִּי עַד רַבִּי שִׁמְעוֹן בַּר יוֹחַאי לֹא הָיוּ מְדַבְּרִים קַבָּלָה בְּאִתְגַּלְיָא וְכוּ', וְעַל-פִּי רֹב אַחַר כַּמָּה מַעֲשִׂיּוֹת הָיָה מְגַלֶּה קְצָת מְעַט פָּחוֹת מִטִּפָּה מִן הַיָּם אֵיזֶה רְמָזִים לְהֵיכָן הַדְּבָרִים מַגִּיעִים כַּמְבֹאָר לְקַמָּן בִּמְקוֹמָם הַדְּבָרִים וְהָרְמָזִים שֶׁסִּפֵּר אַחַר כָּל מַעֲשֶׂה וּמַעֲשֶׂה וְהִנֵּה עַד הֵנָּה הָיוּ הַדְּבָרִים הָאֵלֶּה גְּנוּזִים אֶצְלֵנוּ אַךְ לִהְיוֹת רַבִּים אוֹמְרִים לְנַפְשֵׁנוּ מִי יַרְאֵנוּ טוֹב כִּי רַבִּים אֲשֶׁר אִתָּנוּ מֵאַנְשֵׁי שְׁלוֹמֵנוּ אֲשֶׁר נִכְסְפָה וְגַם כָּלְתָה נַפְשָׁם לִשְׁמֹעַ תָּמִיד דִּבְרֵי אֱלֹקִים חַיִּים שֶׁיָּצְאוּ מִפִּי רַבֵּנוּ הַקָּדוֹשׁ, זִכְרוֹנוֹ לִבְרָכָה, וּבְיִחוּד אֵלּוּ הַמַּעֲשִׂיּוֹת שֶׁסִּפֵּר אֲשֶׁר לֹא זָכוּ עֲדַיִן שֶׁיַּגִּיעוּ

אֲלֵיהֶם כִּי אִם בְּהַעְתָּקוֹת בִּכְתָב עַל-יְדֵי סוֹפְרִים שׁוֹנִים אֲשֶׁר נִתְרַבּוּ הַטָּעֻיּוֹת בָּהֶם מְאֹד וְקִלְקְלוּ הַמְכֻוָּן עַל-כֵּן תְּשׁוּקָתָם הַגְּדוֹלָה אִלְּצוּנוּ, וְכָסְפָּם הֶחָזָק דְּחָקוּנוּ עַד אֲשֶׁר הֻכְרַחְנוּ לְמַלֹּאת רְצוֹנָם לַהֲבִיאָם לְבֵית הַדְּפוּס וְגַם כִּי הָיָה לָנוּ גִּלּוּי דַּעַת מִפִּי רַבֵּנוּ הַגָּדוֹל, זִכְרוֹנוֹ לִבְרָכָה אֲשֶׁר פַּעַם אֶחָד גִּלָּה דַּעְתּוֹ שֶׁרוֹצֶה לְהַדְפִּיס סִפּוּרֵי מַעֲשִׂיּוֹת, וְאָמַר בְּזֶה הַלָּשׁוֹן לִפְנֵי כַּמָּה אֲנָשִׁים בְּדַעְתִּי לְהַדְפִּיס סֵפֶר מַעֲשִׂיּוֹת וְיִהְיֶה לְמַעְלָה כָּתוּב בִּלְשׁוֹן הַקֹּדֶשׁ וּלְמַטָּה בִּלְשׁוֹן לַעַז וְאָמַר: הֲלֹא מַה יּוּכְלוּ הָעוֹלָם לְדַבֵּר עַל זֶה, הֲלֹא עַל-כָּל-פָּנִים הֵם מַעֲשִׂיּוֹת נָאִים לְסַפֵּר וְכוּ' כַּדְּבָרִים הָאֵלֶּה נִשְׁמַע מִפִּיו הַקָּדוֹשׁ בְּפֵרוּשׁ וְזֶה אֲשֶׁר הֵעִירוּנוּ לַהֲבִיאָם לְבֵית הַדְּפוּס וְאִם אָמְנָם יָדַעְנוּ וְלֹא נֶעְלַם מֵעֵינֵינוּ כִּי רַבִּים קָמוּ עָלָיו עִם כָּל זֶה הָאֱמֶת עֵד לְעַצְמוֹ וַאֲנַחְנוּ מְחֻיָּבִים לַעֲשׂוֹת רְצוֹנוֹ וְהַשֵּׁם הַטּוֹב יַעֲשֶׂה הַשּׁוֹמֵעַ יִשְׁמַע וְהֶחָדֵל יֶחְדָּל וְגַם כִּי תְּהִלָּה לָאֵל עַד כֹּה עֲזָרוּנוּ רַחֲמָיו יִתְבָּרַךְ כִּי נִתְפַּשְּׁטוּ חִבּוּרָיו הַקְּדוֹשִׁים בְּקֶרֶב עַם קָדוֹשׁ בְּקָהָל וְעֵדָה וְיִשְׂרָאֵל, וַיִּהְיוּ דְּבָרָיו לָהֶם לְשָׂשׂוֹן וּלְשִׂמְחָה וַתְּהִי בְּפִיהֶם כִּדְבַשׁ לְמָתוֹק כֻּלָּם יִשְׂבְּעוּ וְיִתְעַנְּגוּ מִטּוּבוֹ כְּמוֹ חֵלֶב וָדֶשֶׁן תִּשְׂבַּע נַפְשָׁם וְשִׂפְתֵי רְנָנוֹת יְהַלֵּל פִּיהֶם וְרַבִּים אֲשֶׁר אִתָּנוּ מֵאֲשֶׁר אִתָּם אֶת הַחוֹלְקִים עַל הָאֱמֶת, הַדּוֹבְרִים עַל צַדִּיק עָתָק בְּגַאֲוָה וָבוּז אֲשֶׁר בָּדוּ מִלִּבָּם אֲשֶׁר לֹא עָלְתָה עַל דַּעְתּוֹ וְלֹא עָלֵינוּ לְהַאֲרִיךְ וּלְסַפֵּר בַּדָּבָר הַזֶּה כִּי הוּא כַּבְשֵׁי דְּרַחֲמָנָא וְכַמָּה עָלְמִין אִתְהַפְּכוּ בְּגִינֵיהוּ עַל-יְדֵי רִבּוּי הַמַּחֲלֹקֶת שֶׁנִּתְרַבּוּ בְּיָמֵינוּ בֵּין הַחֲכָמִים וְהַצַּדִּיקִים וּמִי יָבוֹא אַחַר הַמֶּלֶךְ אֶת אֲשֶׁר כְּבָר עָשָׂהוּ אַךְ זֹאת לָדַעַת כִּי כָּל כַּוָּנָתֵנוּ בְּהַדְפָּסַת אֵלּוּ סִפּוּרֵי מַעֲשִׂיּוֹת הוּא רַק בִּשְׁבִיל אַנְשֵׁי שְׁלוֹמֵנוּ הַחוֹסִים בְּצֵל קָדְשׁוֹ הַתְּאֵבִים וּמְצַפִּים וּמִשְׁתּוֹקְקִים לִשְׁמֹעַ דְּבָרִים קְדוֹשִׁים וְאִם אָמְנָם הַדְּבָרִים הַנִּדְפָּסִים בַּסֵּפֶר, כְּאִלּוּ נֶאֶמְרוּ בְּקָהָל רָב לְעֻמַּת זֶה רָאִינוּ כִּי כְּבָר הִתְחִילוּ הַדְּבָרִים לְהִתְפַּשֵּׁט בִּכְתָב עַל-יְדֵי הַעְתָּקוֹת רַבּוֹת וְאֵין הֶבְדֵּל בֵּין דְּבָרִים הַנִּכְתָּבִים לִדְבָרִים הַנִּדְפָּסִים וְגַם לֹא מֵרֹאשׁ בַּסֵּתֶר דִּבְּרָם כִּי כָּל מִי שֶׁיֵּשׁ לוֹ עֵינַיִם יִרְאֶה וְכָל מִי שֶׁיֵּשׁ לוֹ לֵב יָבִין כִּי לֹא דָּבָר רֵק הוּא

מִכֶּם וְאִם רַק הוּא מִכֶּם כִּי דְּבָרִים הַלָּלוּ עוֹמְדִים בְּרוּם גָּבְהֵי מְרוֹמִים וְשָׁמַעְנוּ מִפִּיו הַקָּדוֹשׁ בְּפֵרוּשׁ שֶׁאָמַר שֶׁכָּל דִּבּוּר וְדִבּוּר שֶׁל אֵלּוּ הַמַּעֲשִׂיּוֹת יֵשׁ בּוֹ כַּוָּנָה עֲצוּמָה וּמִי שֶׁמְּשַׁנֶּה דִּבּוּר אֶחָד מֵאֵלּוּ הַמַּעֲשִׂיּוֹת מִכְּפִי מַה שֶּׁאֲמָרוֹ הוּא בְּעַצְמוֹ הוּא מְחַסֵּר הַרְבֵּה מֵהַמַּעֲשֶׂה וְאָמַר שֶׁאֵלּוּ הַמַּעֲשִׂיּוֹת הֵם חִדּוּשִׁים נִפְלָאִים וְנוֹרָאִים מְאֹד מְאֹד וְיֵשׁ בָּהֶם דְּרָכִים וְנִסְתָּרוֹת וַעֲמֻקּוֹת מֻפְלָג מְאֹד וּרְאוּיִים לְדָרְשָׁם בָּרַבִּים לַעֲמֹד בְּבֵית הַכְּנֶסֶת וּלְסַפֵּר מַעֲשֶׂה מֵאֵלּוּ הַמַּעֲשִׂיּוֹת כִּי הֵם חִדּוּשִׁים גְּבוֹהִים וְנוֹרָאִים מְאֹד מְאֹד גַּם מִי שֶׁלִּבּוֹ שָׁלֵם וּבָקִי הֵיטֵב בְּסִפְרֵי קֹדֶשׁ וּבִפְרָט בְּסִפְרֵי הַזֹּהַר הַקָּדוֹשׁ וְכִתְבֵי הָאֲרִ"י, זִכְרוֹנוֹ לִבְרָכָה יוּכַל לְהָבִין וְלָדַעַת קְצָת מְעַט רְמָזִים בְּאֵיזֶה מַעֲשִׂיּוֹת אִם יָשִׂים לִבּוֹ וְדַעְתּוֹ עֲלֵיהֶם הֵיטֵב גַּם יֵשׁ בָּהֶם הִתְעוֹרְרוּת מוּסָר נִפְלָא וְעָצוּם מְאֹד בְּרֹב הַמְּקוֹמוֹת, יְבִינֵם הַמַּשְׂכִּיל בְּעַצְמוֹ כִּי רֻבָּם כְּכֻלָּם מְעוֹרְרִים וּמַמְשִׁיכִים אֶת הַלֵּב מְאֹד לְהַשֵּׁם יִתְבָּרַךְ לָשׁוּב לְהַשֵּׁם יִתְבָּרַךְ בֶּאֱמֶת לַאֲמִתּוֹ לַעֲסֹק רַק בַּתּוֹרָה וַעֲבוֹדָה תָּמִיד וְלַהֲפֹךְ פָּנָיו מֵהַבְלֵי הָעוֹלָם לְגַמְרֵי כַּאֲשֶׁר יִרְאֶה הָרוֹאֶה בְּעֵינֵי שִׂכְלוֹ אִם יִסְתַּכֵּל בָּהֶם בֶּאֱמֶת אוּלָם תַּכְלִית כַּוָּנוֹת אֵלּוּ הַמַּעֲשִׂיּוֹת רָחוֹק מְאֹד מִדַּעַת אֱנוֹשׁ וְעָמֹק עָמֹק מִי יִמְצָאֶנּוּ וְאֵין לְהַאֲרִיךְ בְּשֶׁבַח תִּפְאֶרֶת גְּדֻלַּת הַמַּעֲשִׂיּוֹת הָאֵלּוּ כִּי גָּבְהוּ מִדַּעְתֵּנוּ וְכָל הַמּוֹסִיף לְדַבֵּר בְּשֶׁבַח גְּדֻלָּתָם וְעָמְקוּתָם הוּא גּוֹרֵעַ רַק אָמַרְנוּ לְהָעִיר קְצָת לְבַב אַנְשֵׁי שְׁלוֹמֵנוּ לְמַעַן לֹא יִשְׁכְּחוּ נִפְלְאוֹתָם אֲשֶׁר הֶרְאָם מֵרָחוֹק כְּמַאן דְּמַחְוֵי בְּמָחוֹג עַד הֵיכָן הַדְּבָרִים מַגִּיעִים עַל-יְדֵי מְעַט הָרְמָזִים אֲשֶׁר גִּלָּה לְעֵינֵינוּ אַחַר סִפּוּר כָּל מַעֲשֶׂה וּמַעֲשֶׂה כִּי הַאַף אָמְנָם נִרְשְׁמוּ קְצָת הָרְמָזִים שֶׁנִּשְׁמְעוּ מִפִּיו הַקָּדוֹשׁ אַךְ זֶה בָּרוּר לְכָל מַשְׂכִּיל כִּי אֵין דּוֹמֶה הַשּׁוֹמֵעַ מִפִּי הֶחָכָם בְּעַצְמוֹ לְהָרוֹאֶה הַדְּבָרִים בַּסֵּפֶר וּבְיוֹתֵר בְּדַרְכֵי רְמָזִים כָּאֵלֶּה אֲשֶׁר אֵינָם מוּבָנִים כִּי אִם עַל-יְדֵי תְּנוּעַת הָאֵבָרִים בְּנִעְנוּעַ הָרֹאשׁ וּקְרִיצַת הָעַיִן וּנְטִיַּת הַיָּד וְכַיּוֹצֵא בָּאֵלֶּה אֲשֶׁר עַל-יָדָם דַּיְקָא יָבִין הַמֵּבִין קְצָת מְעַט וְיִשְׁתּוֹמֵם עַל הַמַּרְאֶה וְעֵינָיו לְמֵרָחוֹק יַבִּיטוּ גְּדֻלַּת הַשֵּׁם וּגְדֻלַּת תּוֹרָתוֹ הַקְּדוֹשָׁה אֲשֶׁר נִתְלַבְּשָׁה בְּכַמָּה לְבוּשִׁים שׁוֹנִים כַּמְבֹאָר בְּכָל סִפְרֵי

קֹדֶשׁ עַד כֹּה הִגִּיעוּ דְּבָרִים הַמְּעוּטִים הַמַּחֲזִיקִים הַרְבֵּה לְבֵּנוּ יֶהְגֶּה אֵימָה, אַיֵּה סוֹפֵר אַיֵּה שׁוֹקֵל מֵאַיִן יָבוֹא עֶזְרֵנוּ מִי יָנוּד לָנוּ אֵשׁ אֹכְלָה מִי יַעֲמֹד בַּעֲדֵינוּ נִשָּׂא לְבָבֵנוּ אֶל כַּפַּיִם אֶל אֵל בַּשָּׁמַיִם בְּיָדוֹ נַפְקִיד רוּחֵנוּ אֵלֶיךָ ה' נִשָּׂא נַפְשֵׁנוּ עַד הֵנָּה רַחֲמֶיךָ עֲזָרוּנוּ עֶזְרֵנוּ כִּי עָלֶיךָ נִשְׁעָנְנוּ וִיהִי נֹעַם ה' אֱלֹקֵינוּ עָלֵינוּ עַד יָבוֹא מוֹרֵה צֶדֶק לַעֲדָתֵנוּ וְיִבְנֶה בֵּית קָדְשֵׁנוּ וְתִפְאַרְתֵּנוּ חֲזֵה צִיּוֹן קִרְיַת מוֹעֲדֵנוּ מֶלֶךְ בְּיָפְיוֹ תֶּחֱזֶינָה עֵינֵינוּ בִּמְהֵרָה בְּיָמֵינוּ אָמֵן הֲלֹא כֹּה דִּבְרֵי הַכּוֹתֵב וְהַמְסַדֵּר וְהַמַּעְתִּיק לֶאֱכֹל לְשָׂבְעָה וְלִמְכַסֶּה עָתִיק נְאֻם הַקָּטָן נָתָן בֶּן אֲדוֹנִי אָבִי מוֹרֵנוּ הָרַב רַבִּי נַפְתָּלִי הֶערְץ יצ"ו מִנֶּעמְרָאב רַבָּתִי חֲתַן הָרַב הַגָּאוֹן הֶחָסִיד הַמְפֻרְסָם בְּכָל קַצְוֵי אֶרֶץ כְּבוֹד קְדֻשַּׁת מוֹרֵנוּ הָרַב רַבִּי דָּוִד צְבִי זֵכֶר צַדִּיק לִבְרָכָה לְחַיֵּי הָעוֹלָם הַבָּא שֶׁהָיָה אַב בֵּית-דִּין בִּקְהִלַּת-קֹדֶשׁ קְרֶעמִינִיץ וְהַגָּלִיל וּבִקְהִלַּת-קֹדֶשׁ שַׁארִיגְרַאד וּבִקְהִלַּת-קֹדֶשׁ מָאהְלוּב וְהַגְּלִילוֹת.

קֹדֶם שֶׁסִּפֵּר מַעֲשֶׂה רִאשׁוֹנָה שֶׁבְּסֵפֶר זֶה עָנָה וְאָמַר בְּסִפּוּרֵי הַמַּעֲשִׂיּוֹת שֶׁהָעוֹלָם מְסַפְּרִים יֵשׁ בָּהֶם נִסְתָּרוֹת הַרְבֵּה וּדְבָרִים גְּבוֹהִים מְאֹד אַךְ שֶׁנִּתְקַלְקְלוּ הַמַּעֲשִׂיּוֹת כִּי חָסֵר מֵהֶם הַרְבֵּה וְגַם נִתְבַּלְבְּלוּ, וְאֵינָם מְסַפְּרִים אוֹתָם כַּסֵּדֶר כִּי מַה שֶּׁשַּׁיָּךְ בַּתְּחִלָּה מְסַפְּרִים בַּסּוֹף וְכֵן לְהֵפֶךְ וְכַיּוֹצֵא בָּזֶה אֲבָל בֶּאֱמֶת יֵשׁ בְּהַמַּעֲשִׂיּוֹת שֶׁמְּסַפְּרִים הָעוֹלָם דְּבָרִים נֶעְלָמִים גְּבוֹהִים מְאֹד וְהַבַּעַל-שֵׁם-טוֹב זֵכֶר צַדִּיק וְקָדוֹשׁ לִבְרָכָה, הָיָה יָכוֹל עַל-יְדֵי סִפּוּר מַעֲשֶׂה לְיַחֵד יִחוּדִים כְּשֶׁהָיָה רוֹאֶה שֶׁנִּתְקַלְקְלוּ צִנּוֹרוֹת עֶלְיוֹנִים וְלֹא הָיָה בְּאֶפְשָׁר לְתַקֵּן אוֹתָם עַל-יְדֵי תְּפִלָּה הָיָה מְתַקְּנָם וּמְיַחֲדָם עַל-יְדֵי סִפּוּר מַעֲשֶׂה וְעוֹד דִּבֵּר רַבֵּנוּ זִכְרוֹנוֹ לִבְרָכָה, בְּעִנְיָן זֶה וְאַחַר-כָּךְ הִתְחִיל לְסַפֵּר מַעֲשֶׂה שֶׁבַּדַּף הַסָּמוּךְ וְאָמַר בַּדֶּרֶךְ סִפַּרְתִּי מַעֲשֶׂה וְכוּ' וְדַע שֶׁהַמַּעֲשִׂיּוֹת שֶׁסִּפֵּר רַבֵּנוּ רֻבָּם כְּכֻלָּם הֵם מַעֲשִׂיּוֹת חֲדָשׁוֹת לְגַמְרֵי שֶׁלֹּא נִשְׁמְעוּ מֵעוֹלָם רַק הוּא בְּעַצְמוֹ סִפְּרָם מִלִּבּוֹ וְדַעְתּוֹ הַקְּדוֹשָׁה כְּפִי הַהַשָּׂגָה הָעֶלְיוֹנָה שֶׁהִשִּׂיג בְּרוּחַ קָדְשׁוֹ שֶׁהָיָה מַלְבִּישׁ אוֹתָהּ הַהַשָּׂגָה בְּאוֹתָהּ הַמַּעֲשֶׂה וְהַמַּעֲשֶׂה בְּעַצְמָהּ הִיא מַרְאֶה נוֹרָאָה וְהַשָּׂגָה עֶלְיוֹנָה מְאֹד שֶׁהִשִּׂיג וְרָאָה

בְּמָקוֹם שֶׁרָאָה וְגַם לִפְעָמִים הָיָה מְסַפֵּר מַעֲשֶׂה מֵהַמַּעֲשִׂיּוֹת שֶׁמְּסַפְּרִין הָעוֹלָם אֲבָל הוֹסִיף בָּהֶם הַרְבֵּה, וְהֶחֱלִיף וְתִקֵּן הַסֵּדֶר עַד שֶׁנִּשְׁתַּנָּה סִפּוּר הַמַּעֲשֶׂה לְגַמְרֵי מִמַּה שֶּׁהָעוֹלָם מְסַפְּרִין וְכַנַּ"ל: אֲבָל לֹא נִכְתְּבוּ בְּזֶה הַסֵּפֶר מֵאֵלּוּ הַמַּעֲשִׂיּוֹת כִּי אִם אַחַת אוֹ שְׁתַּיִם וּשְׁאָר כָּל הַמַּעֲשִׂיּוֹת הֵם חֲדָשׁוֹת לְגַמְרֵי שֶׁלֹּא נִשְׁמְעוּ מֵעוֹלָם בְּאוֹתוֹ הַזְּמַן שֶׁהִתְחִיל רַבֵּנוּ, זִכְרוֹנוֹ לִבְרָכָה, לַעֲסֹק בְּסִפּוּרֵי מַעֲשִׂיּוֹת אָמַר בְּפֵרוּשׁ בָּזֶה הַלָּשׁוֹן: הִנְנִי אַתְחִיל לְסַפֵּר מַעֲשִׂיּוֹת, [אִיךְ וֶועל שׁוֹין אָן הֵייבְּן מַעֲשִׂיּוֹת דֶּער צֵילִין], וְכַוָּנוֹת דְּבָרָיו הָיָה, כְּמוֹ שֶׁאוֹמֵר מֵאַחַר שֶׁאֵינוֹ מוֹעִיל לָכֶם לָשׁוּב אֶל הַשֵּׁם יִתְבָּרַךְ עַל-יְדֵי הַתּוֹרוֹת וְהַשִּׂיחוֹת הַקְּדוֹשׁוֹת וְכַיּוֹצֵא בָזֶה מַה שֶּׁעָסַק בִּיגִיעוֹת גְּדוֹלוֹת כָּל יָמָיו לַהֲשִׁיבֵנוּ אֶל הַשֵּׁם יִתְבָּרַךְ בֶּאֱמֶת לַאֲמִתּוֹ וּמֵאַחַר שֶׁאֵינוֹ מוֹעִיל כָּל אֵלֶּה עַל-כֵּן הוּא מַתְחִיל לַעֲסֹק בְּסִפּוּרֵי מַעֲשִׂיּוֹת וְאָז בְּאוֹתוֹ הַזְּמַן אָמַר הַתּוֹרָה הַמַּתְחֶלֶת פָּתַח רַבִּי שִׁמְעוֹן וְאָמַר עֵת לַעֲשׂוֹת לַה' הֵפֵרוּ תּוֹרָתֶךָ וְכוּ' דָּא אוֹרַיְתָא דְּעַתִּיקָא וְכוּ' הַנִּדְפֶּסֶת בַּסֵּפֶר הָרִאשׁוֹן בְּדַף קנ"ז וְשָׁם מְבֹאָר בְּסוֹף הַמַּאֲמָר קְצָת מֵעִנְיַן סִפּוּרֵי מַעֲשִׂיּוֹת שֶׁעַל-יְדֵי סִפּוּרֵי מַעֲשִׂיּוֹת שֶׁל הַצַּדִּיק הָאֱמֶת מְעוֹרְרִין מֵהַשֵּׁנָה אֶת בְּנֵי-אָדָם שֶׁנָּפְלוּ בְּשֵׁנָה וִישֵׁנִים אֶת יְמֵיהֶם וְכוּ' עַיֵּן שָׁם, וְיֵשׁ מַעֲשִׂיּוֹת שֶׁהֵם בְּקֶרֶב שָׁנִים, וְיֵשׁ סִפּוּרֵי מַעֲשִׂיּוֹת שֶׁל שָׁנִים קַדְמוֹנִיּוֹת שֶׁהֵם בְּחִינַת עַתִּיק וְכוּ', עַיֵּן שָׁם הֵיטֵב וְתָבִין וְתַשְׂכִּיל קְצַת מִן מוֹצָא דָבָר עַד הֵיכָן הַדְּבָרִים שֶׁל אֵלּוּ הַמַּעֲשִׂיּוֹת מַגִּיעִים, וּמֶה הָיְתָה כַּוָּנָתוֹ הַקְּדוֹשָׁה בָּזֶה, וּבֶאֱמֶת יֵשׁ בְּאֵלּוּ הַמַּעֲשִׂיּוֹת הִתְעוֹרְרוּת גָּדוֹל מְאֹד מְאֹד לְהַשֵּׁם יִתְבָּרַךְ בְּרֹב הַמְּקוֹמוֹת אֲפִלּוּ עַל-פִּי פָּשׁוּט מִלְּבַד הַנִּסְתָּרוֹת כִּי כֻלָּם הֵם סוֹדוֹת נוֹרָאוֹת וְיֵשׁ לָהֶם כֹּחַ גָּדוֹל לְעוֹרֵר הַכֹּל לְהַשֵּׁם יִתְבָּרַךְ:

סיפורי מעשיות הקדמה ב'

בִּהְיוֹתֵנוּ עוֹסְקִים בְּהַדְפָּסַת הַמַּעֲשִׂיּוֹת בָּרִאשׁוֹנָה שָׁמוֹעַ שָׁמַעְנוּ קוֹל שָׁאוֹן בְּאָמְרָם, כִּי לֹא נָכוֹן לְהַדְפִּיס סִפּוּרֵי מַעֲשִׂיּוֹת כָּאֵלֶּה וְלִכְפֹּל דִּבְרֵיהֶם הוּא אַךְ לְמוֹתָר, וְאִם כְּבָר הִקְדַּמְנוּ בַּהַקְדָּמָה דִּבְרֵי רַבֵּנוּ זִכְרוֹנוֹ לִבְרָכָה, שֶׁאָמַר שֶׁרְצוֹנוֹ לְהַדְפִּיס סִפּוּרֵי מַעֲשִׂיּוֹת וּמַה יּוּכְלוּ הָעוֹלָם לוֹמַר עַל זֶה, כִּי הֲלֹא עַל-כָּל-פָּנִים הֵם סִפּוּרֵי מַעֲשִׂיּוֹת נָאִים וּכְבָר נִדְפְּסוּ בָּעוֹלָם כַּמָּה וְכַמָּה סִפּוּרֵי מַעֲשִׂיּוֹת רַבּוּ מִסַּפֵּר וְאֵין פּוֹצֶה פֶּה וּמְצַפְצֵף בִּפְרָט כִּי רֹב הַמַּעֲשִׂיּוֹת שֶׁל אֲדוֹנֵנוּ מוֹרֵנוּ וְרַבֵּנוּ זִכְרוֹנוֹ לִבְרָכָה, מְסֻפָּרִים בְּבֵאוּר מֵהִתְעוֹרְרוּת מוּסָר נִפְלָא מְאֹד, כְּגוֹן הַמַּעֲשֶׂה שֶׁל הַבַּעַל-תְּפִלָּה וְהַמַּעֲשֶׂה שֶׁל הַשִּׁבְעָה בֶּעטְלֶירְשׂ, וְכֵן בְּרֹב הַמַּעֲשִׂיּוֹת נִמְצָא מֵהֶם בְּבֵאוּר דִּבְרֵי חָכְמָה וּמוּסָר מִלְּבַד הַנִּסְתָּרוֹת בָּהֶם, וְגַם אֵצֶל כַּמָּה מַעֲשִׂיּוֹת כְּבָר נִדְפְּסוּ הֶעָרוֹת וּמִקְצָת רְמָזִים נִפְלָאִים וְנוֹרָאִים שֶׁגִּלָּה רַבֵּנוּ ז"ל בְּעַצְמוֹ כַּמְבֹאָר לְעֵיל עַל כָּל זֶה אָמַרְתִּי לְהָעִיר עוֹד אֵיזֶה הֶעָרוֹת לְהֵיכָן מְרַמְּזִים הַמַּעֲשִׂיּוֹת לְפִי דַּעְתִּי הַקְּלוּשָׁה וְהָרוֹצֶה לְהוֹסִיף יוֹסִיף: יָדוּעַ בְּכָל סִפְרֵי הַזֹּהַר וְהַתִּקּוּנִים וּבְכָל כִּתְבֵי הָאֲרִ"י זַצַ"ל שֶׁבַּת-מֶלֶךְ הִיא כִּנּוּי לְהַשְּׁכִינָה וּכְנֶסֶת-יִשְׂרָאֵל כִּבְיָכוֹל וּכְבָר נָתַן לָנוּ רְשׁוּת לְדַבֵּר בִּלְשׁוֹנוֹת כָּאֵלֶּה מִן הָרִאשׁוֹנִים אֲשֶׁר קְדָמוּנוּ אֲשֶׁר מִפִּיהֶם אָנוּ חַיִּים וְגַם דָּוִד הַמֶּלֶךְ, עָלָיו הַשָּׁלוֹם, וּשְׁלֹמֹה בְּנוֹ הִשְׁתַּמְּשׁוּ בִּלְשׁוֹנוֹת הַלָּלוּ הַרְבֵּה מְאֹד כְּמוֹ שֶׁכָּתוּב: "כָּל כְּבוּדָּה בַת-מֶלֶךְ פְּנִימָה" וְכַיּוֹצֵא בָּזֶה הַרְבֵּה וְכָל סֵפֶר שִׁיר-הַשִּׁירִים שֶׁהוּא קֹדֶשׁ קָדָשִׁים שֶׁאֵין כָּל הָעוֹלָם כְּדַאי לוֹ מְיֻסָּד עַל סוֹד זֶה וְכָל כִּתְבֵי הָאֲרִ"י, זִכְרוֹנוֹ לִבְרָכָה, וְסִפְרֵי הַזֹּהַר מְלֵאִים מִזֶּה כַּמְבֹאָר שָׁם: מָאן דְּקָטֵל לְחִוְיָא יָהֲבִין לֵהּ בְּרַתָּא דְּמַלְכָּא דְּהִיא צְלוֹתָא וּבִפְרָט בְּמַאֲמָר הַסָּבָא דְּמִשְׁפָּטִים שֶׁאָמַר: עוּלֵימְתָּא שַׁפִּירְתָּא דְּלֵית לָהּ עַיְנִין וְכַיּוֹצֵא בָּזֶה הַרְבֵּה רַבּוּ מִסַּפֵּר וּכְמוֹ שֶׁאוֹמְרִים בַּ"יְהִי רָצוֹן" שֶׁקֹּדֶם תְּהִלִּים: וּלְחַבֵּר אֵשֶׁת נְעוּרִים עִם דּוֹדָהּ וְכוּ' וְכֵן בְּהַ"לְשֵׁם יִחוּד" קֹדֶם הַנָּחַת

תְּפִלִּין הַנִּדְפָּס בְּ"שַׁעֲרֵי צִיּוֹן" אוֹמְרִים שָׁם וְהֶחָתָן וְכוּ' עַיֵּן שָׁם, וּמִי שֶׁמְּעַיֵּן קְצָת בְּכִתְבֵי הָאֲרִ"י זַצַ"ל יִרְאֶה שָׁם בְּבֵאוּר שֶׁכָּל יְסוֹד הַקַּבָּלָה הוּא כְּדֶרֶךְ זֶה לְיַחֵד בְּחִינַת חָתָן וְכַלָּה דְּכוּרָא וְנֻקְבָּא וּמְבָאֵר שָׁם כָּל הַשֵּׁמוֹת וְהַסְּפִירוֹת וְכָל הִשְׁתַּלְשְׁלוּת הָעוֹלָמוֹת עַל דְּמוּת וְצֶלֶם שֶׁל פַּרְצוּף דְּכוּרָא וְכוּ' וּמְבֹאָרִים שָׁם בִּפְרָטִיּוּת כָּל הָאֵיבָרִים שֶׁלָּהֶם וְכָל עִנְיְנֵי יִחוּד וְזִוּוּג וְעִבּוּר וְהוֹלָדָה וִינִיקָה וְהִתְגַּדְּלוּת הַקָּטָן וְהַקְּטַנָּה עַד שֶׁנַּעֲשִׂים גְּדוֹלִים וְכוּ' וְכוּ' וְהוּא דָּבָר מְבֹאָר מְאֹד מְאֹד בְּכָל הָ"עֵץ חַיִּים" וּ"פְרִי עֵץ חַיִּים" וְגַם בָּאִדְרָא-רַבָּא בְּנָשֹׂא וְהַאֲזִינוּ מְדַבֵּר בְּדֶרֶךְ רֶמֶז מִזֶּה, וְגַם כָּל סֵפֶר שִׁיר-הַשִּׁירִים מָלֵא מִזֶּה שֶׁפֵּרֵט כָּל הָאֵיבָרִים שֶׁל הֶחָתָן שֶׁהַכַּלָּה מְשַׁבַּחַת אוֹתוֹ, וְכֵן פּוֹרֵט הָאֵיבָרִים שֶׁל הַכַּלָּה מַה שֶּׁהֶחָתָן מְשַׁבֵּחַ אוֹתָהּ וְגַם רַבּוֹתֵינוּ זִכְרוֹנָם לִבְרָכָה, בַּמִּדְרָשִׁים הִמְשִׁילוּ מַתַּן-תּוֹרָה לַחֲתֻנָּה כְּמוֹ שֶׁאָמְרוּ: בְּיוֹם חֲתֻנָּתוֹ זֶה מַתַּן-תּוֹרָה וְכוּ' וְאָמְרוּ עַל פָּסוּק: לִקְרַאת הָאֱלֹקִים כְּחָתָן הַיּוֹצֵא לִקְרַאת כַּלָּה כִּי שַׁבָּת קֹדֶשׁ נִקְרָא כַּלָּה וּמַלְכְּתָא, כְּמוֹ שֶׁכָּתוּב: לְכָה דוֹדִי לִקְרַאת כַּלָּה בּוֹאִי כַלָּה וְכוּ', הֲרֵי מְבֹאָר לָעַיִן שֶׁכָּל רַבּוֹתֵינוּ זִכְרוֹנָם לִבְרָכָה, כִּנּוּ כְּלָלִיּוּת וְהִתְחַבְּרוּת הָעוֹלָמוֹת בְּשָׁרְשָׁן בְּשֵׁם חִבּוּר שֶׁל חָתָן וְכַלָּה, כִּי בְּצֶלֶם אֱלֹקִים עָשָׂה אֶת הָאָדָם וְכָל הָאֵיבָרִים שֶׁל זָכָר וּנְקֵבָה כֻּלָּם הֵם צֶלֶם אֱלֹקִים, כְּמוֹ שֶׁכָּתוּב: "וַיִּבְרָא אֱלֹקִים אֶת הָאָדָם בְּצַלְמוֹ, בְּצֶלֶם אֱלֹקִים בָּרָא אוֹתוֹ זָכָר וּנְקֵבָה בָּרָא אֹתָם" וּכְמוֹ שֶׁאוֹמְרִים בְּבִרְכַּת נִשּׂוּאִין אֲשֶׁר בָּרָא אֶת הָאָדָם בְּצַלְמוֹ, בְּצֶלֶם דְּמוּת תַּבְנִיתוֹ וְהִתְקִין לוֹ מִמֶּנּוּ בִּנְיַן עֲדֵי עַד וְכוּ' כִּי הָאָדָם הָאִישׁ וְהָאִשָּׁה הֵם חֵלֶק אֱלֹקִים מִמַּעַל מַמָּשׁ וּבָהֶם כָּלוּל הַשֵּׁם הֲוָיָ"ה בָּרוּךְ הוּא וְאִם זוֹכִין שְׁכִינָה שְׁרוּיָה בֵּינֵיהֶם כִּי יֵשׁ בּוֹ יוּד וּבָהּ ה' וְכָל זֶה הוּא דְּבָרִים פְּשׁוּטִים וּמְבֹאָרִים לְעֵין כֹּל, וּכְבָר הִשְׁתַּמְּשׁוּ כָּל הַקַּדְמוֹנִים בִּלְשׁוֹנוֹת כָּאֵלֶּה לְכַנּוֹת הִתְקָרְבוּת יִשְׂרָאֵל לַאֲבִיהֶם שֶׁבַּשָּׁמַיִם בְּשֵׁם חִבּוּר חָתָן וְכַלָּה, כִּי כָּל עֲבוֹדָתֵנוּ בְּשָׁרְשָׁהּ הָעֶלְיוֹן מְרַמֵּז לְחִבּוּר חָתָן וְכַלָּה הָעֶלְיוֹנִים שֶׁהִיא בְּחִינַת יִחוּד קֻדְשָׁא בְּרִיךְ הוּא וּשְׁכִינְתֵּהּ כַּאֲשֶׁר כָּל סִפְרֵי הַזֹּהַר הַקָּדוֹשׁ וְכִתְבֵי הָאֲרִ"י,

זִכְרוֹנוֹ לִבְרָכָה, מְלֵאִים מִזֶּה כַּנַּ"ל וְגַם בְּתִשְׁעָה בְּאָב בַּקִּינוֹת שֶׁמְּקוֹנְנִין עַל גָּלוּת הַשְּׁכִינָה וּכְנֶסֶת-יִשְׂרָאֵל, אוֹמְרִים: אָז בַּהֲלֹךְ יִרְמְיָהוּ וְכוּ' אֵשֶׁת יְפַת-תֹּאַר מְנֻוֶּלֶת מָצָא, וְכֵן בְּתִקּוּן שְׁלֹשָׁה מִשְׁמוֹרוֹת שֶׁהוּא מֵהַזֹּהַר חָדָשׁ מְדַבֵּר שָׁם גַּם-כֵּן בִּלְשׁוֹנוֹת כָּאֵלֶּה כְּאִשָּׁה הַמְקוֹנֶנֶת עַל בַּעְלָהּ וְכוּ' עַיֵּן שָׁם.

מִכָּל זֶה וְיוֹתֵר מִזֶּה מְבֹאָר לְעֵינַיִם שֶׁגָּלוּת הַשְּׁכִינָה וּכְנֶסֶת-יִשְׂרָאֵל הִיא בִּבְחִינַת אֲבֵדַת בַּת-מֶלֶךְ וְהִתְרַחֲקוּתָהּ מִדּוֹדָהּ וְכוּ' וְעַיֵּן בְּסֵפֶר הַבָּהִיר בְּהַשְׁמָטוֹת שֶׁל זֹהַר בְּרֵאשִׁית מַה שֶּׁכָּתוּב שָׁם עַל לְכָה דוֹדִי נֵצֵא הַשָּׂדֶה וְכוּ', מָשָׁל לְמֶלֶךְ שֶׁהָיָה יוֹשֵׁב בְּחַדְרֵי חֲדָרִים וְכוּ' וְנִשְּׂאָה לַמֶּלֶךְ גַּם נְתָנָהּ לוֹ בְּמַתָּנָה וְלִפְעָמִים קוֹרֵא אוֹתָהּ בְּאַהֲבָתוֹ אֲחוֹתִי, כִּי מִמָּקוֹם אֶחָד הָיָה וְלִפְעָמִים קוֹרֵא אוֹתָהּ בִּתִּי כִּי בִּתּוֹ הִיא וְלִפְעָמִים קוֹרֵא אוֹתָהּ אִמִּי וְכֵן אָמְרוּ רַבּוֹתֵינוּ, זִכְרוֹנָם לִבְרָכָה, עַל פָּסוּק: בָּעֲטָרָה שֶׁעִטְּרָה לוֹ אִמּוֹ לֹא זָז מְחַבְּבָהּ עַד שֶׁקְּרָאָהּ בִּתִּי וְכוּ', וְכֵן בְּכָל סֵפֶר מִשְׁלֵי מְכַנֶּה הָאֱמוּנָה וְהַתּוֹרָה הַקְּדוֹשָׁה בְּשֵׁם אִשָּׁה טוֹבָה אֵשֶׁת חַיִל וְהָאֱמוּנוֹת כְּזָבִיּוֹת וְאֶפִּיקוֹרְסוּת בְּשֵׁם אִשָּׁה רָעָה אִשָּׁה זוֹנָה כַּמְבֹאָר בְּפֵרוּשׁ רַשִׁ"י וּבְכָל דִּבְרֵי רַבּוֹתֵינוּ, זִכְרוֹנָם לִבְרָכָה, וּכְבָר נִדְפַּס מַעֲשֶׂה מֵהַבַּעַל-שֵׁם-טוֹב, זִכְרוֹנוֹ לִבְרָכָה, בְּסוֹף סֵפֶר תּוֹלְדוֹת יַעֲקֹב יוֹסֵף מֵהַסּוֹחֵר עִם אִשְׁתּוֹ שֶׁהָיוּ בַּיָּם וְכוּ' שֶׁמְּיֻסָּד עַל הַקְדָּמָה זוֹ שֶׁאִשָּׁה יִרְאַת ה' הִיא כְּנֶסֶת יִשְׂרָאֵל וְאַחֲרֵי הוֹדִיעַ ה' אוֹתָנוּ אֶת כָּל זֹאת עַל-יְדֵי כָּל הַנְּבִיאִים וְהַצַּדִּיקִים וְהַחֲכָמִים הָרִאשׁוֹנִים, עַל-פִּי הַדְּבָרִים הָאֵלֶּה בְּקַל יוּכַל הַמְעַיֵּן הַמֵּבִין הָרוֹצֶה לְהִסְתַּכֵּל בְּאֵלּוּ הַמַּעֲשִׂיּוֹת בְּעֵין הָאֱמֶת לַאֲמִתּוֹ לְהָבִין וּלְהַשְׂכִּיל בָּהֶם לִמְצֹא בָּהֶם דְּבָרִים נִפְלָאִים וְנוֹרָאִים וְאִם אָמְנָם אִי אֶפְשָׁר לָבוֹא עַד תְּכוּנָתָם לְהָבִין כָּל קִשּׁוּר הַמַּעֲשֶׂה מֵרֹאשָׁהּ לְסוֹפָהּ עִם כָּל זֶה יָבִין מְעַט מִזְּעֵיר מֵהֶם וְיֶעֱרַב לְנַפְשׁוֹ מְאֹד וְהִנֵּה מַעֲשֶׂה הָרִאשׁוֹנָה מֵהַבַּת-מֶלֶךְ שֶׁנֶּאֶבְדָה זֶה מְבֹאָר שֶׁזֶּה סוֹד שְׁכִינָה בְּגָלוּת, כִּי גָּלוּת הַשְּׁכִינָה הִתְחִיל קֹדֶם בְּרִיאַת הָעוֹלָם בְּסוֹד שְׁבִירַת כֵּלִים בְּסוֹד וְאֵלֶּה הַמְּלָכִים אֲשֶׁר מָלְכוּ וְכוּ', וְתֵכֶף שֶׁנִּבְרָא אָדָם הָרִאשׁוֹן הָיָה צָרִיךְ לְתַקֵּן זֹאת לְהַעֲלוֹת כָּל הָעוֹלָמוֹת עַל מְכוֹנָם לְגַלּוֹת מַלְכוּתוֹ יִתְבָּרַךְ תֵּכֶף בִּשְׁעַת

בְּרִיאַת הָעוֹלָם, כְּמוֹ שֶׁתִּתְגַּלֶּה מַלְכוּתוֹ בְּקָרוֹב בְּעֵת בִּיאַת מְשִׁיחֵנוּ שֶׁיָּבוֹא בִּמְהֵרָה בְיָמֵינוּ אַךְ הוּא לֹא נִזְהַר מִלֶּאֱכֹל מֵעֵץ הַדַּעַת וְכוּ' שֶׁזֶּהוּ בְּחִינַת מַה שֶּׁכָּתוּב בְּהַמַּעֲשֶׂה הַנַּ"ל שֶׁהַשֵּׁנִי לַמַּלְכוּת לֹא עָמַד בַּנִּסָּיוֹן וְאָכַל הַתַּפּוּחַ וְעַל-יְדֵי-זֶה פָּגַם בְּכָל הָעוֹלָמוֹת וְחָזְרָה וְיָרְדָה הַשְּׁכִינָה וְהָלְכָה לְמַטָּה בֵּין הַסִּטְרָא אָחֳרָא כַּיָּדוּעַ וְאַחַר-כָּךְ בָּא נֹחַ וְרָצָה לְתַקֵּן וְלֹא תִּקֵּן כִּי שָׁתָה וְנִשְׁכַּר בְּסוֹד וַיֵּשְׁתְּ מִן הַיַּיִן וַיִּשְׁכָּר וְכוּ' כַּמּוּבָא בַּסְּפָרִים שֶׁזֶּהוּ בְּחִינַת מָה אֱנוֹשׁ וְכוּ' [מַה שֶּׁהַשֵּׁנִי לַמַּלְכוּת] [וְ]לֹא עָמַד בַּנִּסָּיוֹן וְשָׁתָה מִן הַיַּיִן כְּמוֹ שֶׁכָּתוּב שָׁם וּמֵאָז וָהָלְאָה כָּל הַצַּדִּיקִים שֶׁבְּכָל דּוֹר עוֹסְקִים בְּתִקּוּן זֶה עַד שֶׁיָּבֹא מְשִׁיחֵנוּ בִּמְהֵרָה בְיָמֵינוּ שֶׁאָז יִהְיֶה גְּמַר הַתִּקּוּן וּמַעֲשֶׂה זוֹ הִיא בְּכָל אָדָם וּבְכָל זְמַן כִּי גַּם בְּכָל אָדָם בִּפְרָטוּת עוֹבֵר עָלָיו כִּמְעַט כָּל מַעֲשֶׂה זוֹ כֻּלָּהּ כִּי כָּל אֶחָד מִיִּשְׂרָאֵל צָרִיךְ לַעֲסֹק בְּתִקּוּן זֶה לְהַעֲלוֹת הַשְּׁכִינָה מֵהַגָּלוּת לְאוֹקְמָא שְׁכִינְתָּא מֵעַפְרָא לְהוֹצִיא מַלְכוּת דִּקְדֻשָּׁה מִבֵּין הָעַכּוּ"ם וְהַסִּטְרָא אָחֳרָא שֶׁנִּתְחַזְּרָה בֵּינֵיהֶם: אֲשֶׁר סוֹד כָּל עֲבוֹדָתֵנוּ וְכָל הַמִּצְווֹת וּמַעֲשִׂים טוֹבִים וְעֵסֶק הַתּוֹרָה שֶׁאָנוּ עוֹשִׂים כָּל יְמֵי חַיֵּינוּ שֶׁכֻּלָּם מְיֻסָּדִים עַל קֹטֶב זֶה כַּמְבֹאָר בַּכְּתָבִים וַאֲפִלּוּ אֲנָשִׁים פְּשׁוּטִים לְגַמְרֵי וַהֲמוֹן עַם שֶׁאֵין יוֹדְעִים בֵּין יְמִינָם לִשְׂמֹאלָם עִם כָּל זֶה גַּם הֵם אִם זוֹכִים לֵילֵךְ בְּדֶרֶךְ הַיָּשָׁר לְפִי עֶרְכָּם, דְּהַיְנוּ לָסוּר מֵרָע וְלַעֲשׂוֹת טוֹב כִּי אֲפִלּוּ אִישׁ פָּשׁוּט לְגַמְרֵי יוֹדֵעַ מַה שֶּׁאָסְרָה תּוֹרָה וְאִם עֵינָיו לְנֹכַח יַבִּיטוּ לָסוּר מֵרָע וְלִבְחֹר בַּטּוֹב אָז נַעֲשִׂין כָּל הַתִּקּוּנִים בָּעוֹלָמוֹת הָעֶלְיוֹנִים מִמֵּילָא עַל יָדוֹ וְזוֹכֶה לְהָקִים הַשְּׁכִינָה מִנְּפִילָתָהּ כְּפִי מַה שֶּׁזּוֹכֶה לְקַדֵּשׁ וּלְטַהֵר עַצְמוֹ.

נִמְצָא שֶׁכָּל אֶחָד מִיִּשְׂרָאֵל הוּא עוֹסֵק לְחַפֵּשׂ וּלְבַקֵּשׁ אֶת הַבַּת-מֶלֶךְ לַהֲשִׁיבָהּ אֶל אָבִיהָ שֶׁתָּשׁוּב אֶל אָבִיהָ כִּנְעוּרֶיהָ בְּסוֹד וְשָׁבָה אֶל בֵּית אָבִיהָ כִּנְעוּרֶיהָ מִלֶּחֶם אָבִיהָ תֹּאכֵל כִּי יִשְׂרָאֵל בִּכְלָלָם הֵם בְּחִינַת שֵׁנִי לַמֶּלֶךְ כִּי הֵם מוֹשְׁלִים בָּעוֹלָם, מַה הוּא מְחַיֶּה מֵתִים רוֹפֵא חוֹלִים אַף יִשְׂרָאֵל כָּךְ, כְּמוֹ שֶׁאָמְרוּ אַל תִּקְרֵי עַמִּי אֶלָּא עִמִּי מָה אֲנָא עָבֵד שְׁמַיָּא וְאַרְעָא בְּמִלּוּלִי אַף אַתֶּם כֵּן וְכוּ' וְכַיּוֹצֵא בָּזֶה הַרְבֵּה וְכָל אֶחָד

כְּפִי מַה שֶׁזּוֹכֶה לַעֲסֹק בַּעֲבוֹדָתוֹ שֶׁעַל-יְדֵי-זֶה עוֹסֵק כִּבְיָכוֹל לְחַפֵּשׂ וּלְבַקֵּשׁ הַשְּׁכִינָה וּכְנֶסֶת יִשְׂרָאֵל לְהוֹצִיאָהּ מֵהַגָּלוּת כְּמוֹ-כֵן כִּבְיָכוֹל הַשְּׁכִינָה מִתְגַּלָּה אֵלָיו כִּבְיָכוֹל מִתּוֹךְ תֹּקֶף גָּלוּתָהּ וּמִתְעַלֶּמֶת וּמִסְתַּתֶּרֶת עַצְמָהּ וּבָאָה אֵלָיו בַּסֵּתֶר וּמְגַלֵּית לוֹ מְקוֹמָהּ וּמוֹשָׁבָהּ וּמַה לַּעֲשׂוֹת בִּשְׁבִילָהּ בְּאֹפֶן שֶׁיִּזְכֶּה לְמָצְאָהּ שֶׁזֶּה בְּחִינַת מַה שֶּׁגִּלְּתָה הַבַּת-מֶלֶךְ אֶל הַשֵּׁנִי לַמַּלְכוּת בְּאֵיזֶה תַּחְבּוּלוֹת יוּכַל לְהוֹצִיאָהּ וְהָעִנְיָנִים וְהַתַּחְבּוּלוֹת הַמְבֹאָרִים שָׁם הֵם מְבֹאָרִים בַּאֵר הֵיטֵב עַל-פִּי פָּשׁוּט [כִּי כָּךְ דֶּרֶךְ רַבֵּנוּ, זִכְרוֹנוֹ לִבְרָכָה, בְּרֹב הַמַּעֲשִׂיּוֹת שֶׁבְּתוֹךְ קִשּׁוּר הַמַּעֲשֶׂה מְסַפֵּר דִּבְרֵי מוּסָר עַל-פִּי פָּשׁוּט כַּמְבֹאָר לַמְעַיֵּן בָּהֶם] כִּי צְרִיכִין לִבְחֹר לוֹ מָקוֹם וְלִקְבֹּעַ לוֹ תְּשׁוּבָה וְתַעֲנִית וּלְהִתְגַּעְגֵּעַ תָּמִיד וּלְהִשְׁתּוֹקֵק תָּמִיד אֵלָיו יִתְבָּרַךְ שֶׁיִּזְכֶּה לְהַכִּיר אוֹתוֹ שֶׁיִּתְגַּלֶּה מַלְכוּתוֹ בָּעוֹלָם וְיֵדַע כָּל פָּעוּל כִּי אַתָּה פְעַלְתּוֹ וְיָבִין כָּל יָצוּר כִּי אַתָּה יְצַרְתּוֹ וְיֹאמַר כֹּל אֲשֶׁר נְשָׁמָה בְאַפּוֹ וְכוּ' וּמַלְכוּתוֹ בַּכֹּל מָשָׁלָה שֶׁזֶּה עִקַּר הֲקָמַת הַשְּׁכִינָה מֵהַגָּלוּת כְּשֶׁזּוֹכִין לְהַכִּיר מַלְכוּתוֹ בֶּאֱמוּנָה שְׁלֵמָה בֶּאֱמֶת וְכֻלָּם יֵדְעוּ אוֹתוֹ יִתְבָּרַךְ מִקְּטַנָּם וְעַד גְּדוֹלָם וְהָיְתָה לַה' הַמְּלוּכָה וְכוּ' וּכְשֶׁהָאָדָם מַתְחִיל לַעֲסֹק בָּזֶה וּבוֹחֵר לוֹ מָקוֹם לְהִתְבּוֹדְדוּת לַעֲסֹק בַּעֲבוֹדַת הַשֵּׁם וְלִכְסֹף וּלְהִשְׁתּוֹקֵק אֵלָיו יִתְבָּרַךְ וְלִפְעָמִים זוֹכֶה שֶׁנִּמְשָׁךְ אֵיזֶה זְמַן אַךְ אַחַר-כָּךְ כְּשֶׁהוּא סָמוּךְ מְאֹד לָבוֹא לִמְבֻקָּשׁוֹ שֶׁיִּתְגַּלֶּה אֵלָיו לְפִי בְּחִינָתוֹ הִתְגַּלּוּת מַלְכוּתוֹ יִתְבָּרַךְ, אֲזַי בְּיוֹם אַחֲרוֹן מַזְמִינִים לוֹ אֵיזֶה נִסָּיוֹן לְפִי בְּחִינָתוֹ וְאָז בְּאוֹתוֹ הַיּוֹם שֶׁהַכֹּל תָּלוּי בְּזֶה הַיּוֹם, אֲזַי מִתְגַּבֵּר עָלָיו הַבַּעַל-דָּבָר וְכָל חֵילוֹתָיו עָלָיו בְּהִתְגַּבְּרוּת גָּדוֹל מְאֹד וְנִכְנָס עִמּוֹ בִּדְבָרִים וּמַמְשִׁיכוֹ לַעֲצָתוֹ וְרוֹאֶה כִּי תַאֲוָה הוּא לָעֵינַיִם וְנֶחְמָד וְכוּ' וְלוֹקֵחַ מִפִּרְיוֹ וְאוֹכֵל, חַס וְשָׁלוֹם, וְאֵינוֹ עוֹמֵד בְּנִסָּיוֹן שֶׁלּוֹ מַה שֶּׁהוּא מֻכְרָח לְהִתְנַסּוֹת וּלְהִצְטָרֵף אָז בְּאוֹתוֹ הָעֵת וְהַזְּמַן וַאֲזַי תֵּכֶף נוֹפֵל עָלָיו שֵׁנָה וְשֵׁנָה הוּא הִסְתַּלְּקוּת הַמֹּחִין שֶׁנִּסְתַּלֵּק מִמֶּנּוּ דַּעְתּוֹ וְחָכְמָתוֹ הַמֵּאִיר בְּפָנָיו בְּסוֹד וַיִּפְּלוּ פָּנָיו וּכְתִיב לָמָּה נָפְלוּ פָנֶיךָ, וְעַיֵּן מִזֶּה בַּמַּאֲמָר הַמַּתְחִיל פָּתַח רַבִּי שִׁמְעוֹן [בְּסִימָן סמ"ך לק"א] שָׁם מְדַבֵּר מִזֶּה שֶׁעַל-יְדֵי פְּגַם תַּאֲוַת אֲכִילָה

אוֹבְדִין אֶת הַפָּנִים שֶׁהוּא הַשֵּׂכֶל וְאָז נוֹפְלִין לִבְחִינַת שֵׁנָה עַיֵּן שָׁם הֵיטֵב וְתָבִין, כִּי שָׁם מְדַבֵּר הַרְבֵּה מֵעִנְיַן סִפּוּרֵי מַעֲשִׂיּוֹת אֲשֶׁר עַל-יָדָם מְעוֹרְרִין מֵהַשֵּׁנָה עַיֵּן שָׁם וּבְאֵלּוּ הָעִתִּים שֶׁהָאָדָם הוּא בִּבְחִינַת שֵׁנָה, חַס וְשָׁלוֹם, עוֹבֵר עָלָיו מַה שֶּׁעוֹבֵר שֶׁזֶּהוּ בְּחִינַת כָּל הַחֲיָלוֹת שֶׁעָבְרוּ עַל הַשֵּׁנִי לַמַּלְכוּת בְּעֵת שֶׁהָיָה מוּטָל בְּשֵׁנָה וְאַחַר-כָּךְ נִתְעוֹרֵר וְנוֹדַע לוֹ שֶׁהָיָה יָשֵׁן כָּל-כָּךְ וְחָזַר וְהָלַךְ לַמָּקוֹם שֶׁל הַבַּת-מֶלֶךְ, וְהוֹדִיעָה לוֹ גֹּדֶל הָרַחֲמָנוּת שֶׁעָלָיו וְעָלֶיהָ שֶׁבִּשְׁבִיל יוֹם אֶחָד אִבֵּד מַה שֶּׁאִבֵּד וְהֵקֵלָּה עָלָיו הָאַזְהָרָה, שֶׁאֵין צָרִיךְ לְהִתְעַנּוֹת רַק לִזָּהֵר מִשְּׁתִיַּת הַיַּיִן כְּדֵי שֶׁלֹּא יָבוֹא לִידֵי שֵׁנָה וְחָזַר וְהִתְיַגֵּעַ אֵיזֶה זְמַן רַב בַּעֲבוֹדַת הַשֵּׁם כְּדֵי לְהוֹצִיא הַבַּת-מֶלֶךְ, אֲבָל בַּיּוֹם הָאַחֲרוֹן לֹא עָמַד גַּם-כֵּן בְּנִסָּיוֹן קַל כִּי רָאָה מַעְיָן שֶׁל יַיִן וְהִטְעָה אֶת עַצְמוֹ וְהִתְחִיל לְהַמְשִׁיךְ אַחֲרָיו וְאָמַר לְהַמְשָׁרֵת, הֲלֹא רָאִיתָ שֶׁזֶּה מַעְיָן וּמֵאַיִן בָּא לְכָאן יַיִן, וּבְתוֹךְ כָּךְ הָלַךְ וְלָקַח מְעַט וְטָעַם מֵהַיַּיִן וְתֵכֶף נָפַל עָלָיו שֵׁנָה וְיָשַׁן הַרְבֵּה מְאֹד, כִּי כָּךְ דֶּרֶךְ הַבַּעַל דָּבָר וְהַתַּאֲווֹת כְּשֶׁרוֹצֶה לְהָסִית הָאָדָם הַכָּשֵׁר שֶׁרוֹצֶה לְהִתְרַחֵק מֵהַתַּאֲווֹת שֶׁאֲזַי מַטְעֶה אוֹתוֹ מְעַט מְעַט שֶׁיִּתְפַּלֵּא וְיִתְמַהּ בְּדַעְתּוֹ עַל עִנְיַן הַדָּבָר שֶׁמִּתְאַוֶּה אֵלָיו וְתֵכֶף שֶׁנִּכְנַס בִּדְבָרִים בְּעִנְיַן הַתַּאֲוָה מִתְגַּבֵּר עָלָיו הַבַּעַל דָּבָר עַד שֶׁמַּכְשִׁילוֹ בָּהּ, כְּמוֹ שֶׁמְּפֹרָשׁ בַּתּוֹרָה בְּעִנְיַן עֵץ-הַדַּעַת אֵיךְ דִּבֵּר הַנָּחָשׁ עִם הָאִשָּׁה אַף כִּי אָמַר אֱלֹקִים וְכוּ' וַתֵּרֶא כִּי טוֹב הָעֵץ לְמַאֲכָל וְכִי תַאֲוָה הוּא לָעֵינַיִם וְכוּ' דּוֹק וְתַשְׂכִּיל כִּי כָּךְ הָעִנְיָן בְּכָל הַתַּאֲווֹת וְהַנִּסְיוֹנוֹת, וּמִי שֶׁהוּא בַּר-דַּעַת אֲמִתִּי וְחָס עַל נַפְשׁוֹ בֶּאֱמֶת לְמַלֵּט נַפְשׁוֹ מִנִּי שַׁחַת וְרוֹצֶה לַעֲמֹד בְּנִסָּיוֹן, הוּא צָרִיךְ לְהִתְגַּבֵּר בְּכָל עֹז לְהַסִּיחַ דַּעְתּוֹ לְגַמְרֵי וְלִבְלִי לִכְנֹס עִם הַתַּאֲווֹת בְּטוֹעֵן וְנִטְעָן כְּלָל וְלִבְלִי לְדַבֵּר וּלְהַרְהֵר וּלְהִתְפַּלֵּא וְלִתְמֹהַּ עֲלֵיהֶם כְּלָל וְאַל יְבַהֲלוּהוּ רַעְיוֹנָיו כְּלָל וּכְמוֹ שֶׁכָּתוּב בְּסֵפֶר הָאָלֶף-בֵּית אַל תִּכְנֹס עִם פִּתּוּיֶיךָ בְּטוֹעֵן וְנִטְעָן וְכוּ' עַיֵּן שָׁם, רַק יַסִּיחַ דַּעְתּוֹ מִזֶּה לְגַמְרֵי וִיפַקַּח דַּעְתּוֹ בְּדִבְרֵי תוֹרָה אוֹ בְּמַשָּׂא-וּמַתָּן אוֹ בְּדִבְרֵי שִׂיחָה וְכַיּוֹצֵא עַד שֶׁיִּנָּצֵל מִמַּה שֶּׁצָּרִיךְ לְהִנָּצֵל וְאַחַר-כָּךְ חוֹזֵר וּמִתְעוֹרֵר לוֹ מַחֲשָׁבוֹת

וְרַעְיוֹנִים כָּאֵלֶּה וְצָרִיךְ לַחֲזֹר וּלְהִתְגַּבֵּר עֲלֵיהֶם לְהָסִיחַ דַּעְתּוֹ מֵהֶם וְכֵן כַּמָּה וְכַמָּה פְּעָמִים וְצָרִיךְ לִהְיוֹת עַקְשָׁן גָּדוֹל עַד שֶׁיְּנַצַּח הַמִּלְחָמָה:

וְהִנֵּה מֵחֲמַת שֶׁגַּם בַּפַּעַם הַשֵּׁנִי לֹא עָמַד בַּנִּסָּיוֹן וְטָעַם מֵהַיַּיִן חָזַר וְנָפַל עָלָיו שֵׁנָה גְּדוֹלָה וְיָשַׁן הַרְבֵּה, דְּהַיְנוּ שִׁבְעִים שָׁנָה וְעִנְיַן שֵׁנָה כָּל שִׁבְעִים שָׁנָה מְבֹאָר בְּהַתּוֹרָה פָּתַח רַבִּי שִׁמְעוֹן בְּסִימָן ס' הַנַּ"ל שֶׁיֵּשׁ שֶׁנּוֹפְלִים מִשֵּׁנָה מִכָּל הַשִּׁבְעִים פָּנִים שֶׁל תּוֹרָה שֶׁהֵם בְּחִינַת שִׁבְעִים שָׁנָה וְכוּ' עַיֵּן שָׁם שֶׁאִי אֶפְשָׁר לְעוֹרֵר וּלְהָקִיץ אוֹתָם כִּי אִם עַל-יְדֵי סִפּוּרֵי מַעֲשִׂיּוֹת שֶׁל שָׁנִים קַדְמוֹנִיּוֹת וְכוּ' עַיֵּן שָׁם הֵיטֵב וְהַבַּת-מֶלֶךְ שֶׁהִיא שֹׁרֶשׁ נִשְׁמָתוֹ כְּשֶׁעוֹבֶרֶת עָלָיו וְרוֹאָה [אוֹתוֹ] נוֹפֵל בְּשֵׁנָה יָמִים וְשָׁנִים הַרְבֵּה זְמַן רַב כָּל-כָּךְ הִיא בּוֹכִית הַרְבֵּה כִּי יֵשׁ רַחֲמָנוּת גָּדוֹל עָלָיו וְעָלֶיהָ וְאָז הוֹדִיעָה לוֹ מְקוֹמָהּ שֶׁעַכְשָׁו אֵינָהּ בַּמָּקוֹם הָרִאשׁוֹן כִּי אִם בְּמָקוֹם אַחֵר דְּהַיְנוּ בְּהַר שֶׁל זָהָב וְכוּ' וְהָרֶמֶז מְבֹאָר כִּי אַף-עַל-פִּי שֶׁעָשָׂה מַה שֶּׁעָשָׂה וְנָפַל אֵיךְ שֶׁנָּפַל זֶה זְמַן רַב מְאֹד אַף-עַל-פִּי-כֵן הַשְּׁכִינָה מְעוֹרֶרֶת אוֹתוֹ בְּכָל פַּעַם, וּבְכָל פַּעַם מְרַמֶּזֶת עֵצוֹת חֲדָשׁוֹת אֵיךְ שֶׁיְּחַפֵּשׂ וִיבַקֵּשׁ אֶת שֹׁרֶשׁ קְדֻשָּׁתוֹ שֶׁהִיא בְּחִינַת הַבַּת-מֶלֶךְ הַנַּ"ל וְזֶה הַשֵּׁנִי לַמַּלְכוּת אַף-עַל-פִּי שֶׁלֹּא עָמַד בַּנִּסָּיוֹן שְׁנֵי פְּעָמִים וְנָפַל לְשֵׁנָה כָּל כָּךְ וְעָבַר עָלָיו מַה שֶּׁעָבַר וְאַחֲרֵי יְגִיעוֹת וְטִלְטוּלִים וְיִסּוּרִים וְצָרוֹת קָשׁוֹת וּמְשֻׁנּוֹת כָּאֵלֶּה שֶׁעָבַר עָלָיו בִּשְׁבִיל לִמְצֹא אֶת הַבַּת-מֶלֶךְ וְאַחַר-כָּךְ בִּשְׁבִיל יוֹם אֶחָד אִבֵּד הַכֹּל וְכֵן נִכְשַׁל שְׁנֵי פְּעָמִים כַּנַּ"ל אַף-עַל-פִּי-כֵן לֹא הִנִּיחַ אֶת עַצְמוֹ לְהִתְיָאֵשׁ לְגַמְרֵי, חַס וְשָׁלוֹם, רַק הָלַךְ לְחַפֵּשׂ וּלְבַקֵּשׁ הָהָר שֶׁל זָהָב וְהַמִּבְצָר הַנַּ"ל וְאַחֲרֵי שֶׁהָיָה לוֹ עוֹד יְגִיעוֹת וְטִלְטוּלִים קָשִׁים הַרְבֵּה וְחִפֵּשׂ הַר וּמִבְצָר הַנַּ"ל מָצָא אִישׁ גָּדוֹל עִם אִילָן גָּדוֹל וְכוּ' וְזֶה הָאִישׁ דָּחָה אוֹתוֹ שֶׁבְּוַדַּאי אֵינוֹ בַּנִּמְצָא הַר וּמִבְצָר הַנַּ"ל וְרָצָה לַהֲסִיתוֹ וּלְדַחוֹתוֹ שֶׁיָּשׁוּב אֲבָל הַשֵּׁנִי לַמֶּלֶךְ לֹא שָׁמַע לְהַמְּנִיעוֹת וְהַדְּחִיּוֹת וְאָמַר שֶׁבְּוַדַּאי הוּא בַּנִּמְצָא הַר וּמִבְצָר הַנַּ"ל עַד שֶׁהֻכְרַח הָאִישׁ הַגָּדוֹל הַנַּ"ל לִקְרֹא וּלְקַבֵּץ כָּל הַחַיּוֹת וְכוּ' אֲבָל כֻּלָּם הֵשִׁיבוּ שֶׁאֵינוֹ בַּנִּמְצָא וְאָז אָמַר לוֹ [הָאִישׁ הַגָּדוֹל

לְהַשֵּׁנִי לַמֶּלֶךְ] רְאֵה וְהַבֵּט בְּעֵינֶיךָ שֶׁאֵינוֹ בְּנִמְצָא וְעַל מָה אַתָּה מִתְיַגֵּעַ כָּל-כָּךְ בְּחִנָּם אִם תִּשְׁמַע לְדִבְרֵי שׁוּב לַאֲחוֹרֶיךָ אֲבָל הוּא לֹא שָׂם לִבּוֹ לְזֹאת וְאָמַר שֶׁהוּא בְּוַדַּאי בְּנִמְצָא וְאָז הֵשִׁיב לוֹ הָאִישׁ הַגָּדוֹל הַנַּ"ל שֶׁיֵּלֵךְ לְאָחִיו שֶׁמְּמֻנֶּה עַל הָעוֹפוֹת וְהָלַךְ וְהִתְיַגֵּעַ וּבִקְּשׁוֹ עַד שֶׁמְּצָאוֹ וְאָז גַּם הַשֵּׁנִי דְּחָהוּ וֶהֱסִיתוֹ לָשׁוּב שֶׁבְּוַדַּאי אֵינוֹ בְּנִמְצָא הַר וּמִבְצָר הַנַּ"ל וְהוּא לֹא שָׁמַע לְדִבְרֵי הַדְּחִיּוֹת שֶׁלּוֹ גַּם-כֵּן וְהֻכְרַח הַשֵּׁנִי לִקְרֹא לְקַבֵּץ כָּל הָעוֹפוֹת אֲבָל כֻּלָּם הֵשִׁיבוּ שֶׁאֵינוֹ נִמְצָא בָּעוֹלָם הַר וּמִבְצָר הַנַּ"ל וְאָז אָמַר לוֹ זֶה הַשֵּׁנִי גַּם-כֵּן רְאֵה בְּעֵינֶיךָ שֶׁאַתָּה מִתְיַגֵּעַ בְּחִנָּם שׁוּב לַאֲחוֹרֶיךָ וְהוּא לֹא הִטָּה אָזְנוֹ גַּם לְדִבְרֵי הַשֵּׁנִי וְאָמַר שֶׁהוּא חָזָק בֶּאֱמוּנָתוֹ שֶׁבְּוַדַּאי הוּא בְּנִמְצָא וְאָז הוֹדִיעַ לוֹ זֶה הַשֵּׁנִי שֶׁיֵּלֵךְ לְאָחִיו שֶׁמְּמֻנֶּה עַל הָרוּחוֹת וְגַם זֶה דְּחָהוּ הַרְבֵּה כַּנַּ"ל וְאַחַר-כָּךְ קָרָא וְקִבֵּץ כָּל הָרוּחוֹת וְכֻלָּם הֵשִׁיבוּ שֶׁאֵינוֹ בְּנִמְצָא וְאָז אָמַר לוֹ זֶה הַשְּׁלִישִׁי עַתָּה רְאֵה גַּם רְאֵה שֶׁלְּחִנָּם טָרַחְתָּ כִּי בְּוַדַּאי לֹא תִּמְצָא עוֹד שׁוּב לַאֲחוֹרֶיךָ וְאָז רָאָה שֶׁכָּלוּ כָּל הַקִּצִּין וְאֵינוֹ יוֹדֵעַ לִנְטוֹת יָמִין וּשְׂמֹאל אֵיךְ לְבַקְּשָׁהּ, אֲבָל בְּעַצְמוֹ הָיָה חָזָק בְּדַעְתּוֹ שֶׁבְּוַדַּאי הוּא בְּנִמְצָא הַר וּמִבְצָר הַנַּ"ל שֶׁשָּׁם יוֹשֶׁבֶת הַבַּת-מֶלֶךְ הַנַּ"ל, וְאָז מִגֹּדֶל צַעֲרוֹ וּמְרִירוּת לִבּוֹ הִתְחִיל לִבְכּוֹת מְאֹד וּבְאוֹתָהּ הַשָּׁעָה חָמַל עָלָיו הַשֵּׁם יִתְבָּרַךְ וּבְתוֹךְ כָּךְ בָּא עוֹד רוּחַ אֶחָד וְהוֹדִיעַ לוֹ שֶׁהוּא בְּעַצְמוֹ נָשָׂא הַבַּת-מֶלֶךְ לְהַר וּמִבְצָר הַנַּ"ל וְאָז נָתַן לוֹ כְּלִי שֶׁיְּקַבֵּל מִמֶּנּוּ מָעוֹת שֶׁלֹּא יִהְיֶה לוֹ עִכּוּב מֵחֲמַת מָעוֹת וַאֲזַי הָלַךְ לְשָׁם וְהִשְׁתַּדֵּל בְּתַחְבּוּלוֹת עַד שֶׁמְּצָאָהּ, אַשְׁרֵי לוֹ.

וְהַמְעַיֵּן בְּכָל זֶה בְּעֵין הָאֱמֶת יָבִין הֵיטֵב כַּמָּה וְכַמָּה צְרִיכִין לְהִתְחַזֵּק בַּעֲבוֹדַת הַשֵּׁם וְאֵיךְ וְעַד הֵיכָן צְרִיכִין לִהְיוֹת עַקְשָׁן גָּדוֹל בַּעֲבוֹדַת הַשֵּׁם בְּלִי שִׁעוּר וָעֵרֶךְ וּמִסְפָּר כָּל אָדָם וְאָדָם לְפִי מַדְרֵגָתוֹ וּלְפִי עֲלִיּוֹתָיו וִירִידוֹתָיו וַאֲפִלּוּ אִם עָבַר מַה שֶּׁעָבַר רְאֵה וְהָבֵן וְהַבֵּט בְּהַמַּעֲשֶׂה הַנַּ"ל כַּמָּה יְגִיעוֹת יָגַע וְכַמָּה טְרָחוֹת טָרַח הַשֵּׁנִי לַמֶּלֶךְ הַנַּ"ל וְאַחַר-כָּךְ נָפַל מְאֹד עַל-יְדֵי שֶׁלֹּא עָמַד בְּנִסָּיוֹן קַל שְׁנֵי פְּעָמִים עַד שֶׁנָּפַל לִבְחִינַת שֵׁנָה כַּמָּה וְכַמָּה שָׁנִים עַד שֶׁהָיָה בִּבְחִינַת שֵׁנָה שֶׁל כָּל

הַשִּׁבְעִים שָׁנָה כַּנַּ"ל וְאַף-עַל-פִּי-כֵן לֹא הִתְיָאֵשׁ עַצְמוֹ וְהָיָה לוֹ יְגִיעוֹת הָאֵלֶּה אַחַר-כָּךְ וְלֹא שָׁמַע לְשׁוּם מְנִיעוֹת וּדְחִיּוֹת שֶׁרָצוּ לִדְחוֹתוֹ שֶׁלֹּא לְבַקֵּשׁ וּלְחַפֵּשׂ עוֹד וְכָל מַה שֶּׁהִתְחַזֵּק וְלֹא שָׁמַע לְקוֹל הַדְּחִיּוֹת שֶׁל הָאֲנָשִׁים הַנַּ"ל תֵּכֶף נִתְהַפֵּךְ שֶׁהָאֲנָשִׁים הַנַּ"ל הָיוּ לְסִיּוּעַ כִּי כָּל אֶחָד קִבֵּץ בִּשְׁבִילוֹ הַחַיּוֹת אוֹ הָעוֹפוֹת שֶׁהָיָה מְמֻנֶּה עֲלֵיהֶם וְאִם אַחַר כָּךְ חָזְרוּ וְדָחוּ אוֹתוֹ וְאָמְרוּ לוֹ רְאֵה שֶׁאֵינוֹ בַּנִּמְצָא וְאַף-עַל-פִּי-כֵן לֹא שָׁמַע לִדְחִיָּתָם וְאָז סִיְּעוּ לוֹ וְהוֹדִיעוּ לוֹ כָּל אֶחָד מֵאֶחָיו עַד שֶׁבָּא לָזֶה שֶׁמְּמֻנֶּה עַל הָרוּחוֹת שֶׁעַל-יָדוֹ בָּא לִמְבֻקָּשׁוֹ וְגַם זֶה דָּחָה אוֹתוֹ הַרְבֵּה בְּיוֹתֵר אֲבָל עַל-יְדֵי שֶׁהָיָה חָזָק בְּדַעְתּוֹ וְלֹא נִתְיָאֵשׁ לְעוֹלָם בְּשׁוּם אֹפֶן אֲזַי בְּרֶגַע קַלָּה נִתְהַפֵּךְ הַדָּבָר וְנִתְהַפְּכוּ הַמְּנִיעוֹת לְסִיּוּעוֹת וִישׁוּעוֹת וּבָא רוּחַ אֶחָד וְהוֹדִיעַ לוֹ שֶׁהוּא בְּעַצְמוֹ נָשָׂא אֶת הַבַּת-מֶלֶךְ לְהַר וּמִבְצָר הַנַּ"ל וְאַחַר-כָּךְ זֶה הָרוּחַ בְּעַצְמוֹ נָשָׂא אוֹתוֹ גַּם-כֵּן לְשָׁם כַּנַּ"ל רְאֵה וְהָבֵן וְהַבֵּט עַל כָּל פְּרָט וּפְרָט מֵהַמַּעֲשֶׂה וְתָבִין רְמָזִים וְהִתְעוֹרְרוּת נִפְלָא כַּמָּה צְרִיכִין לְהִתְחַזֵּק לִדְרֹשׁ וּלְחַפֵּשׂ וּלְבַקֵּשׁ אֶת עֲבוֹדַת הַשֵּׁם תָּמִיד כְּמוֹ שֶׁכָּתוּב: "בַּקְּשׁוּ פָנָיו תָּמִיד" וְגוֹ' כִּי אִם אָמְנָם עֶצֶם הַמַּעֲשֶׂה גְּבֹהָה מִדַּעְתֵּנוּ וְאֵין אָנוּ יוֹדְעִים כְּלָל מַהוּ הַר שֶׁל זָהָב וּמִבְצָר שֶׁל מַרְגָּלִיּוֹת וְכוּ' וּשְׁאָר הָעִנְיָנִים בִּכְלָל וּבִפְרָט אַף-עַל-פִּי-כֵן כָּל הָרְמָזִים הַנַּ"ל כֻּלָּם אֲמִתִּיִּים וּמְבֹאָרִים לְעֵין הָאֱמֶת בְּתוֹךְ הַמַּעֲשֶׂה הַנַּ"ל וְיוֹתֵר וְיוֹתֵר מֵהֶם יָכוֹל כָּל אֶחָד לְהוֹצִיא מֵהֶם רְמָזִים וְהִתְעוֹרְרוּת נִפְלָא אִם יִרְצֶה יִשְׁמַע חָכָם וְיוֹסִיף לֶקַח וְכֵן בִּשְׁאָר הַמַּעֲשִׂיּוֹת [עִנְיַן הַר שֶׁל זָהָב וּמִבְצָר שֶׁל מַרְגָּלִיּוֹת מְרַמֵּז לַעֲשִׁירוּת נִפְלָא דִּקְדֻשָּׁה שֶׁצְּרִיכִין בִּשְׁבִיל הִתְבּוֹנְנוּת וְכוּ' כַּמְבֹאָר בְּהַתּוֹרָה פָּתַח רַבִּי שִׁמְעוֹן סִימָן ס' חֵלֶק א' עַיֵּן שָׁם הֵיטֵב וְהָבֵן מְאֹד כִּי הַתּוֹרָה הַזֹּאת הִיא פֵּרוּשׁ עַל הַמַּעֲשֶׂה הַזֹּאת כַּאֲשֶׁר הֲבַנּוּ מִמֶּנּוּ זִכְרוֹנוֹ לִבְרָכָה].

וְנֵלֵךְ מֵעִנְיָן לְעִנְיָן וְנָשִׂים לֵב מְעַט לְהַמַּעֲשֶׂה שֶׁל הֶחָכָם וְהַתָּם שָׁם תִּרְאֶה מְבֹרָר קְצָת הַמְּכֻוָּן בְּאוֹתוֹ הַמַּעֲשֶׂה שֶׁעִקַּר הַתַּכְלִית לֵילֵךְ בִּתְמִימוּת בְּלִי שׁוּם חָכְמוֹת וְעַיֵּן שָׁם הֵיטֵב בְּכָל דִּבּוּר וְדִבּוּר וְתִמְצָא רְמָזִים נִפְלָאִים לְהִתְחַזֵּק בְּדַרְכֵי

הַתְּמִימוּת שֶׁזֶּה עִקַּר הַתַּכְלִית הַטּוֹב גַּם בָּעוֹלָם הַזֶּה מִכָּל שֶׁכֵּן בָּעוֹלָם הַבָּא.

וְכֵן בְּהַמַּעֲשֶׂה שֶׁל הַבָּנִים שֶׁנִּתְחַלְּפוּ וּבְהַמַּעֲשֶׂה שֶׁל הַבַּעַל-תְּפִלָּה וּמִכָּל שֶׁכֵּן וְכָל שֶׁכֵּן בְּהַמַּעֲשֶׂה שֶׁל הַשִּׁבְעָה בֶּעטְלֶירְס שֶׁשָּׁם מְבֹאָר אֵצֶל כָּל אֶחָד וְאֶחָד מֵהַשִּׁבְעָה מוּסָר נִפְלָא וְנוֹרָא שֶׁאֵין כָּמוֹהוּ כִּי כָל אֶחָד הִתְפָּאֵר בְּגֹדֶל רִחוּקוֹ מֵהָעוֹלָם הַזֶּה בְּתַכְלִית שֶׁזֶּה הִתְפָּאֵר שֶׁהוּא עִוֵּר לְגַמְרֵי מֵהָעוֹלָם וְאֵין לוֹ שׁוּם הִסְתַּכְּלוּת בְּזֶה הָעוֹלָם כְּלָל כִּי כָּל הָעוֹלָם אֵינוֹ עוֹלֶה אֶצְלוֹ כְּהֶרֶף עַיִן וְכוּ' וְהַחֵרֵשׁ הִתְפָּאֵר שֶׁהוּא חֵרֵשׁ לְגַמְרֵי מִלִּשְׁמֹעַ קוֹלוֹת שֶׁל זֶה הָעוֹלָם שֶׁכֻּלָּם חֶסְרוֹנוֹת כִּי כָּל הָעוֹלָם אֵינוֹ עוֹלֶה אֶצְלוֹ לִשְׁמֹעַ קוֹל הַחֶסְרוֹנוֹת שֶׁלָּהֶם וְכוּ' וְזֶה הִתְפָּאֵר שֶׁאֵינוֹ מְדַבֵּר שׁוּם דִּבּוּר שֶׁאֵינוֹ שְׁבָחִים לְהַשֵּׁם יִתְבָּרַךְ וְעַל-כֵּן הוּא כְּבַד-פֶּה לְגַמְרֵי מִדִּבּוּרֵי הָעוֹלָם הַזֶּה וְכֵן זֶה הִתְפָּאֵר שֶׁאֵינוֹ רוֹצֶה לְהָנִיחַ שׁוּם הֶבֶל בְּעָלְמָא לְזֶה הָעוֹלָם וְכֵן כֻּלָּם עַיֵּן שָׁם הֵיטֵב וְאִם תַּבִּיט בְּעֵין הָאֱמֶת תַּעֲמֹד מַרְעִיד וּמִשְׁתּוֹמֵם וְתִרְאֶה עֹצֶם הַמּוּסָר הַנִּפְלָא וְהִתְעוֹרְרוּת נוֹרָא לְהַשֵּׁם יִתְבָּרַךְ בְּהַמַּעֲשֶׂה הַנַּ"ל שֶׁאֵין כָּמוֹהוּ.

וְעַיֵּן בִּדְבָרֵינוּ בְּסֵפֶר "לִקּוּטֵי הֲלָכוֹת" בְּכַמָּה מְקוֹמוֹת מַה שֶּׁהֵאִיר הַשֵּׁם עֵינַי וְאֵיזֶה רְמָזִים בְּכַמָּה מַעֲשִׂיּוֹת עַיֵּן בְּהִלְכוֹת תְּפִלִּין עַל-פִּי הַמַּעֲשֶׂה שֶׁל הַבֶּעטְלֶיר הָרִאשׁוֹן שֶׁהָיָה עִוֵּר וְכוּ' עַיֵּן שָׁם וּבְהִלְכוֹת בִּרְכוֹת הַשַּׁחַר עַל-פִּי הַמַּעֲשֶׂה שֶׁל הַבָּנִים שֶׁנֶּחְלְפוּ וּבְהִלְכוֹת תְּפִלָּה עַל-פִּי הַמַּעֲשֶׂה שֶׁל הַבַּעַל-תְּפִלָּה וּבְיוֹרֶה דֵּעָה בְּהִלְכוֹת תּוֹלָעִים עַל-פִּי הַמַּעֲשֶׂה שֶׁל הַבֶּעטְלֶיר הַשִּׁשִּׁי שֶׁהָיָה בְּלֹא יָדַיִם שֶׁסִּפֵּר הַמַּעֲשֶׂה שֶׁל הַבַּת-מֶלֶךְ שֶׁבָּרְחָה לְהַמִּבְצָר שֶׁל מַיִם וְכוּ' וּבְאֶבֶן הָעֶזֶר בְּהִלְכוֹת אִישׁוּת עַל הַמַּעֲשֶׂה הַנַּ"ל עַל מַה שֶּׁכָּתוּב שָׁם שֶׁרְפוּאוֹת הַבַּת-מֶלֶךְ עַל-יְדֵי עֲשָׂרָה מִינֵי נְגִינָה וְעוֹד בְּכַמָּה מְקוֹמוֹת עַיֵּן שָׁם וְתִמְצָא נַחַת בְּעֵזֶר הַשֵּׁם יִתְבָּרַךְ וְעַיֵּן בְּהִלְכוֹת נְדָרִים עַל הַמַּעֲשֶׂה שֶׁל יוֹם הָרְבִיעִי מֵעִנְיַן הַשְּׁתֵּי צִפֳּרִים וּבְהִלְכוֹת צְדָקָה עַל הַמַּעֲשֶׂה שֶׁל יוֹם הַשְּׁלִישִׁי מֵעִנְיַן הַכְּבַד-פֶּה וְהַמַּעְיָן שֶׁלְּמַעְלָה מֵהַזְּמַן וְהַלֵּב שֶׁל הָעוֹלָם הַשֵּׁם יִתְבָּרַךְ יַרְאֵנוּ נִפְלָאוֹת בְּתוֹרָתוֹ שֶׁנִּזְכֶּה לְהוֹסִיף וּלְהַשְׂכִּיל רְמָזִים אֲמִתִּיִּים

בְּכָל הַמַּעֲשִׂיּוֹת וְדִבּוּרִים שֶׁזָּכִינוּ לִשְׁמֹעַ מֵאוֹר הַזֶּה.

זֹאת מָצָאנוּ בְּאַמְתַּחַת הַכְּתָבִים וְהוּא עִנְיַן הִתְנַצְּלוּת עַל שֶׁכָּתַב זִכְרוֹנוֹ לִבְרָכָה הַסִּפּוּרֵי מַעֲשִׂיּוֹת עַל לָשׁוֹן פָּשׁוּט כָּזֶה וְזֶהוּ.

עוֹד רָאִיתִי לְהָעִיר לְבַב הַמְעַיְּנִים בְּסֵפֶר זֶה שֶׁל הַמַּעֲשִׂיּוֹת לְבַל יִהְיֶה בְּלִבָּם עָלָיו עַל אֲשֶׁר נִמְצָאִים לִפְעָמִים שֶׁיָּצָא מִתַּחַת לְשׁוֹנוֹ לְשׁוֹנוֹת גַּסִּים בְּסֵפֶר "סִפּוּרֵי מַעֲשִׂיּוֹת" כְּגוֹן וְנַעֲשָׂה בְּרֹגֶז עָלֶיהָ בְּסִפּוּר א' וְלָקַח אֶת עַצְמוֹ אֶל הַשְּׁתִיָּה בְּהַמַּעֲשֶׂה שֶׁל הַבָּנִים שֶׁנֶּחְלְפוּ וְעוֹד בְּאֵיזֶה מְקוֹמוֹת כִּי יָדִין אוֹתוֹ לְכַף זְכוּת שֶׁזֶּה הָיָה כִּשְׁגָגָה הַיּוֹצֵא מִלִּפְנֵי הַשַּׁלִּיט עַל-פִּי הֶכְרֵחַ גָּדוֹל כִּי, [עַד כָּאן מָצָאנוּ וְהֶעְתַּקְתִּי אוֹת בְּאוֹת לְשׁוֹנוֹ זִכְרוֹנוֹ לִבְרָכָה].

וְהִנֵּה נִרְאֶה בַּעֲלִיל שֶׁרְצוֹנוֹ הַקָּדוֹשׁ הָיָה לִכְתֹּב טַעַם עַל זֶה אַךְ לְפִי הַנִּרְאֶה שֶׁפָּסַק בְּאֶמְצַע מֵחֲמַת אֵיזֶה אֹנֶס וְשׁוּב לֹא זָכִינוּ שֶׁהַשֵּׁם יִתְבָּרַךְ יְסַבֵּב הַדָּבָר שֶׁיִּכְתֹּב בְּעַצְמוֹ תְּהִלָּה לָאֵל אֲשֶׁר זָכִינוּ בְּרַחֲמָיו יִתְבָּרַךְ שֶׁנִּכְתְּבוּ דְּבָרִים אֵלֶּה כִּי עַל כָּל דִּבּוּר וְדִבּוּר שֶׁרָצָה לִכְתֹּב שֶׁיִּתְגַּלֶּה בָּעוֹלָם הָיָה מְנִיעוֹת עַל זֶה הַרְבֵּה וּמֵחֲמַת זֶה הָיָה זָרִיז מְאֹד מְאֹד בִּכְתִיבָתוֹ כַּאֲשֶׁר רָאִינוּ בְּעֵינֵינוּ כִּי הָיָה רָגִיל לוֹמַר לָנוּ תָּמִיד שֶׁאִם אֵינוֹ מְזָרֵז אֶת עַצְמוֹ לְשַׁבֵּר הַמְּנִיעוֹת לִכְתֹּב מִיָּד אֵינוֹ יוֹדֵעַ אִם יִכְתֹּב עוֹד מִכַּמָּה טְעָמִים הַכְּמוּסִים אֶצְלוֹ וְעַתָּה בִּשְׁבִיל שֶׁשָּׁמַעְתִּי גִּלּוּי-דַּעַת מִמֶּנּוּ זַ"ל שֶׁרְצוֹנוֹ כְּשֶׁיַּדְפִּיסוּ עוֹד הַפַּעַם לִכְתֹּב אֵיזֶה טַעַם עַל זֶה אָמַרְתִּי לֹא אֲכַחֵד מִלִּכְתֹּב טַעַם אֶחָד מִטְּעָמִים הַרְבֵּה אֲשֶׁר הָיוּ גְּנוּזִים וּכְמוּסִים אֶצְלוֹ זַ"ל וְזֶהוּ שֶׁשָּׁמַעְתִּי מִמֶּנּוּ זַ"ל כִּי אֲדוֹנֵינוּ מוֹרֵנוּ וְרַבֵּנוּ, מוֹהֲרַ"ן זֵכֶר צַדִּיק וְקָדוֹשׁ לִבְרָכָה סֵפֶר הַמַּעֲשִׂיּוֹת בִּלְשׁוֹן אַשְׁכְּנַז הַנָּהוּג בִּמְדִינָתֵנוּ וּמוֹרֵנוּ הָרַב רַבִּי נָתָן זַצַ"ל רִאשׁוֹן שֶׁבְּתַלְמִידָיו הַיְקָרִים זַ"ל הֶעְתִּיקָם עַל לְשׁוֹן הַקֹּדֶשׁ וְהוֹרִיד אֶת עַצְמוֹ בְּכִוּוּן לְלָשׁוֹן פָּשׁוּט בִּכְדֵי שֶׁלֹּא יִשְׁתַּנֶּה הָעִנְיָן אֵצֶל הַקּוֹרֵא אוֹתָם בִּלְשׁוֹן הַקֹּדֶשׁ מִכְּפִי מַה שֶּׁסִּפְּרָם הוּא זַ"ל עַל לְשׁוֹן אַשְׁכְּנַז הַנָּהוּג בֵּינֵינוּ וְזֶה סִבָּה אֲשֶׁר נִשְׁמַע מִלְּשׁוֹנוֹ הַקָּדוֹשׁ לְשׁוֹנוֹת פְּשׁוּטִים כָּאֵלֶּה בְּכַמָּה מְקוֹמוֹת זֶה הַטַּעַם הוּא כְּפִי

מַה שֶּׁשָּׁמַעְתִּי מִמֶּנּוּ זַ"ל עַל-פִּי פָּשׁוּט וְחוּץ שֶׁהָיָה לוֹ טְעָמִים כְּמוּסִים אֲשֶׁר לֹא זָכִיתִי לִשְׁמֹעַ מִמֶּנּוּ זַ"ל וְרָאוּי לְהַאֲמִין בָּזֶה שֶׁהָיוּ לוֹ עוֹד טְעָמִים כְּמוּסִים כִּי זֶה יָדוּעַ מִסְּפָרָיו הַקְּדוֹשִׁים אֲשֶׁר הָיָה בַּעַל לָשׁוֹן גָּדוֹל וְכָאן הוֹרִיד אֶת עַצְמוֹ לְלָשׁוֹן פָּשׁוּט לָכֵן רָאוּי לְהַאֲמִין שֶׁהָיָה לוֹ כִּוּוּן גָּדוֹל בָּזֶה וְאִישׁ אֱמוּנוֹת יָבוֹא לוֹ רַב בְּרָכוֹת אָמֵן כֵּן יְהִי רָצוֹן.

סיפורי מעשיות   הקדמה ב'   מוהר"ן

מעשה א' מאבידת בת מלך

עָנָה וְאָמַר: בַּדֶּרֶךְ סִפַּרְתִּי מַעֲשֶׂה, שֶׁכָּל מִי שֶׁהָיָה שׁוֹמְעָהּ, הָיָה לוֹ הִרְהוּר תְּשׁוּבָה. וְזוֹ הִיא.

מַעֲשֶׂה בְּמֶלֶךְ אֶחָד, שֶׁהָיוּ לוֹ שִׁשָּׁה בָנִים וּבַת אַחַת וְאוֹתָהּ הַבַּת הָיְתָה חֲשׁוּבָה בְּעֵינָיו מְאֹד, וְהָיָה מְחַבְּבָהּ בְּיוֹתֵר וְהָיָה מְשַׁעֲשֵׁעַ עִמָּהּ מְאֹד. פַּעַם אַחַת הָיָה מִתְוַעֵד עִמָּהּ בְּיַחַד בְּאֵיזֶה יוֹם וְנַעֲשָׂה בְּרֹגֶז עָלֶיהָ, וְנִזְרְקָה מִפִּיו דִּבּוּר: שֶׁהַלֹּא טוֹב יִקַּח אוֹתָךְ [דֶּער נִיט גוּטֶער זָאל דִיךְ נֶעמֶען] בַּלַּיְלָה הָלְכָה לְחַדְרָהּ, וּבַבֹּקֶר לֹא יָדְעוּ הֵיכָן הִיא, וְהָיָה אָבִיהָ מְצַעֵר מְאֹד וְהָלַךְ לְבַקְּשָׁהּ אָנֶה וָאָנָה.

עָמַד הַשֵּׁנִי לַמַּלְכוּת, מֵחֲמַת שֶׁרָאָה שֶׁהַמֶּלֶךְ מִצְטַעֵר מְאֹד, וּבִקֵּשׁ, שֶׁיִּתְּנוּ לוֹ מְשָׁרֵת וְסוּס וּמָעוֹת עַל הוֹצָאוֹת, וְהָלַךְ לְבַקְּשָׁהּ וְהָיָה מְבַקְּשָׁהּ מְאֹד זְמַן מְרֻבֶּה מְאֹד עַד שֶׁמְּצָאָהּ [עַתָּה מְסַפֵּר אֵיךְ בִּקְשָׁהּ עַד שֶׁמְּצָאָהּ] וְהָיָה הוֹלֵךְ אָנֶה וָאָנָה זְמַן רַב וּבַמִּדְבָּרִיּוֹת וּבַשָּׂדוֹת וּבַיְּעָרִים וְהָיָה מְבַקְּשָׁהּ זְמַן רַב מְאֹד וְהָיָה הוֹלֵךְ בַּמִּדְבָּר, וְרָאָה שְׁבִיל אֶחָד מִן הַצַּד, וְהָיָה מְיַשֵּׁב עַצְמוֹ: בַּאֲשֶׁר שֶׁאֲנִי הוֹלֵךְ כָּל-כָּךְ זְמַן רַב בַּמִּדְבָּר וְאֵינִי יָכוֹל לְמָצְאָהּ, אֵלֵךְ בַּשְּׁבִיל הַזֶּה, אוּלַי אָבוֹא לִמְקוֹם יִשּׁוּב; וְהָיָה הוֹלֵךְ זְמַן רַב

אַחַר-כָּךְ רָאָה מִבְצָר [שֶׁקּוֹרִין שְׁלָאס], וְכַמָּה חֲיָלוֹת הָיוּ עוֹמְדִים שָׁם סְבִיבוֹ. וְהַמִּבְצָר הָיָה נָאֶה וּמְתֻקָּן וּמְסֻדָּר מְאֹד עִם הַחֲיָלוֹת, וְהָיָה מִתְיָרֵא מִפְּנֵי הַחֲיָלוֹת, פֶּן לֹא יַנִּיחוּהוּ לִכְנֹס וְהָיָה מְיַשֵּׁב עַצְמוֹ: אֵלֵךְ וַאֲנַסֶּה וְהִשְׁאִיר הַסּוּס וְהָלַךְ לְהַמִּבְצָר, וְהָיוּ מַנִּיחִים אוֹתוֹ, וְלֹא עִכְּבוּהוּ כְּלָל וְהָיָה הוֹלֵךְ מֵחֶדֶר לְחֶדֶר בְּלִי עִכּוּב, וּבָא לְפָלָטִין אֶחָד וְרָאָה, שֶׁיָּשַׁב שָׁם הַמֶּלֶךְ בַּעֲטָרָה, וְכַמָּה חֲיָלוֹת שָׁם וְכַמָּה מְשׁוֹרְרִים בְּכֵלִים לְפָנָיו, וְהָיָה שָׁם נָאֶה וְיָפֶה מְאֹד, וְהַמֶּלֶךְ וְשׁוּם אֶחָד מֵהֶם לֹא שְׁאָלוּהוּ כְּלָל.

וְרָאָה שָׁם מַעֲדַנִּים וּמַאֲכָלִים טוֹבִים, וְעָמַד וְאָכַל וְהָלַךְ וְשָׁכַב בְּזָוִית לִרְאוֹת מַה נַּעֲשֶׂה שָׁם, וְרָאָה שֶׁהַמֶּלֶךְ צִוָּה לְהָבִיא

הַמַּלְכָּה וְהָלְכוּ לְהָבִיא אוֹתָהּ, וְהָיָה שָׁם רַעַשׁ גָּדוֹל וְשִׂמְחָה גְּדוֹלָה, וְהַמְשׁוֹרְרִים הָיוּ מְזַמְּרִים וּמְשׁוֹרְרִים מְאֹד, כַּאֲשֶׁר שֶׁהֵבִיאוּ אֶת הַמַּלְכָּה וְהֶעֱמִידוּ לָהּ כִּסֵּא וְהוֹשִׁיבוּהָ אֶצְלוֹ, וְהִיא הָיְתָה הַבַּת-מֶלֶךְ הַנַּ"ל, וְהוּא [הַיְנוּ הַשֵּׁנִי לַמַּלְכוּת] רָאָה וְהִכִּירָהּ.

אַחַר-כָּךְ הֵצִיצָה הַמַּלְכָּה וְרָאֲתָה אֶחָד, שֶׁשּׁוֹכֵב בַּזָּוִית וְהִכִּירָה אוֹתוֹ, וְעָמְדָה מִכִּסְאָהּ וְהָלְכָה לְשָׁם וְנָגְעָה בּוֹ וְשָׁאֲלָה אוֹתוֹ: הַאַתָּה מַכִּיר אוֹתִי? וְהֵשִׁיב לָהּ: הֵן, אֲנִי מַכִּיר אוֹתָךְ; אַתְּ הִיא הַבַּת-מֶלֶךְ שֶׁנֶּאֶבְדָה וְשָׁאַל אוֹתָהּ: הָאֵיךְ בָּאת לְכָאן? וְהֵשִׁיבָה: בַּאֲשֶׁר שֶׁאָבִי הַמֶּלֶךְ נִזְרַק מִפִּיו דִּבּוּר הַנַּ"ל, וְכָאן, הַמָּקוֹם הַזֶּה, הוּא לֹא טוֹב וְסִפֵּר לָהּ, שֶׁאָבִיהָ מִצְטַעֵר מְאֹד וְשֶׁהוּא מְבַקְשָׁהּ כַּמָּה שָׁנִים וְשָׁאַל אוֹתָהּ: אֵיךְ אֲנִי יָכוֹל לְהוֹצִיא אוֹתָךְ? וְאָמְרָה לוֹ שֶׁאִי- אֶפְשָׁר לְךָ לְהוֹצִיא אוֹתִי כִּי אִם כְּשֶׁתִּהְיֶה בּוֹחֵר לְךָ מָקוֹם וְתִהְיֶה יוֹשֵׁב שָׁם שָׁנָה אַחַת, וְכָל הַשָּׁנָה תִּתְגַּעְגֵּעַ אַחֲרַי לְהוֹצִיא אוֹתִי, וּבְכָל זְמַן שֶׁיִּהְיֶה לְךָ פְּנַאי, תִּהְיֶה רַק מִתְגַּעְגֵּעַ וּמְבַקֵּשׁ וּמְצַפֶּה לְהוֹצִיא אוֹתִי וְתִהְיֶה מִתְעַנֶּה, וּבַיּוֹם הָאַחֲרוֹן מֵהַשָּׁנָה תִּהְיֶה מִתְעַנֶּה וְלֹא תִּישַׁן כָּל הַמֵּעֵת לְעֵת וְהָלַךְ וְעָשָׂה כֵּן.

וּבְסוֹף הַשָּׁנָה בַּיּוֹם הָאַחֲרוֹן הָיָה מִתְעַנֶּה, וְלֹא הָיָה יָשֵׁן וְעָמַד וְהָלַךְ לְשָׁם וְהָיָה רוֹאֶה אִילָן, וְעָלָיו גְּדֵלִים תַּפּוּחִים נָאִים מְאֹד וְהָיָה מִתְאַוֶּה לְעֵינָיו מְאֹד, וְעָמַד וְאָכַל מִשָּׁם, וְתֵכֶף שֶׁאָכַל הַתַּפּוּחַ, נָפַל וַחֲטָפוֹ שֵׁנָה, וְהָיָה יָשֵׁן זְמַן מְרֻבֶּה מְאֹד וְהָיָה הַמְשָׁרֵת מְנַעֵר אוֹתוֹ, וְלֹא הָיָה נֵעוֹר כְּלָל אַחַר-כָּךְ הֵקִיץ מִשְּׁנָתוֹ וְשָׁאַל לְהַמְשָׁרֵת: הֵיכָן אֲנִי בָּעוֹלָם? וְסִפֵּר לוֹ הַמַּעֲשֶׂה [הַיְנוּ הַמְשָׁרֵת סִפֵּר לְהַשֵּׁנִי לַמֶּלֶךְ הַמַּעֲשֶׂה וְאָמַר לוֹ] שֶׁאַתָּה יָשֵׁן זְמַן מְרֻבֶּה מְאֹד זֶה כַּמָּה שָׁנִים, וַאֲנִי הָיִיתִי מִתְפַּרְנֵס מֵהַפֵּרוֹת וְהָיָה מְצַעֵר עַצְמוֹ מְאֹד.

וְהָלַךְ לְשָׁם וּמָצָא אוֹתָהּ וְהָיְתָה מִצְטַעֶרֶת לְפָנָיו מְאֹד, כִּי אִלּוּ בָּאתָ בְּאוֹתוֹ הַיּוֹם, הָיִיתָ מוֹצִיא אוֹתִי מִכָּאן, וּבִשְׁבִיל יוֹם אֶחָד אִבַּדְתָּ אָמְנָם שֶׁלֹּא לֶאֱכֹל הוּא דָּבָר קָשֶׁה מְאֹד, בִּפְרָט בַּיּוֹם הָאַחֲרוֹן, אָז מִתְגַּבֵּר הַיֵּצֶר הָרָע מְאֹד [הַיְנוּ שֶׁהַבַּת-מֶלֶךְ אָמְרָה לוֹ, שֶׁעַתָּה תָּקֵל עָלָיו הָאַזְהָרָה וְלֹא יִהְיֶה מֻזְהָר שֶׁלֹּא

לֶאֱכֹל, כִּי הוּא דָּבָר קָשֶׁה לַעֲמֹד בּוֹ וְכוּ'] בְּכֵן תָּשׁוּב לִבְחֹר לְךָ מָקוֹם, וְתֵשֵׁב גַּם-כֵּן שָׁנָה, כַּנַּ"ל, וּבַיּוֹם הָאַחֲרוֹן תִּהְיֶה רַשַּׁאי לֶאֱכֹל, רַק שֶׁלֹּא תִּישַׁן וְלֹא תִּשְׁתֶּה יַיִן כְּדֵי שֶׁלֹּא תִּישַׁן, כִּי הָעִקָּר הוּא הַשֵּׁנָה וְהָלַךְ וְעָשָׂה כֵּן.

בַּיּוֹם הָאַחֲרוֹן הָיָה הוֹלֵךְ לְשָׁם וְרָאָה מַעְיָן הוֹלֵךְ וְהַמַּרְאֶה-אָדֹם וְהָרֵיחַ-שֶׁל יַיִן וְשָׁאַל אֶת הַמְשָׁרֵת: הֲרָאִיתָ שֶׁזֶּה מַעְיָן, וְרָאוּי שֶׁיִּהְיֶה בּוֹ מַיִם וְהַמַּרְאֶה-אֲדַמְדַּמוּת וְהָרֵיחַ-שֶׁל יַיִן? וְהָלַךְ וְטָעַם מֵהַמַּעְיָן וְנָפַל וְיָשַׁן מִיָּד כַּמָּה שָׁנִים עַד שִׁבְעִים שָׁנָה, וְהָיוּ הוֹלְכִין חֲיָלוֹת רַבּוֹת עִם הַשַּׁיָּךְ לָהֶם, מַה שֶּׁנּוֹסֵעַ אַחֲרֵיהֶם [שֶׁקּוֹרִין אוֹבַאזִין] וְהַמְשָׁרֵת הִטְמִין עַצְמוֹ מֵחֲמַת הַחֲיָלוֹת אַחַר-כָּךְ הָלְכָה מֶרְכָּבָה וַעֲגָלוֹת-צָב, וְשָׁם יָשְׁבָה הַבַּת-מֶלֶךְ וְעָמְדָה שָׁם אֶצְלוֹ, וְיָרְדָה וְיָשְׁבָה אֶצְלוֹ וְהִכִּירָה אוֹתוֹ וְהָיְתָה מְנַעֶרֶת אוֹתוֹ מְאֹד, וְלֹא נִנְעַר וְהִתְחִילָה לְקַבֵּל עָלָיו אֲשֶׁר כַּמָּה וְכַמָּה יְגִיעוֹת וְטָרְחוֹת גְּדוֹלוֹת מְאֹד שֶׁהָיוּ לוֹ זֶה כַּמָּה וְכַמָּה שָׁנִים כְּדֵי לְהוֹצִיא אוֹתִי, וּבִשְׁבִיל אוֹתוֹ הַיּוֹם שֶׁהָיָה יָכוֹל לְהוֹצִיאֵנִי וְאִבְּדוֹ, וְהָיְתָה בּוֹכָה מְאֹד עַל זֶה, כִּי יֵשׁ רַחֲמָנוּת גָּדוֹל עָלָיו וְעָלַי, שֶׁכָּל-כָּךְ זְמַן שֶׁאֲנִי כָּאן, וְאֵינִי יָכוֹל לָצֵאת אַחַר-כָּךְ לָקְחָה פַאטְשֵׁיילֶע [מטפחת] מֵעַל רֹאשָׁהּ וְכָתְבָה עָלָיו בְּדִמָעוֹת שֶׁלָּהּ וְהִנִּיחָה אֶצְלוֹ וְעָמְדָה וְיָשְׁבָה בְּמֶרְכַּבְתָּהּ, וְנָסְעָה מִשָּׁם אַחַר-כָּךְ הֵקִיץ וְשָׁאַל אֶת הַמְשָׁרֵת: הֵיכָן אֲנִי בָּעוֹלָם? וְסִפֵּר לוֹ כָּל הַמַּעֲשֶׂה.

וְשֶׁחֲיָלוֹת רַבּוֹת הָלְכוּ שָׁם, וְשֶׁהָיְתָה כָּאן מֶרְכָּבָה הַנַּ"ל, וְשֶׁהָיְתָה בוֹכָה

עָלָיו וְהָיְתָה צוֹעֶקֶת שֶׁיֵּשׁ רַחֲמָנוּת עָלָיו וְעָלֶיהָ כַּנַּ"ל בְּתוֹךְ כָּךְ הֵצִיץ וְרָאָה, שֶׁהַפַּאטְשֵׁילֶע מֻנַּחַת אֶצְלוֹ וְשָׁאַל: מֵאַיִן זֶה? וְהֵשִׁיב לוֹ, שֶׁהִיא כָּתְבָה עָלָיו בְּהַדִּמָעוֹת וּלְקָחָהּ וְהֵרִים אוֹתָהּ כְּנֶגֶד הַשֶּׁמֶשׁ, וְהִתְחִיל לִרְאוֹת הָאוֹתִיּוֹת, וְקָרָא מַה שֶּׁכָּתוּב שָׁם כָּל קֻבְלָנָהּ וְצַעֲקָתָהּ, כַּנַּ"ל, וְשֶׁכָּעֵת אֵינֶנָּהּ שָׁם בַּמִּבְצָר הַנַּ"ל, כִּי אִם שֶׁיְּבַקֵּשׁ הַר שֶׁל זָהָב וּמִבְצָר שֶׁל מַרְגָּלִיּוֹת, שָׁם תִּמְצָאֵנִי.

וְהִשְׁאִיר אֶת הַמְשָׁרֵת וְהִנִּיחוֹ, וְהָלַךְ לְבַדּוֹ לְבַקְשָׁהּ וְהָלַךְ כַּמָּה שָׁנִים לְבַקְשָׁהּ, וְיָשַׁב עַצְמוֹ, שֶׁבְּוַדַּאי בַּיִּשּׁוּב לֹא נִמְצָא

הַר שֶׁל זָהָב וּמִבְצָר שֶׁל מַרְגָּלִיּוֹת, כִּי הוּא בָּקִי בְּמַפַּת הָעוֹלָם [שֶׁקּוֹרִין לַאנְד קַארְט] וְעַל-כֵּן אֵלֵךְ אֶל הַמִּדְבָּרִיּוֹת וְהָלַךְ לְבַקְּשָׁהּ בַּמִּדְבָּרִיּוֹת כַּמָּה וְכַמָּה שָׁנִים.

אַחַר-כָּךְ רָאָה אָדָם גָּדוֹל מְאֹד, שֶׁאֵינוֹ [גֶּדֶר] אֱנוֹשִׁי כְּלָל שֶׁיִּהְיֶה אָדָם גָּדוֹל כָּל- כָּךְ וְנָשָׂא אִילָן גָּדוֹל, שֶׁבַּיִּשּׁוּב אֵינוֹ נִמְצָא אִילָן גָּדוֹל כָּזֶה, וְאוֹתוֹ הָאִישׁ שָׁאַל אוֹתוֹ: מִי אַתָּה? וְאָמַר לוֹ: אֲנִי אָדָם וְתָמַהּ וְאָמַר, שֶׁזֶּה כָּל-כָּךְ זְמַן שֶׁאֲנִי בְּהַמִּדְבָּר, וְלֹא רָאִיתִי מֵעוֹלָם בְּכָאן אָדָם וְסִפֵּר לוֹ כָּל הַמַּעֲשֶׂה הַנַּ"ל וְשֶׁהוּא מְבַקֵּשׁ הַר שֶׁל זָהָב וּמִבְצָר שֶׁל מַרְגָּלִיּוֹת אָמַר לוֹ: בְּוַדַּאי אֵינוֹ בַּנִּמְצָא כְּלָל, וְדָחָה אוֹתוֹ וְאָמַר לוֹ, שֶׁהִשִּׁיאוּ אֶת דַּעְתּוֹ בְּדָבָר שְׁטוּת, כִּי בְּוַדַּאי אֵינוֹ נִמְצָא כְּלָל וְהִתְחִיל לִבְכּוֹת מְאֹד [הַיְנוּ הַשֵּׁנִי לַמַּלְכוּת בָּכָה מְאֹד וְאָמַר], כִּי בְּוַדַּאי בְּהֶכְרֵחַ הוּא נִמְצָא בְּאֵיזֶה מָקוֹם, וְהוּא דָחָה אוֹתוֹ [הַיְנוּ הָאָדָם הַמְשֻׁנֶּה שֶׁפָּגַע דָּחָה אוֹתוֹ בִּדְבָרָיו וְאָמַר] כִּי בְּוַדַּאי דָּבָר שְׁטוּת אָמְרוּ לְפָנָיו וְהוּא אָמַר [הַיְנוּ הַשֵּׁנִי לַמַּלְכוּת], שֶׁבְּוַדַּאי יֵשׁ.

אָמַר לוֹ [הָאָדָם הַמְשֻׁנֶּה לְהַשֵּׁנִי לַמַּלְכוּת]: לְדַעְתִּי הִיא שְׁטוּת, אַךְ מֵחֲמַת שֶׁאַתָּה מִתְעַקֵּשׁ, הִנֵּה אֲנִי מְמֻנֶּה עַל כָּל הַחַיּוֹת, אֶעֱשֶׂה לְמַעַנְךָ וְאֶקְרָא לְכָל הַחַיּוֹת, כִּי הֵם רָצִים אֶת כָּל הָעוֹלָם, אוּלַי תֵּדַע אַחַת מֵהֶם מֵהַר וּמִבְצָר, כַּנַּ"ל, וְקָרָא אֶת כֻּלָּם מִקָּטָן וְעַד גָּדוֹל כָּל מִינֵי הַחַיּוֹת וְשָׁאַל אוֹתָם, וְכֻלָּם הֵשִׁיבוּ, שֶׁלֹּא רָאוּ וְאָמַר לוֹ: רְאֵה שֶׁשְּׁטוּת סִפְּרוּ לְפָנֶיךָ; אִם תִּשְׁמַע, שׁוּב לַאֲחוֹרֶיךָ, כִּי בְּוַדַּאי לֹא תִּמְצָא, כִּי אֵינֶנּוּ בָּעוֹלָם וְהוּא הִפְצִיר מְאֹד וְאָמַר, שֶׁבְּהֶכְרֵחַ הוּא בַּנִּמְצָא בְּוַדַּאי אָמַר לוֹ [הָאָדָם הַמְשֻׁנֶּה לְהַשֵּׁנִי לַמַּלְכוּת]: הִנֵּה בַּמִּדְבָּר נִמְצָא שָׁם אָחִי, וְהוּא מְמֻנֶּה עַל כָּל הָעוֹפוֹת, וְאוּלַי יוֹדְעִים הֵם מֵחֲמַת שֶׁהֵם פּוֹרְחִים בָּאֲוִיר בְּגָבוֹהַּ, אוּלַי רָאוּ הַר וּמִבְצָר הַנַּ"ל, וְתֵלֵךְ אֵלָיו וְתֹאמַר לוֹ, שֶׁאֲנִי שְׁלַחְתִּי אוֹתְךָ אֵלָיו.

וְהָלַךְ כַּמָּה וְכַמָּה שָׁנִים לְבַקְּשׁוֹ וּמָצָא שׁוּב אָדָם גָּדוֹל מְאֹד כַּנַּ"ל, וְנָשָׂא גַּם-כֵּן אִילָן גָּדוֹל כַּנַּ"ל וְשָׁאַל אוֹתוֹ גַּם-כֵּן כַּנַּ"ל, וְהֵשִׁיב לוֹ כָּל הַמַּעֲשֶׂה וְשֶׁאָחִיו שְׁלָחוֹ אֵלָיו וְהוּא דָחָה אוֹתוֹ גַּם-כֵּן, כִּי בְּוַדַּאי אֵינוֹ בַּנִּמְצָא וְהוּא הִפְצִיר אוֹתוֹ גַּם-כֵּן וְאָמַר

לוֹ [הָאָדָם הַזֶּה לְהַשֵּׁנִי לַמַּלְכוּת]: הִנֵּה אֲנִי מְמֻנֶּה עַל כָּל הָעוֹפוֹת; אֶקְרָא אוֹתָם, אוּלַי יוֹדְעִים הֵם וְקָרָא כָּל הָעוֹפוֹת וְשָׁאַל אֶת כֻּלָּם מִקָּטָן וְעַד גָּדוֹל, וְהֵשִׁיבוּ, שֶׁאֵינָם יוֹדְעִים מֵהַר וּמִבְצָר הַנַּ"ל אָמַר לוֹ: הֲלֹא אַתָּה רוֹאֶה שֶׁבְּוַדַּאי אֵינֶנּוּ בָּעוֹלָם, אִם תִּשְׁמַע לִי, שׁוּב לַאֲחוֹרֶיךָ, כִּי בְּוַדַּאי אֵינֶנּוּ וְהוּא [הַיְנוּ הַשֵּׁנִי לַמַּלְכוּת] הִפְצִיר אוֹתוֹ וְאָמַר, שֶׁבְּוַדַּאי יֶשְׁנוֹ בָּעוֹלָם.

אָמַר לוֹ [הָאָדָם הַב' הַזֶּה לְהַשֵּׁנִי לַמַּלְכוּת]: לְהַלָּן בַּמִּדְבָּר נִמְצָא שָׁם אָחִי, שֶׁמְּמֻנֶּה עַל כָּל הָרוּחוֹת, וְהֵם רָצִים כָּל הָעוֹלָם, אוּלַי יוֹדְעִים הֵם וְהָלַךְ כַּמָּה וְכַמָּה שָׁנִים לְבַקֵּשׁ וּמָצָא אָדָם גָּדוֹל גַּם-כֵּן כַּנַּ"ל, וְנָשָׂא גַּם- כֵּן אִילָן גָּדוֹל כַּנַּ"ל וְשָׁאַל אוֹתוֹ גַּם-כֵּן כַּנַּ"ל, וְהֵשִׁיב לוֹ כָּל הַמַּעֲשֶׂה כַּנַּ"ל, וְדָחָה אוֹתוֹ גַּם-כֵּן וְהוּא הִפְצִיר אוֹתוֹ גַּם-כֵּן וְאָמַר לוֹ [הָאָדָם הַשְּׁלִישִׁי הַזֶּה לְהַשֵּׁנִי לַמַּלְכוּת]: שֶׁלְּמַעֲנוֹ יִקְרָא שֶׁיָּבוֹאוּ כָּל הָרוּחוֹת וְיִשְׁאַל אוֹתָם וְקָרָא אוֹתָם, וּבָאוּ כָּל הָרוּחוֹת, וְשָׁאַל אֶת כֻּלָּם, וְלֹא יָדְעוּ שׁוּם אֶחָד מֵהֶם מֵהַר וּמִבְצָר הַנַּ"ל וְאָמַר לוֹ [הָאָדָם הַשְּׁלִישִׁי לְהַשֵּׁנִי לַמַּלְכוּת]: הֲלֹא אַתָּה רוֹאֶה שֶׁשְּׁטוּת סִפְּרוּ לְפָנֶיךָ וְהִתְחִיל לִבְכּוֹת מְאֹד וְאָמַר: אֲנִי יוֹדֵעַ שֶׁיֶּשְׁנוֹ בְּוַדַּאי בְּתוֹךְ כָּךְ רָאָה שֶׁבָּא עוֹד רוּחַ אֶחָד וְכָעַס עָלָיו הַמְמֻנֶּה הַנַּ"ל: מַדּוּעַ נִתְאַחַרְתָּ לָבוֹא? הֲלֹא גָּזַרְתִּי, שֶׁיָּבוֹאוּ כָּל הָרוּחוֹת, וְלָמָּה לֹא בָּאתָ עִמָּהֶם? הֵשִׁיב לוֹ, שֶׁנִּתְעַכַּבְתִּי מֵחֲמַת שֶׁהָיִיתִי צָרִיךְ לָשֵׂאת בַּת מַלְכָּה אֶל הַר שֶׁל זָהָב וּמִבְצָר שֶׁל מַרְגָּלִיּוֹת וְשָׂמַח מְאֹד וְשָׁאַל הַמְמֻנֶּה אֶת הָרוּחַ: מַה יָּקָר שָׁם [הַיְנוּ אֵיזֶה דְּבָרִים הֵם שָׁם בִּיקֶר וּבַחֲשִׁיבוּת], וְאָמַר לוֹ, שֶׁכָּל הַדְּבָרִים הֵם שָׁם בִּיקֶר גָּדוֹל וְאָמַר הַמְמֻנֶּה עַל הָרוּחוֹת לְהַשֵּׁנִי לַמַּלְכוּת: בַּאֲשֶׁר שֶׁזֶּה זְמַן גָּדוֹל כָּל-כָּךְ שֶׁאַתָּה מְבַקְּשָׁהּ וְכַמָּה יְגִיעוֹת שֶׁהָיוּ לְךָ, וְאוּלַי יִהְיֶה לְךָ עַתָּה מְנִיעָה מֵחֲמַת מָמוֹן, עַל-כֵּן אֲנִי נוֹתֵן לְךָ כְּלִי, כְּשֶׁתּוֹשִׁיט יָדְךָ לְתוֹכָהּ תְּקַבֵּל מִשָּׁם מָעוֹת וְגָזַר עַל הָרוּחַ הַנַּ"ל, שֶׁיּוֹלִיךְ אוֹתוֹ לְשָׁם וּבָא הָרוּחַ סְעָרָה וְנָשָׂא אוֹתוֹ לְשָׁם, וְהֵבִיא אוֹתוֹ אֶל שַׁעַר, וְהָיוּ עוֹמְדִים שָׁם חֲיָלוֹת, שֶׁלֹּא הִנִּיחוּ לִכְנֹס אֶל הָעִיר וְהוֹשִׁיט יָדוֹ אֶל הַכְּלִי, וְלָקַח מָעוֹת, וְשִׁחֵד אוֹתָם, וְנִכְנַס לְתוֹךְ

סיפורי מעשיות מוהר"ן

מעשה א'

הָעִיר וְהָיְתָה עִיר נָאָה.

וְהָלַךְ אֶל גְּבִיר וְשָׂכַר לוֹ מְזוֹנוֹת, כִּי צָרִיךְ לִשְׁהוֹת שָׁם, כִּי צָרִיךְ לָשׂוּם שֵׂכֶל וְחָכְמָה לְהוֹצִיאָהּ וְאֵיךְ שֶׁהוֹצִיאָהּ לֹא סִפֵּר – וּבַסּוֹף הוֹצִיאָהּ.

[וְעַיֵּן בַּהַקְדָּמָה וְתִרְאֶה רְמָזִים נִפְלָאִים עַל מַעֲשֶׂה הַזֹּאת]

מעשה ב' ממלך וקיסר

מַעֲשֶׂה בְּקֵיסָר אֶחָד, שֶׁלֹּא הָיָה לוֹ בָּנִים גַּם מֶלֶךְ אֶחָד לֹא הָיָה לוֹ בָּנִים וְנָסַע הַקֵּיסָר עַל הָאָרֶץ לְשׁוֹטֵט לְבַקֵּשׁ אוּלַי יִמְצָא אֵיזֶה עֵצָה וּתְרוּפָה לְהוֹלִיד בָּנִים גַּם הַמֶּלֶךְ נָסַע כְּמוֹ כֵן, וְנִזְדַּמְּנוּ שְׁנֵיהֶם לְפֻנְדָּק אֶחָד, וְלֹא הָיוּ יוֹדְעִים זֶה מִזֶּה וְהִכִּיר הַקֵּיסָר בְּהַמֶּלֶךְ, שֶׁיֵּשׁ לוֹ נִמּוּס [שֶׁל מַלְכוּת], וְשָׁאַל אוֹתוֹ, וְהוֹדָה לוֹ שֶׁהוּא מֶלֶךְ גַּם הַמֶּלֶךְ הִכִּיר בַּקֵּיסָר גַּם-כֵּן, וְהוֹדָה לוֹ גַּם-כֵּן; וְהוֹדִיעוּ זֶה לָזֶה שֶׁנּוֹסְעִים בִּשְׁבִיל בָּנִים וְנִתְקַשְּׁרוּ שְׁנֵיהֶם, בְּאִם שֶׁיָּבוֹאוּ לְבֵיתָם וְיוֹלִידוּ נְשׁוֹתֵיהֶם זָכָר וּנְקֵבָה בְּאֹפֶן שֶׁיִּהְיוּ יְכוֹלִים לְהִתְחַתֵּן, אֲזַי יִתְחַתְּנוּ בֵּין שְׁנֵיהֶם וְנָסַע הַקֵּיסָר לְבֵיתוֹ וְהוֹלִיד בַּת, וְהַמֶּלֶךְ נָסַע לְבֵיתוֹ וְהוֹלִיד בֵּן, וְהַהִתְקַשְּׁרוּת הַנַּ"ל נִשְׁכַּח מֵהֶם.

וְשָׁלַח הַקֵּיסָר אֶת בִּתּוֹ לִלְמֹד, גַּם הַמֶּלֶךְ שָׁלַח אֶת בְּנוֹ לִלְמֹד וְנִזְדַּמְּנוּ שְׁנֵיהֶם אֵצֶל מְלַמֵּד אֶחָד, וְהָיוּ אוֹהֲבִים זֶה אֶת זֶה מְאֹד, וְנִתְקַשְּׁרוּ בֵּינֵיהֶם, שֶׁיִּשְּׂאוּ זֶה לָזֶה וְנָטַל הַבֵּן מֶלֶךְ טַבַּעַת וְנָתַן עַל יָדָהּ, וְנִתְחַתְּנוּ יַחַד אַחַר- כָּךְ שָׁלַח הַקֵּיסָר אַחַר בִּתּוֹ וֶהֱבִיאָהּ לְבֵיתוֹ גַּם הַמֶּלֶךְ שָׁלַח אַחַר בְּנוֹ וֶהֱבִיאוֹ לְבֵיתוֹ וְהָיוּ מְדַבְּרִים שִׁדּוּכִים לְבַת הַקֵּיסָר, וְלֹא רָצְתָה שׁוּם שִׁדּוּךְ מֵחֲמַת הִתְקַשְּׁרוּת הַנַּ"ל, וְהַבֵּן מֶלֶךְ הָיָה מְגַעְגֵּעַ מְאֹד אַחֲרֶיהָ גַּם הַבַּת קֵיסָר הָיְתָה עֲצֵבָה תָּמִיד וְהָיָה הַקֵּיסָר מוֹלִיכָהּ לַחֲצֵרוֹת שֶׁלּוֹ וּפָלָטִין [ארמון] שֶׁלּוֹ, וְהֶרְאָה אוֹתָהּ גְּדֻלָּתָהּ-וְהִיא הָיְתָה עֲצֵבָה וְהַבֵּן מֶלֶךְ הָיָה מְגַעְגֵּעַ מְאֹד אַחֲרֶיהָ עַד שֶׁנֶּחֱלָה, וְכָל מַה שֶּׁשָּׁאֲלוּ אוֹתוֹ עַל מָה אַתָּה חוֹלֶה, לֹא רָצָה לְהַגִּיד, וְאָמְרוּ לְהַמְשַׁמֵּשׁ אוֹתוֹ: אוּלַי תּוּכַל אַתָּה לַחֲקֹר אֶצְלוֹ? וְאָמַר לָהֶם, שֶׁהוּא יוֹדֵעַ, כִּי הוּא הָיָה עִמּוֹ אָז בַּמָּקוֹם שֶׁלָּמַד שָׁם, וְהִגִּיד לָהֶם הַדָּבָר וַאֲזַי נִזְכַּר הַמֶּלֶךְ, שֶׁכְּבָר נִתְחַתֵּן הוּא עִם הַקֵּיסָר מִקֹּדֶם וְהָלַךְ וְכָתַב לְהַקֵּיסָר, שֶׁיָּכִין עַצְמוֹ עַל הַחֲתֻנָּה, כִּי כְּבָר נִתְקַשְּׁרוּ מִקֹּדֶם כַּנַּ"ל וְלֹא רָצָה הַקֵּיסָר, אַךְ לֹא הָיָה יָכוֹל לְהָעֵיז וּלְסָרֵב, וְהֵשִׁיב לוֹ, שֶׁיִּשְׁלַח הַמֶּלֶךְ בְּנוֹ אֵלָיו, וְיִרְאֶה אִם יוּכַל לִנְהֹג מְדִינוֹת-אֲזַי יַשִּׂיא בִּתּוֹ

אֵלָיו; וְשָׁלַח בְּנוֹ אֵלָיו [הַיְנוּ שֶׁהַמֶּלֶךְ שָׁלַח בְּנוֹ לְהַקֵּיסָר, כַּאֲשֶׁר צִוָּה הַקֵּיסָר כַּנַּ"ל] וְהוֹשִׁיבוֹ הַקֵּיסָר בְּתוֹךְ חֶדֶר וּמָסַר לוֹ נְיָרוֹת שֶׁל עִסְקֵי הַמְּדִינָה, לִרְאוֹת אִם יוּכַל לִנְהֹג אֶת הַמְּדִינָה.

וְהַבֶּן מֶלֶךְ הָיָה מִתְגַּעְגֵּעַ מְאֹד לִרְאוֹת אוֹתָהּ, וְלֹא הָיָה אֶפְשָׁר לוֹ לִרְאוֹתָהּ פַּעַם אֶחָד הָלַךְ אֵצֶל כֹּתֶל שֶׁל אַסְפַּקְלַרְיָא [מראה], וְרָאָה אוֹתָהּ, וְנָפַל חַלָּשׁוּת, וּבָאתָה הִיא אֵלָיו וְנִעֲרַתּוּ וְסִפְּרָה לוֹ, שֶׁאֵינָהּ רוֹצָה שׁוּם שִׁדּוּךְ מֵחֲמַת הַהִתְקַשְּׁרוּת עִמּוֹ וְאָמַר לָהּ: מַה נַּעֲשֶׂה, וְאָבִיךְ אֵינוֹ רוֹצֶה? וְאָמְרָה: אַף-עַל-פִּי- כֵן אַחַר-כָּךְ הִתְיַעֲצוּ, שֶׁיַּנִּיחוּ לִפְרֹשׂ עַצְמָם עַל הַיָּם וְשָׂכְרוּ לָהֶם סְפִינָה וּפָרְשׂוּ בַּיָּם וְהָלְכוּ עַל הַיָּם, אַחַר-כָּךְ רָצוּ לְקָרֵב עַצְמָם אֶל הַסְּפָר [שפת הים], וּבָאוּ לַסְּפָר וְהָיָה שָׁם יַעַר, וְהָלְכוּ לְשָׁם וְלָקְחָה הַבַּת קֵיסָר הַטַּבַּעַת וְנָתְנָה לוֹ, וְהִיא שָׁכְבָה שָׁם אַחַר-כָּךְ רָאָה הַבֶּן מֶלֶךְ, שֶׁבְּסָמוּךְ תַּעֲמֹד, וְהִנִּיחַ הַטַּבַּעַת אֶצְלָהּ אַחַר-כָּךְ עָמְדוּ וְהָלְכוּ אֶל הַסְּפִינָה בְּתוֹךְ כָּךְ נִזְכְּרָה, שֶׁשָּׁכְחוּ הַטַּבַּעַת שָׁם, וְשָׁלְחָה אוֹתוֹ אַחֲרֵי הַטַּבַּעַת וְהָלַךְ לְשָׁם, וְלֹא הָיָה יָכוֹל לִמְצֹא הַמָּקוֹם וְהָלַךְ לְמָקוֹם אַחֵר, וְלֹא הָיָה יָכוֹל לִמְצֹא הַטַּבַּעַת וְהָיָה הוֹלֵךְ לְבַקְּשׁוֹ מִמָּקוֹם לְמָקוֹם, עַד שֶׁנִּתְעָה, וְלֹא הָיָה יָכוֹל לַחֲזֹר וְהִיא הָלְכָה לְבַקְּשׁוֹ, וְנִתְעֵית גַּם-כֵּן וְהָיָה הוּא הוֹלֵךְ וְתוֹעֶה, הוֹלֵךְ וְתוֹעֶה אַחַר-כָּךְ רָאָה דֶּרֶךְ, וְהָלַךְ לַיִּשּׁוּב; וְלֹא הָיָה לוֹ מַה לַּעֲשׂוֹת, וְנַעֲשָׂה מְשָׁרֵת גַּם הִיא הָיְתָה הוֹלֶכֶת וְתוֹעָה, וְיָשְׁבָה עַצְמָהּ, שֶׁתֵּשֵׁב אֵצֶל הַיָּם, וְהָלְכָה אֶל שְׂפַת הַיָּם, וְהָיָה שָׁם אִילָנוֹת שֶׁל פֵּרוֹת, וְיָשְׁבָה שָׁם, וּבַיּוֹם הָיְתָה הוֹלֶכֶת אֵצֶל הַיָּם, אוּלַי תִּמְצָא עוֹבְרִים וְשָׁבִים, וְהָיְתָה מִתְפַּרְנֶסֶת מֵהַפֵּרוֹת, וּבַלַּיְלָה הָיְתָה עוֹלָה עַל אִילָן כְּדֵי שֶׁתִּהְיֶה נִשְׁמֶרֶת מִן הַחַיּוֹת.

וַיְהִי הַיּוֹם, וְהָיָה סוֹחֵר גָּדוֹל מֻפְלָג מְאֹד, וְהָיָה לוֹ מַשָּׂא וּמַתָּן בְּכָל הָעוֹלָם וְהָיָה לוֹ בֵּן יָחִיד, וְהַסּוֹחֵר הָיָה זָקֵן פַּעַם אֶחָד אָמַר הַבֵּן לְאָבִיו: בַּאֲשֶׁר שֶׁאַתָּה זָקֵן וַאֲנִי נַעַר, וְהַנֶּאֱמָנִים שֶׁלְּךָ אֵינָם מַשְׁגִּיחִים כְּלָל עָלַי, וְאַתָּה תִּסְתַּלֵּק, וְאֶהְיֶה נִשְׁאָר רֵיק, וְלֹא אֵדַע מַה לַּעֲשׂוֹת-בְּכֵן תֵּן לִי סְפִינָה עִם סְחוֹרָה,

וְאֵלֵךְ עַל הַיָּם כְּדֵי לִהְיוֹת בָּקִי בְּמַשָּׂא וּמַתָּן וְנָתַן לוֹ אָבִיו סְפִינָה עִם סְחוֹרָה, וְהָלַךְ לַמְּדִינוֹת, וּמָכַר הַסְּחוֹרָה, וְקָנָה סְחוֹרָה אַחֶרֶת וְהִצְלִיחַ.

בִּהְיוֹתוֹ עַל הַיָּם, רָאוּ אוֹתָן הָאִילָנוֹת הַנַּ"ל [שֶׁהָיְתָה הַבַּת קֵיסָר שָׁם], וְסָבְרוּ שֶׁהוּא יִשּׁוּב, וְרָצָה לֵילֵךְ לְשָׁם; וּכְשֶׁנִּתְקָרְבוּ רָאוּ שֶׁהֵם אִילָנוֹת, וְרָצוּ לַחֲזֹר בְּתוֹךְ כָּךְ הֵצִיץ הַסּוֹחֵר [הַיְנוּ בֶּן הַסּוֹחֵר הַנַּ"ל] לְתוֹךְ הַיָּם וְרָאָה שָׁם אִילָן, וְעָלָיו כְּמַרְאֵה אָדָם, וְסָבַר שֶׁמָּא הוּא טוֹעֶה עַצְמוֹ, וְהִגִּיד לִשְׁאָר הָאֲנָשִׁים שֶׁהָיוּ שָׁם, וְהִבִּיטוּ וְרָאוּ גַּם-כֵּן כְּמַרְאֵה אָדָם עַל הָאִילָן וְהִתְיַשְּׁבוּ לְהִתְקָרֵב לְשָׁם, וְשָׁלְחוּ אִישׁ עִם סְפִינָה קְטַנָּה לְשָׁם וְהֵם הָיוּ מַבִּיטִים בְּתוֹךְ הַיָּם כְּדֵי לְכַוֵּן אֶת הַשָּׁלִיחַ, שֶׁלֹּא יִטְעֶה מִן הַדֶּרֶךְ, כְּדֵי שֶׁיֵּלֵךְ מְכֻוָּן אֶל הָאִילָן הַנַּ"ל וְהָלַךְ לְשָׁם, וְרָאָה, שֶׁיּוֹשֵׁב שָׁם אָדָם, וְהִגִּיד לָהֶם.

וְהָלַךְ בְּעַצְמוֹ [בֶּן הַסּוֹחֵר הַנַּ"ל] וְרָאָה, שֶׁיּוֹשֶׁבֶת שָׁם [הַיְנוּ הַבַּת קֵיסָר הַנַּ"ל, שֶׁהָיְתָה יוֹשֶׁבֶת שָׁם כַּנַּ"ל] וְאָמַר לָהּ שֶׁתֵּרֵד וְאָמְרָה לוֹ, שֶׁאֵינָהּ רוֹצָה לִכְנֹס אֶל הַסְּפִינָה כִּי אִם שֶׁיַּבְטִיחָהּ, שֶׁלֹּא יִגַּע בָּהּ כִּי אִם כְּשֶׁיָּבוֹא לְבֵיתוֹ וְיִשָּׂא אוֹתָהּ כַּדָּת וְהִבְטִיחַ לָהּ, וְנִכְנְסָה אֶצְלוֹ לַסְּפִינָה וְרָאָה, שֶׁהִיא מְזַמֶּרֶת עַל כְּלֵי-זֶמֶר וִיכוֹלָה לְדַבֵּר בְּכַמָּה לְשׁוֹנוֹת, וְשָׂמַח עַל שֶׁנִּזְדַּמְּנָה לוֹ.

אַחַר-כָּךְ, כְּשֶׁהִתְחִילוּ לְהִתְקָרֵב לְבֵיתוֹ, אָמְרָה לוֹ, שֶׁהַיּשֶׁר-שֶׁיֵּלֵךְ לְבֵיתוֹ וְיוֹדִיעַ לְאָבִיו וּקְרוֹבָיו וְכָל מְיֻדָּעָיו, שֶׁכֻּלָּם יֵצְאוּ לִקְרָאתָהּ, בַּאֲשֶׁר שֶׁמּוֹלִיךְ אִשָּׁה חֲשׁוּבָה כָּזוֹ, וְאַחַר-כָּךְ יִתְוַדַּע לוֹ מִי הִיא [כִּי גַּם מִקֹּדֶם הַתְּנָה הִיא עִמּוֹ שֶׁלֹּא יִשְׁאַל אוֹתָהּ מִי הִיא עַד אַחַר הַחֲתֻנָּה, אָז יֵדַע מִי הִיא]-וְהִסְכִּים עִמָּהּ אָמְרָה לוֹ: גַּם הַיּשֶׁר- בַּאֲשֶׁר שֶׁאַתָּה מוֹלִיךְ אִשָּׁה כָּזוֹ, שֶׁתְּשַׁכֵּר אֶת כָּל הַמַּאטְרָאסִין [מלחים] הַמּוֹלִיכִין הַסְּפִינָה, לְמַעַן יֵדְעוּ, שֶׁהַסּוֹחֵר שֶׁלָּהֶם יֵשׁ לוֹ נִשּׂוּאִין עִם אִשָּׁה כָּזוֹ וְהִסְכִּים עִמָּהּ.

וְלָקַח יַיִן טוֹב מְאֹד, שֶׁהָיָה לוֹ בַּסְּפִינָה, וְנָתַן לָהֶם, וְנִשְׁתַּכְּרוּ מְאֹד, וְהוּא הָלַךְ לְבֵיתוֹ לְהוֹדִיעַ לְאָבִיו וּקְרוֹבָיו כַּנַּ"ל,

וְהַמַּאטְרָאסִין נִשְׁתַּכְּרוּ וְיָצְאוּ מִן הַסְּפִינָה, וְנָפְלוּ וְשָׁכְבוּ בְּשִׁכְרוּתָם.

וּבְעוֹד שֶׁהָיוּ מְכִינִים עַצְמָם שָׁם לֵילֵךְ לִקְרָאתָהּ עִם כָּל הַמִּשְׁפָּחָה, הָלְכָה הִיא וְהִתִּירָה הַסְּפִינָה מִן הַסְּפָר, וּפֵרְשָׂה הַוִּילוֹנוֹת [הַיְנוּ הַלַּוְוינְטְן], וְהָלְכָה לָהּ עִם הַסְּפִינָה וְהֵם בָּאוּ אֶל הַסְּפִינָה [הַיְנוּ כָּל הַמִּשְׁפָּחָה שֶׁל הַסּוֹחֵר] וְלֹא מָצְאוּ דָּבָר וְחָרָה לְהַסּוֹחֵר, אֲבִי הַבֵּן הַנַּ"ל, מְאֹד, וְהוּא צוֹעֵק וְאוֹמֵר [הַיְנוּ הַבֵּן שֶׁל הַסּוֹחֵר הַנַּ"ל, שֶׁהָיָה בָּא עִם הַסְּפִינָה הַנַּ"ל, צָעַק וְאָמַר]: תַּאֲמִין לִי, שֶׁהֵבֵאתִי סְפִינָה עִם סְחוֹרָה וְכוּ'- וְהֵם אֵינָם רוֹאִים דָּבָר וְאָמַר לוֹ: תִּשְׁאַל לְהַמַּאטְרָאסִין! וְהָלַךְ לִשְׁאֹל אוֹתָם, וְהֵם שׁוֹכְבִים שִׁכּוֹרִים, אַחַר-כָּךְ נִנְעֲרוּ וְשָׁאַל לָהֶם, וְאֵינָם יוֹדְעִים כְּלָל מָה עָבַר עֲלֵיהֶם, רַק יוֹדְעִים, שֶׁהֵבִיאוּ סְפִינָה עִם כָּל הַנַּ"ל, וְאֵינָם יוֹדְעִים הֵיכָן הוּא וְחָרָה הַסּוֹחֵר מְאֹד עַל בְּנוֹ, וְגֵירְשׁוֹ מִבֵּיתוֹ, וְלֹא יָבוֹא לְנֶגֶד פָּנָיו וְהָלַךְ מִמֶּנּוּ נָע וָנָד, וְהִיא [הַיְינוּ הַבַּת קֵיסָר הַנַּ"ל] הָיְתָה הוֹלֶכֶת עַל הַיָּם.

וַיְהִי הַיּוֹם, וְהָיָה מֶלֶךְ אֶחָד, וְהָיָה בּוֹנֶה לוֹ פָּלָטִין עַל הַיָּם, כִּי שָׁם הוּטַב בְּעֵינָיו לִבְנוֹת פָּלָטִין מֵחֲמַת אֲוִיר הַיָּם וְהַסְּפִינוֹת הוֹלְכוֹת שָׁם וְהִיא [הַיְנוּ הַבַּת קֵיסָר הַנַּ"ל] הָיְתָה הוֹלֶכֶת עַל הַיָּם, וּבָאתָה סָמוּךְ לַפָּלָטִין שֶׁל הַמֶּלֶךְ הַנַּ"ל וְהַמֶּלֶךְ הִבִּיט וְרָאָה סְפִינָה בְּלִי מַנְהִיגִים, וְאֵין שָׁם אֲנָשִׁים, וְסָבַר שֶׁהוּא טוֹעֶה עַצְמוֹ וְצִוָּה לַאֲנָשָׁיו, שֶׁיִּסְתַּכְּלוּ, וְרָאוּ גַּם-כֵּן כֵּן, וְהִיא נִתְקָרְבָה אֶל הַפָּלָטִין אַחַר-כָּךְ הִתְיַשְּׁבָה עַצְמָהּ: לָמָּה לָהּ הַפָּלָטִין? וְהִתְחִילָה לַחֲזֹר וְשָׁלַח הַמֶּלֶךְ וְהֶחֱזִירָהּ וֶהֱבִיאָהּ לְבֵיתוֹ וְהַמֶּלֶךְ הַנַּ"ל לֹא הָיָה לוֹ אִשָּׁה, כִּי לֹא הָיָה יָכוֹל לִבְרֹר לוֹ, כִּי מִי שֶׁהָיָה רוֹצֶה- לֹא רָצְתָה הִיא, וְכֵן לְהֵפֶךְ, וּכְשֶׁבָּאתָה לְשָׁם הַבַּת קֵיסָר הַנַּ"ל, אָמְרָה לוֹ, שֶׁיִּשָּׁבַע לָהּ, שֶׁלֹּא יִגַּע בָּהּ עַד שֶׁיִּשָּׂאֶנָּה כַּדָּת וְנִשְׁבַּע לָהּ וְאָמְרָה לוֹ, שֶׁרָאוּי שֶׁלֹּא יִפְתַּח אֶת הַסְּפִינָה שֶׁלָּהּ וְלֹא יִגַּע בָּהּ, רַק שֶׁתַּעֲמֹד כָּךְ עַל הַיָּם עַד הַנִּשּׂוּאִין, וְאָז יִרְאוּ הַכֹּל אֶת רִבּוּי הַסְּחוֹרָה שֶׁהֵבִיאָה, לְבַל יֹאמְרוּ, שֶׁלָּקַח אִשָּׁה מִן הַשּׁוּק וְהִבְטִיחַ לָהּ כֵּן.

וְהַמֶּלֶךְ כָּתַב לְכָל הַמְּדִינוֹת, שֶׁיִּתְקַבְּצוּ וְיָבוֹאוּ עַל הַחֲתֻנָּה שֶׁלּוֹ, וּבָנָה פָּלָטִין.
בִּשְׁבִילָהּ וְהִיא צִוְּתָה, שֶׁיָּבִיאוּ לָהּ אַחַד-עָשָׂר בְּנוֹת שָׂרִים שֶׁיִּהְיוּ עִמָּהּ וְצִוָּה הַמֶּלֶךְ, וְשָׁלְחוּ לָהּ אַחַד-עָשָׂר בְּנוֹת שָׂרִים גְּדוֹלִים מְאֹד, וּבָנְאוּ לְכָל אַחַת פָּלָטִין מְיֻחָד, וְהִיא הָיְתָה לָהּ גַּם-כֵּן פָּלָטִין מְיֻחָד וְהָיוּ מִתְקַבְּצוֹת אֵלֶיהָ, וְהָיוּ מְנַגְּנוֹת בִּכְלֵי-שִׁיר וּמְשַׂחֲקִים שָׁם עִמָּהּ פַּעַם אַחַת אָמְרָה לָהֶם, שֶׁתֵּלֵךְ עִמָּהֶם עַל הַיָּם, וְהָלְכוּ עִמָּהּ, וְהָיוּ מְשַׂחֲקִים שָׁם וְאָמְרָה לָהֶם, שֶׁתְּכַבֵּד אוֹתָם בְּיַיִן טוֹב שֶׁיֵּשׁ לָהּ וְנָתְנָה לָהֶם מֵהַיַּיִן שֶׁבַּסְּפִינָה, וְנִשְׁתַּכְּרוּ וְנָפְלוּ וְשָׁכְבוּ וְהָלְכָה וְהִתִּירָה הַסְּפִינָה, וּפֵרְשָׂה הַוִּילוֹנוֹת-וּבָרְחָה עִם הַסְּפִינָה וְהֵם [הַיְנוּ הַמֶּלֶךְ וַאֲנָשָׁיו] הֵצִיצוּ וְרָאוּ שֶׁהַסְּפִינָה אֵינֶנָּה וְנִבְהֲלוּ מְאֹד, וְאָמַר הַמֶּלֶךְ: הִזָּהֲרוּ שֶׁלֹּא לְהַגִּיד לָהּ פִּתְאֹם, כִּי צַעֲרָהּ יִהְיֶה גָּדוֹל מְאֹד עַל סְפִינָה יְקָרָה כָּזוֹ [כִּי הַמֶּלֶךְ לֹא הָיָה יוֹדֵעַ, שֶׁהִיא בְּעַצְמָהּ בָּרְחָה עִם הַסְּפִינָה, וְהָיָה סָבוּר שֶׁהִיא עֲדַיִן בְּחַדְרָהּ], גַּם אוּלַי תִּסְבֹּר, שֶׁהַמֶּלֶךְ נָתַן לְאֶחָד אֶת הַסְּפִינָה, רַק יִשְׁלְחוּ אֶת שָׂרָה אַחַת מֵהַבָּנוֹת שָׂרִים הַנַּ"ל לְהַגִּיד לָהּ בְּחָכְמָה וְהָלְכוּ לְחֶדֶר אֶחָד-וְלֹא מָצְאוּ אָדָם, וְכֵן לְחֶדֶר שֵׁנִי וְכֵן לְכָל הָאַחַד-עָשָׂר חֲדָרִים-וְלֹא מָצְאוּ אָדָם וְהִסְכִּימוּ לִשְׁלֹחַ בַּלַּיְלָה שָׂרָה זְקֵנָה לְהַגִּיד לָהּ וְהָלְכוּ לְחַדְרָהּ-וְלֹא מָצְאוּ אָדָם, וְנִבְהֲלוּ מְאֹד.
וַאֲבִיהֶן שֶׁל הַבָּנוֹת שָׂרִים הַנַּ"ל, שֶׁהָיוּ רְגִילִים שֶׁיַּגִּיעוּ לָהֶם אִגְּרוֹת זֶה מִזֶּה, וְעַתָּה רָאוּ שֶׁהֵם שׁוֹלְחִים אִגְּרוֹת, וְאֵין לָהֶם שׁוּם אִגֶּרֶת מִבְּנוֹתֵיהֶם עָמְדוּ הַשָּׂרִים וְנָסְעוּ בְּעַצְמָן לְשָׁם-וְלֹא מָצְאוּ אֶת בְּנוֹתֵיהֶם וְחָרָה לָהֶם מְאֹד, וְאָמְרוּ לִשְׁלֹחַ אֶת הַמֶּלֶךְ [דְּהַיְנוּ לְמָקוֹם שֶׁשּׁוֹלְחִין הַחַיָּבִים מִיתָה, שֶׁקּוֹרִין פַּר שִׁיקְן], כִּי הֵם הָיוּ הַשָּׂרֵי מְלוּכָה, אַךְ נִתְיַשְּׁבוּ: מֶה חָטָא הַמֶּלֶךְ שֶׁיִּתְחַיֵּב שִׁלּוּחַ, כִּי נֶאֱנַס בְּדָבָר? וְהִסְכִּימוּ לְהַעֲבִירוֹ מִמַּלְכוּתוֹ וּלְגָרְשׁוֹ, וְהֶעֱבִירוּ אוֹתוֹ וְגֵרְשׁוּהוּ, וְהָלַךְ לוֹ.
וְהִיא [הַיְנוּ הַבַּת קֵיסָר הַנַּ"ל, שֶׁבָּרְחָה עִם הָאַחַד- עָשָׂר בְּנוֹת שָׂרִים] הָלְכָה עִם הַסְּפִינָה אַחַר- כָּךְ נִנְעֲרוּ הַשָּׂרוֹת הַנַּ"ל [וְהִתְחִילוּ שׁוּב לְשַׂחֵק כְּמִקֹּדֶם, כִּי לֹא יָדְעוּ שֶׁהַסְּפִינָה כְּבָר

הָלְכָה מִן הַסְּפָר], וְאָמְרוּ לָהּ: נַחֲזֹר! וְהֵשִׁיבָה לָהֶם: נִשְׁהֶה עוֹד כָּאן קְצָת אַחַר-כָּךְ עָמַד רוּחַ סְעָרָה וְאָמְרוּ: נַחֲזֹר לְבֵיתֵנוּ! וְהוֹדִיעָה לָהֶם, שֶׁהַסְּפִינָה כְּבָר פֵּרְשָׁה מִן הַסְּפָר וְשָׁאֲלוּ אוֹתָהּ עַל מֶה עָשְׂתָה כֵּן, וְאָמְרָה, שֶׁהָיְתָה יְרֵאָה פֶּן תִּשָּׁבֵר מֵחֲמַת הָרוּחַ סְעָרָה, עַל-כֵּן הֻכְרְחָה לְהַתִּירָהּ וְלִפְרֹשׂ הַוִּילָאוֹת וְהָיוּ הוֹלְכִים עַל הַיָּם [הַבַּת קֵיסָר עִם הָאַחַד-עָשָׂר בְּנוֹת שָׂרִים הַנַּ"ל], וְהָיוּ מְזַמְּרִים שָׁם בִּכְלֵי-זֶמֶר וּפָגְעוּ בְּפַלָטִין, וְאָמְרוּ לָהּ הַשָּׂרוֹת הַנַּ"ל: נִתְקָרֵב לְשָׁם! וְלֹא רָצְתָה, וְאָמְרָה כִּי נִתְחָרְטָה עַל שֶׁנִּתְקָרְבָה אֵצֶל פַּלָטִין הַנַּ"ל [הַיְנוּ עַל שֶׁנִּתְקָרְבָה לַפָּלָטִין שֶׁל הַמֶּלֶךְ הַנַּ"ל, שֶׁרָצָה לִשָּׂא אוֹתָהּ כַּנַּ"ל] אַחַר-כָּךְ רָאוּ כְּמִין אִי הַיָּם, וְנִתְקָרְבוּ לְשָׁם וְהָיוּ שָׁם שְׁנֵים-עָשָׂר גַּזְלָנִים, וְרָצוּ לְהָרְגָם וְשָׁאֲלָה הִיא: מִי הַגָּדוֹל שֶׁבָּכֶם? וְהֶרְאוּ לָהּ אָמְרָה לוֹ: מַה מַּעֲשֵׂיכֶם? אָמַר לָהּ, שֶׁהֵם גַּזְלָנִים אָמְרָה לוֹ: אַף אֲנַחְנוּ גַּזְלָנִים, רַק שֶׁאַתֶּם גַּזְלָנִים בַּגְּבוּרָה שֶׁלָּכֶם, וַאֲנַחְנוּ גַּזְלָנִים עַל-יְדֵי חָכְמָה, כִּי אָנוּ מְלֻמָּדִים בִּלְשׁוֹנוֹת וּבִכְלֵי-זֶמֶר, בְּכֵן מַה בֶּצַע כִּי תַּהַרְגוּ אוֹתָנוּ?! הֲלֹא טוֹב שֶׁתִּשְּׂאוּ אוֹתָנוּ לְנָשִׁים, וְיִהְיֶה לָכֶם גַּם הָעֲשִׁירוּת שֶׁלָּנוּ וְהֶרְאֲתָה הִיא לָהֶם מַה שֶּׁבַּסְּפִינָה, וְנִתְרַצּוּ לִדְבָרֶיהָ, וְהֶרְאוּ הַגַּזְלָנִים לָהֶם גַּם-כֵּן כָּל הָעֲשִׁירוּת שֶׁלָּהֶם, וְהוֹלִיכוּ אוֹתָם בְּכָל הַמְּקוֹמוֹת שֶׁלָּהֶם, וְהִסְכִּימוּ שֶׁלֹּא יִהְיוּ נוֹשְׂאִים בְּבַת-אַחַת, כִּי אִם בָּזֶה אַחַר זֶה [הַיְנוּ שֶׁכָּל הַגַּזְלָנִים הַנַּ"ל לֹא יִהְיוּ נוֹשְׂאִים אֶת הַשְּׂרָרוֹת הַנַּ"ל כֻּלָּם בְּבַת-אַחַת, רַק הַנִּשּׂוּאִין שֶׁלָּהֶם יִהְיֶה בָּזֶה אַחַר זֶה] גַּם שֶׁיִּבְרְרוּ לְכָל אֶחָד שְׂרָרָה אַחַת לְפִי הָרָאוּי לוֹ, הַגָּדוֹל לְפִי גָּדְלוֹ וְכוּ'.

אַחַר-כָּךְ אָמְרָה לָהֶם, שֶׁתְּכַבֵּד אוֹתָם בְּיַיִן טוֹב, נִפְלָא מְאֹד, שֶׁיֵּשׁ לָהּ.

בַּסְּפִינָה, שֶׁאֵינָהּ מִסְתַּפֶּקֶת מִמֶּנּוּ, רַק הוּא טָמוּן אֶצְלָהּ עַד יוֹם שֶׁיְּזַמֵּן לָהּ הַשֵּׁם יִתְבָּרַךְ הַזִּוּוּג שֶׁלָּהּ וְנָתְנָה לָהֶם הַיַּיִן בִּשְׁנֵים-עָשָׂר גְּבִיעִים וְאָמְרָה, שֶׁכָּל אֶחָד יִשְׁתֶּה לְכָל אֶחָד מֵהַשְּׁנֵים-עָשָׂר, וְשָׁתוּ וְנִשְׁתַּכְּרוּ וְנָפְלוּ וְאָמְרָה לְחַבְרוֹתֶיהָ הַנַּ"ל: לְכוּ וְשַׁחֲטוּ כָּל אַחַת אֶת בַּעְלָהּ, וְהָלְכוּ וְשָׁחֲטוּ כֻּלָּם וּמָצְאוּ שָׁם עֲשִׁירוּת מֻפְלָג מְאֹד, שֶׁלֹּא הָיָה אֵצֶל שׁוּם מֶלֶךְ,

וְהִסְכִּימוּ שֶׁלֹּא לִקַּח נְחֹשֶׁת וְלֹא כֶּסֶף, כִּי אִם זָהָב וַאֲבָנִים טוֹבוֹת וְהִשְׁלִיכוּ מִן הַסְּפִינָה שֶׁלָּהֶם דְּבָרִים שֶׁאֵינָם חֲשׁוּבִים כָּל- כָּךְ, וְטָעֲנוּ כָּל הַסְּפִינָה עִם דְּבָרִים יְקָרִים: זָהָב וַאֲבָנִים טוֹבוֹת שֶׁמָּצְאוּ שָׁם, וְהִסְכִּימוּ שֶׁלֹּא לֵילֵךְ עוֹד מְלֻבָּשׁ כְּמוֹ נָשִׁים, וְתָפְרוּ לָהֶם בִּגְדֵי זְכָרִים, מַלְבּוּשֵׁי אַשְׁכְּנַז, וְהָלְכוּ עִם הַסְּפִינָה.

וַיְהִי הַיּוֹם וְהָיָה מֶלֶךְ אֶחָד זָקֵן וְהָיָה לוֹ בֵּן יָחִיד, וְהִשִּׂיא אוֹתוֹ, וּמָסַר מַלְכוּתוֹ לִבְנוֹ אָמַר הַבֵּן מֶלֶךְ, שֶׁיֵּלֵךְ וִיטַיֵּל עִם אִשְׁתּוֹ בַּיָּם, כְּדֵי שֶׁתִּהְיֶה רְגִילָה בַּאֲוִיר הַיָּם פֶּן, חַס וְשָׁלוֹם, מֻכְרָחִים בְּאֵיזוֹ פַּעַם לִבְרֹחַ בַּיָּם וְהָלַךְ עִם אִשְׁתּוֹ עִם הַשָּׂרֵי מְלוּכָה וּפָרְשׂוּ בַּסְּפִינָה, וְהָיוּ שָׁם שְׂמֵחִים וּמְשַׂחֲקִים מְאֹד אַחַר-כָּךְ אָמְרוּ שֶׁיִּפְשְׁטוּ כֻּלָּם בִּגְדֵיהֶם [הַיְנוּ הַבֵּן מֶלֶךְ עִם הַשָּׂרֵי מְלוּכָה שֶׁהָיוּ שָׁם בַּסְּפִינָה הִתְיַעֲצוּ מֵחֲמַת שִׂמְחָה, שֶׁיִּהְיוּ כֻּלָּם פּוֹשְׁטִים אֶת בִּגְדֵיהֶם, וְכֵן עָשׂוּ] וְלֹא נִשְׁאַר עֲלֵיהֶם כִּי אִם הַכְּתֹנֶת וְהָיוּ מִתְחַזְּקִין לַעֲלוֹת עַל הַתֹּרֶן וְהָיָה הַבֵּן מֶלֶךְ הַנַּ"ל מִתְחַזֵּק לַעֲלוֹת לְשָׁם.

וְהִיא [הַיְנוּ הַבַּת קֵיסָר הַנַּ"ל] בָּאתָה עִם הַסְּפִינָה [שֶׁלָּהּ הַנַּ"ל] וְרָאֲתָה אוֹתוֹ הַסְּפִינָה הַנַּ"ל [הַיְנוּ הַסְּפִינָה שֶׁל הַבֵּן-מֶלֶךְ עִם שָׂרֵי מְלוּכָה הַנַּ"ל], וּבִתְחִלָּה הָיְתָה יְרֵאָה לְהִתְקָרֵב אַחַר-כָּךְ נִסְמְכוּ קְצָת, וְרָאוּ שֶׁהֵם מְשַׂחֲקִים מְאֹד, וְהֵבִינוּ שֶׁאֵינָם גַּזְלָנִים, וְהִתְחִילוּ לְהִתְקָרֵב אָמְרָה הַבַּת קֵיסָר לַחֲבְרוֹתֶיהָ: אֲנִי יְכוֹלָה לְהַפִּיל אֶת אוֹתוֹ הַקֵּרֵחַ לְתוֹךְ הַיָּם [הַיְנוּ אֶת הַבֵּן מֶלֶךְ הַנַּ"ל, שֶׁהָיָה עוֹלֶה בְּרֹאשׁ הַתֹּרֶן, כַּנַּ"ל] כִּי הַבֵּן מֶלֶךְ הַנַּ"ל הָיָה קֵרֵחַ, דְּהַיְנוּ שֶׁהָיָה מֻקְרָח רֹאשׁוֹ מִשְּׂעָרוֹת אָמְרוּ לָהּ: וְאֵיךְ אֶפְשָׁר; הֲלֹא אָנוּ רְחוֹקִים מֵהֶם מְאֹד אָמְרָה לָהֶן שֶׁיֵּשׁ זְכוּכִית שֶׁשּׂוֹרֵף, וְעַל-יְדֵי זֶה תַּפִּיל אוֹתוֹ וְאָמְרָה שֶׁלֹּא לְהַפִּיל אוֹתוֹ עַד שֶׁיַּעֲלֶה עַל רֹאשׁ הַתֹּרֶן מַמָּשׁ, כִּי כְּשֶׁהוּא בְּאֶמְצָעִית הַתֹּרֶן, אֲזַי כְּשֶׁיִּפֹּל, יִפֹּל אֶל תּוֹךְ הַסְּפִינָה, אֲבָל כְּשֶׁיַּעֲלֶה בְּרֹאשׁ, אֲזַי כְּשֶׁיִּפֹּל, יִפֹּל לְתוֹךְ הַיָּם הִמְתִּינָה עַד שֶׁעָלָה אֶל רֹאשׁ הַתֹּרֶן מַמָּשׁ, וְלָקְחָה הַזְּכוּכִית שֶׁשּׂוֹרֵף נֶגֶד הַחַמָּה [שֶׁקּוֹרִין בְּרֶען בְּרִיל] וְכִוְּנָה נֶגֶד מֹחוֹ, עַד שֶׁנִּכְוָה מֹחוֹ וְנָפַל לְתוֹךְ הַיָּם.

וְכֵיוָן שֶׁרָאוּ [אַנְשֵׁי הַסְּפִינָה שֶׁל הַמֶּלֶךְ הַנַּ"ל] שֶׁנָּפַל, נַעֲשָׂה שָׁם רַעַשׁ

גָּדוֹל, כִּי אֵיךְ יוּכְלוּ לַחֲזֹר לְבֵיתָם, כִּי הַמֶּלֶךְ יָמוּת מֵחֲמַת צַעַר וְאָמְרוּ לְהִתְקָרֵב אֶל הַסְּפִינָה שֶׁרוֹאִין [הַיְנוּ לִסְפִינָה זוֹ הַנַּ"ל שֶׁל הַבַּת קֵיסָר] אוּלַי יֵשׁ שָׁם אֵיזֶה דָּקְטוֹר [רוֹפֵא] שֶׁיּוּכַל לִתֵּן לָהֶם עֵצָה וְהִתְקָרְבוּ אֶל הַסְּפִינָה הַנַּ"ל [הַיְנוּ הַסְּפִינָה שֶׁל הַבַּת קֵיסָר עִם הַשָּׂרוֹת הַנַּ"ל] וְאָמְרוּ לָהֶם [אַנְשֵׁי הַסְּפִינָה שֶׁל הַמֶּלֶךְ לְהַשָּׂרוֹת עִם הַבַּת קֵיסָר הַנַּ"ל] שֶׁלֹּא יִתְיָרְאוּ כְּלָל, כִּי לֹא יַעֲשׂוּ לָהֶם כְּלָל שָׁאֲלוּ אוֹתָם: אוּלַי יֵשׁ בֵּינֵיכֶם דּוֹקְטוֹר שֶׁיִּתֵּן לָנוּ עֵצָה וְסִפְּרוּ לָהֶם כָּל הַמַּעֲשֶׂה, וְשֶׁבֶּן הַמֶּלֶךְ נָפַל לְתוֹךְ הַיָּם, וְאָמְרָה הַבַּת קֵיסָר, שֶׁיּוֹצִיאוּ אוֹתוֹ מִן הַיָּם וְהָלְכוּ וּמָצְאוּ אוֹתוֹ וְהוֹצִיאוּ אוֹתוֹ וְלָקְחָה הַדֹּפֶק בְּיָדָהּ, וְאָמְרָה שֶׁנִּשְׂרַף מֹחוֹ וְקָרְעוּ הַמֹּחַ וּמָצְאוּ שֶׁכִּדְבָרֶיהָ כֵּן הוּא, וְנִבְהֲלוּ מְאֹד וּבִקְּשׁוּ מִמֶּנָּה שֶׁתֵּלֵךְ עִמָּהֶם לְבֵיתָם, וְתִהְיֶה דּוֹקְטוֹר אֵצֶל הַמֶּלֶךְ, וְתִהְיֶה חֲשׁוּבָה וּגְדוֹלָה מְאֹד, וְלֹא רָצְתָה וְאָמְרָה כִּי אֵינֶנָּה דּוֹקְטוֹר, רַק שֶׁיּוֹדַעַת סְתָם דְּבָרִים הַלָּלוּ.

וְלֹא רָצוּ [אַנְשֵׁי הַסְּפִינָה שֶׁל הַמֶּלֶךְ] לַחֲזֹר לְבֵיתָם, וְהָלְכוּ שְׁתֵּי הַסְּפִינוֹת בְּיַחַד וְהוּטַב בְּעֵינֵי הַשָּׂרֵי מְלוּכָה מְאֹד, שֶׁהַמַּלְכָּה שֶׁלָּהֶם תִּשָּׂא אֶת הַדּוֹקְטוֹר, מֵחֲמַת גֹּדֶל חָכְמָתוֹ שֶׁרָאוּ בּוֹ [כִּי הַשָּׂרֵי מְלוּכָה שֶׁל בֶּן הַמֶּלֶךְ הַנַּ"ל, שֶׁנָּפַל וָמֵת, סָבְרוּ שֶׁהַבַּת קֵיסָר עִם הַשָּׂרוֹת הַנַּ"ל הֵם זְכָרִים, כִּי הָיוּ מְלֻבָּשִׁים בְּמַלְבּוּשֵׁי זְכָרִים כַּנַּ"ל עַל-כֵּן רָצוּ שֶׁהַמַּלְכָּה שֶׁלָּהֶם, שֶׁהִיא אֵשֶׁת בֶּן הַמֶּלֶךְ שֶׁמֵּת, תִּשָּׂא אֶת הַדּוֹקְטוֹר, שֶׁהִיא בֶּאֱמֶת הַבַּת קֵיסָר, שֶׁהָיוּ סְבוּרִים שֶׁהִיא דּוֹקְטוֹר, מֵחֲמַת שֶׁיָּדְעָה בְּחָכְמָתָהּ שֶׁנִּשְׂרַף הַמֹּחַ שֶׁל בֶּן הַמֶּלֶךְ שֶׁנָּפַל כַּנַּ"ל] וְשֶׁיִּהְיֶה הוּא מֶלֶךְ שֶׁלָּהֶם, וְאֶת הַמֶּלֶךְ שֶׁלָּהֶם [הַיְנוּ הַמֶּלֶךְ הַזָּקֵן הַנַּ"ל] יַהַרְגוּ, [כָּל זֶה הָיוּ רוֹצִים מְאֹד הַשָּׂרֵי מְלוּכָה הַנַּ"ל] אַךְ שֶׁלֹּא הָיָה אֶפְשָׁר לְדַבֵּר דָּבָר כָּזֶה אֶל הַמַּלְכָּה, שֶׁהִיא תִּשָּׂא דּוֹקְטוֹר גַּם לְהַמַּלְכָּה הוּטַב גַּם-כֵּן מְאֹד שֶׁתִּשָּׂא אֶת הַדּוֹקְטוֹר, אַךְ שֶׁהָיְתָה מִתְיָרְאָה מִן הַמְּדִינָה, פֶּן לֹא יִתְרַצּוּ שֶׁיִּהְיֶה הוּא מֶלֶךְ, וְהִסְכִּימוּ לַעֲשׂוֹת מִשְׁתָּאוֹת כְּדֵי

שֶׁעַל הַמִּשְׁתֶּה בִּשְׁעַת חֶדְוָה יוּכְלוּ לְדַבֵּר מִזֶּה וְהָיוּ עוֹשִׂין מִשְׁתֶּה אֵצֶל כָּל אֶחָד בְּיוֹמוֹ.

כְּשֶׁהִגִּיעַ יוֹם מִשְׁתֶּה שֶׁל הַדּוֹקְטוֹר [הַיְנוּ הַבַּת קֵיסָר], נָתַן לָהֶם מִיַּיִן שֶׁלּוֹ הַנַּ"ל וְנִשְׁתַּכְּרוּ בִּשְׁעַת חֶדְוָה אָמְרוּ הַשָּׂרִים: מַה יָּפֶה הָיָה שֶׁהַמַּלְכָּה תִּשָּׂא אֶת הַדּוֹקְטוֹר וְאָמַר הַדּוֹקְטוֹר יָפֶה מְאֹד הָיָה, רַק אִם הָיוּ מְדַבְּרִים זֹאת בִּלְתִּי פֶּה שָׁתוּי [הַיְנוּ שֶׁלֹּא בִּשְׁעַת שִׁכְרוּת] נַעֲנֵית הַמַּלְכָּה גַּם-כֵּן וְאָמְרָה: מַה יָּפֶה הָיָה שֶׁהִיא תִּשָּׂא אֶת הַדּוֹקְטוֹר, רַק שֶׁהַמְּדִינָה תַּסְכִּים עַל זֶה הֵשִׁיב שֵׁנִית הַדּוֹקְטוֹר [הַיְנוּ בַּת הַקֵּיסָר]: יָפֶה מְאֹד הָיָה, רַק אִם הָיוּ מְדַבְּרִים זֹאת בִּלְתִּי פֶּה שָׁתוּי אַחַר-כָּךְ כְּשֶׁהֵקִיצוּ מִשִּׁכְרוּתָם, נִזְכְּרוּ הַשָּׂרִים מַה שֶּׁאָמְרוּ וְנִתְבַּיְּשׁוּ בְּעַצְמָן מֵהַמַּלְכָּה, שֶׁאָמְרוּ דָּבָר כָּזֶה, אַךְ הֲלֹא הִיא גַּם-כֵּן בְּעַצְמָהּ אָמְרָה זֹאת, וְהִיא גַּם- כֵּן נִתְבַּיְּשָׁה מִפְּנֵיהֶם, אַךְ הֲלֹא גַּם הֵם אָמְרוּ זֹאת וְהִתְחִילוּ לְדַבֵּר מִזֶּה וְנִסְכַּם בֵּינֵיהֶם- כֵּן, וְנִתְחַתְּנָה הִיא עִם הַדּוֹקְטוֹר [וְכַנַּ"ל הַיְנוּ עִם בַּת הַקֵּיסָר, שֶׁסָּבְרוּ שֶׁהִיא דּוֹקְטוֹר כַּנַּ"ל] וְהָלְכוּ לִמְדִינָתָם. וּכְשֶׁרָאוּ בְּנֵי הַמְּדִינָה שֶׁהֵם בָּאִים, שָׂמְחוּ מְאֹד, כִּי זֶה זְמַן רַב שֶׁהָלַךְ הַבֶּן מֶלֶךְ, וְלֹא יָדְעוּ הֵיכָן הוּא, וְהַמֶּלֶךְ הַזָּקֵן כְּבָר מֵת בְּטֶרֶם בִּיאָתָם אַחַר-כָּךְ רָאוּ [בְּנֵי הַמְּדִינָה] שֶׁהַבֶּן מֶלֶךְ, שֶׁהוּא מֶלֶךְ שֶׁלָּהֶם, אֵינֶנּוּ וְשָׁאֲלוּ: הֵיכָן הוּא מַלְכֵּנוּ? וְסִפְּרוּ לָהֶם כָּל הַמַּעֲשֶׂה, אֵיךְ שֶׁכְּבָר מֵת, וְשֶׁכְּבָר קִבְּלוּ לָהֶם מֶלֶךְ זֶה, שֶׁבָּא עִמָּהֶם, וְשָׂמְחוּ מְאֹד עַל שֶׁבָּא לָהֶם מֶלֶךְ חָדָשׁ.

וְהַמֶּלֶךְ [הַיְנוּ בַּת הַקֵּיסָר הַנַּ"ל, שֶׁהִיא נַעֲשֵׂית עַתָּה מֶלֶךְ כַּנַּ"ל] צִוָּה לְהַכְרִיז בְּכָל מְדִינָה וּמְדִינָה, שֶׁכָּל מִי שֶׁנִּמְצָא בְּכָל מָקוֹם שֶׁהוּא, גֵּר אוֹ אוֹרֵחַ וּבוֹרֵחַ וּמְגֹרָשׁ, שֶׁכֻּלָּם יָבוֹאוּ עַל הַחֲתֻנָּה שֶׁלּוֹ, אִישׁ מֵהֶם לֹא יִהְיֶה נֶעְדָּר, וִיקַבְּלוּ מַתָּנוֹת גְּדוֹלוֹת, וְצִוָּה [הַמֶּלֶךְ הַנַּ"ל, הַיְנוּ בַּת הַקֵּיסָר] שֶׁיַּעֲשׂוּ סְבִיב סְבִיב כָּל הָעִיר מַעְיָנוֹת, כְּדֵי שֶׁכְּשֶׁאֶחָד יִרְצֶה לִשְׁתּוֹת לֹא יִצְטָרֵךְ לֵילֵךְ וְלִשְׁתּוֹת, רַק כָּל אֶחָד יִמְצָא מַעְיָן אֶצְלוֹ וְצִוָּה [הַמֶּלֶךְ הַנַּ"ל, הַיְנוּ בַּת הַקֵּיסָר] לְצַיֵּר צוּרָתוֹ אֵצֶל כָּל מַעְיָן וּמַעְיָן, וְשֶׁיַּעַמְדוּ שׁוֹמְרִים וְיִשְׁמְרוּ בְּאִם שֶׁיָּבוֹא אֶחָד וְיִסְתַּכֵּל בְּיוֹתֵר עַל הַצּוּרָה וְיַעֲשֶׂה רַע פָּנִים [הַיְנוּ שֶׁיִּשְׁתַּנֶּה פָּנָיו כְּמוֹ

מִי שֶׁמַּבִּיט הֵיטֵב עַל אֵיזֶה דָּבָר וּמִשְׁתּוֹמֵם וּמִצְטַעֵר] אֲזַי יִתְפְּסוּ אוֹתוֹ בַּתְּפִיסָה וְכֵן עָשׂוּ וּבָאוּ אֵלּוּ הַשְּׁלוֹשָׁה הַנַּ"ל, דְּהַיְנוּ בֶּן הַמֶּלֶךְ הָרִאשׁוֹן, שֶׁהוּא הֶחָתָן הָאֱמֶת שֶׁל בַּת הַקֵּיסָר הַזֹּאת [שֶׁהִיא הַמֶּלֶךְ עַכְשָׁו כַּנַּ"ל] וּבֶן הַסּוֹחֵר הַנַּ"ל [שֶׁגֵּרְשׁוֹ אָבִיו מֵחֲמַת הַבַּת הַקֵּיסָר הַזֹּאת, שֶׁבָּרְחָה עִם הַסְּפִינָה עִם כָּל הַסְּחוֹרָה כַּנַּ"ל] וְהַמֶּלֶךְ שֶׁהֶעֱבִירוּהוּ [גַּם-כֵּן עַל-יָדָהּ, כִּי בָּרְחָה מִמֶּנּוּ עִם הָאַחַד עָשָׂר שָׂרוֹת כַּנַּ"ל] וְכָל אֶחָד מֵאֵלּוּ הַשְּׁלוֹשָׁה הִכִּיר שֶׁזֶּה צוּרָתָהּ, וְהִסְתַּכְּלוּ וְנִזְכְּרוּ וְנִצְטַעֲרוּ [הַיְנוּ שֶׁבָּאוּ אֵצֶל הַמַּעְיָנוֹת הַנַּ"ל וְרָאוּ צוּרָתָהּ, שֶׁהָיְתָה מְצֻיֶּרֶת שָׁם, וְהִכִּירוּ אוֹתָהּ, וְהָיוּ מִסְתַּכְּלִים בְּיוֹתֵר וְכוּ'] וְתָפְסוּ אוֹתָם בַּתְּפִיסָה בִּשְׁעַת חֲתֻנָּה צִוָּה הַמֶּלֶךְ [הַיְנוּ הַבַּת הַקֵּיסָר] שֶׁיָּבוֹאוּ הַשְּׁבוּיִים לְפָנָיו וְהֵבִיאוּ הַשְּׁלוֹשָׁה הַנַּ"ל וְהִכִּירָה אוֹתָם, וְהֵם לֹא הִכִּירוּהָ, מֵחֲמַת שֶׁמְּלֻבֶּשֶׁת כְּמוֹ אִישׁ עָנְתָה הַבַּת קֵיסָר וְאָמְרָה: אַתָּה מֶלֶךְ [הַיְנוּ הַמֶּלֶךְ שֶׁהֶעֱבִירוּהוּ הַנַּ"ל, שֶׁהוּא אֶחָד מִשְּׁלוֹשֶׁת הַשְּׁבוּיִים הַנַּ"ל] אוֹתְךָ הֶעֱבִירוּ בִּשְׁבִיל הָאַחַד עָשָׂר בְּנוֹת שָׂרִים שֶׁנֶּאֶבְדוּ הֲרֵי לְךָ הַבְּנוֹת שָׂרִים שׁוּב לִמְדִינָתְךָ וּלְמַלְכוּתְךָ [כִּי הָאַחַד עָשָׂר בְּנוֹת שָׂרִים הָיוּ עִמָּהּ כָּאן כַּנַּ"ל] אַתָּה סוֹחֵר [הַיְנוּ בִּתְחִלָּה דִּבְּרָה לְהַמֶּלֶךְ שֶׁהֶעֱבִירוּהוּ הַנַּ"ל עַכְשָׁו חָזְרָה פָּנֶיהָ וְדִבְּרָה עִם הַסּוֹחֵר, הַיְנוּ עִם בֶּן הַסּוֹחֵר הַנַּ"ל] אוֹתְךָ גֵּרַשׁ אָבִיךָ בִּשְׁבִיל הַסְּפִינָה עִם סְחוֹרָה שֶׁנֶּאֶבְדָה מִמְּךָ [כַּנַּ"ל] הֲרֵי לְךָ הַסְּפִינָה שֶׁלְּךָ עִם כָּל הַסְּחוֹרָה, וְעַל שֶׁנִּשְׁתַּהָא הַמָּעוֹת כָּל כַּךְ יֵשׁ לְךָ עַתָּה עֲשִׁירוּת בַּסְּפִינָה בְּכִפְלֵי כִּפְלַיִם מִמָּה שֶׁהָיָה, [כִּי הַסְּפִינָה בְּעַצְמָהּ עִם כָּל הַסְּחוֹרָה שֶׁל בֶּן הַסּוֹחֵר, שֶׁהִיא בָּרְחָה עִמָּהּ כַּנַּ"ל, עֲדַיִן הָיָה אֶצְלָהּ בִּשְׁלֵמוּת כַּנַּ"ל, וְנוֹסַף לָזֶה הָיָה בַּסְּפִינָה כָּל הָעֲשִׁירוּת שֶׁלָּקְחָה אֵצֶל הַגַּזְלָנִים הַנַּ"ל, שֶׁהָיָה עֲשִׁירוּת מֻפְלָג מְאֹד, כִּפְלֵי כִּפְלַיִם כַּנַּ"ל] [וְאַתָּה בֶּן מֶלֶךְ] [הַיְנוּ הֶחָתָן שֶׁלָּהּ בֶּאֱמֶת] נֵלְכָה וְנִסְעָה וְשָׁבוּ לְבֵיתָם בָּרוּךְ ה' לְעוֹלָם אָמֵן וְאָמֵן.

סיפורי מעשיות מעשה ג' מוהר"ן

מעשה ג' מחיגר

מַעֲשֶׂה בְּחָכָם אֶחָד, קֹדֶם מוֹתוֹ קָרָא אֶת בָּנָיו וּמִשְׁפַּחְתּוֹ וְצִוָּה אוֹתָם לְהַשְׁקוֹת אִילָנוֹת גַּם יֵשׁ לָכֶם רְשׁוּת לַעֲסֹק בִּשְׁאָר פַּרְנָסוֹת, אֲבָל בָּזֶה תִּשְׁתַּדְּלוּ-לְהַשְׁקוֹת אִילָנוֹת אַחַר-כָּךְ נִפְטַר הֶחָכָם וְהִנִּיחַ בָּנִים, וְהָיָה לוֹ בֵּן אֶחָד שֶׁלֹּא הָיָה יָכוֹל לֵילֵךְ, וְהָיָה יָכוֹל לַעֲמֹד, רַק שֶׁלֹּא הָיָה יָכוֹל לֵילֵךְ, וְהָיוּ אֶחָיו נוֹתְנִים לוֹ סִפּוּק דֵּי פַּרְנָסָתוֹ, וְהָיוּ מַסְפִּיקִים אוֹתוֹ כָּל-כָּךְ עַד שֶׁנִּשְׁאַר לוֹ וְהָיָה אוֹתוֹ הַבֵּן [שֶׁלֹּא הָיָה יָכוֹל לֵילֵךְ] מְקַבֵּץ עַל-יָד עַל- יָד מִמַּה שֶּׁנִּשְׁאַר לוֹ מִפַּרְנָסָתוֹ עַד שֶׁקִּבֵּץ סַךְ מְסֻיָּם וְיָשַׁב עַצְמוֹ: לָמָּה לִי לְקַבֵּל הַסְפָּקָה מֵהֶם? טוֹב שֶׁאַתְחִיל לַעֲשׂוֹת אֵיזֶה מַשָּׂא וּמַתָּן וְאַף שֶׁאֵינוֹ יָכוֹל לֵילֵךְ, יָעַץ בְּדַעְתּוֹ לִשְׂכֹּר לוֹ עֲגָלָה וְנֶאֱמָן וּבַעַל-עֲגָלָה, וְיִסַּע עִמָּהֶם לְלַיְפְּסִיק [עיר], וְיוּכַל לַעֲשׂוֹת הַמַּשָּׂא וּמַתָּן, אַף שֶׁאֵינוֹ יָכוֹל לֵילֵךְ.

כְּשֶׁשָּׁמְעוּ הַמִּשְׁפָּחָה זֹאת, הוּטַב בְּעֵינֵיהֶם וְאָמְרוּ: לָמָּה לָנוּ לִתֵּן לוֹ הַסְפָּקָה? טוֹב שֶׁיִּהְיֶה לוֹ פַּרְנָסָה וְהִלְווּ לוֹ עוֹד מָעוֹת, כְּדֵי שֶׁיּוּכַל לִנְהֹג הַמַּשָּׂא וּמַתָּן וְשָׂכַר לוֹ עֲגָלָה וְנֶאֱמָן וּבַעַל-עֲגָלָה וְנָסַע וּבָא לְקְרֶעטְשְׁמֶע [אכסניה] וְאָמַר הַנֶּאֱמָן שֶׁיָּלִינוּ שָׁם, וְלֹא רָצָה וְהִפְצִירוּ בּוֹ, וְהוּא עִקֵּשׁ אוֹתָם וְנָסְעוּ מִשָּׁם, וְתָעוּ בַּיַּעַר וְנָפְלוּ עֲלֵיהֶם גַּזְלָנִים וְאוֹתָן הַגַּזְלָנִים נַעֲשׂוּ עַל-יְדֵי שֶׁהָיָה פַּעַם אַחַת רָעָב, וּבָא אֶחָד לָעִיר וְהִכְרִיז: מִי שֶׁרוֹצֶה מְזוֹנוֹת יָבוֹא אֵלָיו וְנִתְקַבְּצוּ אֵלָיו כַּמָּה אֲנָשִׁים, וְהוּא עָשָׂה בְּעָרְמָה, וּמִי שֶׁהָיָה מֵבִין בּוֹ שֶׁאֵין בּוֹ צֹרֶךְ אֵלָיו, דָּחָה אוֹתוֹ וּלְאֶחָד הָיָה אוֹמֵר: אַתָּה תּוּכַל לִהְיוֹת בַּעַל-מְלָאכָה, וְלָזֶה אָמַר: אַתָּה תּוּכַל לִהְיוֹת בָּרֵחַיִם וּבֵירֵר רַק אֲנָשִׁים חֲכָמִים, וְהָלַךְ עִמָּהֶם לַיַּעַר, וְאָמַר לָהֶם שֶׁיִּהְיוּ נַעֲשִׂים גַּזְלָנִים, בַּאֲשֶׁר שֶׁמִּכָּאן הוֹלְכִים הַדְּרָכִים לְלַיְפְּסִיק, לִבְרֶעסְלָא [עיר] וְלִשְׁאָר מְקוֹמוֹת, וְנוֹסְעִים בְּכָאן סוֹחֲרִים, וְנִגְזֹל אוֹתָם וּנְקַבֵּץ מָעוֹת וְנָפְלוּ עֲלֵיהֶם [הַיְנוּ אֵלּוּ הַגַּזְלָנִים הַנַּ"ל נָפְלוּ עַל הַבֵּן הַנַּ"ל, שֶׁלֹּא הָיָה יָכוֹל לֵילֵךְ, וְעַל הָאֲנָשִׁים

שֶׁלּוֹ, דְּהַיְנוּ הַנֶּאֱמָן וְהַבַּעַל- עֲגָלָה].

הַבַּעַל-עֲגָלָה וְהַנֶּאֱמָן, שֶׁהָיוּ יְכוֹלִים לִבְרֹחַ בָּרְחוּ, וְהוּא נִשְׁאַר עַל הָעֲגָלָה.

וּבָאוּ וְלָקְחוּ הַתֵּבָה שֶׁל הַמָּעוֹת, וְשָׁאֲלוּ אוֹתוֹ: לָמָּה אַתָּה יוֹשֵׁב? וְהֵשִׁיב שֶׁאֵינוֹ יָכוֹל לֵילֵךְ וְגָזְלוּ הַתֵּבָה וְהַסּוּסִים, וְהוּא נִשְׁאַר עַל הָעֲגָלָה וְהַנֶּאֱמָן וְהַבַּעַל-עֲגָלָה [שֶׁבָּרְחוּ לְמָקוֹם שֶׁבָּרְחוּ] יָשְׁבוּ עַצְמָם, בַּאֲשֶׁר שֶׁלָּקְחוּ פְּרוּקְלַאדִין [התחיבויות כספיות] מְפָּרִיצִים, וְלָמָּה לָהֶם לָשׁוּב לְבֵיתָם, שֶׁיּוּכְלוּ לָבוֹא.

בִּשְׁלִשְׁלָאוֹת? טוֹב לָהֶם לִשָּׁאֵר שָׁם [בַּמָּקוֹם שֶׁבָּרְחוּ לְשָׁם], וְיִהְיוּ בְּכָאן נֶאֱמָן וּבַעַל-עֲגָלָה וְהַבֵּן הַנַּ"ל, כָּל זְמַן שֶׁהָיָה לוֹ הַמַּאֲכָל שֶׁלָּקַח מִבֵּיתוֹ לֶחֶם יָבֵשׁ שֶׁהָיָה בָּעֲגָלָה [שֶׁקּוֹרִין סוּחָרִיס] אָכַל אוֹתָם, וְאַחַר-כָּךְ כְּשֶׁכָּלָה וְלֹא הָיָה לוֹ לֶאֱכֹל, יָשַׁב עַצְמוֹ מַה לַּעֲשׂוֹת, וְהִשְׁלִיךְ עַצְמוֹ מֵהָעֲגָלָה לֶאֱכֹל עֲשָׂבִים, וְהָיָה לָן יְחִידִי בַּשָּׂדֶה וְנִפְחַד, וְנִטַּל מִמֶּנּוּ הַכֹּחַ, עַד שֶׁלֹּא הָיָה יָכוֹל אֲפִלּוּ לַעֲמֹד, רַק לִרְחֹשׁ [לזחול] [בִּלְשׁוֹן אַשְׁכְּנַז: רוּקִין זִיךְ], וְהָיָה אוֹכֵל הָעֵשֶׂב סְבִיבוֹתָיו, וְכָל זְמַן שֶׁהָיָה יָכוֹל לְהוֹשִׁיט וְלֶאֱכֹל, הָיָה אוֹכֵל שָׁם, וְאַחַר-כָּךְ, כְּשֶׁכָּלָה הָעֵשֶׂב סְבִיבוֹ עַד שֶׁלֹּא הָיָה יָכוֹל לְהוֹשִׁיט, הָיָה מְנַתֵּק עַצְמוֹ לְהַלָּן וְאָכַל שָׁם, וְהָיָה אוֹכֵל הָעֵשֶׂב אֵיזֶה זְמַן.

פַּעַם אֶחָד בָּא לְעֵשֶׂב אֶחָד שֶׁעֲדַיִן לֹא אָכַל עֵשֶׂב כָּזֶה וְהוּטַב בְּעֵינָיו אוֹתוֹ הָעֵשֶׂב, מֵחֲמַת שֶׁהָיָה אוֹכֵל זְמַן רֹב עֲשָׂבִים, וְהָיָה מַכִּיר בָּהֶם, וַעֲדַיִן לֹא רָאָה עֵשֶׂב כָּזֶה, וְיָשַׁב עַצְמוֹ לְעָקְרוֹ עִם שָׁרְשׁוֹ, וְהָיָה תַּחַת הַשֹּׁרֶשׁ דּוּמִיט [אבן טובה], וְהַדּוּמִיט הָיָה מְרֻבָּע, וְכָל צַד הָיָה לוֹ סְגֻלָּה אַחֶרֶת וּבְצַד אֶחָד הָיָה כָּתוּב שֶׁמִּי שֶׁיֹּאחֵז אוֹתוֹ צַד, יִשָּׂא אוֹתוֹ לְמָקוֹם שֶׁיּוֹם וָלַיְלָה נִתְקַבְּצִים בְּיַחַד, שֶׁהַשֶּׁמֶשׁ וְהַיָּרֵחַ נִתְקַבְּצִים שָׁם בְּיַחַד, וּכְשֶׁעָקַר הָעֵשֶׂב עִם הַשֹּׁרֶשׁ שֶׁהָיָה שָׁם הַדּוּמִיט, נִזְדַּמֵּן שֶׁאָחַז בְּאוֹתוֹ הַצַּד [הַמְסֻגָּל לִשָּׂא אוֹתוֹ לְמָקוֹם שֶׁיּוֹם וָלַיְלָה מִתְקַבְּצִים כַּנַּ"ל], וְנָשָׂא אוֹתוֹ, וּבָא לְמָקוֹם שֶׁיּוֹם וָלַיְלָה נִתְוַעֲדִים יַחַד וְהִסְתַּכֵּל וְהִנֵּה הוּא שָׁם בַּמָּקוֹם שֶׁשֶּׁמֶשׁ וְיָרֵחַ בָּאִים בְּיַחַד כַּנַּ"ל וְשָׁמַע שֶׁהַשֶּׁמֶשׁ עִם הַיָּרֵחַ מְדַבְּרִים, וְהָיָה

הַשֶּׁמֶשׁ קוֹבֵל לִפְנֵי הַיָּרֵחַ בַּאֲשֶׁר שֶׁיֵּשׁ אִילָן שֶׁיֵּשׁ לוֹ עֲנָפִים רַבִּים, וּפִרְיוֹ וְעָלָיו וְכָל עָנָף וְעָנָף וּפְרִי וְעָלֶה יֵשׁ לוֹ סְגֻלָּה מְיֻחֶדֶת, שֶׁזֶּה מְסֻגָּל לְבָנִים וְזֶה מְסֻגָּל לְפַרְנָסָה וְזֶה מְסֻגָּל לִרְפוּאַת חוֹלַאַת זֶה וְזֶה לְחוֹלַאַת אַחֶרֶת -כָּל אֶחָד וְאֶחָד מְסֻגָּל לְדָבָר אַחֵר, וְזֶה הָאִילָן הָיוּ צְרִיכִין לְהַשְׁקוֹתוֹ, וְאִם הָיוּ מַשְׁקִין אוֹתוֹ הָיָה מְסֻגָּל מְאֹד, וְלֹא דַּי שֶׁאֵין אֲנִי מַשְׁקֶה אוֹתוֹ, אֶלָּא שֶׁעַל-יְדֵי שֶׁאֲנִי מַזְרִיחַ עָלָיו אֲנִי מְיַבֵּשׁ אוֹתוֹ.

עָנְתָה הַלְּבָנָה וְאָמְרָה: אַתָּה דּוֹאֵג דְּאָגוֹת אֲחֵרִים, אֲנִי אֲסַפֵּר לְךָ עֵסֶק שֶׁלִּי הֱיוֹת שֶׁיֵּשׁ לִי אֶלֶף הָרִים, וּסְבִיבוֹת הָאֶלֶף הָרִים יֵשׁ עוֹד אֶלֶף הָרִים, וְשָׁם מְקוֹם שֵׁדִים, וְהַשֵּׁדִים יֵשׁ לָהֶם רַגְלֵי תַּרְנְגוֹלִים, וְאֵין לָהֶם כֹּחַ בְּרַגְלֵיהֶם וְיוֹנְקִים מֵרַגְלַי, וּמֵחֲמַת זֶה אֵין לִי כֹּחַ בְּרַגְלַי, וְיֵשׁ לִי אָבָק, הַיְנוּ פּוּל, שֶׁהוּא רְפוּאָה לְרַגְלַי, וּבָא רוּחַ וְנוֹשֵׂא אוֹתוֹ עָנְתָה הַחַמָּה: אֶת זֶה אַתָּה דּוֹאֵג? [בִּלְשׁוֹן תְּמֵהַּ], אַגִּיד לְךָ רְפוּאָה בַּאֲשֶׁר שֶׁיֵּשׁ דֶּרֶךְ וּמֵאוֹתוֹ הַדֶּרֶךְ מִתְפַּצְּלִים כַּמָּה דְּרָכִים: דֶּרֶךְ אֶחָד שֶׁל צַדִּיקִים אֲפִלּוּ הַצַּדִּיק שֶׁהוּא בְּכָאן, מְפַזְּרִים תַּחְתָּיו אוֹתוֹ הָאָבָק שֶׁבְּאוֹתוֹ הַדֶּרֶךְ הַנַּ"ל בְּכָל פְּסִיעָה, וְכָל פְּסִיעָה שֶׁהוּא פּוֹסֵעַ הוּא דּוֹרֵךְ בְּאוֹתוֹ הָאָבָק, וְיֵשׁ דֶּרֶךְ שֶׁל אֶפִּיקוֹרְסִים, אֲפִלּוּ אֶפִּיקוֹרֶס שֶׁבְּכָאן, מְפַזְּרִים תַּחְתָּיו בְּכָל פְּסִיעָה מֵאוֹתוֹ הָאָבָק כַּנַּ"ל, וְיֵשׁ דֶּרֶךְ שֶׁל מְשֻׁגָּעִים אֲפִילוּ מְשֻׁגָּע שֶׁבְּכָאן, מְפַזְּרִים תַּחְתָּיו כַּנַּ"ל, וְכֵן יֵשׁ כַּמָּה דְּרָכִים וְיֵשׁ דֶּרֶךְ אַחֵר, בַּאֲשֶׁר שֶׁיֵּשׁ צַדִּיקִים, שֶׁמְּקַבְּלִים עַל עַצְמָם יִסּוּרִים, וּמוֹלִיכִים אוֹתָם הַפְּרִיצִים בְּשַׁלְשְׁלָאוֹת, וְאֵין לָהֶם כֹּחַ בְּרַגְלֵיהֶם, וּמְפַזְּרִים תַּחְתֵּיהֶם מֵאוֹתוֹ הָאָבָק שֶׁל אוֹתוֹ הַדֶּרֶךְ, וְיֵשׁ לָהֶם כֹּחַ בְּרַגְלֵיהֶם עַל-כֵּן תֵּלֵךְ לְשָׁם, שֶׁיֵּשׁ שָׁם הַרְבֵּה אָבָק, וְיִהְיֶה לְךָ רְפוּאָה עַל רַגְלֶיךָ [כָּל זֶה דִּבְרֵי הַחַמָּה אֶל הַלְּבָנָה] וְהוּא שָׁמַע כָּל זֶה.

בְּתוֹךְ כָּךְ נִסְתַּכֵּל עַל הַדּוּמִיט בְּצַד אַחֵר וְרָאָה כָּתוּב שָׁם, שֶׁמִּי שֶׁיֹּאחֵז בְּאוֹתוֹ הַצַּד, שֶׁיִּשָּׂא אוֹתוֹ לְהַדֶּרֶךְ שֶׁיּוֹצְאִים מִמֶּנּוּ כַּמָּה דְּרָכִים כַּנַּ"ל, וְאָחַז בְּאוֹתוֹ הַצַּד, וְנָשָׂא אוֹתוֹ לְשָׁם, וְנָתַן רַגְלָיו בְּאוֹתוֹ הַדֶּרֶךְ שֶׁהָאָבָק רְפוּאָה לְרַגְלַיִם, וְנִתְרַפֵּא מִיָּד וְהָלַךְ וְנָטַל הָאָבָק מִכָּל הַדְּרָכִים, וְעָשָׂה לוֹ אֲגֻדּוֹת, שֶׁאָגַד

הַפּוּל שֶׁל הַדֶּרֶךְ שֶׁל צַדִּיקִים לְבַדּוֹ, וְכֵן הַפּוּל שֶׁל שְׁאָר הַדְּרָכִים אָגַד כָּל אֶחָד לְבַדּוֹ וּלְקָחָם אִתּוֹ.

וְיָשַׁב עַצְמוֹ, וְהָלַךְ לְאוֹתוֹ הַיַּעַר שֶׁגָּזְלוּ אוֹתוֹ שָׁם, כְּשֶׁבָּא לְשָׁם, בָּחַר לוֹ אִילָן גָּבוֹהַּ, שֶׁהוּא סָמוּךְ לְהַדֶּרֶךְ שֶׁיּוֹצְאִים שָׁם הַגַּזְלָנִים לִגְזֹל, וְלָקַח הַפּוּל שֶׁל צַדִּיקִים וְהַפּוּל שֶׁל מְשֻׁגָּעִים וְעֵרְבָם יַחַד, וּפִזֵּר אוֹתָם עַל הַדֶּרֶךְ, וְהוּא עָלָה עַל הָאִילָן וְיָשַׁב שָׁם לִרְאוֹת מַה יִּהְיֶה נַעֲשֶׂה בָּהֶם וְהָיוּ יוֹצְאִים שָׁם גַּזְלָנִים שֶׁשָּׁלַח אוֹתָן הַגַּזְלָן הַגָּדוֹל שֶׁבָּהֶם הַנַּ"ל לָצֵאת וְלִגְזֹל, וּכְשֶׁבָּאוּ לְאוֹתוֹ הַדֶּרֶךְ, תֵּכֶף כְּשֶׁדָּרְכוּ עַל הַפּוּל הַנַּ"ל נַעֲשׂוּ צַדִּיקִים, וְהִתְחִילוּ לִצְעֹק עַל נַפְשָׁם עַל שֶׁגָּזְלוּ עַד הֵנָּה וְהָרְגוּ כַּמָּה נְפָשׁוֹת, אֲבָל מֵחֲמַת שֶׁהָיָה מְעֹרָב שָׁם פּוּל שֶׁל מְשֻׁגָּעִים, נַעֲשׂוּ צַדִּיקִים מְשֻׁגָּעִים וְהִתְחִילוּ לְהִתְקוֹטֵט זֶה עִם זֶה זֶה אָמַר: בִּשְׁבִילְךָ גָּזַלְנוּ, וְזֶה אָמַר: עַל-יָדְךָ גָּזַלְנוּ, עַד שֶׁהָרְגוּ זֶה אֶת זֶה, וְהָיָה שׁוֹלֵחַ כַּת אַחֶרֶת, וְהָיָה גַּם-כֵּן כַּנַּ"ל וְהָרְגוּ זֶה אֶת זֶה כַּנַּ"ל, וְכֵן הָיָה אַחַר- כָּךְ, עַד שֶׁנֶּהֶרְגוּ כֻּלָּם עַד שֶׁהֵבִין שֶׁלֹּא נִשְׁאֲרוּ כִּי אִם הוּא בְּעַצְמוֹ עִם עוֹד אֶחָד [הַיְנוּ שֶׁהַבֵּן הַנַּ"ל הֵבִין שֶׁכְּבָר נֶהֶרְגוּ כָּל הַגַּזְלָנִים הַנַּ"ל, וְלֹא נִשְׁאַר כִּי אִם הַגַּזְלָן הַגָּדוֹל בְּעַצְמוֹ עִם עוֹד אֶחָד] וְיָרַד מֵהָאִילָן, וְכִבֵּד מִשָּׁם אֶת הַפּוּל הַנַּ"ל מִן הַדֶּרֶךְ, וּפִזֵּר אֶת הַפּוּל שֶׁל צַדִּיקִים בְּעַצְמוֹ, וְהָלַךְ וְיָשַׁב עַל הָאִילָן.

וְאוֹתוֹ הַגַּזְלָן [הַיְנוּ הַגָּדוֹל שֶׁבָּהֶם] תָּמַהּ שֶׁשּׁוֹלֵחַ כָּל הַגַּזְלָנִים, וְאֵין אֶחָד מֵהֶם שָׁב אֵלָיו וְהָלַךְ הוּא בְּעַצְמוֹ עִם הָאֶחָד שֶׁנִּשְׁאַר אֶצְלוֹ, וְתֵכֶף כְּשֶׁבָּא עַל אוֹתוֹ הַדֶּרֶךְ [שֶׁפִּזֵּר שָׁם הַבֵּן הַנַּ"ל הַפּוּל שֶׁל צַדִּיקִים לְבַדּוֹ] נַעֲשָׂה צַדִּיק, וְהִתְחִיל לִצְעֹק לַחֲבֵרוֹ עַל נַפְשׁוֹ עַל שֶׁהָרַג כָּל- כָּךְ נְפָשׁוֹת וְגָזַל כָּל-כָּךְ, וְהָיָה תּוֹלֵשׁ קְבָרִים וְהָיָה שָׁב בִּתְשׁוּבָה וּמִתְחָרֵט מְאֹד, וְכֵיוָן שֶׁרָאָה [הַבֵּן הַנַּ"ל שֶׁהָיָה יוֹשֵׁב עַל הָאִילָן] שֶׁהוּא מִתְחָרֵט וְשָׁב בִּתְשׁוּבָה כָּל-כָּךְ, יָרַד מֵהָאִילָן כֵּיוָן שֶׁרָאָה הַגַּזְלָן שֶׁמָּצָא אָדָם, הִתְחִיל לִצְעֹק: אוֹי עַל נַפְשִׁי, כָּזֹאת וְכָזֹאת עָשִׂיתִי, אֲהָהּ! תֵּן לִי תְּשׁוּבָה! עָנָה לוֹ: הַחֲזֵר לִי הַתֵּבָה שֶׁגְּזַלְתֶּם מִמֶּנִּי, כִּי כָּתוּב אֶצְלָם עַל כָּל גְּזֵלָה בְּאוֹתוֹ הַיּוֹם שֶׁנִּגְזַל וְאֵצֶל מִי נִגְזַל אָמַר לוֹ: אֲנִי מַחֲזִיר לְךָ תֵּכֶף, וַאֲנִי נוֹתֵן

לְךָ אֲפִלּוּ כָּל הָאוֹצָרוֹת שֶׁל גְּזֵלָה שֶׁיֵּשׁ לִי רַק תֵּן לִי תְּשׁוּבָה אָמַר לוֹ: תְּשׁוּבָתְךָ הִיא רַק שֶׁתֵּלֵךְ אֶל הָעִיר וְתִצְעַק וְתִתְוַדֶּה: אֲנִי הוּא שֶׁהִכְרַזְתִּי אָז וְעָשִׂיתִי כַּמָּה גַּזְלָנִים וְהָרַגְתִּי וְגָזַלְתִּי כַּמָּה נְפָשׁוֹת-זֶה הִיא תְּשׁוּבָתְךָ וְנָתַן לוֹ כָּל הָאוֹצָרוֹת, וְהָלַךְ עִמּוֹ אֶל הָעִיר וְעָשָׂה כֵּן וּפָסְקוּ שָׁם בְּאוֹתוֹ הָעִיר בַּאֲשֶׁר שֶׁהָרַג כָּל-כָּךְ נְפָשׁוֹת, עַל-כֵּן יִתְלוּ אוֹתוֹ, לְמַעַן יֵדְעוּ אַחַר-כָּךְ יָשַׁב עַצְמוֹ הַבֵּן הַנַּ"ל לֵילֵךְ אֶל הַשְּׁנֵי אֶלֶף הָרִים [הַנַּ"ל] לְהִסְתַּכֵּל מַה נַּעֲשֶׂה שָׁם כְּשֶׁבָּא לְשָׁם, עָמַד מֵרָחוֹק מֵהַשְּׁנֵי אֶלֶף הָרִים וְרָאָה שֶׁיֵּשׁ שָׁם כַּמָּה וְכַמָּה אֶלֶף אֲלָפִים וְרִבֵּי רִבְבוֹת מִשְׁפָּחוֹת שֶׁל שֵׁדִים, כִּי הֵם פָּרִים וְרָבִים כִּבְנֵי-אָדָם, וְהֵם רַבִּים מְאֹד, וְרָאָה הַמַּלְכוּת שֶׁלָּהֶם יוֹשֵׁב עַל כִּסֵּא שֶׁשּׁוּם יְלוּד אִשָּׁה אֵינוֹ יוֹשֵׁב עַל כִּסֵּא כָּזוֹ, וְרָאָה אוֹתָם שֶׁעוֹשִׂים לֵיצָנוּת: זֶה מְסַפֵּר שֶׁהִזִּיק לְזֶה תִּינוֹק, וְזֶה אוֹמֵר שֶׁהִזִּיק לְזֶה יָד, וְזֶה מְסַפֵּר שֶׁהִזִּיק רֶגֶל, וְכֵן שְׁאָר לֵיצָנוּת.

בְּתוֹךְ כָּךְ נִסְתַּכֵּל וְרָאָה אָב וָאֵם הוֹלְכִים וּבוֹכִים, וְשָׁאֲלוּ אוֹתָם: לָמָּה אַתֶּם.

בּוֹכִים? וְהֵשִׁיבוּ שֶׁיֵּשׁ לָהֶם בֵּן, וְהָיָה דַּרְכּוֹ לֵילֵךְ לְדַרְכּוֹ, וְהָיָה שָׁב בְּאוֹתוֹ הַזְּמַן, וְעַכְשָׁיו הוּא זְמַן רַב וַעֲדַיִן לֹא בָּא וְהֵבִיאוּ אוֹתָם לַמֶּלֶךְ, וְצִוָּה הַמֶּלֶךְ לִשְׁלֹחַ שְׁלוּחִים לְכָל הָעוֹלָם לְמָצְאוֹ וְהָיוּ הָאָב וָאֵם חוֹזְרִים, וּפָגְעוּ בְּאֶחָד שֶׁהָיָה הוֹלֵךְ בְּיַחַד עִם בְּנָם הַנַּ"ל [הַיְנוּ שֶׁאוֹתוֹ הָאֶחָד שֶׁפָּגְעוּ בּוֹ הָיָה הֶחָבֵר שֶׁל בְּנָם, וְהָיָה הוֹלֵךְ בְּיַחַד עִם בְּנָם בַּתְּחִלָּה, אֲבָל עַכְשָׁו פָּגְעוּ בּוֹ לְבַדּוֹ] וְשָׁאַל אוֹתָם: עַל מָה אַתֶּם בּוֹכִים? וְסִפְּרוּ לוֹ כַּנַּ"ל, הֵשִׁיב לָהֶם: אֲנִי אוֹדִיעַ לָכֶם הֱיוֹת שֶׁהָיָה לָנוּ אִי אֶחָד בַּיָּם, שֶׁהָיָה שָׁם מָקוֹם שֶׁלָּנוּ, וְאַחַר-כָּךְ הָלַךְ הַמֶּלֶךְ שֶׁהָיָה שַׁיָּךְ לוֹ הָאִי הַנַּ"ל, וְרָצָה לִבְנוֹת שָׁם בִּנְיָנִים וְהִנִּיחַ יְסוֹדוֹת וְאָמַר הַבֵּן הַנַּ"ל [הַיְנוּ הַבֵּן שֶׁל הַשֵּׁדִים הַנַּ"ל שֶׁנֶּאֱבַד] אֵלַי שֶׁנַּזִּיק אוֹתוֹ, וְהָלַכְנוּ וְלָקַחְנוּ הַכֹּחַ מֵהַמֶּלֶךְ, וְהָיָה עוֹסֵק בְּדָאקְטוֹרִים, וְלֹא הָיוּ יְכוֹלִים לַעֲזֹר לוֹ, וְהִתְחִיל לַעֲסֹק בִּמְכַשְּׁפִים, וְהָיָה שָׁם מְכַשֵּׁף אֶחָד, שֶׁהָיָה יוֹדֵעַ מִשְׁפַּחְתּוֹ, וְאֶת מִשְׁפַּחְתִּי לֹא יָדַע עַל-כֵּן לֹא הָיָה יָכוֹל לַעֲשׂוֹת לִי דָּבָר, אֲבָל מִשְׁפַּחְתּוֹ הָיָה יוֹדֵעַ, וְתָפַס אוֹתוֹ וּמְעַנֶּה אוֹתוֹ

כָּל-כָּךְ, וְהֵבִיאוּ אוֹתוֹ אֶל הַמֶּלֶךְ [הַיְנוּ זֶה הַשֵּׁד, שֶׁסִּפֵּר כָּל זֶה, הֵבִיאוּ אוֹתוֹ אֶל הַמֶּלֶךְ שֶׁלָּהֶם] וְסִפֵּר זֹאת לִפְנֵי הַמֶּלֶךְ אָמַר הַמֶּלֶךְ: יָשִׁיבוּ לוֹ הַכֹּחַ! עָנָה וְאָמַר, שֶׁהָיָה אֶצְלֵנוּ אֶחָד, שֶׁלֹּא הָיָה לוֹ כֹּחַ, וְנָתַנּוּ לוֹ הַכֹּחַ אָמַר הַמֶּלֶךְ: יִקְחוּ מִמֶּנּוּ הַכֹּחַ וְיַחֲזִירוּ לְהַמֶּלֶךְ הֵשִׁיבוּ לְהַמֶּלֶךְ כִּי נַעֲשָׂה עָנָן אָמַר הַמֶּלֶךְ שֶׁיִּקְרְאוּ הֶעָנָן וְיָבִיאוּ אוֹתוֹ לְכָאן וְשָׁלְחוּ שָׁלִיחַ אַחֲרָיו.

אָמַר אוֹתוֹ הָאִישׁ הַבֵּן הַנַּ"ל [הַיְנוּ זֶה הַבֵּן, שֶׁלֹּא הָיָה לוֹ כֹּחַ בְּרַגְלָיו בִּתְחִלָּה, שֶׁבָּא לְכָאן וְרָאָה כָּל זֶה]: אֵלֵךְ וְאֶרְאֶה הָעִנְיָן, אֵיךְ נַעֲשָׂה מֵהָאֲנָשִׁים אֵלּוּ עָנָן וְהָלַךְ אַחֲרֵי הַשָּׁלִיחַ, וּבָא אֶל הָעִיר שֶׁהָיָה שָׁם הֶעָנָן, וְשָׁאַל אֶת אַנְשֵׁי הָעִיר: מִפְּנֵי מָה כִּסָּה הֶעָנָן כָּל-כָּךְ בְּתוֹךְ הָעִיר? וְהֵשִׁיבוּ לוֹ: בְּכָאן אַדְּרַבָּא, שֶׁמֵּעוֹלָם אֵין כָּאן עָנָן, וְזֶה זְמַן שֶׁכִּסָּה הֶעָנָן, וּבָא הַשָּׁלִיחַ וְקָרָא אֶת הֶעָנָן וְהָלַךְ מִשָּׁם, וַיָּשֶׁב עַצְמוֹ הָאִישׁ הַנַּ"ל לֵילֵךְ אַחֲרֵיהֶם לִשְׁמֹעַ מַה הֵם מְדַבְּרִים וְשָׁמַע שֶׁהַשָּׁלִיחַ שָׁאַל אוֹתוֹ: אֵיךְ אַתָּה בָּא לִהְיוֹת בְּכָאן עָנָן? וְהֵשִׁיב לוֹ: אֲסַפֵּר לְךָ מַעֲשֶׂה.

פַּעַם אַחַת הָיָה חָכָם אֶחָד, וְהַקֵּיסָר מֵהַמְּדִינָה הָיָה אֶפִּיקוֹרֶס גָּדוֹל, וְעָשָׂה אֶת כָּל הַמְּדִינָה לְאֶפִּיקוֹרְסִים וְהָלַךְ הֶחָכָם וְקָרָא אֶת כָּל בְּנֵי מִשְׁפַּחְתּוֹ עָנָה וְאָמַר לָהֶם: הֲלֹא אַתֶּם רוֹאִים שֶׁהַקֵּיסָר הוּא אֶפִּיקוֹרֶס גָּדוֹל, וְעָשָׂה אֶת כָּל הַמְּדִינָה אֶפִּיקוֹרְסִים, וּקְצָת מִמִּשְׁפַּחְתֵּנוּ עָשָׂה גַּם-כֵּן לְאֶפִּיקוֹרְסִים בְּכֵן נִפְרשׁ אֶל הַמִּדְבָּר, כְּדֵי שֶׁנִּשְׁאַר בְּהָאֱמוּנָה בְּהַשֵּׁם יִתְבָּרַךְ וְהִסְכִּימוּ עִמּוֹ וְאָמַר הֶחָכָם שֵׁם [הַיְנוּ שֶׁהִזְכִּיר אֵיזֶה שֵׁם מִן הַשֵּׁמוֹת], וְהֵבִיא אוֹתָם אֶל הַמִּדְבָּר, וְלֹא הוּטַב בְּעֵינָיו אוֹתוֹ הַמִּדְבָּר, וְאָמַר שֵׁם וְנָשָׂא אוֹתָם אֶל מִדְבָּר אַחֵר, וְלֹא הוּטַב בְּעֵינָיו גַּם-כֵּן וְאָמַר עוֹד שֵׁם, וְהֵבִיא אוֹתָם אֶל מִדְבָּר אַחֵר, וְהוּטַב בְּעֵינָיו וְאוֹתוֹ הַמִּדְבָּר הָיְתָה סְמוּכָה אֶל הַשְּׁנֵי אֶלֶף הָרִים, וְהָלַךְ [אוֹתוֹ הֶחָכָם הַנַּ"ל] וְעָשָׂה עִגּוּל סְבִיבוֹתָם, שֶׁלֹּא יוּכַל שׁוּם אֶחָד לְהִתְקָרֵב אֲלֵיהֶם וְיֵשׁ אִילָן, שֶׁאִם הָיָה אוֹתוֹ הָאִילָן נִשְׁקֶה, לֹא הָיָה נִשְׁאַר מִמֶּנּוּ [הַיְנוּ מִן הַשֵּׁדִים] כְּלוּם עַל-כֵּן עוֹמְדִים יוֹם וָלַיְלָה מֵאִתָּנוּ, שֶׁחוֹפְרִים וְאֵינָם מַנִּיחִים מַיִם לְהָאִילָן וְשָׁאַל אוֹתוֹ: לָמָּה עוֹמְדִים יוֹם וָלַיְלָה?

כֵּיוָן שֶׁחוֹפְרִים פַּעַם אַחַת לְמְנֹעַ הַמַּיִם, דַּי הֵשִׁיב לוֹ: שֶׁיֵּשׁ בֵּינֵינוּ מְדַבְּרִים, וְאֵלּוּ הַמְדַבְּרִים הוֹלְכִים וְעוֹשִׂים מַחֲלֹקֶת בֵּין מֶלֶךְ זֶה לְמֶלֶךְ אַחֵר, וְעַל-יְדֵי-זֶה נַעֲשֶׂה מִלְחָמָה, וְעַל-יְדֵי-זֶה נַעֲשֶׂה רְעִידַת הָאָרֶץ, וְנוֹפֵל הָאֲדָמָה שֶׁסְּבִיבוֹת הַחֲפִירָה, וְיוּכַל לָבוֹא מַיִם לְהָאִילָן עַל-כֵּן עוֹמְדִים תָּמִיד לַחְפֹּר כַּנַּ"ל, וּכְשֶׁנַּעֲשֶׂה מֶלֶךְ בֵּינֵינוּ, עוֹשִׂים לְפָנָיו כָּל הַלֵּיצָנוּת וּשְׂמֵחִים זֶה מִתְלוֹצֵץ אֵיךְ הִזִּיק תִּינוֹק, וְהַיּוֹלֶדֶת מִתְאַבֶּלֶת עָלָיו, וְזֶה מַרְאֶה לֵיצָנוּת אֲחֵרוֹת, וְכֵן כַּמָּה מִינֵי לֵיצָנוּת, וּכְשֶׁהַמֶּלֶךְ בָּא בְּתוֹךְ הַשִּׂמְחָה, הוּא הוֹלֵךְ וּמְטַיֵּל עִם הַשָּׂרֵי מְלוּכָה שֶׁלּוֹ, וּמְנַסֶּה עַצְמוֹ לַעֲקֹר הָאִילָן, כִּי אִם לֹא הָיָה הָאִילָן כְּלָל, הָיָה טוֹב לָנוּ מְאֹד וּמְחַזֵּק לִבּוֹ מְאֹד כְּדֵי לַעֲקֹר הָאִילָן כֻּלּוֹ, וּכְשֶׁבָּא אֶל הָאִילָן, אֲזַי הָאִילָן צוֹעֵק מְאֹד, וַאֲזַי נוֹפֵל עָלָיו פַּחַד וְחוֹזֵר לַאֲחוֹרָיו.

פַּעַם אַחַת נַעֲשָׂה מֶלֶךְ חָדָשׁ בֵּינֵיהֶם, וְעָשׂוּ לְפָנָיו לֵיצָנוּת גְּדוֹלוֹת כַּנַּ"ל, וּבָא בְּשִׂמְחָה גְּדוֹלָה, וְעָשָׂה לְעַצְמוֹ אַבִּירוּת לֵב מְאֹד, וְאָמַר לַעֲקֹר אֶת הָאִילָן כֻּלּוֹ לְגַמְרֵי, וְיָצָא לְטַיֵּל עִם שָׂרָיו וְחִזֵּק לִבּוֹ מְאֹד, וְרָץ לַעֲקֹר הָאִילָן לְגַמְרֵי, וּכְשֶׁבָּא אֵלָיו, נָתַן קוֹל גָּדוֹל, וְנָפַל עָלָיו פַּחַד, וְחָזַר לַאֲחוֹרָיו וּבָא בְּכַעַס גָּדוֹל וְחָזַר וְהָיָה הוֹלֵךְ בְּתוֹךְ כָּךְ נִסְתַּכֵּל וְרָאָה בְּנֵי-אָדָם יוֹשְׁבִים [הַיְנוּ הַכַּת אֲנָשִׁים שֶׁל הֶחָכָם הַנַּ"ל], וְשָׁלַח אֵיזֶה אֲנָשִׁים מֵאֲנָשָׁיו לַעֲשׂוֹת לָהֶם כָּרָאוּי, כְּדַרְכָּם תָּמִיד [הַיְנוּ שֶׁזֶּה הַמֶּלֶךְ שָׁלַח לְהַזִּיקָם כְּדַרְכָּם], וְכֵיוָן שֶׁרָאוּ אוֹתָם אוֹתָהּ הַמִּשְׁפָּחָה שֶׁל בְּנֵי-אָדָם הַנַּ"ל, נָפַל עֲלֵיהֶם פַּחַד וְאָמַר לָהֶם הַזָּקֵן הַנַּ"ל: אַל תִּפְחֲדוּ וּכְשֶׁנִּתְקָרְבוּ הַשֵּׁדִים לְשָׁם, לֹא הָיוּ יְכוֹלִים לְהִתְקָרֵב אֲלֵיהֶם מֵחֲמַת הָעִגּוּל.

הַנַּ"ל שֶׁהָיָה סְבִיבוֹתָם, וְשָׁלַח שְׁלוּחִים אֲחֵרִים, וְלֹא הָיוּ יְכוֹלִים גַּם - כֵּן, וּבָא בְּכַעַס גָּדוֹל, וְהָלַךְ בְּעַצְמוֹ, וְלֹא הָיָה יָכוֹל גַּם הוּא לְקָרֵב

אֲלֵיהֶם, וּבִקֵּשׁ מֵהַזָּקֵן שֶׁיַּנִּיחֶנּוּ לִכָּנֵס לְשָׁם וְאָמַר לוֹ: מֵאַחַר שֶׁאַתָּה מְבַקֵּשׁ, אַנִּיחַ אוֹתְךָ לִכָּנֵס, אֲבָל אֵין דֶּרֶךְ שֶׁיֵּלֵךְ הַמֶּלֶךְ יְחִידִי, וְאַנִּיחַ אוֹתְךָ עִם עוֹד אֶחָד לִכָּנֵס, וּפָתַח לָהֶם פֶּתַח וְנִכְנְסוּ, וְחָזַר וְסָגַר הָעִגּוּל אָמַר הַמֶּלֶךְ לְהַזָּקֵן: אֵיךְ אַתָּה בָּא

לֵישֵׁב עַל מָקוֹם שֶׁלָּנוּ? אָמַר לוֹ: מִפְּנֵי מַה הוּא מְקוֹמְךָ? הוּא מָקוֹם שֶׁלִּי! אָמַר לוֹ: אֵין אַתָּה מִתְיָרֵא מִמֶּנִּי? הֵשִׁיב לוֹ: לָאו! אָמַר לוֹ: אֵין אַתָּה מִתְיָרֵא? וּפָשַׁט עַצְמוֹ וְנַעֲשָׂה גָּדוֹל מְאֹד עַד הַשָּׁמַיִם, וְרָצָה לְבָלְעוֹ אָמַר הַזָּקֵן: אַף-עַל-פִּי-כֵן אֵינִי מִתְיָרֵא כְּלָל, אַךְ אִם אֲנִי רוֹצֶה, תִּהְיֶה אַתָּה מִתְיָרֵא מִמֶּנִּי וְהָלַךְ וְהִתְפַּלֵּל קְצָת, וְנַעֲשָׂה עָב וְעָנָן גָּדוֹל, וְהָיוּ רְעָמִים גְּדוֹלִים, וְהָרַעַם הוֹרֵג אוֹתָם, וְנֶהֶרְגוּ כָּל הַשָּׂרֵי מְלוּכָה שֶׁלּוֹ שֶׁהָיוּ עִמּוֹ, וְלֹא נִשְׁאֲרוּ כִּי אִם הוּא עִם הָאֶחָד שֶׁהָיָה עִמּוֹ שָׁם בְּתוֹךְ הָעִגּוּל, וּבִקֵּשׁ אוֹתוֹ שֶׁיַּפְסִק הָרַעַם, וּפָסַק.

עָנָה הַמֶּלֶךְ וְאָמַר: מֵאַחַר שֶׁאַתָּה אִישׁ כָּזֶה, אֶתֵּן לְךָ סֵפֶר מִכָּל הַמִּשְׁפָּחוֹת שֶׁל שֵׁדִים, כִּי יֵשׁ בַּעֲלֵי שֵׁמוֹת שֶׁאֵינָם יוֹדְעִים רַק מִמִּשְׁפָּחָה אַחַת, וַאֲפִלּוּ אוֹתָהּ הַמִּשְׁפָּחָה אֵינָם יוֹדְעִים בִּשְׁלֵמוּת אֲנִי אֶתֵּן לְךָ סֵפֶר שֶׁכָּתוּב בּוֹ כָּל הַמִּשְׁפָּחוֹת, כִּי אֵצֶל הַמֶּלֶךְ כְּתוּבִים כֻּלָּם, וַאֲפִלּוּ מִי שֶׁנּוֹלָד נִכְתָּב אֵצֶל הַמֶּלֶךְ וְשָׁלַח אֶת הָאֶחָד, שֶׁהָיָה עִמּוֹ אַחַר הַסֵּפֶר [הַיְנוּ שֶׁהַמֶּלֶךְ שֶׁל הַשֵּׁדִים שָׁלַח אֶת הָאֶחָד, שֶׁהָיָה עִמּוֹ בְּתוֹךְ הָעִגּוּל אַחַר הַסֵּפֶר נִמְצָא, שֶׁטּוֹב עָשָׂה שֶׁהִנִּיחַ אוֹתוֹ עִם עוֹד אֶחָד לִכָּנֵס, כִּי אִם לָאו, אֶת מִי הָיָה שׁוֹלֵחַ?] וְהֵבִיא לוֹ הַסֵּפֶר, וּפָתַח אֶת הַסֵּפֶר, וְרָאָה כָּתוּב בּוֹ אֶלֶף אֲלָפִים וְרִבֵּי רִבְבוֹת מִשְׁפָּחוֹת שֶׁלָּהֶם, וְהִבְטִיחַ הַמֶּלֶךְ שֶׁלֹּא יַזִּיקוּ לְעוֹלָם אֶת כָּל מִשְׁפַּחְתּוֹ שֶׁל אוֹתוֹ הַזָּקֵן הַנַּ"ל, וְצִוָּה לְהָבִיא כָּל הַפַּאטְרֶעטִין [דמות דיוקן] שֶׁל כָּל בְּנֵי מִשְׁפַּחְתּוֹ, וַאֲפִלּוּ אִם יִהְיֶה נוֹלָד לָהֶם [אֵיזֶה יֶלֶד] יָבִיאוּ תֵּכֶף הַפַּאטְרֶעט שֶׁלּוֹ, כְּדֵי שֶׁלֹּא יִהְיֶה נִזּוֹק שׁוּם אֶחָד מִמִּשְׁפַּחַת הַזָּקֵן.

אַחַר-כָּךְ, כְּשֶׁהִגִּיעַ זְמַנּוֹ שֶׁל הַזָּקֵן לִפָּטֵר מִן הָעוֹלָם, קָרָא לְבָנָיו וְצִוָּה לָהֶם וְאָמַר לָהֶם: אֲנִי מַנִּיחַ לָכֶם זֶה הַסֵּפֶר: וַהֲלֹא אַתֶּם רוֹאִים שֶׁיֵּשׁ לִי כֹּחַ לְהִשְׁתַּמֵּשׁ עִם זֶה הַסֵּפֶר בִּקְדֻשָּׁה, וְאַף-עַל-פִּי-כֵן אֵינִי מִשְׁתַּמֵּשׁ בּוֹ רַק יֵשׁ לִי אֱמוּנָה בְּהַשֵּׁם יִתְבָּרַךְ גַּם אַתֶּם אַל תִּשְׁתַּמְּשׁוּ בּוֹ אֲפִלּוּ אִם יִמָּצֵא אֶחָד מִכֶּם שֶׁיּוּכַל לְהִשְׁתַּמֵּשׁ בּוֹ בִּקְדֻשָּׁה, אַף-עַל-פִּי-כֵן אַל יִשְׁתַּמֵּשׁ בּוֹ, רַק יִהְיֶה לוֹ אֱמוּנָה בְּהַשֵּׁם יִתְבָּרַךְ וְנִפְטַר הֶחָכָם, וְהָלַךְ הַסֵּפֶר בִּירֻשָּׁה וּבָא לְבֶן בְּנוֹ, וְהָיָה לוֹ כֹּחַ לְהִשְׁתַּמֵּשׁ בּוֹ בִּקְדֻשָּׁה, רַק

שֶׁיִּהְיֶה לוֹ אֱמוּנָה בְּהַשֵּׁם יִתְבָּרַךְ, וְלֹא הָיָה מִשְׁתַּמֵּשׁ בּוֹ, כַּאֲשֶׁר צִוָּה הַזָּקֵן וְהַמְדַבְּרִים שֶׁיֵּשׁ בֵּינֵיהֶם הָיוּ מְפַתִּים אֶת נֶכֶד הַזָּקֵן הַנַּ"ל: כַּאֲשֶׁר שֶׁיֵּשׁ לְךָ בָּנוֹת גְּדוֹלוֹת וְאֵין לְךָ לְפַרְנְסָם וּלְהַשִּׂיאָם, עַל-כֵּן הִשְׁתַּמֵּשׁ בְּזֶה הַסֵּפֶר וְהוּא לֹא הָיָה יוֹדֵעַ שֶׁהֵם מְפַתִּים אוֹתוֹ, וְסָבַר שֶׁלִּבּוֹ מְיַעֲצוֹ לָזֶה וְנָסַע לְאָבִיו זְקֵנוֹ עַל קִבְרוֹ, וְשָׁאַל אוֹתוֹ: כַּאֲשֶׁר שֶׁהִנַּחְתָּ צַוָּאָה שֶׁלֹּא לְהִשְׁתַּמֵּשׁ עִם הַסֵּפֶר, רַק שֶׁיִּהְיֶה לָנוּ אֱמוּנָה בְּהַשֵּׁם יִתְבָּרַךְ, וְעַתָּה הַלֵּב מְפַתֶּה אוֹתִי לְהִשְׁתַּמֵּשׁ בּוֹ עָנָה אוֹתוֹ [הַזָּקֵן הַנִּפְטָר הַנַּ"ל]: אַף-עַל-פִּי שֶׁיֵּשׁ לְךָ כֹּחַ לְהִשְׁתַּמֵּשׁ בּוֹ בִּקְדֻשָּׁה, מוּטָב שֶׁיִּהְיֶה לְךָ אֱמוּנָה בְּהַשֵּׁם יִתְבָּרַךְ וְאַל תִּשְׁתַּמֵּשׁ בּוֹ, וְהַשֵּׁם יִתְבָּרַךְ יַעֲזֹר לְךָ וְעָשָׂה כֵּן.

וַיְהִי הַיּוֹם וְהָיָה הַמֶּלֶךְ חוֹלֶה בְּאוֹתָהּ מְדִינָה שֶׁיּוֹשֵׁב בָּהּ הַנֶּכֶד שֶׁל הַזָּקֵן הַנַּ"ל וְעָסַק בְּדָאקְטוֹרִים וְלֹא הָיוּ יְכוֹלִים לַעֲשׂוֹת רְפוּאָה מֵחֲמַת גֹּדֶל הַחֲמִימוּת שֶׁהָיָה שָׁם בְּאוֹתָהּ הַמְּדִינָה לֹא הָיוּ מוֹעִילִים הָרְפוּאוֹת, וְגָזַר הַמֶּלֶךְ שֶׁיִּשְׂרָאֵל יִתְפַּלְּלוּ בַּעֲדוֹ אָמַר הַמֶּלֶךְ שֶׁלָּנוּ: כַּאֲשֶׁר שֶׁזֶּה הַנֶּכֶד הַנַּ"ל יֵשׁ לוֹ כֹּחַ לְהִשְׁתַּמֵּשׁ עִם הַסֵּפֶר בִּקְדֻשָּׁה וְאֵינוֹ מִשְׁתַּמֵּשׁ בּוֹ, עַל-כֵּן נַעֲשָׂה לְטוֹבָתוֹ, וְצִוָּה עָלַי לִהְיוֹת שָׁם עָנָן כְּדֵי שֶׁיִּהְיֶה לְהַמֶּלֶךְ רְפוּאָה מֵהָרְפוּאוֹת שֶׁלָּקַח כְּבָר וּמֵהָרְפוּאוֹת שֶׁיִּקַּח עוֹד וְהַנֶּכֶד הַנַּ"ל לֹא יָדַע כְּלָל מִזֶּה, וּמֵחֲמַת זֶה אֲנִי הָיִיתִי בְּכָאן עָנָן [כָּל זֶה הָיָה מְסַפֵּר הֶעָנָן לְהַשָּׁלִיחַ].

וְזֶה הַבֵּן הַנַּ"ל [הַיְנוּ זֶה שֶׁלֹּא הָיָה לוֹ כֹּחַ בְּרַגְלָיו בִּתְחִלָּה] הָיָה הוֹלֵךְ אַחֲרֵיהֶם וְשׁוֹמֵעַ וְהֵבִיאוּ אוֹתוֹ לַמֶּלֶךְ, וְצִוָּה הַמֶּלֶךְ שֶׁיִּקְחוּ הַכֹּחַ וְיַחֲזִירוּ לְהַמֶּלֶךְ הַנַּ"ל, וְהֶחֱזִירוּ לוֹ הַכֹּחַ, וְאָז חָזַר הַבֵּן שֶׁל הַשֵּׁדִים הַנַּ"ל כַּנַּ"ל, וּבָא מְיֻסָּר מְאֹד בְּלֹא כֹּחַ, כִּי עִנּוּ אוֹתוֹ מְאֹד שָׁם, וְחָרָה לוֹ מְאֹד עַל הַמְכַשֵּׁף שֶׁעִנָּה אוֹתוֹ כָּל-כָּךְ, וְצִוָּה לְבָנָיו וּמִשְׁפַּחְתּוֹ שֶׁיִּהְיוּ אוֹרְבִים תָּמִיד עַל הַמְכַשֵּׁף הַנַּ"ל, וְיֵשׁ בֵּינֵיהֶם מְדַבְּרִים, וְהָלְכוּ וְהִגִּידוּ לְהַמְכַשֵּׁף שֶׁיִּשְׁמֹר עַצְמוֹ, כִּי הֵם אוֹרְבִים עָלָיו, וְעָשָׂה הַמְכַשֵּׁף תַּחְבּוּלוֹת, וְקָרָא עוֹד מְכַשְּׁפִים שֶׁיּוֹדְעִים מִשְׁפָּחוֹת כְּדֵי לִשְׁמֹר מֵהֶם, וְחָרָה מְאֹד לְהַבֵּן הַנַּ"ל וּלְמִשְׁפַּחְתּוֹ עַל הַמְדַבְּרִים עַל שֶׁגִּלּוּ סוֹדוֹ לְהַמְכַשֵּׁף פַּעַם אַחַת בְּנִזְדַּמֵּן שֶׁהָלְכוּ

יַחַד מִמִּשְׁפָּחָה שֶׁל הַבֵּן הַנַּ"ל וּמֵהַמְדַבְּרִים עַל הַמִּשְׁמָר אֵצֶל הַמֶּלֶךְ, וְהָלְכוּ בְּנֵי הַמִּשְׁפָּחָה הַנַּ"ל וְעָשׂוּ עֲלִילָה עַל הַמְדַבְּרִים, וְהָרַג הַמֶּלֶךְ אֶת הַמְדַבְּרִים, וְחָרָה לְהַמְדַבְּרִים הַנִּשְׁאָרִים, וְהָלְכוּ וְעָשׂוּ מְרִידָה בֵּין כָּל הַמְּלָכִים, וְהָיָה בֵּין הַשֵּׁדִים רָעָב וְחֲלָשׁוֹת וְחֶרֶב וְדֶבֶר, וְנַעֲשָׂה מִלְחָמוֹת בֵּין כָּל הַמְּלָכִים, וְעַל-יְדֵי-זֶה נַעֲשָׂה רְעִידַת הָאָרֶץ וְנָפְלָה הָאָרֶץ כֻּלָּהּ וְנִשְׁקָה הָאִילָן כֻּלּוֹ, וְלֹא נִשְׁאַר מֵהֶם כְּלָל, וְנַעֲשׂוּ כְּלֹא הָיוּ אָמֵן סוֹד מַעֲשֶׂה זוֹ מְרֻמָּז בְּקַפִּיטְל א' שֶׁבַּתְּהִלִּים: אַשְׁרֵי הָאִישׁ וְכוּ', דֶּרֶךְ רְשָׁעִים דֶּרֶךְ צַדִּיקִים וְכוּ' הַיְנוּ בְּחִינַת הַדְּרָכִים הַנַּ"ל שֶׁיֵּשׁ בָּהֶם הָאָבָק שֶׁמְּפַזְּרִים וְכוּ' וְהָיָה כְּעֵץ שָׁתוּל עַל פַּלְגֵי מַיִם אֲשֶׁר פִּרְיוֹ יִתֵּן בְּעִתּוֹ וְעָלֵהוּ וְכוּ' וְכֹל אֲשֶׁר יַעֲשֶׂה יַצְלִיחַ הַיְנוּ הָאִילָן הַנַּ"ל שֶׁכָּל פִּרְיוֹ וְעָלָיו הַכֹּל כַּאֲשֶׁר לַכֹּל מְסֻגָּל מְאֹד כַּנַּ"ל דּוֹק וְתִשְׁכַּח עוֹד אֵיזֶה רְמָזִים: אַשְׁרֵי הָאִישׁ אֲשֶׁר לֹא הָלַךְ כִּי בַּתְּחִילָה לֹא הָיָה יָכוֹל לֵילֵךְ: לֹא עָמַד כִּי אַחַר-כָּךְ לֹא הָיָה יָכוֹל לַעֲמֹד גַּם- כֵּן: וּבְמוֹשַׁב לֵצִים הַיְנוּ מוֹשַׁב לֵצִים הַנַּ"ל שֶׁעוֹשִׂין לֵיצָנוּת וְכוּ' כַּנַּ"ל: כַּמּוֹץ אֲשֶׁר תִּדְּפֶנּוּ רוּחַ הַיְנוּ הָרוּחַ שֶׁנּוֹשֵׂא הַפּוּל הַנַּ"ל: וְכָל זֶה הוּא רַק רְמָזִים בְּעָלְמָא שֶׁהֵאִיר עֵינֵינוּ קְצָת לְמַעַן נָבִין וְנַשְׂכִּיל קְצָת עַד הֵיכָן הַדְּבָרִים מַגִּיעִים אֲבָל הַדְּבָרִים סְתוּמִים עֲדַיִן בְּתַכְלִית הַהֶעְלֵם: כִּי כָּל אֵלּוּ הַמַּעֲשִׂיּוֹת שֶׁסִּפֵּר גָּבְהוּ מְאֹד מְאֹד מִדַּעַת אֱנוֹשִׁי וְנֶעְלָמִים מֵעֵין כָּל חַי וְכוּ'.

מעשה ד' ממלך שגזר

פַּעַם אַחַת הָיָה מֶלֶךְ וְגָזַר עַל הַמְּדִינָה גֵּרוּשׁ בִּגְזֵרוֹת שְׁמָד, שֶׁמִּי שֶׁיִּרְצֶה לִשָּׁאֵר בַּמְּדִינָה יָמִיר דָּתוֹ, וְאִם לָאו-יִהְיֶה נִתְגָּרֵשׁ מֵהַמְּדִינָה וְהָיוּ קְצָת מֵהֶם שֶׁהִפְקִירוּ כָּל רְכוּשָׁם וַעֲשִׁירוּת שֶׁלָּהֶם וְיָצְאוּ מִשָּׁם בְּדַלּוּת כְּדֵי לִשָּׁאֵר בֶּאֱמוּנָה שֶׁיִּהְיוּ יִשְׂרְאֵלִים, וּקְצָת מֵהֶם חָסוּ עַל רְכוּשָׁם וַעֲשִׁירוּתָם וְנִשְׁאֲרוּ שָׁם וְהָיוּ אֲנוּסִים בְּצִנְעָא הָיוּ נוֹהֲגִים דָּת יְהוּדִית וּבְפַרְהֶסְיָא לֹא הָיוּ רַשָּׁאִים [לִנְהֹג כְּמוֹ יְהוּדִים].

וּמֵת הַמֶּלֶךְ, וְנַעֲשָׂה בְּנוֹ מֶלֶךְ, וְהִתְחִיל לִנְהֹג הַמְּדִינָה בְּיָד רָמָה וְכָבַשׁ כַּמָּה מְדִינוֹת, וְהָיָה חָכָם גָּדוֹל.

וּמֵחֲמַת שֶׁהָיָה מַחֲזִיק בְּתֹקֶף יָדוֹ אֶת הַשָּׂרֵי מְלוּכָה, יָעֲצוּ עָלָיו וְנִתְקַשְּׁרוּ לִפֹּל עָלָיו וּלְהַכְרִית אוֹתוֹ וְאֶת זַרְעוֹ וְהָיָה בֵּין הַשָּׂרִים אֶחָד מֵהָאֲנוּסִים וַיֵּשֶׁב עַצְמוֹ: הֲלֹא מִפְּנֵי מָה אֲנִי אָנוּס? מֵחֲמַת שֶׁהָיִיתִי חָס עַל הוֹנִי וּרְכוּשִׁי עַכְשָׁו שֶׁיִּהְיֶה הַמְּדִינָה בְּלֹא מֶלֶךְ, יִהְיֶה אִישׁ אֶת רֵעֵהוּ חַיִּים בְּלָעוֹ, כִּי אִי אֶפְשָׁר שֶׁיִּהְיֶה מְדִינָה בְּלֹא מֶלֶךְ עַל-כֵּן יָעַץ בְּעַצְמוֹ לֵילֵךְ וּלְהַגִּיד לַמֶּלֶךְ בְּלִי יְדִיעָתָם וְהָלַךְ וְהִגִּיד לַמֶּלֶךְ, שֶׁנִּתְקַשְּׁרוּ עָלָיו כַּנַּ"ל וְהָלַךְ הַמֶּלֶךְ וְנִסָּה אִם אֱמֶת הַדָּבָר, וְרָאָה שֶׁהוּא אֱמֶת, וְהֶעֱמִיד שׁוֹמְרִים בְּאוֹתוֹ לַיְלָה שֶׁנָּפְלוּ עָלָיו תָּפְסוּ אוֹתָם, וְדָן אוֹתָם כָּל אֶחָד כְּפִי מִשְׁפָּטוֹ.

עָנָה הַמֶּלֶךְ וְאָמַר לְהַשַּׂר הָאָנוּס הַנַּ"ל: אֵיזֶה כָּבוֹד אֶתֵּן לְךָ בִּשְׁבִיל זֶה שֶׁהִצַּלְתָּנִי וְאֶת זַרְעִי? אִם אֹמַר לַעֲשׂוֹת אוֹתְךָ שַׂר, הֲרֵי אַתָּה בְּלֹא זֶה שַׂר; וְאִם לִתֵּן לְךָ מָעוֹת, יֵשׁ לְךָ אֱמֹר אֵיזֶה כָּבוֹד אַתָּה רוֹצֶה, וְאֶעֱשֶׂה לְךָ עָנָה הָאָנוּס וְאָמַר: אֲבָל תַּעֲשֶׂה לִי מַה שֶּׁאֹמַר? אָמַר הַמֶּלֶךְ: הֵן אָמַר: הִשָּׁבַע לִי בְּכִתְרְךָ וּמַלְכוּתְךָ וְנִשְׁבַּע לוֹ עָנָה וְאָמַר [הָאָנוּס הַנַּ"ל]: עִקַּר כְּבוֹדִי שֶׁאֶהְיֶה רַשַּׁאי לִהְיוֹת יְהוּדִי בְּפַרְהֶסְיָא, לְהָנִיחַ טַלִּית וּתְפִלִּין בְּפַרְהֶסְיָא, וְחָרָה לְהַמֶּלֶךְ מְאֹד, מֵחֲמַת שֶׁבְּכָל מְדִינָתוֹ אֵינָם רַשָּׁאִים לִהְיוֹת יְהוּדִים, אֲבָל לֹא הָיָה לוֹ בְּרֵרָה מֵחֲמַת הַשְּׁבוּעָה בַּבֹּקֶר הָלַךְ הָאָנוּס וְהֵנִּיחַ טַלִּית וּתְפִלִּין בְּפַרְהֶסְיָא

אַחַר-כָּךְ מֵת הַמֶּלֶךְ וְנַעֲשָׂה בְּנוֹ מֶלֶךְ, וְהוּא הִתְחִיל לְהַנְהִיג מְדִינָתוֹ בְּרַכּוּת, מֵחֲמַת שֶׁרָאָה שֶׁרָצוּ לְהַכְרִית אֶת אָבִיו כַּנַּ"ל, וְכָבַשׁ מְדִינוֹת רַבּוֹת, וְהָיָה חָכָם גָּדוֹל מְאֹד, וְצִוָּה לְקַבֵּץ וְלִקְרוֹת אֶת כָּל הַחוֹזֵי כּוֹכָבִים שֶׁיַּגִּידוּ מֵאֵיזֶה דָּבָר יוּכַל לִהְיוֹת נִכְרַת זַרְעוֹ, כְּדֵי שֶׁיִּשָּׁמֵר מִזֶּה, וְאָמְרוּ לוֹ שֶׁזַּרְעוֹ לֹא יִכָּרֵת, רַק שֶׁיִּשָּׁמֵר מִשּׁוֹר וָשֶׂה וְכָתְבוּ זֹאת בְּסֵפֶר הַזִּכְרוֹנוֹת, וְצִוָּה לְבָנָיו שֶׁיִּנְהֲגוּ גַּם-כֵּן כְּמוֹתוֹ בְּדֶרֶךְ רַכָּה וּמֵת.

וְנַעֲשָׂה בְּנוֹ מֶלֶךְ, וְהִתְחִיל לִנְהֹג בְּיָד רָמָה וּבְחֹזֶק כְּמוֹ זְקֵנוֹ, וְכָבַשׁ מְדִינוֹת רַבּוֹת וְנָפַל עַל חָכְמָה, וְצִוָּה לְהַכְרִיז שֶׁלֹּא יִמָּצֵא בִּמְדִינָתוֹ שׁוֹר וָשֶׂה, כְּדֵי שֶׁלֹּא יִהְיֶה נִכְרַת זַרְעוֹ עַל-כֵּן אֵין לוֹ מוֹרָא מִשּׁוּם דָּבָר וְנָהַג מְדִינָתוֹ בְּרָמָה, וְנַעֲשָׂה חָכָם גָּדוֹל מְאֹד וְנָפַל עַל חָכְמָה לִכְבֹּשׁ אֶת כָּל הָעוֹלָם בְּלֹא מִלְחָמָה, כִּי יֵשׁ שִׁבְעָה חֶלְקֵי עוֹלָם, שֶׁהָעוֹלָם נִתְחַלֵּק לְשִׁבְעָה חֲלָקִים, וְיֵשׁ שֶׁבַע כּוֹכְבֵי לֶכֶת, שֶׁכָּל כּוֹכָב מֵאִיר בְּחֵלֶק מֵחֶלְקֵי הָעוֹלָם, וְיֵשׁ שִׁבְעָה מִינֵי מַתָּכוֹת, שֶׁכָּל אַחַת מִשֶּׁבַע כּוֹכְבֵי לֶכֶת מֵאִיר בְּמִין מַתֶּכֶת אֶחָד וְהָלַךְ וְקִבֵּץ כָּל הַשִּׁבְעָה מִינֵי מַתָּכוֹת, וְצִוָּה לְהָבִיא כָּל הַפַּאטְרֶעטִין [דמות דיוקן] שֶׁל כָּל הַמְּלָכִים שֶׁהֵם שֶׁל זָהָב שֶׁתּוֹלִין בַּפַּלְטְרִין [ארמון] שֶׁלָּהֶם, וְעָשָׂה מִזֶּה אָדָם רֹאשׁוֹ שֶׁל זָהָב וְגוּפוֹ שֶׁל כֶּסֶף, וְכֵן שְׁאָר הָאֵיבָרִים מִמִּינֵי מַתָּכוֹת הָאֲחֵרִים, וְהָיָה בְּאוֹתוֹ הָאָדָם כָּל הַשֶּׁבַע מִינֵי מַתָּכוֹת, וְהֶעֱמִיד אוֹתוֹ עַל הַר גָּבֹהַּ, וְהָיוּ כָּל הַשִּׁבְעָה כּוֹכְבֵי לֶכֶת מְאִירִין בְּאוֹתוֹ הָאָדָם, וּכְשֶׁהָיָה אָדָם צָרִיךְ לְאֵיזֶה עֵצָה אוֹ אֵיזֶה מַשָּׂא וּמַתָּן אִם לַעֲשׂוֹתוֹ אִם לָאו, הָיָה עוֹמֵד נֶגֶד אוֹתוֹ הָאֵיבָר שֶׁל הַמִּין מַתֶּכֶת הַשַּׁיָּךְ לְחֵלֶק הָעוֹלָם שֶׁהוּא מִשָּׁם, וְהָיָה חוֹשֵׁב בְּדַעְתּוֹ אִם לַעֲשׂוֹת אִם לָאו, וּכְשֶׁהָיָה צָרִיךְ לַעֲשׂוֹת, הָיָה מֵאִיר וּמַזְרִיחַ אוֹתוֹ הָאֵיבָר, וְאִם לָאו-הָיָה נֶחְשָׁךְ הָאֵבֶר [כָּל זֶה עָשָׂה הַמֶּלֶךְ הַנַּ"ל] וְעַל-יְדֵי זֶה הָיָה כּוֹבֵשׁ כָּל הָעוֹלָם וְאָסַף מָמוֹן רַב.

וְאוֹתוֹ הַדְּמוּת אָדָם לֹא הָיָה מְסֻגָּל לְהַנַּ"ל, רַק [בְּאֹפֶן וּבִתְנַאי] שֶׁיִּהְיֶה הַמֶּלֶךְ מַשְׁפִּיל גֵּאִים וּמַגְבִּיהַּ שְׁפָלִים וְהָלַךְ וְשָׁלַח פְּקֻדּוֹת [הַיְנוּ אוֹקַאזִין] עֲבוּר כָּל הַיֶּעדְנִירַאלִין [קְצִינֵי

צבא בכירים] וּשְׁאָר הַשָּׂרִים שֶׁיֵּשׁ לָהֶם הִתְמַנּוּת וְאוֹרְדֶּיר"ש [אותות הצטיינות], וּבָאוּ כֻּלָּם, וְהִשְׁפִּיל אוֹתָם, וְלָקַח מֵהֶם הַהִתְמַנּוּת שֶׁלָּהֶם, אֲפִלּוּ אוֹתָן שֶׁהָיוּ לָהֶם הִתְמַנּוּת שֶׁעָבְדוּ אֵצֶל אֲבִי אָבִיו זְקֵנוֹ לָקַח מֵהֶם, וְהִגְבִּיהַּ שְׁפָלִים וְהֶעֱמִיד אוֹתָם תַּחְתֵּיהֶם בְּתוֹכָם הָיָה הַשַּׂר הָאָנוּס הַנַּ"ל [הַיְנוּ שֶׁהוּא הָיָה בְּתוֹךְ הַשָּׂרִים שֶׁהַמֶּלֶךְ הָיָה עוֹסֵק לְהַשְׁפִּילָם] וְשָׁאַל אוֹתוֹ הַמֶּלֶךְ: מַהוּ הַשְּׂרָרוּת וְהַהִתְמַנּוּת שֶׁלְּךָ? הֵשִׁיב לוֹ: הַשְּׂרָרוּת שֶׁלִּי הוּא שֶׁאֶהְיֶה רַשַּׁאי לִהְיוֹת יְהוּדִי בְּפַרְהֶסְיָא בִּשְׁבִיל אוֹתָהּ הַטּוֹבָה שֶׁעָשִׂיתִי לִזְקֶנְךָ כַּנַּ"ל וְלָקַח מֵאִתּוֹ זֹאת, וְחָזַר וְנַעֲשָׂה אָנוּס פַּעַם אַחַת שָׁכַב הַמֶּלֶךְ לִישֹׁן וְרָאָה בַּחֲלוֹם שֶׁהַשָּׁמַיִם זַכִּים, וְרָאָה כָּל הַשְּׁנֵים-עָשָׂר מַזָּלוֹת, וְרָאָה שֶׁשּׁוֹר וָשֶׂה שֶׁיֵּשׁ בֵּין הַמַּזָּלוֹת הֵם מְשַׂחֲקִים מִמֶּנּוּ וְהֵקִיץ בְּכַעַס גָּדוֹל וְנִפְחַד מְאֹד, וְצִוָּה לְהָבִיא אֶת סֵפֶר הַזִּכְרוֹנוֹת, וְרָאָה כָּתוּב בּוֹ שֶׁעַל-יְדֵי שׁוֹר וָשֶׂה יִהְיֶה נִכְרַת זַרְעוֹ, וְנָפַל עָלָיו פַּחַד גָּדוֹל, וְסִפֵּר לְהַמַּלְכָּה, וְנָפַל עָלֶיהָ וְעַל בָּנֶיהָ גַּם-כֵּן פַּחַד גָּדוֹל וַתִּפָּעֶם רוּחוֹ מְאֹד, וְקָרָא לְכָל הַפּוֹתְרֵי חֲלוֹמוֹת, וְכָל אֶחָד הָיָה פּוֹתֵר לְעַצְמוֹ, וְלֹא הָיָה קוֹלָן נִכְנָס בְּאָזְנָיו וְנָפַל עָלָיו פַּחַד גָּדוֹל מְאֹד, וּבָא אֵלָיו חָכָם אֶחָד וְאָמַר לוֹ, שֶׁיֵּשׁ לוֹ קַבָּלָה מֵאָבִיו הֱיוֹת שֶׁיֵּשׁ שְׁלֹשׁ מֵאוֹת וְשִׁשִּׁים וַחֲמִשָּׁה מִינֵי תַּהֲלוּכוֹת הַשֶּׁמֶשׁ, וְיֵשׁ מָקוֹם שֶׁכָּל הַשְּׁלֹשׁ מֵאוֹת וְשִׁשִּׁים וַחֲמִשָּׁה מִינֵי תַּהֲלוּכוֹת הַשֶּׁמֶשׁ מַזְרִיחִים לְשָׁם, וְשָׁם גָּדֵל שֵׁבֶט בַּרְזֶל, וּמִי שֶׁיֵּשׁ לוֹ פַּחַד, כְּשֶׁבָּא לְהַשֵּׁבֶט הַנַּ"ל, נִצּוֹל מֵהַפַּחַד.

וְהוּטַב לְהַמֶּלֶךְ, וְהָלַךְ עִם אִשְׁתּוֹ וּבָנָיו וְכָל זַרְעוֹ לַמָּקוֹם הַנַּ"ל עִם

הֶחָכָם הַנַּ"ל, וּבְאֶמְצַע הַדֶּרֶךְ עוֹמֵד מַלְאָךְ שֶׁהוּא מְמֻנֶּה עַל כַּעַס, כִּי עַל-יְדֵי כַּעַס בּוֹרְאִים מַלְאָךְ הַמַּשְׁחִית, וְאוֹתוֹ מַלְאָךְ הַנַּ"ל הוּא מְמֻנֶּה עַל כָּל הַמַּשְׁחִיתִים וְשׁוֹאֲלִין אוֹתוֹ הַדֶּרֶךְ, כִּי יֵשׁ דֶּרֶךְ יָשָׁר לִפְנֵי אִישׁ, וְיֵשׁ דֶּרֶךְ שֶׁהוּא מָלֵא טִיט, וְיֵשׁ דֶּרֶךְ שֶׁהוּא מָלֵא פְּחָתִים וּבוֹרוֹת, וְכֵן שְׁאָר דְּרָכִים, וְיֵשׁ דֶּרֶךְ אֶחָד, שֶׁיֵּשׁ שָׁם אֵשׁ שֶׁאַרְבַּע פַּרְסָאוֹת מֵאוֹתוֹ הָאֵשׁ נִשְׂרָפִים [וְשָׁאֲלוּ לוֹ הַדֶּרֶךְ, וְאָמַר לָהֶם אוֹתוֹ הַדֶּרֶךְ שֶׁיֵּשׁ שָׁם הָאֵשׁ]

וְהָיוּ הוֹלְכִים וְהָיָה הֶחָכָם מִסְתַּכֵּל לְפָנָיו בְּכָל פַּעַם אִם יֵשׁ שָׁם אוֹתוֹ הָאֵשׁ, כִּי הָיָה לוֹ קַבָּלָה מֵאָבִיו שֶׁיֵּשׁ שָׁם אֵשׁ כַּנַּ"ל בְּתוֹךְ כָּךְ רָאָה הָאֵשׁ, וְרָאָה שֶׁהָיוּ הוֹלְכִים דֶּרֶךְ הָאֵשׁ מְלָכִים ויהודים מְעֻטָּפִים בְּטַלִּית וּתְפִלִּין, וְזֶה הָיָה מֵחֲמַת שֶׁהָיוּ אֵצֶל אוֹתָן הַמְּלָכִים יוֹשְׁבִים יְהוּדִים בִּמְדִינָתָם, עַל-כֵּן הָיוּ יְכוֹלִים לֵילֵךְ דֶּרֶךְ הָאֵשׁ וְאָמַר הֶחָכָם לְהַמֶּלֶךְ: בַּאֲשֶׁר שֶׁיֵּשׁ קַבָּלָה בְּיָדִי שֶׁאַרְבַּע פַּרְסָאוֹת רָחוֹק מִן הָאֵשׁ נִשְׂרָפִים, עַל-כֵּן אֵין אֲנִי רוֹצֶה לֵילֵךְ עוֹד וְהַמֶּלֶךְ חָשַׁב: מֵאַחַר שֶׁרוֹאֶה שֶׁשְּׁאָר מְלָכִים הוֹלְכִים שָׁם דֶּרֶךְ הָאֵשׁ, עַל-כֵּן אָמַר שֶׁגַּם הוּא יֵלֵךְ וְעָנָה הֶחָכָם: אֲנִי יֵשׁ לִי קַבָּלָה מֵאָבִי כַּנַּ"ל עַל-כֵּן אֵינִי רוֹצֶה לֵילֵךְ אַתָּה, אִם רְצוֹנְךָ לֵילֵךְ, לֵךְ וְהָלַךְ הַמֶּלֶךְ וְזַרְעוֹ, וְשָׁלַט בָּהֶם הָאֵשׁ, וְנִשְׂרַף הוּא וְזַרְעוֹ וְנִכְרְתוּ כֻּלָּם כְּשֶׁבָּא הֶחָכָם לְבֵיתוֹ, הָיָה תָּמוּהַּ בְּעֵינֵי הַשָּׂרִים הֲלֹא הָיָה נִשְׁמָר מִשּׁוֹר וָשֶׂה, וְאֵיךְ בָּא שֶׁיִּהְיֶה נִכְרַת הוּא וְזַרְעוֹ עָנָה הָאָנוּס וְאָמַר: עַל-יְדֵי נִכְרַת, כִּי הַחוֹזֵי כּוֹכָבִים רָאוּ, וְלֹא יָדְעוּ מָה רָאוּ, כִּי שׁוֹר-עוֹשִׂין מֵעוֹרוֹ תְּפִלִּין, וְשֶׂה-עוֹשִׂין מִצַּמְרוֹ צִיצִית לְטַלִּית, וְעַל-יְדֵיהֶם נִכְרַת הוּא וְזַרְעוֹ, כִּי אוֹתָן הַמְּלָכִים שֶׁהָיוּ יְהוּדִים דָּרִים בִּמְדִינָתָם, שֶׁמְּלֻבָּשִׁין בְּטַלִּית וּתְפִלִּין, הָיוּ הוֹלְכִים דֶּרֶךְ הָאֵשׁ וְלֹא הָיוּ נִזּוֹקִים כְּלָל, וְהוּא נִכְרַת עַל-יְדֵי שֶׁלֹּא הָיוּ רַשָּׁאִים יְהוּדִים שֶׁלּוֹבְשִׁין טַלִּית וּתְפִלִּין לֵישֵׁב בִּמְדִינָתוֹ, וְעַל-כֵּן הָיוּ הַשּׁוֹר וָשֶׂה שֶׁבַּמַּזָּלוֹת שׂוֹחֲקִים מִמֶּנּוּ, כִּי הַחוֹזֵי כּוֹכָבִים רָאוּ וְלֹא יָדְעוּ מָה רָאוּ, וְנִכְרַת הוּא וְזַרְעוֹ כַּנַּ"ל "לָמָּה רָגְשׁוּ גוֹיִם וְכוּ' תְּרֹעֵם בְּשֵׁבֶט בַּרְזֶל פֶּן יֶאֱנַף וְתֹאבְדוּ דֶרֶךְ כִּי יִבְעַר" וְכוּ' [תְּהִלִּים ב] וְהַדְּבָרִים עַתִּיקִים וּסְתוּמִים מְאֹד-כָּל זֶה שֶׁמַּעְתִּי עוֹד מָצָאתִי קְצָת רְמָזִים מֵהַמַּעֲשֶׂה זוֹ בַּקַּפִּיטְל הַנַּ"ל "נְנַתְּקָה אֶת מוֹסְרוֹתֵימוֹ"-מוֹסֵרוֹת הֵם שֶׁל עוֹר, בְּחִינַת תְּפִלִּין "עֲבֹתֵימוֹ"-עֲבוֹת הֵם חֲבָלִים, בְּחִינַת צִיצִית, כְּמוֹ שֶׁדָּרְשׁוּ רַבּוֹתֵינוּ, זִכְרוֹנָם לִבְרָכָה פָּסוּק זֶה בְּמַסֶּכֶת עֲבוֹדָה זָרָה [דף ג:] עַל צִיצִית וּתְפִלִּין "יוֹשֵׁב בַּשָּׁמַיִם יִשְׂחָק", כִּי הַשּׁוֹר וָשֶׂה שֶׁבַּשָּׁמַיִם שָׂחֲקוּ מִמֶּנּוּ "אָז יְדַבֵּר אֵלֵימוֹ בְאַפּוֹ וּבַחֲרוֹנוֹ יְבַהֲלֵמוֹ" הַכַּעַס וְהַבֶּהָלָה וְהַפַּחַד הַנַּ"ל, "וַאֲנִי נָסַכְתִּי מַלְכִּי עַל צִיּוֹן הַר

קָדְשִׁי" אֶפְשָׁר הָרֶמֶז בָּזֶה, כִּי הַדְּמוּת אָדָם שֶׁהֶעֱמִיד הַמֶּלֶךְ הַנַּ"ל עַל הַר גָּבוֹהַּ אֶת זֶה לְעֻמַּת זֶה, כִּי הוּא כְּנֶגֶד הַמֶּלֶךְ עַל צִיּוֹן הַר הַקֹּדֶשׁ, כִּי שָׁם כְּלוּלִים כָּל חֶלְקֵי עוֹלָם וְכוּ', וְזֶהוּ "הַר" כַּנַּ"ל "נָסַכְתִּי"-לְשׁוֹן "נֶסֶךְ וַיִּצֹק" "שְׁאַל מִמֶּנִּי" כָּל הָעֵצוֹת כַּנַּ"ל "גּוֹיִם נַחֲלָתֶךָ וַאֲחֻזָּתְךָ אַפְסֵי אָרֶץ"-לֶאֱחֹז יַחַד כָּל אַפְסֵי אָרֶץ, הַיְנוּ כָּל שִׁבְעָה חֶלְקֵי עוֹלָם וְכָל הַמְּלָכִים וְהַגּוֹיִם לְנַחֲלָה תַּחְתָּיו: "עִבְדוּ"-זֶה צִיצִית "בְּיִרְאָה"-זֶה תְּפִלִּין וְגִילוּ בִּרְעָדָה-רְעָדָה הַנַּ"ל

מעשה ה' מבן מלך שהיה מאבנים טובות

מַעֲשֶׂה בְּמֶלֶךְ אֶחָד שֶׁלֹּא הָיוּ לוֹ בָּנִים, וְהָלַךְ וְעָסַק בְּדָאקְטוֹרִים [רופאים], כְּדֵי שֶׁלֹּא תִּהְיֶה מַלְכוּתוֹ נֶהְפֶּכֶת לְזָרִים, וְלֹא הוֹעִילוּ לוֹ וְגָזַר עַל הַיְּהוּדִים שֶׁיִּתְפַּלְּלוּ בַּעֲבוּרוֹ שֶׁיִּהְיוּ לוֹ בָּנִים וְהָיוּ הַיְּהוּדִים מְבַקְשִׁים וּמְחַפְּשִׂים צַדִּיק, כְּדֵי שֶׁיִּתְפַּלֵּל וְיִפְעַל שֶׁיִּהְיוּ לוֹ בָּנִים, וּבִקְשׁוּ וּמָצְאוּ צַדִּיק גָּנוּז, וְאָמְרוּ לוֹ שֶׁיִּתְפַּלֵּל שֶׁיִּהְיוּ לְהַמֶּלֶךְ בָּנִים, וְעָנָה שֶׁאֵינוֹ יוֹדֵעַ כְּלָל וְהוֹדִיעוּ לְהַמֶּלֶךְ, וְשָׁלַח הַמֶּלֶךְ פְּקֻדָּתוֹ [שֶׁקּוֹרִין אוּקַאז] אַחֲרָיו, וְהֵבִיאוּ אוֹתוֹ לְהַמֶּלֶךְ וְהִתְחִיל הַמֶּלֶךְ לְדַבֵּר עִמּוֹ בְּטוֹב: הֲלֹא אַתָּה יוֹדֵעַ, שֶׁהַיְּהוּדִים הֵם בְּיָדִי לַעֲשׂוֹת בָּהֶם כִּרְצוֹנִי עַל-כֵּן אֲנִי מְבַקֵּשׁ מִמְּךָ בְּטוֹב שֶׁתִּתְפַּלֵּל שֶׁיִּהְיוּ לִי בָּנִים וְהִבְטִיחַ לוֹ שֶׁיִּהְיֶה לוֹ בְּאוֹתָהּ שָׁנָה וָלָד וְהָלַךְ לִמְקוֹמוֹ, וְיָלְדָה הַמַּלְכָּה בַּת, וְהָיְתָה אוֹתָהּ הַבַּת מַלְכָּה יְפַת-תֹּאַר מְאֹד, וּכְשֶׁהָיְתָה בַּת אַרְבַּע שָׁנִים, הָיְתָה יְכוֹלָה כָּל הַחָכְמוֹת וּלְזַמֵּר בִּכְלֵי שִׁיר, וְהָיְתָה יוֹדַעַת כָּל הַלְּשׁוֹנוֹת וְהָיוּ נוֹסְעִים מְלָכִים מִכָּל הַמְּדִינוֹת לִרְאוֹתָהּ, וְהָיָה שִׂמְחָה גְּדוֹלָה עַל הַמֶּלֶךְ.

אַחַר-כָּךְ נִכְסַף הַמֶּלֶךְ מְאֹד שֶׁיִּהְיֶה לוֹ בֵּן, כְּדֵי שֶׁלֹּא תִּהְיֶה מְסֻבֶּבֶת מַלְכוּתוֹ.

לְאִישׁ זָר, וְגָזַר שׁוּב עַל הַיְּהוּדִים שֶׁיִּתְפַּלְּלוּ שֶׁיִּהְיֶה לוֹ בֵּן, וְהָיוּ מְבַקְשִׁים וּמְחַפְּשִׂים אֶת הַצַּדִּיק הַנַּ"ל וְלֹא מָצְאוּ אוֹתוֹ, כִּי כְּבָר נִפְטַר וּבִקְשׁוּ עוֹד וּמָצְאוּ עוֹד צַדִּיק גָּנוּז, וְאָמְרוּ לוֹ שֶׁיִּתֵּן לְהַמֶּלֶךְ בֵּן, וְאָמַר שֶׁאֵינוֹ יוֹדֵעַ כְּלָל וְהוֹדִיעוּ לְהַמֶּלֶךְ, וְאָמַר לוֹ הַמֶּלֶךְ גַּם-כֵּן כַּנַּ"ל: הֲלֹא הַיְּהוּדִים בְּיָדִי וְכוּ' כַּנַּ"ל אָמַר לוֹ הֶחָכָם [הַיְנוּ זֶה הַצַּדִּיק הַנַּ"ל]: תּוּכַל לַעֲשׂוֹת מַה שֶּׁאֲצַוֶּה? אָמַר הַמֶּלֶךְ: הֵן אָמַר לוֹ הֶחָכָם: אֲנִי צָרִיךְ שֶׁתָּבִיא כָּל הַמִּינֵי אֲבָנִים טוֹבוֹת, כִּי כָּל אֶבֶן טוֹב, יֵשׁ לוֹ סְגֻלָּה אַחֶרֶת, כִּי יֵשׁ אֵצֶל הַמְּלָכִים סֵפֶר שֶׁכָּתוּב בּוֹ כָּל מִינֵי הָאֲבָנִים טוֹבוֹת אָמַר הַמֶּלֶךְ: אֲנִי אוֹצִיא חֲצִי מַלְכוּתִי כְּדֵי שֶׁיִּהְיֶה לִי בֵּן וְהָלַךְ וְהֵבִיא לוֹ כָּל מִינֵי הָאֲבָנִים טוֹבוֹת וּלְקָחָם הֶחָכָם וְהֶדְקָם וְלָקַח כּוֹס יַיִן וּנְתָנָם לְתוֹכוֹ, וְנָתַן חֲצִי הַכּוֹס לְהַמֶּלֶךְ לִשְׁתּוֹת

וְחֶצְיָהּ לְהַמַּלְכָּה וְאָמַר לָהֶם שֶׁיִּהְיֶה לָהֶם בֵּן שֶׁיִּהְיֶה כֻּלּוֹ מֵאֲבָנִים טוֹבוֹת, וְיִהְיוּ בּוֹ כָּל הַסְּגֻלּוֹת שֶׁל כָּל הָאֲבָנִים טוֹבוֹת, וְהָלַךְ לִמְקוֹמוֹ וְיָלְדָה בֵּן, וְנַעֲשָׂה שִׂמְחָה גְּדוֹלָה עַל הַמֶּלֶךְ וְהַבֵּן הַנּוֹלָד לֹא הָיָה מֵאֲבָנִים טוֹבוֹת כְּשֶׁהָיָה הַבֵּן בֶּן אַרְבַּע שָׁנִים הָיָה יְפֵה-תֹאַר מְאֹד וְחָכָם גָּדוֹל בְּכָל הַחָכְמוֹת, וְהָיָה יוֹדֵעַ כָּל הַלְּשׁוֹנוֹת, וְהָיוּ נוֹסְעִים מְלָכִים לִרְאוֹתוֹ.

וְהַבַּת מַלְכָּה רָאֲתָה שֶׁאֵינָהּ חֲשׁוּבָה כָּל-כָּךְ וְנִתְקַנְּאָה בּוֹ רַק זֹאת הָיָה נֶחָמָתָהּ, בַּאֲשֶׁר שֶׁאוֹתוֹ הַצַּדִּיק אָמַר שֶׁיִּהְיֶה כֻּלּוֹ מֵאֲבָנִים טוֹבוֹת טוֹב שֶׁאֵינוֹ מֵאֲבָנִים טוֹבוֹת פַּעַם אַחַת הָיָה הַבֵּן מֶלֶךְ מְחַתֵּךְ עֵצִים וְנִקַּף בְּאֶצְבָּעוֹ, וְרָצְתָה הַבַּת מַלְכָּה לִכְרֹךְ אֶת אֶצְבָּעוֹ, וְרָאֲתָה שָׁם אֶבֶן טוֹב, וְנִתְקַנְּאָה בּוֹ מְאֹד וְעָשְׂתָה עַצְמָהּ חוֹלָה, וּבָאוּ כַּמָּה דָּאקְטוֹרִים, וְלֹא הָיוּ יְכוֹלִים לַעֲשׂוֹת לָהּ רְפוּאָה, וְקָרְאוּ לַמְכַשְּׁפִים וְהָיָה שָׁם מְכַשֵּׁף, וְגִלְּתָה לוֹ הָאֱמֶת, שֶׁהִיא עָשְׂתָה עַצְמָהּ חוֹלָה כַּנַּ"ל, וְשָׁאֲלָה אוֹתוֹ אִם יוּכַל לַעֲשׂוֹת כִּשּׁוּף לְאָדָם שֶׁיִּהְיֶה מְצֹרָע אָמַר: הֵן אָמְרָה לוֹ: אוּלַי יְבַקֵּשׁ מְכַשֵּׁף שֶׁיְּבַטֵּל הַכִּשּׁוּף וְיִתְרַפֵּא אָמַר הַמְכַשֵּׁף: אִם יַשְׁלִיכוּ הַכִּשּׁוּף אֶל הַמַּיִם, לֹא יוּכְלוּ לְבַטְּלוֹ עוֹד וְעָשְׂתָה כֵּן, וְהִשְׁלִיכָה הַכִּשּׁוּף אֶל הַמַּיִם, וְנַעֲשָׂה הַבֵּן מֶלֶךְ מְצֹרָע מְאֹד, [וְהָיָה לוֹ] עַל חָטְמוֹ צָרַעַת וְעַל פָּנָיו וְעַל שְׁאָר גּוּפוֹ, וְעָסַק הַמֶּלֶךְ בְּדָקְטוֹרִים וּבִמְכַשְּׁפִים וְלֹא הוֹעִילוּ.

וְגָזַר עַל הַיְּהוּדִים שֶׁיִּתְפַּלְּלוּ, וּבִקְּשׁוּ הַצַּדִּיק הַנַּ"ל, וְהֵבִיאוּ אוֹתוֹ לַמֶּלֶךְ, וְהַצַּדִּיק הַנַּ"ל הָיָה מִתְפַּלֵּל תָּמִיד לְהַשֵּׁם יִתְבָּרֵךְ בַּאֲשֶׁר שֶׁהוּא הָיָה מַבְטִיחַ שֶׁיִּהְיֶה הַבֵּן מֶלֶךְ כֻּלּוֹ מֵאֲבָנִים טוֹבוֹת, וְלֹא הָיָה כֵּן, וְהָיָה טוֹעֵן לְהַשֵּׁם יִתְבָּרֵךְ: הַאִם עָשִׂיתִי זֹאת בִּשְׁבִיל כְּבוֹדִי? לֹא עָשִׂיתִי כִּי אִם בִּשְׁבִיל כְּבוֹדְךָ, וְעַכְשָׁו לֹא נִתְקַיֵּם כְּמוֹ שֶׁאָמַרְתִּי וּבָא הַצַּדִּיק לְהַמֶּלֶךְ, וְהָיָה מִתְפַּלֵּל וְלֹא הוֹעִיל, וְהוֹדִיעוּ לוֹ שֶׁהוּא כִּשּׁוּף.

וְהַצַּדִּיק הַנַּ"ל הָיָה גָּבוֹהַּ לְמַעְלָה מִן כָּל הַכְּשָׁפִים, וּבָא הַצַּדִּיק וְהוֹדִיעַ.

לְהַמֶּלֶךְ שֶׁהוּא כִּשּׁוּף, וְשֶׁהִשְׁלִיכוּ הַכִּשּׁוּף לַמַּיִם, וְאֵין תַּקָּנָה לְהַבֵּן מֶלֶךְ כִּי אִם שֶׁיַּשְׁלִיכוּ הַמְכַשֵּׁף שֶׁעָשָׂה הַכִּשּׁוּף לַמַּיִם אָמַר הַמֶּלֶךְ: אֲנִי נוֹתֵן לְךָ כָּל הַמְכַשְּׁפִים לְהַשְׁלִיכָם לַמַּיִם כְּדֵי

סיפורי מעשיות　מעשה ה'　מוהר"ן

שֶׁיִּתְרַפֵּא בְּנִי וְנִתְיָרְאָה הַבַּת מַלְכָּה וְרָצְתָה אֶל הַמַּיִם לְהוֹצִיא הַכִּשּׁוּף מִן הַמַּיִם, כִּי הָיְתָה יוֹדַעַת הֵיכָן מֻנָּח הַכִּשּׁוּף, וְנָפְלָה אֶל הַמַּיִם וְנַעֲשָׂה רַעַשׁ גָּדוֹל שֶׁהַבַּת-מֶלֶךְ נָפְלָה אֶל הַמַּיִם, וּבָא הַצַּדִּיק הַנַּ"ל וְאָמַר לָהֶם שֶׁהַבֵּן מֶלֶךְ יִתְרַפֵּא, וְנִתְרַפֵּא, וְנִתְיַבֵּשׁ הַצָּרַעַת וְנָפַל וְנִקְלַף כָּל הָעוֹר מִמֶּנּוּ וְנַעֲשָׂה מֵאֲבָנִים טוֹבוֹת כֻּלּוֹ, וְהָיָה לוֹ כָּל הַסְּגֻלּוֹת שֶׁל כָּל הָאֲבָנִים טוֹבוֹת: [הַיְנוּ כִּי אַחַר שֶׁנִּקְלַף הָעוֹר אָז נִתְגַּלָּה וְנִרְאָה שֶׁהַבֵּן מֶלֶךְ הוּא כֻּלּוֹ מֵאֲבָנִים טוֹבוֹת, כַּאֲשֶׁר אָמַר הַצַּדִּיק הַנַּ"ל].

מעשה ו' ממלך עניו

מַעֲשֶׂה בְּמֶלֶךְ אֶחָד וְהָיָה לוֹ חָכָם אָמַר הַמֶּלֶךְ לְהֶחָכָם: בַּאֲשֶׁר שֶׁיֵּשׁ מֶלֶךְ שֶׁחוֹתֵם עַצְמוֹ שֶׁהוּא גִּבּוֹר גָּדוֹל וְאִישׁ אֱמֶת וְעָנָו וְהִנֵּה גִּבּוֹר-אֲנִי יוֹדֵעַ שֶׁהוּא גִּבּוֹר, מֵחֲמַת שֶׁסָּבִיב מְדִינָתוֹ הוֹלֵךְ הַיָּם, וְעַל הַיָּם עוֹמְדִים חַיִל עַל סְפִינוֹת עִם הוֹרְמַאטִיס [תותחים], וְאֵינָם מַנִּיחִים לְהִתְקָרֵב וְלִפְנִים מִן הַיָּם יֵשׁ [מָקוֹם שֶׁטּוֹבְעִין בּוֹ שֶׁקּוֹרִין] זוּמְפּ [ביצה טובענית] גָּדוֹל סָבִיב הַמְּדִינָה, שֶׁאֵין שָׁם כִּי אִם שְׁבִיל קָטָן, שֶׁאֵינוֹ יָכוֹל לֵילֵךְ שָׁם כִּי אִם אָדָם אֶחָד, וְגַם שָׁם עוֹמְדִים הוֹרְמַאטִיס, וּכְשֶׁיָּבוֹא אֶחָד לְהִלָּחֵם, מוֹרִים עִם הַהוֹרְמַאטִיס, וְאִי-אֶפְשָׁר לְהִתְקָרֵב לְשָׁם, אַךְ מַה שֶּׁחוֹתֵם עַצְמוֹ אִישׁ אֱמֶת וְעָנָו- זֶה אֵינִי יוֹדֵעַ, וַאֲנִי רוֹצֶה שֶׁתָּבִיא אֵלַי הַפַּאטְרֶעט [דמות דיוקן] שֶׁל אוֹתוֹ הַמֶּלֶךְ, כִּי יֵשׁ לְהַמֶּלֶךְ כָּל הַפַּאטְרֶעטִין שֶׁל כָּל הַמְּלָכִים, וְהַפַּאטְרֶעט שֶׁלּוֹ לֹא נִמְצָא אֵצֶל שׁוּם מֶלֶךְ, כִּי הוּא נִסְתָּר מִבְּנֵי-אָדָם, כִּי הוּא יוֹשֵׁב תַּחַת כִּלָּה [וילון], וְהוּא רָחוֹק מִבְּנֵי מְדִינָתוֹ הָלַךְ הֶחָכָם אֶל הַמְּדִינָה אָמַר הֶחָכָם בְּדַעְתּוֹ, שֶׁצָּרִיךְ לוֹ לֵידַע מַהוּת הַמְּדִינָה, וְעַל-יְדֵי מַה יֵּדַע הַמַּהוּת שֶׁל הַמְּדִינָה? עַל-יְדֵי הַקַּאטָאוֶישׁ שֶׁל הַמְּדִינָה [הַיְנוּ עִנְיְנֵי צְחוֹק, שֶׁקּוֹרִין קַאטָאוֶישׁ], כִּי כְּשֶׁצְּרִיכִים לֵידַע דָּבָר, צְרִיכִים לֵידַע הַקַּאטָאוֶישׁ שֶׁל אוֹתוֹ הַדָּבָר, כִּי יֵשׁ כַּמָּה מִינֵי קַאטָאוֶישׁ: יֵשׁ אֶחָד שֶׁמְּכַוֵּן בֶּאֱמֶת לְהַזִּיק לַחֲבֵרוֹ בִּדְבָרָיו, וּכְשֶׁחֲבֵרוֹ מַקְפִּיד עָלָיו, אוֹמֵר לוֹ: אֲנִי מְצַחֵק, כְּמוֹ שֶׁכָּתוּב: [משלי כו] "כְּמִתְלַהְלֵהַּ" וְכוּ' וְאָמַר: הֲלֹא מְצַחֵק אָנִי! וְכֵן יֵשׁ אֶחָד שֶׁמִּתְכַּוֵּן בְּדֶרֶךְ צְחוֹק, וְאַף-עַל-פִּי-כֵן חֲבֵרוֹ נִזּוֹק עַל-יְדֵי דְּבָרָיו וְכֵן יֵשׁ כַּמָּה מִינֵי קַאטָאוֶישׁ וְיֵשׁ בְּכָל הַמְּדִינוֹת מְדִינָה שֶׁכּוֹלֶלֶת כָּל הַמְּדִינוֹת, וּבְאוֹתָהּ הַמְּדִינָה יֵשׁ עִיר אַחַת שֶׁכּוֹלֶלֶת כָּל הָעֲיָרוֹת שֶׁל כָּל הַמְּדִינָה שֶׁכּוֹלֶלֶת כָּל הַמְּדִינוֹת, וּבְאוֹתָהּ הָעִיר יֵשׁ בַּיִת אֶחָד שֶׁכּוֹלֶלֶת כָּל הַבָּתִּים שֶׁל כָּל הָעִיר שֶׁכּוֹלֶלֶת כָּל הָעֲיָרוֹת שֶׁל הַמְּדִינָה שֶׁכּוֹלֶלֶת כָּל הַמְּדִינוֹת, וְשָׁם יֵשׁ אָדָם שֶׁכָּלוּל מִכָּל הַבַּיִת וְכוּ', וְשָׁם יֵשׁ

אֶחָד שֶׁעוֹשֶׂה כָּל הַלֵּיצָנוּת וְהַקַּאטָאוֶויש שֶׁל הַמְּדִינָה.

וְלָקַח הֶחָכָם עִמּוֹ מָמוֹן רַב, וְהָלַךְ לְשָׁם וְרָאָה שֶׁעוֹשִׂים כַּמָּה מִינֵי לֵיצָנוּת וּצְחוֹק, וְהֵבִין בְּהַקַּאטָאוֶויש שֶׁהַמְּדִינָה כֻּלָּהּ מְלֵאָה שְׁקָרִים מִתְּחִלָּה וְעַד סוֹף, כִּי רָאָה שֶׁעוֹשִׂין צְחוֹק אֵיךְ מְאַנִּים וּמַטְעִים בְּנֵי-אָדָם בְּמַשָּׂא וּמַתָּן, וְאֵיךְ הוּא בָּא לָדוּן בְּהַמַּאגִיסְטְרַאט [ערכאה נמוכה] וְשָׁם כֻּלּוֹ שֶׁקֶר וּמְקַבְּלִין שֹׁחַד וְהוֹלֵךְ לְהַסָּאנְד [ערכאה גבוהה יותר] הַגָּבוֹהַּ יוֹתֵר, וְגַם שָׁם כֻּלּוֹ שֶׁקֶר, וְהָיוּ עוֹשִׂים בְּדֶרֶךְ צְחוֹק אָן שְׁטֶעלִין [כעין הצגה] מִכָּל הַדְּבָרִים הַלָּלוּ וְהֵבִין הֶחָכָם בְּאוֹתוֹ הַצְּחוֹק שֶׁהַמְּדִינָה כֻּלָּהּ מְלֵאָה שְׁקָרִים וְרַמָּאוּת, וְאֵין בָּהּ שׁוּם אֱמֶת, וְהָלַךְ וְנָשָׂא וְנָתַן בְּהַמְּדִינָה, וְהִנִּיחַ עַצְמוֹ לְהוֹנוֹת אוֹתוֹ בְּהַמַּשָּׂא וּמַתָּן, וְהָלַךְ לָדוּן לִפְנֵי הָעַרְכָּאוֹת, וְהֵם כֻּלָּם מְלֵאִים שֶׁקֶר וּשְׁחָדִים, וּבְיוֹם זֶה נָתַן לָהֶם שֹׁחַד, לְמָחָר לֹא הִכִּירוּהוּ וְהָלַךְ לְעַרְכָּאוֹת גָּבוֹהַּ יוֹתֵר, וְגַם שָׁם כֻּלּוֹ שֶׁקֶר, עַד שֶׁבָּא לִפְנֵי הַסֶּאנַאט [ערכאה עליונה יותר], וְגַם הֵם מְלֵאִים שֶׁקֶר וּשְׁחָדִים, עַד שֶׁבָּא אֶל הַמֶּלֶךְ בְּעַצְמוֹ.

וּכְשֶׁבָּא אֶל הַמֶּלֶךְ עָנָה וְאָמַר: עַל מִי אַתָּה מֶלֶךְ? שֶׁהַמְּדִינָה מְלֵאָה שְׁקָרִים כֻּלָּהּ, מִתְּחִלָּה וְעַד סוֹף, וְאֵין בָּהּ שׁוּם אֱמֶת וְהִתְחִיל לְסַפֵּר כָּל הַשְּׁקָרִים שֶׁל הַמְּדִינָה, וּכְשֶׁהַמֶּלֶךְ שָׁמַע דְּבָרָיו, הִרְכִּין אָזְנָיו אֵצֶל הַוִּילוֹן לִשְׁמֹעַ דְּבָרָיו, כִּי הָיָה תָּמוּהַּ לְהַמֶּלֶךְ שֶׁיִּמָּצֵא אִישׁ שֶׁיּוֹדֵעַ מִכָּל הַשְּׁקָרִים שֶׁל הַמְּדִינָה וְהַשָּׂרֵי מְלוּכָה שֶׁשָּׁמְעוּ דְּבָרָיו הָיוּ כּוֹעֲסִים עָלָיו מְאֹד, וְהוּא הָיָה מְסַפֵּר וְהוֹלֵךְ הַשְּׁקָרִים שֶׁל הַמְּדִינָה עָנָה וְאָמַר [הֶחָכָם הַנַּ"ל]: וְהָיָה רָאוּי לוֹמַר שֶׁגַּם הַמֶּלֶךְ כְּמוֹתָם, שֶׁהוּא אוֹהֵב שֶׁקֶר כְּמוֹ הַמְּדִינָה, אַךְ מִזֶּה אֲנִי רוֹאֶה אֵיךְ אַתָּה אִישׁ אֱמֶת, וּבִשְׁבִיל זֶה אַתָּה רָחוֹק מֵהֶם, מֵחֲמַת שֶׁאֵין אַתָּה יָכוֹל לִסְבֹּל הַשֶּׁקֶר שֶׁל הַמְּדִינָה וְהִתְחִיל לְשַׁבֵּחַ הַמֶּלֶךְ מְאֹד מְאֹד, וְהַמֶּלֶךְ, מֵחֲמַת שֶׁהָיָה עָנָו מְאֹד, וּבִמְקוֹם גְּדֻלָּתוֹ שָׁם עַנְוְתָנוּתוֹ, כִּי כֵן דֶּרֶךְ הֶעָנָו, שֶׁבְּכָל מַה שֶּׁמְּשַׁבְּחִין וּמְגַדְּלִין אוֹתוֹ יוֹתֵר, נַעֲשֶׂה קָטָן וְעָנָו יוֹתֵר, וּמֵחֲמַת גֹּדֶל הַשֶּׁבַח שֶׁל הֶחָכָם, שֶׁשִּׁבַּח וְגִדֵּל אֶת הַמֶּלֶךְ, בָּא הַמֶּלֶךְ בַּעֲנָיוּת וְקַטְנוּת מְאֹד, עַד שֶׁנַּעֲשָׂה אַיִן מַמָּשׁ וְלֹא הָיָה יָכוֹל לְהִתְאַפֵּק, וְהִשְׁלִיךְ אֶת הַוִּילוֹן לִרְאוֹת

אֶת אוֹתוֹ הֶחָכָם, מִי הוּא זֶה שֶׁהוּא יוֹדֵעַ וּמֵבִין כָּל זֹאת וְנִתְגַּלָּה פָּנָיו, וְרָאָה אוֹתוֹ הֶחָכָם, וְהֵבִיא הַפַּאטְרֶעט שֶׁלּוֹ אֶל הַמֶּלֶךְ.

דַּרְכֵי צִיּוֹן אֲבֵלוֹת [אֵיכָה א] צִיּוֹן הִיא בְּחִינַת הַצִּיּוּנִים שֶׁל כָּל הַמְּדִינוֹת, שֶׁכֻּלָּם נִתְוַעֲדִים לְשָׁם כְּמוֹ שֶׁכָּתוּב [יְחֶזְקֵאל לט]: וְרָאָה אָדָם וּבָנָה אֶצְלוֹ צִיּוּן וְזֶהוּ [יְשַׁעְיָה לג]: "חֲזֵה "צִיּוֹן "קִרְיַת "מוֹעֲדֵינוּ- רָאשֵׁי-תֵּבוֹת מִ"צַ"חֵ"ק, שֶׁשָּׁם הָיוּ נִתְוַעֲדִים כָּל הַצִּיּוּנִים, וּמִי שֶׁהָיָה צָרִיךְ לֵידַע אִם לַעֲשׂוֹת הַדָּבָר אוֹ הַמַּשָּׂא וּמַתָּן, הָיָה יוֹדֵעַ שָׁם יְהִי רָצוֹן שֶׁיִּבָּנֶה בִּמְהֵרָה בְּיָמֵינוּ אָמֵן.

רְאֵה וְהָבֵן וְהַבֵּט אַתָּה, הַמְעַיֵּן, עַד הֵיכָן הַדְּבָרִים מַגִּיעִים אַשְׁרֵי הַמְחַכֶּה וְיַגִּיעַ לֵידַע וּלְהַשִּׂיג מְעַט מִסּוֹדוֹת הַמַּעֲשִׂיּוֹת הַלָּלוּ, אֲשֶׁר לֹא נִשְׁמְעוּ כָּאֵלֶּה מִיָּמִים קַדְמוֹנִים.

וְדַע שֶׁכָּל אֵלּוּ הַפְּסוּקִים וְהָרְמָזִים הַמּוּבָאִים אַחַר קְצָת הַמַּעֲשִׂיּוֹת הֵם רַק רְמָזִים וְגִלּוּי מִלְּתָא בְּעָלְמָא, לְמַעַן יֵדְעוּ כִּי לֹא דָּבָר רֵיק הוּא, חַס וְשָׁלוֹם, וְכַאֲשֶׁר נִשְׁמַע מִפִּיו הַקָּדוֹשׁ בְּפֵרוּשׁ שֶׁאָמַר שֶׁהוּא מְגַלֶּה אֵיזֶה רְמָזִים בְּעָלְמָא בְּאֵיזֶה פְּסוּקִים הַמְרַמְּזִים לְסוֹד הַמַּעֲשִׂיּוֹת לְמַעַן דַּעַת שֶׁאֵינוֹ מְדַבֵּר חַס וְשָׁלוֹם דְּבָרִים בְּטֵלִים, אֲבָל סוֹד הַמַּעֲשִׂיּוֹת בְּעֶצֶם רָחוֹק מִדַּעְתֵּנוּ וְעָמֹק עָמֹק, מִי יִמְצָאֶנּוּ.

מעשה ז' מזבוב ועכביש

עָנָה וְאָמַר: אֲסַפֵּר לָכֶם כָּל הַנְּסִיעָה שֶׁלִּי שֶׁהָיָה לִי: מַעֲשֶׂה בְּמֶלֶךְ אֶחָד, שֶׁהָיוּ עָלָיו כַּמָּה מִלְחָמוֹת כְּבֵדוֹת וְכָבַשׁ אוֹתָם, וְלָקַח שְׁבוּיִים הַרְבֵּה [בְּתוֹךְ דְּבָרָיו שֶׁהִתְחִיל לְסַפֵּר זֹאת הַמַּעֲשֶׂה עָנָה וְאָמַר בְּזוֹ הַלָּשׁוֹן: תֹּאמְרוּ שֶׁאֲסַפֵּר לָכֶם הַכֹּל וְתוּכְלוּ לְהָבִין] וְהָיָה הַמֶּלֶךְ עוֹשֶׂה סְעֻדָּה גְּדוֹלָה [שֶׁקּוֹרִין בַּאִיל], בְּכָל שָׁנָה בְּאוֹתוֹ הַיּוֹם שֶׁכָּבַשׁ הַמִּלְחָמָה, וְהָיוּ שָׁם עַל הַבַּאִיל כָּל הַשָּׂרֵי מְלוּכָה וְכָל הַשָּׂרִים כְּדֶרֶךְ הַמְּלָכִים, וְהָיוּ עוֹשִׂין שָׁם עִנְיְנֵי צְחוֹק, [שֶׁקּוֹרִין קוֹמֶעדְיֶס] [הצגות], וְהָיוּ מְשַׂחֲקִים וְצוֹחֲקִים מִכָּל הָאֻמּוֹת, מֵהַיִּשְׁמָעֵאל וּמִכָּל הָאֻמּוֹת, וְהָיוּ עוֹשִׂים וּמְעַקְּמִים בְּדֶרֶךְ שְׂחוֹק כְּדֶרֶךְ הַנִּמּוּס וְהַהַנְהָגָה שֶׁל כָּל אֻמָּה, וּמִן הַסְּתָם מִיִּשְׂרָאֵל גַּם-כֵּן הָיוּ עוֹשִׂין הַשְּׂחוֹק.

וְצִוָּה הַמֶּלֶךְ לְהָבִיא לוֹ הַסֵּפֶר שֶׁהָיָה כָּתוּב בּוֹ הַנִּמּוּסִים וְהַהַנְהָגָה שֶׁל כָּל אֻמָּה וְאֻמָּה, וּבְכָל מָקוֹם שֶׁהָיָה פּוֹתֵחַ אֶת הַסֵּפֶר, הָיָה רוֹאֶה שֶׁכָּתוּב בּוֹ הַהַנְהָגָה וְהַנִּמּוּסִים שֶׁל הָאֻמָּה, כְּדֶרֶךְ שֶׁהָיוּ עוֹשִׂין בַּעֲלֵי הַשְּׂחוֹק מַמָּשׁ, כִּי מִסְתָמָא גַּם זֶה שֶׁעָשָׂה הַצְּחוֹק וְהַקָּאמֶעדְיֶא רָאָה גַּם-כֵּן אֶת הַסֵּפֶר הַנַּ"ל וּבְתוֹךְ שֶׁהָיָה הַמֶּלֶךְ יוֹשֵׁב עַל הַסֵּפֶר, רָאָה שֶׁהָיָה עַכָּבִישׁ, הַנִּקְרָא [שְׁפִּין], שֶׁהָיָה מְרַחֵשׁ עַל צִדֵּי הַסֵּפֶר, דְּהַיְנוּ עַל חַדֵּי הַדַּפִּין, וּמִצַּד הַשֵּׁנִי הָיָה עוֹמֵד זְבוּב מִן הַסְּתָם לְהֵיכָן הוֹלֵךְ הָעַכָּבִישׁ?-אֶל הַזְּבוּב וּבְתוֹךְ שֶׁהָיָה הָעַכָּבִישׁ מְרַחֵשׁ וְהוֹלֵךְ אֶל הַזְּבוּב, בָּא רוּחַ וְהֵרִים אֶת הַדַּף מִן הַסֵּפֶר, וְלֹא הָיָה הָעַכָּבִישׁ יָכוֹל לֵילֵךְ אֶל הַזְּבוּב, וְחָזְרָה לַאֲחוֹרֶיהָ, וְעָשְׂתָה עַצְמָהּ בְּעָרְמָה כְּאִלּוּ הִיא חוֹזֶרֶת וְאֵינָהּ רוֹצָה עוֹד לֵילֵךְ אֶל הַזְּבוּב וְחָזַר הַדַּף לִמְקוֹמָהּ, וְחָזְרָה הָעַכָּבִישׁ לֵילֵךְ אֶל הַזְּבוּב, וַאֲזַי שׁוּב הֵרִים הַדַּף וְלֹא הִנִּיחָהּ, [הַיְנוּ שֶׁהַדַּף חָזַר וְהֵרִים אֶת עַצְמוֹ, וְלֹא הִנִּיחַ אֶת הָעַכָּבִישׁ לֵילֵךְ אֶל הַזְּבוּב] וְחָזְרָה, וְכֵן הָיָה כַּמָּה פְּעָמִים אַחַר-כָּךְ שׁוּב חָזְרָה הָעַכָּבִישׁ לֵילֵךְ אֶל הַזְּבוּב, וְהָיְתָה מְרַחֶשֶׁת וְהוֹלֶכֶת עַד שֶׁכְּבָר חָטְפָה עַצְמָהּ

בְּרֶגֶל אֶחָד עַל הַדַּף וְשׁוּב הֵרִים הַדַּף אֶת עַצְמוֹ, וְהִיא כְּבָר הָיְתָה עַל הַדַּף קְצָת, וַאֲזַי הִנִּיחַ הַדַּף אֶת עַצְמוֹ לְגַמְרֵי, עַד שֶׁנִּשְׁאֲרָה הָעַכָּבִישׁ תַּחְתָּיו בֶּחָלָל בֵּין דַּף לְדַף, וְהָיְתָה מְרַחֶשֶׁת שָׁם, וְנִשְׁאֲרָה מַטָּה מַטָּה עַד שֶׁלֹּא נִשְׁאַר מִמֶּנָּה כְּלוּם [וְהַזְּבוּב-לֹא אֲסַפֵּר לָכֶם מַה שֶּׁהָיָה בָּהּ].

וְהַמֶּלֶךְ הָיָה רוֹאֶה כָּל זֶה וְהָיָה מַתְמִיהַּ עַצְמוֹ, וְהֵבִין שֶׁאֵין זֶה דָּבָר רֵיק, רַק שֶׁמַּרְאִין לוֹ אֵיזֶה דָּבָר [וְכָל הַשָּׂרִים רָאוּ שֶׁהַמֶּלֶךְ מִסְתַּכֵּל וּמַתְמִיהַּ עַל זֶה] וְהִתְחִיל לַחֲשֹׁב בָּזֶה, מַה זֶּה וְעַל מַה זֶּה, וְנִתְנַמְנֵם עַל הַסֵּפֶר וְחָלַם לוֹ שֶׁהָיָה בְּיָדוֹ אֶבֶן טוֹב, [שֶׁקּוֹרִין דוּמִיט], וְהָיָה מִסְתַּכֵּל בּוֹ, וְהָיוּ יוֹצְאִין מִמֶּנּוּ גְּזֵמוֹת אֲנָשִׁים, וְהִשְׁלִיךְ מִיָּדוֹ הַדּוּמִיט וְהַדֶּרֶךְ אֵצֶל הַמְּלָכִים-שֶׁתּוֹלֶה עַל-גַּבֵּיהֶם הַפַּאטְרֶעט [דְּמוּת דְּיוֹקָן] שֶׁלּוֹ, וְעַל-גַּבֵּי הַפַּאטְרֶעט תּוֹלֶה הַכֶּתֶר, וְהָיוּ אוֹתָן הָאֲנָשִׁים, הַיּוֹצְאִין מִן הַדּוּמִיט, לוֹקְחִין אֶת הַפַּאטְרֶעט וְחָתְכוּ אֶת רֹאשׁוֹ, וְאַחַר-כָּךְ לָקְחוּ אֶת הַכֶּתֶר וְהִשְׁלִיכוּ לְתוֹךְ הָרֶפֶשׁ [כָּל זֶה חָלַם לוֹ], וְהָיוּ אוֹתָן הָאֲנָשִׁים רָצִים אֵלָיו לְהָרְגוֹ וְהֵרִים עַצְמוֹ דַּף מִן הַסֵּפֶר הַנַּ"ל, שֶׁהָיָה שׁוֹכֵב עָלָיו, וְהֵגֵן לְפָנָיו וְלֹא יָכְלוּ לַעֲשׂוֹת לוֹ מְאוּמָה וְהָלְכוּ מִמֶּנּוּ, וְאַחַר-כָּךְ חָזַר הַדַּף לִמְקוֹמוֹ, וְשׁוּב הָיוּ רָצִים לְהָרְגוֹ, וְחָזַר וְהֵרִים הַדַּף כַּנַּ"ל, וְכֵן הָיָה כַּמָּה פְּעָמִים.

וְהָיָה מִשְׁתּוֹקֵק מְאֹד לִרְאוֹת אֵיזֶה דַּף שֶׁמֵּגֵן עָלָיו, מֵאֵיזֶה נִמּוּסִים שֶׁל אֵיזֶה אֻמָּה כָּתוּב עָלָיו, וְהָיָה מִתְיָרֵא לְהִסְתַּכֵּל, וְהִתְחִיל לִצְעֹק: חֲבָל, חֲבָל וְשָׁמְעוּ כָּל הַשָּׂרִים שֶׁהָיוּ יוֹשְׁבִים שָׁם, וְהָיוּ חֲפֵצִים לַהֲקִיצוֹ, אַךְ אֵין זֶה נִמּוּס לְהָקִיץ אֶת הַמֶּלֶךְ וְהָיוּ מַכִּים סְבִיבוֹתָיו כְּדֵי לַהֲקִיצוֹ, וְלֹא הָיָה שׁוֹמֵעַ.

בְּתוֹךְ כָּךְ בָּא אֵלָיו הַר גָּבוֹהַּ וְשָׁאַל אוֹתוֹ: מָה אַתָּה צוֹעֵק כָּל-כָּךְ, שֶׁזֶּה זְמַן רַב שֶׁאֲנִי יָשֵׁן, וְלֹא הֵקִיץ אוֹתִי כְּלוּם, שׁוּם דָּבָר, וְאַתָּה הֲקִיצוֹתָ אוֹתִי? אָמַר לוֹ: וְלֹא אֶצְעַק? שֶׁהֵם קָמִים עָלַי לְהָרְגֵנִי, רַק שֶׁזֶּה הַדַּף מֵגֵן עָלַי הֵשִׁיב לוֹ הָהָר: אִם זֶה הַדַּף מֵגֵן עָלֶיךָ, אֵין אַתָּה צָרִיךְ לְהִתְיָרֵא מִשּׁוּם דָּבָר, כִּי גַּם עָלַי קָמִים הַרְבֵּה שׂוֹנְאִים, רַק זֶה הַדַּף מֵגֵן עָלַי בּוֹא וְאַרְאֶךָּ.

וְהֶרְאָה לוֹ שֶׁסְּבִיב הָהָר עוֹמְדִים אֲלָפִים וּרְבָבוֹת שׂוֹנְאִים

וְעוֹשִׂים סְעֻדּוֹת.

וּשְׂמֵחִים, וּכְלֵי-זֶמֶר מְזַמְּרִים וּמְרַקְּדִין, וְהַשִּׂמְחָה הִיא, שֶׁאֵיזֶה כַּת מֵהֶם חוֹשֵׁב אֶחָד וּבָא עַל אֵיזֶה חָכְמָה אֵיךְ לַעֲלוֹת אֶל הָהָר, וַאֲזַי עוֹשִׂים שִׂמְחָה גְּדוֹלָה וּסְעֻדָּה וּמְזַמְּרִים וְכוּ' וְכֵן כָּל כַּת וְכַת מֵהֶם, רַק שֶׁזֶּה הַדַּף שֶׁל אֵלּוּ הַנִּמּוּסִים שֶׁמֵּגֵן עָלֶיךָ-מֵגֵן עָלַי וּבְרֹאשׁ הָהָר הָיָה נֶסֶר, [שֶׁקּוֹרִין טַאבְּלִיצֶע] [לוּחַ], וְהָיָה כָּתוּב שָׁם הַנִּמּוּסִים שֶׁל הַדַּף הַמֵּגֵן עָלָיו מֵאֵיזֶה אֻמָּה הוּא, רַק מֵחֲמַת שֶׁהָהָר גָּבוֹהַּ אֵין יְכוֹלִים לִקְרוֹת אוֹתוֹ הַכְּתָב, רַק לְמַטָּה הָיָה טַאבְּלִיצֶע, וְהָיָה כָּתוּב שָׁם, שֶׁמִּי שֶׁיֵּשׁ לוֹ כָּל הַשִּׁנַּיִם, יָכוֹל לַעֲלוֹת אֶל הָהָר וְנָתַן הַשֵּׁם יִתְבָּרַךְ שֶׁגָּדֵל עֵשֶׂב בַּמָּקוֹם שֶׁצְּרִיכִין לַעֲלוֹת אֶל הָהָר, וּמִי שֶׁבָּא לְשָׁם, הָיָה נוֹפְלִים לוֹ כָּל הַשִּׁנַּיִם, הֵן שֶׁהָיָה הוֹלֵךְ בְּרַגְלָיו, הֵן שֶׁהָיָה רוֹכֵב, הֵן שֶׁהָלַךְ בַּעֲגָלָה עִם בְּהֵמוֹת, הָיָה נוֹפְלִים כָּל הַשִּׁנַּיִם וְהָיוּ מֻנָּחִים שָׁם חֳמָרִים חֳמָרִים שֶׁל שִׁנַּיִם כְּמוֹ הָרִים הָרִים.

אַחַר-כָּךְ לָקְחוּ אוֹתָן הָאֲנָשִׁים הַנַּ"ל, וְחָזְרוּ וְהֶעֱמִידוּ יַחַד אֶת הַפַּאטְרֶעט.

כְּבָרִאשׁוֹנָה, וְאֶת הַכֶּתֶר לָקְחוּ וְרָחֲצוּ אוֹתוֹ, וְחָזְרוּ וּתְלָאוּם בִּמְקוֹמָם, וְהֵקִיץ הַמֶּלֶךְ, וְהִסְתַּכֵּל תֵּכֶף עַל הַדַּף שֶׁהֵגֵן עָלָיו מֵאֵיזֶה נִמּוּס שֶׁל אֵיזֶה אֻמָּה הוּא, וְרָאָה שֶׁכָּתוּב בּוֹ הַנִּמּוּס שֶׁל יִשְׂרָאֵל, וְהִתְחִיל לְהִסְתַּכֵּל [עַל הַדַּף] בְּדֶרֶךְ אֱמֶת, וְהֵבִין הָאֱמֶת לַאֲמִתּוֹ וְיִשֵּׁב עַצְמוֹ, שֶׁהוּא עַצְמוֹ בְּוַדַּאי יִהְיֶה יִשְׂרָאֵל, רַק מָה עוֹשִׂין לְהַחֲזִיר לְמוּטָב כֻּלָּם לַהֲבִיאָם לְהָאֱמֶת? וְיִשֵּׁב עַצְמוֹ שֶׁיֵּלֵךְ וְיִסַּע לְבַקֵּשׁ חָכָם שֶׁיִּפְתֹּר לוֹ הַחֲלוֹם כְּהֲוָיָתוֹ, וְלָקַח עִמּוֹ שְׁנֵי אֲנָשִׁים וְנָסַע לְהָעוֹלָם לֹא כְּדֶרֶךְ הַמֶּלֶךְ, רַק כְּאִישׁ פָּשׁוּט, וְהָיָה נוֹסֵעַ מֵעִיר לְעִיר וּמִמְּדִינָה לִמְדִינָה וְשָׁאַל אֵיךְ נִמְצָא חָכָם שֶׁיּוּכַל לִפְתֹּר חֲלוֹם כְּהֲוָיָתוֹ וְהוֹדִיעוּ לוֹ שֶׁשָּׁם וְשָׁם נִמְצָא חָכָם כָּזֶה וְנָסַע לְשָׁם, וּבָא אֶל הֶחָכָם, וְסִפֵּר לוֹ הָאֱמֶת, אֵיךְ שֶׁהוּא מֶלֶךְ וְכָבַשׁ מִלְחָמוֹת וְכָל הַמַּעֲשֶׂה שֶׁהָיָה כַּנַּ"ל, וּבִקֵּשׁ מִמֶּנּוּ לִפְתֹּר חֲלוֹמוֹ וְהֵשִׁיב לוֹ: אֲנִי בְּעַצְמִי אֵינִי יָכוֹל לִפְתֹּר, רַק שֶׁיֵּשׁ זְמַן בְּאוֹתוֹ יוֹם בְּאוֹתוֹ חֹדֶשׁ, וַאֲזַי אֲנִי מְקַבֵּץ כָּל סַמְמָנֵי הַקְּטֹרֶת וְעוֹשֶׂה מֵהֶם מֻרְכָּב, וּמְעַשְּׁנִין אֶת הָאָדָם בְּאֵלּוּ הַקְּטֹרֶת, וְאוֹתוֹ הָאָדָם חוֹשֵׁב בְּמַחֲשַׁבְתּוֹ מַה

שֶׁרוֹצֶה לִרְאוֹת וְלֵידַע, וַאֲזַי יָדַע הַכֹּל וְיָשַׁב הַמֶּלֶךְ עַצְמוֹ: מֵאַחַר שֶׁכְּבָר כָּלָה זְמַן רַב בִּשְׁבִיל זֶה, שֶׁיַּמְתִּין עוֹד עַד אוֹתוֹ הַיּוֹם וְאוֹתוֹ הַחֹדֶשׁ, וַאֲזַי עָשָׂה לוֹ הֶחָכָם-כֵּן כַּנַּ"ל, וְעִשֵּׁן אוֹתוֹ עִם הַקְּטֹרֶת כַּנַּ"ל, וְהִתְחִיל לִרְאוֹת אֲפִלּוּ מַה שֶּׁהָיָה נַעֲשָׂה עִמּוֹ קֹדֶם הַלֵּדָה, בְּעֵת שֶׁהָיָה הַנְּשָׁמָה בָּעוֹלָם הָעֶלְיוֹן, וְרָאָה שֶׁהָיוּ מוֹלִיכִין הַנְּשָׁמָה שֶׁלּוֹ דֶּרֶךְ כָּל הָעוֹלָמוֹת, וְהָיוּ מַכְרִיזִין וְשׁוֹאֲלִין: מִי שֶׁיֵּשׁ לוֹ לְלַמֵּד חוֹב עַל זֹאת הַנְּשָׁמָה-יָבוֹא וְלֹא הָיָה נִמְצָא אֶחָד לְלַמֵּד חוֹב עָלֶיהָ.

בְּתוֹךְ כָּךְ בָּא אֶחָד וָרָץ וְצָעַק: רִבּוֹנוֹ שֶׁל עוֹלָם! שְׁמַע תְּפִלָּתִי אִם זֶה יָבוֹא.

לָעוֹלָם, מַה לִּי לַעֲשׂוֹת עוֹד, וְעַל מַה בְּרָאתַנִי? וְזֶה הָיָה הַסָּמֶ"ךְ מֵ"ם [הַיְנוּ זֶה שֶׁצָּעַק כָּל זֶה הָיָה הַסָּמֶ"ךְ מֵ"ם בְּעַצְמוֹ] וְהֵשִׁיבוּ לוֹ: זֹאת הַנְּשָׁמָה צְרִיכָה לֵירֵד לְהָעוֹלָם בְּוַדַּאי, וְאַתָּה חֲשֹׁב לְךָ עֵצָה וְהָלַךְ לוֹ.

וְהוֹלִיכוּ אֶת הַנְּשָׁמָה עוֹד דֶּרֶךְ עוֹלָמוֹת, עַד שֶׁהֵבִיאוּ אוֹתָהּ לְהַבֵּית-דִּין שֶׁל מַעְלָה כְּדֵי לְהַשְׁבִּיעַ אוֹתָהּ שֶׁתֵּרֵד לְהָעוֹלָם וְאוֹתוֹ הָאִישׁ עֲדַיִן לֹא בָּא, וְשָׁלְחוּ אַחֲרָיו שָׁלִיחַ, וּבָא וְהֵבִיא עִמּוֹ זָקֵן אֶחָד, שֶׁהָיָה כָּפוּף כְּדֶרֶךְ הַזָּקֵן, שֶׁהָיָה מַכִּיר עִמּוֹ מִכְּבָר [הַיְנוּ שֶׁהַבַּעַל-דָּבָר הָיָה לוֹ הֶכֵּרוּת עִם זֶה הַזָּקֵן הַכָּפוּף מִכְּבָר], וְשָׂחַק וְאָמַר: כְּבָר נָתַתִּי לִי עֵצָה רַשַּׁאי הוּא לֵילֵךְ לְהָעוֹלָם וְהִנִּיחוּ אֶת הַנְּשָׁמָה וְיָרְדָה לְהָעוֹלָם וְהָיָה רוֹאֶה כָּל מַה שֶּׁעָבַר עָלָיו מִתְּחִלָּה וְעַד סוֹף, וְאֵיךְ נַעֲשָׂה מֶלֶךְ, וְהַמִּלְחָמוֹת שֶׁהָיָה לוֹ וְכוּ'.

[**וְלָקַח** שְׁבוּיִים, וּבְתוֹכָם הָיָה יְפַת-תֹּאַר, שֶׁהָיָה לָהּ כָּל מִינֵי חֵן שֶׁבָּעוֹלָם, רַק שֶׁזֶּה הַחֵן לֹא הָיָה מֵעַצְמָהּ, רַק שֶׁהָיָה תּוֹלֶה עָלֶיהָ דּוּמִיט, וְאוֹתוֹ הַדּוּמִיט הָיָה לוֹ כָּל מִינֵי חֵן, וּמֵחֲמַת זֶה נִדְמֶה שֶׁיֵּשׁ לָהּ כָּל מִינֵי חֵן וְעַל אוֹתוֹ הָהָר אֵינָם יְכוֹלִים לָבוֹא, רַק חֲכָמִים וַעֲשִׁירִים וְכוּ'] [וְיוֹתֵר לֹא הִגִּיד], וְיֵשׁ עוֹד הַרְבֵּה מְאֹד בָּזֶה [מִן וְלָקַח שְׁבוּיִים עַד הַסּוֹף לֹא נִכְתַּב כָּרָאוּי כְּמוֹ שֶׁסִּפֵּר].

מִזְמוֹר לְדָוִד בְּבָרְחוֹ וְכוּ' ה' מָה רַבּוּ צָרָי, רַבִּים קָמִים עָלָי וְכוּ' וְאַתָּה ה' מָגֵן בַּעֲדִי, כְּבוֹדִי וּמֵרִים רֹאשִׁי קוֹלִי אֶל ה'

אֶקְרָא, וַיַּעֲנֵנִי מֵהַר קָדְשׁוֹ סֶלָה-הַר הַנַּ"ל אֲנִי שָׁכַבְתִּי וָאִישָׁנָה-כַּנַּ"ל הֱקִצוֹתִי וְכוּ' לֹא אִירָא מֵרִבְבוֹת עָם וְכוּ' כִּי הִכִּיתָ אֶת כָּל אוֹיְבַי לֶחִי, שִׁנֵּי רְשָׁעִים שִׁבַּרְתָּ-כִּי הָיוּ נוֹפְלִים לָהֶם הַשִּׁנַּיִם כְּשֶׁרָצוּ לַעֲלוֹת אֶל הָהָר עַל עַמְּךָ בִרְכָתֶךָ סֶּלָה [תְּהִלִּים ג].

עֲמֹד וְהִתְבּוֹנֵן נִפְלָאוֹת אֵלּוּ: אִם בַּעַל-נֶפֶשׁ אַתָּה, תִּשָּׂא בְּשָׂרְךָ בְּשִׁנֶּיךָ, וְנַפְשְׁךָ תָּשִׂים בְּכַפֶּךָ תַּעֲמֹד מַרְעִיד וּמִשְׁתּוֹמֵם, תִּסְמַר שַׂעֲרוֹת רֹאשְׁךָ וְתָשׁוּב תִּתְפַּלֵּא בַּדְּבָרִים הָאֵלֶּה, הָעוֹמְדִים בְּגָבְהֵי מְרוֹמִים.

מעשה ח' מרב ובן יחיד

מַעֲשֶׂה בְּרֹב אֶחָד, שֶׁלֹּא הָיָה לוֹ בָּנִים אַחַר- כָּךְ הָיָה לוֹ בֵּן יָחִיד וְגִדֵּל אוֹתוֹ וְהִשִּׂיא אוֹתוֹ, וְהָיָה יוֹשֵׁב בָּעֲלִיָּה וְלָמַד כְּדֶרֶךְ אֵצֶל הַגְּבִירִים, וְהָיָה לוֹמֵד וּמִתְפַּלֵּל תָּמִיד, רַק שֶׁהָיָה מַרְגִּישׁ בְּעַצְמוֹ שֶׁחָסֵר לוֹ אֵיזֶה חִסָּרוֹן, וְאֵינוֹ יוֹדֵעַ מַהוּ, וְלֹא הָיָה מַרְגִּישׁ טַעַם בְּלִמּוּדוֹ וּבִתְפִלָּתוֹ וְסִפֵּר לִפְנֵי שְׁנֵי אֲנָשִׁים בְּנֵי הַנְּעוּרִים, וְנָתְנוּ לוֹ עֵצָה שֶׁיִּסַּע לְאוֹתוֹ צַדִּיק וְאוֹתוֹ בֵּן הַנַּ"ל עָשָׂה מִצְוָה שֶׁבָּא עַל-יָדָהּ לִבְחִינַת מָאוֹר הַקָּטָן.

וְהָלַךְ אוֹתוֹ הַבֵּן יָחִיד וְסִפֵּר לְאָבִיו, בַּאֲשֶׁר שֶׁאֵינוֹ מַרְגִּישׁ טַעַם בַּעֲבוֹדָתוֹ כַּנַּ"ל וְחָסֵר לוֹ, וְאֵינוֹ יוֹדֵעַ מַהוּ בְּכֵן הוּא רוֹצֶה לִנְסֹעַ לְאוֹתוֹ צַדִּיק וְהֵשִׁיב לוֹ אָבִיו: אֵיךְ אַתָּה בָּא לִנְסֹעַ אֵלָיו? הֲלֹא אַתָּה לַמְדָן יוֹתֵר מִמֶּנּוּ וּמְיֻחָס יוֹתֵר מִמֶּנּוּ? לֹא נָאֶה לְךָ לִנְסֹעַ אֵלָיו, כַּלֵּךְ מִדֶּרֶךְ זוֹ! עַד שֶׁמָּנַע אוֹתוֹ לִנְסֹעַ וְחָזַר לְלִמּוּדוֹ וְשׁוּב הִרְגִּישׁ חִסָּרוֹן כַּנַּ"ל, וְהִתְיָעֵץ שׁוּב עִם אוֹתָן הָאֲנָשִׁים הַנַּ"ל, וְיָעֲצוּ אוֹתוֹ כְּמִקֹּדֶם לִנְסֹעַ לְהַצַּדִּיק, וְשׁוּב הָלַךְ לְאָבִיו, וְהִטָּה אוֹתוֹ אָבִיו וּמָנַע אוֹתוֹ כַּנַּ"ל וְכֵן הָיָה כַּמָּה פְּעָמִים וְהַבֵּן הַנַּ"ל הָיָה מַרְגִּישׁ שֶׁחָסֵר לוֹ, וְהָיָה מִתְגַּעְגֵּעַ מְאֹד לְמַלְּאוֹת חֶסְרוֹנוֹ, וְלֹא יָדַע מַהוּ כַּנַּ"ל, וּבָא עוֹד לְאָבִיו וְהִפְצִיר בּוֹ, עַד שֶׁהֻכְרַח אָבִיו לִנְסֹעַ עִמּוֹ, כִּי לֹא רָצָה לְהַנִּיחַ אוֹתוֹ לִנְסֹעַ לְבַדּוֹ, מֵחֲמַת שֶׁהָיָה בֵּן יָחִיד.

וְאָמַר לוֹ אָבִיו: הֲלֹא תִּרְאֶה שֶׁאֶסַּע עִמְּךָ, וְאַרְאֶה לְךָ שֶׁאֵין בּוֹ מַמָּשׁ וְאָסְרוּ הַמֶּרְכָּבָה וְנָסְעוּ אָמַר לוֹ אָבִיו: בָּזֶה אֲנַסֶּה: אִם יִתְנַהֵג כְּסֵדֶר, הוּא מִן הַשָּׁמַיִם, וְאִם לָאו -אֵינוֹ מִן הַשָּׁמַיִם, וְנַחֲזֹר וְנָסְעוּ וּבָאוּ אֶל גֶּשֶׁר קָטָן, וְנָפַל סוּס אֶחָד, וְהַמֶּרְכָּבָה נִתְהַפְּכָה וְכִמְעַט נִטְבְּעוּ אָמַר לוֹ אָבִיו: רְאֵה שֶׁאֵינוֹ מִתְנַהֵג כְּסֵדֶר, וְאֵין הַנְּסִיעָה מִן הַשָּׁמַיִם, וְחָזְרוּ.

וְחָזַר הַבֵּן לְלִמּוּדוֹ, וְשׁוּב רָאָה הַחִסָּרוֹן שֶׁחָסֵר לוֹ וְאֵינוֹ יוֹדֵעַ וְחָזַר וְהִפְצִיר בְּאָבִיו כַּנַּ"ל, וְהֻכְרַח לִנְסֹעַ עִמּוֹ שֵׁנִית וּכְשֶׁנָּסְעוּ הֶעֱמִיד אָבִיו הַנִּסָּיוֹן כְּבָרִאשׁוֹנָה אִם יִתְנַהֵג כְּסֵדֶר וְנִזְדַּמֵּן כְּשֶׁהָיוּ נוֹסְעִים וְנִשְׁבְּרוּ שְׁנֵי הַיָּדוֹת, [שֶׁקּוֹרִין אַקְסִין], וְאָמַר

לוֹ אָבִיו: רְאֵה שֶׁאֵינוֹ מִתְנַהֵג לָנוּ לִנְסֹעַ, כִּי הַאִם זֶה דֶּרֶךְ הַטֶּבַע, שֶׁיִּשְׁתַּבְּרוּ שְׁנֵי הָאַקְסִין? וְכַמָּה פְּעָמִים דחא.

שֶׁנָּסְעוּ עִם הַמֶּרְכָּבָה הַזֹּאת, וְלֹא נִזְדַּמֵּן כָּזֹאת וְחָזְרוּ.

וְחָזַר הַבֵּן הַנַּ"ל לְדַרְכּוֹ כַּנַּ"ל [הַיְנוּ לְלִמּוּדוֹ וְכוּ' כַּנַּ"ל], וְשׁוּב הִרְגִּישׁ הַחִסָּרוֹן כַּנַּ"ל, וְהָאֲנָשִׁים יָעֲצוּ אוֹתוֹ לִנְסֹעַ וְחָזַר לְאָבִיו וְהִפְצִיר אוֹתוֹ כַּנַּ"ל, וְהֻכְרַח לִנְסֹעַ עִמּוֹ עוֹד וְאָמַר לוֹ הַבֵּן שֶׁלֹּא נַעֲמֹד עוֹד עַל נִסָּיוֹן כָּזֶה, כִּי זֶה דֶּרֶךְ הַטֶּבַע, שֶׁנּוֹפֵל סוּס לִפְעָמִים, אוֹ שֶׁנִּשְׁתַּבְּרִין הָאַקְסִין, אִם לֹא שֶׁיִּהְיֶה אֵיזֶה דָּבָר מֻרְגָּשׁ מְאֹד וְנָסְעוּ וּבָאוּ לְקֶרֶעטְשְׁמֶע [אכסניה] לָלוּן, וּמָצְאוּ שָׁם סוֹחֵר, וְהִתְחִילוּ לְסַפֵּר עִמּוֹ כְּדֶרֶךְ הַסּוֹחֲרִים, וְלֹא גִּלּוּ לוֹ שֶׁהֵם נוֹסְעִים לְשָׁם, כִּי הָרַב הָיָה מִתְבַּיֵּשׁ בְּעַצְמוֹ לוֹמַר שֶׁנּוֹסֵעַ לְאוֹתוֹ הַצַּדִּיק, וְהָיוּ מְדַבְּרִים מֵעִסְקֵי הָעוֹלָם, עַד שֶׁבְּסִבּוּב הַדְּבָרִים הִגִּיעוּ לְסַפֵּר מִצַּדִּיקִים, הֵיכָן נִמְצָאִים צַדִּיקִים, וְסִפֵּר לָהֶם שֶׁשָּׁם נִמְצָא צַדִּיק, וְשָׁם, וְשָׁם, וְהִתְחִילוּ הֵם לְדַבֵּר מֵהַצַּדִּיק שֶׁנָּסְעוּ אֵלָיו הֵשִׁיב לָהֶם: זֶה? [בִּלְשׁוֹן תְּמַהּ] הֲלֹא קַל הוּא, כִּי אֲנִי נוֹסֵעַ עַכְשָׁו מִמֶּנּוּ, וַאֲנִי הָיִיתִי שָׁם, שֶׁהָיָה עוֹבֵר עֲבֵרָה עָנָה אָבִיו וְאָמַר לִבְנוֹ: הֲרָאִיתָ, בְּנִי, מַה שֶּׁזֶּה הַסּוֹחֵר מְסַפֵּר לְפִי תֻּמּוֹ: וַהֲלֹא הוּא נוֹסֵעַ מִשָּׁם וְחָזְרוּ לְבֵיתָם.

וְנִפְטַר אוֹתוֹ הַבֵּן, וּבָא בַּחֲלוֹם לְהָרַב הַנַּ"ל אָבִיו, וְרָאָה אוֹתוֹ שֶׁהָיָה עוֹמֵד בְּכַעַס גָּדוֹל וְשָׁאַל אוֹתוֹ: לָמָּה אַתָּה בְּכַעַס כָּל-כָּךְ? וְהֵשִׁיב לוֹ שֶׁיִּסַּע לְאוֹתוֹ הַצַּדִּיק הַנַּ"ל [שֶׁרָצָה לִנְסֹעַ עִם בְּנוֹ אֵלָיו כַּנַּ"ל], וְהוּא יַגִּיד לְךָ עַל מָה אֲנִי בְּכַעַס וְהֵקִיץ, וְאָמַר שֶׁמִּקְרֶה הוּא אַחַר- כָּךְ חָלַם לוֹ עוֹד כַּנַּ"ל, וְאָמַר שֶׁהוּא גַּם-כֵּן חֲלוֹם שָׁוְא, וְכֵן עַד שָׁלֹשׁ פְּעָמִים וְהֵבִין: הֲלֹא דָּבָר הוּא וְנָסַע לְשָׁם.

וּפָגַע בְּהַדֶּרֶךְ אֶת הַסּוֹחֵר שֶׁפָּגַע מִקֹּדֶם, בְּעֵת שֶׁנָּסַע עִם בְּנוֹ, וְהִכִּיר אוֹתוֹ וְאָמַר לוֹ: הֲלֹא אַתָּה הוּא שֶׁרְאִיתִיךָ בְּאוֹתוֹ הַקֶּרֶעטְשְׁמֶע? וְהֵשִׁיב לוֹ: בְּוַדַּאי רָאִיתָ אוֹתִי וּפָתַח פִּיו וְאָמַר לוֹ: אִם תִּרְצֶה, אֶהְיֶה בּוֹלֵעַ אוֹתְךָ אָמַר לוֹ: מָה אַתָּה מְדַבֵּר? הֵשִׁיב לוֹ: זָכוּר אַתָּה, כְּשֶׁנָּסַעְתָּ עִם בִּנְךָ וּבִתְחִלָּה נָפַל סוּס עַל הַגֶּשֶׁר וְחָזַרְתָּ אַחַר-כָּךְ נִשְׁבְּרוּ הָאַקְסִין, אַחַר-כָּךְ פָּגַעְתָּ

בִּי, וְאָמַרְתִּי לְךָ שֶׁהוּא קַל וּמֵאַחַר שֶׁפָּטַרְתִּי אוֹתוֹ, אֶת בִּנְךָ, עַכְשָׁו אַתָּה רַשַּׁאי לִנְסֹעַ, כִּי הוּא הָיָה בְּחִינַת מָאוֹר הַקָּטָן, וְהַצַּדִּיק הַנַּ"ל הוּא בְּחִינַת מָאוֹר הַגָּדוֹל, וְאִם הָיוּ מִתְוַעֲדִים יַחַד, הָיָה בָּא מָשִׁיחַ; וְכֵיוָן שֶׁפָּטַרְתִּי אוֹתוֹ, אַתָּה רַשַּׁאי לִנְסֹעַ וּבְתוֹךְ דְּבָרָיו נֶעֱלַם, וְלֹא הָיָה לוֹ עִם מִי לְדַבֵּר וְנָסַע הָרַב אֶל הַצַּדִּיק וְצָעַק: חֲבָל! חֲבָל! חֲבָל עַל דְּאַבְדִין וְלָא מִשְׁתַּכְּחִין! הַשֵּׁם יִתְבָּרַךְ יָשִׁיב נִדָּחֵינוּ בְּקָרוֹב, אָמֵן.

וְזֶה הַסּוֹחֵר הַנַּ"ל הָיָה הס"מ [הַסָּמֶ"ךְ-מֵ"ם] בְּעַצְמוֹ [שֶׁנִּדְמָה לְסוֹחֵר וְהִטְעָה אוֹתָם, וְאַחַר-כָּךְ, כְּשֶׁפָּגַע שֵׁנִית בְּהָרַב הַנַּ"ל, הִתְגָּרָה עִמּוֹ הוּא בְּעַצְמוֹ עַל אֲשֶׁר שָׁמַע לַעֲצָתוֹ, כִּי כֵן דַּרְכּוֹ, כַּיָּדוּעַ], הַשֵּׁם יִתְבָּרַךְ יַצִּילֵנוּ.

מעשה ט' מחכם ותם

מַעֲשֶׂה שְׁנֵי בַּעֲלֵי-בַּתִּים הָיוּ בְּעִיר אַחַת, וְהָיוּ גְּדוֹלִים בַּעֲשִׁירוּת, וְהָיָה לָהֶם בָּתִּים גְּדוֹלִים, וְהָיוּ לָהֶם שְׁנֵי בָּנִים, לְכָל אֶחָד בֵּן אֶחָד, וְלָמְדוּ שְׁנֵיהֶם בְּחֶדֶר אֶחָד וְאֵלּוּ הַשְּׁנֵי בָּנִים הָיוּ אֶחָד מֵהֶם בַּר-הֲבָנָה, וְהָאֶחָד הָיָה תָּם [לֹא שֶׁהָיָה טִפֵּשׁ, אֶלָּא שֶׁהָיָה לוֹ שֵׂכֶל פָּשׁוּט וְנָמוּךְ] וְאֵלּוּ הַשְּׁנֵי בָּנִים הָיוּ אוֹהֲבִים זֶה אֶת זֶה מְאֹד; אַף-עַל-פִּי שֶׁהָאֶחָד הָיָה חָכָם וְהָאֶחָד הָיָה תָּם וּמֹחוֹ הָיָה נָמוּךְ, אַף-עַל-פִּי-כֵן אָהֲבוּ זֶה אֶת זֶה מְאֹד.

לְיָמִים הִתְחִילוּ הַשְּׁנֵי בַּעֲלֵי בָּתִּים הַנַּ"ל לֵירֵד, וְיָרְדוּ מַטָּה מַטָּה, עַד שֶׁאִבְּדוּ הַכֹּל וְנַעֲשׂוּ אֶבְיוֹנִים, וְלֹא נִשְׁאַר לָהֶם כִּי אִם הַבָּתִּים שֶׁלָּהֶם וְהַבָּנִים הִתְחִילוּ לְהִתְגַּדֵּל אָמְרוּ הָאָבוֹת הַנַּ"ל לְהַבָּנִים: אֵין בְּיָדֵינוּ לְשַׁלֵּם עֲבוּרְכֶם לְהַחֲזִיק אֶתְכֶם; עֲשׂוּ לָכֶם מַה שֶּׁתַּעֲשׂוּ הָלַךְ הַתָּם וְלָמַד מְלֶאכֶת רַצְעָן [סנדלר].

וְהֶחָכָם, שֶׁהָיָה בַּר-הֲבָנָה לֹא הָיָה רְצוֹנוֹ לַעֲסֹק בִּמְלָאכָה פְּשׁוּטָה כָּזוֹ, וְיָשַׁב בְּדַעְתּוֹ, שֶׁיֵּלֵךְ בָּעוֹלָם וְיִסְתַּכֵּל מַה לַּעֲשׂוֹת וְהָיָה הוֹלֵךְ וּמְשׁוֹטֵט בַּשּׁוּק, וְרָאָה עֲגָלָה גְּדוֹלָה עִם אַרְבָּעָה סוּסִים וְהָאמִיטְשׁ [כלי רתימת הסוסים], שֶׁהָיְתָה רָצָה וְהוֹלֶכֶת עָנָה וְאָמַר לְהַסּוֹחֲרִים: מֵאַיִן אַתֶּם? הֵשִׁיבוּ לוֹ: מִוַּארְשָׁא לְהֵיכָן אַתֶּם נוֹסְעִים? לְוַארְשָׁא שָׁאַל אוֹתָם: שֶׁמָּא אַתֶּם צְרִיכִים מְשָׁרְתִים? רָאוּ שֶׁהוּא בַּר-הֲבָנָה וּמְזֹרָז, וְהוּטַב בְּעֵינֵיהֶם, וְקִבְּלוּ אוֹתוֹ עִמָּהֶם וְנָסַע עִמָּם וְשִׁמֵּשׁ אוֹתָם הֵיטֵב מְאֹד עַל הַדֶּרֶךְ בְּבוֹאוֹ לְוַארְשָׁא, מֵאַחַר שֶׁהָיָה בַּר- הֲבָנָה, יָשַׁב עַצְמוֹ: מֵאַחַר שֶׁכְּבָר אֲנִי בְּוַארְשָׁא, לָמָּה לִי לְהִתְקַשֵּׁר עִם אֵלּוּ? אוּלַי יֵשׁ מָקוֹם טוֹב מֵהֶם? אֵלֵךְ וַאֲבַקֵּשׁ וְאֶרְאֶה וְהָלַךְ בַּשּׁוּק, וְהִתְחִיל לַחֲקֹר וְלִשְׁאֹל עַל הָאֲנָשִׁים שֶׁהֱבִיאוּהוּ וְאִם יֵשׁ טוֹב מֵהֶם וְאָמְרוּ לוֹ, שֶׁהָאֲנָשִׁים הַלָּלוּ הֵם הֲגוּנִים, וְטוֹב לִהְיוֹת אֶצְלָם, אַךְ שֶׁקָּשֶׁה מְאֹד לִהְיוֹת אֶצְלָם מֵחֲמַת שֶׁהַמַּשָּׂא וּמַתָּן שֶׁלָּהֶם הוּא לְמֶרְחַקִּים מְאֹד הָלַךְ וְרָאָה

מְשָׁרְתִים שֶׁל גְוֶעלְבִּין [חנויות הלבשה], שֶׁהָיוּ הוֹלְכִים בַּשּׁוּק-וְהָיוּ.

הוֹלְכִים כְּדַרְכָּם, עִם מִינֵי חֵן שֶׁלָּהֶם בְּכוֹבְעֵיהֶם וּבְמִנְעֲלֵיהֶם עִם הַקְּצָווֹת בּוֹלְטוֹת וּשְׁאָר מִינֵי חֵן שֶׁיֵּשׁ לָהֶם בְּהִלּוּכֵיהֶם וּבְמַלְבּוּשֵׁיהֶם-וְהוּא הָיָה בַּר-הֲבָנָה וְחָרִיף, וְיָשָׁר בְּעֵינָיו מְאֹד מֵחֲמַת שֶׁהוּא עִנְיָן נָאֶה וְגַם הַדָּבָר בְּבֵיתוֹ בִּמְקוֹמוֹ הָלַךְ אֶל הָאֲנָשִׁים שֶׁהֱבִיאוּהוּ, וְנָתַן לָהֶם תְּשׁוּאוֹת חֵן, וְאָמַר לָהֶם שֶׁאֵין נוֹחַ לְפָנָיו לִהְיוֹת אֶצְלָם וְעַל מַה שֶּׁהֱבִיאוּהוּ, בְּעַד זֶה שִׁמֵּשׁ אוֹתָם בַּדֶּרֶךְ.

וְהָלַךְ וְעָמַד עַצְמוֹ אֵצֶל בַּעַל-הַבַּיִת אֶחָד וְדֶרֶךְ הַמְשָׁרְתִים, שֶׁבִּתְחִלָּה צְרִיכִים לְהִשָּׂכֵר בְּפָחוֹת וְלַעֲשׂוֹת עֲבוֹדוֹת כְּבֵדוֹת, וְאַחַר-כָּךְ בָּאִים לְמַעֲלוֹת הַמְשָׁרְתִים הַגְּדוֹלִים וְהָיָה הַבַּעַל-הַבַּיִת עוֹשֶׂה עִמּוֹ מְלָאכוֹת כְּבֵדוֹת, וְהָיָה שׁוֹלְחוֹ לַאֲדוֹנִים לָשֵׂאת סְחוֹרָה כְּדֶרֶךְ הַמְשָׁרְתִים, שֶׁצְּרִיכִים לָכֹף יְדֵיהֶם תַּחַת אַצִּילֵיהֶם לְהָנִיחַ הַבֶּגֶד עַל בְּלִיטַת הַיָּד בְּרֹחַב הַכָּתֵף, וְהָיָה כָּבֵד עָלָיו מְאֹד עֲבוֹדָה כָּזוֹ לִפְעָמִים הָיָה צָרִיךְ לַעֲלוֹת עִם הַמַּשּׂאוֹי הַנַּ"ל עַל עֲלִיּוֹת הַגְּבוֹהוֹת, וְהָיָה קָשֶׁה עָלָיו הָעֲבוֹדָה וְיָשַׁב עַצְמוֹ, כִּי הָיָה פִילוֹסוֹף בַּר- הֲבָנָה: מַה לִּי לַעֲבוֹדָה זוֹ? הֲלֹא הָעִקָּר הוּא רַק בִּשְׁבִיל הַתַּכְלִית-לִשָּׂא אִשָּׁה וּלְהִתְפַּרְנֵס, עֲדַיִן אֵינִי צָרִיךְ לְהִסְתַּכֵּל עַל זֶה, עַל זֶה יִהְיֶה פְּנַאי לְהַבָּא, בַּשָּׁנִים הַבָּאוֹת, כָּעֵת טוֹב לִי לִהְיוֹת מְשׁוֹטֵט בָּאָרֶץ, לִהְיוֹת בִּמְדִינוֹת, לְהַשְׂבִּיעַ עֵינַי בָּעוֹלָם.

הָלַךְ בַּשּׁוּק וְרָאָה, שֶׁנּוֹסְעִים בַּעֲגָלָה גְּדוֹלָה סוֹחֲרִים וְשָׁאַל אוֹתָם: לְהֵיכָן אַתֶּם נוֹסְעִים? לְלַאגוֹרְנָא [עיר] הִתְקַחוּ אוֹתִי לְשָׁם? הֵן וְקִבְּלוּ אוֹתוֹ לְשָׁם, וּמִשָּׁם הִפְלִיג לְאִטַלְיָא, מִשָּׁם-לְשְׁפַּאנְיָא [ספרד] בֵּין כָּךְ וּבֵין כָּךְ עָבְרוּ כַּמָּה שָׁנִים, וְעַל-יְדֵי זֶה נַעֲשָׂה עוֹד חָכָם יוֹתֵר מֵאַחַר שֶׁהָיָה בִּמְדִינוֹת רַבּוֹת וְיָשַׁב עַצְמוֹ: כָּעֵת רָאוּי לְהַבִּיט עַל הַתַּכְלִית וְהִתְחִיל לַחְשֹׁב עִם פִילוֹסוֹפְיָא שֶׁלּוֹ מַה לַּעֲשׂוֹת, וַיִּישַׁר בְּעֵינָיו לִלְמֹד מְלֶאכֶת צוֹרֵף [בְּזָהָב], שֶׁהִיא מְלָאכָה גְּדוֹלָה וְנָאָה, וְיֵשׁ בָּהּ חָכְמָה, וְגַם הִיא מְלָאכָה עֲשִׁירָה וְהוּא הָיָה בַּר-הֲבָנָה וּפִילוֹסוֹף, וְלֹא הֻצְרַךְ לִלְמֹד הַמְּלָאכָה כַּמָּה שָׁנִים, רַק בְּרֹבַע שָׁנָה קִבֵּל אֶת

הָאֻמָּנוּת וְנַעֲשָׂה אוּמָן גָּדוֹל מְאֹד, וְהָיָה בָּקִי בַּמְּלָאכָה יוֹתֵר מִן הָאוּמָן שֶׁלִּמְּדוֹ אַחַר-כָּךְ יָשַׁב עַצְמוֹ: אַף-עַל-פִּי שֶׁיֵּשׁ בְּיָדַי מְלָאכָה כָּזוֹ, אַף-עַל-פִּי-כֵן אֵין דַּי לִי בָּזֶה הַיּוֹם חָשׁוּב זֹאת, פֶּן בִּזְמַן אַחֵר יֵחָשֵׁב דָּבָר אַחֵר וְהָלַךְ וְהֶעֱמִיד עַצְמוֹ אֵצֶל שְׁטֵיין-שְׁנֵיידֶער [חיתוי וליטוש אבנים טובות], וּמֵחֲמַת הֲבָנָה שֶׁלּוֹ, קִבֵּל אֻמָּנוּת הַזֹּאת גַּם-כֵּן בִּזְמַן מְעַט, בְּרֹבַע שָׁנָה אַחַר-כָּךְ יָשַׁב עַצְמוֹ עִם הַפִּילוֹסוֹפְיָא שֶׁלּוֹ: גַּם שֶׁיֵּשׁ בְּיָדַי שְׁתֵּי הָאֻמָּנוּת, מִי יוֹדֵעַ פֶּן לֹא יֵחָשְׁבוּ שְׁנֵיהֶם; טוֹב לִי לִלְמֹד אֻמָּנוּת, שֶׁהִיא חֲשׁוּבָה לְעוֹלָם וְחָקַר בַּהֲבָנָה וּפִילוֹסוֹפְיָא שֶׁלּוֹ לִלְמֹד דָּאקְטֵירַייא [מקצוע רפואה], שֶׁהוּא דָּבָר הַצָּרִיךְ וְחָשׁוּב תָּמִיד וְדֶרֶךְ לִמּוּד דָּאקְטֵירַיי- שֶׁצְּרִיכִין לִלְמֹד מִקֹּדֶם לָשׁוֹן לַטֵיין [לטינית] וְהַכְּתָב וְלִלְמֹד חָכְמוֹת פִילוֹסוֹפְיָא וְהוּא מֵחֲמַת הֲבָנָתוֹ לָמַד גַּם זֹאת בִּזְמַן מְעַט, בְּרֹבַע שָׁנָה וְנַעֲשָׂה דָּאקְטִיר גָּדוֹל וּפִילוֹסוֹף וְחָכָם בְּכָל הַחָכְמוֹת.

אַחַר-כָּךְ הִתְחִיל הָעוֹלָם לִהְיוֹת בְּעֵינָיו כְּלֹא, כִּי מֵחֲמַת חָכְמָתוֹ שֶׁהָיָה אֻמָּן גָּדוֹל כָּזֶה וְחָכָם וְדָאקְטִיר כָּזֶה, הָיָה כָּל אֶחָד מִבְּנֵי הָעוֹלָם בְּעֵינָיו כְּלֹא וַיֵּשֶׁב עַצְמוֹ לַעֲשׂוֹת לוֹ תַּכְלִית וְלִשָּׂא אִשָּׁה, וְאָמַר בְּדַעְתּוֹ: אִם אֶשָּׂא אִשָּׁה בְּכָאן, מִי יֵדַע מַה שֶּׁנַּעֲשָׂה מִמֶּנִּי? אֵלֵךְ וְאָשׁוּב לְבֵיתִי לְמַעַן יִרְאוּ מַה שֶּׁנִּהְיָה מִמֶּנִּי, שֶׁהָיִיתִי נַעַר קָטָן, וְעַכְשָׁו בָּאתִי לִגְדֻלָּה כָּזוֹ! וְהָלַךְ וְנָסַע לְבֵיתוֹ, וְהָיָה לוֹ יִסּוּרִין גְּדוֹלִים בַּדֶּרֶךְ, כִּי מֵחֲמַת חָכְמָתוֹ לֹא הָיָה לוֹ עִם מִי לְדַבֵּר, וְלֹא הָיָה מוֹצֵא אַכְסַנְיָא כִּרְצוֹנוֹ, וְהָיָה לוֹ יִסּוּרִים הַרְבֵּה.

וְהִנֵּה נַשְׁלִיךְ כָּעֵת אֶת מַעֲשֵׂה הֶחָכָם, וְנַתְחִיל לְסַפֵּר בְּמַעֲשֵׂה הַתָּם:

הַתָּם הַנַּ"ל לָמַד מְלֶאכֶת רַצְעָנוּת [סנדלרות], וּמֵחֲמַת שֶׁהָיָה תָּם, לָמַד

הַרְבֵּה עַד שֶׁקִּבֵּל, וְלֹא הָיָה בָּקִי בְּהָאֻמָּנוּת בִּשְׁלֵמוּת וְנָשָׂא אִשָּׁה, וְהָיָה מִתְפַּרְנֵס מִן הַמְּלָאכָה, וּמֵחֲמַת שֶׁהָיָה תָּם, וְלֹא הָיָה בָּקִי בְּהַמְּלָאכָה כָּל-כָּךְ עַל-כֵּן הָיָה פַּרְנָסָתוֹ בִּדְחַק גָּדוֹל וּבְצִמְצוּם, וְלֹא הָיָה לוֹ פְּנַאי אֲפִלּוּ לֶאֱכֹל כִּי הָיָה צָרִיךְ תָּמִיד לַעֲסֹק בַּמְּלָאכָה מֵחֲמַת שֶׁלֹּא הָיָה יָכוֹל הָאֻמָּנוּת בִּשְׁלֵמוּת.

רַק בִּשְׁעַת הַמְּלָאכָה, בְּשָׁעָה שֶׁהָיָה נוֹקֵב בַּמַּרְצֵעַ וְהָיָה מַכְנִיס וּמוֹצִיא הַחוּט הֶעָב שֶׁל הַתְּפִירָה כְּדֶרֶךְ הָרַצְעָנִים, אָז הָיָה נוֹשֵׁךְ חֲתִיכַת לֶחֶם וְאוֹכֵל וּמִנְהָגוֹ הָיָה, שֶׁהָיָה תָּמִיד בְּשִׂמְחָה גְדוֹלָה מְאֹד, וְהָיָה רַק מָלֵא שִׂמְחָה תָּמִיד וְהָיוּ לוֹ כָּל הַמַּאֲכָלִים וְכָל הַמַּשְׁקָאוֹת וְכָל הַמַּלְבּוּשִׁים וְהָיָה אוֹמֵר לְאִשְׁתּוֹ: אִשְׁתִּי, תֵּן לִי לֶאֱכֹל! וְהָיְתָה נוֹתֶנֶת לוֹ חֲתִיכַת לֶחֶם וְאָכַל אַחַר-כָּךְ הָיָה אוֹמֵר: תֵּן לִי הָרֹטֶב עִם קְטָנִית! וְהָיְתָה חוֹתֶכֶת לוֹ עוֹד חֲתִיכַת לֶחֶם וְאָכַל וְהָיָה מְשַׁבֵּחַ וְאוֹמֵר: כַּמָּה יָפֶה וְטוֹב מְאֹד הָרֹטֶב הַזֶּה! וְכֵן הָיָה מְצַוֶּה לִתֵּן לוֹ הַבָּשָׂר וּשְׁאָר מַאֲכָלִים טוֹבִים כַּיּוֹצֵא בָזֶה, וּבְעַד כָּל מַאֲכָל וּמַאֲכָל הָיְתָה נוֹתֶנֶת לוֹ חֲתִיכַת לֶחֶם, וְהוּא הָיָה מִתְעַנֵּג מְאֹד מִזֶּה וְשִׁבַּח מְאֹד אֶת אוֹתוֹ הַמַּאֲכָל, כַּמָּה הוּא מְתֻקָּן וְטוֹב, כְּאִלּוּ הָיָה אוֹכֵל אוֹתוֹ הַמַּאֲכָל מַמָּשׁ וּבֶאֱמֶת הָיָה מַרְגִּישׁ בַּאֲכִילָתוֹ הַלֶּחֶם טַעַם כָּל מַאֲכָל וּמַאֲכָל שֶׁהָיָה רוֹצֶה מֵחֲמַת תְּמִימוּתוֹ וְשִׂמְחָתוֹ הַגְּדוֹלָה.

וְכֵן הָיָה מְצַוֶּה: אִשְׁתִּי, תֵּן לִי שֵׁכָר לִשְׁתּוֹת! וְנָתְנָה לוֹ מַיִם וְהָיָה מְשַׁבֵּחַ כַּמָּה יָפֶה הַשֵּׁכָר הַזֶּה תֵּן לִי דְּבַשׁ! וְנָתְנָה לוֹ מַיִם, וְהָיָה מְשַׁבֵּחַ גַּם-כֵּן כַּנַּ"ל תֵּן לִי יַיִן וְכוּ' כַּיּוֹצֵא בָזֶה! וְנָתְנָה לוֹ מַיִם, וְהָיָה מִתְעַנֵּג וּמְשַׁבֵּחַ אוֹתוֹ הַמַּשְׁקֶה כְּאִלּוּ הוּא שׁוֹתֶה אוֹתָהּ מַמָּשׁ וְכֵן בְּמַלְבּוּשִׁים הָיָה לָהֶם בְּשֻׁתָּפוּת, לוֹ וּלְאִשְׁתּוֹ פֶּעלְץ [מעיל פרווה חורפי] אֶחָד וְהָיָה אוֹמֵר: אִשְׁתִּי, תֵּן לִי הַפֶּעלְץ! כְּשֶׁהָיָה צָרִיךְ לִלְבֹּשׁ פֶּעלְץ, כְּגוֹן לֵילֵךְ לַשּׁוּק וְהָיְתָה נוֹתֶנֶת לוֹ כְּשֶׁהָיָה צָרִיךְ לִלְבֹּשׁ טוּלִיפּ [מעיל עליון] לֵילֵךְ בֵּין אֲנָשִׁים, הָיָה אוֹמֵר: אִשְׁתִּי, תֵּן לִי הַטּוּלִיפּ! וְהָיְתָה נוֹתֶנֶת לוֹ הַפֶּעלְץ, וְהָיָה מִתְעַנֵּג מִמֶּנּוּ, וְהָיָה מְשַׁבֵּחַ: כַּמָּה יָפֶה הַטּוּלִיפּ הַזֶּה! כְּשֶׁהָיָה צָרִיךְ לְקַאפְטִין [קפוטה], כְּגוֹן לֵילֵךְ לְבֵית-הַכְּנֶסֶת, הָיָה מְצַוֶּה וְאוֹמֵר: אִשְׁתִּי, תֵּן לִי הַקַּאפְטִין! וְהָיְתָה נוֹתֶנֶת לוֹ הַפֶּעלְץ, וְהָיָה מְשַׁבֵּחַ וְאוֹמֵר: כַּמָּה יָפֶה וְנָאֶה הַקַּאפְטִין הַזֶּה! וְכֵן כְּשֶׁהָיָה צָרִיךְ לִלְבֹּשׁ יוּפָּא [קפוטה], הָיְתָה נוֹתֶנֶת לוֹ גַּם-כֵּן הַפֶּעלְץ, וְהָיָה מְשַׁבֵּחַ וּמִתְעַנֵּג גַּם-כֵּן: כַּמָּה יָפֶה וְנָאָה הַיּוּפָּא הַזֹּאת כַּנַּ"ל, וְכֵן בְּכַיּוֹצֵא בָזֶה וְהָיָה רַק מָלֵא שִׂמְחָה וְחֶדְוָה תָּמִיד.

כְּשֶׁהָיָה גּוֹמֵר הַמִּנְעָל-וּמִן הַסְּתָם הָיָה לוֹ שָׁלֹשׁ קְצָווֹת, כִּי לֹא הָיָה יָכוֹל.

הָאֻמָּנוּת בִּשְׁלֵמוּת כַּנַּ"ל-הָיָה לוֹקֵחַ הַמִּנְעָל בְּיָדוֹ וְהָיָה מְשַׁבֵּחַ אוֹתוֹ מְאֹד, וְהָיָה מִתְעַנֵּג מְאֹד מִמֶּנּוּ וְהָיָה אוֹמֵר: אִשְׁתִּי כַּמָּה יָפֶה וְנִפְלָא הַמִּנְעָל הַזֶּה! כַּמָּה מָתוֹק הַמִּנְעָל הַזֶּה! כַּמָּה מִנְעָל שֶׁל דְּבַשׁ וְצוּקִיר [סוכר] הַמִּנְעָל הַזֶּה! וְהָיְתָה שׁוֹאֶלֶת אוֹתוֹ: אִם-כֵּן מִפְּנֵי מָה שְׁאָרֵי רַצְעָנִים נוֹטְלִים שְׁלֹשָׁה זְהוּבִים בְּעַד זוּג מִנְעָלִים, וְאַתָּה לוֹקֵחַ רַק חֲצִי טָאלֶער [הַיְנוּ זָהוּב וָחֵצִי]? הֵשִׁיב לָהּ: מַה לִּי בָּזֶה? זֶה מַעֲשֶׂה שֶׁלּוֹ, וְזֶה מַעֲשֶׂה שֶׁלִּי!, וְעוֹד: לָמָּה לָנוּ לְדַבֵּר מֵאֲחֵרִים? הֲלֹא נַתְחִיל לַחֲשֹׁב כַּמָּה וְכַמָּה אֲנִי מַרְוִיחַ בְּמִנְעָל זֶה מִיָּד לְיָד: הָעוֹר הוּא בְּכָךְ, הַזֶּפֶת וְהַחוּטִים וְכוּ'-בְּכָךְ, וּשְׁאָרֵי דְּבָרִים כַּיּוֹצֵא בָּזֶה-בְּכָךְ, לַאפְּקִיס [המילוי שבין העורות]-בְּכָךְ; וְעַתָּה אֲנִי מַרְוִיחַ מִיָּד לְיָד עֲשָׂרָה גְּדוֹלִים, וּמָה אִכְפַּת לִי רֶוַח כָּזֶה מִיָּד לְיָד?! וְהָיָה רַק מָלֵא שִׂמְחָה וְחֶדְוָה תָּמִיד וְאֵצֶל הָעוֹלָם הָיָה לְלַעַג, וְהִשִּׂיגוּ תַּאֲוָתָם בּוֹ, שֶׁמָּצְאוּ מִמִּי לְהִתְלוֹצֵץ כִּרְצוֹנָם, כִּי הָיָה נִדְמֶה לִמְשֻׁגָּע וְהָיוּ בָּאִים בְּנֵי-אָדָם, וְהִתְחִילוּ בְּכַוָּנָה לְדַבֵּר עִמּוֹ בִּשְׁבִיל לְהִתְלוֹצֵץ וְהָיָה אוֹתוֹ הַתָּם אוֹמֵר: רַק בְּלִי לֵיצָנוּת! וְתֵכֶף שֶׁהֵשִׁיבוּ לוֹ בְּלִי לֵיצָנוּת, קִבֵּל דִּבְרֵיהֶם וְהִתְחִיל לְדַבֵּר עִמָּם, כִּי יוֹתֵר לֹא הָיָה רוֹצֶה לְהַעֲמִיק לַחֲשֹׁב חָכְמוֹת, שֶׁגַּם זֶה בְּעַצְמוֹ לֵיצָנוּת, כִּי הָיָה אִישׁ תָּם, וּכְשֶׁהָיָה רוֹאֶה, שֶׁכַּוָּנָתָם לְלֵיצָנוּת, הָיָה אוֹמֵר: מַה יִּהְיֶה כְּשֶׁתִּהְיֶה חָכָם מִמֶּנִּי? הֲלֹא אֲזַי תִּהְיֶה שׁוֹטֶה, כִּי מָה אֲנִי נֶחְשָׁב?! וּכְשֶׁתִּהְיֶה חָכָם מִמֶּנִּי, אַדְּרַבָּא, אֲזַי תִּהְיֶה שׁוֹטֶה! [כָּל זֶה הָיָה דַּרְכֵי הַתָּם וְעַתָּה נַחֲזֹר לְעִנְיָן רִאשׁוֹן] בְּתוֹךְ כָּךְ נַעֲשָׂה רַעַשׁ, שֶׁהֶחָכָם הַנַּ"ל נוֹסֵעַ וּבָא לְכָאן בִּגְדֻלָּה וְחָכְמָה גְּדוֹלָה וְרָץ הַתָּם גַּם-כֵּן לִקְרָאתוֹ בְּשִׂמְחָה גְּדוֹלָה, וְהָיָה אוֹמֵר לְאִשְׁתּוֹ: תֵּן לִי מַהֵר הַיּוּפָּא; אֵלֵךְ לִקְרַאת חֲבֵרִי יְדִידִי לִרְאוֹתוֹ וְנָתְנָה לוֹ הַפֶּעלְץ, וְהָיָה רָץ לִקְרָאתוֹ וְהֶחָכָם הָיָה נוֹסֵעַ בַּעֲגָלוֹת-צָב בִּגְדֻלָּה וּבָא לִקְרָאתוֹ הַתָּם הַזֶּה וְהָיָה שׁוֹאֵל בִּשְׁלוֹמוֹ בְּאַהֲבָה, בְּשִׂמְחָה: אָחִי חֲבִיבִי! מָה אַתָּה עוֹשֶׂה? בָּרוּךְ הַמָּקוֹם שֶׁהֱבִיאֲךָ, וַאֲנִי זוֹכֶה לִרְאוֹתְךָ! וְהֶחָכָם הַנַּ"ל גַּם כָּל הָעוֹלָם

הָיָה בְּעֵינָיו כְּלֹא כַנַּ"ל, מִכָּל- שֶׁכֵּן אִישׁ כָּזֶה, שֶׁנִּדְמֶה לִמְשֻׁגָּע, אַךְ אַף-עַל- פִּי-כֵן, מֵחֲמַת אַהֲבַת נְעוּרִים הַגְּדוֹלָה שֶׁהָיָה בֵּינֵיהֶם הָיָה מְקָרְבוֹ, וְנָסַע עִמּוֹ לְתוֹךְ הָעִיר וְהַשְּׁנֵי בַּעֲלֵי-בָתִּים הַנַּ"ל, אֲבִיהֶם שֶׁל אֵלּוּ הַשְּׁנֵי בָּנִים, מֵתוּ בְּתוֹךְ אוֹתוֹ הַזְּמַן שֶׁהָיָה הֶחָכָם מְשׁוֹטֵט בַּמְּדִינוֹת, וְנִשְׁאֲרוּ הַבָּתִּים שֶׁלָּהֶם וְהַתָּם, שֶׁהָיָה בִּמְקוֹמוֹ, נִכְנַס לְבֵית אָבִיו וִירָשׁוֹ, וְהֶחָכָם, שֶׁהָיָה בַּמְּדִינוֹת, לֹא הָיָה מִי לְקַבֵּל הַבַּיִת, וְנַעֲשָׂה כָּלֶה וְאָבוּד בֵּית הֶחָכָם, וְלֹא נִשְׁאַר מִמֶּנּוּ כְּלוּם, וְלֹא הָיָה לְהֶחָכָם מָקוֹם לִכָּנֵס בּוֹ בְּבוֹאוֹ וְנָסַע לְתוֹךְ אַכְסַנְיָא אַחַת, וְהָיָה לוֹ שָׁם יִסּוּרִים, כִּי לֹא הָיְתָה הָאַכְסַנְיָא כִּרְצוֹנוֹ וְהַתָּם הַנַּ"ל מָצָא לוֹ עַתָּה עֲבֹדָא חֲדָשָׁה, וְהָיָה רָץ וּבָא בְּכָל פַּעַם מִבֵּיתוֹ לְהֶחָכָם בְּאַהֲבָה, בְּשִׂמְחָה, וְהָיָה רוֹאֶה, שֶׁיֵּשׁ לוֹ יִסּוּרִין מֵהָאַכְסַנְיָא וְאָמַר הַתָּם לְהֶחָכָם: אָחִי, עוּל לְבֵיתִי וְתַעֲמֹד אֶצְלִי, וַאֲנִי אֲקַבֵּץ כָּל מַה שֶׁיֵּשׁ לִי בְּקֹמֶץ אֶחָד, וְכָל בֵּיתִי -הַכֹּל לְפָנֶיךָ כִּרְצוֹנְךָ וַיִּשַׁר בְּעֵינֵי הֶחָכָם, וְנִכְנַס לְבֵיתוֹ וְעָמַד אֶצְלוֹ.

וְהֶחָכָם הָיָה מָלֵא יִסּוּרִים תָּמִיד, כִּי הִנִּיחַ שָׁם, שֶׁהוּא חָכָם מֻפְלָג וְאֻמָּן וְדָאקְטִיר גָּדוֹל מְאֹד וְהָיָה בָּא שַׂר אֶחָד, וְצִוָּה לוֹ, שֶׁיַּעֲשֶׂה לוֹ טַבַּעַת שֶׁל זָהָב וְעָשָׂה לוֹ טַבַּעַת נִפְלָא מְאֹד, וְחָקַק שָׁם צִיּוּרִים בִּדְרָכִים נִפְלָאִים מְאֹד, וְחָקַק שָׁם אִילָן, שֶׁהָיָה נִפְלָא מְאֹד וּבָא הַשַּׂר, וְלֹא יָשַׁר בְּעֵינָיו כְּלָל הַטַּבַּעַת, וְהָיָה לוֹ יִסּוּרִים גְּדוֹלִים מְאֹד, כִּי הָיָה יוֹדֵעַ בְּעַצְמוֹ, שֶׁאִלּוּ הָיָה הַטַּבַּעַת עִם הָאִילָן הַזֶּה בִּשְׁפַּאנְיָא, הָיָה חָשׁוּב וְנִפְלָא מְאֹד.

וְכֵן פַּעַם אֶחָד בָּא שַׂר גָּדוֹל וְהֵבִיא אֶבֶן טוֹב יָקָר, שֶׁבָּא מִמֶּרְחַקִּים, וְהֵבִיא לוֹ עוֹד אֶבֶן טוֹב עִם צִיּוּר, וְצִוָּה לוֹ, שֶׁיְּצַיֵּר כַּצִּיּוּר הַזֶּה עַל הָאֶבֶן טוֹב שֶׁהֵבִיא וְצִיֵּר מַמָּשׁ כְּאוֹתוֹ הַצִּיּוּר, רַק שֶׁשָּׁגָה בְּדָבָר אֶחָד, שֶׁלֹּא הָיָה שׁוּם אָדָם מֵבִין עַל זֶה, רַק הוּא לְבַדּוֹ וּבָא הַשַּׂר וְקִבֵּל הָאֶבֶן טוֹב, וַיִּשַׁר בְּעֵינָיו וְהָיָה לוֹ לְהֶחָכָם הַזֶּה יִסּוּרִים גְּדוֹלִים מִן הַשְּׁגִיאָה: הֲלֹא עַד הֵיכָן מַגִּיעַ חָכְמָתִי, וְעַתָּה יִזְדַּמֵּן לִי שְׁגִיאָה! וְגַם בְּעִנְיַן הַדָּאקְטִירַיי הָיָה לוֹ יִסּוּרִים: כְּשֶׁהָיָה בָּא לְחוֹלֶה, וְהָיָה נוֹתֵן לוֹ רְפוּאָה, שֶׁהָיָה יוֹדֵעַ בְּבֵרוּר, שֶׁאִם יֵלֵךְ לוֹ לְהַחוֹלֶה לְחַיִּים,

בְּוַדַּאי מְחֻיָּב בְּבֵרוּר לְהִתְרַפְּאוֹת מִזֶּה, כִּי הִיא רְפוּאָה נִפְלָאָה מְאֹד, וְאַחַר-כָּךְ מֵת הַחוֹלֶה, וְהָיוּ אוֹמְרִים הָעוֹלָם, שֶׁמֵּת עַל-יָדוֹ וְהָיָה לוֹ יִסּוּרִים גְּדוֹלִים מִזֶּה וְכֵן לִפְעָמִים נָתַן רְפוּאָה לְחוֹלֶה-וְנִתְרַפֵּא, וְהָיוּ אוֹמְרִים הָעוֹלָם: מִקְרֶה הוּא וְהָיָה מָלֵא יִסּוּרִים תָּמִיד וְכֵן הָיָה צָרִיךְ לְמַלְבּוּשׁ וְקָרָא הַחַיָּט וְיָגַע עִמּוֹ, עַד שֶׁלִּמְּדוֹ לַעֲשׂוֹת הַמַּלְבּוּשׁ.

כִּרְצוֹנוֹ, כְּמוֹ שֶׁהָיָה יוֹדֵעַ וְכִוֵּן הַחַיָּט וְעָשָׂה הַמַּלְבּוּשׁ כִּרְצוֹנוֹ, רַק כָּנָף אֶחָד [שֶׁקּוֹרִין לֶעפִּיל] שָׁגָה בּוֹ, וְלֹא כִּוְּנוֹ יָפֶה וְהָיָה מְצֻטָּעֵר מְאֹד, כִּי הָיָה יוֹדֵעַ בְּעַצְמוֹ אַף שֶׁבְּכָאן הוּא יָפֶה, כִּי אֵינָם מְבִינִים עַל זֶה, אֲבָל אִם הָיִיתִי בִּשְׁפַּאנְיָא עִם הַלֶּעפִּיל הַזֶּה, הָיִיתִי לִשְׂחוֹק וְהָיִיתִי נִדְמֶה כְּמוֹ [יַתִּיר] [אדם שעושים ממנו ליצנות] וְכֵן הָיָה מָלֵא יִסּוּרִים תָּמִיד.

וְהַתָּם הָיָה רָץ וּבָא בְּכָל פַּעַם אֶל הֶחָכָם בְּשִׂמְחָה, וּמְצָאוֹ, שֶׁהוּא מֵצֵר וּמָלֵא יִסּוּרִים וּשְׁאָלוֹ: הֲלֹא חָכָם וְעָשִׁיר כָּמוֹתְךָ, עַל מָה יֵשׁ לְךָ יִסּוּרִים תָּמִיד? הֲלֹא אֲנִי מָלֵא שִׂמְחָה תָּמִיד וְהָיָה בְּעֵינֵי הֶחָכָם לִשְׂחוֹק, וְנִדְמָה בְּעֵינָיו לִמְשֻׁגָּע וְאָמַר לוֹ הַתָּם: הֲלֹא סְתָם בְּנֵי-אָדָם, שֶׁמִּתְלוֹצְצִים מִמֶּנִּי, הֵם שׁוֹטִים, כִּי אִם הֵמָּה חֲכָמִים מִמֶּנִּי, הֲלֹא אַדְּרַבָּה, הֵם שׁוֹטִים כַּנַּ"ל, מִכָּל שֶׁכֵּן חָכָם כָּמוֹתְךָ, וּמַה תִּהְיֶה אִם אַתָּה חָכָם מִמֶּנִּי? עָנָה הַתָּם וְאָמַר לְהֶחָכָם: מִי יִתֵּן, שֶׁתָּבוֹא אַתָּה עַל מַדְרֵגָה שֶׁלִּי! הֵשִׁיב הֶחָכָם וְאָמַר: זֶה אֶפְשָׁר לִהְיוֹת, שֶׁאֲנִי אָבוֹא עַל שֶׁלְּךָ, שֶׁיִּנָּטֵל מִמֶּנִּי הַשֵּׂכֶל, חַס וְשָׁלוֹם, אוֹ אֶהְיֶה חוֹלֶה, חַס וְשָׁלוֹם, וְאֶהְיֶה נַעֲשֶׂה מְשֻׁגָּע, כִּי הֲלֹא מָה אַתָּה?-אִישׁ מְשֻׁגָּע! אֲבָל שֶׁאַתָּה תָּבוֹא עַל שֶׁלִּי, זֶה אִי אֶפְשָׁר בְּשׁוּם אֹפֶן, שֶׁתִּהְיֶה אַתָּה חָכָם כָּמוֹנִי הֵשִׁיב הַתָּם: אֵצֶל הַשֵּׁם יִתְבָּרַךְ הַכֹּל אֶפְשָׁר, וְיָכוֹל לִהְיוֹת כְּהֶרֶף עַיִן, שֶׁאֲנִי אָבוֹא עַל שֶׁלְּךָ וְשָׂחַק הֶחָכָם מִמֶּנּוּ מְאֹד וְאֵלּוּ הַשְּׁנֵי בָּנִים הָיוּ נִקְרָאִים בְּפִי הָעוֹלָם, זֶה בְּכִנּוּי חָכָם, וְזֶה בְּכִנּוּי תָּם אַף-עַל-פִּי שֶׁיֵּשׁ כַּמָּה חֲכָמִים וְתַמִּים בָּעוֹלָם, אַף-עַל-פִּי- כֵן כָּאן הָיָה נִכָּר הַדָּבָר בְּיוֹתֵר, כִּי שְׁנֵיהֶם מִמָּקוֹם אֶחָד וְלָמְדוּ בְּיַחַד, וְזֶה נַעֲשָׂה חָכָם מֻפְלָג מְאֹד, וְזֶה הָיָה תָּם גָּדוֹל מְאֹד וּבְהַסְּקַאסְקִי [ספר מרשם התושבים], שֶׁשָּׁם כּוֹתְבִין כָּל אֶחָד עִם כִּנּוּי פַאמֶעלְיֶא שֶׁלּוֹ,

הָיוּ כּוֹתְבִין עַל זֶה כִּנּוּי חָכָם וְעַל זֶה כִּנּוּי תָּם פַּעַם אֶחָד בָּא הַמֶּלֶךְ עַל הַסְּקַאסְקִי, וּמָצָא, שֶׁהָיוּ כְּתוּבִין שָׁם אֵלּוּ הַשְּׁנֵי בָּנִים, זֶה בַּשֵּׁם חָכָם, וְזֶה בַּשֵּׁם תָּם, וְהָיָה בְּעֵינָיו לְפֶלֶא, שֶׁאֵלּוּ הַשְּׁנַיִם מְכֻנִּים בַּשֵּׁם חָכָם וְתָם, וְנִתְאַוָּה הַמֶּלֶךְ לִרְאוֹתָם וְחָשַׁב הַמֶּלֶךְ: אִם אֶשְׁלַח אַחֲרֵיהֶם פִּתְאֹם, שֶׁיָּבוֹאוּ לְפָנַי-יִתְפַּחֲדוּ מְאֹד, וְהֶחָכָם-יִסְתַּתְּמוּ טַעֲנוֹתָיו לְגַמְרֵי, וְהַתָּם גַּם-כֵּן אֶפְשָׁר יִשְׁתַּגַּע מֵחֲמַת פַּחַד וְנִתְיַשֵּׁב הַמֶּלֶךְ לִשְׁלֹחַ חָכָם אֶחָד אֶל הֶחָכָם, וְתָם אֶל הַתָּם; רַק אֵיךְ מוֹצְאִין בְּעִיר מְלוּכָה תָּם, כִּי בְּעִיר מְלוּכָה עַל-פִּי-רֹב הֵם חֲכָמִים, רַק שֶׁהַמְמֻנֶּה עַל הָאוֹצָרוֹת הוּא תָּם דַּוְקָא, כִּי הֶחָכָם אֵינָם רוֹצִים לַעֲשׂוֹת מְמֻנֶּה עַל הָאוֹצָרוֹת פֶּן עַל-יְדֵי חָכְמָתוֹ וְשִׂכְלוֹ יוּכַל לְבַזְבֵּז הָאוֹצָרוֹת, עַל-כֵּן עוֹשִׂין מְמֻנֶּה עַל הָאוֹצָרוֹת תָּם דַּוְקָא.

וְקָרָא הַמֶּלֶךְ לְחָכָם אֶחָד וּלְאוֹתוֹ הַתָּם הַנַּ"ל וּשְׁלָחָם לְהַשְּׁנֵי בָּנִים הַנַּ"ל, וְנָתַן בְּיָדָם אִגְּרוֹת לְכָל אֶחָד וְאֶחָד גַּם נָתַן בְּיָדָם אִגֶּרֶת לְהַגַּאבִּירְנִיר [מושל המחוז] שֶׁל הַגַּאבֶּערְנִיא [הממשל המחוזי], שֶׁאֵלּוּ הַשְּׁתֵּי בָּנִים הֵם תַּחַת מֶמְשַׁלְתּוֹ, וְצִוָּה בְּהָאִגֶּרֶת, שֶׁהַגַּאבִּירְנִיר יִשְׁלַח לָהֶם אִגְּרוֹת מִשְּׁמוֹ לְהֶחָכָם וְהַתָּם כְּדֵי שֶׁלֹּא יִתְפַּחֲדוּ, וְיִכְתֹּב לָהֶם, שֶׁאֵין הַדָּבָר נָחוּץ, וְאֵין הַמֶּלֶךְ גּוֹזֵר דַּוְקָא שֶׁיָּבוֹאוּ רַק הַדָּבָר תָּלוּי בִּרְצוֹנָם: אִם הֵם רוֹצִים-יָבוֹאוּ, רַק שֶׁהַמֶּלֶךְ חָפֵץ לִרְאוֹתָם.

וְנָסְעוּ אֵלּוּ הַשְּׁלוּחִים-הֶחָכָם וְהַתָּם-וּבָאוּ לְהַגַּאבִּירְנִיר וְנָתְנוּ לוֹ הָאִגֶּרֶת וְשָׁאַל הַגַּאבִּירְנִיר עַל אֵלּוּ הַשְּׁנֵי בָּנִים, וְאָמְרוּ לוֹ, שֶׁהֶחָכָם הוּא חָכָם מֻפְלָג וְעָשִׁיר גָּדוֹל וְהַתָּם הוּא תָּם בְּיוֹתֵר, וְיֵשׁ לוֹ כָּל הַמַּלְבּוּשִׁים שֶׁל הַפֶּעלְץ כַּנַּ"ל וְנִתְיַעֵץ הַגַּאבִּירְנִיר, שֶׁבְּוַדַּאי אֵין רָאוּי לַהֲבִיאוֹ לִפְנֵי הַמֶּלֶךְ בִּלְבוּשׁ פֶּעלְץ, וְעָשָׂה לוֹ מַלְבּוּשִׁים כָּרָאוּי, וְהִנִּיחַ בְּתוֹךְ הָעֲגָלוֹת-צָב שֶׁל הַתָּם, וְנָתַן לָהֶם אִגְּרוֹת כַּנַּ"ל וְנָסְעוּ הַשְּׁלוּחִים וּבָאוּ לְשָׁם וְנָתְנוּ הָאִגְּרוֹת לָהֶם: הֶחָכָם-לְהֶחָכָם, וְהַתָּם-לְהַתָּם וְהַתָּם, תֵּכֶף שֶׁהִגִּיעַ לוֹ הָאִגֶּרֶת, אָמַר לְהַתָּם הַשָּׁלִיחַ שֶׁהֱבִיאוֹ: הֲלֹא אֵינִי יוֹדֵעַ מַה כָּתוּב בּוֹ; קְרָא אוֹתוֹ לְפָנַי! הֵשִׁיב לוֹ: אֲנִי אֲסַפֵּר לְךָ בְּעַל-פֶּה מַה שֶּׁכָּתוּב בּוֹ- שֶׁהַמֶּלֶךְ רוֹצֶה שֶׁתָּבוֹא אֵלָיו שָׁאַל תֵּכֶף: רַק בְּלִי לֵיצָנוּת! הֵשִׁיב לוֹ: בְּוַדַּאי אֱמֶת, בְּלִי

לֵיצָנוּת וְנִתְמַלֵּא שִׂמְחָה תֵּכֶף וְרָץ וְאָמַר לְאִשְׁתּוֹ: אִשְׁתִּי, הַמֶּלֶךְ שָׁלַח בִּשְׁבִילִי! וְשָׁאֲלָה אוֹתוֹ: עַל מָה וְלָמָּה? וְלֹא הָיָה לוֹ פְּנַאי לַהֲשִׁיבָהּ כְּלָל, וְתֵכֶף נִזְדָּרֵז בְּשִׂמְחָה וְהָלַךְ וְנָסַע עִם הַשָּׁלִיחַ תֵּכֶף וְנִכְנַס וְיָשַׁב בְּתוֹךְ הָעֶגְלוֹת-צָב וּמָצָא שָׁם הַבְּגָדִים הַנַּ"ל וְשָׂמַח יוֹתֵר וְיוֹתֵר.

בְּתוֹךְ-כָּךְ נִשְׁלְחוּ מְסִירוֹת עַל הַגַּאבִּירְנִיר, שֶׁהוּא עוֹשֶׂה עַוְלוֹת, וְהֶעֱבִירוּ.

הַמֶּלֶךְ וְנִתְיַעֵץ הַמֶּלֶךְ, שֶׁטּוֹב, שֶׁיִּהְיֶה גַּאבִּירְנִיר אִישׁ תָּם, שֶׁהַתָּם יִנְהַג הַמְּדִינָה בֶּאֱמֶת וָיֹשֶׁר מֵחֲמַת שֶׁאֵינוֹ יוֹדֵעַ חָכְמוֹת וְהַמְצָאוֹת וְנִמְלַךְ הַמֶּלֶךְ לַעֲשׂוֹת אֶת הַתָּם הַנַּ"ל גַּאבִּירְנִיר, וְשָׁלַח הַמֶּלֶךְ פְּקֻדָּתוֹ שֶׁהַתָּם הַנַּ"ל, שֶׁשָּׁלַח אַחֲרָיו, הוּא יִהְיֶה גַּאבִּירְנִיר וְהוּא צָרִיךְ לִנְסֹעַ דֶּרֶךְ הָעִיר שֶׁל הַגַּאבֶּערְנִיא, וְיַעַמְדוּ עַל הַשְּׁעָרִים שֶׁל הָעִיר, וְתֵכֶף בְּבוֹאוֹ, יְעַכְּבוּ אוֹתוֹ וְיַכְתִּירוּ אוֹתוֹ בְּהִתְמַנּוּת הַזֹּאת, שֶׁיִּהְיֶה גַּאבִּירְנִיר, וְכֵן עָשׂוּ וְעָמְדוּ עַל הַשְּׁעָרִים, וְתֵכֶף בְּעָבְרוֹ שָׁם, עִכְּבוּ אוֹתוֹ וְאָמְרוּ לוֹ, שֶׁהוּא נַעֲשָׂה גַּאבִּירְנִיר וְשָׁאַל וְאָמַר: רַק בְּלִי לֵיצָנוּת! הֵשִׁיבוּ לוֹ: בְּוַדַּאי בְּלִי שׁוּם לֵיצָנוּת וְנַעֲשָׂה הַתָּם תֵּכֶף גַּאבִּירְנִיר בְּתֹקֶף וָעֹז.

וְעַתָּה, שֶׁנִּתְרוֹמֵם מַזָּלוֹ-וּמַזָּל מַחְכִּים-וּבָא לוֹ קְצָת הֲבָנָה, אַף-עַל-פִּי-כֵן לֹא.

הִשְׁתַּמֵּשׁ כְּלָל בְּחָכְמָתוֹ, רַק נָהַג בִּתְמִימוּתוֹ כְּבָרִאשׁוֹנָה וְהִנְהִיג אֶת הַמְּדִינָה בִּתְמִימוּת, בֶּאֱמֶת וּבְיֹשֶׁר, וְעַוְלָה לֹא נִמְצָא בּוֹ, וְעַל הַנְהָגַת הַמְּדִינָה אֵין צְרִיכִין שֵׂכֶל גָּדוֹל וַחֲכָמוֹת, רַק עַל-פִּי הַיֹּשֶׁר בִּתְמִימוּת כְּשֶׁבָּאוּ לְפָנָיו שְׁנַיִם לְדִין, הָיָה אוֹמֵר: אַתָּה זַכַּאי וְאַתָּה חַיָּב, כְּפִי תְּמִימוּתוֹ בֶּאֱמֶת, בְּלִי שׁוּם עָרְמָה וּמִרְמָה, וְכֵן נָהַג הַכֹּל בֶּאֱמֶת וְהָיוּ אוֹהֲבִים אוֹתוֹ הַמְּדִינָה מְאֹד וְהָיָה לוֹ יוֹעֲצִים אוֹהֲבִים בֶּאֱמֶת, וּמֵחֲמַת הָאַהֲבָה יָעַץ לוֹ אֶחָד: בַּאֲשֶׁר שֶׁבְּוַדַּאי בְּהֶכְרֵחַ תִּהְיֶה קָרוּא אֶל הַמֶּלֶךְ שֶׁתָּבוֹא לְפָנָיו, כִּי הֲלֹא כְּבָר שָׁלַח אַחֲרֶיךָ וְגַם הַדֶּרֶךְ-שֶׁהַגַּאבִּירְנִיר מֻכְרָח לָבוֹא לִפְנֵי הַמֶּלֶךְ, וְעַל-כֵּן אַף-עַל-פִּי שֶׁאַתָּה כָּשֵׁר מְאֹד, וְלֹא יִמָּצֵא בְּךָ שׁוּם עַוְלָה בְּהַנְהָגָתְךָ הַמְּדִינָה, אַף-עַל-פִּי-כֵן דֶּרֶךְ הַמֶּלֶךְ בִּדְבָרָיו לִנְטוֹת

בִּדְבָרָיו לְצַד אַחֵר, לְדַבֵּר חָכְמוֹת וּלְשׁוֹנוֹת אֲחֵרִים, עַל-כֵּן נָאֶה וְדֶרֶךְ- אֶרֶץ-שֶׁתּוּכַל לַהֲשִׁיבוֹ; עַל-כֵּן טוֹב, שֶׁאֲלַמֶּדְךָ חָכְמוֹת וּלְשׁוֹנוֹת וְנִתְקַבֵּל הַדָּבָר בְּעֵינֵי הַתָּם וְאָמַר: מָה אִכְפַּת לִי אִם אֶלְמַד חָכְמוֹת וּלְשׁוֹנוֹת?! וְתֵכֶף עָלָה עַל דַּעְתּוֹ, שֶׁחֲבֵרוֹ הֶחָכָם אָמַר לוֹ, שֶׁאִי אֶפְשָׁר בְּשׁוּם אֹפֶן שֶׁהוּא יָבוֹא עַל שֶׁלּוֹ, וְהִנֵּה עַתָּה כְּבָר בָּא עַל חָכְמָתוֹ [וְאַף- עַל-פִּי-כֵן, אַף-עַל-פִּי שֶׁכְּבָר הָיָה יוֹדֵעַ חָכְמוֹת, לֹא הָיָה מִשְׁתַּמֵּשׁ עִם הַחָכְמוֹת כְּלָל, רַק נָהַג הַכֹּל בִּתְמִימוּתוֹ כְּבָרִאשׁוֹנָה] אַחַר-כָּךְ שָׁלַח הַמֶּלֶךְ, שֶׁיָּבוֹא זֶה הַתָּם הַגַּאבִּירְנִיר אֵלָיו, וְנָסַע אֵלָיו וְדִבֵּר הַמֶּלֶךְ עִם הַתָּם בִּתְחִלָּה מֵהַנְהָגַת הַמְּדִינָה- וְהוּטַב בְּעֵינֵי הַמֶּלֶךְ מְאֹד מְאֹד, כִּי רָאָה, שֶׁהוּא מִתְנַהֵג בְּיֹשֶׁר וֶאֱמֶת גָּדוֹל, בְּלִי שׁוּם עַוְלָה וּמִרְמָה אַחַר-כָּךְ הִתְחִיל הַמֶּלֶךְ לְדַבֵּר חָכְמוֹת וּלְשׁוֹנוֹת-וֶהֱשִׁיבוֹ הַתָּם כָּרָאוּי, וְהוּטַב בְּעֵינֵי הַמֶּלֶךְ זֹאת בְּיוֹתֵר וְיוֹתֵר, וְאָמַר: אֲנִי רוֹאֶה, שֶׁהוּא חָכָם כָּזֶה, וְאַף-עַל-פִּי-כֵן הוּא מִתְנַהֵג בִּתְמִימוּת כָּזֶה! וַיִּיטַב בְּעֵינֵי הַמֶּלֶךְ מְאֹד מְאֹד וּמִנָּה הַמֶּלֶךְ אוֹתוֹ, שֶׁיִּהְיֶה מִינִיסְטֶר [שַׂר] עַל כָּל הַמִּינִיסְטֶרִישׁ [שָׂרִים] וְצִוָּה לוֹ מָקוֹם מְיֻחָד, שֶׁשָּׁם יִהְיֶה יְשִׁיבָתוֹ, וְצִוָּה, שֶׁיִּבְנֶה לוֹ חוֹמוֹת נָאוֹת וּמְפֹאָרוֹת כָּרָאוּי, וְנָתַן לוֹ כְּתָב עַל הַתְמַנּוּת הַזֹּאת, שֶׁיִּהְיֶה מִינִיסְטֶר כַּנַּ"ל וְכֵן הָיָה, שֶׁבָּנוּ לוֹ בִּנְיָנִים כַּנַּ"ל, בְּאוֹתוֹ הַמָּקוֹם שֶׁצִּוָּה הַמֶּלֶךְ, וְהָלַךְ וְקִבֵּל הַגְּדֻלָּה בְּתֹקֶף.

וְהֶחָכָם הַנַּ"ל, כְּשֶׁבָּא אֵלָיו הָאִגֶּרֶת מֵהַמֶּלֶךְ כַּנַּ"ל, הֵשִׁיב לְהֶחָכָם

שֶׁהֱבִיאָהּ: הַמְתֵּן וְלִין פֹּה, וּנְדַבֵּר וְנִתְיַשֵּׁב לָעֶרֶב עָשָׂה עֲבוּרוֹ סְעֻדָּה גְּדוֹלָה בְּתוֹךְ סְעֻדָּתוֹ נִתְחַכֵּם הֶחָכָם בְּחָכְמָתוֹ וּפִילוֹסוֹפְיָה שֶׁלּוֹ, וְעָנָה וְאָמַר: מַה זֹּאת, שֶׁהַמֶּלֶךְ כָּזֶה יִשְׁלַח אַחֲרַי, עֲבוּר שָׁפָל בָּרֶךְ כָּמוֹנִי, וּמָה אֲנִי, שֶׁהַמֶּלֶךְ יִשְׁלַח אַחֲרַי?! הֲלֹא מֶלֶךְ כָּזֶה שֶׁיֵּשׁ לוֹ מֶמְשָׁלָה וּגְדֻלָּה כָּזוֹ- וַאֲנִי שָׁפָל וְנִבְזֶה כְּנֶגֶד מֶלֶךְ גָּדוֹל וְנוֹרָא כָּזֶה, וְאֵיךְ יִתְיַשֵּׁב זֹאת בַּדַּעַת, שֶׁמֶּלֶךְ כָּזֶה יִשְׁלַח עֲבוּר שָׁפָל כָּמוֹנִי? אִם אֹמַר בִּשְׁבִיל חָכְמָתִי- מָה אֲנִי כְּנֶגֶד הַמֶּלֶךְ? וְכִי אֵין לְהַמֶּלֶךְ חֲכָמִים? וְגַם הַמֶּלֶךְ בְּעַצְמוֹ בְּוַדַּאי חָכָם גָּדוֹל, וּמָה הַדָּבָר

הַזֶּה, שֶׁהַמֶּלֶךְ יִשְׁלַח עֲבוּרִי? וַיִּשְׁתּוֹמֵם עַל זֶה מְאֹד מְאֹד עָנָה וְאָמַר זֶה הֶחָכָם [הַיְנוּ הֶחָכָם הָרִאשׁוֹן, שֶׁהוּא חֲבֵרוֹ שֶׁל הַתָּם, כִּי כָּל זֶה- הַכֹּל מִדְּבָרָיו שֶׁל אוֹתוֹ הֶחָכָם הָרִאשׁוֹן חֲבֵרוֹ שֶׁל הַתָּם, שֶׁאַחַר שֶׁהִשְׁתּוֹמֵם וְהִתְמִיהַּ עַצְמוֹ מְאֹד כַּנַּ"ל עָנָה בְּעַצְמוֹ דְּבָרִים אֵלּוּ וְאָמַר לְהֶחָכָם הַשָּׁלִיחַ]: תֵּדַע מַה שֶּׁאֲנִי אוֹמֵר דַּעְתִּי, שֶׁבְּהֶכְרֵחַ הַדָּבָר מוּבָן וּמְבֹרָר, שֶׁאֵין מֶלֶךְ בָּעוֹלָם כְּלָל, וְכָל הָעוֹלָם טוֹעִים בַּשְּׁטוּת הַזֶּה, שֶׁסּוֹבְרִים, שֶׁיֵּשׁ מֶלֶךְ וּרְאֵה וְהָבֵן, אֵיךְ אֶפְשָׁר זֹאת, שֶׁכָּל בְּנֵי-הָעוֹלָם יִמְסְרוּ עַצְמָן לִסְמֹךְ עַל אִישׁ אֶחָד, שֶׁהוּא הַמֶּלֶךְ? בְּוַדַּאי אֵין מֶלֶךְ בָּעוֹלָם כְּלָל הֵשִׁיב הֶחָכָם הַשָּׁלִיחַ הַנַּ"ל: הֲלֹא אֲנִי הֵבֵאתִי לְךָ אִגֶּרֶת מֵהַמֶּלֶךְ! שָׁאַל אוֹתוֹ הֶחָכָם הָרִאשׁוֹן הַנַּ"ל הַאַתָּה בְּעַצְמְךָ קִבַּלְתָּ הָאִגֶּרֶת מִיַּד הַמֶּלֶךְ בְּעַצְמוֹ מַמָּשׁ? הֵשִׁיב לוֹ: לָאו, רַק אִישׁ אַחֵר נָתַן בְּיָדִי הָאִגֶּרֶת בְּשֵׁם הַמֶּלֶךְ עָנָה וְאָמַר: עַתָּה רְאֵה בְּעֵינֶיךָ, שֶׁדְּבָרַי כֵּנִים, כִּי אֵין מֶלֶךְ כְּלָל וְחָזַר וְשָׁאַל אוֹתוֹ: תֹּאמַר לִי; הֲלֹא אַתָּה מִן הָעִיר מְלוּכָה וּמְגֻדָּל שָׁם מִיָּמֶיךָ, הַגִּידָה לִי: הֲרָאִיתָ מִיָּמֶיךָ אֶת הַמֶּלֶךְ? הֵשִׁיב לוֹ: לָאו [כִּי בֶּאֱמֶת כֵּן הַדָּבָר, שֶׁלֹּא כָּל אֶחָד וְאֶחָד זוֹכֶה לִרְאוֹת אֶת הַמֶּלֶךְ, כִּי אֵין הַמֶּלֶךְ מִתְרָאֶה, רַק בְּעִתִּים רְחוֹקוֹת מְאֹד] עָנָה הֶחָכָם הָרִאשׁוֹן וְאָמַר: עַתָּה רְאֵה גַּם רְאֵה, שֶׁדְּבָרַי בְּרוּרִים וּמְבֹרָרִים שֶׁבְּוַדַּאי אֵין מֶלֶךְ כְּלָל, כִּי הֲלֹא אֲפִלּוּ אַתָּה לֹא רָאִיתָ אֶת הַמֶּלֶךְ מֵעוֹלָם שׁוּב שָׁאַל הֶחָכָם הַשָּׁלִיחַ: אִם כֵּן מִי מַנְהִיג הַמְּדִינָה? הֵשִׁיב הֶחָכָם הָרִאשׁוֹן: זֹאת אֲנִי אֲסַפֵּר לְךָ הַבֵּרוּר, כִּי מִמֶּנִּי תִּשְׁאַל, כִּי אֲנִי בָּקִי בָּזֶה, כִּי הָיִיתִי מְשׁוֹטֵט בַּמְּדִינוֹת, וְהָיִיתִי בִּמְדִינַת אִיטַלְיָה, וְכָךְ הַמִּנְהָג-שֶׁיֵּשׁ שִׁבְעִים שָׂרֵי יוֹעֲצִים [שֶׁקּוֹרִין רַאטְהֵיירִין], וְהֵם עוֹלִים וּמַנְהִיגִים הַמְּדִינָה זְמַן מְיֻחָד, וְעִם זֶה הַשְּׂרָרוּת חוֹלְקִין עַצְמָן כָּל בְּנֵי-הַמְּדִינָה בָּזֶה אַחַר זֶה וְהִתְחִילוּ דְּבָרָיו לִכְנֹס בְּאָזְנֵי הֶחָכָם הַשָּׁלִיחַ, עַד שֶׁהִסְכִּימוּ וְגָזְרוּ, שֶׁבְּוַדַּאי אֵין מֶלֶךְ בָּעוֹלָם כְּלָל.

שׁוּב עָנָה הֶחָכָם הָרִאשׁוֹן: הַמְתֵּן עַד הַבֹּקֶר, אֲבָרֵר לְךָ עוֹד בְּבֵרוּר אַחַר בֵּרוּר, שֶׁאֵין מֶלֶךְ בָּעוֹלָם כְּלָל וַיַּשְׁכֵּם הֶחָכָם הָרִאשׁוֹן בַּבֹּקֶר [הֶחָכָם, שֶׁהוּא חֲבֵרוֹ שֶׁל הַתָּם אָנוּ קוֹרְאִים

אוֹתוֹ תָּמִיד בְּשֵׁם הֶחָכָם הָרִאשׁוֹן], וְהֵקִיץ אֶת חֲבֵרוֹ הֶחָכָם הַשְּׁלִישִׁי וְאָמַר לוֹ: בּוֹא עִמִּי אֶל הַחוּץ, וְאַרְאֲךָ הַדָּבָר בְּבֵרוּר, אֵיךְ הָעוֹלָם כֻּלּוֹ בְּטָעוּת, וּבֶאֱמֶת אֵין מֶלֶךְ כְּלָל, וְכֻלָּם בְּטָעוּת גָּדוֹל וְהָלְכוּ בַּשּׁוּק, וְרָאוּ אִישׁ-חַיִל אֶחָד, וְתָפְסוּ אוֹתוֹ וְשָׁאֲלוּ אוֹתוֹ: לְמִי אַתָּה עוֹבֵד? הֵשִׁיב: אֶת הַמֶּלֶךְ [שָׁאֲלוּ אוֹתוֹ:] הֲרָאִיתָ אֶת הַמֶּלֶךְ מִיָּמֶיךָ? לָאו עָנָה וְאָמַר: רְאֵה, הֲיֵשׁ שְׁטוּת כָּזֶה?! שׁוּב הָלְכוּ אֶל אָדוֹן אֶחָד מִן הַחַיִל, וְנִכְנְסוּ עִמּוֹ בִּדְבָרִים, עַד שֶׁשְּׁאָלוּהוּ: לְמִי אַתָּה עוֹבֵד? אֶת הַמֶּלֶךְ הֲרָאִיתָ אֶת הַמֶּלֶךְ? לָאו עָנָה וְאָמַר: עַתָּה רְאֵה בְּעֵינֶיךָ, שֶׁהַדָּבָר מְבֹרָר, שֶׁכֻּלָּם טוֹעִים, וְאֵין מֶלֶךְ כְּלָל בָּעוֹלָם וְנִסְכַּם בֵּינֵיהֶם הַדָּבָר, שֶׁאֵין מֶלֶךְ כְּלָל.

עָנָה הֶחָכָם וְאָמַר עוֹד: בּוֹא וְנִסַּע וְנֵלֵךְ בָּעוֹלָם, וְאַרְאֲךָ עוֹד אֵיךְ כָּל הָעוֹלָם כֻּלּוֹ בְּטָעוּתִים גְּדוֹלִים, וְהָיוּ הוֹלְכִים וְנוֹסְעִים בָּעוֹלָם, וּבְכָל מָקוֹם שֶׁבָּאוּ, מָצְאוּ אֶת הָעוֹלָם בְּטָעוּת וּדְבַר הַמֶּלֶךְ הַנַּ"ל נַעֲשָׂה אֶצְלָם לְמָשָׁל, וּבְכָל מָקוֹם שֶׁמָּצְאוּ הָעוֹלָם בְּטָעוּת, לָקְחוּ אֶת הַמֶּלֶךְ לְמָשָׁל: כְּמוֹ שֶׁזֶּה אֱמֶת, שֶׁיֵּשׁ מֶלֶךְ, כֵּן הַדָּבָר הַזֶּה וְהָיוּ הוֹלְכִים וְנוֹסְעִים עַד שֶׁכָּלָה מַה שֶּׁבְּיָדָם, וְהִתְחִילוּ לִמְכֹּר סוּס אֶחָד וְאַחַר-כָּךְ הַשֵּׁנִי, עַד שֶׁמָּכְרוּ כֻּלָּם, עַד שֶׁהֻכְרְחוּ לֵילֵךְ רַגְלִי, וְתָמִיד הָיוּ חוֹקְרִים הָעוֹלָם, וּמָצְאוּ שֶׁהָעוֹלָם בְּטָעוּת וְנַעֲשׂוּ עֲנִיִּים הוֹלְכֵי רַגְלִי, וְנִסְתַּלֵּק חֲשִׁיבוּתָם, וְלֹא הָיוּ נֶחֱשָׁבִים כְּלָל, כִּי לֹא הָיוּ מַשְׁגִּיחִים עֲלֵיהֶם כְּלָל, עַל אֶבְיוֹנִים כְּמוֹתָם.

וְנִתְגַּלְגֵּל הַדָּבָר, וְהָיוּ הוֹלְכִים וְסוֹבְבִים, עַד שֶׁבָּאוּ אֶל הָעִיר, שֶׁדָּר בָּהּ הַמִּינִיסְטֶר הַנַּ"ל [שֶׁהוּא הַתָּם, חֲבֵרוֹ שֶׁל הֶחָכָם הַנַּ"ל], וְשָׁם, בְּאוֹתָהּ הָעִיר, הָיָה בַּעַל-שֵׁם אֲמִתִּי, וְהָיָה חָשׁוּב מְאֹד, כִּי עָשָׂה דְּבָרִים נִפְלָאִים, וַאֲפִלּוּ בֵּין הַשָּׂרִים הָיָה חָשׁוּב וּמְפֻרְסָם, וְאֵלּוּ הַחֲכָמִים בָּאוּ לְאוֹתָהּ הָעִיר, וְהָלְכוּ וְסָבְבוּ וּבָאוּ לִפְנֵי בֵּית הַבַּעַל-שֵׁם, וְרָאוּ, שֶׁהָיוּ עוֹמְדִים שָׁם כַּמָּה עֲגָלוֹת-אַרְבָּעִים וַחֲמִשִּׁים-עִם חוֹלִים וְסָבַר הֶחָכָם, שֶׁשָּׁם דָּר דָּאקְטִיר, וְהָיָה רוֹצֶה לִכָּנֵס לְבֵיתוֹ מֵחֲמַת שֶׁגַּם הוּא הָיָה דָּאקְטִיר גָּדוֹל, וְרָצָה לִכָּנֵס לַעֲשׂוֹת הֶכֵּרוּת עִמּוֹ וְשָׁאַל מִי דָּר בְּכָאן? הֵשִׁיבוּ: בַּעַל-שֵׁם וַיִּמָּלֵא פִּיו שְׂחוֹק, וְאָמַר

לַחֲבֵרוֹ: זֶה הוּא שֶׁקֶר וְטָעוּת נִפְלָא מְאֹד, וְזֶה הוּא שְׁטוּת יוֹתֵר מִטָּעוּת שֶׁל הַמֶּלֶךְ חֲבֵרִי! אֲסַפֵּר לְךָ הַשֶּׁקֶר הַזֶּה כַּמָּה וְכַמָּה הָעוֹלָם בְּטָעוּת בְּשֶׁקֶר כָּזֶה בְּתוֹךְ כָּךְ הָיוּ רְעֵבִים, וּמָצְאוּ עֲדַיִן אֶצְלָם שְׁלֹשָׁה-אַרְבָּעָה גְּדוֹלִים [סוג מטבע].

וְהָלְכוּ אֶל בֵּית-הַתַּבְשִׁיל, [שֶׁקּוֹרִין גָּאר-קֶעךְ], וְשָׁם מוֹצְאִים לֶאֱכֹל אֲפִלּוּ בְּעַד שְׁלֹשָׁה אוֹ אַרְבָּעָה גְּדוֹלִים וְצִוּוּ לִתֵּן לָהֶם מַאֲכָל, וְנָתְנוּ לָהֶם בְּתוֹךְ שֶׁהָיוּ אוֹכְלִים, הָיוּ מְסַפְּרִים וּמִתְלוֹצְצִים מֵהַשֶּׁקֶר וְטָעוּת שֶׁל דְּבַר הַבַּעַל- שֵׁם וְהַבַּעַל הַגָּאר-קֶעךְ שָׁמַע דִּבְרֵיהֶם, וְחָרָה לוֹ מְאֹד, כִּי הַבַּעַל-שֵׁם הָיָה חָשׁוּב שָׁם מְאֹד וַיֹּאמֶר לָהֶם: אִכְלוּ לָכֶם מַה שֶּׁיֵּשׁ לִפְנֵיכֶם וּצְאוּ מִכָּאן אַחַר-כָּךְ בָּא לְשָׁם בֶּן הַבַּעַל-שֵׁם, וְהֵם עֲדַיִן הָיוּ מִתְלוֹצְצִים מִן הַבַּעַל-שֵׁם בִּפְנֵי בְּנוֹ וְגָעַר בָּהֶם הַבַּעַל גָּאר-קֶעךְ עַל שֶׁהֵם מִתְלוֹצְצִים מִן הַבַּעַל-שֵׁם בִּפְנֵי בְּנוֹ, עַד שֶׁהִכָּה אוֹתָם הַכֵּה וּפָצוֹעַ וּדְחָפָם מִבֵּיתוֹ וְחָרָה לָהֶם מְאֹד, וְרָצוּ לְבַקֵּשׁ מִשְׁפָּט עַל הַמַּכֶּה אוֹתָם וְנִתְיַשְּׁבוּ לֵילֵךְ אֶל הַבַּעַל הַבַּיִת שֶׁלָּהֶם, שֶׁהִנִּיחוּ שָׁם הַחֲבִילוֹת שֶׁלָּהֶם, לְהִתְיַעֵץ עִמּוֹ אֵיךְ לְהַשִּׂיג מִשְׁפָּט עַל הַנַּ"ל וּבָאוּ וְסִפְּרוּ לוֹ, שֶׁבַּעַל הַגָּאר-קֶעךְ הִכָּה אוֹתָם מְאֹד וְשָׁאַל לָהֶם: לָמָּה? וְסִפְּרוּ לוֹ, שֶׁדִּבְּרוּ עַל הַבַּעַל- שֵׁם הֵשִׁיב לָהֶם: בְּוַדַּאי אֵינוֹ יָשָׁר לְהַכּוֹת בְּנֵי- אָדָם, אֲבָל אַתֶּם לֹא עֲשִׂיתֶם נְכוֹנָה כְּלָל, שֶׁדִּבַּרְתֶּם עַל הַבַּעַל- שֵׁם, כִּי הַבַּעַל-שֵׁם חָשׁוּב כָּאן מְאֹד וְרָאוּ, שֶׁאֵין בּוֹ מַמָּשׁ, וְגַם הוּא בְּטָעוּת, וְהָלְכוּ מִמֶּנּוּ אֶל הַפָּקִיד [וְהַפָּקִיד הָיָה עַכּוּ"ם] וְסִפְּרוּ לוֹ הַמַּעֲשֶׂה, שֶׁהִכּוּ אוֹתָם שָׁאַל: עַל מָה? הֵשִׁיבוּ, שֶׁדִּבְּרוּ עַל הַבַּעַל- שֵׁם, וְהִכָּה אוֹתָם הַפָּקִיד הַכֵּה וּפָצוֹעַ וּדְחָפָם מִבֵּיתוֹ.

וְהָלְכוּ מִזֶּה לָזֶה; מִמּוֹשֵׁל לְמוֹשֵׁל גָּבֹהַּ מִמֶּנּוּ, עַד שֶׁבָּאוּ לִפְנֵי הַמִּינִיסְטֶר הַנַּ"ל וְשָׁם, לִפְנֵי בֵּית הַמִּינִיסְטֶר, עוֹמְדִים אַנְשֵׁי-חַיִל, [דְּהַיְנוּ וַואכְן], וְהוֹדִיעוּ לְהַמִּינִיסְטֶר, שֶׁאִישׁ אֶחָד צָרִיךְ אֵלָיו, וְצִוָּה שֶׁיִּכָּנֵס וּבָא אוֹתוֹ הֶחָכָם לִפְנֵי הַמִּינִסְטֶר, וְתֵכֶף בְּבוֹאוֹ הִכִּירוֹ הַמִּינִסְטֶר שֶׁזֶּהוּ הֶחָכָם חֲבֵרוֹ כַּנַּ"ל, וְהֶחָכָם לֹא הִכִּירוֹ מֵחֲמַת שֶׁהָיָה בִּגְדֻלָּה כָּזוֹ וְתֵכֶף הִתְחִיל הַמִּינִיסְטֶר וְדִבֵּר אֵלָיו: רְאֵה תְּמִימוּתִי לָמָּה שֶׁהֵבִיא אוֹתִי, לִגְדֻלָּה כָּזוֹ,

וְאֶל מָה חָכְמָתְךָ הֵבִיאָה אוֹתְךָ?.

עָנָה הֶחָכָם וְאָמַר: מֵאַחַר שֶׁאַתָּה הוּא חֲבֵרִי הַתָּם, מִזֶּה נְסַפֵּר אַחַר-כָּךְ; לְעֵת עַתָּה תֵּן לִי מִשְׁפָּט עַל שֶׁהִכּוּ אוֹתִי, שְׁאָלוֹ: לָמָּה? הֱשִׁיבוֹ: בִּשְׁבִיל שֶׁדִּבַּרְתִּי עַל הַבַּעַל-שֵׁם, שֶׁהוּא שֶׁקֶר וּמִרְמָה גְּדוֹלָה עָנָה הַתָּם הַמִּינִיסְטֶר וְאָמַר: עֲדַיִן אַתָּה אוֹחֵז בַּחָכְמוֹת שֶׁלְּךָ? רְאֵה: אַתָּה אָמַרְתָּ שֶׁאַתָּה יָכוֹל לָבוֹא עַל שֶׁלִּי בְּקַל, וַאֲנִי לֹא אוּכַל לָבוֹא עַל שֶׁלְּךָ; רְאֵה, שֶׁאֲנִי כְּבָר בָּאתִי עַל שֶׁלְּךָ כַּנַּ"ל, וְאַתָּה עֲדַיִן לֹא בָאתָ עַל שֶׁלִּי, וַאֲנִי רוֹאֶה, שֶׁזֶּה קָשֶׁה יוֹתֵר, שֶׁאַתָּה תָּבוֹא עַל תְּמִימוּת שֶׁלִּי וְאַף-עַל-פִּי-כֵן, מֵחֲמַת שֶׁהָיָה מַכִּיר בּוֹ מִכְּבָר בִּגְדֻלָּתוֹ, צִוָּה לָתֵת לוֹ בְּגָדִים לְהַלְבִּישׁוֹ, וּבִקְּשׁוֹ שֶׁיֹּאכַל עִמּוֹ.

בִּשְׁעַת אֲכִילָתָם הִתְחִילוּ לְדַבֵּר יַחַד הִתְחִיל הֶחָכָם לְהוֹכִיחַ לוֹ דַּעְתּוֹ הַנַּ"ל, שֶׁאֵין מֶלֶךְ כְּלָל גָּעַר בּוֹ הַתָּם הַמִּינִיסְטֶר: הֲלֹא אֲנִי בְּעַצְמִי רָאִיתִי אֶת הַמֶּלֶךְ! הֵשִׁיב לוֹ הֶחָכָם בִּשְׂחוֹק: אַתָּה יוֹדֵעַ בְּעַצְמְךָ, שֶׁזֶּה הָיָה הַמֶּלֶךְ? אַתָּה מַכִּיר אוֹתוֹ וְאֶת אָבִיו וְאֶת זְקֵנוֹ שֶׁהָיוּ מְלָכִים? מֵאַיִן אַתָּה יוֹדֵעַ שֶׁזֶּה מֶלֶךְ? אֲנָשִׁים הִגִּידוּ לְךָ שֶׁזֶּה מֶלֶךְ, וְרִמּוּ אוֹתְךָ בְּשֶׁקֶר וְחָרָה לְהַתָּם מְאֹד מְאֹד עַל דְּבַר הַמֶּלֶךְ עַל שֶׁהוּא כּוֹפֵר בַּמֶּלֶךְ.

בְּתוֹךְ כָּךְ בָּא אֶחָד וְאָמַר: הָעֲזָאזֵל, [דְּהַיְנוּ הַטַּיְיווֹל] שָׁלַח אַחֲרֵיכֶם וְנִזְדַּעְזַע הַתָּם מְאֹד מְאֹד, וְרָץ וְסִפֵּר לְאִשְׁתּוֹ בְּפַחַד גָּדוֹל בַּאֲשֶׁר שֶׁהַנַּ"ל שָׁלַח אַחֲרָיו וְיָעֲצָה לוֹ אִשְׁתּוֹ לִשְׁלֹחַ עֲבוּר הַבַּעַל-שֵׁם וְשָׁלַח אַחֲרָיו וּבָא הַבַּעַל-שֵׁם וְנָתַן לוֹ קְמִיעוֹת וּשְׁמִירוֹת וְאָמַר לוֹ, שֶׁעַתָּה לֹא יִפְחַד כְּלָל, וְהָיָה לוֹ אֱמוּנָה גְּדוֹלָה בָּזֶה וְהָיוּ יוֹשְׁבִים עוֹד הֶחָכָם וְהַתָּם הַנַּ"ל, וְשָׁאַל הֶחָכָם אוֹתוֹ: עַל מָה נִפְחַדְתָּ כָּל- כָּךְ? אָמַר לוֹ: בִּשְׁבִיל הַנַּ"ל, שֶׁשָּׁלַח אַחֲרֵינוּ שָׂחַק מִמֶּנּוּ: אַתָּה מַאֲמִין, שֶׁיֵּשׁ טַיְיווֹל? הֵשִׁיב לוֹ: וְאִם-כֵּן מִי הוּא זֶה שֶׁשָּׁלַח אַחֲרֵינוּ? עָנָה הֶחָכָם וְאָמַר: בְּוַדַּאי זֶהוּ אָחִי, שֶׁרָצָה שֶׁיִּתְרָאֶה עִמִּי, וְשָׁלַח אַחֲרַי בְּמִרְמָה זוֹ שָׁאַל אוֹתוֹ הַתָּם: אִם-כֵּן אֵיךְ עָבַר עַל כָּל הַוּוארְטֶשׁ [השומרים]? הֱשִׁיבוֹ: בְּוַדַּאי שִׁחֵד אוֹתָם, וְהֵם אוֹמְרִים בְּמִרְמָה וָשֶׁקֶר, שֶׁלֹּא רָאוּ אוֹתוֹ כְּלָל בְּתוֹךְ כָּךְ חָזַר וּבָא אֶחָד וְאָמַר כַּנַּ"ל, שֶׁהַטַּיְיווֹל שָׁלַח אַחֲרֵיהֶם וְהַתָּם לֹא

נִזְדַּעְזַע עַתָּה, וְלֹא הָיָה לוֹ שׁוּם פַּחַד כְּלָל מֵחֲמַת הַשְּׁמִירָה שֶׁל הַבַּעַל-שֵׁם כַּנַּ"ל עָנָה וְאָמַר לְהֶחָכָם, עַתָּה מָה אַתָּה אוֹמֵר? אָמַר: אוֹדִיעַ לְךָ, שֶׁיֵּשׁ לִי אָח, שֶׁהוּא עִמִּי בְּכַעַס, וְעָשָׂה מִרְמָה זוֹ כְּדֵי לְהַפְחִיד אוֹתִי וְעָמַד וְשָׁאַל לְאוֹתוֹ שֶׁבָּא בִּשְׁבִילָם: וּמַה הוּא דְּמוּתוֹ שֶׁל זֶה שֶׁשָּׁלַח אַחֲרֵינוּ? אֵיזֶה פָּנִים יֵשׁ לוֹ וְאֵיזֶה מַרְאֶה יֵשׁ לַשְּׂעָרוֹת שֶׁלּוֹ וְכוּ' וְכַיּוֹצֵא הֵשִׁיב לוֹ: כָּךְ וְכָךְ עָנָה הֶחָכָם וְאָמַר: רְאֵה, זֶה הוּא מַרְאֵה אָחִי הַנַּ"ל אָמַר לוֹ הַתָּם: הֲתֵלֵךְ עִמָּם? הֵשִׁיב: הֵן, רַק שֶׁתִּתֵּן עִמִּי אֵיזֶה אַנְשֵׁי-חַיִל, [שֶׁיִּהְיוּ זַלַאגָא] [שומרים מלווים] כְּדֵי שֶׁלֹּא יְצַעֲרוּ אוֹתִי וְנָתַן לוֹ זַלַאגָא וְהָלְכוּ הַשְּׁנֵי חֲכָמִים הַנַּ"ל עִם אוֹתוֹ הָאִישׁ שֶׁבָּא בִּשְׁבִילָם, וְחָזְרוּ הַחַיִל וְשָׁאַל אוֹתָם הַתָּם הַמִּינִיסְטֶר: הֵיכָן הֵם הַחֲכָמִים הַנַּ"ל? הֵשִׁיבוּ, אֵינָם יוֹדְעִים כְּלָל אֵיךְ נֶעֶלְמוּ וְהַנַּ"ל [הַיְנוּ הַטַּיְיוֹל] חָטַף אוֹתָם, אֶת הַחֲכָמִים הָאֵלּוּ הַנַּ"ל, וְהֵבִיא אוֹתָם אֶל רֶפֶשׁ וָטִיט, וְשָׁם הָיָה יוֹשֵׁב הַטַּיְיוֹל עַל כִּסֵּא בְּתוֹךְ הָרֶפֶשׁ, וְהִשְׁלִיכוּ אֶת הַחֲכָמִים הַנַּ"ל בְּתוֹךְ הָרֶפֶשׁ וְהָרֶפֶשׁ הָיָה עָב וְדָבוּק כְּמוֹ דֶּבֶק מַמָּשׁ, [שֶׁקּוֹרִין קְלֵיי], וְלֹא הָיוּ יְכוֹלִים לָזוּז עַצְמָן כְּלָל בְּתוֹךְ הָרֶפֶשׁ, וְצָעֲקוּ [אֵלּוּ הַחֲכָמִים לְאֵלּוּ שֶׁהָיוּ מְיַסְּרִים אוֹתָם, דְּהַיְנוּ הַטַּיְיוֹל וַאֲנָשָׁיו]: רְשָׁעִים! עַל מָה אַתֶּם מְיַסְּרִים אוֹתָנוּ? וְכִי יֵשׁ טַיְיוֹיל בָּעוֹלָם? אַתֶּם, רְשָׁעִים, מְיַסְּרִים אוֹתָנוּ בְּחִנָּם [כִּי אֵלּוּ הַחֲכָמִים הַנַּ"ל עֲדַיִן לֹא הֶאֱמִינוּ, שֶׁיֵּשׁ טַיְיוֹיל, רַק אָמְרוּ שֶׁאֲנָשִׁים רְשָׁעִים מְיַסְּרִים אוֹתָם בְּחִנָּם] וְהָיוּ מֻנָּחִים אֵלּוּ הַשְּׁנֵי חֲכָמִים בְּתוֹךְ עֳבִי הָרֶפֶשׁ, וְהָיוּ חוֹקְרִים מַה זֹּאת: אֵין זֹאת, רַק שֶׁאֲנָשִׁים פּוֹחֲזִים, שֶׁהָיִינוּ מִתְקוֹטְטִים עִמָּהֶם אֵיזֶה פַּעַם, וְעַתָּה הֵם מְיַסְּרִים אוֹתָנוּ כָּל-כָּךְ וְהָיוּ מִתְיַסְּרִים שָׁם בְּעִנּוּיִים גְּדוֹלִים כַּמָּה שָׁנִים.

פַּעַם אַחַת עָבַר הַתָּם הַמִּינִיסְטֶר הַנַּ"ל לִפְנֵי בֵּית הַבַּעַל-שֵׁם, וְנִזְכַּר בַּחֲבֵרוֹ הֶחָכָם, וְנִכְנַס אֶל הַבַּעַל-שֵׁם, וְהִטָּה עַצְמוֹ אֵלָיו כְּדֶרֶךְ הַשָּׂרִים, וְשָׁאַל אוֹתוֹ אִם אֶפְשָׁר שֶׁיַּרְאֶה אוֹתוֹ [הַיְנוּ אֶת הֶחָכָם הַנַּ"ל] וְאִם יוּכַל לְהוֹצִיאוֹ מִשָּׁם וְאָמַר אֶל הַבַּעַל-שֵׁם: הַאַתֶּם זוֹכְרִים אֶת הֶחָכָם, שֶׁשָּׁלַח הַטַּיְיוֹל וּנְשָׂאוֹ, וּמֵאוֹתוֹ הַיּוֹם לֹא רְאִיתִיו? הֱשִׁיבוֹ: הֵן וּבִקֵּשׁ מִמֶּנּוּ, שֶׁיַּרְאֶה

לוֹ מְקוֹמוֹ וְיוֹצִיאוֹ מִשָּׁם וְאָמַר לוֹ הַבַּעַל-שֵׁם: בְּוַדַּאי אֲנִי יָכוֹל לְהַרְאוֹת לְךָ מְקוֹמוֹ וּלְהוֹצִיאוֹ, רַק שֶׁלֹּא יֵלְכוּ כִּי אִם אֲנִי וְאַתָּה וְהָלְכוּ יַחַד וְעָשָׂה הַבַּעַל-שֵׁם מַה שֶּׁיָּדַע, וּבָאוּ לְשָׁם, וְרָאָה, שֶׁהֵם מֻנָּחִים בְּעָבֵי טִיט וָרֶפֶשׁ וּכְשֶׁרָאָה הֶחָכָם אֶת הַמִּינִיסְטֶר, צָעַק אֵלָיו: אָחִי! רְאֵה, שֶׁהֵם מַכִּים וּמְעַנִּים אוֹתִי כָּל-כָּךְ הָרְשָׁעִים הַלָּלוּ בְּחִנָּם גָּעַר בּוֹ הַמִּינִיסְטֶר: עֲדַיִן אַתָּה אוֹחֵז בַּחָכְמוֹת שֶׁלְּךָ וְאֵין אַתָּה מַאֲמִין בְּשׁוּם דָּבָר, וְלִדְבָרֶיךָ אֵלּוּ הֵם אֲנָשִׁים? עַתָּה רְאֵה; הֲלֹא זֶה הוּא הַבַּעַל-שֵׁם, שֶׁהָיִיתָ כּוֹפֵר בּוֹ, וְהוּא דַּיְקָא יָכוֹל לְהוֹצִיאֲכֶם [וְהוּא יַרְאֶה לָכֶם הָאֱמֶת] וּבִקֵּשׁ הַתָּם הַמִּינִיסְטֶר הַנַּ"ל מִן הַבַּעַל-שֵׁם, שֶׁיּוֹצִיאֵם וְיַרְאֶה לָהֶם, שֶׁזֶּהוּ טִיּוּל וְאֵינָם אֲנָשִׁים, וְעָשָׂה הַבַּעַל-שֵׁם מַה שֶּׁעָשָׂה-וְנִשְׁאֲרוּ עוֹמְדִים עַל הַיַּבָּשָׁה, וְלֹא הָיָה שָׁם רֶפֶשׁ כְּלָל, וְאֵלּוּ הַמַּזִּיקִים הַנַּ"ל נַעֲשׂוּ עַפְרָא בְּעָלְמָא אָז רָאָה הֶחָכָם הַנַּ"ל וְהֻכְרַח בְּעַל כָּרְחוֹ לְהוֹדוֹת עַל הַכֹּל שֶׁיֵּשׁ מֶלֶךְ וְכוּ'.

עַל זֶה הַמַּעֲשֶׂה נֶאֶמְרָה הַתּוֹרָה [עַיֵּן לִקּוּטֵי מוֹהֲרַ"ן, חֵלֶק ב', סִימָן י"ט] הַמְדַבֶּרֶת מֵחָכְמוֹת וּתְמִימוּת, שֶׁעִקַּר הַשְּׁלֵמוּת הוּא רַק תְּמִימוּת וּפְשִׁיטוּת, וְעִנְיַן עֲמָלֵק, שֶׁהָיָה חָכָם וְכָפַר בָּעִקָּר וְכוּ' עַיֵּן שָׁם עַל פָּסוּק [מִשְׁלֵי כ"ד]: שֶׁבַע" יִפּוֹל" צַדִּיק" וָקָם" סוֹפֵי תֵּבוֹת עֲמָלֵ"ק כִּי עִקַּר כָּל הַנְּפִילוֹת הֵם עַל-יְדֵי חָכְמוֹת וְכוּ', עַיֵּן שָׁם גַּם אֲגַג מִזֶּרַע עֲמָלֵק אַף-עַל-פִּי שֶׁרָאָה מַפַּלְתּוֹ בְּשָׁעָה שֶׁבָּא שְׁמוּאֵל אֵצֶל שָׁאוּל לְהָרְגוֹ, עֲדַיִן לֹא הָיָה מַאֲמִין כְּמוֹ שֶׁנֶּאֱמַר [שְׁמוּאֵל-א ט"ו]: וַיֵּלֶךְ אֲגַג מַעֲדַנּוֹת וְתַרְגֵּם יוֹנָתָן: מְפַנְקָא, כִּי עֲדַיִן לֹא הֶאֱמִין בְּמַפַּלְתּוֹ, עַד שֶׁרָאָה בְּעֵינָיו סוֹף מַפַּלְתּוֹ, אָז: וַיֹּאמֶר: אָכֵן סָר מַר הַמָּוֶת, כִּי עַד עַתָּה לֹא הֶאֱמִין [שִׂים עֵינֶיךָ עַל הַמַּעֲשֶׂה, וְתָבִין פִּלְאֵי פְּלָאוֹת]: וְאִם הַתְּפִלָּה אֵינָהּ כָּרָאוּי, הוּא מְנֻעָל בִּשְׁלֹשָׁה קְצָווֹת, וְהָבֵן וְעַיֵּן עוֹד בְּסוֹף הַסֵּפֶר בְּפֵרוּשׁ הָרַב וְתִרְאֶה דְּרוּשִׁים נִפְלָאִים.

מעשה י' מבערגיר [סוחר גדול] ועני

מַעֲשֶׂה, פַּעַם אַחַת הָיָה בֶּערְגִיר [סוחר גדול] וְהָיָה עָשִׁיר מֻפְלָג מְאֹד, וְהָיָה לוֹ סְחוֹרוֹת רַבּוֹת מְאֹד וְכַיּוֹצֵא וְהָיוּ הַוֶועקְסְלֶען [שטרות] וְהַבְּרִיב [מכתבים] שֶׁלּוֹ הוֹלְכִין עַל הָעוֹלָם, וְהָיָה לוֹ כָּל טוּב וּלְמַטָּה מִמֶּנּוּ הָיָה דָּר עָנִי אֶחָד, שֶׁהָיָה עָנִי גָּדוֹל מְאֹד, וְהָיָה לוֹ כָּל הַהֵפֶךְ מִן הַבֶּערְגִיר הֶעָשִׁיר וּשְׁנֵיהֶם הָיוּ חֲשׂוּכֵי-בָנִים: לָזֶה לֹא הָיָה בָּנִים וְכֵן לָזֶה פַּעַם אֶחָד חָלַם לְהַבֶּערְגִיר, שֶׁבָּאוּ אֲנָשִׁים וְעָשׂוּ חֲבִילוֹת חֲבִילוֹת, [דְּהַיְנוּ פַּאקִין] וְשָׁאַל אוֹתָם: מָה אַתֶּם עוֹשִׂים? וְהֵשִׁיבוּ: לָשֵׂאת הַכֹּל אֶל הֶעָנִי הַנַּ"ל וְחָרָה לוֹ מְאֹד מְאֹד עַל שֶׁהֵם רוֹצִים לָשֵׂאת כָּל הוֹנוֹ מִבֵּיתוֹ אֶל הֶעָנִי, וְלִכְעֹס עֲלֵיהֶם אִי-אֶפְשָׁר, שֶׁהֵם אֲנָשִׁים רַבִּים וְהֵם עָשׂוּ חֲבִילוֹת חֲבִילוֹת מִכָּל אֲשֶׁר הָיוּ לוֹ מִכָּל סְחוֹרוֹתָיו וְהוֹנוֹ וּרְכוּשׁוֹ, וְנָשְׂאוּ הַכֹּל כַּאֲשֶׁר לַכֹּל אֶל בֵּית הֶעָנִי הַנַּ"ל, וְלֹא הִשְׁאִירוּ כְּלוּם בְּבֵיתוֹ כִּי אִם דָּפְנוֹת הַבַּיִת רֵיקָם וְחָרָה לוֹ מְאֹד מְאֹד, וְהֵקִיץ וַיַּרְא וְהִנֵּה חֲלוֹם וְאַף שֶׁרָאָה שֶׁהוּא חֲלוֹם, וּבָרוּךְ הַשֵּׁם, הַכֹּל אֶצְלוֹ, אַף-עַל-פִּי-כֵן הָיָה לִבּוֹ נוֹקְפוֹ מְאֹד וְחָרָה לוֹ הַדָּבָר מְאֹד מְאֹד עַל דְּבַר הַחֲלוֹם, וְלֹא הָיָה יָכוֹל לָצֵאת מִדַּעְתּוֹ דְּבַר הַחֲלוֹם הַנַּ"ל.

וְהֶעָנִי הַנַּ"ל עִם זוּגָתוֹ הָיָה רָגִיל גַּם מִקֹּדֶם לְהַשְׁגִּיחַ עֲלֵיהֶם וְלָתֵת לָהֶם מִסַּת-יָדוֹ, וְעַכְשָׁו, אַחַר הַחֲלוֹם, נָתַן עֲלֵיהֶם הַשְׁגָּחָה יוֹתֵר מִקֹּדֶם, אַךְ בְּכָל עֵת שֶׁהָיוּ בָּאִים לְבֵיתוֹ, הֶעָנִי אוֹ אִשְׁתּוֹ, הָיוּ מִשְׁתַּנִּים פָּנָיו, וְנִבְהַל מִפְּנֵיהֶם מֵחֲמַת הַחֲלוֹם שֶׁזָּכַר וְהֵם הֶעָנִי עִם אִשְׁתּוֹ, הָיוּ רְגִילִים לִפְרָקִים אֶצְלוֹ, וְהָיוּ אֶצְלוֹ נִכְנָסִים וְיוֹצְאִים.

פַּעַת אַחַת בָּאתָה אֶצְלוֹ אֵשֶׁת הֶעָנִי הַנַּ"ל, וְנָתַן לָהּ מַה שֶּׁנָּתַן וְנִשְׁתַּנָּה צוּרָתוֹ וְנִבְהַל וְנִשְׁתּוֹמֵם מְאֹד שֶׁאָלָה אוֹתוֹ הָעֲנִיָּה הַנַּ"ל: אֲבַקֵּשׁ מְחִילָה מִכְּבוֹדְכֶם תַּגִּידוּ לִי מַה זֹּאת, שֶׁבְּכָל עֵת אֲשֶׁר אָנוּ בָּאִים אֶצְלְכֶם, מִשְׁתַּנִּים פְּנֵיכֶם מְאֹד? סִפֵּר לָהּ כָּל אוֹתוֹ הָעִנְיָן, שֶׁחָלַם לוֹ כַּנַּ"ל, וּמֵאוֹתוֹ הַיּוֹם לִבּוֹ נוֹקְפוֹ

מְאֹד וְכוּ' כַּנַּ"ל, הֵשִׁיבָה לוֹ: הַאִם הָיָה הַחֲלוֹם בְּאוֹתוֹ הַלַּיְלָה פְּלוֹנִית שֶׁאָמְרָה לוֹ? הֵשִׁיב לָהּ: הֵן, וּמַה בָּזֶה? הֵשִׁיבָה לוֹ: בְּאוֹתוֹ הַלַּיְלָה חָלַם לִי גַּם-כֵּן שֶׁאֲנִי עֲשִׁירָה גְּדוֹלָה, וּבָאוּ אֲנָשִׁים לְתוֹךְ בֵּיתִי וְעָשׂוּ פַּאקִין פַּאקִין וּשְׁאַלְתִּים: לְהֵיכָן אַתֶּם נוֹשְׂאִים? הֵשִׁיבוּ: אֶל אוֹתוֹ הֶעָנִי, הַיְנוּ לְהַבֶּערְגֶּיר הַנַּ"ל, שֶׁקְּרָאוּהוּ עַכְשָׁו עָנִי עַל-כֵּן מָה אַתָּה מַשְׁגִּיחַ עַל חֲלוֹם, הֲלֹא אַף אֲנִי בַּחֲלוֹמִי? וְהוּא נִבְהַל וְנִשְׁתּוֹמֵם עַכְשָׁו יוֹתֵר וְיוֹתֵר עַל שֶׁשָּׁמַע עוֹד אֶת חֲלוֹמָהּ, שֶׁהַדָּבָר נִרְאֶה, שֶׁיִּשְּׂאוּ עֲשִׁירוּתוֹ וּרְכוּשׁוֹ אֵצֶל הֶעָנִי, וְדַלּוּת שֶׁל הֶעָנִי יִשְּׂאוּ אֶצְלוֹ, וְנִבְהַל מְאֹד מְאֹד.

וַיְהִי הַיּוֹם, וְנָסְעָה אֵשֶׁת הַבֶּערְגֶּיר עִם עֶגְלוֹת- צָב לְטַיֵּל, וְלָקְחָה עִמָּהּ רֵעוֹתֶיהָ, וְלָקְחָה גַּם אֵשֶׁת הֶעָנִי עִמָּהּ, וְנָסְעוּ עַל הַטִּיּוּל וְהִנֵּה עָבַר אִישׁ חַיִל, אָדוֹן [שֶׁקּוֹרִין יֶעדְנִירַאל] [קָצִין צבא גבוה], עִם הַחַיִל שֶׁלּוֹ, וּפָנוּ אֶל הַצַּד מִן הַדֶּרֶךְ בִּשְׁבִילוֹ וְעָבַר הַחַיִל, וַיַּרְא שֶׁנּוֹסְעִים נָשִׁים, וְצִוָּה שֶׁיּוֹצִיאוּ אַחַת מִן הַנָּשִׁים שֶׁנָּסְעוּ לְטַיֵּל, וְהָלְכוּ וְהוֹצִיאוּ אֶת אֵשֶׁת הֶעָנִי, וְחָטְפוּ אוֹתָהּ בְּתוֹךְ הָעֶגְלַת-צָב שֶׁל הַיֶּעדְנִירַאל וְנָסְעוּ עִמָּהּ, וּבְוַדַּאי אִי אֶפְשָׁר לַהֲשִׁיבָהּ, כִּי נָסַע לְהַלָּן בִּפְרָט אִישׁ חַיִל, יֶעדְנִירַאל עִם חֵילוֹתָיו וּלְקָחָהּ וְנָסַע עִמָּהּ לַמְּדִינָה שֶׁלּוֹ, וְהִיא הָיְתָה יִרְאַת שָׁמַיִם, וְלֹא רָצְתָה לִשְׁמֹעַ לוֹ כְּלָל, וְהָיְתָה בּוֹכָה מְאֹד, וְהָיוּ מְבַקְשִׁים וּמְפַתִּים אוֹתָהּ, וְהִיא הָיְתָה יִרְאַת שָׁמַיִם בְּיוֹתֵר וְהֵם שָׁבוּ לְבֵיתָם מִן הַטִּיּוּל, וְהִנֵּה נִלְקְחָה הָעֲנִיָּה הַנַּ"ל וְהָיָה הֶעָנִי מִתְאַבֵּל וּבוֹכֶה וּמִתְמַרְמֵר מְאֹד מְאֹד עַל אִשְׁתּוֹ תָּמִיד פַּעַם אַחַת עָבַר הַבֶּערְגֶּיר אֵצֶל בֵּית הֶעָנִי שָׁמַע שֶׁהוּא בּוֹכֶה וּמִתְמַרְמֵר מְאֹד.

מְאֹד נִכְנַס וּשְׁאָלוֹ: מָה אַתָּה מִתְמַרְמֵר וּבוֹכֶה כָּל-כָּךְ? הֱשִׁיבוֹ: וְכִי לֹא אֶבְכֶּה? וּמַה נִּשְׁאַר לִי? יֵשׁ שֶׁנִּשְׁאָר לָהֶם הָעֲשִׁירוּת אוֹ בָּנִים אֲנִי אֵין לִי כְּלוּם, וְגַם אִשְׁתִּי נִלְקְחָה מִמֶּנִּי, וּמַה נִּשְׁאַר לִי? וְנִכְמַר לִבּוֹ שֶׁל הַבֶּערְגֶּיר עַל הֶעָנִי הַנַּ"ל, וְנִתְעוֹרְרוּ רַחֲמָיו עָלָיו מְאֹד מְאֹד מִגֹּדֶל הַמְּרִירוּת שֶׁרָאָה בּוֹ, וְהָלַךְ וְעָשָׂה דָּבָר מְבֹהָל, וּבֶאֱמֶת הָיָה שִׁגָּעוֹן, וְהָלַךְ וְשָׁאַל בְּאֵיזֶה מְדִינָה דָּר הַיֶּעדְנִירַאל הַנַּ"ל וְהָלַךְ וְנָסַע

לְשָׁם, וְעָשָׂה דָּבָר מְבֹהָל מְאֹד וְהָלַךְ לְבֵית הַיֶּעדְנִירַאל, וְשָׁם עוֹמְדִים [וַואכִין] [משמרות], וְהוּא, מִגֹּדֶל הַבֶּהָלָה שֶׁלּוֹ מְאֹד מְאֹד נִשְׁתּוֹמֵם, וְהָלַךְ בְּבֶהָלָה גְּדוֹלָה, וְלֹא הִשְׁגִּיחַ כְּלָל עַל הַוַּואכִין, וְגַם הַוַּואכִין נִבְהֲלוּ וְנִשְׁתּוֹמְמוּ מְאֹד מֵחֲמַת שֶׁרָאוּ פִּתְאֹם בֶּן-אָדָם אֶצְלָם מְבֹהָל מְאֹד, וְנִבְהֲלוּ מְאֹד אֵיפֹה בָּא זֶה לְכָאן? וּמֵחֲמַת הַבֶּהָלָה הִנִּיחוּהוּ כָּל הַוַּואכִין, וְעָבַר עַל כָּל הַוַּואכִין, עַד שֶׁנִּכְנַס לְבֵית הַיֶּעדְנִירַאל, לַמָּקוֹם שֶׁהָיְתָה שׁוֹכֶבֶת שָׁם, וּבָא וֶהֱקִיצָהּ וְאָמַר לָהּ: בּוֹא, וְרָאֲתָה אוֹתוֹ וְנִבְהֲלָה וְאָמַר לָהּ: תֵּכֶף בּוֹא עִמִּי, וְהָלְכָה עִמּוֹ, וְעָבְרוּ גַּם עַתָּה עַל כָּל הַוַּואכִין, עַד שֶׁיָּצְאוּ.

וַאֲזַי תֵּכֶף נִבְהַל וְנִזְכַּר מַה שֶּׁעָשָׂה דָּבָר כָּזֶה, וְהֵבִין שֶׁבְּוַדַּאי תֵּכֶף יִהְיֶה נַעֲשֶׂה רַעַשׁ גָּדוֹל, וְכֵן הֲוָה, שֶׁנַּעֲשָׂה שָׁם תֵּכֶף רַעַשׁ גָּדוֹל אֵצֶל הַיֶּעדְנִירַאל וְהָלַךְ וְהִטְמִין עַצְמוֹ בְּתוֹךְ בּוֹר אֶחָד שֶׁהָיָה עִם מֵי גְּשָׁמִים עַד שֶׁיַּעֲבֹר הָרַעַשׁ, וְשָׁהָה שָׁם עִמָּהּ שְׁנֵי יָמִים בְּתוֹךְ הַבּוֹר, וְרָאֲתָה הָאִשָּׁה הַנַּ"ל גֹּדֶל הַמְּסִירַת נֶפֶשׁ שֶׁהָיָה לוֹ בִּשְׁבִילָהּ וְהַצָּרוֹת שֶׁסּוֹבֵל בִּשְׁבִילָהּ, וְנִשְׁבְּעָה בַּה', שֶׁכָּל הַמַּזָּל שֶׁיֵּשׁ לָהּ, אֶפְשָׁר יֵשׁ לָהּ אֵיזֶה מַזָּל שֶׁיִּהְיֶה לָהּ אֵיזֶה גְּדֻלָּה וְהַצְלָחָה, שֶׁיִּהְיֶה כָּל הַצְלָחָה שֶׁלָּהּ לֹא נִמְנָע מֵאִתּוֹ, וְאִם יִרְצֶה לִקַּח לְעַצְמוֹ כָּל הַצְלָחָה וּגְדֻלָּה שֶׁלָּהּ, וְהִיא תִשָּׁאֵר כְּמִקֹּדֶם, לֹא יִמָּנַע מִמֶּנּוּ כְּלָל וְאֵיךְ מוֹצְאִים שָׁם עֵדוּת? וְלָקַח אוֹתוֹ הַבּוֹר לְעֵדוּת אַחַר שְׁנֵי יָמִים יָצָא עִמָּהּ מִשָּׁם וְהָלַךְ לְהַלָּן, וְהָיָה הוֹלֵךְ וּבָא עִמָּהּ לְהַלָּן לְהַלָּן, וְהֵבִין שֶׁגַּם שָׁם בְּאוֹתוֹ הַמָּקוֹם מְחַפְּשִׂים אַחֲרָיו וְהָלַךְ עוֹד, וְהֶחְבִּיא עַצְמוֹ עִמָּהּ בְּתוֹךְ מִקְוֶה, וְנִזְכְּרָה שׁוּב בְּגֹדֶל הַמְּסִירוּת נֶפֶשׁ וְהַצָּרָה שֶׁסּוֹבֵל בִּשְׁבִילָהּ, וְנִשְׁבְּעָה עוֹד הַפַּעַם כַּנַּ"ל, וְלָקְחָה אֶת הַמִּקְוֶה לְעֵדוּת וְהָיוּ שָׁם גַּם- כֵּן בְּעֵרֶךְ שְׁנֵי יָמִים, וְיָצְאוּ וְהָלְכוּ לְהַלָּן וְכֵן הָיָה כַּמָּה פְּעָמִים, שֶׁהֶחְבִּיא עַצְמוֹ עִמָּהּ בִּמְקוֹמוֹת אֲחֵרִים כַּיּוֹצֵא בְּאֵלּוּ, דְּהַיְנוּ בְּשִׁבְעָה מְקוֹמוֹת שֶׁל מַיִם, וְהֵם בּוֹר וּמִקְוֶה כַּנַּ"ל, וַאֲגַמִּים וּמַעְיָן וּנְחָלִים וּנְהָרוֹת וְיַמִּים, וּבְכָל מָקוֹם וּמָקוֹם שֶׁהָיוּ נֶחְבָּאִים שָׁם, נִזְכְּרָה בִּמְסִירוּת נַפְשׁוֹ וְצָרָתוֹ בִּשְׁבִילָהּ, וְנִשְׁבְּעָה לוֹ, כַּנַּ"ל, וְלָקְחָה אוֹתוֹ הַמָּקוֹם לְעֵדוּת כַּנַּ"ל, וְהָלְכוּ וּבָאוּ, וְהָיוּ מַחְבִּיאִים

עַצְמָם בְּכָל פַּעַם בְּמַחֲבוֹאוֹת הַנַּ"ל, עַד שֶׁבָּאוּ עַל הַיָּם כְּשֶׁבָּאוּ עַל הַיָּם, וְהוּא הָיָה סוֹחֵר גָּדוֹל, וְהָיָה מַכִּיר הַדְּרָכִים עַל הַיָּם, וְחָתַךְ עַצְמוֹ לָבוֹא לִמְדִינָתוֹ, עַד שֶׁעָבַר וּבָא לְבֵיתוֹ עִם אֵשֶׁת הֶעָנִי הַנַּ"ל, וֶהֱשִׁיבָהּ לְהֶעָנִי, וְהָיָה שִׂמְחָה גְּדוֹלָה שָׁם וְהַבֶּערְגֶּיר הַנַּ"ל, בִּשְׂכַר שֶׁעָשָׂה דָּבָר כָּזֶה וְגַם עָמַד בְּנִסָּיוֹן עִמָּהּ, נִפְקַד וְנוֹלַד לוֹ בְּאוֹתָהּ שָׁנָה בֵּן זָכָר וְהִיא גַּם הִיא, אֵשֶׁת הֶעָנִי הַנַּ"ל, בִּשְׂכַר שֶׁעָמְדָה בְּנִסָּיוֹן כָּזֶה עִם הַיֶּעדְנִירַאל וְגַם עִמּוֹ זָכְתָה גַּם-כֵּן וְיָלְדָה נְקֵבָה, וְהָיְתָה יְפַת תֹּאַר מְאֹד מְאֹד, שֶׁלֹּא הָיָה יֹפִי שֶׁל מִין אָדָם כְּלָל, כִּי בֵּין בְּנֵי-אָדָם לֹא נִמְצָא יֹפִי כָּזֶה, וְהָיוּ הָעוֹלָם אוֹמְרִים: הַלְוַאי שֶׁתִּתְגַּדֵּל [כִּי חִדּוּשׁ נִפְלָא כָּזֶה קָשֶׁה שֶׁיִּתְגַּדֵּל], כִּי הָיָה יָפְיָהּ וְתִפְאַרְתָּהּ מֻפְלָג מְאֹד מְאֹד, שֶׁלֹּא נִרְאָה כָּזֹאת בָּעוֹלָם כְּלָל, וְהָיוּ הָעוֹלָם בָּאִים וְנִכְנָסִים לִרְאוֹתָהּ, וְהָיוּ מִשְׁתּוֹמְמִים מְאֹד עַל גֹּדֶל יָפְיָהּ הַמֻּפְלָג מְאֹד מְאֹד, וְהָיוּ נוֹתְנִים לָהּ מַתָּנוֹת מַתָּנוֹת מֵחֲמַת חִבָּה וְהָיוּ נוֹתְנִים מַתָּנוֹת, עַד שֶׁנִּתְעַשֵּׁר הֶעָנִי וְהַבֶּערְגֶּיר הַנַּ"ל נָפַל בְּדַעְתּוֹ, שֶׁיִּשְׁתַּדֵּךְ עִם הֶעָנִי הַנַּ"ל מִגֹּדֶל יָפְיָהּ, שֶׁהָיָה חִדּוּשׁ כָּזֶה, וַיֹּאמֶר בְּלִבּוֹ: אֶפְשָׁר עַל זֶה מַרְאֶה הַחֲלוֹם, שֶׁנּוֹשְׂאִין שֶׁלּוֹ לְהֶעָנִי דחא.

וּמֵהֶעָנִי נוֹשְׂאִין אֶצְלוֹ, דְּהַיְנוּ שֶׁיִּשְׁתַּדְּכוּ יַחַד וְיִתְעָרְבוּ יַחַד עַל-יְדֵי הַשִּׁדּוּךְ.

פַּעַם אַחַת בָּאתָה אֵשֶׁת הֶעָנִי אֶצְלוֹ, וְאָמַר לָהּ דַּעְתּוֹ, שֶׁרְצוֹנוֹ לְהִשְׁתַּדֵּךְ עִמָּהּ, וְאֶפְשָׁר בָּזֶה יִתְקַיֵּם הַחֲלוֹם כַּנַּ"ל הֱשִׁיבָה לוֹ: גַּם אֲנִי חָשַׁבְתִּי זֹאת בְּדַעְתִּי, אַךְ לֹא הָיָה לִי הֶעָזָה לְדַבֵּר מִזֶּה, שֶׁאֲנִי אֶשְׁתַּדֵּךְ עִמָּכֶם אַךְ אִם אַתֶּם רוֹצִים בְּוַדַּאי אֲנִי מוּכָן, וְלֹא אֶמְנַע מִכֶּם, כִּי כְּבָר נִשְׁבַּעְתִּי, שֶׁכָּל טוּבִי וְהַצְלָחָתִי לֹא יִמָּנַע מִכֶּם.

וְהַבֵּן וְהַבַּת הַנַּ"ל לָמְדוּ שְׁנֵיהֶם בְּחֶדֶר אֶחָד לְשׁוֹנוֹת וְכַיּוֹצֵא כְּדַרְכָּם וְהַבַּת הַנַּ"ל, הָיוּ הוֹלְכִים וּבָאִים לִרְאוֹתָהּ מִגֹּדֶל הַחִדּוּשׁ כַּנַּ"ל, וְנָתְנוּ מַתָּנוֹת, עַד שֶׁנִּתְעַשֵּׁר הֶעָנִי, וְהָיוּ בָּאִים שָׂרִים לִרְאוֹתָהּ וְהוּטְבָה בְּעֵינֵיהֶם מְאֹד וְהָיָה יָפְיָהּ חִדּוּשׁ גָּדוֹל בֵּינֵיהֶם, כִּי לֹא הָיָה יֹפִי שֶׁל אֱנוֹשִׁי כְּלָל, וּמִגֹּדֶל הַפְלָגַת יָפְיָהּ בָּא עַל דַּעַת הַשָּׂרִים לְהִשְׁתַּדֵּךְ עִם הֶעָנִי הַזֶּה, וְשַׂר, שֶׁהָיָה לוֹ

בֵּן, חָשַׁק לְהִתְחַתֵּן עִמָּהּ, אַךְ אֵין נָאֶה לָהֶם לְהִתְחַתֵּן עִם כָּזֶה, עַל-כֵּן הֻכְרְחוּ לִרְאוֹת לְהִשְׁתַּדֵּל לְגַדֵּל אֶת הָאִישׁ הַזֶּה, וְהִשְׁתַּדְּלוּ שֶׁיַּעֲבֹד אֵצֶל הַקֵּיסָר וְנַעֲשָׂה מִתְּחִלָּה פְּרַאפִּירְטְשִׁיק [קצין צבא נמוך] וְאַחַר-כָּךְ לְמַעְלָה לְמַעְלָה, כִּי הִשְׁתַּדְּלוּ לְהַגְבִּיהוֹ בִּמְהֵרָה, עַד שֶׁהָלַךְ מַהֵר מִמַּעְלָה לְמַעְלָה, עַד שֶׁנַּעֲשָׂה יֶעדְנִירַאל וְהָיוּ חֲפֵצִים הַשָּׂרִים לְהִשְׁתַּדֵּךְ עִמּוֹ אַךְ הָיוּ רַבִּים קוֹפְצִים עַל זֶה, כִּי כַּמָּה שָׂרִים בָּאוּ עַל זֶה וְעָסְקוּ בָּזֶה לְהַגְבִּיהוֹ, וְגַם כִּי לֹא הָיָה אֶפְשָׁר לוֹ לְהִתְחַתֵּן מֵחֲמַת הַבֶּערְגֶיר, שֶׁכְּבָר הָיוּ מְדַבְּרִים לְהִשְׁתַּדֵּךְ עִמּוֹ.

וְהֶעָנִי הַזֶּה, שֶׁנַּעֲשָׂה יֶעדְנִירַאל, הָיָה מַצְלִיחַ יוֹתֵר וְיוֹתֵר, וְהָיָה שׁוֹלֵחַ אוֹתוֹ הַקֵּיסָר לְהַמִּלְחָמָה, וְהִצְלִיחַ מְאֹד בְּכָל פַּעַם וְנִשָּׂא אוֹתוֹ עוֹד יוֹתֵר לְמַעְלָה לְמַעְלָה, וְהָיָה הוֹלֵךְ וּמַצְלִיחַ מְאֹד, עַד אֲשֶׁר נִסְתַּלֵּק שָׁם הַקֵּיסָר, וְנִתְיַעֲצוּ כָּל בְּנֵי הַמְּדִינָה לַעֲשׂוֹת אוֹתוֹ לְקֵיסָר, וְנִתְקַבְּצוּ כָּל הַשָּׂרִים וְהִסְכִּימוּ כֻּלָּם, שֶׁהוּא יִהְיֶה קֵיסָר וְנַעֲשָׂה קֵיסָר [הַיְנוּ הֶעָנִי הַנַּ"ל נַעֲשָׂה קֵיסָר], וְהָיָה לוֹחֵם מִלְחָמוֹת, וְהָיָה מַצְלִיחַ מְאֹד וְכָבַשׁ מְדִינוֹת, וְהָיָה לוֹחֵם וּמַצְלִיחַ וְכוֹבֵשׁ וְהוֹלֵךְ, עַד שֶׁשְּׁאָר הַמְּדִינוֹת נִתְיַעֲצוּ לִמְסֹר תַּחַת יָדוֹ בְּרָצוֹן טוֹב, כִּי רָאוּ הַצְלָחָתוֹ הַגְּדוֹלָה, שֶׁכָּל הַיֹּפִי שֶׁל הָעוֹלָם וְכָל הַמַּזָּל שֶׁל הָעוֹלָם אֶצְלוֹ, עַל-כֵּן נִתְקַבְּצוּ כָּל הַמְּלָכִים וְהִסְכִּימוּ, שֶׁהוּא יִהְיֶה קֵיסָר עַל כָּל הָעוֹלָם, וְנָתְנוּ לוֹ כְּתָב בְּאוֹתִיּוֹת שֶׁל זָהָב וְהַקֵּיסָר הַזֶּה מֵאֵן עַתָּה לְהִשְׁתַּדֵּךְ עִם הַבֶּערְגֶיר, כִּי אֵין נָאֶה לְקֵיסָר.

לְהִשְׁתַּדֵּךְ עִם בֶּערְגֶיר; וְאִשְׁתּוֹ הַקֵּיסָרִית הִיא לֹא זָזָה מִן הַבֶּערְגֶיר כְּלָל וַיִּרָא הַקֵּיסָר, שֶׁאִי אֶפְשָׁר לוֹ לַעֲשׂוֹת שִׁדּוּךְ אַחֵר נֶגֶד הַבֶּערְגֶיר הַנַּ"ל, בִּפְרָט כִּי אִשְׁתּוֹ מַחְזֶקֶת עִמּוֹ מְאֹד מְאֹד, עַל-כֵּן חָשַׁב מַחֲשָׁבוֹת עַל הַבֶּערְגֶיר הַנַּ"ל, וּבִתְחִלָּה רָאָה לְחַסְּרוֹ, וְהִשְׁתַּדֵּל בְּתַחְבּוּלוֹת, כְּאִלּוּ אֵין הַדָּבָר מִמֶּנּוּ לִגְרֹם לוֹ הֶפְסֵד, וְהַקֵּיסָר בְּוַדַּאי יָכוֹל לַעֲשׂוֹת כָּזֹאת וְהָיוּ מַפְסִידִים וּמְחַסְּרִים אוֹתוֹ, עַד שֶׁנִּתְדַּלְדֵּל וְנַעֲשָׂה עָנִי גָּמוּר, וְהִיא, הַקֵּיסָרִית הָיְתָה מַחְזֶקֶת עִמּוֹ תָּמִיד אַחַר-כָּךְ רָאָה

הַקֵּיסָר שֶׁכָּל זְמַן שֶׁזֶּה הַבֵּן קַיָּם, הַיְנוּ בֶּן הַבֶּערְגֶיר הַנַּ"ל, אִי אֶפְשָׁר לוֹ לַעֲשׂוֹת שִׁדּוּךְ אַחֵר, וְהִשְׁתַּדֵּל לְהַעֲבִיר אֶת אוֹתוֹ הַבָּחוּר שֶׁל הַבֶּערְגֶיר וְחָשַׁב מַחֲשָׁבוֹת לְהַעֲבִירוֹ, וְגִלְגֵּל עָלָיו עֲלִילוֹת, וְהוֹשִׁיב עָלָיו שׁוֹפְטִים, וְהַשּׁוֹפְטִים הֵבִינוּ, שֶׁרְצוֹן הַקֵּיסָר לְהַעֲבִירוֹ מִן הָעוֹלָם, וְשָׁפְטוּ לְהַנִּיחוֹ בְּשַׂק וּלְהַשְׁלִיכוֹ לַיָּם וְהַקֵּיסָרִית, הָיָה לִבָּהּ דָּוֶה מְאֹד עַל זֶה, אַךְ גַּם הַקֵּיסָרִית, אִי-אֶפְשָׁר לָהּ.

לַעֲשׂוֹת כְּנֶגֶד הַקֵּיסָר מֶה עָשְׂתָה הָלְכָה אֶל הַמְמֻנִּים שֶׁהָיוּ מְמֻנִּים לְהַשְׁלִיכוֹ לַיָּם, וּבָאתָה אֶצְלָם, וְנָפְלָה לִפְנֵי רַגְלָם, וְהִתְחַנְּנָה מֵהֶם מְאֹד, שֶׁיַּעֲשׂוּ לְמַעֲנָהּ לְהַנִּיחוֹ, כִּי לָמָּה הוּא חַיָּב מִיתָה? וּבִקְּשָׁה מֵהֶם מְאֹד, שֶׁיִּקְחוּ שָׁבוּי אַחֵר מְחֻיָּב מִיתָה לְהַשְׁלִיכוֹ לַיָּם וְיַנִּיחוּ אוֹתוֹ הַבָּחוּר הַנַּ"ל וּפָעֲלָה בַּקָּשָׁתָהּ אֶצְלָם, וְנִשְׁבְּעוּ לָהּ שֶׁיַּנִּיחוּהוּ וְכֵן עָשׂוּ, וְלָקְחוּ אִישׁ אַחֵר וְהִשְׁלִיכוּהוּ לַיָּם, וְאוֹתוֹ הִנִּיחוּ, וְאָמְרוּ לוֹ: לֵךְ לְךָ, וְהָלַךְ לוֹ וְהַבָּחוּר הַזֶּה כְּבָר הָיָה בַּר- דַּעַת, וְהָלַךְ לוֹ.

וְקֹדֶם לָזֶה הָלְכָה הַקֵּסָרִית הַנַּ"ל וְקָרְאָה לְבִתָּהּ הַנַּ"ל וְאָמְרָה לָהּ: בִּתִּי, תֵּדְעִי שֶׁזֶּה הַבֵּן שֶׁל הַבֶּערְגֶיר הוּא הֶחָתָן שֶׁלָּךְ וְסִפְּרָה לָהּ כָּל אוֹתוֹ הַמַּעֲשֶׂה שֶׁעָבַר עָלֶיהָ כַּנַּ"ל, וְאֵיךְ הַבֶּערְגֶיר מָסַר נַפְשׁוֹ בִּשְׁבִילִי [כַּנַּ"ל], וְהָיָה עִמִּי בְּשִׁבְעָה מְקוֹמוֹת הַנַּ"ל וְנִשְׁבַּעְתִּי לוֹ בַּה', שֶׁכָּל טוּבִי לֹא יִמָּנַע מִמֶּנּוּ וְלָקַחְתִּי אוֹתָן הַשִּׁבְעָה מְקוֹמוֹת לְעֵדוּת, שֶׁהֵם: בּוֹר וּמִקְוֶה וְכוּ' כַּנַּ"ל בְּכֵן עַתָּה, הִנֵּה אַתָּה הִיא כָּל טוֹבָתִי וּמַזָּלִי וְהַצְלָחָתִי, וּבְוַדַּאי אַתָּה שֶׁלּוֹ, וּבְנוֹ הַנַּ"ל הוּא הֶחָתָן שֶׁלָּךְ וְאָבִיךְ מֵחֲמַת גַּסּוּתוֹ רוֹצֶה לְהָרְגוֹ חִנָּם וּכְבָר הִשְׁתַּדַּלְתִּי לְהַצִּילוֹ וּפָעַלְתִּי שֶׁיַּנִּיחוּהוּ כַּנַּ"ל, עַל-כֵּן תֵּדַע, שֶׁהוּא הֶחָתָן שֶׁלָּךְ [הַיְנוּ בֶּן הַבֶּערְגֶיר הַנַּ"ל], וְאַל תִּתְרַצֶּה עִם אַחֵר בָּעוֹלָם כְּלָל.

וְנִתְקַבְּלוּ דִּבְרֵי אִמָּהּ בְּעֵינֶיהָ, כִּי גַּם הִיא הָיְתָה יִרְאַת-שָׁמַיִם, וְהֵשִׁיבָה.

שֶׁבְּוַדַּאי תְּקַיֵּם כָּךְ וְהָלְכָה הַבַּת הַזֹּאת וְשָׁלְחָה כְּתָב אֶל בֶּן הַבֶּערְגֶיר הַנַּ"ל, אֶל הַתְּפִיסָה שֶׁהִיא מַחְזֶקֶת עַצְמָהּ בּוֹ, וְהוּא הֶחָתָן שֶׁלָּהּ וְשָׁלְחָה לוֹ כְּמוֹ חֲתִיכַת לַאנְד-קַארְט [מפה],

וְצִיְּרָה בּוֹ כָּל הַמְּקוֹמוֹת שֶׁהֶחְבִּיאָה אִמָּהּ עִם אָבִיו כַּנַּ"ל, שֶׁהֵם הַשִּׁבְעָה עֵדוּת: בּוֹר וּמִקְוֶה וְכוּ' כַּנַּ"ל, שֶׁצִּיְּרָה בּוֹ כְּמוֹ בּוֹר וּמִקְוֶה וְכוּ' וְהִזְהִירָה אוֹתוֹ מְאֹד מְאֹד, שֶׁיִּשְׁמֹר הַכְּתָב הַזֹּאת מְאֹד מְאֹד, וְחָתְמָה עַצְמָהּ לְמַטָּה אַחַר-כָּךְ הָיָה כַּנַּ"ל, שֶׁלָּקְחוּ הַמְמֻנִּים אִישׁ אַחֵר, וְאוֹתוֹ הִנִּיחוּ, וְהָלַךְ לוֹ וַיֵּלֶךְ וַיַּעֲבֹר, עַד שֶׁבָּא אֶל הַיָּם, וְיָשַׁב בִּסְפִינָה וְעָבַר בַּיָּם וּבָא רוּחַ סְעָרָה גְּדוֹלָה וְנָשָׂא הַסְּפִינָה אֶל סְפָר [שפת הים] אֶחָד, שֶׁהָיָה שָׁם מִדְבָּר וּמִגֹּדֶל הַסְּעָרָה, [שֶׁקּוֹרִין אוּמְפֶּיט], נִשְׁבְּרָה הַסְּפִינָה, אַךְ הָאֲנָשִׁים שֶׁבָּהּ נִצְּלוּ וְיָצְאוּ עַל הַיַּבָּשָׁה.

וְשָׁם הָיָה מִדְבָּר, וַיֵּלְכוּ לְנַפְשָׁם כָּל אֶחָד וְאֶחָד לְבַקֵּשׁ לוֹ אֹכֶל לְנַפְשׁוֹ, כִּי בְּאוֹתוֹ הַמָּקוֹם לֹא הָיוּ רְגִילִים הַסְּפִינוֹת לָבוֹא לְשָׁם, כִּי הָיָה מִדְבָּר, וְעַל-כֵּן לֹא הָיוּ מְצַפִּים שָׁם עַל אֵיזֶה סְפִינָה לָשׁוּב לִמְקוֹמָם וְהָלְכוּ שָׁם בַּמִּדְבָּר לְבַקֵּשׁ אֹכֶל, וְנִתְפַּזְּרוּ הֵנָּה וְהֵנָּה כָּל אֶחָד וְאֶחָד.

וְהָלַךְ הַבָּחוּר הַנַּ"ל בַּמִּדְבָּר, וְהָיָה הוֹלֵךְ וְהוֹלֵךְ, עַד שֶׁנִּתְרַחֵק מִן הַסְּפָר; וְרָצָה לָשׁוּב, וְלֹא יָכוֹל; וְכָל מַה שֶּׁרָצָה לָשׁוּב, נִתְרַחֵק יוֹתֵר וְיוֹתֵר, עַד שֶׁרָאָה שֶׁאִי אֶפְשָׁר לוֹ לָשׁוּב, וַיֵּלֶךְ בַּאֲשֶׁר יֵלֵךְ וְהָלַךְ שָׁם בַּמִּדְבָּר, וְהָיָה בְּיָדוֹ קֶשֶׁת שֶׁהָיָה מַצִּיל עַצְמוֹ נֶגֶד הַחַיּוֹת רָעוֹת שֶׁבַּמִּדְבָּר, וּמָצָא שָׁם אֵיזֶה דְּבָרִים לֶאֱכֹל וְהָיָה הוֹלֵךְ וְהוֹלֵךְ, עַד אֲשֶׁר יָצָא מִן הַמִּדְבָּר וּבָא אֶל מָקוֹם [יִשּׁוּב], שֶׁהָיָה שָׁם מְקוֹם פָּנוּי, וְהָיָה שָׁם מַיִם וְאִילָנוֹת סָבִיב סָבִיב שֶׁל פֵּרוֹת, וְהָיָה אוֹכֵל מִן הַפֵּרוֹת וְשָׁתָה מִן הַמַּיִם.

וְנִתְיַשֵּׁב בְּדַעְתּוֹ לֵישֵׁב שָׁם מִסְפַּר יְמֵי חַיָּיו, כִּי בְּלֹא זֶה קָשֶׁה לוֹ לָשׁוּב אֶל הַיִּשּׁוּב.

וּמִי יוֹדֵעַ אִם יַגִּיעַ עוֹד לְמָקוֹם כָּזֶה, אִם יַנִּיחַ הַמָּקוֹם הַזֶּה וְיֵלֵךְ לוֹ?! עַל-כֵּן הָיָה בְּדַעְתּוֹ לֵישֵׁב שָׁם וְלִחְיוֹת שָׁם יְמֵי חַיָּיו, מֵאַחַר שֶׁטּוֹב לוֹ שָׁם, שֶׁהָיָה לוֹ הַפֵּרוֹת לֶאֱכֹל וְהַמַּיִם לִשְׁתּוֹת וְלִפְעָמִים הָיָה יוֹצֵא וְרוֹבֶה בְּקַשְׁתּוֹ אַרְנֶבֶת אוֹ צְבִי, וְהָיָה לוֹ בָּשָׂר לֶאֱכֹל גַּם הָיָה צָד לְעַצְמוֹ דָּגִים, כִּי הָיָה שָׁם דָּגִים טוֹבִים מְאֹד בְּתוֹךְ הַמַּיִם, וַיִּיטַב בְּעֵינָיו לְבַלּוֹת שָׁם יְמֵי חַיָּיו.

וְהַקֵּיסָר הַנַּ"ל, אַחַר שֶׁנַּעֲשָׂה הַמִּשְׁפָּט בְּבֶן הַבֶּערְגֶּיר הַנַּ"ל וְעַתָּה נִפְטַר מִמֶּנּוּ, [כִּי הַקֵּיסָר סָבַר, שֶׁכְּבָר נִתְקַיֵּם בּוֹ הַמִּשְׁפָּט בֶּאֱמֶת בְּבֶן הַבֶּערְגֶּיר הַנַּ"ל, וְשׁוּב אֵינֶנּוּ בָּעוֹלָם] כָּעֵת יוּכַל לְהִשְׁתַּדֵּךְ עִם בִּתּוֹ הַנַּ"ל, וְהִתְחִילוּ לְדַבֵּר לָהּ שִׁדּוּכִים עִם מֶלֶךְ פְּלוֹנִי וְעִם מֶלֶךְ פְּלוֹנִי וְכַיּוֹצֵא וְעָשָׂה לָהּ חָצֵר כָּרָאוּי, וְיָשְׁבָה שָׁם וְלָקְחָה לְעַצְמָהּ בְּנוֹת שָׂרִים לִהְיוֹת לָהּ לְרֵעוֹתֶיהָ, וְיָשְׁבָה שָׁם וְהָיְתָה מְנַגֶּנֶת בִּכְלֵי- שִׁיר וְכַיּוֹצֵא כְּדַרְכָּם, וְכָל מַה שֶּׁהָיוּ מְדַבְּרִים לָהּ שִׁדּוּכִים, הָיְתָה מְשִׁיבָה, שֶׁאֵין רְצוֹנָהּ בִּדְבָרִים, דְּהַיְנוּ לְדַבֵּר הַשִּׁדּוּךְ, רַק שֶׁיָּבוֹא הַמְשַׁדֵּךְ בְּעַצְמוֹ וְהִיא הָיְתָה בְּקִיאָה מְאֹד בְּחָכְמַת הַשִּׁיר, וְעָשְׂתָה בְּאֻמָּנוּת מָקוֹם שֶׁיָּבוֹא הַמְשַׁדֵּךְ עַל אוֹתוֹ הַמָּקוֹם וְיַעֲמֹד כְּנֶגְדָּהּ, וִידַבֵּר דִּבְרֵי שִׁיר, הַיְנוּ שִׁיר שֶׁל חֵשֶׁק, כְּדֶרֶךְ שֶׁמְּדַבֵּר הֶחָשׁוּק לַחֲשׁוּקָתוֹ דִּבְרֵי חִבָּה וְהָיוּ בָּאִים מְלָכִים לְהִשְׁתַּדֵּךְ, וְעָלוּ עַל אוֹתוֹ הַמָּקוֹם, וְהָיוּ מְדַבְּרִים כָּל אֶחָד וְאֶחָד שִׁיר שֶׁלּוֹ וְלִקְצָתָם שָׁלְחָה תְּשׁוּבָה עַל-יְדֵי רֵעוֹתֶיהָ גַּם-כֵּן בְּדֶרֶךְ שִׁיר וְחִבָּה, וְלִקְצָת, שֶׁנִּרְאוּ לָהּ יוֹתֵר, הֵשִׁיבָה בְּעַצְמָהּ וְהֵרִימָה קוֹלָהּ בְּשִׁיר וְהֵשִׁיבָה לוֹ גַּם-כֵּן דִּבְרֵי חִבָּה, וְלִקְצָת, שֶׁנִּרְאוּ לָהּ עוֹד יוֹתֵר, הָיְתָה מַרְאָה עַצְמָהּ פָּנִים אֶל פָּנִים, וְהָיְתָה מַרְאָה אֶת פָּנֶיהָ, וְהֵשִׁיבָה לוֹ דִּבְרֵי שִׁיר וְחִבָּה, וּלְכֻלָּם סִיְּמָה בַּסּוֹף אֲבָל לֹא עָבְרוּ עָלֶיךָ הַמַּיִם וְלֹא הָיָה מִי שֶׁמֵּבִין כַּוָּנָתָהּ וּכְשֶׁהָיְתָה מַרְאָה פָּנֶיהָ, הָיוּ נוֹפְלִים מִגֹּדֶל יָפְיָהּ, וְהָיוּ קְצָת נִשְׁאָרִים חַלָּשׁוּת, וּקְצָת נִשְׁתַּגְּעוּ מֵחֲמַת חוֹלַת אַהֲבָה, מִגֹּדֶל יָפְיָהּ שֶׁהָיָה מֻפְלָג מְאֹד מְאֹד, וְאַף עַל-פִּי כֵן, אַף-עַל-פִּי שֶׁנִּשְׁתַּגְּעוּ וְנִשְׁאֲרוּ חַלָּשׁוּת, עִם כָּל זֹאת הָיוּ בָּאִים מְלָכִים לְהִשְׁתַּדֵּךְ עִמָּהּ, וּלְכֻלָּם הֵשִׁיבָה כַּנַּ"ל וְהַבֵּן הַנַּ"ל [הַיְנוּ בֶּן הַבֶּערְגֶּיר הַנַּ"ל] יָשַׁב שָׁם בְּאוֹתוֹ מָקוֹם הַנַּ"ל וְעָשָׂה לְעַצְמוֹ שָׁם מָקוֹם לֵישֵׁב בּוֹ, וְהָיָה יוֹשֵׁב שָׁם וְגַם הוּא הָיָה יָכוֹל לְנַגֵּן וְיוֹדֵעַ חָכְמַת הַשִּׁיר, וְהָיָה בּוֹחֵר לוֹ עֵצִים, שֶׁרְאוּיִים לַעֲשׂוֹת מֵהֶם כְּלֵי- שִׁיר, וְעָשָׂה לְעַצְמוֹ כְּלֵי-שִׁיר וּמֵהַגִּידִין שֶׁל הַחַיּוֹת עָשָׂה לוֹ נִימִין, [שֶׁקּוֹרִין סְטְרִינֶיס], וְהָיָה מְנַגֵּן וּמְשׁוֹרֵר לְעַצְמוֹ וְהָיָה לוֹקֵחַ הַכְּתָב שֶׁהָיָה לוֹ, שֶׁשָּׁלְחָה לוֹ הַבַּת הַקֵּיסָר הַנַּ"ל, וְהָיָה מְשׁוֹרֵר וּמְנַגֵּן וְנִזְכָּר

כָּל הַמְּאֹרָעוֹת שֶׁהָיוּ לוֹ, וְאֵיךְ אָבִיו הָיָה בֶּערְגֶּיר וְכוּ', וְעַתָּה נִשְׁלַךְ לְכָאן וְהָלַךְ וְלָקַח הַכְּתָב הַנַּ"ל וְעָשָׂה לוֹ סִימָן בְּאִילָן אֶחָד, וְעָשָׂה שָׁם מָקוֹם, וְטָמַן שָׁם הַכְּתָב הַנַּ"ל, וְיָשַׁב שָׁם אֵיזֶה זְמַן.

פַּעַם אַחַד הָיָה רוּחַ סְעָרָה גְּדוֹלָה וְשָׁבַר כָּל הָאִילָנוֹת, שֶׁהָיוּ עוֹמְדִים שָׁם, וְלֹא הָיָה יָכוֹל לְהַכִּיר הָאִילָן, שֶׁטָּמַן שָׁם הַכְּתָב, כִּי בְּעוֹד שֶׁהָיוּ עוֹמְדִים, הָיָה לוֹ סִימָן לְהַכִּיר, וְעַכְשָׁו שֶׁנָּפְלוּ, נִתְעָרֵב הָאִילָן בֵּין הָאִילָנוֹת, שֶׁהָיוּ שָׁם הַרְבֵּה מְאֹד, וְלֹא הָיָה יָכוֹל לְהַכִּיר הָאִילָן; וְזֶה אִי אֶפְשָׁר לִבְקֹעַ כָּל הָאִילָנוֹת לְחַפֵּשׂ הַכְּתָב, כִּי הָיוּ רַבִּים מְאֹד וְהָיָה בּוֹכֶה וּמְצַטֵּעֵר עַל זֶה מְאֹד מְאֹד, וְרָאָה, שֶׁאִם יֵשֵׁב כָּאן, בְּוַדַּאי יִשְׁתַּגַּע מִגֹּדֶל הַצַּעַר, שֶׁהָיָה קָשֶׁה עָלָיו מְאֹד וְנִתְיַשֵּׁב, שֶׁמֻּכְרָח לֵילֵךְ לְהַלָּן, וְיַעֲבֹר עָלָיו מָה, כִּי בְּלֹא זֹאת הוּא מְסֻכָּן מְאֹד מִגֹּדֶל הַצַּעַר כַּנַּ"ל וְלָקַח לוֹ בָּשָׂר וּפֵרוֹת בְּתוֹךְ שַׂקּוֹ, וַיֵּלֶךְ בַּאֲשֶׁר יֵלֵךְ וְעָשָׂה לְעַצְמוֹ סִימָנִים בְּאוֹתוֹ הַמָּקוֹם שֶׁיָּצָא מִשָּׁם.

וְהָיָה הוֹלֵךְ, עַד שֶׁבָּא אֶל יִשּׁוּב וְשָׁאַל: אֵיזֶה מְדִינָה הִיא זֹאת? הֵשִׁיבוּ לוֹ וְשָׁאַל אִם נִשְׁמַע כָּאן מֵאוֹתוֹ הַקֵּיסָר הַנַּ"ל; הֵשִׁיבוּ לוֹ: הֵן וְשָׁאַל אִם נִשְׁמַע כָּאן מִבִּתּוֹ הַיְפַת-תֹּאַר; הֵשִׁיבוּ לוֹ: הֵן, אַךְ שֶׁאִי-אֶפְשָׁר לְהִשְׁתַּדֵּךְ עִמָּהּ כַּנַּ"ל וְנִתְיַשֵּׁב בְּדַעְתּוֹ: מֵאַחַר שֶׁאִי-אֶפְשָׁר לוֹ לָבוֹא לְשָׁם, וְהָלַךְ אֶל הַמֶּלֶךְ שֶׁל אוֹתוֹ הַמְּדִינָה וְסִפֵּר לוֹ כָּל לִבּוֹ, וְשֶׁהוּא הֶחָתָן שֶׁלָּהּ, וּבִשְׁבִילוֹ אֵינָהּ רוֹצָה לְהִשְׁתַּדֵּךְ עִם אַחֵר וּמֵאַחַר שֶׁאִי-אֶפְשָׁר לוֹ לָבוֹא לְשָׁם, בְּכֵן הוּא מוֹסֵר לוֹ כָּל הַסִּימָנִים שֶׁבְּיָדוֹ, דְּהַיְנוּ הַשִּׁבְעָה מִימוֹת הַנַּ"ל, וְשֶׁאוֹתוֹ הַמֶּלֶךְ יֵלֵךְ לְשָׁם וְיִשְׁתַּדֵּךְ עִמָּהּ, וְלוֹ יִתֵּן מָעוֹת בְּעַד זֶה וְהִכִּיר הַמֶּלֶךְ, שֶׁדְּבָרָיו כֵּנִים, כִּי אִי-אֶפְשָׁר לִבְדּוֹת זֹאת מִן הַלֵּב, וְהוּטַב הַדָּבָר בְּעֵינָיו אַךְ נִתְיַשֵּׁב: אִם יָבִיא אוֹתָהּ לְכָאן, וְאוֹתוֹ הַבָּחוּר יִהְיֶה פֹּה אֵין הַדָּבָר טוֹב לְפָנָיו, וּלְהָרְגוֹ קָשֶׁה בְּעֵינָיו, כִּי מַדּוּעַ יֵהָרֵג עַל הַטּוֹבָה שֶׁעָשָׂה לוֹ?! בְּכֵן נִתְיַשֵּׁב לְשָׁלְחוֹ לְמֵרָחוֹק מָאתַיִם פַּרְסָאוֹת, וְחָרָה הַדָּבָר מְאֹד בְּעֵינֵי הַבֵּן הַנַּ"ל עַל אֲשֶׁר הוּא מְשַׁלְּחוֹ בְּעַד טוֹבָה כָּזוֹ שֶׁעָשָׂה לוֹ, וְהָלַךְ שָׁם אֶל מֶלֶךְ אַחֵר גַּם-כֵּן, וְסִפֵּר לוֹ גַּם-כֵּן כַּנַּ"ל, וּמָסַר לוֹ כָּל הַסִּימָנִים, וּלְהַשֵּׁנִי

הוֹסִיף סִימָן יוֹתֵר, וְצִוָּה עָלָיו וְזֵרְזוֹ, שֶׁיִּסַּע תֵּכֶף, אוּלַי יוּכַל לְהַקְדִּים אֶת חֲבֵרוֹ, וְגַם אֲפִלּוּ אִם לֹא יַקְדִּימוֹ, יֵשׁ לוֹ סִימָן יוֹתֵר מֵחֲבֵרוֹ.

וְהַשֵּׁנִי נִתְיַשֵּׁב גַּם-כֵּן כַּנַּ"ל כְּמוֹ הָרִאשׁוֹן, וְשָׁלַח גַּם-כֵּן אֶת אוֹתוֹ הַבֵּן לְמֶרְחוֹק מָאתַיִם פַּרְסָאוֹת וְחָרָה לוֹ גַּם-כֵּן מְאֹד, וַיֵּלֶךְ אֶל הַשְּׁלִישִׁי, וּלְהַשְּׁלִישִׁי מָסַר עוֹד סִימָנִים מֻבְהָקִים בְּיוֹתֵר.

וַיֵּלֶךְ וַיִּסַּע תֵּכֶף הַמֶּלֶךְ הָרִאשׁוֹן הַנַּ"ל וּבָא לְשָׁם, לְמְקוֹם בַּת הַקֵּיסָר הַנַּ"ל, וְעָשָׂה לוֹ שִׁיר, וְנָעַץ בְּתוֹךְ הַשִּׁיר עַל-פִּי הַחָכְמָה זוֹ כָּל אוֹתָן הַמְּקוֹמוֹת, דְּהַיְנוּ הַשִּׁבְעָה עֵדִים הַנַּ"ל, אַךְ עַל-פִּי הַשִּׁיר נִזְדַּמֵּן לוֹ, שֶׁלֹּא סִדְּרָם כְּסֵדֶר אֶת הַמְּקוֹמוֹת הַנַּ"ל, כִּי כֵן הִגִּיעַ לוֹ עַל- פִּי חָכְמַת הַשִּׁיר וּבָא לְשָׁם עַל הַמָּקוֹם הַנַּ"ל, וְהִגִּיד הַשִּׁיר כְּשָׁמַע בַּת הַקֵּיסָר הַמְּקוֹמוֹת הַנַּ"ל, נִפְלָא בְּעֵינֶיהָ, וְנִרְאָה לָהּ שֶׁמֻּכְרָח שֶׁזֶּהוּ בֶּן גִּילָהּ, רַק הָיָה קָשֶׁה בְּעֵינֶיהָ עַל שֶׁלֹּא סִדְּרָם כְּסֵדֶר, אַךְ אַף-עַל-פִּי-כֵן חָשְׁבָה בְּדַעְתָּהּ, אוּלַי מֵחֲמַת חָכְמַת מִשְׁקַל הַשִּׁיר בָּא לוֹ זֶה הַסֵּדֶר, וְנִסְכַּם בְּלִבָּהּ, שֶׁזֶּה הוּא, וְכָתְבָה לוֹ, שֶׁהִיא מְשֻׁדֶּכֶת לוֹ, וְנַעֲשָׂה שִׂמְחָה וָרַעַשׁ, שֶׁנִּמְצָא לָהּ בֶּן גִּילָהּ, וְהֵכִינוּ עַל הַחֲתֻנָּה.

בְּתוֹךְ כָּךְ בָּא הַשֵּׁנִי וְהָיָה רָץ גַּם-כֵּן לְשָׁם וְאָמְרוּ לוֹ, שֶׁכְּבָר הִיא מְשֻׁדֶּכֶת, וְלֹא הִשְׁגִּיחַ עַל זֶה וְאָמַר שֶׁאַף- עַל-פִּי-כֵן יֵשׁ לוֹ דָּבָר שֶׁיַּגִּיד לָהּ שֶׁבְּוַדַּאי יִפְעַל וּבָא וְהִגִּיד שִׁירוֹ וְסִדֵּר כָּל הַמְּקוֹמוֹת הַנַּ"ל כְּסֵדֶר, וְגַם נָתַן עוֹד סִימָן יוֹתֵר וְשָׁאֲלָה אוֹתוֹ, מֵאַיִן יוֹדֵעַ הָרִאשׁוֹן וּלְהַגִּיד הָאֱמֶת לֹא טוֹב לְפָנָיו, וְאָמַר שֶׁאֵינוֹ יוֹדֵעַ וְנִפְלָא בְּעֵינֶיהָ מְאֹד, וְעָמְדָה מִשְׁתּוֹמֶמֶת, כִּי גַּם הָרִאשׁוֹן סִפֵּר הַמְּקוֹמוֹת וּמֵאַיִן יִתְוַדַּע לְאָדָם סִימָנִים הַלָּלוּ? אַךְ אַף-עַל-פִּי-כֵן נִרְאָה בְּעֵינֶיהָ, שֶׁזֶּה הַשֵּׁנִי הוּא בֶּן גִּילָהּ, מֵאַחַר שֶׁרָאֲתָה בּוֹ, שֶׁסִּפֵּר כְּסֵדֶר וְכוּ' כַּנַּ"ל, וְהָרִאשׁוֹן, אֶפְשָׁר עַל-פִּי חָכְמַת הַשִּׁיר בָּא לוֹ זֹאת, שֶׁהִזְכִּיר אֵלּוּ הַמְּקוֹמוֹת, אַךְ נִשְׁאֲרָה עוֹמֶדֶת.

וְהַבָּחוּר הַנַּ"ל, כְּשֶׁשְּׁלָחוֹ הַשֵּׁנִי, חָרָה לוֹ גַּם- כֵּן, וְהָלַךְ אֶל הַשְּׁלִישִׁי וְסִפֵּר לוֹ גַּם- כֵּן כַּנַּ"ל, וּמָסַר לוֹ עוֹד יוֹתֵר סִימָנִים

מֻבְהָקִים בְּיוֹתֵר וְלִפְנֵי הַשְּׁלִישִׁי סִפֵּר כָּל לִבּוֹ בַּאֲשֶׁר שֶׁהָיָה לוֹ כְּתָב, שֶׁהָיָה מְצֻיָּר בּוֹ הַמְּקוֹמוֹת כַּנַּ"ל, בְּכֵן יְצַיֵּר לְעַצְמוֹ גַּם-כֵּן עַל נְיָר כָּל אוֹתָן הַמְּקוֹמוֹת וְיָבִיא אֵלֶיהָ וְהַשְּׁלִישִׁי נִתְיַשֵּׁב גַּם-כֵּן כַּנַּ"ל, שֶׁאֵין טוֹב לְפָנָיו, שֶׁיָּבִיא אוֹתָהּ לְכָאן, וְזֶה הַבָּחוּר יִהְיֶה כָּאן וְשָׁלַח גַּם-כֵּן אֶת הַבָּחוּר עוֹד לְמֶרְחוֹק יוֹתֵר מָאתַיִם פַּרְסָאוֹת וְזֶה הַמֶּלֶךְ הַשְּׁלִישִׁי רָץ גַּם-כֵּן לְשָׁם [דְּהַיְנוּ לִקַּח אֶת הַיְפַת-תֹּאַר] וּבָא לְשָׁם, וְהִגִּידוּ לוֹ, שֶׁכְּבָר יֵשׁ כָּאן שְׁנֵי הַנַּ"ל, וְהֵשִׁיב: אַף עַל-פִּי- כֵן, כִּי יֵשׁ לוֹ דָּבָר, שֶׁבְּוַדַּאי יִפְעַל וְהָעוֹלָם לֹא הָיוּ יוֹדְעִים כְּלָל מִפְּנֵי מָה הִיא נִתְרַצָּה לְאֵלּוּ יוֹתֵר מֵאֲחֵרִים וּבָא גַּם הַשְּׁלִישִׁי וְהִגִּיד שִׁירוֹ בְּסִימָנִים מֻבְהָקִים יוֹתֵר, וְהֶרְאָה הַכְּתָב עִם צִיּוּר הַמְּקוֹמוֹת וְנִבְהֲלָה מְאֹד, אַךְ לֹא יָכְלָה לַעֲשׂוֹת דָּבָר מֵחֲמַת שֶׁגַּם הָרִאשׁוֹן נִרְאָה שֶׁזֶּהוּ וְאַחַר-כָּךְ הַשֵּׁנִי, עַל-כֵּן אָמְרָה, שֶׁלֹּא תַּאֲמִין, עַד שֶׁיָּבִיאוּ לָהּ כְּתַב יָדָהּ בְּעַצְמוֹ אַחַר-כָּךְ נִתְיַשֵּׁב בְּדַעְתּוֹ הַבָּחוּר הַנַּ"ל: עַד מָתַי יִהְיוּ מְשַׁלְּחִין אוֹתוֹ בְּכָל פַּעַם לְהַלָּן יוֹתֵר? עַל-כֵּן יֵשֵׁב עַצְמוֹ, שֶׁהוּא בְּעַצְמוֹ יַנִּיחַ עַצְמוֹ לֵילֵךְ לְשָׁם, אוּלַי יִפְעַל הוּא וְהָיָה הוֹלֵךְ וְסוֹבֵב, עַד שֶׁבָּא לְשָׁם וְאָמַר, שֶׁהוּא יֵשׁ לוֹ דָּבָר וְכוּ' וּבָא וְהִגִּיד שִׁירוֹ וְנָתַן עוֹד יוֹתֵר וְיוֹתֵר סִימָנִים מֻבְהָקִים, וְהִזְכִּיר אוֹתָהּ, שֶׁלָּמַד עִמָּהּ בְּחֶדֶר אֶחָד וְכַיּוֹצֵא בָּזֶה, וְסִפֵּר לָהּ הַכֹּל שֶׁהוּא שָׁלַח הַמְּלָכִים הַנַּ"ל וְשֶׁטָּמַן הַכְּתָב בָּאִילָן וְכָל מַה שֶּׁעָבַר עָלָיו אֲבָל הִיא לֹא הִשְׁגִּיחָה כְּלָל עַל זֶה [וּבְוַדַּאי גַּם הָרִאשׁוֹנִים הַמְּלָכִים הַנַּ"ל אָמְרוּ אֵיזֶה טְעָמִים עַל מַה שֶּׁאֵין בְּיָדָם הַכְּתָב] וּלְהַכִּיר אוֹתוֹ בְּוַדַּאי אִי- אֶפְשָׁר, כִּי כְּבָר עָבַר זְמַן רַב, וְלֹא רָצְתָה לְהַשְׁגִּיחַ עוֹד עַל סִימָנִים כְּלָל, עַד שֶׁיָּבִיאוּ לָהּ הַכְּתָב, כִּי גַּם עַל הָרִאשׁוֹן סָבְרָה שֶׁזֶּהוּ בְּוַדַּאי וְכֵן עַל הַשֵּׁנִי וְכוּ', עַל-כֵּן לֹא רָצְתָה וְכוּ' כַּנַּ"ל וְנִתְיַשֵּׁב הַבָּחוּר, שֶׁכָּאן אִי-אֶפְשָׁר לַעֲשׂוֹת שֶׁהִיּוֹת כְּלָל, וְנִתְיַשֵּׁב לָשׁוּב וְלַחֲזֹר לִמְקוֹמוֹ, אֶל הַמִּדְבָּר שֶׁהָיָה בּוֹ, וְשָׁם יְבַלֶּה יְמֵי חַיָּיו וְהָיָה הוֹלֵךְ וְסוֹבֵב לְהַגִּיעַ לַמִּדְבָּר הַנַּ"ל, וְהִגִּיעַ לְשָׁם, אֶל הַמִּדְבָּר הַנַּ"ל בְּתוֹךְ כָּל הַנַּ"ל עָבְרוּ בֵּין כָּךְ וּבֵין כָּךְ כַּמָּה שָׁנִים, וְנִסְכַּם אֵצֶל הַבָּחוּר הַנַּ"ל שֶׁיֵּשֵׁב שָׁם בַּמִּדְבָּר, וִיבַלֶּה שָׁם יְמֵי חַיָּיו כְּפִי

מַה שֶּׁעָרַךְ בְּדַעְתּוֹ חִיּוּת הָאָדָם בָּעוֹלָם הַזֶּה נֶחְקַר בְּדַעְתּוֹ, שֶׁטּוֹב לְבַלּוֹת כָּאן מִסְפַּר יָמָיו, וְיָשַׁב שָׁם וְאָכַל וְכוּ' כַּנַּ"ל.

וְעַל הַיָּם הָיָה רוֹצֵחַ וְהָרוֹצֵחַ שָׁמַע, שֶׁנִּמְצָא יְפַת-תֹּאַר כָּזוֹ בָּעוֹלָם, וְחָשַׁב לְתָפְסָהּ, אַף שֶׁהוּא לֹא הָיָה צָרִיךְ אוֹתָהּ, כִּי הָיָה סָרִיס, אַךְ חָשַׁק לְתָפְסָהּ כְּדֵי לְמָכְרָהּ לְאֵיזֶה מֶלֶךְ וְיִקַּח בַּעֲדָהּ הוֹן רַב, וְהִתְחִיל לְהִשְׁתַּדֵּל בָּזֶה וְהָרוֹצֵחַ הוּא מֻפְקָר, וְהִפְקִיר עַצְמוֹ: אִם יִפְעַל- יִפְעַל, וְאִם לָאו-לָאו; וּמַה יַּפְסִיד? כִּי הוּא מֻפְקָר כְּדֶרֶךְ הָרוֹצֵחַ וְהָלַךְ הָרוֹצֵחַ וְקָנָה סְחוֹרוֹת רַבּוֹת מְאֹד מְאֹד רִבּוּי מֻפְלָג מְאֹד גַּם עָשָׂה צִפֳּרִים שֶׁל זָהָב, וְהָיוּ נַעֲשִׂים בְּאֻמָּנוּת, שֶׁנִּדְמֶה, שֶׁהֵם חַיִּים מַמָּשׁ [נַאטִירְלִיךְ] [טבע] גַּם עָשָׂה שִׁבֳּלִים שֶׁל זָהָב, וְהָיוּ הַצִּפֳּרִים עוֹמְדִים עַל הַשִּׁבֳּלִים, וְזֶה הָיָה בְּעַצְמוֹ נִדְמֶה לְחִדּוּשׁ, שֶׁהַצִּפֳּרִים עוֹמְדִים עַל שִׁבֳּלִים, וְאֵין הַשִּׁבֳּלִים נִשְׁבָּרִים, כִּי הָיוּ צִפֳּרִים גְּדוֹלִים [עַל-כֵּן הָיָה חִדּוּשׁ] גַּם עָשָׂה בְּתַחְבּוּלוֹת שֶׁנִּדְמֶה, שֶׁהֵם מְנַגְּנִים, וְאַחַת הָיְתָה מַכָּה וּמְקַשְׁקֶשֶׁת בִּלְשׁוֹנָהּ, [שֶׁקּוֹרִין גִּיקְנַאקְט], וְאַחַת הָיְתָה מְצַלְצֶלֶת בְּפִיהָ, [שֶׁקּוֹרִין גִּישְׁוִישְׁטְשֶׁיט], וְאַחַת הָיְתָה מְזַמֶּרֶת וְהַכֹּל הָיָה בְּתַחְבּוּלוֹת, שֶׁהָיוּ בְּנֵי-אָדָם עוֹמְדִים שָׁם בְּתוֹךְ חֶדֶר, שֶׁהָיָה עַל הַסְּפִינָה מֵאֲחוֹרֵי הַצִּפֳּרִים, וְעָשׂוּ כָּל הַנַּ"ל אוֹתָן הַבְּנֵי-אָדָם, וְנִדְמֶה, שֶׁהַצִּפֳּרִים בְּעַצְמָן מְנַגְּנִים, כִּי הָיוּ עֲשׂוּיִים עִם דְּרַאטִין [חוטי ברזל] בְּאֻמָּנוּת, עַד שֶׁנִּדְמֶה, שֶׁהֵם בְּעַצְמָן עוֹשִׂין כָּל הַנַּ"ל.

וְנָסַע הָרוֹצֵחַ עִם כָּל הַנַּ"ל לַמְּדִינָה, שֶׁהָיְתָה שָׁם בַּת הַקֵּיסָר הַנַּ"ל וּבָא אֶל הָעִיר, שֶׁהָיְתָה שָׁם, וְעָמַד עִם סְפִינָתוֹ בַּיָּם, וְשִׁלְשֵׁל הָאַנְקֶירְשׁ [העוגן] וְעִכְּבָהּ [שֶׁקּוֹרִין גִּיאַנְקֶירְט] [ועגנה], וְדִמָּה עַצְמוֹ לְסוֹחֵר גָּדוֹל, וְהָיוּ נִכְנָסִים וּבָאִים שָׁם לִקְנוֹת אֶצְלוֹ סְחוֹרוֹת רַבּוֹת יְקָרוֹת וְעָמַד שָׁם אֵיזֶה זְמַן רֹבַע שָׁנָה וְיוֹתֵר וְהָיוּ נוֹשְׂאִים מִמֶּנּוּ סְחוֹרוֹת יָפוֹת שֶׁקָּנוּ אֶצְלוֹ וְחָשְׁקָה גַּם בַּת הַקֵּיסָר לִקְנוֹת סְחוֹרָה מִמֶּנּוּ, וְשָׁלְחָה אֵלָיו, שֶׁיִּשָּׂא סְחוֹרָה אֶצְלָהּ, וְשָׁלַח לָהּ, שֶׁאֵינוֹ צָרִיךְ לָזֶה לָשֵׂאת סְחוֹרָה לְבֵית הַקּוֹנֶה אַף-עַל-פִּי שֶׁהִיא בַּת הַקֵּיסָר, וּמִי שֶׁצָּרִיךְ סְחוֹרָה, יָבוֹא אֶצְלוֹ, וְלַסּוֹחֵר אֵין מִי שֶׁיַּכְרִיחַ אוֹתוֹ עַל זֶה.

וַיֵּשְׁבָה עַצְמָהּ בַּת הַקֵּיסָר, שֶׁתֵּלֵךְ אֶצְלוֹ וְדַרְכָּהּ הָיָה, כְּשֶׁהָלְכָה בַּשּׁוּק, הָיְתָה תּוֹלָה מִכְסֶה עַל פָּנֶיהָ כְּדֵי שֶׁלֹּא יִסְתַּכְּלוּ בָּהּ, כִּי יוּכְלוּ בְּנֵי-אָדָם לִפֹּל וְכוּ' מֵחֲמַת יָפְיָהּ כַּנַּ"ל, עַל-כֵּן הָיְתָה מְכַסָּה פָּנֶיהָ כַּנַּ"ל וְהָלְכָה בַּת הַקֵּיסָר וְכִסְּתָה אֶת פָּנֶיהָ וְלָקְחָה גַּם רֵעוּתֶיהָ עִמָּהּ וְחַיִל, [שֶׁקּוֹרִין וַואךְ] [משמר], הָלַךְ אַחֲרֶיהָ וּבָאתָה אֶל הַסּוֹחֵר הַנַּ"ל [הַיְנוּ הָרוֹצֵחַ, שֶׁנִּדְמָה לְסוֹחֵר] וְקָנְתָה שָׁם סְחוֹרוֹת אֶצְלוֹ, וְהָלְכָה לָהּ וְאָמַר לָהּ הַסּוֹחֵר אִם תָּבוֹא עוֹד הַפַּעַם, אַרְאֶה לָךְ עוֹד דְּבָרִים יָפִים מִזֶּה, שֶׁהֵם נִפְלָאִים מְאֹד; וְשָׁבָה לְבֵיתָהּ שׁוּב פַּעַם אַחֶרֶת בָּאתָה וְקָנְתָה וְהָלְכָה לָהּ וְעָמַד שָׁם [הָרוֹצֵחַ הַזֶּה] אֵיזֶה זְמַן; בְּתוֹךְ כָּךְ נַעֲשֵׂית [הַבַּת קֵיסָר הַנַּ"ל] רְגִילָה אֶצְלוֹ, נִכְנֶסֶת וְיוֹצֵאת פַּעַם אַחַת בָּאתָה אֶצְלוֹ, וְהָלַךְ וּפָתַח לָהּ הַחֶדֶר, שֶׁהָיוּ עוֹמְדִים שָׁם הַצִּפֳּרִים שֶׁל זָהָב וְכוּ', וְרָאֲתָה, שֶׁהוּא חִדּוּשׁ נִפְלָא וְרָצוּ גַּם הָאֲחֵרִים, הַיְנוּ הַחַיִל לִכָּנֵס, וְאָמַר: לָאו לָאו! זֶה אֵינִי מַרְאֶה לְשׁוּם אָדָם, רַק אֵלַיִךְ שֶׁאַתְּ בַּת הַקֵּיסָר, אֲבָל לַאֲחֵרִים אֵינִי רוֹצֶה כְּלָל וְנִכְנְסָה הִיא בְּעַצְמָהּ וְהָלַךְ גַּם הוּא אֶל הַחֶדֶר וְנָעַל הַדֶּלֶת, וְעָשָׂה כִּפְשׁוּטוֹ, שֶׁלָּקַח שַׂק וְהִנִּיחָהּ בְּעַל-כָּרְחָהּ בְּתוֹךְ הַשַּׂק, וּפָשַׁט מִמֶּנָּהּ מַלְבּוּשֶׁיהָ וְהִלְבִּישָׁם אֶת מַאטְרָאס [מלח] אֶחָד וְכִסָּה פָּנָיו וּדְחָפוֹ לַחוּץ וְאָמַר לוֹ: לֵךְ! וְהַמַּאטְרָאס הַזֶּה הוּא אֵינוֹ יוֹדֵעַ כְּלָל מַה נַּעֲשָׂה עִמּוֹ, וְתֵכֶף שֶׁיָּצָא לַחוּץ וּפָנָיו מְכֻסֶּה, וְהַחַיִל לֹא יָדְעוּ, וְהִתְחִילוּ לֵילֵךְ עִמּוֹ מִיָּד, כִּמְדֻמֶּה לָהֶם שֶׁזֹּאת הִיא הַבַּת הַקֵּיסָר וְהוּא [הַיְנוּ הַמַּאטְרָאס] הוֹלֵךְ עִם הַחַיִל שֶׁהוֹלִיכוּהוּ, וְלֹא יָדַע הֵיכָן הוּא כְּלָל, עַד שֶׁבָּא לְשָׁם, לַחֶדֶר שֶׁהָיְתָה הַבַּת קֵיסָר יוֹשֶׁבֶת שָׁם, וְגִלּוּ פָּנָיו וְרָאוּ שֶׁהוּא מַאטְרָאס וְנַעֲשָׂה רַעַשׁ גָּדוֹל [וְאֶת הַמַּאטְרָאס טָפְחוּ עַל פָּנָיו הֵיטֵב הֵיטֵב וּדְחָפוּהוּ, כִּי הוּא אֵינוֹ חַיָּב, כִּי לֹא יָדַע כְּלָל] וְהָרוֹצֵחַ לָקַח אֶת הַבַּת הַקֵּיסָר וְיָדַע, שֶׁבְּוַדַּאי יִרְדְּפוּ אַחֲרָיו וְהָלַךְ מִן הַסְּפִינָה וְטָמַן עַצְמוֹ עִמָּהּ בְּבוֹר שֶׁהָיָה בּוֹ מֵי גְּשָׁמִים, עַד שֶׁיַּעֲבֹר הָרַעַשׁ, וְאֶת הַמַּאטְרָאסִין [מלחים] שֶׁל הַסְּפִינָה צִוָּה, שֶׁתֵּכֶף וּמִיָּד יַחְתְּכוּ הָאַנְקֶירְס [העוגנים] וְיִבְרְחוּ מִיָּד, כִּי בְּוַדַּאי יִרְדְּפוּ אַחֲרֵיהֶם, וּבְוַדַּאי לֹא יִהְיוּ

רוֹבִים אֶל הַסְּפִינָה מֵחֲמַת הַבַּת קֵיסָר, שֶׁהֵם סְבוּרִים, שֶׁהִיא שָׁם בַּסְּפִינָה, רַק שֶׁיִּרְדְּפוּ אֶתְכֶם, וְעַל-כֵּן תִּבְרְחוּ מִיָּד וְאִם יַשִּׂיגוּ אֶתְכֶם- יַשִּׂיגוּ, מַה בְּזֶה? כְּדֶרֶךְ הָרוֹצְחִים, שֶׁאֵינָם מַשְׁגִּיחִין עַל עַצְמָן כְּלָל וְכֵן הָיָה, שֶׁנַּעֲשָׂה רַעַשׁ, וְרָדְפוּ תֵּכֶף אַחֲרֵיהֶם, אַךְ לֹא מְצָאוּהָ שָׁם.

וְהָרוֹצֵחַ הֶחְבִּיא עַצְמוֹ עִמָּהּ בְּבוֹר שֶׁל מֵי גְּשָׁמִים, וְהָיוּ מֻנָּחִים שָׁם וְהָיָה מַפְחִיד אוֹתָהּ, שֶׁלֹּא תִּצְעַק, שֶׁלֹּא יִשְׁמְעוּ בְּנֵי- אָדָם, וְהָיָה אוֹמֵר לָהּ: אֲנִי מָסַרְתִּי נַפְשִׁי בִּשְׁבִילֵךְ כְּדֵי לְתָפְסֵךְ, וְאִם אַפְסִיד אוֹתָךְ, אֵין חַיַּי נֶחֱשָׁבִים אֶצְלִי כְּלוּם מֵאַחַר שֶׁכְּבָר אַתְּ בְּיָדַי, אִם אֶחֱזֹר וְאַפְסִיד אוֹתָךְ וְתִמָּנַע מִמֶּנִּי, אֵין חַיַּי נֶחֱשָׁבִים אֶצְלִי מְאוּמָה כְּלָל, עַל-כֵּן תֵּכֶף שֶׁתִּתֵּן צְעָקָה, אֶחְנֹק אוֹתָךְ מִיָּד, וְיַעֲבֹר עָלַי מָה, כִּי אֵינִי שָׁוֶה בְּעֵינַי כְּלוּם וַתִּירָא לְנַפְשָׁהּ מִפָּנָיו [הַיְנוּ הַבַּת קֵיסָר הָיְתָה יְרֵאָה לִצְעֹק מִפְּנֵי אֵימַת הָרוֹצֵחַ] אַחַר-כָּךְ יָצָא מִשָּׁם עִמָּהּ וְהוֹלִיךְ אוֹתָהּ בָּעִיר, וְהָיוּ הוֹלְכִים וְהוֹלְכִים, וּבָאוּ לְמָקוֹם אַחֵר, וְהֵבִין, שֶׁגַּם שָׁם מְחַפְּשִׂים, וְהֶחְבִּיא עַצְמוֹ עִמָּהּ עוֹד בְּמִקְוֶה, וְכֵן יָצָא מִשָּׁם, וְהָלַךְ וְהֶחְבִּיא עִמָּהּ עוֹד בְּמָקוֹם אַחֵר, עַד שֶׁהָיָה מַחְבִּיא עַצְמוֹ עִמָּהּ בְּכָל הַשִּׁבְעָה מְקוֹמוֹת, שֶׁהֶחְבִּיא הַבֶּערְגִּיר עִם אִמָּהּ כַּנַּ"ל, שֶׁהֵם הַשִּׁבְעָה עֵדִים הַנַּ"ל [הַיְנוּ שִׁבְעָה מִינֵי מַיִם, שֶׁהֵם בּוֹר וּמִקְוֶה וּמַעְיָן וְכוּ' כַּנַּ"ל] עַד אֲשֶׁר בָּא אֶל הַיָּם וְחִפֵּשׂ שָׁם לִמְצֹא עַל-כָּל-פָּנִים סְפִינָה קְטַנָּה שֶׁל צַיָּדֵי דָגִים כְּדֵי לַעֲבֹר עִמָּהּ, וּמָצָא סְפִינָה, וְלָקַח אֶת בַּת הַקֵּיסָר וְהוּא לֹא הָיָה צָרִיךְ אוֹתָהּ, כִּי הָיָה סָרִיס כַּנַּ"ל, אַךְ הָיָה רוֹצֶה לְמָכְרָהּ לְאֵיזֶה מֶלֶךְ, וְהָיָה מִתְיָרֵא פֶּן יִתְפְּסוּ אוֹתָהּ מִמֶּנּוּ וְהָלַךְ וְהִלְבִּישׁ אוֹתָהּ בְּבִגְדֵי מַאטְרָאס, וְנִדְמֵית לְזָכָר וְעָבַר עִמּוֹ בַּיָּם [מִכָּאן וּלְהַלְאָה נְדַבֵּר עַל הַבַּת קֵיסָר בִּלְשׁוֹן זָכָר, כִּי בִּלְשׁוֹן זֶה סִפֵּר רַבֵּנוּ, זִכְרוֹנוֹ לִבְרָכָה, מֵחֲמַת שֶׁהָרוֹצֵחַ הִלְבִּישׁ אוֹתָהּ כְּמוֹ זָכָר] וּבָא רוּחַ סְעָרָה וְנָשָׂא הַסְּפִינָה אֶל הַסְּפָר וְשָׁבַר אֶת הַסְּפִינָה, וּבָאוּ אֶל אוֹתוֹ הַסְּפָר שֶׁהָיָה מִדְבָּר הַנַּ"ל, שֶׁהָיָה שָׁם הַבָּחוּר הַנַּ"ל.

בְּבוֹאָם לְשָׁם, וְהַגַּזְלָן הָיָה בָּקִי בַּדְּרָכִים כְּדַרְכָּם וְיָדַע, שֶׁכָּאן הוּא מָקוֹם.

מִדְבָּר, שֶׁאֵין מַגִּיעִים הַסְּפִינוֹת לְכָאן, עַל-כֵּן לֹא הָיָה מִתְיָרֵא כָּאן מִשּׁוּם אָדָם, וְהִנִּיחָהּ וְהָלְכוּ [הַיְנוּ הָרוֹצֵחַ וּבַת הַקֵּיסָר] זֶה לְכָאן וְזֶה לְכָאן לְבַקֵּשׁ לָהֶם אֹכֶל, וְנִתְרַחֵק מִן הַגַּזְלָן, וְהַגַּזְלָן הָלַךְ בְּדַרְכּוֹ וְרָאָה, וְהִנֵּה אֵינָהּ אֶצְלוֹ וְהִתְחִיל לִצְעֹק אֵלֶיהָ, וְהִיא יָשְׁבָה עַצְמָהּ, וְלֹא הֵשִׁיבָה לוֹ [כִּי אָמְרָה] מֵאַחַר שֶׁסּוֹפִי יִהְיֶה, שֶׁיִּמְכֹּר אוֹתִי לָמָּה לִי לְהָשִׁיב לוֹ? וְאִם יַחֲזֹר וְיַגִּיעַ אֶצְלִי, אָשִׁיב לוֹ, שֶׁלֹּא שָׁמַעְתִּי, בִּפְרָט כִּי אֵין רְצוֹנוֹ לְהָרְגֵנִי, כִּי הוּא צָרִיךְ לִמְכֹּר אוֹתִי; וְלֹא הֵשִׁיבָה אוֹתוֹ, וְהָלְכָה לְהַלָּן וְהוּא, הַגַּזְלָן, מְחַפֵּשׂ אָנֶה וָאָנָה, וְלֹא מְצָאָהּ, וְהָלַךְ לְהַלָּן, וְלֹא מְצָאָהּ, וּמִן הַסְּתָם אֲכָלוּהוּ חַיּוֹת רָעוֹת.

וְהִיא הָלְכָה לְהַלָּן לְהַלָּן, וְהָיְתָה מוֹצֵאת לָהּ אֵיזֶה אֹכֶל וְהָלְכָה, עַד שֶׁהִגִּיעָה אֶל הַמָּקוֹם, שֶׁהָיָה יוֹשֵׁב שָׁם הַבָּחוּר הַנַּ"ל וּכְבָר נִתְגַּדְּלָה בִּשְׂעָרוֹת וְגַם הָיְתָה לְבוּשָׁה כְּמוֹ זָכָר בְּבִגְדֵי מַאטְרָאס כַּנַּ"ל, וְלֹא הִכִּירוּ זֶה אֶת זֶה וְתֵכֶף בְּבוֹאָהּ בָּא לוֹ שִׂמְחָה שֶׁבָּא עוֹד אָדָם וְשָׁאַל אוֹתוֹ: מֵאַיִן בָּאתָ לְכָאן? הֵשִׁיבָה: הָיִיתִי עִם אֵיזֶה סוֹחֵר בַּיָּם וְכוּ' שָׁאֲלָה אוֹתוֹ: מֵאַיִן בָּאתָ אַתָּה לְכָאן? הֵשִׁיב לָהּ: גַּם-כֵּן עַל-יְדֵי אֵיזֶה סוֹחֵר וְכוּ' וְיָשְׁבוּ שָׁם שְׁנֵיהֶם [אֵין הַלָּשׁוֹן מְדֻקְדָּק, כִּי פַּעַם הִיא נִקְרֵאת בִּלְשׁוֹן זָכָר, וּפַעַם-בִּלְשׁוֹן נְקֵבָה].

וְאַחַר שֶׁנִּלְקְחָה בַּת הַקֵּיסָר מִן הַקֵּיסָר כַּנַּ"ל, הָיְתָה הַקֵּיסָרִית מְקוֹנֶנֶת וּמַכָּה רֹאשָׁהּ בַּכֹּתֶל עַל אֲבֵדַת בִּתָּהּ, וְהָיְתָה מְצַעֶרֶת בִּדְבָרִים מְאֹד אֶת הַקֵּיסָר, שֶׁעַל-יְדֵי גַּסּוּתוֹ אִבֵּד אֶת הַבָּחוּר הַנַּ"ל, וְעַתָּה אִבֵּד בִּתָּם [וְאָמְרָה]: הֲלֹא הִיא הָיְתָה כָּל הַמַּזָּל וְהַצְלָחָה שֶׁלָּנוּ, וְאִבַּדְנוּ אוֹתָהּ וּמַה יֵּשׁ לִי עוֹד הַיּוֹם? וְהָיְתָה מְצַעֶרֶת אוֹתוֹ מְאֹד וּבְוַדַּאי גַּם אֵלָיו בְּעַצְמוֹ הָיָה צַר מְאֹד עַל אֲבֵידַת בִּתּוֹ, וְעוֹד הָיְתָה הַקֵּיסָרִית מְצַעֶרֶת וּמְכַעֶסֶת אוֹתוֹ מְאֹד, וְנַעֲשׂוּ קְטָטוֹת וּכְעָסִים בֵּינֵיהֶם וְהָיְתָה מְדַבֶּרֶת לוֹ דְּבָרִים רָעִים, עַד שֶׁהִכְעִיסָה אוֹתוֹ מְאֹד, עַד אֲשֶׁר אָמַר לְשַׁלְּחָהּ וְהוֹשִׁיב דַּיָּנִים, וּפָסְקוּ לְשַׁלְּחָהּ, וְשִׁלְּחוּהָ, [שֶׁקּוֹרִין פַּאר שִׁיקְט] אַחַר-כָּךְ הָיָה הַקֵּיסָר שׁוֹלֵחַ לַמִּלְחָמָה, וְלֹא הָיָה מַצְלִיחַ, וְהָיָה תּוֹלֶה הַדָּבָר בְּאֵיזֶה יֶעדְנִירַאל, שֶׁבִּשְׁבִיל שֶׁעָשִׂיתָ כָּךְ עַל- יְדֵי זֶה אִבַּדְתָּ הַמִּלְחָמָה וְשִׁלַּח אוֹתוֹ אַחַר-

כָּךְ שָׁלַח עוֹד לַמִּלְחָמָה, וְלֹא הִצְלִיחַ וְשָׁלַח עוֹד יֶעדְנִירַאלִין [הַיְנוּ פֶּר שִׁיקְט], וְכֵן שָׁלַח כַּמָּה יֶעדְנִירַאלִין וְרָאוּ בְּנֵי הַמְּדִינָה, שֶׁעוֹשֶׂה דְּבָרִים זָרִים: בִּתְחִלָּה שָׁלַח הַקֵּיסָרִית, אַחַר- כָּךְ יֶעדְנִירַאלִין, וְיָשְׁבוּ עַצְמָן: אֶפְשָׁר לְהֶפֶךְ: לִשְׁלֹחַ אַחַר הַקֵּיסָרִית, וְאוֹתוֹ יִשְׁלְחוּ, וְהַקֵּיסָרִית תִּנְהַג הַמְּדִינָה וְכֵן עָשׂוּ וְשִׁלְּחוּ אֶת הַקֵּיסָר, וְהֵשִׁיבוּ אֶת הַקֵּיסָרִית, וְהִיא נָהֲגָה הַמְּדִינָה.

וְהַקֵּיסָרִית שָׁלְחָה תֵּכֶף לְהַחֲזִיר אֶת הַבֶּערְגֶּיר עִם אִשְׁתּוֹ הַבֶּערְגֶּירִין וְהִכְנִיסָה אוֹתוֹ בַּפַּלְטִין [ארמון] שֶׁלָּהּ וְהַקֵּיסָר, כְּשֶׁהָיָה נִשְׁלָח, עָמַד וּבִקֵּשׁ מֵהַמּוֹלִיכִים אוֹתוֹ שֶׁיַּנִּיחוּהוּ, כִּי אַף-עַל-פִּי-כֵן הָיִיתִי קֵיסָר שֶׁלָּכֶם, וּבְוַדַּאי עָשִׂיתִי לָכֶם טוֹבוֹת, עַתָּה חָנּוּנִי נָא בְּזֹאת וְהַנִּיחוּ אוֹתִי לֵילֵךְ, כִּי בְּוַדַּאי לֹא אָשׁוּב אֶל הַמְּדִינָה עוֹד, וְאֵין לָכֶם לְהִתְיָרֵא הַנִּיחוּ לִי וְאֵלֵךְ וְאֶהְיֶה עַל-כָּל-פָּנִים חָפְשִׁי יְמֵי חַיַּי שֶׁיֵּשׁ לִי לִחְיוֹת וְהִנִּיחוּ אוֹתוֹ וְהָיָה הוֹלֵךְ וְהוֹלֵךְ בֵּין כָּךְ וּבֵין כָּךְ עָבְרוּ כַּמָּה שָׁנִים, וְהָיָה הוֹלֵךְ וְהוֹלֵךְ הַקֵּיסָר וּבָא עַל הַיָּם וְנָשָׂא גַּם-כֵּן הָרוּחַ אֶת הַסְּפִינָה וּבָא גַּם-כֵּן אֶל הַמִּדְבָּר הַנַּ"ל, עַד שֶׁבָּא אֶל הַמָּקוֹם שֶׁיּוֹשְׁבִים שָׁם אֵלּוּ הַשְּׁנַיִם הַנַּ"ל [הַיְנוּ הַבָּחוּר בֶּן הַבֶּערְגֶּיר וּבִתּוֹ הַיְפַת-תֹּאַר, שֶׁלְּבוּשָׁהּ בְּבִגְדֵי זָכָר כַּנַּ"ל] וְלֹא הִכִּירוּ זֶה אֶת זֶה, כִּי כְּבָר נִתְגַּדֵּל הַקֵּיסָר בִּשְׂעָרוֹת וּכְבָר עָבְרוּ כַּמָּה שָׁנִים וְכֵן הֵם גַּם- כֵּן כְּבָר נִתְגַּדְּלוּ בִּשְׂעָרוֹת, כַּנַּ"ל וְשָׁאֲלוּ אוֹתוֹ: מֵאַיִן בָּאתָ לְכָאן? וְהֵשִׁיב לָהֶם: עַל-יְדֵי סוֹחֵר וְכוּ', וְכֵן הֵם הֵשִׁיבוּ לוֹ וְכוּ' וְיָשְׁבוּ שָׁם אֵלּוּ הַנַּ"ל יַחַד, וְהָיוּ אוֹכְלִים וְשׁוֹתִים כַּנַּ"ל וְהָיוּ מְנַגְּנִים בִּכְלֵי-שִׁיר, כִּי כֻּלָּם הָיוּ יְכוֹלִים לְנַגֵּן, כִּי זֶה קֵיסָר, וְכֵן הֵם יָכְלוּ גַּם-כֵּן לְנַגֵּן כַּנַּ"ל.

וְהוּא, הַבָּחוּר הַנַּ"ל, הָיָה הַבְּרִיֶּה [זריז ומוצלח] בֵּינֵיהֶם, כִּי כְּבָר הָיָה שָׁם מִכְּבָר וְהָיָה מֵבִיא לָהֶם בָּשָׂר וְאָכְלוּ וְהָיוּ שׂוֹרְפִים שָׁם עֵצִים, שֶׁהָיוּ יְקָרִים מִן זָהָב בַּיִּשּׁוּב, וְהָיָה אוֹתוֹ הַבָּחוּר הַנַּ"ל מוֹכִיחַ לָהֶם [לְשׁוֹן הוֹכָחָה וּבֵרוּר דְּבָרִים], שֶׁכָּאן טוֹב לְבַלּוֹת יְמֵי חַיֵּיהֶם כְּפִי הַטּוֹב שֶׁיֵּשׁ לִבְנֵי-אָדָם בָּעוֹלָם בַּיִּשּׁוּב, טוֹב לִפְנֵיהֶם לֵישֵׁב כָּאן לְבַלּוֹת כָּאן יְמֵי חַיֵּיהֶם שֶׁאֲלוּ אוֹתוֹ: מַה טּוֹב הָיָה לְךָ, שֶׁאַתָּה אוֹמֵר, שֶׁכָּאן

טוֹב יוֹתֵר לְפָנֶיךָ? הֵשִׁיב לָהֶם וְסִפֵּר לִפְנֵיהֶם מַה שֶּׁעָבַר עָלָיו שֶׁהָיָה בֶּן בֶּערְגֶיר וְכוּ', עַד שֶׁבָּא לְכָאן, וּמֶה הָיָה לוֹ בָּזֶה שֶׁהוּא בֶּן בֶּערְגֶיר, שֶׁהָיָה לוֹ כָּל טוּב, גַּם כָּאן יֵשׁ לוֹ כָּל טוּב וְהוֹכִיחַ לָהֶם, שֶׁטּוֹב לְבַלּוֹת כָּאן יְמֵי חַיֵּיהֶם.

שְׁאָלוֹ הַקֵּיסָר הַזֶּה הַנַּ"ל: הֲשָׁמַעְתָּ מֵאוֹתוֹ הַקֵּיסָר? הֵשִׁיב לוֹ שֶׁשָּׁמַע שֶׁשָּׁאַל אוֹתוֹ עַל הַיְפַת-תֹּאַר, אִם שָׁמַע מִמֶּנָּה הֵשִׁיב לוֹ גַּם- כֵּן: הֵן וְהִתְחִיל הַבָּחוּר לְהִתְרַגֵּז וְאָמַר: זֶה הָרוֹצֵחַ! [הַיְנוּ אוֹתוֹ הַקֵּיסָר הַנַּ"ל שֶׁדִּבְּרוּ מִמֶּנּוּ, כִּי הוּא לֹא יָדַע, שֶׁזֶּה שֶׁמְּדַבֵּר עִמּוֹ הוּא הוּא הַקֵּיסָר בְּעַצְמוֹ וְהָיָה הַבָּחוּר אוֹמֵר בְּכַעַס כְּחוֹרֵק בְּשִׁנָּיו עָלָיו וְאָמַר בְּכַעַס זֶה הָרוֹצֵחַ] וּשְׁאָלוֹ [הַיְנוּ זֶה הַקֵּיסָר, שֶׁנִּדְמָה לְאִישׁ אַחֵר, שָׁאַל לְהַבָּחוּר]: מִפְּנֵי מָה הוּא רוֹצֵחַ? הֵשִׁיב לוֹ: בִּשְׁבִיל אַכְזָרִיּוּת שֶׁלּוֹ וְגַסּוּתוֹ בָּאתִי לְכָאן שְׁאָלוֹ: וְאֵיךְ? וְיִשֵּׁב עַצְמוֹ הַבָּחוּר, שֶׁבְּכָאן אֵין לוֹ מִמִּי לְהִתְיָרֵא, וְהִגִּיד לוֹ וְסִפֵּר לוֹ כָּל אוֹתוֹ הַמְּאֹרָע שֶׁעָבַר עָלָיו [נִרְאִין הַדְּבָרִים, שֶׁבִּתְחִלָּה לֹא סִפֵּר לוֹ גּוּף הַמַּעֲשֶׂה, רַק שֶׁהָיָה בֶּן בֶּערְגֶער] שְׁאָלוֹ: אִם הָיָה זֶה הַקֵּיסָר בָּא לְיָדְךָ הָיִיתָ נוֹקֵם בּוֹ עַכְשָׁו? הֵשִׁיב לוֹ: לָאו [כִּי הוּא הָיָה רַחֲמָן] אַדְּרַבָּא! הָיִיתִי מְפַרְנְסוֹ כְּמוֹ שֶׁאֲנִי מְפַרְנֵס אוֹתְךָ שׁוּב הִתְחִיל הַקֵּיסָר לְהִתְאַנֵּחַ וְלִגְנֹחַ: כַּמָּה שֵׂיבָה רָעָה וּמָרָה לְהַקֵּיסָר הַזֶּה, כִּי שָׁמַע, שֶׁהַיְפַת-תֹּאַר שֶׁלּוֹ נֶאֶבְדָה, וְהוּא נִשְׁלַח! וַיֹּאמֶר, עוֹד אוֹתוֹ הַבָּחוּר: בִּשְׁבִיל אַכְזָרִיּוּתוֹ וְגַדְלוּת שֶׁלּוֹ אִבֵּד אֶת עַצְמוֹ וְאֶת בִּתּוֹ, וַאֲנִי נִשְׁלַכְתִּי לְכָאן; הַכֹּל עַל- יָדוֹ! שְׁאָלוֹ עוֹד [הַיְנוּ הַקֵּיסָר לְהַבָּחוּר]: אִם הָיָה בָּא לְיָדְךָ הָיִיתָ נוֹקֵם בּוֹ? הֵשִׁיב לוֹ: לָאו! אַדְּרַבָּא! הָיִיתִי מְפַרְנְסוֹ מַמָּשׁ כְּמוֹ שֶׁאֲנִי מְפַרְנֵס אוֹתְךָ וַיִּתְוַדַּע הַקֵּיסָר אֵלָיו וְהוֹדִיעוֹ, שֶׁהוּא בְּעַצְמוֹ הוּא הַקֵּיסָר הַנַּ"ל, וּמַה שֶּׁעָבַר עָלָיו וְכוּ' וְנָפַל עָלָיו [הַבָּחוּר הַנַּ"ל] וְחִבְּקוֹ וּנְשָׁקוֹ וְהִיא [הַיְנוּ הַיְפַת-תֹּאַר, שֶׁהָיְתָה גַּם-כֵּן שָׁם, רַק שֶׁהָיְתָה נִדְמֵית לְזָכָר] שָׁמְעָה כָּל זֹאת, מַה שֶּׁאֵלּוּ מְדַבְּרִים זֶה לָזֶה.

וְהַבָּחוּר הַנַּ"ל הָיָה דַּרְכּוֹ לֵילֵךְ בְּכָל יוֹם וְעָשָׂה לוֹ סִימָן בִּשְׁלֹשָׁה אִילָנוֹת, כִּי הָיָה שָׁם אַלְפֵי אֲלָפִים אִילָנוֹת, וּבִקֵּשׁ שָׁם הַכְּתָב הַנַּ"ל [הַיְנוּ בִּשְׁלֹשָׁה אִילָנוֹת מֵהֶם] וְעָשָׂה בָּהֶם

סִימָן כְּדֵי שֶׁלְּמָחָר לֹא יִצְטָרֵךְ לִבְדֹּק וּלְחַפֵּשׂ בְּאֵלּוּ הַשְּׁלֹשָׁה אִילָנוֹת כְּלֵי הַאי וְאוּלַי יִמְצָא אוֹתוֹ הַכְּתָב הַנַּ"ל וּכְשֶׁהָיָה חוֹזֵר מִשָּׁם, הָיָה בָּא עִם עֵינַיִם בְּכוּיוֹת מֵחֲמַת שֶׁהָיָה בּוֹכֶה, כְּשֶׁבִּקֵּשׁ וְלֹא מָצָא שָׁאֲלוּ אוֹתוֹ: מָה אַתָּה מְבַקֵּשׁ בְּאֵלּוּ הָאִילָנוֹת כַּנַּ"ל, וְאַחַר-כָּךְ אַתָּה חוֹזֵר וְעֵינֶיךָ בְּכוּיוֹת? הֵשִׁיב לָהֶם וְסִפֵּר לָהֶם כָּל אוֹתוֹ הַמַּעֲשֶׂה, שֶׁבַּת הַקֵּיסָר שָׁלְחָה לוֹ כְּתָב וְכוּ', וְטָמַן אוֹתוֹ בְּאֵלּוּ אִילָנוֹת, וּבָא רוּחַ סְעָרָה וְכוּ', כַּנַּ"ל, וְעַתָּה הוּא מְבַקֵּשׁ אוּלַי יִמְצָא אָמְרוּ לוֹ: לְמָחָר, כְּשֶׁתֵּלֵךְ לְבַקֵּשׁ, נֵלֵךְ גַּם-כֵּן עִמְּךָ, אוּלַי נִמְצָא אֲנַחְנוּ אוֹתוֹ הַכְּתָב וְכֵן הָיָה, וְהָלְכוּ הֵם עִמּוֹ גַּם-כֵּן, וּמָצְאָה הַבַּת קֵיסָר אֶת אוֹתוֹ הַכְּתָב בְּאִילָן, וּפָתְחָה אוֹתוֹ וְרָאֲתָה, שֶׁהוּא כְּתַב-יָדָהּ מַמָּשׁ.

חָשְׁבָה בְּדַעְתָּהּ: אִם תַּגִּיד לוֹ תֵּכֶף שֶׁהִיא הִיא, כְּשֶׁתַּחֲזֹר וְתִפְשֹׁט אֵלּוּ.

הַמַּלְבּוּשִׁים וְתַחֲזֹר לְיָפְיָהּ וְתִהְיֶה שׁוּב יְפַת-תֹּאַר כְּמִקֹּדֶם יוּכַל לִפֹּל וְלִגְוֹעַ, וְהִיא רוֹצָה שֶׁיִּהְיֶה בְּכַשְׁרוּת כַּדָּת וְהָלְכָה וְהֶחֱזִירָה לוֹ הַכְּתָב, וְאָמְרָה לוֹ, שֶׁמָּצְאָה הַכְּתָב וְתֵכֶף נָפַל חַלָּשׁוּת וְהֶחֱיוּ וְהִבְרִיאוּ אוֹתוֹ, וְהָיָה בֵּינֵיהֶם שִׂמְחָה גְּדוֹלָה.

אַחַר-כָּךְ אָמַר אוֹתוֹ הַבָּחוּר: לָמָּה לִי הַכְּתָב? הֵיכָן אֶמְצָאָהּ? כִּי בְּהֶכְרֵחַ הִיא עַכְשָׁו אֵצֶל אֵיזֶה מֶלֶךְ, וְלָמָּה לִי זֹאת? אֲבַלֶּה כָּאן יְמֵי חַיַּי! וְהֵשִׁיב לָהּ הַכְּתָב וְאָמַר לָהּ: הֵא לָךְ הַכְּתָב וְתֵלֵךְ וְתִשָּׂאֶנָּה [כִּי הִיא נִדְמֵית לְזָכָר כַּנַּ"ל] וְרָצְתָה לֵילֵךְ וּבִקְּשָׁה מִמֶּנּוּ, שֶׁיֵּלֵךְ עִמָּהּ גַּם-כֵּן, כִּי הוּא בְּוַדַּאי יִקַּח אוֹתָהּ, וְהָיָה הַטּוֹב הַהוּא, אֲשֶׁר יִהְיֶה לִי, אֶתֵּן לְךָ חֵלֶק גַּם-כֵּן [הַיְנוּ שֶׁהַבַּת קֵיסָר, שֶׁנִּדְמֵית לְזָכָר, אָמְרָה אֶל הַבָּחוּר, שֶׁלֹּא יָדַע שֶׁהִיא בְּעַצְמָהּ הִיא הַיְפַת-תֹּאַר הַנַּ"ל, שֶׁיֵּלֵךְ עִמּוֹ גַּם-כֵּן, וְהוּא בְּוַדַּאי יִקַּח אֶת הַיְפַת- תֹּאַר וְיֵיטַב עִם הַבָּחוּר גַּם- כֵּן] וְהַבָּחוּר רָאָה, שֶׁהוּא אִישׁ חָכָם [הַיְנוּ הַבַּת קֵיסָר, שֶׁאָנוּ מְדַבְּרִים עָלֶיהָ בִּלְשׁוֹן זָכָר כַּנַּ"ל], וּבְוַדַּאי יַשִּׂיג וְיִקַּח אוֹתָהּ, וְנִתְרַצָּה לֵילֵךְ עִמּוֹ וְהַקֵּיסָר הַנַּ"ל הָיָה נִשְׁאָר לְבַדּוֹ, כִּי הוּא הָיָה יָרֵא לָשׁוּב אֶל הַמְּדִינָה, וּבִקְּשָׁה מִמֶּנּוּ שֶׁיֵּלֵךְ גַּם-כֵּן, כִּי מֵאַחַר שֶׁהוּא יָשׁוּב וְיִקַּח הַיְפַת-תֹּאַר, אֵין לוֹ אֵימָה עוֹד [כִּי

יֶחְזַר הַמַּזָּל] וְיוּכַל לַהֲשִׁיבוֹ גַּם-כֵּן וְהָלְכוּ אֵלּוּ הַשְּׁלשָׁה יַחַד, וְשָׂכְרוּ לָהֶם סְפִינָה וּבָאוּ אֶל הַמְּדִינָה, שֶׁיּוֹשֶׁבֶת שָׁם.

הַקֵּיסָרִית, וּבָאוּ אֶל אוֹתוֹ הָעִיר, שֶׁהִיא יוֹשֶׁבֶת שָׁם, וְהֶעֱמִידוּ הַסְּפִינָה, וְיָשְׁבָה עַצְמָהּ [בַּת הַקֵּיסָר]: אִם תּוֹדִיעַ תֵּכֶף לְאִמָּהּ, שֶׁבָּאתָה תּוּכַל לִגְוֹעַ וְשָׁלְחָה אֶצְלָהּ בַּאֲשֶׁר שֶׁנִּמְצָא אִישׁ, שֶׁיּוֹדֵעַ יְדִיעָה מִבִּתָּהּ אַחַר-כָּךְ הָלְכָה בְּעַצְמָהּ וְסִפְּרָה לְהַקֵּיסָרִית כָּל מַה שֶּׁעָבַר עַל בִּתָּהּ, וְסִפְּרָה לָהּ כָּל הַמַּעֲשֶׂה, וּלְבַסּוֹף אָמְרָה לָהּ: וְהִיא גַּם-כֵּן בְּכָאן אַחַר-כָּךְ אָמְרָה לָהּ הָאֱמֶת: אֲנִי אֲנִי הִיא, וְהוֹדִיעָה לָהּ, שֶׁגַּם הֶחָתָן שֶׁלָּהּ, בֶּן הַבֶּערְגֶיר, הוּא גַּם-כֵּן בְּכָאן, אַךְ אָמְרָה לָהּ, שֶׁאֵינָהּ רוֹצָה בְּאֹפֶן אַחֵר, רַק שֶׁיָּשִׁיבוּ אֶת אָבִיהָ הַקֵּיסָר לִמְקוֹמוֹ, וְאִמָּהּ לֹא הָיְתָה מְרֻצֵּית לָזֶה כְּלָל, כִּי חָרָה לָהּ עָלָיו מְאֹד עַל שֶׁבִּשְׁבִילוֹ הָיָה כָּל הַנַּ"ל, אַךְ אַף-עַל-פִּי-כֵן הֻכְרְחָה לְמַלְּאוֹת רְצוֹן בִּתָּהּ וְרָצוּ לַהֲשִׁיבוֹ וַיְבַקְשׁוּ וְהִנֵּה אֵין הַקֵּיסָר נִמְצָא כְּלָל וְהִגִּידָה לָהּ בִּתָּהּ, שֶׁגַּם הוּא בְּכָאן, וְהָיְתָה הַחֲתֻנָּה וְהַשִּׂמְחָה בִּשְׁלֵמוּת, וְהַמְּלוּכָה וְהַקֵּיסָרִית קִבְּלוּ הַזּוּג הַזֶּה וּמָלְכוּ בְּכִפָּה.

גַּם אַחַר-כָּךְ לֹא הָיָה לְהַקֵּיסָר הַזָּקֵן גְּדֻלָּה, כִּי הַכֹּל הָיָה עַל-יָדוֹ הַמַּאטְרָאס טָפְחוּ טָפְחוּ אוֹתוֹ עַל פָּנָיו וּדְחָפוּהוּ הַבֶּערְגֶיר הָיָה לוֹ גְּדֻלָּה מְאֹד [כִּי הוּא] אֲבִי הַקֵּיסָר, שֶׁהוּא הָעִקָּר.

בְּלוֹט כְּתִיב [בְּרֵאשִׁית יט]: הָהָרָה הִמָּלֵט, הַיְנוּ בֶּערְגֶיר, וּמִמֶּנּוּ נוֹלַד מָשִׁיחַ, שֶׁיָּבוֹא בִּמְהֵרָה בְּיָמֵינוּ, אָמֵן.

יִשְׂרָאֵל הָיָה לָהֶם סִימָנִים בְּמִצְרַיִם [שְׁמוֹת ג]: "פָּקֹד פָּקַדְתִּי" מִי שֶׁיֹּאמַר לָהֶם זֶה הַלָּשׁוֹן, הוּא הַגּוֹאֵל וְהַדָּבָר תָּמוּהַּ: מֵאַחַר שֶׁיָּדְעוּ כָּל יִשְׂרָאֵל מִזֶּה, אִם-כֵּן מַהוּ הַסִּימָן? אֶפְשָׁר לֹא נִמְסַר אֶלָּא לַזְּקֵנִים, וְגַם עַל הַגּוֹאֵל הָאַחֲרוֹן בְּוַדַּאי יֵשׁ סִימָנִים מָשִׁיחַ יַגִּיד לְיִשְׂרָאֵל כָּל מַה שֶּׁעָבַר עַל יִשְׂרָאֵל בְּכָל יוֹם וָיוֹם עַל כָּל אֶחָד וְאֶחָד מִיִּשְׂרָאֵל בִּפְרָט תָּמָר אִבְּדָה גַּם-כֵּן הַסִּימָנִים, כַּמּוּבָא בַּמִּדְרָשׁ [מִדְרָשׁ- רַבָּה פָּרָשַׁת בְּרֵאשִׁית פָּרָשָׁה פ"ה] גַּם כְּשֶׁהָיְתָה יוֹצֵאת לִשָּׂרֵף, בָּא הַס"מ [הַסָּמֶ"ךְ-מֵ"ם] וְהִרְחִיק מִמֶּנָּה הַסִּימָנִים, וּבָא גַּבְרִיאֵל וְקֵרְבָן, כְּמוֹ שֶׁנֶּאֱמַר בַּמִּדְרָשׁ, וּמִמֶּנָּה נוֹלַד מָשִׁיחַ, שֶׁיָּבוֹא בִּמְהֵרָה בְּיָמֵינוּ אָמֵן בָּעִנְיָן הַמְבֹאָר בְּמַעֲשֶׂה זוֹ, שֶׁכָּל אֶחָד בָּא

סיפורי מעשיות — מעשה י׳ — מוהר"ן

עִם שִׁיר שֶׁל חֵשֶׁק, וְלִקְצָתָם וְכוּ׳, הַנִּמְשָׁל מוּבָן, שֶׁכְּמוֹ כֵן כַּמָּה גְּדוֹלִים עוֹשִׂים מַה שֶּׁעוֹשִׂים, וְכָל אֶחָד אוֹמֵר שִׁירִים וְכַיּוֹצֵא וְרוֹצִים לְהַשִּׂיג תַּכְלִית הַמְבֻקָּשׁ, וְאֵין מִי שֶׁזּוֹכֶה לְעִקַּר הַתַּכְלִית הָאֲמִתִּי בִּשְׁלֵמוּת, כִּי אִם הָרָאוּי לָזֶה, וְלִקְצָתָם מְשִׁיבִים עַל-יְדֵי שָׁלִיחַ אוֹ מֵאֲחוֹרֵי הַכֹּתֶל אוֹ שֶׁמַּרְאִים לָהֶם פָּנִים וְכוּ׳, כַּמְבֹאָר בְּהַמַּעֲשֶׂה הַנַּ"ל, אַךְ לַסּוֹף, הַיְנוּ כְּשֶׁמִּסְתַּלְּקִים, מְשִׁיבִים לָהֶם, שֶׁעֲדַיִן לֹא עָשׂוּ כְּלוּם וְכוּ׳, כְּמוֹ שֶׁכָּתוּב שָׁם בַּמַּעֲשֶׂה סוֹף הַתְּשׁוּבָה, שֶׁמְּשִׁיבָה הַיְפַת-תֹּאַר, עַיֵּן שָׁם, עַד שֶׁיָּבוֹא הַמַּנְהִיג הַנָּכוֹן וְכוּ׳.

מעשה י"א מבן מלך ובן השפחה שנתחלפו

מַעֲשֶׂה בְּמֶלֶךְ אֶחָד, שֶׁהָיְתָה שִׁפְחָה אַחַת בְּבֵיתוֹ, שֶׁהָיְתָה מְשַׁמֶּשֶׁת אֶת הַמַּלְכָּה [וּמִסְתָמָא מְבַשֶּׁלֶת אֵינָהּ רַשָּׁאָה לִכָּנֵס אֶל הַמֶּלֶךְ, אַךְ הָיְתָה אֵיזֶה שִׁפְחָה מְשָׁרֶתֶת קְטַנָּה בְּמַעֲלָה] וְהִגִּיעַ זְמַן לֵדָתָהּ שֶׁל הַמַּלְכָּה, וְגַם הַשִּׁפְחָה הַנַּ"ל הִגִּיעַ זְמַן לֵדָתָהּ בְּאוֹתוֹ הָעֵת וְהָלְכָה הַמְיַלֶּדֶת וְהֶחֱלִיפָה הַוְּלָדוֹת לְמַעַן תִּרְאֶה מַה יִּצְמַח מִזֶּה וְאֵיךְ יִפֹּל דָּבָר וְהֶחֱלִיפָה הַוְּלָדוֹת, וְהִנִּיחָה בֶּן הַמֶּלֶךְ אֵצֶל הַשִּׁפְחָה וּבֶן הַשִּׁפְחָה אֵצֶל הַמַּלְכָּה.
וְאַחַר-כָּךְ הִתְחִילוּ אֵלּוּ הַבָּנִים לְהִתְגַּדֵּל וּבֶן הַמֶּלֶךְ [הַיְנוּ זֶה שֶׁנִּתְגַּדֵּל אֵצֶל הַמֶּלֶךְ, כִּי הָיוּ סוֹבְרִים, שֶׁהוּא בֶּן הַמֶּלֶךְ] הָיוּ מְגַדְּלִים אוֹתוֹ מִמַּעְלָה לְמַעְלָה, עַד שֶׁהָיָה הוֹלֵךְ וְגָדוֹל וְהָיָה בְּרִיָּה גְּדוֹלָה, וְגַם אוֹתוֹ בֶּן הַשִּׁפְחָה [הַיְנוּ בֶּן הַמֶּלֶךְ בֶּאֱמֶת, אַךְ נִתְגַּדֵּל אֵצֶל הַשִּׁפְחָה כַּנַּ"ל] נִתְגַּדֵּל בְּבֵיתוֹ, וּשְׁנֵיהֶם הָיוּ לוֹמְדִים יַחַד בְּחֶדֶר אֶחָד וְזֶה הַבֶּן מֶלֶךְ הָאֲמִתִּי, שֶׁנִּקְרָא בֶּן הַשִּׁפְחָה, הָיָה טִבְעוֹ נִמְשָׁךְ לְנִמּוּס הַמַּלְכוּת, אַךְ שֶׁהָיָה נִתְגַּדֵּל בְּבֵית הָעֶבֶד, וּלְהֵפֶךְ: בֶּן הַשִּׁפְחָה, שֶׁנִּקְרָא בֶּן הַמֶּלֶךְ, הָיָה טִבְעוֹ נִמְשָׁךְ לְנִמּוּס אַחֵר שֶׁלֹּא כְּנִמּוּס הַמֶּלֶךְ, אַךְ שֶׁהָיָה נִתְגַּדֵּל בְּבֵית הַמֶּלֶךְ וְהָיָה מֻכְרָח לְהִתְנַהֵג בְּנִמּוּס הַמַּלְכוּת, שֶׁהָיוּ מְגַדְּלִים אוֹתוֹ בְּנִמּוּס זֶה.
וְהַמְיַלֶּדֶת הַנַּ"ל, מֵחֲמַת שֶׁנָּשִׁים דַּעְתָּן קַלּוֹת, הָלְכָה וְגִלְּתָה הַסּוֹד לְאֶחָד, אֵיךְ שֶׁהֶחֱלִיפָה הַבָּנִים, כַּנַּ"ל, וְחַבְרָא חַבְרָא אִית לֵהּ, עַד שֶׁנִּתְגַּלָּה הַסּוֹד מֵאֶחָד לַחֲבֵרוֹ, כְּדֶרֶךְ הָעוֹלָם, עַד שֶׁהָיוּ הָעוֹלָם מְרַנְּנִים בָּזֶה, אֵיךְ שֶׁנֶּחֱלַף הַבֶּן מֶלֶךְ, אֲבָל אֵין רַשָּׁאִים לְדַבֵּר מִזֶּה שֶׁלֹּא יִתְגַּלֶּה לַמֶּלֶךְ, כִּי בְּוַדַּאי אֵין רַשָּׁאִים שֶׁיֵּדַע הַמֶּלֶךְ מִזֶּה, כִּי מַה יַּעֲשֶׂה הַמֶּלֶךְ בָּזֶה, כִּי אֵין תַּקָּנָה לָזֶה, כִּי אִי-אֶפְשָׁר לְהַאֲמִין, אוּלַי הוּא שֶׁקֶר, וְאֵיךְ אֶפְשָׁר לַחֲזֹר וּלְהַחֲלִיף? וְעַל-כֵּן בְּוַדַּאי אָסוּר לָהֶם לְגַלּוֹת זֹאת לַמֶּלֶךְ, רַק הָעָם הָיוּ מְרַנְּנִים בֵּינֵיהֶם עַל זֶה וַיְהִי הַיּוֹם, וְהָלַךְ אֶחָד וְגִלָּה הַסּוֹד בְּאָזְנֵי הַבֶּן מֶלֶךְ, אֵיךְ שֶׁאוֹמְרִים עָלָיו, שֶׁנֶּחֱלַף כַּנַּ"ל, אַךְ אִי-אֶפְשָׁר לְךָ לַחְקֹר עַל זֶה, כִּי אֵין זֶה

כְּבוֹדְךָ וְאִי-אֶפְשָׁר לְךָ לַחֲקֹר זֹאת כְּלָל, אַךְ הוֹדַעְתִּי לְךָ זֹאת, כִּי אוּלַי יִהְיֶה קֶשֶׁר כְּנֶגֶד הַמְּלוּכָה, וְיוּכַל הַקֶּשֶׁר לְהִתְחַזֵּק עַל-יְדֵי-זֶה, כִּי יֹאמְרוּ, שֶׁהֵם לוֹקְחִים לְעַצְמָם הַבֵּן מֶלֶךְ לְמֶלֶךְ, הַיְנוּ אוֹתוֹ שֶׁאוֹמְרִים עָלָיו שֶׁהוּא הַבֵּן מֶלֶךְ הָאֲמִתִּי כַּנַּ"ל, עַל-כֵּן אַתָּה צָרִיךְ לַחֲשֹׁב מַחֲשָׁבוֹת עַל הַבֵּן הַנַּ"ל לְהַעֲבִירוֹ [כָּל זֶה הוּא דִּבְרֵי אוֹתוֹ הָאִישׁ, שֶׁגִּלָּה הַסּוֹד לְבֶן הַשִּׁפְחָה, הַנִּקְרָא בֶּן הַמֶּלֶךְ].

וְהָלַךְ זֶה הַבֵּן מֶלֶךְ [הַיְנוּ זֶה שֶׁנִּקְרָא בֶּן מֶלֶךְ, וְהַכְּלָל: בְּכָל מָקוֹם, שֶׁנִּזְכָּר כָּאן בֶּן הַמֶּלֶךְ סְתָם, הַכַּוָּנָה עַל הַנֶּחֱלַף, הַיְנוּ שֶׁהוּא בֶּאֱמֶת בֶּן הַשִּׁפְחָה, רַק שֶׁנִּקְרָא בֶּן הַמֶּלֶךְ, כִּי נִתְגַּדֵּל אֵצֶל הַמֶּלֶךְ כַּנַּ"ל וְכֵן בְּבֶן הַשִּׁפְחָה; בְּמָקוֹם שֶׁנִּזְכָּר בֶּן הַשִּׁפְחָה רַק בְּמָקוֹם שֶׁנִּזְכָּר בֶּן הַמֶּלֶךְ הָאֱמֶת אוֹ בֶּן הַשִּׁפְחָה הָאֱמֶת, אָז הַכַּוָּנָה עַל הָאֱמֶת לַאֲמִתּוֹ] וְהִתְחִיל לִגְרֹם רָעוֹת לַאֲבִי הַבֵּן הַנַּ"ל [אֲשֶׁר בֶּאֱמֶת הוּא אָבִיו כַּנַּ"ל] וְשָׂם עֵינוֹ לִהְיוֹת רוֹבֶה בּוֹ רָעוֹת תָּמִיד, וְהָיָה תָּמִיד גּוֹרֵם לוֹ רָעוֹת רָעָה אַחַר רָעָה, כְּדֵי שֶׁיִּבְרַח לַעֲקֹר עִם בְּנוֹ וְכָל זְמַן שֶׁהָיָה הַמֶּלֶךְ חַי עֲדַיִן, לֹא הָיָה לוֹ מֶמְשָׁלָה כָּל-כָּךְ, אַף-עַל-פִּי-כֵן הָיָה גּוֹרֵם לוֹ רָעוֹת וְאַחַר-כָּךְ נִזְקַן הַמֶּלֶךְ וּמֵת, וְלָקַח הוּא אֶת הַמְּלוּכָה [הַיְנוּ הַבֵּן הַשִּׁפְחָה שֶׁנֶּחֱלַף וְנִקְרָא עַתָּה בֶּן מֶלֶךְ כַּנַּ"ל] וְאָז עָשָׂה רָעוֹת יוֹתֵר לַאֲבִי הַבֵּן הַנַּ"ל, רָעָה אַחַר רָעָה, וְהָיָה עוֹשֶׂה בְּדֶרֶךְ עָרְמָה, בְּאֹפֶן שֶׁלֹּא יָבִינוּ הָעוֹלָם, שֶׁהוּא עוֹשֶׂה לוֹ רָעוֹת, כִּי אֵין זֶה נָאֶה בִּפְנֵי הֶהָמוֹן, רַק הָיָה מַעֲלִים הַדָּבָר, וְגָרַם לוֹ רָעוֹת תָּמִיד וְהֵבִין אֲבִי הַבֵּן הַנַּ"ל, שֶׁהוּא עוֹשֶׂה לוֹ רָעוֹת בִּשְׁבִיל הָעִנְיָן הַנַּ"ל וְעָנָה וְאָמַר לִבְנוֹ [הַיְנוּ בֶּן הַמֶּלֶךְ בֶּאֱמֶת, אַךְ עַל-יְדֵי הַחִלּוּף נִדְמֶה, שֶׁהוּא בְּנוֹ] וְסִפֵּר לוֹ כָּל הָעִנְיָן, וְאָמַר לוֹ, שֶׁיֵּשׁ לוֹ רַחֲמָנוּת גָּדוֹל עָלָיו, כִּי מִמָּה נַפְשָׁךְ; אִם אַתָּה בְּנִי, בְּוַדַּאי יֵשׁ לִי רַחֲמָנוּת עָלֶיךָ; וְאִם אַתָּה בֶּן הַמֶּלֶךְ בֶּאֱמֶת, בְּוַדַּאי הָרַחֲמָנוּת גָּדוֹל בְּיוֹתֵר עָלֶיךָ, כִּי הוּא רוֹצֶה לְהַעֲבִיר אוֹתְךָ לְגַמְרֵי, חַס וְשָׁלוֹם, עַל-כֵּן אַתָּה מֻכְרָח לַעֲקֹר מִכָּאן וְהוּרַע בְּעֵינָיו הַדָּבָר מְאֹד אַךְ הַמֶּלֶךְ הַנַּ"ל [דְּהַיְנוּ זֶה שֶׁנַּעֲשָׂה מֶלֶךְ תַּחַת אָבִיו, כִּי נִדְמֶה שֶׁהוּא הַבֵּן מֶלֶךְ מֵחֲמַת הַחִלּוּף] הָיָה רוֹבֶה לוֹ בְּכָל פַּעַם חִצֵּי

רָעָתוֹ, זֶה אַחַר זֶה, וְנִתְיַשֵּׁב הַבֵּן הַנַּ"ל לַעֲקֹר מִשָּׁם וְנָתַן לוֹ אָבִיו מָמוֹן הַרְבֵּה וְהָלַךְ לוֹ וְחָרָה לוֹ הַדָּבָר מְאֹד לַבֵּן הַנַּ"ל [אֲשֶׁר הוּא בֶּאֱמֶת בֶּן הַמֶּלֶךְ] עַל אֲשֶׁר נִתְגָּרֵשׁ מִמְּדִינָתוֹ בְּחִנָּם, כִּי הִסְתַּכֵּל בְּעַצְמוֹ: לָמָּה וְעַל מָה מַּגִּיעַ לִי זֹאת לְהִתְגָּרֵשׁ? אִם אֲנִי בֶּן הַמֶּלֶךְ, בְּוַדַּאי אֵינוֹ מַגִּיעַ לִי זֹאת, וְאִם אֵינִי בֶּן הַמֶּלֶךְ, גַּם-כֵּן אֵינוֹ מַגִּיעַ לִי זֹאת לִהְיוֹת בּוֹרֵחַ בְּחִנָּם, כִּי מַה חֵטְאִי? וְהֵרַע לוֹ מְאֹד, וּמֵחֲמַת זֶה לָקַח אֶת עַצְמוֹ אֶל הַשְּׁתִיָּה, וְהָלַךְ לְבֵית-הַזּוֹנוֹת, וְרָצָה לְבַלּוֹת בָּזֶה אֶת יָמָיו לְהִשְׁתַּכֵּר וְלֵילֵךְ בִּשְׁרִירוּת לִבּוֹ מֵחֲמַת שֶׁנִּתְגָּרֵשׁ בְּחִנָּם.

וְהַמֶּלֶךְ הַנַּ"ל תָּפַס אֶת הַמְּלוּכָה בְּחָזְקָה, וּכְשֶׁהָיָה שׁוֹמֵעַ, שֶׁיֵּשׁ אֵיזֶה אֲנָשִׁים, שֶׁמְּרַנְּנִים וּמְדַבְּרִים מֵהַחִלּוּף הַנַּ"ל, הָיָה מַעֲנִישָׁם וְנוֹקֵם בָּם מְאֹד, וּמָלַךְ בְּתֹקֶף וָעֹז וַיְהִי הַיּוֹם, וְנָסַע הַמֶּלֶךְ עִם שָׂרָיו לִתְפֹּס חַיּוֹת [שֶׁקּוֹרִין בָּאוֹלָאוְיֶע] וּבָאוּ לְמָקוֹם נָאֶה, וּנְהַר מַיִם לִפְנֵי הַמָּקוֹם הַהוּא וְעָמְדוּ שָׁם לָנוּחַ וּלְטַיֵּל, וְהִנִּיחַ עַצְמוֹ הַמֶּלֶךְ לִשְׁכַּב, וּבָא עַל דַּעְתּוֹ הַמַּעֲשֶׂה הַנַּ"ל שֶׁעָשָׂה, שֶׁגֵּרֵשׁ אֶת הַבֵּן הַנַּ"ל בְּחִנָּם, כִּי מִמָּה נַפְשָׁךְ: אִם הוּא בֶּן הַמֶּלֶךְ לֹא דַּי שֶׁנִּתְחַלֵּף? מַדּוּעַ יִהְיֶה נִתְגָּרֵשׁ מִכָּאן? וְאִם אֵינוֹ בֶּן הַמֶּלֶךְ גַּם-כֵּן אֵין מַגִּיעַ לוֹ לְגָרְשׁוֹ, כִּי מֶה חָטָא? וְהָיָה הַמֶּלֶךְ חוֹשֵׁב בָּזֶה וּמִתְחָרֵט עַל הַחֵטְא וְהָעַוְלָה הַגְּדוֹלָה הַזֹּאת שֶׁעָשָׂה, וְלֹא יָדַע לָתֵת עֵצָה לְנַפְשׁוֹ מַה לַּעֲשׂוֹת בָּזֶה, וְאִי-אֶפְשָׁר לְדַבֵּר מִדָּבָר כָּזֶה עִם שׁוּם אָדָם לְהִתְיַעֵץ עִמּוֹ; וְנִתְעַצֵּב בִּדְאָגָה מְאֹד, וְאָמַר לְהַשָּׂרִים לָשׁוּב, כִּי מֵאַחַר שֶׁנָּפְלָה עָלָיו דְּאָגָה, אֵין צְרִיכִין עוֹד לְטַיֵּל, וְחָזְרוּ לְבֵיתָם וּכְשֶׁחָזַר הַמֶּלֶךְ לְבֵיתוֹ, בְּוַדַּאי הָיוּ לוֹ כַּמָּה עִנְיָנִים וַעֲסָקִים, וְנִתְעַסֵּק בַּעֲסָקָיו וְעָבַר מִדַּעְתּוֹ עִנְיָן הַנַּ"ל.

וְהַבֵּן הַנַּ"ל, שֶׁנִּתְגָּרֵשׁ [אֲשֶׁר הוּא בֶּן הַמֶּלֶךְ בֶּאֱמֶת] וְעָשָׂה מַה שֶּׁעָשָׂה וּבִזְבֵּז מְעוֹתָיו, פַּעַם אֶחָד יָצָא לְבַדּוֹ לְטַיֵּל וְהֵנִיחַ לִשְׁכַּב, וּבָא לוֹ עַל דַּעְתּוֹ מַה שֶׁעָבַר עָלָיו, וְחָשַׁב מַה זֹּאת עָשָׂה אֱלֹקִים לִי: אִם אֲנִי הַבֵּן מֶלֶךְ בְּוַדַּאי אֵינוֹ רָאוּי לִי זֹאת, וְאִם אֵינִי בֶּן הַמֶּלֶךְ גַּם-כֵּן אֵינוֹ מַגִּיעַ לִי זֹאת, לִהְיוֹת בּוֹרֵחַ וּמְגֹרָשׁ וְנִתְיַשֵּׁב בְּדַעְתּוֹ: אַדְּרַבָּא, אִם-כֵּן, שֶׁהַשֵּׁם יִתְבָּרַךְ יָכוֹל לַעֲשׂוֹת כָּזֹאת, לְהַחֲלִיף אֶת בֶּן הַמֶּלֶךְ וְשֶׁיַּעֲבֹר עָלָיו

כַּנַּ"ל, אִם-כֵּן הֲיִתָּכֵן מַה שֶּׁעָשִׂיתִי? וְכִי כָּךְ הָיָה רָאוּי לִי לְהִתְנַהֵג כְּמוֹ שֶׁעָשִׂיתִי? וְהִתְחִיל לְהִצְטַעֵר וּלְהִתְחָרֵט מְאֹד עַל הַמַּעֲשִׂים רָעִים שֶׁעָשָׂה, וְאַחַר-כָּךְ חָזַר לִמְקוֹמוֹ וְחָזַר אֶל הַשִּׁכְרוּת, אַךְ מֵחֲמַת שֶׁכְּבָר הִתְחִיל לְהִתְחָרֵט, הָיָה מְבַלְבֵּל אוֹתוֹ הַמַּחֲשָׁבוֹת שֶׁל חֲרָטָה וּתְשׁוּבָה בְּכָל פַּעַם פַּעַם אַחַת הִנִּיחַ עַצְמוֹ לִשְׁכַּב וְחָלַם לוֹ, אֵיךְ שֶׁבְּמָקוֹם פְּלוֹנִי יֵשׁ יָרִיד בְּיוֹם פְּלוֹנִי, שֶׁיֵּלֵךְ לְשָׁם וּמַה שֶּׁיִּזְדַּמֵּן לוֹ בָּרִאשׁוֹנָה אֵיזֶה עֲבוֹדוֹת לְהִשְׂתַּכֵּר-יַעֲשֶׂה אוֹתוֹ הָעֲבוֹדוֹת, אַף אִם אֵינוֹ לְפִי כְּבוֹדוֹ וְהֵקִיץ וְהַחֲלוֹם הַזֶּה נִכְנַס לוֹ מְאֹד בְּמַחֲשַׁבְתּוֹ כִּי לִפְעָמִים עוֹבֵר הַדָּבָר תֵּכֶף מִן הַמַּחֲשָׁבָה, אַךְ דְּבַר הַחֲלוֹם הַזֶּה נִכְנַס הַרְבֵּה בְּמַחֲשַׁבְתּוֹ אַךְ אַף-עַל-פִּי-כֵן הָיָה קָשֶׁה בְּעֵינָיו לַעֲשׂוֹת זֹאת, וְהָלַךְ יוֹתֵר אֶל הַשְּׁתִיָּה וְחָלַם לוֹ יוֹתֵר הַחֲלוֹם הַנַּ"ל כַּמָּה פְּעָמִים, וּבִלְבֵּל אוֹתוֹ מְאֹד.

פַּעַם אַחַת הָיוּ אוֹמְרִים לוֹ בַּחֲלוֹם: אִם אַתָּה רוֹצֶה לָחוּס עַל עַצְמְךָ-תַּעֲשֶׂה כַּנַּ"ל! וְהֻכְרַח לְקַיֵּם אֶת הַחֲלוֹם וְהָלַךְ וְנָתַן מוֹתַר הַמָּעוֹת שֶׁהָיָה לוֹ עֲדַיִן עַל הָאַכְסַנְיָא, גַּם הַמַּלְבּוּשִׁים חֲשׁוּבִים שֶׁהָיָה לוֹ הִנִּיחַ גַּם-כֵּן עַל הָאַכְסַנְיָא וְהוּא לָקַח לְעַצְמוֹ מַלְבּוּשׁ פָּשׁוּט שֶׁל סוֹחֲרִים, כְּגוֹן [אֲפִּינְטְשֶׁע] [מַלְבּוּשׁ עֶלְיוֹן] וְנָסַע עַל הַיָּרִיד וּבָא לְשָׁם.

וְהִשְׁכִּים וְהָלַךְ עַל הַיָּרִיד וּפָגַע בּוֹ סוֹחֵר אֶחָד, וְאָמַר לוֹ: רְצוֹנְךָ לְהִשְׂתַּכֵּר בְּאֵיזֶה עֲבוֹדוֹת? הֵשִׁיב לוֹ הֵן אָמַר לוֹ: אֲנִי צָרִיךְ לְהוֹלִיךְ בְּהֵמוֹת, תַּשְׂכִּיר עַצְמְךָ אֶצְלִי? וְהוּא לֹא הָיָה לוֹ פְּנַאי לְיַשֵּׁב אֶת עַצְמוֹ בָּזֶה, מֵחֲמַת הַחֲלוֹם הַנַּ"ל וְעָנָה וְאָמַר תֵּכֶף הֵן! וְהַסּוֹחֵר שְׂכָרוֹ תֵּכֶף וְתֵכֶף הִתְחִיל לְשַׁמֵּשׁ עִמּוֹ וּלְצַוּוֹת עָלָיו, כְּדֶרֶךְ הָאָדוֹן עַל מְשָׁרְתָיו וְהוּא הִתְחִיל לְהִסְתַּכֵּל בְּעַצְמוֹ: מֶה עָשָׂה?! כִּי בְּוַדַּאי אֵין רָאוּי לוֹ עֲבוֹדוֹת כָּזֶה, כִּי הוּא אִישׁ רַךְ, וְעַתָּה יִצְטָרֵךְ לְהוֹלִיךְ בְּהֵמוֹת וְיֻכְרַח לֵילֵךְ רַגְלִי אֵצֶל הַבְּהֵמוֹת אַךְ אִי אֶפְשָׁר לְהִתְחָרֵט וְהַסּוֹחֵר מְצַוֶּה עָלָיו כְּדֶרֶךְ הָאָדוֹן וְשָׁאַל אֶת הַסּוֹחֵר: אֵיךְ אֵלֵךְ לְבַדִּי עִם הַבְּהֵמוֹת? הֵשִׁיב לוֹ: יֵשׁ עוֹד רוֹעִים מוֹלִיכֵי בְּהֵמוֹת שֶׁלִּי, וְתֵלֵךְ עִמָּם וְנָתַן לוֹ לְיָדוֹ אֵיזֶה בְּהֵמוֹת שֶׁיּוֹלִיכֵם, וְהוֹלִיכָם חוּץ לָעִיר וְשָׁם נִתְקַבְּצוּ יַחַד שְׁאָר הָרוֹעִים הַמּוֹלִיכִים

הַבְּהֵמוֹת, וְהָלְכוּ יַחַד וְהוֹלִיךְ אֶת הַבְּהֵמוֹת וְהַסּוֹחֵר הָיָה רוֹכֵב עַל סוּס, וְהָלַךְ אֶצְלָם וְהַסּוֹחֵר הָיָה רוֹכֵב בְּאַכְזָרִיּוּת וּכְנֶגְדּוֹ הָיָה בְּאַכְזָרִיּוּת, יוֹתֵר מְאֹד וְהוּא הָיָה מִתְפַּחֵד מְאֹד מְאֹד מִן הַסּוֹחֵר, מֵחֲמַת שֶׁרָאָהוּ בְּאַכְזָרִיּוּת גָּדוֹל כְּנֶגְדּוֹ, וְהָיָה מִתְיָרֵא פֶּן יַכֶּה אוֹתוֹ הַכָּאָה אַחַת בְּמַקְלוֹ וְיָמוּת תֵּכֶף [הַיְנוּ כִּי מֵרֹב דַּקּוּתוֹ כִּי הָיָה אִישׁ רַךְ מְאֹד עַל-כֵּן נִדְמֶה לוֹ כָּל זֶה] וְהָיָה הוֹלֵךְ עִם הַבְּהֵמוֹת וְהַסּוֹחֵר אֶצְלָם וּבָאוּ לְאֵיזֶה מָקוֹם, וְלָקְחוּ הַשַּׂק שֶׁמֻּנָּח בּוֹ הַלֶּחֶם שֶׁל הָרוֹעִים, וְנָתַן לָהֶם [הַסּוֹחֵר] לֶאֱכֹל וְנָתְנוּ לוֹ גַּם-כֵּן מִלֶּחֶם זֶה, וְאָכַל.

אַחַר-כָּךְ הָיוּ הוֹלְכִים אֵצֶל יַעַר עָב מְאֹד [הַיְנוּ שֶׁהָאִילָנוֹת הֵם רְצוּפִים וּתְכוּפִים מְאֹד זֶה אֵצֶל זֶה] וְהָלְכוּ וְתָעוּ שְׁתֵּי בְּהֵמוֹת מֵהַבְּהֵמוֹת שֶׁל זֶה הַבֵּן שֶׁנַּעֲשָׂה רוֹעֶה אֵצֶל הַסּוֹחֵר כַּנַּ"ל וְצָעַק עָלָיו הַסּוֹחֵר, וְהָלַךְ אַחֲרֵיהֶם לְתָפְסָם, וְהֵם בָּרְחוּ יוֹתֵר וְרָדַף אַחֲרֵיהֶם וּמֵחֲמַת שֶׁהַיַּעַר הָיָה רָצוּף וָעָב, תֵּכֶף כְּשֶׁנִּכְנַס לְתוֹךְ הַיַּעַר לֹא רָאוּ זֶה אֶת זֶה, וְנִתְעַלֵּם מֵעֵינֵי הַחֲבֵרִים שֶׁלּוֹ מִיָּד וְהוּא הָיָה הוֹלֵךְ וְרוֹדֵף אַחֲרֵי הַבְּהֵמוֹת, וְהֵם בּוֹרְחִים וְרָדַף אַחֲרֵיהֶם הַרְבֵּה עַד שֶׁבָּא לְתוֹךְ עָבֵי הַיַּעַר וְנִתְיַשֵּׁב: בֵּין כָּךְ וּבֵין כָּךְ אָמוּת כִּי אִם אָשׁוּב בְּלִי הַבְּהֵמוֹת-אָמוּת עַל-יְדֵי הַסּוֹחֵר כִּי הָיָה נִדְמֶה לוֹ, מֵחֲמַת פַּחַד שֶׁהָיָה לוֹ מִן הַסּוֹחֵר, שֶׁיָּמִית אוֹתוֹ כְּשֶׁיָּשׁוּב בְּלִי הַבְּהֵמוֹת וְאִם אֶהְיֶה כָּאן-גַּם-כֵּן אָמוּת עַל-יְדֵי חַיּוֹת שֶׁבַּיַּעַר וְלָמָּה לִי לָשׁוּב אֶל הַסּוֹחֵר? כִּי אֵיךְ אוּכַל לָבוֹא אֵלָיו בְּלִי הַבְּהֵמוֹת, כִּי הָיָה לוֹ פַּחַד גָּדוֹל מִמֶּנּוּ וְהָלַךְ וְרָדַף יוֹתֵר אַחֲרֵי הַבְּהֵמוֹת, וְהֵם בּוֹרְחִים בְּתוֹךְ כָּךְ נַעֲשָׂה לַיְלָה וְדָבָר כָּזֶה עֲדַיִן לֹא עָבַר עָלָיו, שֶׁיִּצְטָרֵךְ לָלוּן יְחִידִי בַּלַּיְלָה בְּתוֹךְ עָבֵי הַיַּעַר כָּזֶה וְשָׁמַע קוֹל נַהֲמַת הַחַיּוֹת שֶׁהוֹמִים כְּדַרְכָּם וְנִתְיַשֵּׁב בְּדַעְתּוֹ, וְעָלָה עַל אֵיזֶה אִילָן וְלָן שָׁם וְשָׁמַע קוֹל הַחַיּוֹת שֶׁשּׁוֹאֲגִים כְּדַרְכָּם בַּבֹּקֶר הִסְתַּכֵּל, וְרָאָה וְהִנֵּה הַבְּהֵמוֹת עוֹמְדִים סְמוּכִים אֶצְלוֹ! וַיֵּרֶד מִן הָאִילָן וְהָלַךְ לְתָפְסָם, וּבָרְחוּ לְהַלָּן וְהָלַךְ אַחֲרֵיהֶם יוֹתֵר, וּבָרְחוּ יוֹתֵר וְהָיוּ הַבְּהֵמוֹת מוֹצְאִים שָׁם אֵיזֶה עֲשָׂבִים וְעָמְדוּ לִרְעוֹת וְלֶאֱכֹל וְהָיָה הוֹלֵךְ לְתָפְסָם, וּבָרְחוּ וְכֵן הָיָה הוֹלֵךְ אַחֲרֵיהֶם וְהֵם בּוֹרְחִים, הוֹלֵךְ אַחֲרֵיהֶם וְהֵם בּוֹרְחִים,

עַד שֶׁבָּא בְּתוֹךְ עָבְיֵ הַיַּעַר מְאֹד, שֶׁהָיָה שָׁם חַיּוֹת שֶׁאֵינָם מִתְיָרְאִים מֵאָדָם כְּלָל, כִּי הֵם רְחוֹקִים מִן הַיִּשּׁוּב וְשׁוּב נַעֲשָׂה לַיְלָה וְשָׁמַע קוֹל נַהֲמַת הַחַיּוֹת וְנִתְיָרֵא מְאֹד וַיַּרְא וְהִנֵּה עוֹמֵד שָׁם אִילָן גָּדוֹל מְאֹד מְאֹד וְעָלָה עַל אוֹתוֹ הָאִילָן בְּבוֹאוֹ עַל הָאִילָן, וַיַּרְא וְהִנֵּה שׁוֹכֵב שָׁם בֶּן אָדָם, וְנִתְיָרֵא אַךְ אַף עַל-פִּי כֵן הָיָה לוֹ לְנֶחָמָה-מֵאַחַר שֶׁמָּצָא כָּאן בֶּן אָדָם וְשָׁאֲלוּ זֶה אֶת זֶה: "מִי אַתָּה, בֶּן אָדָם" "מִי אַתָּה, בֶּן אָדָם מֵאַיִן בָּאתָ לְכָאן" וְלֹא הָיָה רְצוֹנוֹ לְסַפֵּר לוֹ מַה שֶּׁעָבַר עָלָיו וְהֵשִׁיב לוֹ: עַל-יְדֵי הַבְּהֵמוֹת שֶׁהָיִיתִי רוֹעֶה בְּהֵמוֹת, וְתָעוּ שְׁתֵּי בְּהֵמוֹת לְכָאן, וְעַל-יְדֵי זֶה בָּאתִי לְכָאן כַּנַּ"ל וְשָׁאַל הוּא אֶת הָאָדָם שֶׁמָּצָא שָׁם עַל הָאִילָן: מֵאַיִן בָּאתָ אַתָּה לְכָאן? הֵשִׁיב לוֹ: אֲנִי בָּאתִי לְכָאן עַל-יְדֵי הַסּוּס שֶׁהָיִיתִי רוֹכֵב עַל הַסּוּס, וְעָמַדְתִּי לָפוּשׁ, וְהָלַךְ הַסּוּס וְתָעָה בְּתוֹךְ הַיַּעַר וְהָיִיתִי רוֹדֵף אַחֲרָיו לְתָפְסוֹ- וְהוּא בָּרַח יוֹתֵר, עַד שֶׁבָּאתִי לְכָאן וְנִתְחַבְּרוּ שָׁם יַחַד שֶׁיִּהְיֶה לָהֶם צַוְתָּא חֲדָא וְדִבְּרוּ בֵּינֵיהֶם, שֶׁאֲפִלּוּ כְּשֶׁיָּבוֹאוּ לְיִשּׁוּב, יִהְיוּ גַּם-כֵּן בְּיַחַד בְּצַוְתָּא חֲדָא וְלָנוּ שָׁם שְׁנֵיהֶם וְשָׁמְעוּ קוֹל נַהֲמַת הַחַיּוֹת שֶׁהוֹמִים וְשׁוֹאֲגִים מְאֹד לִפְנוֹת בֹּקֶר שָׁמַע קוֹל חוֹכָא [צחוק] גְּדוֹלָה מְאֹד מְאֹד, עַל פְּנֵי כָּל הַיַּעַר, שֶׁהָיְתָה מִתְפַּשֶּׁטֶת קוֹל הַחוֹכָא עַל כָּל הַיַּעַר, כִּי הָיְתָה חוֹכָא גְּדוֹלָה מְאֹד מְאֹד, עַד שֶׁהָיָה הָאִילָן מִזְדַּעְזֵעַ וּמִתְנַעְנֵעַ מִן הַקּוֹל וְהוּא נִתְבַּהֵל וְנִתְפַּחֵד מְאֹד מְאֹד מִזֶּה וְאָמַר לוֹ הַשֵּׁנִי: [הַיְנוּ זֶה הָאָדָם שֶׁמָּצָא שָׁם עַל הָאִילָן שֶׁשָּׁכַב שָׁם מִקֹּדֶם] שׁוּב אֵין אֲנִי מִתְפַּחֵד כְּלָל מִזֶּה כִּי כְּבָר אֲנִי לָן כָּאן זֶה כַּמָּה לֵילוֹת, וּבְכָל לַיְלָה סָמוּךְ אֶל הַיּוֹם נִשְׁמָע קוֹל הַחוֹכָא הַזֶּה, עַד שֶׁכָּל הָאִילָנוֹת רוֹעֲשִׁים וּמִזְדַּעְזְעִים וְנִתְבַּהֵל מְאֹד וְאָמַר לַחֲבֵרוֹ: הַדָּבָר נִרְאֶה שֶׁזֶּהוּ מְקוֹם הַיְדוּעִים [שֶׁל השדים] כִּי בַּיִּשּׁוּב לֹא נִשְׁמַע קוֹל חוֹכָא כָּזֶה כִּי מִי שָׁמַע קוֹל חוֹכָא עַל כָּל הָעוֹלָם?

וְאַחַר-כָּךְ נַעֲשָׂה תֵּכֶף יוֹם וְהִסְתַּכְּלוּ, וַיִּרְאוּ וְהִנֵּה הַבְּהֵמוֹת שֶׁל זֶה עוֹמְדִים, וְגַם הַסּוּס שֶׁל זֶה עוֹמֵד וְיָרְדוּ, וְהִתְחִילוּ לִרְדֹּף זֶה אַחַר הַבְּהֵמוֹת, וְזֶה אַחַר הַסּוּס וְהַבְּהֵמוֹת הָיוּ בּוֹרְחִים לְהַלָּן יוֹתֵר, וְהוּא רוֹדֵף וְכוּ' כַּנַּ"ל וְכֵן הַשֵּׁנִי רָדַף

אַחַר הַסּוּס וְהַסּוּס בּוֹרֵחַ, עַד שֶׁנִּתְרַחֲקוּ וְנִתְעוּ זֶה מִזֶּה.
בְּתוֹךְ כָּךְ מָצָא שַׂק עִם לֶחֶם וְזֶה חָשׁוּב בְּוַדַּאי מְאֹד מְאֹד בַּמִּדְבָּר וְלָקַח הַשַּׂק עַל כְּתֵפוֹ, וְהָלַךְ אַחֲרֵי הַבְּהֵמוֹת בְּתוֹךְ כָּךְ פָּגַע בְּאָדָם אֶחָד וְנִתְבַּהֵל מִתְּחִלָּה אַךְ אַף-עַל-פִּי-כֵן הָיָה לוֹ לְנֶחָמָה קְצָת, מֵאַחַר שֶׁמָּצָא כָּאן אָדָם וְשָׁאַל אוֹתוֹ הָאָדָם: "אֵיךְ בָּאתָ לְכָאן?" חָזַר הוּא וְשָׁאַל אֶת הָאָדָם הַזֶּה: "אֵיךְ בָּאתָ אַתָּה לְכָאן?" הֵשִׁיב לוֹ: "אֲנִי, אֲבוֹתַי וַאֲבוֹת אֲבוֹתַי נִתְגַּדְּלוּ כָּאן אַךְ אַתָּה-אֵיךְ בָּאתָ לְכָאן, כִּי לְכָאן לֹא יָבוֹא כְּלָל שׁוּם אָדָם מִן הַיִּשּׁוּב" וְנִתְבַּהֵל, כִּי הֵבִין שֶׁאֵין זֶה אָדָם כְּלָל מֵאַחַר שֶׁאוֹמֵר שֶׁאֲבוֹת אֲבוֹתָיו נִתְגַּדְּלוּ כָּאן, וְאָדָם מִן הַיִּשּׁוּב אֵינוֹ בָּא לְכָאן עַל-כֵּן הֵבִין שֶׁבְּוַדַּאי אֵין זֶה אָדָם כְּלָל אַךְ אַף-עַל-פִּי-כֵן לֹא עָשָׂה לוֹ כְּלָל וְקֵרְבוֹ [הַיְנוּ שֶׁזֶּה הָאָדָם הַיַּעַר לֹא עָשָׂה שׁוּם רָעָה לָזֶה שֶׁהָלַךְ אַחֲרֵי הַבְּהֵמוֹת, שֶׁהוּא בֶּן הַמֶּלֶךְ הָאֱמֶת שֶׁנֶּחְלַף כַּנַּ"ל] וְאָמַר לוֹ: [הַיְנוּ אָדָם הַיַּעַר לְבֶן הַמֶּלֶךְ הָאֱמֶת] מָה אַתָּה עוֹשֶׂה כָּאן? הֵשִׁיב לוֹ שֶׁהוּא רוֹדֵף אַחַר הַבְּהֵמוֹת כַּנַּ"ל אָמַר לוֹ הָאָדָם הַנַּ"ל: חֲדַל לְךָ לִרְדֹּף אַחֲרֵי הָעֲווֹנוֹת! כִּי אֵין זֶה בְּהֵמוֹת כְּלָל, רַק הָעֲווֹנוֹת שֶׁלְּךָ הֵם מוֹלִיכִים אוֹתְךָ כָּךְ דַּי לְךָ כְּבָר קִבַּלְתָּ אֶת שֶׁלְּךָ, הַיְנוּ הָעֹנֶשׁ שֶׁלְּךָ כְּבָר קִבַּלְתָּ, וְעַתָּה חֲדַל לְךָ מִלְּרָדְפָם עוֹד בּוֹא עִמִּי וְתָבוֹא לְמַה שֶּׁיָּאוּת לְךָ וְהָלַךְ עִמּוֹ וְנִתְיָרֵא לְדַבֵּר עִמּוֹ וּלְשָׁאֲלוֹ כִּי אָדָם כָּזֶה-פֶּן יִפְתַּח פִּיו וְיִבְלָעֵנוּ [הַיְנוּ שֶׁזֶּה הַבֵּן הַמֶּלֶךְ הָאֱמֶת הָלַךְ עִם הָאָדָם הַיַּעַר הַזֶּה, וְהָיָה מִתְיָרֵא לְדַבֵּר עִמּוֹ וְלִשְׁאֹל אוֹתוֹ דָּבָר, פֶּן יִפְתַּח פִּיו וְיִבְלָעֵנוּ כִּי הֵבִין שֶׁאֵין זֶה אָדָם כְּלָל] וְהָלַךְ אַחֲרָיו.
בְּתוֹךְ כָּךְ פָּגַע אֶת חֲבֵרוֹ שֶׁרָדַף אַחַר הַסּוּס כַּנַּ"ל וְתֵכֶף כְּשֶׁרָאָהוּ רָמַז לוֹ: תֵּדַע, שֶׁאֵין זֶה אָדָם כְּלָל, וְלֹא תִּשָּׂא וְתִתֵּן עִמּוֹ כְּלָל כִּי אֵין זֶה אָדָם כְּלָל! וְהָלַךְ מִיָּד וְלָחַשׁ לוֹ בְּאָזְנָיו כָּל זֶה שֶׁאֵין זֶה אָדָם כְּלָל, וְכוּ' כַּנַּ"ל וְהִסְתַּכֵּל חֲבֵירוֹ, [הַיְנוּ הָאָדָם שֶׁל הַסּוּס] וַיַּרְא וְהִנֵּה שַׂק עִם לֶחֶם עַל כְּתֵפוֹ וְהִתְחִיל לְהִתְחַנֵּן לוֹ: אָחִי! זֶה כַּמָּה יָמִים שֶׁלֹּא אָכַלְתִּי, תֵּן לִי לֶחֶם! הֵשִׁיב לוֹ: כָּאן בַּמִּדְבָּר אֵין מוֹעִיל שׁוּם דָּבָר, כִּי חַיַּי קוֹדְמִין וַאֲנִי צָרִיךְ הַלֶּחֶם בִּשְׁבִילִי וְהִתְחִיל לְהִתְחַנֵּן לוֹ וּלְבַקְּשׁוֹ מְאֹד:

אֶתֵּן לְךָ מַה שֶּׁאֶתֵּן [אַךְ בְּוַדַּאי אֵין מוֹעִיל שׁוּם מֹהַר וּמַתָּן בְּעַד לֶחֶם בַּמִּדְבָּר] הֵשִׁיב לוֹ: מַה תִּתֵּן לִי, כִּי מַה תּוּכַל לָתֵת לִי בְּעַד לֶחֶם בַּמִּדְבָּר הֵשִׁיב לוֹ: [הַיְנוּ זֶה שֶׁבִּקֵּשׁ הַלֶּחֶם, שֶׁהוּא הָאָדָם שֶׁל הַסּוּס, הֵשִׁיב לָאָדָם שֶׁל הַבְּהֵמוֹת, שֶׁהוּא בֶּן הַמֶּלֶךְ הָאֱמֶת] אֶתֵּן לְךָ כָּל עַצְמִי, שֶׁאֶמְכֹּר אֶת עַצְמִי לְךָ בְּעַד לֶחֶם וְנִתְיַשֵּׁב: [הַיְנוּ הָאָדָם שֶׁל הַבְּהֵמוֹת נִתְיַשֵּׁב בְּעַצְמוֹ] לִקְנוֹת אָדָם, כְּדַאי לִתֵּן לוֹ לֶחֶם! וְקָנָה אוֹתוֹ לְעֶבֶד עוֹלָם וְנִשְׁבַּע לוֹ בִּשְׁבוּעוֹת שֶׁיִּהְיֶה לוֹ עֶבֶד עוֹלָם גַּם כְּשֶׁיָּבוֹאוּ לַיִּשּׁוּב, וְהוּא יִתֵּן לוֹ לֶחֶם דְּהַיְנוּ, שֶׁיֹּאכְלוּ יַחַד מִן הַשַּׂק עַד שֶׁיִּכְלֶה הַלֶּחֶם.

וְהָלְכוּ יַחַד אַחֲרֵי הָאָדָם הַיַּעַר הַנַּ"ל וְזֶה הָעֶבֶד הוֹלֵךְ אַחֲרָיו [הַיְנוּ זֶה הָאָדָם שֶׁל הַסּוּס שֶׁנִּמְכַּר לְעֶבֶד לְהָאָדָם שֶׁל הַבְּהֵמוֹת, הָלַךְ אַחֲרָיו אַחֲרֵי הָאָדָם שֶׁל הַבְּהֵמוֹת וּשְׁנֵיהֶם הָלְכוּ אַחֲרֵי אָדָם הַיַּעַר] וְעַל-יְדֵי זֶה הֵקַל עָלָיו קְצָת כְּשֶׁהָיָה צָרִיךְ לְהַגְבִּיהַּ אֵיזֶה דָּבָר אוֹ אֵיזֶה עִנְיָן אַחֵר הָיָה מְצַוֶּה עַל עַבְדּוֹ [הַיְנוּ עַל זֶה הָאָדָם שֶׁל הַסּוּס שֶׁנִּמְכַּר לוֹ לְעֶבֶד] שֶׁיַּגְבִּיהַּ לוֹ וְשֶׁיַּעֲשֶׂה לוֹ חֶפְצוֹ וְהָלְכוּ יַחַד אַחֲרֵי אָדָם הַיַּעַר הַנַּ"ל וּבָאוּ לְמָקוֹם שֶׁהָיוּ שָׁם נְחָשִׁים וְעַקְרַבִּים וְנִתְפַּחֵד מְאֹד וּמֵחֲמַת הַפַּחַד שָׁאַל אֶת הָאָדָם הַיַּעַר: אֵיךְ נַעֲבֹר כָּאן?! הֵשִׁיב לוֹ הֲלֹא גַּם זֶה יִפָּלֵא [אֶלָּא מַאי] אֵיךְ תִּכָּנֵס וְתָבוֹא לְבֵיתִי?! וְהֶרְאָהוּ אֶת בֵּיתוֹ שֶׁעוֹמֵד בָּאֲוִיר וְאֵיךְ תִּכְנַס בְּבֵיתִי?! וְהָלְכוּ עִם הָאָדָם הַיַּעַר הַנַּ"ל, וְהֶעֱבִיר אוֹתָם בְּשָׁלוֹם וְהִכְנִיסָם לְבֵיתוֹ וְהֶאֱכִילָם וְהִשְׁקָם וְהָלַךְ לוֹ.

וְזֶה [הַיְנוּ בֶּן הַמֶּלֶךְ הָאֱמֶת שֶׁהוּא הָאָדָם שֶׁל הַבְּהֵמוֹת] הָיָה מְשַׁמֵּשׁ עִם עַבְדּוֹ הַנַּ"ל כְּכָל אֲשֶׁר הָיָה צָרִיךְ וְחָרָה לְהָעֶבֶד מְאֹד, עַל אֲשֶׁר נִמְכַּר לְעֶבֶד בִּשְׁבִיל שָׁעָה אַחַת שֶׁהָיָה צָרִיךְ לֶחֶם לֶאֱכֹל כִּי עַתָּה יֵשׁ לָהֶם מַה לֶּאֱכֹל וְרַק בִּשְׁבִיל שָׁעָה אַחַת-יִהְיֶה עֶבֶד עוֹלָם וְהָיָה מִתְאַנֵּחַ וְגוֹנֵחַ: אֵיךְ בָּאתִי לְמִדָּה כָּזוֹ, לִהְיוֹת עֶבֶד שָׁאַל לוֹ: [הַיְנוּ בֶּן הַמֶּלֶךְ הָאֱמֶת שֶׁהוּא הָאָדוֹן שֶׁלּוֹ שָׁאַל אוֹתוֹ] וּבְאֵיזֶה גְּדֻלָּה הָיִיתָ, שֶׁאַתָּה מִתְאַנֵּחַ עַל שֶׁבָּאתָ לְמִדָּה זוֹ? הֵשִׁיב לוֹ וְסִפֵּר לוֹ, אֵיךְ שֶׁהוּא הָיָה מֶלֶךְ, וְהָיוּ מְרַנְּנִים עָלָיו שֶׁנֶּחֱלַף וְכוּ' כַּנַּ"ל [כִּי בֶּאֱמֶת זֶה

הָאָדָם שֶׁל הַסּוּס-הוּא הוּא הַמֶּלֶךְ הַנַּ"ל אֲשֶׁר בֶּאֱמֶת הוּא בֶּן הַשִּׁפְחָה כַּנַּ"ל] וְגֵרֵשׁ אֶת חֲבֵרוֹ כַּנַּ"ל וּפַעַם אַחַת בָּא עַל דַּעְתּוֹ שֶׁלֹּא טוֹב עָשָׂה וְנִתְחָרֵט וְכוּ' וְהָיוּ בָּאִים עָלָיו חֲרָטוֹת תָּמִיד עַל הַמַּעֲשֶׂה הָרָעָה וְהָעַוְלָה הַגְּדוֹלָה שֶׁעָשָׂה נֶגֶד חֲבֵרוֹ.

פַּעַם אַחַת חָלַם לוֹ, שֶׁהַתִּקּוּן שֶׁלּוֹ הוּא, שֶׁיַּשְׁלִיךְ אֶת הַמְּלוּכָה, וְיֵלֵךְ לְמָקוֹם שֶׁעֵינָיו יִשְּׂאוּ אוֹתוֹ, וּבָזֶה יְתַקֵּן חֶטְאוֹ וְלֹא רָצָה לַעֲשׂוֹת כָּזֹאת, אַךְ הָיוּ מְבַלְבְּלִין אוֹתוֹ תָּמִיד חֲלוֹמוֹת הַלָּלוּ, שֶׁיַּעֲשֶׂה כַּנַּ"ל, עַד שֶׁנִּגְמַר בְּדַעְתּוֹ, שֶׁיַּעֲשֶׂה כָּךְ, וְהִשְׁלִיךְ אֶת הַמְּלוּכָה, וְהָלַךְ בַּאֲשֶׁר הָלַךְ, עַד שֶׁבָּא לְכָאן, וְעַתָּה יִהְיֶה עֶבֶד וְזֶה שָׁמַע אֶת כָּל זֶה וְשָׁתַק [הַיְנוּ זֶה הַבֶּן מֶלֶךְ הָאֱמֶת, שֶׁהוּא הָאָדָם שֶׁל הַבְּהֵמוֹת, שָׁמַע כָּל זֶה שֶׁסִּפֵּר לוֹ הָאָדָם שֶׁל הַסּוּס, שֶׁהוּא עַכְשָׁו עַבְדּוֹ וְשָׁתַק] וְאָמַר: אֶרְאֶה וְאֶתְיַשֵּׁב אֵיךְ לִנְהֹג עִם זֶה.

בַּלַּיְלָה בָּא הָאָדָם הַיַּעַר הַנַּ"ל וְנָתַן לָהֶם לֶאֱכֹל וְלִשְׁתּוֹת, וְלָנוּ שָׁם לִפְנוֹת בֹּקֶר שָׁמְעוּ קוֹל הַחוֹכָא הַגְּדוֹלָה מְאֹד כַּנַּ"ל, עַד שֶׁכָּל הָאִילָנוֹת הָיוּ רוֹעֲשִׁים וּמִזְדַּעְזְעִים כַּנַּ"ל וְהֵסִיתוֹ [הַיְנוּ הָעֶבֶד הֵסִית אֶת בֶּן הַמֶּלֶךְ הָאֱמֶת, שֶׁהוּא אֲדוֹנוֹ] לִשְׁאֹל אֶת אָדָם הַיַּעַר מַה זֹּאת, וּשְׁאָלוֹ: מַה קוֹל הַחוֹכָא הַגְּדוֹלָה הַזֹּאת סָמוּךְ לַבֹּקֶר? הֵשִׁיב לוֹ: זֶהוּ חוֹכָא, שֶׁהַיּוֹם שׂוֹחֵק מִן הַלַּיְלָה, שֶׁהַלַּיְלָה שׁוֹאֶלֶת אֶת הַיּוֹם: מַדּוּעַ כְּשֶׁאַתָּה בָּא, אֵין לִי שֵׁם? וַאֲזַי הַיּוֹם שׂוֹחֵק וְעוֹשֶׂה חוֹכָא גְּדוֹלָה, וְאַחַר-כָּךְ נַעֲשֶׂה יוֹם; וְזֶהוּ קוֹל הַחוֹכָא הַנַּ"ל וְנִפְלָא בְּעֵינָיו, כִּי זֶהוּ עִנְיָן פֶּלֶא, שֶׁהַיּוֹם שׂוֹחֵק מִן הַלַּיְלָה בַּבֹּקֶר חָזַר הָאָדָם הַיַּעַר וְהָלַךְ לוֹ, וְהֵם הָיוּ אוֹכְלִים וְשׁוֹתִים שָׁם בַּלַּיְלָה חָזַר וּבָא, וְאָכְלוּ וְשָׁתוּ וְלָנוּ בַּלַּיְלָה שָׁמְעוּ קוֹל הַחַיּוֹת, שֶׁכֻּלָּם שׁוֹאֲגִים וְהוֹמִים בְּקוֹלוֹת מְשֻׁנּוֹת, שֶׁכָּל הַחַיּוֹת וְהָעוֹפוֹת כֻּלָּם נָתְנוּ בְּקוֹלָם: הָאַרְיֵה הָיָה שׁוֹאֵג, וְהַלָּבִיא הוֹמֶה בְּקוֹל אַחֵר, וְהָעוֹפוֹת מְצַפְצְפִים וּמְקַשְׁקְשִׁים בְּקוֹלָם וְכֵן כֻּלָּם הוֹמִים בְּקוֹלוֹת וּבַתְּחִלָּה נִזְדַּעְזְעוּ מְאֹד, וְלֹא הִטּוּ אָזְנָם אֶל הַקּוֹל מֵחֲמַת הַפַּחַד, אַחַר-כָּךְ הִטּוּ אָזְנָם וְשָׁמְעוּ, שֶׁהוּא קוֹל נְגִינָה וְזִמְרָה נִפְלָאָה וְנוֹרָאָה מְאֹד וְהִטּוּ אָזְנָם יוֹתֵר וְשָׁמְעוּ, שֶׁהוּא קוֹל זִמְרָה וּנְגִינָה נִפְלָא מְאֹד מְאֹד, שֶׁהוּא תַּעֲנוּג נִפְלָא וְעָצוּם

מְאֹד לִשְׁמֹעַ זֹאת, שֶׁכָּל הַתַּעֲנוּגִים שֶׁל הָעוֹלָם כֻּלָּם כְּאַיִן, וְאֵינָם נֶחֱשָׁבִים, וּבְטֵלִים לְגַמְרֵי נֶגֶד הַתַּעֲנוּג הַנִּפְלָא הַזֶּה שֶׁל הַנְּגִינָה הַזֹּאת וְדִבְּרוּ בֵּינֵיהֶם, שֶׁיִּשָּׁאֲרוּ כָּאן, כִּי יֵשׁ לָהֶם לֶאֱכֹל וְלִשְׁתּוֹת, וּמִתְעַנְּגִים בְּתַעֲנוּג נִפְלָא כָּזֶה, שֶׁכָּל מִינֵי תַּעֲנוּגִים בְּטֵלִים כְּנֶגֶד זֶה.

וְהֵסִית הָעֶבֶד אֶת הָאָדוֹן [הַיְנוּ בֶּן הַמֶּלֶךְ הָאֱמֶת] לִשְׁאֹל אוֹתוֹ [אֶת אָדָם הַיַּעַר] מַה זֹּאת, וּשְׁאָלוֹ הֵשִׁיב לוֹ, שֶׁזֶּהוּ אֵיךְ שֶׁהַחַמָּה עוֹשָׂה מַלְבּוּשׁ לְהַלְּבָנָה, וְאָמְרוּ כָּל הַחַיּוֹת שֶׁל הַיַּעַר: הֱיוֹת שֶׁהַלְּבָנָה עוֹשָׂה לָהֶם טוֹבוֹת גְּדוֹלוֹת, כִּי עִקַּר מֶמְשַׁלְתָּם הוּא בַּלַּיְלָה, כִּי לִפְעָמִים הֵם צְרִיכִין לִכָּנֵס בַּיִּשּׁוּב, וּבַיּוֹם אֵין יְכוֹלִים, וְעִקַּר מֶמְשַׁלְתָּם בַּלַּיְלָה, וְהַלְּבָנָה עוֹשָׂה לָהֶם טוֹבָה כָּזוֹ, שֶׁמְּאִירָה לָהֶם, עַל-כֵּן הִסְכִּימוּ שֶׁיַּעֲשׂוּ נִגּוּן חָדָשׁ לִכְבוֹד הַלְּבָנָה, וְזֶהוּ קוֹל הַנְּגִינָה שֶׁאַתֶּם שׁוֹמְעִים [דְּהַיְנוּ שֶׁכָּל הַחַיּוֹת וְהָעוֹפוֹת מְנַגְּנִים נִגּוּן חָדָשׁ לִכְבוֹד הַלְּבָנָה, שֶׁקִּבְּלָה מַלְבּוּשׁ מִן הַחַמָּה] וּכְשֶׁשָּׁמְעוּ שֶׁזֶּהוּ נִגּוּן, הִטּוּ אָזְנָם יוֹתֵר וְשָׁמְעוּ שֶׁהוּא נִגּוּן נִפְלָא וְנָעִים מְאֹד מְאֹד וְאָמַר לָהֶם הָאָדָם הַיַּעַר הַנַּ"ל: מַה זֶּה חִדּוּשׁ אֶצְלְכֶם הֲלֹא יֵשׁ אֶצְלִי כְּלִי, שֶׁקִּבַּלְתִּי מֵאֲבוֹתַי, שֶׁהֵם יָרְשׁוּ מֵאֲבוֹת אֲבוֹתֵיהֶם, שֶׁהַכְּלִי עֲשׂוּיָה עִם עָלִים וּצְבְעוֹנִים כָּאֵלּוּ, שֶׁכְּשֶׁמַּנִּיחִים הַכְּלִי הַזֹּאת עַל אֵיזֶה בְּהֵמָה אוֹ עוֹף, אֲזַי תֵּכֶף מַתְחִיל לְנַגֵּן הַנִּגּוּן הַזֶּה אַחַר-כָּךְ חָזַר וְנַעֲשָׂה הַחוֹכָא הַנַּ"ל, וְנַעֲשָׂה יוֹם וְהָלַךְ לוֹ הָאָדָם הַיַּעַר הַנַּ"ל, וְהוּא [הַיְנוּ בֶּן הַמֶּלֶךְ הָאֱמֶת] הָלַךְ לְחַפֵּשׂ אַחַר הַכְּלִי הַנַּ"ל וְחִפֵּשׂ בְּכָל אוֹתוֹ הַחֶדֶר וְלֹא מָצָא, וּלְהַלָּן יוֹתֵר הָיָה מִתְיָרֵא לֵילֵךְ וְהֵם, הַיְנוּ הָאָדוֹן [שֶׁהוּא בֶּן הַמֶּלֶךְ הָאֱמֶת] וְהָעֶבֶד [שֶׁהוּא בֶּן הַשִּׁפְחָה בֶּאֱמֶת, שֶׁהָיָה מִתְּחִלָּה מֶלֶךְ כַּנַּ"ל], הָיוּ מִתְיָרְאִים לוֹמַר לְאָדָם הַיַּעַר הַנַּ"ל שֶׁיּוֹלִיכֵם לְיִשּׁוּב; אַחַר-כָּךְ בָּא אָדָם הַיַּעַר הַנַּ"ל וְאָמַר לָהֶם, שֶׁיּוֹלִיכֵם לְיִשּׁוּב, וְהוֹלִיךְ אוֹתָם לְיִשּׁוּב וְלָקַח אֶת הַכְּלִי הַנַּ"ל וּנְתָנָהּ לְבֶן הַמֶּלֶךְ הָאֲמִתִּי וְאָמַר לוֹ: הַכְּלִי אֲנִי נוֹתֵן לְךָ, וְעִם הָאָדָם הַזֶּה [הַיְנוּ הָעֶבֶד שֶׁלּוֹ, שֶׁהוּא בֶּן הַשִּׁפְחָה בֶּאֱמֶת, שֶׁהָיָה מֶלֶךְ תְּחִלָּה מֵחֲמַת הַחִלּוּף, כַּנַּ"ל] תֵּדַע אֵיךְ לְהִתְנַהֵג עִמּוֹ וְשָׁאֲלוּ אוֹתוֹ: לְהֵיכָן נֵלֵךְ? אָמַר לָהֶם, שֶׁיִּשְׁאֲלוּ וְיִדְרְשׁוּ

אַחַר הַמְּדִינָה, שֶׁנִּקְרֵאת בַּשֵּׁם הַזֶּה: הַמְּדִינָה טִפְּשִׁית וְהַמֶּלֶךְ חָכָם [דָּאס נַיירִישֶׁע לַאנְד אוּן דֶער קְלוּגֶיר מַלְכוּת-בְּזֶה הַלָּשׁוֹן סִפֵּר רַבֵּנוּ, נֵרוֹ יָאִיר] שָׁאֲלוּ אוֹתוֹ: לְהֵיכָן וּלְאֵיזֶה צַד נַתְחִיל לִשְׁאֹל אַחַר הַמְּדִינָה הַזֹּאת? הֶרְאָה לָהֶם בְּיָדוֹ לְצַד פְּלוֹנִי [כְּמַרְאֶה בְּאֶצְבַּע] וְאָמַר הָאָדָם הַיַּעַר לְהַבֶּן מֶלֶךְ הָאֲמִתִּי: לֵךְ לְשָׁם, אֶל הַמְּדִינָה הַנַּ"ל, וְשָׁם תָּבוֹא אֶל הַגְּדֻלָּה שֶׁלְּךָ.

וְהָלְכוּ לָהֶם וְהָיוּ הוֹלְכִים בְּדַרְכָּם, וְהָיוּ מִתְאַוִּים מְאֹד לִמְצֹא אֵיזֶה חַיָּה אוֹ בְּהֵמָה לְנַסּוֹת אֶת הַכְּלִי הַנַּ"ל אִם תּוּכַל לְנַגֵּן כַּנַּ"ל, אַךְ עֲדַיִן לֹא הָיוּ רוֹאִים שׁוּם מִין חַיָּה אַחַר-כָּךְ בָּאוּ יוֹתֵר לַיִּשּׁוּב וּמָצְאוּ אֵיזֶה בְּהֵמָה, וְהִנִּיחוּ הַכְּלִי עָלֶיהָ וְהִתְחִילָה לְנַגֵּן כַּנַּ"ל וְהָיוּ הוֹלְכִים וּבָאִים, עַד שֶׁבָּאוּ אֶל הַמְּדִינָה הַנַּ"ל וְאוֹתָהּ הַמְּדִינָה הָיָה חוֹמָה סָבִיב לָהּ, וְאֵין נִכְנָסִין אֵלֶיהָ כִּי אִם בְּשַׁעַר אֶחָד, וּצְרִיכִים לְסַבֵּב כַּמָּה פַּרְסָאוֹת, עַד שֶׁבָּאִין אֶל הַשַּׁעַר לִכָּנֵס אֶל הַמְּדִינָה; וְהָלְכוּ וְסָבְבוּ, עַד שֶׁבָּאוּ אֶל הַשַּׁעַר בְּבוֹאָם אֶל הַשַּׁעַר, לֹא רָצוּ לְהַנִּיחַ אוֹתָם לִכָּנֵס, הֱיוֹת שֶׁהַמֶּלֶךְ שֶׁל הַמְּדִינָה מֵת, וְנִשְׁאַר הַבֶּן מֶלֶךְ, וְהִנִּיחַ הַמֶּלֶךְ צַוָּאָה: בַּאֲשֶׁר שֶׁעַד עַכְשָׁו הָיוּ קוֹרְאִין אֶת הַמְּדִינָה [דָּאס נַיירִישֶׁע לַאנְד אוּן דֶער קְלוּגֶיר מַלְכוּת] [ינה טפשית ומלך חכם], עַכְשָׁו יְהֵא קוֹרְאִין אוֹתָהּ לְהֵפֶךְ [דָּאס קְלוּגֶע לַאנְד אוּן דֶער נַיירִישֶׁער מַלְכוּת] [ינה חכמה ומלך טיפש], וּמִי שֶׁיַּחְגֹּר מָתְנָיו לָזֶה, שֶׁיַּחֲזִיר הַשֵּׁם לְקַדְמוּתוֹ, דְּהַיְנוּ שֶׁיִּהְיוּ חוֹזְרִים וְקוֹרְאִים אֶת הַמְּדִינָה בַּשֵּׁם הָרִאשׁוֹן, דְּהַיְנוּ מְדִינָה טִפְּשִׁית וּמֶמֶּלֶךְ חָכָם הוּא יִהְיֶה מֶלֶךְ, עַל-כֵּן אֵין מַנִּיחִין שׁוּם אָדָם לִכָּנֵס אֶל הַמְּדִינָה, כִּי אִם מִי שֶׁיַּחְגֹּר מָתְנָיו לָזֶה; עַל-כֵּן לֹא רָצוּ לְהַנִּיחַ אוֹתוֹ לִכָּנֵס וְאָמְרוּ לוֹ: הַאַתָּה יָכוֹל לַחְגֹּר מָתְנֶיךָ לָזֶה, לְהַחֲזִיר אֶל הַמְּדִינָה הַשֵּׁם הָרִאשׁוֹן? וּבְוַדַּאי אִי אֶפְשָׁר לְהַכְנִיס עַצְמוֹ לְדָבָר כָּזֶה, וְלֹא יָכְלוּ לִכְנֹס וְהֵסִיתוֹ הָעֶבֶד הַנַּ"ל, שֶׁיַּחְזְרוּ לְבֵיתָם, אַךְ הוּא לֹא רָצָה לַחֲזֹר מֵחֲמַת שֶׁהָאָדָם הַיַּעַר אָמַר לוֹ שֶׁיֵּלֵךְ לַמְּדִינָה זוֹ, וְשָׁם יָבוֹא לַגְּדֻלָּה שֶׁלּוֹ.

בְּתוֹךְ כָּךְ בָּא לְשָׁם עוֹד אָדָם אֶחָד שֶׁהָיָה רוֹכֵב עַל סוּס וְרָצָה

לִכָּנֵס, וְלֹא הִנִּיחוּ אוֹתוֹ גַּם-כֵּן לִכָּנֵס מֵחֲמַת הַנַּ"ל בְּתוֹךְ כָּךְ רָאָה שֶׁעוֹמֵד הַסּוּס שֶׁל אוֹתוֹ הָאָדָם, וְלָקַח הַכְּלִי הַנַּ"ל וְהִנִּיחָהּ עַל הַסּוּס וְהִתְחִיל לְנַגֵּן הַנִּגּוּן הַנִּפְלָא מְאֹד כַּנַּ"ל וּבִקֵּשׁ מְאֹד הָאָדָם שֶׁל הַסּוּס, שֶׁיִּמְכֹּר לוֹ הַכְּלִי הַזֹּאת וְלֹא רָצָה לְמָכְרָהּ וְהֵשִׁיב לוֹ מַה תּוּכַל לִתֵּן לִי בְּעַד כְּלִי נִפְלָאָה כָּזוֹ? אָמַר לוֹ הָאָדָם שֶׁל הַסּוּס הַנַּ"ל: מַה תּוּכַל לִפְעֹל עִם הַכְּלִי הַזֹּאת? [הֲלֹא הוּא רַק] שֶׁתַּעֲשֶׂה עִמָּהּ קָאמֶעדְיָא [משחק הצגה], וּתְקַבֵּל דִּינָר, אֲבָל אֲנִי יוֹדֵעַ דָּבָר, שֶׁהוּא טוֹב יוֹתֵר מֵהַכְּלִי שֶׁלְּךָ, דְּהַיְנוּ שֶׁאֲנִי יוֹדֵעַ דָּבָר, שֶׁקִּבַּלְתִּי מֵאֲבוֹת אֲבוֹתַי, לִהְיוֹת מֵבִין דָּבָר מִתּוֹךְ דָּבָר, הַיְנוּ שֶׁאֲנִי יוֹדֵעַ דָּבָר כָּזֶה, שֶׁקִּבַּלְתִּי מֵאֲבוֹת-אֲבוֹתַי שֶׁיְּכוֹלִים לִהְיוֹת עַל יָדָהּ מֵבִין דָּבָר מִתּוֹךְ דָּבָר שֶׁכְּשֶׁאֶחָד אוֹמֵר אֵיזֶה דִּבּוּר בְּעָלְמָא, יְכוֹלִים עַל-יְדֵי הַקַּבָּלָה הַנַּ"ל, שֶׁיֵּשׁ לִי, לְהָבִין דָּבָר מִתּוֹךְ דָּבָר, וַעֲדַיִן לֹא גִּלִּיתִי זֹאת לְשׁוּם אָדָם בָּעוֹלָם, בְּכֵן אֲנִי אֲלַמֵּד אוֹתְךָ הַדָּבָר הַזֶּה, וְאַתָּה תִּתֵּן לִי הַכְּלִי הַזֹּאת הַנַּ"ל וְנִתְיַשֵּׁב [הַבֵּן מֶלֶךְ הָאֱמֶת, שֶׁהָיָה לוֹ הַכְּלִי הַזֹּאת כַּנַּ"ל], שֶׁבֶּאֱמֶת הוּא דָּבָר נִפְלָא לִהְיוֹת מֵבִין דָּבָר מִתּוֹךְ דָּבָר, וְנָתַן לוֹ הַכְּלִי הַנַּ"ל, וְהוּא [הַיְנוּ הָאָדָם שֶׁל הַסּוּס הַנַּ"ל] הָלַךְ וְלִמְּדוֹ הַדָּבָר הַנַּ"ל לִהְיוֹת מֵבִין דָּבָר מִתּוֹךְ דָּבָר.

וְהַבֵּן מֶלֶךְ הָאֱמֶת, מֵאַחַר שֶׁנַּעֲשָׂה מֵבִין דָּבָר מִתּוֹךְ דָּבָר, הָיָה הוֹלֵךְ שָׁם אֵצֶל שַׁעַר הַמְּדִינָה הַנַּ"ל, וְהֵבִין, שֶׁהוּא בְּאֶפְשָׁר שֶׁיַּחְגֹּר מָתְנָיו לָזֶה לְהַחֲזִיר לְהַמְּדִינָה שֵׁם הָרִאשׁוֹן, כִּי כְּבָר נַעֲשָׂה מֵבִין דָּבָר מִתּוֹךְ דָּבָר, עַל-כֵּן הֵבִין שֶׁהוּא בְּאֶפְשָׁר אַף-עַל-פִּי שֶׁעֲדַיִן אֵינוֹ יוֹדֵעַ אֵיךְ וּמָה, אֵיךְ יוּכַל לַעֲשׂוֹת זֹאת, אַף-עַל- פִּי-כֵן, מֵאַחַר שֶׁנַּעֲשָׂה מֵבִין דָּבָר מִתּוֹךְ דָּבָר, עַל-כֵּן הֵבִין, שֶׁהוּא בְּאֶפְשָׁר וְנִתְיַשֵּׁב, שֶׁיְּצַוֶּה לְהַנִּיחַ אוֹתוֹ לִכָּנֵס, וְהוּא יַכְנִיס עַצְמוֹ לָזֶה [הַיְנוּ לְהַחֲזִיר לְהַמְּדִינָה שֵׁם הָרִאשׁוֹן] וּמַה יַּפְסִיד בָּזֶה? וְאָמַר [לְאוֹתָן הָאֲנָשִׁים, שֶׁלֹּא רָצוּ לְהַנִּיחַ לִכְנֹס שָׁם שׁוּם אָדָם, כִּי אִם מִי שֶׁיַּחְגֹּר מָתְנָיו לָעִנְיָן הַנַּ"ל], שֶׁיַּנִּיחוּ אוֹתוֹ לִכְנֹס, וְהוּא יַחְגֹּר מָתְנָיו לָעִנְיָן הַנַּ"ל לְהַחֲזִיר אֶל הַמְּדִינָה שֵׁם הָרִאשׁוֹן וְהִנִּיחוּ אוֹתוֹ לִכְנֹס.

וְהוֹדִיעוּ אֶל הַשָּׂרִים, שֶׁנִּמְצָא אִישׁ כָּזֶה, שֶׁרוֹצֶה לַחֲגֹר מָתְנָיו

לָזֶה לְהַחֲזִיר לְהַמְּדִינָה שֵׁם הָרִאשׁוֹן וֶהֱבִיאוּהוּ אֶל הַשָּׂרִים שֶׁל הַמְּדִינָה, וְאָמְרוּ לוֹ הַשָּׂרִים: תֵּדַע, שֶׁגַּם אֲנַחְנוּ אֵין אָנוּ טִפְּשִׁים, חַס וְשָׁלוֹם, רַק שֶׁהַמֶּלֶךְ שֶׁהָיָה, הָיָה חָכָם גָּדוֹל מֻפְלָג מְאֹד, אֲשֶׁר כְּנֶגְדּוֹ הָיִינוּ כֻּלָּנוּ נֶחֱשָׁבִים טִפְּשִׁים, וְעַל-כֵּן הָיְתָה הַמְּדִינָה נִקְרֵאת מְדִינָה טִפְּשִׁית וּמֶלֶךְ חָכָם וְאַחַר-כָּךְ נִפְטַר הַמֶּלֶךְ הַנַּ"ל, וְנִשְׁאַר הַבֵּן מֶלֶךְ; וְגַם הוּא חָכָם, אֲבָל כְּנֶגְדֵּנוּ אֵינוֹ חָכָם כְּלָל, עַל-כֵּן נִקְרֵאת הַמְּדִינָה [עַכְשָׁו] לְהֵפֶךְ: מְדִינָה חֲכָמָה וּמֶלֶךְ טִפֵּשׁ וְהִנִּיחַ הַמֶּלֶךְ צַוָּאָה, שֶׁמִּי שֶׁיִּמְצָא חָכָם כָּזֶה, שֶׁיּוּכַל לְהַחֲזִיר לְהַמְּדִינָה שֵׁם הָרִאשׁוֹן הוּא יִהְיֶה מֶלֶךְ; וְצִוָּה לִבְנוֹ, שֶׁכְּשֶׁיִּמָּצֵא אִישׁ כָּזֶה יִסְתַּלֵּק הוּא מִן הַמְּלוּכָה, וְאוֹתוֹ הָאִישׁ יִהְיֶה נַעֲשֶׂה מֶלֶךְ, הַיְנוּ כְּשֶׁיִּמָּצֵא חָכָם כָּזֶה, שֶׁיִּהְיֶה מֻפְלָג בְּחָכְמָה מְאֹד מְאֹד, עַד שֶׁכְּנֶגְדּוֹ יִהְיוּ כֻּלָּם טִפְּשִׁים, הוּא יִהְיֶה מֶלֶךְ, כִּי זֶה הָאִישׁ יָכוֹל לְהַחֲזִיר לְהַמְּדִינָה שֵׁם הָרִאשׁוֹן, כִּי יִהְיוּ חוֹזְרִים וְקוֹרִין אוֹתָהּ מְדִינָה טִפְּשִׁית וּמֶלֶךְ חָכָם, כִּי הֵם כֻּלָּם טִפְּשִׁים כְּנֶגְדּוֹ, עַל-כֵּן תֵּדַע לְאֵיזֶה דָּבָר אַתָּה מַכְנִיס עַצְמְךָ [כָּל זֶה אָמְרוּ לוֹ הַשָּׂרִים הַנַּ"ל].

וְאָמְרוּ לוֹ [הַיְנוּ גַּם-כֵּן הַשָּׂרִים הַנַּ"ל, כִּי כָּל זֶה הוּא הֶמְשֵׁךְ דִּבְרֵיהֶם]: הַנִּסָּיוֹן יִהְיֶה, אִם אַתָּה חָכָם כָּזֶה: הֱיוֹת שֶׁיֵּשׁ כָּאן גַּן, שֶׁנִּשְׁאַר מִן הַמֶּלֶךְ שֶׁהָיָה, שֶׁהוּא הָיָה חָכָם גָּדוֹל מְאֹד; וְהַגַּן הוּא נִפְלָא מְאֹד מְאֹד, שֶׁגְּדֵלִים בּוֹ כְּלֵי מַתָּכוֹת כְּלֵי כֶסֶף וּכְלֵי זָהָב וְהוּא נִפְלָא וְנוֹרָא מְאֹד, אַךְ אִי-אֶפְשָׁר לִכָּנֵס בּוֹ, כִּי כְּשֶׁנִּכְנָס בּוֹ אָדָם, אֲזַי תֵּכֶף מַתְחִילִין שָׁם לְרָדְפוֹ, וְרוֹדְפִין אוֹתוֹ, וְהוּא צוֹעֵק, וְהוּא אֵינוֹ יוֹדֵעַ כְּלָל וְאֵינוֹ רוֹאֶה מִי רוֹדֵף אוֹתוֹ, וְכָךְ הֵם רוֹדְפִין אוֹתוֹ, עַד שֶׁמַּבְרִיחִין אוֹתוֹ מִן הַגַּן עַל-כֵּן נִרְאֶה אִם אַתָּה חָכָם, אִם תּוּכַל לִכָּנֵס אֶל הַגַּן הַזֶּה וְשָׁאַל אִם מַכִּים אֶת הָאָדָם הַנִּכְנָס; אָמְרוּ לוֹ, שֶׁהָעִקָּר שֶׁרוֹדְפִין אוֹתוֹ, וְהוּא אֵינוֹ יוֹדֵעַ כְּלָל מִי וָמִי רוֹדֵף אוֹתוֹ, וּבוֹרֵחַ בְּבֶהָלָה גְּדוֹלָה מְאֹד, כִּי כֵן סִפְּרוּ לָהֶם בְּנֵי-אָדָם שֶׁנִּכְנְסוּ לְשָׁם.

וְהָלַךְ אֶל הַגַּן [הַיְנוּ זֶה הַבֶּן מֶלֶךְ הָאֱמֶת], וְרָאָה שֶׁיֵּשׁ לוֹ חוֹמָה סָבִיב, וְהַשַּׁעַר פָּתוּחַ, וְאֵין שָׁם שׁוֹמְרִים, כִּי בְּוַדַּאי אֵין צְרִיכִים שׁוֹמְרִים לָזֶה הַגַּן וְהָיָה הוֹלֵךְ אֵצֶל הַגַּן, וְהִסְתַּכֵּל

וְרָאָה, שֶׁעוֹמֵד שָׁם אֵצֶל הַגָּן אָדָם, הַיְנוּ שֶׁהָיָה מְצֻיָּר שָׁם אָדָם וְהִסְתַּכֵּל וְרָאָה, שֶׁלְּמַעְלָה, מֵעַל הָאָדָם, יֵשׁ דַּף, [שֶׁקּוֹרִין טַאבְּלִיצֶע] [לוח], וְכָתוּב שָׁם, שֶׁזֶּה הָאָדָם הָיָה מֶלֶךְ לִפְנֵי כַּמָּה מֵאוֹת שָׁנִים, וּבִימֵי הַמֶּלֶךְ הַזֶּה הָיָה שָׁלוֹם, כִּי עַד אוֹתוֹ הַמֶּלֶךְ הָיָה מִלְחָמוֹת, וְכֵן אַחֲרָיו הָיָה מִלְחָמוֹת, וּבִימֵי הַמֶּלֶךְ הַזֶּה הָיָה שָׁלוֹם.

וְהִתְבּוֹנֵן מֵאַחַר שֶׁכְּבָר נַעֲשָׂה מֵבִין דָּבָר מִתּוֹךְ דָּבָר, כַּנַּ"ל, שֶׁהַכֹּל תָּלוּי בְּזֶה.

הָאָדָם; שֶׁכְּשֶׁנִּכְנָסִין לַגָּן וְרוֹדְפִין אוֹתוֹ אֵין צְרִיכִין לִבְרֹחַ כְּלָל, רַק לַעֲמֹד עַצְמוֹ אֵצֶל הָאָדָם, וְעַל-יְדֵי זֶה יִנָּצֵל וְיוֹתֵר מִזֶּה: שֶׁאִם יִקְחוּ אֶת הָאָדָם הַזֶּה וְיַעֲמִידוּ אוֹתוֹ לִפְנִים בְּתוֹךְ הַגָּן הַזֶּה, אֲזַי יוּכַל כָּל אָדָם לִכָּנֵס בְּשָׁלוֹם אֶל הַגָּן הַזֶּה [כָּל זֶה הֵבִין זֶה הַבֶּן מֶלֶךְ הָאֱמֶת עַל-יְדֵי שֶׁהָיָה מֵבִין דָּבָר מִתּוֹךְ דָּבָר, כַּנַּ"ל] וְהָלַךְ וְנִכְנַס אֶל הַגָּן; וְתֵכֶף כְּשֶׁהִתְחִילוּ לִרְדְּפוֹ הָלַךְ וְעָמַד אֵצֶל הָאָדָם הַנַּ"ל, שֶׁעוֹמֵד אֵצֶל הַגָּן מִבַּחוּץ, וְעַל-יְדֵי- זֶה יָצָא בְּשָׁלוֹם, בְּלִי פֶּגַע כְּלָל, כִּי אֲחֵרִים, כְּשֶׁנִּכְנְסוּ לַגָּן וְהִתְחִילוּ לְרָדְפָם הָיוּ בּוֹרְחִים בְּבֶהָלָה גְּדוֹלָה מְאֹד, וְהָיוּ מֻכִּים וְנִלְקִים עַל-יְדֵי-זֶה; וְהוּא יָצָא בְּשָׁלוֹם וְשַׁלְוָה עַל-יְדֵי שֶׁעָמַד עַצְמוֹ אֵצֶל הָאָדָם הַנַּ"ל וְהַשָּׂרִים רָאוּ וְתָמְהוּ עַל שֶׁיָּצָא בְּשָׁלוֹם, וַאֲזַי צִוָּה [זֶה הַבֶּן מֶלֶךְ הָאֱמֶת] לִקַּח אֶת הָאָדָם הַנַּ"ל וּלְהַעֲמִיד אוֹתוֹ בִּפְנִים בְּתוֹךְ הַגָּן, וְכֵן עָשׂוּ, וַאֲזַי עָבְרוּ כָּל הַשָּׂרִים בְּתוֹךְ הַגָּן וְנִכְנְסוּ וְיָצְאוּ בְּשָׁלוֹם, בְּלִי פֶּגַע כְּלָל.

אָמְרוּ לוֹ הַשָּׂרִים: אַף-עַל-פִּי-כֵן, אַף-עַל-פִּי שֶׁרָאִינוּ מִמְּךָ דָּבָר כָּזֶה, אַף-עַל-פִּי-כֵן בִּשְׁבִיל דָּבָר אֶחָד אֵין רָאוּי לִתֵּן לְךָ הַמְּלוּכָה; נְנַסֶּה אוֹתְךָ עוֹד בְּדָבָר אֶחָד אָמְרוּ לוֹ: הֱיוֹת שֶׁיֵּשׁ כָּאן כִּסֵּא מֵהַמֶּלֶךְ שֶׁהָיָה, וְהַכִּסֵּא גָּבוֹהַּ מְאֹד, וְאֵצֶל הַכִּסֵּא עוֹמְדִים כָּל מִינֵי חַיּוֹת וְעוֹפוֹת שֶׁל עֵץ [הַיְנוּ שֶׁהֵם חֲתוּכִים וּמְתֻקָּנִים מִן עֵץ, בְּלַעַ"ז: אוֹיסְגֶשְׁנִיצְט], וְלִפְנֵי הַכִּסֵּא עוֹמֵד מִטָּה, וְאֵצֶל הַמִּטָּה עוֹמֵד שֻׁלְחָן, וְעַל הַשֻּׁלְחָן עוֹמֵד מְנוֹרָה, וּמִן הַכִּסֵּא יוֹצְאִים דְּרָכִים כְּבוּשִׁים [שֶׁקּוֹרִין גְּשְׁלָאגִינֶע וֶועגִין], וְהַדְּרָכִים הֵם בְּנוּיִים בְּבִנְיַן חוֹמָה [הַיְנוּ גִּימוֹאֶירְטֶע

וְעגִין], וְאֵלּוּ הַדְּרָכִים יוֹצְאִים מִן הַכִּסֵּא לְכָל צַד, וְאֵין אָדָם יוֹדֵעַ כְּלָל מָה עִנְיַן הַכִּסֵּא הַזֶּה עִם הַדְּרָכִים הַלָּלוּ, וְאֵלּוּ הַדְּרָכִים, כְּשֶׁהֵם יוֹצְאִים וּמִתְפַּשְּׁטִים לְהַלָּן אֵיזֶה שִׁעוּר, עוֹמֵד שָׁם אַרְיֵה שֶׁל זָהָב, וְאִם יֵלֵךְ וְיִתְקָרֵב אֶצְלוֹ אֵיזֶה אָדָם, אֲזַי יִפְתַּח אֶת פִּיו וְיִבְלָעֶנּוּ וּלְהַלָּן מִן אוֹתוֹ הָאַרְיֵה מִתְפַּשֵּׁט הַדֶּרֶךְ עוֹד לְהַלָּן יוֹתֵר, וְכֵן בִּשְׁאָר הַדְּרָכִים, הַיּוֹצְאִים מִן הַכִּסֵּא, הַיְנוּ שֶׁגַּם הַדֶּרֶךְ הַשֵּׁנִי, הַיּוֹצֵא מִן הַכִּסֵּא לְצַד אַחֵר, הוּא גַּם-כֵּן כָּךְ כְּשֶׁמִּתְפַּשֵּׁט וְנִמְשָׁךְ הַדֶּרֶךְ אֵיזֶה שִׁעוּר, עוֹמֵד שָׁם מִין חַיָּה אַחֵר, כְּגוֹן לָבִיא שֶׁל מִינֵי מַתָּכוֹת, וְשָׁם גַּם-כֵּן אִי-אֶפְשָׁר לְהִתְקָרֵב אֵלָיו כַּנַּ"ל, וּלְהַלָּן מִתְפַּשֵּׁט הַדֶּרֶךְ יוֹתֵר, וְכֵן בִּשְׁאָר הַדְּרָכִים וְאֵלּוּ הַדְּרָכִים הֵם מִתְפַּשְּׁטִים וְהוֹלְכִים בְּכָל הַמְּדִינָה כֻּלָּהּ, וְאֵין שׁוּם אָדָם יוֹדֵעַ עִנְיַן הַכִּסֵּא הַנַּ"ל עִם כָּל הַדְּבָרִים הַנַּ"ל עִם הַדְּרָכִים הַנַּ"ל; עַל-כֵּן תִּתְנַסֶּה בָּזֶה, אִם תּוּכַל לֵידַע עִנְיַן הַכִּסֵּא עִם כָּל הַנַּ"ל.

וְהֶרְאוּ לוֹ הַכִּסֵּא, וְרָאָה, שֶׁהוּא גָּבוֹהַּ מְאֹד וְכוּ' וְהָלַךְ אֵצֶל הַכִּסֵּא וְהִסְתַּכֵּל וְהִתְבּוֹנֵן, שֶׁזֹּאת הַכִּסֵּא עֲשׂוּיָה מִן הָעֵץ שֶׁל הַתֵּבָה הַנַּ"ל [הַיְנוּ הַכְּלִי הַנַּ"ל, שֶׁנָּתַן לוֹ אָדָם הַיַּעַר כַּנַּ"ל] וְהִסְתַּכֵּל וְרָאָה, שֶׁחָסֵר מִן הַכִּסֵּא לְמַעְלָה אֵיזֶה שׁוֹשַׁנָּה [הַיְנוּ רֵייזִילֶין], וְאִם הָיָה לְהַכִּסֵּא זֹאת הַשּׁוֹשַׁנָּה, הָיָה לָהּ הַכֹּחַ שֶׁיֵּשׁ לְהַתֵּבָה הַנַּ"ל [הַיְנוּ הַכְּלִי הַנַּ"ל, שֶׁהָיָה לָהּ כֹּחַ לְנַגֵּן כְּשֶׁהָיוּ מַנִּיחִין אוֹתָהּ עַל אֵיזֶה מִין חַיָּה אוֹ בְּהֵמָה אוֹ עוֹף כַּנַּ"ל] וְהִסְתַּכֵּל יוֹתֵר וְרָאָה, שֶׁזֹּאת הַשּׁוֹשַׁנָּה, שֶׁחָסֵר לְמַעְלָה מִן הַכִּסֵּא, הִיא מֻנַּחַת לְמַטָּה בַּכִּסֵּא, וּצְרִיכִין לִקַּח אוֹתָהּ מִשָּׁם וּלְהַנִּיחָהּ לְמַעְלָה, וַאֲזַי יִהְיֶה לְהַכִּסֵּא הַכֹּחַ שֶׁל הַתֵּבָה הַנַּ"ל, כִּי הַמֶּלֶךְ שֶׁהָיָה, עָשָׂה כָּל דָּבָר בְּחָכְמָה, בְּאֹפֶן שֶׁלֹּא יָבִין שׁוּם אָדָם אֶת הָעִנְיָן, עַד שֶׁיָּבוֹא חָכָם מֻפְלָג, שֶׁיָּבִין אֶת הַדָּבָר, וְיוּכַל לְכַוֵּן לְהַחֲלִיף וּלְסַדֵּר כָּל הַדְּבָרִים כָּרָאוּי.

וְכֵן הַמִּטָּה הֵבִין, שֶׁצְּרִיכִין לְנַתְּקָהּ קְצָת מִן הַמָּקוֹם שֶׁעוֹמֶדֶת, וְכֵן הַשֻּׁלְחָן, צְרִיכִין גַּם- כֵּן לְנַתְּקוֹ קְצָת, לְשַׁנּוֹת מְקוֹמָם קְצָת, וְכֵן הַמְּנוֹרָה, צְרִיכִין גַּם-כֵּן לְנַתְּקָהּ קְצָת מִמְּקוֹמָהּ, וְכֵן הָעוֹפוֹת וְהַחַיּוֹת, צְרִיכִין גַּם-כֵּן לְשַׁנּוֹתָם כֻּלָּם מִמְּקוֹמָם לִקַּח זֶה הָעוֹף מִמָּקוֹם זֶה וּלְהַעֲמִידוֹ בְּמָקוֹם זֶה, וְכֵן כֻּלָּם, כִּי

סִיפּוּרֵי מַעֲשִׂיּוֹת מעשה י"א מוֹהֲרַ"ן

הַמֶּלֶךְ עָשָׂה הַכֹּל בְּעָרְמָה וּבְחָכְמָה, בְּאֹפֶן שֶׁלֹּא יָבִין שׁוּם אָדָם, עַד שֶׁיָּבוֹא הֶחָכָם, שֶׁיּוּכַל לְהִתְבּוֹנֵן לְסַדְּרָם כָּרָאוּי וְכֵן הָאַרְיֵה שֶׁעוֹמֵד שָׁם [אֵצֶל הִתְפַּשְּׁטוּת הַדֶּרֶךְ], צְרִיכִין לְהַעֲמִידוֹ כָּאן, וְכֵן כֻּלָּם וְצִוָּה לְסַדֵּר הַכֹּל כָּרָאוּי: לִקַּח הַשּׁוֹשַׁנָּה מִלְּמַטָּה וּלְתָחְבָהּ לְמַעְלָה, וְכֵן כָּל הַדְּבָרִים הַנַּ"ל לְסַדֵּר כֻּלָּם בַּסֵּדֶר הָרָאוּי כַּנַּ"ל, וְאָז הִתְחִילוּ כֻּלָּם לְנַגֵּן נִגּוּן הַנִּפְלָא מְאֹד, וְעָשׂוּ כֻּלָּם הַפְּעֻלָּה הָרְאוּיָה לָהֶם וְאָז נָתְנוּ לוֹ הַמְּלוּכָה.

עָנָה וְאָמַר הַבֵּן מֶלֶךְ הָאֱמֶת, שֶׁנַּעֲשָׂה עַתָּה מֶלֶךְ, אֶל בֶּן הַשִּׁפְחָה הָאֱמֶת הַנַּ"ל: עַתָּה אֲנִי מֵבִין, שֶׁאֲנִי בֶּן הַמֶּלֶךְ בֶּאֱמֶת, וְאַתָּה בֶּן הַשִּׁפְחָה בֶּאֱמֶת!.

[**גַּם** אֵלֶּה דִּבְרֵי רַבֵּנוּ נ"י אַחַר שֶׁסִּפֵּר זֹאת הַמַּעֲשֶׂה, עָנָה וְאָמַר דְּבָרִים אֵלֶּה] בַּדּוֹרוֹת הָרִאשׁוֹנִים, כְּשֶׁהָיוּ מְדַבְּרִים וּמְשִׂיחִים קַבָּלָה, הָיוּ מְשִׂיחִים בְּלָשׁוֹן כָּזֶה, כִּי עַד רַבִּי שִׁמְעוֹן בַּר-יוֹחַאי, לֹא הָיוּ מְדַבְּרִים קַבָּלָה בְּאִתְגַּלְיָא, רַק רַבִּי שִׁמְעוֹן בַּר-יוֹחַאי גִּלָּה קַבָּלָה בְּאִתְגַּלְיָא; וּמִקֹּדֶם, כְּשֶׁהָיוּ הַחֲבֵרִים מְדַבְּרִים קַבָּלָה, הָיוּ מְדַבְּרִים בְּלָשׁוֹן כָּזֶה כְּשֶׁהִנִּיחוּ הָאָרוֹן עַל הַפָּרוֹת, הִתְחִילוּ לְשׁוֹרֵר, וְהָבֵן.

כִּי יֵשׁ חַדְתּוּתֵי דְּסִיהֲרָא [חידוש הלבנה], כְּשֶׁהַלְּבָנָה מְקַבֶּלֶת חִדּוּשִׁים מִן הַשֶּׁמֶשׁ, וְזֶה בְּחִינַת [שְׁמוּאֵל-א ו] כְּשֶׁנּוֹשְׂאִין הָאָרוֹן אֶל בֵּית-שֶׁמֶשׁ, וַאֲזַי כָּל הַחַיּוֹת נוֹשְׂאֵי הַכִּסֵּא עוֹשִׂין נִגּוּן חָדָשׁ בְּחִינַת [תְּהִלִּים צו]: "מִזְמוֹר שִׁירוּ לַה' שִׁיר חָדָשׁ", שֶׁזֶּהוּ הַשִּׁיר, שֶׁשָּׁרוּ פָּרוֹת הַבָּשָׁן וְזֶה בְּחִינַת מִטָּה וְשֻׁלְחָן וְכִסֵּא וּמְנוֹרָה הֵם תִּיקּוּנְהָא דִּשְׁכִינְתָּא וּבְחִינַת הַגַּן, כִּי אָדָם הָרִאשׁוֹן נִתְגָּרֵשׁ מִן הַגַּן, וְשַׁבָּת אֵגִין עֲלוֹהִי, כַּמּוּבָא [עַיֵּן זהר שְׁמוֹת קלח] וְשַׁבָּת הוּא בְּחִינַת מֶלֶךְ שֶׁהַשָּׁלוֹם שֶׁלּוֹ, בְּחִינַת הָאָדָם הַנַּ"ל, שֶׁהוּא מֶלֶךְ, שֶׁהָיָה שָׁלוֹם בְּיָמָיו, וְעַל-כֵּן עָמַד עַצְמוֹ אֵצֶל שַׁבָּת; וְהַשְּׁאָר לֹא בֵּאֵר.

[**עָנָה** וְאָמַר אַחַר שֶׁסִּפֵּר הַמַּעֲשֶׂה הַזֹּאת בְּזוֹ הַלָּשׁוֹן] הַמַּעֲשֶׂה הַזֹּאת הִיא הַפְלֵא גָּדוֹל, וְהַכֹּל אֶחָד הַבְּהֵמוֹת וְכוּ' וְהַכִּסֵּא וְכוּ' וְהַגַּן הַכֹּל אֶחָד פַּעַם נִקְרָא [הַבְּחִינָה הַמְרֻמֶּזֶת בְּהַסִּפּוּר] בְּשֵׁם זֶה, וּפַעַם בְּשֵׁם זֶה; הַכֹּל לְפִי הָעִנְיָן וְהַבְּחִינָה וְהַדְּבָרִים

עֲמֻקִּים, נִפְלָאִים וְנוֹרָאִים מְאֹד מְאֹד [גַּם אֵלֶּה דִּבְרֵי רַבֵּנוּ, נֵרוֹ יָאִיר], וְיֵשׁ עוֹד, וְאֵין צְרִיכִין לְגַלּוֹת לָכֶם גַּם יֵשׁ עוֹד מַה שֶּׁהַמֶּלֶךְ, שֶׁהָיָה בְּהַמְּדִינָה הַנַּ"ל, עָשָׂה דָּבָר כְּנֶגֶד הַחַמָּה, וְדָבָר כְּנֶגֶד הַלְּבָנָה [הַיְנוּ שֶׁאֵלּוּ הַדְּבָרִים הָיוּ מְרַמְּזִים עַל חַמָּה וּלְבָנָה], וְהַלְּבָנָה הָיְתָה אוֹחֶזֶת נֵר בְּיָדָהּ, וּכְשֶׁמַּגִּיעַ הַיּוֹם אֲזַי אֵין הַנֵּר מֵאִיר, כִּי שְׁרָגָא בְּטִיהֲרָא [נר בצהרים אינו מועיל] וְכוּ', וְזֶהוּ שֶׁאָמְרָה הַלַּיְלָה אֶל הַיּוֹם: מִפְּנֵי מָה, כְּשֶׁאַתָּה בָּא, אֵין לִי שֵׁם [כַּמְבֹאָר לְעֵיל], כִּי בַּיּוֹם אֵין מוֹעִיל הַנֵּר כְּלָל פֵּרוּשׁ הַמַּעֲשֶׂה הוּא כְּמוֹ הַכִּסֵּא, שֶׁעָשָׂה הַמֶּלֶךְ כַּנַּ"ל, שֶׁעִקַּר הַחָכְמָה שֶׁצְּרִיכִין לֵידַע אֵיךְ לְסַדֵּר הַדְּבָרִים כְּמוֹ כֵן מִי שֶׁבָּקִי בַּסְּפָרִים, וְלִבּוֹ שָׁלֵם יוּכַל לְהָבִין הַפֵּרוּשׁ, אַךְ צְרִיכִין לְסַדֵּר הַדְּבָרִים הֵיטֵב, כִּי פַּעַם נִקְרָא כָּךְ, וּפַעַם נִקְרָא כָּךְ, וְכֵן בִּשְׁאָר הַדְּבָרִים, הַיְנוּ בַּפֵּרוּשׁ שֶׁל הַמַּעֲשֶׂה לִפְעָמִים נִקְרָא הָאָדָם שֶׁל הַמַּעֲשֶׂה הַנַּ"ל בְּשֵׁם זֶה, וְלִפְעָמִים בְּשֵׁם אַחֵר, וְכֵן בִּשְׁאָר הַדְּבָרִים אַשְׁרֵי מִי שֶׁיִּזְכֶּה לְהָבִין דְּבָרִים אֵלּוּ לַאֲמִתָּתָן בָּרוּךְ ה' לְעוֹלָם, אָמֵן וְאָמֵן [כָּל זֶה דִּבְרֵי רַבֵּנוּ הַקָּדוֹשׁ עָלָיו הַשָּׁלוֹם זֵכֶר צַדִּיק לִבְרָכָה].

מעשה י"ב מבעל תפילה

מַעֲשֶׂה פַּעַם אֶחָד הָיָה בַּעַל-תְּפִלָּה, שֶׁהָיָה עוֹסֵק תָּמִיד בִּתְפִלּוֹת וְשִׁירוֹת וְתוּשְׁבָּחוֹת לְהַשֵּׁם יִתְבָּרַךְ וְהָיָה יוֹשֵׁב חוּץ לַיִּשּׁוּב, וְהָיָה רָגִיל לִכָּנֵס לַיִּשּׁוּב וְהָיָה נִכְנָס אֵצֶל אֵיזֶה אָדָם מִסְתָמָא הָיָה נִכְנָס לְהַקְּטַנִּים בְּמַעְלָה, כְּגוֹן עֲנִיִּים וְכַיּוֹצֵא וְהָיָה מְדַבֵּר עַל לִבּוֹ מֵהַתַּכְלִית שֶׁל כָּל הָעוֹלָם, הֱיוֹת שֶׁבֶּאֱמֶת אֵין שׁוּם תַּכְלִית כִּי אִם לַעֲסֹק בַּעֲבוֹדַת ה' כָּל יְמֵי חַיָּיו וּלְבַלּוֹת יָמָיו בִּתְפִלָּה לְהַשֵּׁם יִתְבָּרַךְ וְשִׁירוֹת וְתִשְׁבָּחוֹת וְכוּ' וְהָיָה מַרְבֶּה לְדַבֵּר עִמּוֹ דִּבְרֵי הִתְעוֹרְרוּת כָּאֵלּוּ, עַד שֶׁנִּכְנְסוּ דְּבָרָיו בְּאָזְנָיו, עַד שֶׁנִּתְרַצָּה אוֹתוֹ הָאָדָם לְהִתְחַבֵּר עִמּוֹ וְתֵכֶף כְּשֶׁנִּתְרַצָּה עִמּוֹ, הָיָה לוֹקְחוֹ וּמוֹלִיכוֹ לִמְקוֹמוֹ, שֶׁהָיָה לוֹ חוּץ לַיִּשּׁוּב, כִּי אוֹתוֹ הַבַּעַל-תְּפִלָּה הַנַּ"ל בָּחַר לוֹ מָקוֹם חוּץ לַיִּשּׁוּב כַּנַּ"ל וּבְאוֹתוֹ הַמָּקוֹם הָיָה שָׁם נָהָר לְפָנָיו, גַּם הָיָה שָׁם אִילָנוֹת וּפֵרוֹת וְהָיוּ אוֹכְלִים מִן הַפֵּרוֹת, וְעַל בְּגָדִים לֹא הָיָה מַקְפִּיד כְּלָל.

וְכֵן הָיָה רָגִיל תָּמִיד לִכְנֹס לַיִּשּׁוּב וּלְפַתּוֹת וּלְרַצּוֹת בְּנֵי-אָדָם לַעֲבוֹדַת הַשֵּׁם יִתְבָּרַךְ לֵילֵךְ בְּדַרְכּוֹ לַעֲסֹק בִּתְפִלּוֹת וְכוּ', וְכָל מִי שֶׁהָיָה מְרֻצֶּה עִמּוֹ, הָיָה לוֹקְחוֹ וּמוֹלִיכוֹ לִמְקוֹמוֹ חוּץ לַיִּשּׁוּב כַּנַּ"ל וְהֵם הָיוּ עוֹסְקִים שָׁם רַק בִּתְפִלּוֹת וְשִׁירוֹת וְתוּשְׁבָּחוֹת לְהַשֵּׁם יִתְבָּרַךְ וּוִדּוּיִים וְתַעֲנִיתִים וְסִגּוּפִים וּתְשׁוּבָה וְכַיּוֹצֵא בָּזֶה וְהָיָה נוֹתֵן לָהֶם חִבּוּרִים, שֶׁהָיוּ לוֹ בְּעִנְיְנֵי תְּפִלּוֹת וְשִׁירוֹת וְתִשְׁבָּחוֹת, וּוִדּוּיִים, וְהָיוּ עוֹסְקִים בָּזֶה תָּמִיד, עַד שֶׁהָיוּ נִמְצָאִים גַּם בְּאוֹתָן הָאֲנָשִׁים, שֶׁהֱבִיאָם לְשָׁם, שֶׁהָיוּ רְאוּיִים גַּם-כֵּן לְקָרֵב בְּנֵי-אָדָם לַעֲבוֹדַת הַשֵּׁם יִתְבָּרַךְ, עַד שֶׁהָיָה נוֹתֵן לְאֶחָד רְשׁוּת, שֶׁגַּם הוּא יִכְנֹס לַיִּשּׁוּב לַעֲסֹק בְּעִנְיָן הַנַּ"ל, דְּהַיְנוּ לְקָרֵב בְּנֵי- אָדָם לְהַשֵּׁם יִתְבָּרַךְ כַּנַּ"ל.

וְכֵן הָיָה הַבַּעַל-תְּפִלָּה הַנַּ"ל עוֹסֵק בְּעִנְיָן זֶה תָּמִיד וְהָיָה מְקָרֵב בְּכָל פַּעַם אֲנָשִׁים וּמוֹצִיאָם מִן הַיִּשּׁוּב כַּנַּ"ל, עַד שֶׁנַּעֲשָׂה רֹשֶׁם בָּעוֹלָם, וְהִתְחִיל הַדָּבָר לְהִתְפַּרְסֵם, כִּי פִּתְאֹם

נִמְלְטוּ אֵיזֶה אֲנָשִׁים מִן הַמְּדִינָה, וְלֹא נוֹדַע אַיָּם וְכֵן נִזְדַּמֵּן, שֶׁפִּתְאֹם נֶאֱבַד אֵצֶל אֶחָד בְּנוֹ וְכַיּוֹצֵא בּוֹ, וְלֹא נוֹדַע אֵיפֹה הֵם, עַד שֶׁנּוֹדַע הֱיוֹת שֶׁנִּמְצָא הַבַּעַל-תְּפִלָּה הַנַּ"ל, שֶׁהוּא הוֹלֵךְ וּמְפַתֶּה בְּנֵי-אָדָם לַעֲבוֹדַת הַשֵּׁם יִתְבָּרַךְ כַּנַּ"ל, אַךְ לֹא הָיָה אֶפְשָׁר לְהַכִּירוֹ וּלְתָפְסוֹ, כִּי הַבַּעַל-תְּפִלָּה הַזֶּה הָיָה מִתְנַהֵג בְּחָכְמָה, וְהָיָה מְשַׁנֶּה וּמַחֲלִיף עַצְמוֹ אֵצֶל כָּל אֶחָד וְאֶחָד בְּשִׁנּוּי אַחֵר, שֶׁאֵצֶל זֶה הָיָה נִדְמֶה כְּעָנִי, וְאֵצֶל זֶה כְּסוֹחֵר, וְאֵצֶל זֶה-בְּעִנְיָן אַחֵר וְכַיּוֹצֵא בָּזֶה גַּם כְּשֶׁהָיָה נִכְנָס לְדַבֵּר עִם בְּנֵי- אָדָם, כְּשֶׁהָיָה רוֹאֶה, שֶׁאֵינוֹ יָכוֹל לִפְעֹל אֶצְלָם כַּוָּנָתוֹ, הָיָה מְרַמֶּה אוֹתָם בִּדְבָרִים עַד שֶׁלֹּא הָיוּ מְבִינִים כְּלָל כַּוָּנָתוֹ הַטּוֹבָה, וּכְאִלּוּ אֵין כַּוָּנָתוֹ כְּלָל לָעִנְיָן הַנַּ"ל, דְּהַיְנוּ לְקָרֵב לְהַשֵּׁם יִתְבָּרַךְ, וְלֹא הָיָה אֶפְשָׁר כְּלָל לְהָבִין, שֶׁכַּוָּנָתוֹ לָזֶה, אַף-עַל-פִּי שֶׁבֶּאֱמֶת כָּל עִקַּר כַּוָּנָתוֹ כְּשֶׁהָיָה מְדַבֵּר עִם בְּנֵי- אָדָם, הָיָה רַק לָזֶה לְקָרֵב לְהַשֵּׁם יִתְבָּרַךְ כַּנַּ"ל, כִּי כָּל כַּוָּנָתוֹ הָיָה רַק זֹאת, רַק כְּשֶׁהָיָה מֵבִין, שֶׁאֵינוֹ פּוֹעֵל אֶצְלוֹ, הָיָה מְסַבְּבוֹ וּמְעַקְּמוֹ וּמְרַמֵּהוּ, עַד שֶׁלֹּא הָיָה יָכוֹל כְּלָל לְהָבִין כַּוָּנָתוֹ הַטּוֹבָה וְהָיָה הַבַּעַל-תְּפִלָּה עוֹסֵק בְּעִנְיָן זֶה, עַד שֶׁנַּעֲשָׂה רֹשֶׁם וּפִרְסוּם בָּעוֹלָם, וְהָיוּ מְצַפִּים לְתָפְסוֹ, אַךְ לֹא הָיָה אֶפְשָׁר כַּנַּ"ל.

וְהָיָה הַבַּעַל-תְּפִלָּה הַנַּ"ל עִם אֲנָשָׁיו יוֹשְׁבִים חוּץ לַיִּשּׁוּב, כַּנַּ"ל, וְעוֹסְקִים רַק בָּעִנְיָנִים הַנַּ"ל בִּתְפִלָּה וְשִׁירוֹת, וְתִשְׁבָּחוֹת לְהַשֵּׁם יִתְבָּרַךְ וּוִדּוּיִים וְתַעֲנִיתִים וְסִגּוּפִים וּתְשׁוּבוֹת כַּנַּ"ל גַּם הָיָה עִנְיַן הַבַּעַל תְּפִלָּה הַנַּ"ל, שֶׁהָיָה יָכוֹל לְהַסְפִּיק לְכָל אֶחָד וְאֶחָד מַה שֶּׁצָּרִיךְ וְאִם הָיָה מֵבִין בְּאֶחָד מֵאֲנָשָׁיו, שֶׁלְּפִי מֹחוֹ הוּא צָרִיךְ לַעֲבוֹדַת ה', שֶׁיְּהֵא הוֹלֵךְ מְלֻבָּשׁ בְּמַלְבּוּשֵׁי זָהָב, [שֶׁקּוֹרִין גִּילְדִין גִּישְׁטִיק] הָיָה מַסְפִּיק לוֹ, וְכֵן לְהֵפֶךְ, שֶׁלִּפְעָמִים נִתְקָרֵב אֵלָיו אֵיזֶה עָשִׁיר, וְהָיָה מוֹצִיאוֹ מִן הַיִּשּׁוּב כַּנַּ"ל, וְהָיָה מֵבִין שֶׁזֶּה הֶעָשִׁיר צָרִיךְ לֵילֵךְ בִּבְגָדִים קְרוּעִים וּנְבָזִים הָיָה מַנְהִיגוֹ כָּךְ הַכֹּל כְּפִי שֶׁהָיָה יוֹדֵעַ צָרְכָּהּ הַסְפָּקַת כָּל אֶחָד וְאֶחָד הָיָה מַסְפִּיק לוֹ וְאֵצֶל אֵלּוּ הָאֲנָשִׁים, שֶׁקֵּרְבָם לְהַשֵּׁם יִתְבָּרַךְ, הָיָה תַּעֲנִית אוֹ סִגּוּף גָּדוֹל, יָקָר יוֹתֵר מִכָּל הַתַּעֲנוּגִים שֶׁבָּעוֹלָם, כִּי הָיָה לָהֶם תַּעֲנוּג מִן

הַסִּגּוּף גָּדוֹל אוֹ מִתְעַנֶּגֶת יוֹתֵר מִכָּל הַתַּעֲנוּגִים שֶׁבָּעוֹלָם.

וַיְהִי הַיּוֹם, וְהָיָה מְדִינָה, שֶׁהָיָה שָׁם עֲשִׁירוּת גָּדוֹל, שֶׁהָיוּ כֻּלָּם עֲשִׁירִים, אַךְ הָיָה דַּרְכָּם וְהַנְהָגָתָם זָר וּמְשֻׁנֶּה מְאֹד, כִּי הַכֹּל הָיָה מִתְנַהֵג אֶצְלָם כְּפִי הָעֲשִׁירוּת, שֶׁהָיָה עֵרֶךְ מַעֲלַת כָּל אֶחָד וְאֶחָד כְּפִי הָעֲשִׁירוּת שֶׁלּוֹ, שֶׁמִּי שֶׁיֵּשׁ לוֹ כָּךְ וְכָךְ אֲלָפִים אוֹ רְבָבוֹת יֵשׁ לוֹ מַעֲלָה זוֹ, וּמִי שֶׁיֵּשׁ לוֹ כָּךְ וְכָךְ מָמוֹן יֵשׁ לוֹ מַעֲלָה אַחֶרֶת, וְכֵן כַּיּוֹצֵא בָּזֶה כָּל סֵדֶר הַמַּעֲלוֹת הָיָה אֶצְלָם כְּפִי הַמָּמוֹן שֶׁל כָּל אֶחָד וְאֶחָד, וּמִי שֶׁיֵּשׁ לוֹ כָּךְ וְכָךְ אֲלָפִים וּרְבָבוֹת כְּפִי הַסְּכוּם, שֶׁהָיָה קָצוּב אֶצְלָם הוּא מֶלֶךְ וְכֵן הָיָה לָהֶם דְּגָלִים, שֶׁמִּי שֶׁיֵּשׁ לוֹ כָּךְ וְכָךְ מָמוֹן הוּא בְּדֶגֶל זֶה, וְיֵשׁ לוֹ אוֹתוֹ הַמַּעֲלָה פְּלוֹנִית בְּאוֹתוֹ הַדֶּגֶל וּמִי שֶׁיֵּשׁ לוֹ כָּךְ וְכָךְ מָמוֹן הוּא בְּדֶגֶל אַחֵר, וְיֵשׁ לוֹ שָׁם אֵיזֶה מַעֲלָה בְּאוֹתוֹ הַדֶּגֶל לְפִי עֵרֶךְ מָמוֹנוֹ וְהָיָה קָצוּב אֶצְלָם כַּמָּה מָמוֹן יִהְיֶה לוֹ, וְיִהְיֶה נֶחֱשָׁב בְּאוֹתוֹ הַדֶּגֶל בְּמַעֲלָה פְּלוֹנִית, וְכַמָּה מָמוֹן יִהְיֶה לוֹ, וְיִהְיֶה נֶחֱשָׁב בְּדֶגֶל אַחֵר בְּאֵיזֶה מַעֲלָה, וְכֵן הַדַּרְגָּא וְהַמַּעֲלָה שֶׁל כָּל אֶחָד וְאֶחָד הָיָה הַכֹּל כְּפִי הַמָּמוֹן, כְּפִי מַה שֶּׁהָיָה קָצוּב אֶצְלָם וְכֵן הָיָה קָצוּב אֶצְלָם, כְּשֶׁיֵּשׁ לוֹ כָּךְ וְכָךְ מָמוֹן הוּא סְתָם בֶּן אָדָם וְאִם יֵשׁ לוֹ עוֹד פָּחוֹת מִזֶּה הוּא חַיָּה אוֹ עוֹף וְכַיּוֹצֵא וְהָיָה אֶצְלָם חַיּוֹת רָעוֹת וְעוֹפוֹת, דְּהַיְנוּ כְּשֶׁיֵּשׁ לוֹ רַק כָּךְ וְכָךְ הוּא נִקְרָא אַרְיֵה אֱנוֹשִׁי [בִּלְשׁוֹן אַשְׁכְּנַז אֵיין מֶענְטְשְׁלִיכֶר לֵייבּ] וְכֵן כַּיּוֹצֵא בָּזֶה שְׁאָר חַיּוֹת רָעוֹת וְעוֹפוֹת וְכוּ', דְּהַיְנוּ שֶׁלְּפִי מִעוּט מָמוֹנוֹ הוּא רַק חַיָּה אוֹ עוֹף וְכוּ', כִּי עִקַּר הָיָה אֶצְלָם הַמָּמוֹן, וּמַעֲלָה וְדַרְגָּא שֶׁל כָּל אֶחָד הָיָה רַק לְפִי הַמָּמוֹן.

וְנִשְׁמַע בָּעוֹלָם, שֶׁיֵּשׁ מְדִינָה כָּזוֹ, וְהָיָה הַבַּעַל- תְּפִלָּה מִתְאַנֵּחַ עַל זֶה, וְהָיָה אוֹמֵר: מִי יוֹדֵעַ עַד הֵיכָן הֵם יְכוֹלִים לֵילֵךְ וְלִתְעוֹת עַל-יְדֵי זֶה?! וְנִמְצְאוּ אֲנָשִׁים מֵאֲנָשָׁיו שֶׁל הַבַּעַל תְּפִלָּה הַנַּ"ל, וְלֹא שָׁאֲלוּ אֶת דַּעְתּוֹ כְּלָל, וְהָלְכוּ לְשָׁם, אֶל הַמְּדִינָה הַנַּ"ל, לַהֲחֲזִירָם לְמוּטָב, כִּי הָיָה לָהֶם רַחֲמָנוּת גָּדוֹל עֲלֵיהֶם עַל שֶׁנִּתְעוּ כָּל- כָּךְ בְּתַאֲוַת מָמוֹן, וּבִפְרָט שֶׁהַבַּעַל תְּפִלָּה הַנַּ"ל אָמַר שֶׁהֵם יְכוֹלִים לֵילֵךְ וְלִתְעוֹת יוֹתֵר וְיוֹתֵר כַּנַּ"ל, עַל-כֵּן הָלְכוּ אֵלּוּ הָאֲנָשִׁים הַנַּ"ל אֶל אוֹתוֹ

הַמְּדִינָה הַנַּ"ל, אוּלַי יַחֲזִירוּ אוֹתָם לְמוּטָב.

וְהָלְכוּ לְשָׁם, וּבָאוּ אֶל הַמְּדִינָה הַנַּ"ל, וְנִכְנְסוּ לְאֶחָד מֵהֶם, מִסְתָּמָא נִכְנְסוּ לְאֵיזֶה חַיָּה [דְּהַיְנוּ לְאָדָם, שֶׁהוּא קָטָן בְּמַעֲלָה, כִּי יֵשׁ לוֹ סַךְ מוּעָט, שֶׁהָיָה נִקְרָא אֶצְלָם חַיָּה, כַּנַּ"ל] וְהִתְחִילוּ לְדַבֵּר עִמּוֹ כְּדַרְכָּם, אֲשֶׁר בֶּאֱמֶת אֵין זֶה תַּכְלִית כְּלָל, וְעִקַּר הַתַּכְלִית הוּא רַק עֲבוֹדַת ה' וְכוּ' וְלֹא שָׁמַע לָהֶם כְּלָל, כִּי כְּבָר נִשְׁתָּרֵשׁ אֶצְלָם, שֶׁעִקָּר הוּא רַק הַמָּמוֹן וְכֵן הָיָה מְדַבֵּר עוֹד עִם אַחֵר וְלֹא שָׁמַע אֵלָיו גַּם-כֵּן וְהוּא [הַיְנוּ אֶחָד מֵאַנְשֵׁי הַבַּעַל-תְּפִלָּה הַנַּ"ל] הָיָה מַרְבֶּה לְדַבֵּר עִמּוֹ; וְהֵשִׁיב לוֹ זֶה הָאִישׁ, שֶׁדִּבֵּר עִמּוֹ וְיֶתֶר מִזֶּה אֵין לִי פְּנַאי כְּלָל לְדַבֵּר עִמְּךָ שְׁאָלוֹ: מִפְּנֵי מָה? הֵשִׁיב לוֹ: הֱיוֹת שֶׁאֲנַחְנוּ כֻּלָּנוּ מוּכָנִים עַתָּה לַעֲקֹר מִן הַמְּדִינָה לֵילֵךְ לִמְדִינָה אַחֶרֶת בַּאֲשֶׁר שֶׁרָאִינוּ, שֶׁעִקַּר הַתַּכְלִית הוּא רַק הַמָּמוֹן, עַל-כֵּן נִסְכַּם אֶצְלֵנוּ לֵילֵךְ לִמְדִינָה, שֶׁשָּׁם יְכוֹלִין לַעֲשׂוֹת מָמוֹן, דְּהַיְנוּ שֶׁיֵּשׁ שָׁם עָפָר, שֶׁעוֹשִׂין מִמֶּנָּה זָהָב וָכֶסֶף, עַל-כֵּן אָנוּ צְרִיכִים עַתָּה לֵילֵךְ כֻּלָּנוּ אֶל אוֹתָהּ הַמְּדִינָה.

גַּם נִסְכַּם אֶצְלָם, שֶׁהֵם רוֹצִים, שֶׁיִּהְיוּ אֶצְלָם כּוֹכָבִים וּמַזָּלוֹת גַּם-כֵּן, דְּהַיְנוּ שֶׁמִּי שֶׁיִּהְיֶה לוֹ כָּל-כָּךְ מָמוֹן כְּפִי הַסְּכוּם שֶׁקָּצְבוּ עַל זֶה הוּא יִהְיֶה כּוֹכָב, כִּי מֵאַחַר שֶׁיֵּשׁ לוֹ כָּל-כָּךְ מָמוֹן יֵשׁ לוֹ הַכֹּחַ שֶׁל אוֹתוֹ הַכּוֹכָב, כִּי הַכּוֹכָב מְגַדֵּל הַזָּהָב, כִּי מַה שֶּׁיֵּשׁ עָפָר, שֶׁעוֹשִׂין מִמֶּנָּה זָהָב, זֶהוּ מֵחֲמַת הַכּוֹכָב שֶׁמְּגַדֵּל בְּאוֹתוֹ הַמָּקוֹם עַפְרוֹת זָהָב נִמְצָא שֶׁהַזָּהָב הוּא נִמְשָׁךְ מִן הַכּוֹכָבִים, וּמֵאַחַר שֶׁיֵּשׁ לְאֶחָד כָּל-כָּךְ זָהָב, נִמְצָא שֶׁיֵּשׁ לוֹ כֹּחַ אוֹתוֹ הַכּוֹכָב, וְעַל-כֵּן הוּא בְּעַצְמוֹ כּוֹכָב וְכֵן אָמְרוּ, שֶׁיִּהְיוּ אֶצְלָם מַזָּלוֹת גַּם כֵּן, דְּהַיְנוּ כְּשֶׁיִּהְיֶה לְאֶחָד כָּךְ וְכָךְ כְּפִי הַסְּכוּם שֶׁקָּצְבוּ עַל זֶה הוּא יִהְיֶה מַזָּל וְכֵן עָשׂוּ לָהֶם מַלְאָכִים, הַכֹּל כְּפִי רִבּוּי הַמָּמוֹן כַּנַּ"ל, עַד שֶׁהִסְכִּימוּ בֵּינֵיהֶם, שֶׁיִּהְיוּ לָהֶם גַּם- כֵּן אֱלֹקוּת, שֶׁמִּי שֶׁיִּהְיֶה לוֹ רִבּוּי מָמוֹן הַרְבֵּה כָּךְ וְכָךְ אֲלָפִים וּרְבָבוֹת כְּפִי מַה שֶּׁקָּצְבוּ עַל זֶה הוּא יִהְיֶה אֱלוֹקַ, כִּי מֵאַחַר שֶׁהָאֱלֹקִים שׁוֹפֵעַ בּוֹ כָּל-כָּךְ מָמוֹן, עַל-כֵּן הוּא בְּעַצְמוֹ אֱלוֹקַ וְכֵן קִיְּמוּ וְעָשׂוּ כְּכָל הַנַּ"ל.

גַּם אָמְרוּ, שֶׁאֵין רָאוּי לָהֶם לֵישֵׁב כְּלָל בַּאֲוִירָא דְּהַאי עָלְמָא,

וְאֵין רָאוּי לָהֶם לְהִתְעָרֵב עִם בְּנֵי הָעוֹלָם, שֶׁלֹּא יְטַמְּאוּ אוֹתָן, כִּי שְׁאָר בְּנֵי הָעוֹלָם הֵם טְמֵאִים כְּנֶגְדָּם, עַל-כֵּן יֵשְׁבוּ עַצְמָן, שֶׁיְּבַקְּשׁוּ לָהֶם הָרִים הַגְּבוֹהִים בְּיוֹתֵר מִכָּל הָעוֹלָם וְיֵשְׁבוּ שָׁם, כְּדֵי שֶׁיִּהְיוּ מְרוֹמָמִים מֵאֲוִירָא דְּעָלְמָא וְשָׁלְחוּ אֲנָשִׁים לְבַקֵּשׁ וּלְחַפֵּשׂ הָרִים הַגְּבוֹהִים כַּנַּ"ל, וְהָלְכוּ וּבִקְּשׁוּ וּמָצְאוּ הָרִים גְּבוֹהִים מְאֹד וְהָלְכוּ כָּל בְּנֵי הַמְּדִינָה וְיָשְׁבוּ שָׁם, עַל הֶהָרִים הַגְּבוֹהִים, הַיְנוּ שֶׁעַל כָּל הַר וְהַר יָשְׁבוּ שָׁם אֵיזֶה קִבּוּץ מֵאַנְשֵׁי הַמְּדִינָה הַנַּ"ל, וְעָשׂוּ סְבִיב הָהָר חֲזָקַת גָּדוֹל, וְהָיָה שָׁם חֲפִירוֹת גְּדוֹלוֹת וְכַיּוֹצֵא סְבִיב הָהָר, עַד שֶׁלֹּא הָיָה אֶפְשָׁר בְּשׁוּם אֹפֶן, שֶׁיָּבוֹא אֲלֵיהֶם שׁוּם אָדָם, כִּי לֹא הָיָה רַק שְׁבִיל נֶעְלָם אֶל הָהָר בְּאֹפֶן שֶׁאָדָם אַחֵר לֹא הָיָה יָכוֹל כְּלָל לָבוֹא אֲלֵיהֶם, וְכֵן בָּהָר הַשֵּׁנִי וְכֵן בְּכָל הֶהָרִים עָשׂוּ חֲזָקַת וְכוּ' כַּנַּ"ל וְהֶעֱמִידוּ שׁוֹמְרִים בְּרִחוּק מִן הָהָר, כְּדֵי שֶׁלֹּא יִתְקָרֵב לָהֶם זָר, וְהֵם הָיוּ יוֹשְׁבִים שָׁם, עַל הֶהָרִים, וְהָיוּ מִתְנַהֲגִים בְּמִנְהָג הַנַּ"ל וְהָיוּ לָהֶם אֱלָהוּת רַבִּים דְּהַיְנוּ לְפִי הַמָּמוֹן כַּנַּ"ל.

וּמֵאַחַר שֶׁהָיָה הָעִקָּר אֶצְלָם הַמָּמוֹן, עַד שֶׁעַל- יְדֵי מָמוֹן הַרְבֵּה הָיוּ נַעֲשִׂים אֱלוֹקַ, עַל-כֵּן הָיָה לָהֶם חֲשַׁשׁ מֵרְצִיחָה וּגְזֵלָה, כִּי כָּל אֶחָד יִהְיֶה רוֹצֵחַ וְגַזְלָן כְּדֵי שֶׁיִּהְיֶה נַעֲשֶׂה אֱלוֹקַ עַל-יְדֵי הַמָּמוֹן שֶׁיִּגְזֹל, אַךְ אָמְרוּ, שֶׁמֵּאַחַר שֶׁהוּא אֱלוֹקַ [דְּהַיְנוּ הֶעָשִׁיר בַּעַל הַמָּמוֹן הוּא אֱלוֹקַ], הוּא יִשְׁמֹר מִגְּזֵלוֹת וּרְצִיחוֹת וְתִקְּנוּ עֲבוֹדוֹת וְקָרְבָּנוֹת, שֶׁיִּהְיוּ מַקְרִיבִים וּמִתְפַּלְּלִים אֶל הָאֱלֹקוּת הַנַּ"ל גַּם הָיוּ מַקְרִיבִים בְּנֵי-אָדָם, וְהָיוּ מַקְרִיבִין אֶת עַצְמָן אֶל הָאֱלֹקוּת הַנַּ"ל, כְּדֵי שֶׁיִּהְיֶה נִכְלָל בּוֹ וְאַחַר- כָּךְ יִתְגַּלְגֵּל וְיִהְיֶה עָשִׁיר, כִּי עִקַּר הָאֱמוּנָה הָיָה אֶצְלָם הַמָּמוֹן כַּנַּ"ל וְהָיָה לָהֶם עֲבוֹדוֹת וְקָרְבָּנוֹת וּקְטֹרֶת, שֶׁהָיוּ עוֹבְדִים בָּהֶם אֶת הָאֱלֹקוּת הַנַּ"ל [דְּהַיְנוּ בַּעֲלֵי הַמָּמוֹן הַרְבֵּה כַּנַּ"ל] וּבְוַדַּאי אַף-עַל-פִּי-כֵן הָיְתָה הַמְּדִינָה מְלֵאָה מֵרְצִיחָה וּגְזֵלָה, כִּי מִי שֶׁלֹּא הָיָה מַאֲמִין בָּעֲבוֹדוֹת הַנַּ"ל, הָיָה רוֹצֵחַ וְגַזְלָן, כְּדֵי שֶׁיִּהְיֶה לוֹ מָמוֹן, כִּי עִקַּר הָיָה אֶצְלָם הַמָּמוֹן כַּנַּ"ל, כִּי עַל-יְדֵי הַמָּמוֹן יְכוֹלִים לִקְנוֹת כָּל דָּבָר אֲכִילָה וּמַלְבּוּשִׁים, וְעִקַּר חִיּוּת הָאָדָם-עַל-יְדֵי הַמָּמוֹן [כֵּן הָיְתָה

סְבָרָתָם לְפִי דַּעְתָּם הַמְשֻׁבֶּשֶׁת וְהַנְּבוֹכָה] עַל-כֵּן הָיָה הַמָּמוֹן הָאֱמוּנָה שֶׁלָּהֶם וְהָיוּ מִשְׁתַּדְּלִים, שֶׁלֹּא יִהְיֶה נֶחְסָר אֶצְלָם מָמוֹן כְּלָל, כִּי הַמָּמוֹן הוּא עִקַּר הָאֱמוּנָה וְהָאֱלֹקוּת שֶׁלָּהֶם כַּנַּ"ל, אַדְּרַבָּא, צְרִיכִים לְהִשְׁתַּדֵּל לְהוֹסִיף וּלְהַכְנִיס מָמוֹן מִמְּקוֹמוֹת אֲחֵרִים לְתוֹךְ הַמְּדִינָה וְהָיוּ יוֹצְאִים מֵהֶם סוֹחֲרִים לִסְחוֹר בִּמְדִינוֹת אֲחֵרִים כְּדֵי לְהִשְׁתַּכֵּר מָמוֹן, לְהַכְנִיס מָמוֹן יוֹתֵר לְתוֹךְ הַמְּדִינָה וּצְדָקָה-בְּוַדַּאי הוּא אִסּוּר גָּדוֹל לְפִי דַּעְתָּם, כִּי הוּא מַחְסִיר שֶׁפַע מָמוֹנוֹ אֲשֶׁר נָתַן לוֹ הָאֱלֹקִים, אֲשֶׁר זֶה הוּא הָעִקָּר, שֶׁיִּהְיֶה לוֹ מָמוֹן, וְהוּא פּוֹגֵם וּמַחְסִיר מָמוֹנוֹ, עַל-כֵּן בְּוַדַּאי הָיָה אָסוּר אֶצְלָם לִתֵּן צְדָקָה גַּם הָיָה אֶצְלָם מְמֻנִּים, שֶׁהָיוּ מְמֻנִּים לְהַשְׁגִּיחַ עַל כָּל אֶחָד אִם יֵשׁ לוֹ כָּל-כָּךְ מָמוֹן כְּמוֹ שֶׁהוּא אוֹמֵר, כִּי כָּל אֶחָד הָיָה צָרִיךְ לְהַרְאוֹת עָשְׁרוֹ בְּכָל פַּעַם, כְּדֵי שֶׁיִּהְיֶה נִשְׁאָר בְּאוֹתוֹ הַמַּעֲלָה, שֶׁהָיָה לוֹ לְפִי מָמוֹנוֹ כַּנַּ"ל וְלִפְעָמִים הָיָה נַעֲשֶׂה מֵחַיָּה אָדָם, וּמֵאָדָם-חַיָּה, דְּהַיְנוּ כְּשֶׁאֶחָד אִבֵּד מָמוֹנוֹ, אֲזַי נַעֲשָׂה מֵאָדָם חַיָּה אַחַר שֶׁאֵין לוֹ מָמוֹן, וְכֵן לְהֶפֶךְ: כְּשֶׁאֶחָד הִרְוִיחַ מָמוֹן, אֲזַי נַעֲשָׂה מֵחַיָּה אָדָם וְכֵן בִּשְׁאָר הַמַּעֲלוֹת כְּפִי הַמָּמוֹן כַּנַּ"ל וְהָיוּ לָהֶם צוּרוֹת וּפַּאטְרֶעטִין [דמות דיוקן] שֶׁל אוֹתָן הָאֱלֹקוּת [דְּהַיְנוּ בַּעֲלֵי הַמָּמוֹן], וְהָיוּ אֵצֶל כָּל אֶחָד וְאֶחָד צוּרוֹת הַלָּלוּ, וְהָיוּ מְחַבְּקִים וּמְנַשְּׁקִים אוֹתָם, כִּי זֶה הָיָה הָעֲבוֹדָה וְהָאֱמוּנָה שֶׁלָּהֶם כַּנַּ"ל.

וְהָאֲנָשִׁים הַנַּ"ל, דְּהַיְנוּ הָאֲנָשִׁים הַכְּשֵׁרִים שֶׁל הַבַּעַל-תְּפִלָּה הַנַּ"ל, חָזְרוּ לִמְקוֹמָם וְסִפְּרוּ לְהַבַּעַל-תְּפִלָּה מִגֹּדֶל הַטָּעוּת וְהַשְּׁטוּת שֶׁל אוֹתָהּ הַמְּדִינָה אֵיךְ הֵם נְבוֹכִים מְאֹד בְּתַאֲוַת מָמוֹן, וְשֶׁהֵם רוֹצִים לַעֲקֹר לִמְדִינָה אַחֶרֶת וְלַעֲשׂוֹת לָהֶם כּוֹכָבִים וּמַזָּלוֹת עָנָה וְאָמַר הַבַּעַל-תְּפִלָּה הַנַּ"ל, שֶׁהוּא מִתְיָרֵא, שֶׁלֹּא יִתְעוּ יוֹתֵר וְיוֹתֵר, אַחַר-כָּךְ נִשְׁמַע, שֶׁעָשׂוּ לְעַצְמָן אֱלֹקוּת, כַּנַּ"ל עָנָה וְאָמַר הַבַּעַל-תְּפִלָּה הַנַּ"ל, שֶׁעַל דָּבָר זֶה הָיָה מִתְיָרֵא וְדוֹאֵג מִתְּחִלָּה.

וְהָיָה לוֹ לְהַבַּעַל-תְּפִלָּה רַחֲמָנוּת גָּדוֹל עֲלֵיהֶם, וְנִתְיַשֵּׁב לֵילֵךְ בְּעַצְמוֹ לְשָׁם, אוּלַי יָשִׁיב אוֹתָם מִטָּעוּתָם וְהָלַךְ לְשָׁם הַבַּעַל-תְּפִלָּה וּבָא אֶל הַשּׁוֹמְרִים, שֶׁעוֹמְדִים סָבִיב הָהָר וְהַשּׁוֹמְרִים

מִסְתָּמָא הָיוּ אֲנָשִׁים קְטַנִּים בְּמַעֲלָה, שֶׁהֵם רַשָּׁאִים לַעֲמֹד בַּאֲוִירָא דְּהַאי עָלְמָא, כִּי אֲנָשִׁים, שֶׁיֵּשׁ לָהֶם מַעֲלוֹת מֵחֲמַת הַמָּמוֹן כַּנַּ"ל, הֵם אֵינָם יְכוֹלִים כְּלָל לְהִתְעָרֵב עִם בְּנֵי הָעוֹלָם וְלַעֲמֹד בַּאֲוִירָא דְּהַאי עָלְמָא, שֶׁלֹּא יְטַמְּאוּ עַצְמָן כַּנַּ"ל, וְלֹא הָיוּ יְכוֹלִים לְדַבֵּר כְּלָל עִם בְּנֵי הָעוֹלָם, שֶׁלֹּא יְטַמְּאוּ אוֹתָם בְּהֶבֶל פִּיהֶם [עַל-כֵּן בְּוַדַּאי הַשּׁוֹמְרִים שֶׁעָמְדוּ חוּץ לָעִיר, הָיוּ קְטַנִּים בְּמַעֲלָה כַּנַּ"ל], אַךְ גַּם הַשּׁוֹמְרִים הָיָה לָהֶם הַצּוּרוֹת הַנַּ"ל, וְהָיוּ מְחַבְּקִים וּמְנַשְּׁקִים אוֹתָם בְּכָל פַּעַם, כִּי גַּם אֶצְלָם הָיָה עִקַּר הָאֱמוּנָה הַמָּמוֹן כַּנַּ"ל.

וּבָא הַבַּעַל-תְּפִלָּה הַנַּ"ל אֵצֶל שׁוֹמֵר אֶחָד, וְהִתְחִיל לְדַבֵּר עִמּוֹ מֵהַתַּכְלִית: כַּאֲשֶׁר שֶׁעִקַּר הַתַּכְלִית הוּא רַק עֲבוֹדַת ה'-תּוֹרָה וּתְפִלָּה וּמַעֲשִׂים טוֹבִים וְכוּ', וְהַמָּמוֹן הוּא שְׁטוּת וְאֵינוֹ תַּכְלִית כְּלָל וְכוּ' וְלֹא שָׁמַע אֵלָיו כְּלָל הַשּׁוֹמֵר הַנַּ"ל, כִּי כְּבָר נִשְׁקַע אֶצְלָם מִיָּמִים רַבִּים, שֶׁעִקָּר הוּא רַק הַמָּמוֹן כַּנַּ"ל וְכֵן הָלַךְ הַבַּעַל-תְּפִלָּה לְשׁוֹמֵר שֵׁנִי וְדִבֵּר עִמּוֹ גַּם-כֵּן כַּנַּ"ל וְלֹא שָׁמַע אֵלָיו גַּם-כֵּן וְכֵן הָלַךְ אֶל כָּל הַשּׁוֹמְרִים-וְלֹא שָׁמְעוּ אֵלָיו כְּלָל וַיָּשָׁב עַצְמוֹ הַבַּעַל-תְּפִלָּה וְנִכְנַס לְתוֹךְ הָעִיר, שֶׁהָיְתָה עַל הָהָר כַּנַּ"ל, כְּשֶׁבָּא לְשָׁם, הָיָה אֶצְלָם פְּלִיאָה, וְשָׁאֲלוּ אוֹתוֹ: אֵיךְ נִכְנַסְתָּ לְכָאן כִּי לֹא הָיָה אֶפְשָׁר לְשׁוּם אָדָם לִכָּנֵס אֶצְלָם כַּנַּ"ל הֵשִׁיב לָהֶם: מֵאַחַר שֶׁכְּבָר נִכְנַסְתִּי, יִהְיֶה אֵיךְ שֶׁיִּהְיֶה, מָה אַתֶּם שׁוֹאֲלִים עַל זֶה? וְהִתְחִיל הַבַּעַל-תְּפִלָּה לְדַבֵּר עִם אֶחָד מֵהַתַּכְלִית וְכוּ' כַּנַּ"ל, וְלֹא שָׁמַע אֵלָיו כְּלָל, וְכֵן הַשֵּׁנִי וְכֵן כֻּלָּם, כִּי כְּבָר נִשְׁקְעוּ בְּטָעוּתָם הַנַּ"ל וְהָיָה הַדָּבָר תָּמוּהַּ בֵּין אַנְשֵׁי הָעִיר עַל שֶׁבָּא אָדָם אֶצְלָם וּמְדַבֵּר אֲלֵיהֶם כַּדְּבָרִים הָאֵלֶּה הֵפֶךְ אֱמוּנָתָם, וְהִרְגִּישׁוּ בְּעַצְמָן, אוּלַי הָאָדָם הַזֶּה הוּא הַבַּעַל-תְּפִלָּה, כִּי כְּבָר נִשְׁמַע אֶצְלָם, שֶׁיֵּשׁ בַּעַל-תְּפִלָּה כָּזֶה בָּעוֹלָם, כִּי כְּבָר נִתְפַּרְסֵם הַדָּבָר שֶׁל הַבַּעַל-תְּפִלָּה בָּעוֹלָם כַּנַּ"ל, וְהָיוּ קוֹרִין אוֹתוֹ בָּעוֹלָם [דֶּער פְּרוּמֶער בַּעַל- תְּפִלָּה] [בעל תפילה וחסיד ירא], אַךְ לֹא הָיָה אֶפְשָׁר לָהֶם לְהַכִּירוֹ וּלְתָפְסוֹ, כִּי הָיָה מְשַׁנֶּה עַצְמוֹ אֵצֶל כָּל אֶחָד וְאֶחָד אֵצֶל זֶה הָיָה נִדְמֶה כְּסוֹחֵר, וְאֵצֶל זֶה כְּעָנִי וְכוּ' כַּנַּ"ל, וְתֵכֶף נִמְלָט מִשָּׁם.

וַיְהִי הַיּוֹם, וְהָיָה גִּבּוֹר, שֶׁנִּתְקַבְּצוּ אֵלָיו כַּמָּה גִּבּוֹרִים וְהָיָה הַגִּבּוֹר עִם גִּבּוֹרָיו הוֹלֵךְ וְכוֹבֵשׁ מְדִינוֹת, וְלֹא הָיָה רוֹצֶה כִּי אִם הַכְנָעָה וּכְשֶׁהָיוּ בְּנֵי מְדִינָה מַכְנִיעִים עַצְמָן תַּחְתָּיו הָיָה מַנִּיחָם; וְאִם לָאו-הָיָה מַחֲרִיבָם וְהָיָה הוֹלֵךְ וְכוֹבֵשׁ, וְלֹא הָיָה רוֹצֶה שׁוּם מָמוֹן רַק הַכְנָעָה שֶׁיִּהְיוּ תַּחְתָּיו וְהָיָה דַּרְכּוֹ שֶׁל הַגִּבּוֹר שֶׁהָיָה שׁוֹלֵחַ לַמְּדִינָה גִּבּוֹרָיו, כְּשֶׁהָיָה עֲדַיִן רָחוֹק מִמֶּנָּה הַרְבֵּה חֲמִשִּׁים פַּרְסָאוֹת שֶׁיַּכְנִיעוּ עַצְמָן תַּחְתָּיו, וְהָיָה כּוֹבֵשׁ מְדִינוֹת כַּנַּ"ל.

וְהַסּוֹחֲרִים שֶׁל הַמְּדִינָה שֶׁל עֲשִׁירוּת הַנַּ"ל, שֶׁהָיוּ סוֹחֲרִים בִּמְדִינוֹת אֲחֵרוֹת.

כַּנַּ"ל, בָּאוּ לִמְדִינָתָם, וְסִפְּרוּ מֵהַגִּבּוֹר הַנַּ"ל, וְנָפַל עֲלֵיהֶם פַּחַד גָּדוֹל וְאַף-עַל-פִּי שֶׁהָיוּ מְרֻצִּים לְהַכְנִיעַ עַצְמָן תַּחְתָּיו, אַךְ שֶׁשָּׁמְעוּ, שֶׁהוּא מְמָאֵס בְּמָמוֹן, וְאֵינוֹ רוֹצֶה מָמוֹן כְּלָל, וְזֶה הָיָה הֵפֶךְ אֱמוּנָתָם, עַל-כֵּן הָיָה בִּלְתִּי אֶפְשָׁר אֶצְלָם לְהִכָּנַע תַּחְתָּיו, כִּי הָיָה אֶצְלָם כְּמוֹ שְׁמָד, מֵאַחַר שֶׁאֵינוֹ מַאֲמִין כְּלָל בֶּאֱמוּנָתָם דְּהַיְנוּ בַּמָּמוֹן, וְנִתְיָרְאוּ מְאֹד מִלְּפָנָיו וְהִתְחִילוּ לַעֲשׂוֹת עֲבוֹדוֹת וּלְהַקְרִיב קָרְבָּנוֹת לֶאֱלֹקוּתָם הַנַּ"ל, וְהָיוּ לוֹקְחִים חַיָּה [דְּהַיְנוּ מִי שֶׁיֵּשׁ לוֹ מָמוֹן מְעַט, שֶׁהוּא חַיָּה אֶצְלָם] וְהִקְרִיבוּ לְקָרְבָּן לֶאֱלֹקוּת הַנַּ"ל וְכַיּוֹצֵא בְּאֵלּוּ הָעֲבוֹדוֹת כַּנַּ"ל.

וְהַגִּבּוֹר הַנַּ"ל הָיָה הוֹלֵךְ וּמִתְקָרֵב אֲלֵיהֶם בְּכָל פַּעַם, וְהִתְחִיל לִשְׁלֹחַ אֲלֵיהֶם גִּבּוֹרָיו מַה הֵם רוֹצִים, כְּדַרְכּוֹ כַּנַּ"ל וְהָיָה עֲלֵיהֶם פַּחַד גָּדוֹל, וְלֹא הָיוּ יוֹדְעִים מַה לַּעֲשׂוֹת וְיָעֲצוּ אוֹתָם אֲנָשִׁים סוֹחֲרִים שֶׁלָּהֶם הֱיוֹת שֶׁהָיוּ בִּמְדִינָה, שֶׁכָּל בְּנֵי הַמְּדִינָה הֵם כֻּלָּם אֱלֹקוּת, וְנוֹסְעִים עִם מַלְאָכִים, דְּהַיְנוּ שֶׁכָּל אַנְשֵׁי אוֹתָהּ הַמְּדִינָה מִקָּטָן וְעַד גָּדוֹל הֵם כֻּלָּם עֲשִׁירִים מֻפְלָגִים, עַד שֶׁהַקָּטָן שֶׁבָּהֶם הוּא גַּם- כֵּן אֱלוֹקַ לְפִי טָעוּתָם [כִּי הַקָּטָן שֶׁבָּהֶם הוּא עָשִׁיר מֻפְלָג וְיֵשׁ לוֹ כָּל-כָּךְ כַּשִּׁעוּר הַקָּצוּב לֶאֱלוֹקַ אֶצְלָם וְכַנַּ"ל], וְגַם נוֹסְעִים עִם מַלְאָכִים, כִּי הַסּוּסִים שֶׁלָּהֶם הֵם מְכֻסִּים בַּעֲשִׁירוּת גָּדוֹל בְּזָהָב וְכַיּוֹצֵא, עַד שֶׁכִּסּוּי שֶׁל סוּס אֶחָד עוֹלֶה לְסַךְ שֶׁל מַלְאָךְ שֶׁלָּהֶם, נִמְצָא שֶׁנּוֹסְעִים עִם מַלְאָכִים, שֶׁקּוֹשְׁרִים שְׁלֹשָׁה זוּגוֹת מַלְאָכִים אֶל

הָעֲגָלָה וְנוֹסְעִים עִמָּהֶם, בְּכֵן צְרִיכִין לִשְׁלֹחַ אֶל אוֹתָהּ הַמְּדִינָה, וּמִשָּׁם יִהְיֶה לָהֶם עֶזְרָה בְּוַדַּאי, מֵאַחַר שֶׁכָּל הַמְּדִינָה הֵם כֻּלָּם אֱלֹקוּת [כָּל זֶה הָיְתָה עֲצַת הַסּוֹחֲרִים שֶׁלָּהֶם] וְהוּטַב הַדָּבָר בְּעֵינֵיהֶם מְאֹד, כִּי הָיוּ מַאֲמִינִים, שֶׁבְּוַדַּאי יִהְיֶה לָהֶם יְשׁוּעָה מִשָּׁם, מֵאַחַר שֶׁהֵם כֻּלָּם אֱלֹקוּת כַּנַּ"ל.

וְהַבַּעַל תְּפִלָּה הַנַּ"ל יָשַׁב עַצְמוֹ, שֶׁיֵּלֵךְ עוֹד הַפַּעַם אֶל אוֹתוֹ הַמְּדִינָה הַנַּ"ל, אוּלַי אַף-עַל-פִּי-כֵן יָשִׁיב אוֹתָם מִטָּעוּתָם זֶה וְהָלַךְ לְשָׁם, וּבָא אֶל הַשּׁוֹמְרִים, וְהִתְחִיל לְדַבֵּר עִם שׁוֹמֵר אֶחָד כְּדַרְכּוֹ וְסִפֵּר לוֹ הַשּׁוֹמֵר מֵהַגִּבּוֹר הַנַּ"ל, שֶׁיֵּשׁ לָהֶם פַּחַד גָּדוֹל מִפָּנָיו וְכוּ' כַּנַּ"ל וְשָׁאַל אוֹתוֹ הַבַּעַל תְּפִלָּה: וּמָה אַתֶּם רוֹצִים לַעֲשׂוֹת? וְסִפֵּר לוֹ הַשּׁוֹמֵר עִנְיַן הַנַּ"ל, שֶׁהֵם רוֹצִים לִשְׁלֹחַ אֶל הַמְּדִינָה שֶׁהֵם כֻּלָּם אֱלֹקוּת וְכוּ' כַּנַּ"ל וְשָׂחַק מִמֶּנּוּ מְאֹד הַבַּעַל-תְּפִלָּה וְאָמַר לוֹ: הֲלֹא הַכֹּל שְׁטוּת גָּדוֹל, כִּי גַּם בְּנֵי אוֹתָהּ הַמְּדִינָה הֵם כֻּלָּם רַק בְּנֵי-אָדָם כָּמוֹנוּ, וְגַם אַתֶּם כֻּלְּכֶם וֶאֱלֹקִים שֶׁלָּכֶם, כֻּלָּם הֵם רַק בְּנֵי-אָדָם וְלֹא אֱלוֹקַ, רַק שֶׁיֵּשׁ יָחִיד בָּעוֹלָם, שֶׁהוּא הַבּוֹרֵא יִתְבָּרַךְ שְׁמוֹ, וְאוֹתוֹ לְבַד רָאוּי לַעֲבֹד, וְלוֹ רָאוּי לְהִתְפַּלֵּל, וְזֶהוּ עִקַּר הַתַּכְלִית וְכַיּוֹצֵא בִּדְבָרִים אֵלּוּ דִּבֵּר הַבַּעַל- תְּפִלָּה אֶל הַשּׁוֹמֵר הַנַּ"ל וְלֹא שָׁמַע אֵלָיו הַשּׁוֹמֵר, כִּי כְּבָר נִשְׁקַע אֶצְלָם טָעוּתָם מִיָּמִים רַבִּים, כַּנַּ"ל אַךְ אַף- עַל-פִּי-כֵן הַבַּעַל תְּפִלָּה הִרְבָּה עָלָיו דְּבָרִים, עַד שֶׁבַּסּוֹף הֵשִׁיב לוֹ הַשּׁוֹמֵר: וְיֶתֶר מִזֶּה מָה אֲנִי יָכוֹל לַעֲשׂוֹת? הֲלֹא אֲנִי רַק יָחִיד בְּעָלְמָא [וְיֵשׁ כְּנֶגְדִּי בְּנֵי הַמְּדִינָה, שֶׁהֵם רַבִּים] וְזֹאת הַתְּשׁוּבָה הָיְתָה קְצָת נֶחָמָה לְהַבַּעַל-תְּפִלָּה, כִּי הֵבִין, שֶׁהִתְחִילוּ דְּבָרָיו קְצָת לִכָּנֵס בְּאָזְנֵי הַשּׁוֹמֵר, כִּי הַדְּבָרִים שֶׁדִּבֵּר הַבַּעַל- תְּפִלָּה מִקֹּדֶם, בַּפַּעַם הָרִאשׁוֹנָה עִם אוֹתוֹ הַשּׁוֹמֵר, וְהַדְּבָרִים, שֶׁדִּבֵּר עַתָּה נִתְקַבְּצוּ יַחַד, עַד שֶׁעָשׂוּ אֵיזֶה רֹשֶׁם בְּלִבּוֹ, עַד שֶׁהִתְחִיל מְעַט לְהִסְתַּפֵּק וְלִנְטוֹת אֵלָיו קְצָת, כַּנִּרְאֶה מִתּוֹךְ הַתְּשׁוּבָה הַנַּ"ל וְכֵן הָלַךְ הַבַּעַל-תְּפִלָּה אֶל הַשּׁוֹמֵר הַשֵּׁנִי וְדִבֵּר עִמּוֹ גַּם-כֵּן כַּנַּ"ל, וְלֹא שָׁמַע אֵלָיו גַּם-כֵּן, וּבַסּוֹף הֵשִׁיב לוֹ גַּם-כֵּן כַּנַּ"ל: הֲלֹא אֲנִי יָחִיד כְּנֶגֶד בְּנֵי הַמְּדִינָה וְכוּ' כַּנַּ"ל, וְכֵן כָּל הַשּׁוֹמְרִים כֻּלָּם הֵשִׁיבוּ לוֹ תְּשׁוּבָה זוֹ בַּסּוֹף.

אַחַר-כָּךְ נִכְנַס הַבַּעַל-תְּפִלָּה אֶל הָעִיר וְהִתְחִיל שׁוּב לְדַבֵּר עִמָּם כְּדַרְכּוֹ, כַּאֲשֶׁר.

שֶׁכֻּלָּם בְּטָעוּת גָּדוֹל, וְאֵין זֶה תַּכְלִית כְּלָל, רַק עִקַּר הַתַּכְלִית-לַעֲסֹק בְּתוֹרָה וּתְפִלָּה וְכוּ' וְלֹא שָׁמְעוּ אֵלָיו, כִּי כֻּלָּם נִשְׁקְעוּ מְאֹד בָּזֶה מִיָּמִים רַבִּים וְסִפְּרוּ לוֹ מֵהַגִּבּוֹר, וְשֶׁהֵם רוֹצִים לִשְׁלֹחַ אֶל הַמְּדִינָה, שֶׁהֵם כֻּלָּם אֱלקוּת וְכוּ' כַּנַּ"ל וְשָׂחַק מֵהֶם גַּם-כֵּן וְאָמַר לָהֶם, שֶׁהוּא שְׁטוּת, וְשֶׁכֻּלָּם רַק בְּנֵי-אָדָם וְכוּ', וְהֵם לֹא יוּכְלוּ לַעֲזֹר לָכֶם כְּלָל, כִּי אַתֶּם בְּנֵי-אָדָם, וְהֵם בְּנֵי-אָדָם, וְאֵינָם אֱלוֹקַ כְּלָל, רַק שֶׁיֵּשׁ יָחִיד יִתְבָּרַךְ שְׁמוֹ וְכוּ' וְעַל עִנְיַן הַגִּבּוֹר אָמַר לָהֶם [בִּלְשׁוֹן תְּמֵהַּ, כְּדֶרֶךְ שֶׁמַּתְמִיהַּ אָדָם וְאוֹמֵר]: הַאִם אֵינוֹ זֶה הַגִּבּוֹר [הַיָּדוּעַ לִי]? וְלֹא הֵבִינוּ דְּבָרָיו אֵלּוּ וְכֵן הָיָה הוֹלֵךְ מֵאֶחָד לַחֲבֵרוֹ וּמְדַבֵּר עִמָּהֶם כַּנַּ"ל וְעַל עִנְיַן הַגִּבּוֹר אָמַר לְכָל אֶחָד כַּנַּ"ל, אִם אֵינוֹ זֶה הַגִּבּוֹר וְכוּ' כַּנַּ"ל וְלֹא הֵבִינוּ דְּבָרָיו.

וְנַעֲשָׂה רַעַשׁ בָּעִיר, כַּאֲשֶׁר שֶׁנִּמְצָא אֶחָד, שֶׁמְּדַבֵּר כָּזֹאת, שֶׁעוֹשֶׂה שְׂחוֹק.

מֵאֱמוּנָתָם וְאוֹמֵר, שֶׁיֵּשׁ יָחִיד וְכוּ', וּבְעִנְיַן הַגִּבּוֹר הוּא אוֹמֵר כַּנַּ"ל; וְהֵבִינוּ, שֶׁבְּוַדַּאי הוּא הַבַּעַל-תְּפִלָּה, כִּי כְּבָר הָיָה נִתְפַּרְסֵם אֶצְלָם כַּנַּ"ל וְצִוּוּ לְחַפֵּשׂ אַחֲרָיו וּלְתָפְסוֹ, אַף-עַל-פִּי שֶׁהוּא מְשַׁנֶּה עַצְמוֹ אֶצְלָם בְּכָל פַּעַם כַּנַּ"ל [הַיְנוּ פַּעַם נִדְמֶה כְּסוֹחֵר, וּפַעַם כְּעָנִי וְכוּ' כַּנַּ"ל], אַךְ הֵם יָדְעוּ מִזֶּה גַּם-כֵּן, שֶׁהַבַּעַל-תְּפִלָּה הַנַּ"ל הוּא מְשַׁנֶּה עַצְמוֹ בְּכָל פַּעַם, וְצִוּוּ לַחֲקֹר אַחֲרָיו וּלְתָפְסוֹ וְחִפְּשׂוּ אַחֲרָיו וּתְפָסֻהוּ וֶהֱבִיאוּהוּ אֶל הַשָּׂרִים וְהִתְחִילוּ לְדַבֵּר עִמּוֹ, וְאָמַר לָהֶם גַּם- כֵּן כַּנַּ"ל; כַּאֲשֶׁר שֶׁכֻּלָּם בְּטָעוּת וּשְׁטוּת גָּדוֹל, וְאֵין זֶה תַּכְלִית כְּלָל [הַיְנוּ שֶׁהַמָּמוֹן אֵינוֹ הַתַּכְלִית כְּלָל], רַק שֶׁיֵּשׁ יָחִיד, שֶׁהוּא הַבּוֹרֵא יִתְבָּרַךְ שְׁמוֹ וְכוּ', וּבְנֵי אוֹתָהּ מְדִינָה שֶׁאַתֶּם אוֹמְרִים, שֶׁהֵם כֻּלָּם אֱלקוּת, לֹא יוּכְלוּ לַעֲזֹר לָכֶם כְּלָל, כִּי הֵם רַק בְּנֵי-אָדָם וְכוּ' וְנֶחְשַׁב אֶצְלָם לִמְשֻׁגָּע, כִּי כָּל בְּנֵי הַמְּדִינָה הָיוּ שְׁקוּעִים בְּטָעוּת שֶׁל הַמָּמוֹן כָּל-כָּךְ כַּנַּ"ל, עַד שֶׁזֶּה שֶׁדִּבֵּר כְּנֶגֶד דַּעְתָּם וְטָעוּתָם, הָיָה נֶחְשָׁב לִמְשֻׁגָּע.

וְשָׁאֲלוּ אוֹתוֹ: מַה זֶּה שֶׁאַתָּה אוֹמֵר עַל עִנְיַן הַגִּבּוֹר [בִּלְשׁוֹן

תְּמֵהַּ] אִם אֵינוֹ זֶה הַגִּבּוֹר כַּנַּ"ל? הֵשִׁיב לָהֶם: שֶׁאֲנִי הָיִיתִי אֵצֶל מֶלֶךְ אֶחָד, וְנֶאֱבַד אֶצְלוֹ גִּבּוֹר וְאִם הַגִּבּוֹר הַנַּ"ל הוּא אוֹתוֹ הַגִּבּוֹר, יֵשׁ לִי הֶכֵּרוּת עִמּוֹ וְיֶתֶר מִזֶּה: מַה שֶּׁאַתֶּם בְּטוּחִים בַּמְּדִינָה הַנַּ"ל, שֶׁהֵם כֻּלָּם אֱלֹקוּת, זֶהוּ שְׁטוּת, כִּי הֵם לֹא יוּכְלוּ לַעֲזֹר לָכֶם; וּלְדַעְתִּי, אִם תִּהְיוּ בְּטוּחִים עֲלֵיהֶם אַדְּרַבָּא, זֶה יִהְיֶה מַפָּלָה שֶׁלָּכֶם אָמְרוּ לוֹ: מִנַּיִן אַתָּה יוֹדֵעַ זֹאת? הֵשִׁיב לָהֶם: הֱיוֹת שֶׁאֵצֶל הַמֶּלֶךְ הַנַּ"ל, שֶׁהוּא הָיָה אֶצְלוֹ, כַּנַּ"ל, הָיָה לוֹ יָד, דְּהַיְנוּ שֶׁהָיָה אֵצֶל אוֹתוֹ הַמֶּלֶךְ תְּמוּנַת יָד עִם חָמֵשׁ אֶצְבָּעוֹת וְעִם כָּל הַשִּׂרְטוּטִין שֶׁיֵּשׁ עַל הַיָּד, וְזֹאת הַיָּד הָיְתָה הַלַּאנְד-קַארְט [הַיְנוּ מַפַּת הָעוֹלָם] שֶׁל כָּל הָעוֹלָמוֹת וְכָל מַה שֶּׁהָיָה מִן בְּרִיאַת שָׁמַיִם וָאָרֶץ עַד הַסּוֹף וּמַה שֶּׁיִּהְיֶה אַחַר-כָּךְ-הַכֹּל הָיָה מְצֻיָּר עַל אוֹתוֹ הַיָּד, כִּי הָיָה מְצֻיָּר בְּשִׂרְטוּטֵי הַיָּד צִיּוּר עֲמִידַת כָּל עוֹלָם וְעוֹלָם עִם כָּל פְּרָטָיו כְּמוֹ שֶׁמְּצֻיָּר עַל הַלַּאנְד-קַארְט [כַּיָּדוּעַ לַבְּקִיאִים בְּעִנְיַן צִיּוּר מַפַּת הָעוֹלָם, שֶׁקּוֹרִין לַאנְד-קַארְט] וְהָיָה בְּהַשִּׂרְטוּטִין כְּמוֹ אוֹתִיּוֹת כְּמוֹ שֶׁבְּלַאנְד-קַארְט כְּתוּבִים אוֹתִיּוֹת אֵצֶל כָּל דָּבָר וְדָבָר כְּדֵי לֵידַע מַה הוּא הַדָּבָר הַזֶּה, דְּהַיְנוּ לֵידַע, שֶׁכָּאן הוּא עִיר פְּלוֹנִי, וְכָאן-נָהָר פְּלוֹנִי וְכַיּוֹצֵא כְּמוֹ כֵן מַמָּשׁ הָיָה נִרְשָׁם בְּשִׂרְטוּטֵי הַיָּד הַנַּ"ל כְּמוֹ אוֹתִיּוֹת, שֶׁהָיוּ הָאוֹתִיּוֹת נִרְשָׁמִים אֵצֶל כָּל דָּבָר וְדָבָר, שֶׁהָיָה נִרְשָׁם עַל הַיָּד, כְּדֵי לֵידַע מַהוּת הַדָּבָר וְגַם פְּרָטֵי כָּל הַמְּדִינוֹת וַעֲיָרוֹת וּנְהָרוֹת וּגְשָׁרִים וְהָרִים וּשְׁאָר דְּבָרִים פְּרָטִיִּים-הַכֹּל הָיָה נִרְשָׁם עַל הַיָּד בְּשִׂרְטוּטִין הַנַּ"ל, וְאֵצֶל כָּל דָּבָר הָיוּ כְּתוּבִים אוֹתִיּוֹת, שֶׁזֶּהוּ דָּבָר פְּלוֹנִי, וְזֶה דָּבָר פְּלוֹנִי וְגַם כָּל בְּנֵי-אָדָם שֶׁהוֹלְכִים בְּתוֹךְ הַמְּדִינָה וְכָל הַמְּאֹרָעוֹת שֶׁלָּהֶם-הַכֹּל הָיָה נִרְשָׁם שָׁם וְהָיָה כָּתוּב שָׁם גַּם כָּל הַדְּרָכִים מִמְּדִינָה לִמְדִינָה וּמִמָּקוֹם לְמָקוֹם, וּמֵחֲמַת זֶה הָיִיתִי יוֹדֵעַ לִכָּנֵס אֶל הָעִיר הַזֹּאת מַה שֶּׁאִי-אֶפְשָׁר לְשׁוּם אָדָם לִכָּנֵס לְכָאן וְכֵן אִם אַתֶּם רוֹצִים לִשְׁלֹחַ אוֹתִי לְעִיר אַחֶרֶת, אֲנִי יוֹדֵעַ הַדֶּרֶךְ גַּם-כֵּן הַכֹּל עַל-יְדֵי הַיָּד הַנַּ"ל וְכֵן הָיָה נִרְשָׁם בָּהּ הַדֶּרֶךְ מֵעוֹלָם לְעוֹלָם, כִּי יֵשׁ דֶּרֶךְ וְנָתִיב, שֶׁעַל-יָדוֹ יְכוֹלִין לַעֲלוֹת מֵאֶרֶץ לַשָּׁמַיִם [כִּי אִי-אֶפְשָׁר לַעֲלוֹת לַשָּׁמַיִם, מֵחֲמַת שֶׁאֵין יוֹדְעִין

הַדֶּרֶךְ, וְשָׁם הָיָה נִרְשָׁם הַדֶּרֶךְ לַעֲלוֹת לַשָּׁמַיִם], וְהָיָה נִרְשָׁם שָׁם כָּל הַדְּרָכִים שֶׁיֵּשׁ מֵעוֹלָם לְעוֹלָם, כִּי אֵלִיָּהוּ עָלָה לַשָּׁמַיִם בְּדֶרֶךְ פְּלוֹנִי, וְהָיָה כָּתוּב שָׁם אוֹתוֹ הַדֶּרֶךְ, וּמשֶׁה רַבֵּנוּ עָלָה לַשָּׁמַיִם בְּדֶרֶךְ אַחֵר, וְהָיָה כָּתוּב שָׁם אוֹתוֹ הַדֶּרֶךְ גַּם-כֵּן, וְכֵן חֲנוֹךְ עָלָה לַשָּׁמַיִם בְּדֶרֶךְ אַחֵר, וְהָיָה כָּתוּב שָׁם גַּם אוֹתוֹ הַדֶּרֶךְ וְכֵן מֵעוֹלָם לְעוֹלָם-הַכֹּל הָיָה נִרְשָׁם בְּשִׂרְטוּטֵי הַיָּד הַנַּ"ל גַּם הָיָה נִרְשָׁם עַל הַיָּד כָּל דָּבָר וְדָבָר כְּפִי מַה שֶּׁהָיָה בְּעֵת בְּרִיאַת הָעוֹלָם, וּכְפִי הַהֹוֶה שֶׁלּוֹ, וּכְפִי מַה שֶּׁיִּהְיֶה אַחַר-כָּךְ, כְּגוֹן סְדוֹם הָיָה נִרְשָׁם שָׁם כְּפִי מַה שֶּׁהָיְתָה בְּעֵת יִשּׁוּבָהּ, קֹדֶם שֶׁנֶּהְפְּכָה, גַּם הָיָה מְצֻיָּר שָׁם הֲפִיכַת סְדוֹם, כְּמוֹ שֶׁהָעִיר נֶהְפֶּכֶת, וְגַם הָיָה מְצֻיָּר שָׁם צִיּוּר שֶׁל סְדוֹם, שֶׁיֵּשׁ לָהּ אַחַר הַהֲפִיכָה, כִּי הָיָה נִרְשָׁם עַל הַיָּד מַה שֶּׁהָיָה וּמַה שֶּׁהֹוֶה וּמַה שֶּׁיִּהְיֶה וְשָׁם, בְּאוֹתוֹ הַיָּד, רָאִיתִי, שֶׁאוֹתוֹ הַמְּדִינָה הַנַּ"ל, שֶׁאַתֶּם אוֹמְרִים עֲלֵיהֶם, שֶׁהֵם כֻּלָּם אֱלֹקוּת עִם כָּל הָאֲנָשִׁים הַבָּאִים אֲלֵיהֶם לְקַבֵּל עֵזֶר מֵהֶם- כֻּלָּם יִהְיוּ נִכְלִין וְאוֹבְדִין [כָּל זֶה הֵשִׁיב לָהֶם הַבַּעַל-תְּפִלָּה].

וְנִפְלָא בְּעֵינֵיהֶם הַדָּבָר מְאֹד, כִּי הָיוּ נִכָּרִים דִּבְרֵי אֱמֶת, כִּי זֶה יָדוּעַ, שֶׁעַל הַלַּאנְד- קַארְט מְצֻיָּר כָּל הַדְּבָרִים וְהֵבִינוּ שֶׁגַּם דְּבָרָיו נִרְאִין דִּבְרֵי אֱמֶת, כִּי זֶה רוֹאִין, שֶׁאֶפְשָׁר לְקַבֵּץ וּלְחַבֵּר שְׁנֵי שִׂרְטוּטִין שֶׁל הַיָּד, וְיִהְיֶה מֵהֶם אוֹת [עַל-כֵּן הֵבִינוּ, שֶׁדְּבָרִים אֵלּוּ הַנַּ"ל, אִי- אֶפְשָׁר לְבְדּוֹת זֹאת מִלִּבּוֹ- וְנִפְלָא בְּעֵינֵיהֶם מְאֹד] וְשָׁאֲלוּ אוֹתוֹ הֵיכָן הוּא הַמֶּלֶךְ הַנַּ"ל? אוּלַי יְגַלֶּה לָנוּ דֶּרֶךְ אֵיךְ לִמְצֹא מָמוֹן? הֵשִׁיב לָהֶם: עֲדַיִן אַתֶּם רוֹצִים מָמוֹן [בִּלְשׁוֹן תְּמֵהַּ]? מִמָּמוֹן לֹא תְּדַבְּרוּ כְּלָל שָׁאֲלוּ אוֹתוֹ: אַף-עַל-פִּי-כֵן, הֵיכָן הוּא הַמֶּלֶךְ הַנַּ"ל? הֵשִׁיב לָהֶם: גַּם אֲנִי אֵינִי יוֹדֵעַ מֵהַמֶּלֶךְ הַנַּ"ל, וּמַעֲשֶׂה שֶׁהָיָה כָּךְ הָיָה שֶׁהָיָה מֶלֶךְ וּמַלְכָּה, וְהָיָה לָהֶם בַּת יְחִידָה, וְהִגִּיעַ סָמוּךְ לְפִרְקָהּ, וְהוֹשִׁיבוּ יוֹעֲצִים לְיַעֵץ אֶת מִי רָאוּי לְהַשִּׂיאָהּ לוֹ וְגַם אֲנִי הָיִיתִי שָׁם בֵּין בַּעֲלֵי הָעֵצָה, כִּי הַמֶּלֶךְ הָיָה אוֹהֵב אוֹתִי וְהָיְתָה עֲצָתִי-שֶׁיִּתְּנוּ לָהּ אֶת הַגִּבּוֹר, בַּאֲשֶׁר שֶׁהַגִּבּוֹר עָשָׂה לָנוּ כַּמָּה טוֹבוֹת, שֶׁכָּבַשׁ כַּמָּה מְדִינוֹת, עַל-כֵּן רָאוּי שֶׁיִּתְּנוּ לוֹ אֶת הַבַּת-מַלְכָּה לְאִשָּׁה וְהוּטְבָה עֲצָתִי מְאֹד, וְהִסְכִּימוּ כֻּלָּם

לָזֶה וְהָיְתָה שִׂמְחָה גְּדוֹלָה שָׁם עַל שֶׁמָּצְאוּ חָתָן לְהַבַּת-מַלְכָּה וְהִשִּׂיאוּ אוֹתָהּ עִם הַגִּבּוֹר, וְיָלְדָה הַבַּת-מַלְכָּה וָלָד וְאוֹתוֹ הַתִּינוֹק הָיָה יְפֵה-תֹאַר מְאֹד מְאֹד שֶׁלֹּא הָיָה יֹפִי שֶׁל מִין אֱנוֹשִׁי כְּלָל, וְשַׂעֲרוֹתָיו הָיוּ שֶׁל זָהָב, וְהָיָה לָהֶם כָּל הַגְּוָנִים, וּפָנָיו הָיוּ כִּפְנֵי חַמָּה, וְעֵינָיו הָיוּ אוֹרוֹת אֲחֵרִים, וְהַתִּינוֹק הַזֶּה נוֹלַד עִם חָכְמָה גְּמוּרָה כִּי רָאוּ בּוֹ תֵּכֶף [בִּשְׁעַת הַהוֹלָדָה], שֶׁהוּא חָכָם גָּמוּר, שֶׁכְּשֶׁהָיוּ מְדַבְּרִים בְּנֵי-אָדָם, בְּמָקוֹם שֶׁצְּרִיכִין לִשְׂחֹק הָיָה שׂוֹחֵק, וְכֵן כַּיּוֹצֵא בָזֶה, כִּי הִכִּירוּ בּוֹ, שֶׁהוּא חָכָם גָּדוֹל, רַק שֶׁעֲדַיִן אֵין לוֹ הַתְּנוּעוֹת שֶׁל גָּדוֹל, כְּגוֹן דִּבּוּר וְכַיּוֹצֵא.

וְהָיָה אֵצֶל הַמֶּלֶךְ מֵלִיץ, דְּהַיְנוּ דַּבְּרָן בַּעַל לָשׁוֹן וּמְלִיצָה, שֶׁהָיָה יָכוֹל לְדַבֵּר וּלְהַמְלִיץ דִּבְרֵי צַחוּת נִפְלָאִים מְאֹד, שִׁירוֹת וְתוּשְׁבָּחוֹת לְהַמֶּלֶךְ וְהַמֵּלִיץ הָיָה גַּם מֵעַצְמוֹ מֵלִיץ נָאֶה, אַךְ הַמֶּלֶךְ הַנַּ"ל הֶרְאָה לוֹ דֶּרֶךְ אֵיךְ יַעֲלֶה לְקַבֵּל כֹּחַ חָכְמַת הַמְּלִיצָה, וְעַל-יְדֵי- זֶה הָיָה מֵלִיץ נִפְלָא מְאֹד מְאֹד.

גַּם הָיָה לְהַמֶּלֶךְ חָכָם וְהֶחָכָם הָיָה גַּם-כֵּן מֵעַצְמוֹ חָכָם, אַךְ הַמֶּלֶךְ הֶרְאָה לוֹ דֶּרֶךְ, אֵיךְ יַעֲלֶה וִיקַבֵּל חָכְמָה, וְעַל-יְדֵי-זֶה הָיָה חָכָם נִפְלָא מְאֹד, וְכֵן הַגִּבּוֹר הָיָה גִּבּוֹר מֵעַצְמוֹ וְהַמֶּלֶךְ הֶרְאָה לוֹ דֶּרֶךְ אֵיךְ יַעֲלֶה וִיקַבֵּל גְּבוּרָה, וְעַל-יְדֵי זֶה הָיָה גִּבּוֹר נִפְלָא וְנוֹרָא מְאֹד, כִּי יֵשׁ חֶרֶב שֶׁהִיא תְּלוּיָה בַּאֲוִיר הָעוֹלָם, וְיֵשׁ לְהַחֶרֶב הַזֹּאת שְׁלֹשָׁה כֹּחוֹת: כְּשֶׁמַּגְבִּיהִין אֶת הַחֶרֶב, אֲזַי בּוֹרְחִים וְנָסִים כָּל שָׂרֵי הַחֲיָלוֹת, וּמִמֵּילָא יֵשׁ לָהֶם מַפָּלָה, כִּי כְּשֶׁנָּסִים הַשָּׂרִים, אֵין מִי שֶׁיִּנְהוֹג הַמִּלְחָמָה, וַאֲזַי אֵין תְּקוּמָה בַּמִּלְחָמָה, אַךְ אַף-עַל-פִּי-כֵן אֶפְשָׁר שֶׁיִּתְקָרְבוּ הַנִּשְׁאָרִים לַמִּלְחָמָה וְיֵשׁ לְהַחֶרֶב הַנַּ"ל, שְׁנֵי פִּיּוֹת, וְיֵשׁ לָהֶם שְׁנֵי כּוֹחוֹת, שֶׁעַל- יְדֵי חַד אֶחָד נוֹפְלִים כֻּלָּם, וְעַל-יְדֵי חַד הַשֵּׁנִי מַגִּיעַ לָהֶם הַחֹלִי, [שֶׁקּוֹרִין דַּאר], דְּהַיְנוּ שֶׁבְּשָׂרָם נִכְחָשׁ וְנִימַס, כַּיָּדוּעַ חֹלִי זֶה, רַחֲמָנָא לִצְלָן, הַיְנוּ שֶׁרַק עַל-יְדֵי הַתְּנוּעָה שֶׁעוֹשִׂין בְּאוֹתוֹ הַחֶרֶב בְּמָקוֹם שֶׁהִיא, עַל-יְדֵי-זֶה מַגִּיעַ לְהַשּׂוֹנְאִים כַּנַּ"ל, דְּהַיְנוּ עַל-יְדֵי כָּל חַד וְחַד הַכֹּחַ שֶׁיֵּשׁ לָהּ וְהַמֶּלֶךְ הֶרְאָה לְהַגִּבּוֹר הַדֶּרֶךְ שֶׁיֵּשׁ לְהַחֶרֶב הַנַּ"ל, וּמִשָּׁם קִבֵּל גְּבוּרָתוֹ הַגְּדוֹלָה וְגַם אֲנִי, הֶרְאָה לִי הַמֶּלֶךְ

הַדֶּרֶךְ לָעִנְיָן שֶׁלִּי, וְקִבַּלְתִּי מִשָּׁם מַה שֶּׁאֲנִי צָרִיךְ וְכֵן הָיָה לְהַמֶּלֶךְ אוֹהֵב נֶאֱמָן שֶׁהָיָה אוֹהֵב, אֶת עַצְמוֹ עִם הַמֶּלֶךְ בְּאַהֲבָה נִפְלָאָה וְנוֹרָאָה מְאֹד מְאֹד, עַד שֶׁלֹּא הָיָה אֶפְשָׁר לָהֶם כְּלָל שֶׁלֹּא יִרְאוּ זֶה אֶת זֶה אֵיזֶה שָׁעָה אַךְ אַף-עַל- פִּי-כֵן יֵשׁ שָׁעוֹת, שֶׁצְּרִיכִין לְהִתְפָּרֵד קְצָת וְהָיוּ לָהֶם צוּרוֹת, שֶׁהָיוּ מְצֻיָּרִין צוּרַת שְׁנֵיהֶם, וְהָיוּ מְשַׁעְשְׁעִין עַצְמָן בְּאֵלּוּ הַצּוּרוֹת בְּעֵת שֶׁנִּפְרְדוּ אֶחָד מֵחֲבֵרוֹ וְהַצּוּרוֹת הָאֵלּוּ הָיוּ מְצֻיָּרִין אֵיךְ הַמֶּלֶךְ עִם הָאוֹהֵב נֶאֱמָן אוֹהֲבִים עַצְמָן וּמְחַבְּקִים וּמְנַשְּׁקִים עַצְמָן בְּאַהֲבָה גְּדוֹלָה וְהָיָה סְגֻלָּה לְאֵלּוּ הַצּוּרוֹת, שֶׁמִּי שֶׁהָיָה מִסְתַּכֵּל בְּאֵלּוּ הַצּוּרוֹת הָיָה מַגִּיעַ לוֹ אַהֲבָה גְּדוֹלָה מְאֹד [הַיְנוּ שֶׁמִּדַּת הָאַהֲבָה בָּאָה לְמִי שֶׁהָיָה מִסְתַּכֵּל בְּאֵלּוּ הַצּוּרוֹת] וְגַם הָאוֹהֵב נֶאֱמָן קִבֵּל הָאַהֲבָה מִן הַמָּקוֹם שֶׁהֶרְאָה לוֹ הַמֶּלֶךְ וְהִגִּיעַ עֵת שֶׁהָלְכוּ כָּל הַנַּ"ל, כָּל אֶחָד וְאֶחָד לִמְקוֹמוֹ לְקַבֵּל מִשָּׁם כֹּחוֹ, דְּהַיְנוּ הַמֵּלִיץ וְהַגִּבּוֹר וְכָל אַנְשֵׁי הַמֶּלֶךְ הַנַּ"ל, כָּל אֶחָד וְאֶחָד עָלָה לִמְקוֹמוֹ הַנַּ"ל לְחַדֵּשׁ שָׁם כֹּחוֹ.

וַיְהִי הַיּוֹם, וְהָיָה רוּחַ סְעָרָה גְּדוֹלָה בָּעוֹלָם וְהָרוּחַ סְעָרָה הַזֶּה בִּלְבֵּל אֶת כָּל הָעוֹלָם כֻּלּוֹ וְהָפַךְ מַיִם לְיַבָּשָׁה, וּמִיַּבָּשָׁה לְיָם וּמִמִּדְבָּר יִשּׁוּב, וּמִיִּשּׁוּב מִדְבָּר-וְהָפַךְ אֶת כָּל הָעוֹלָם כֻּלּוֹ וּבָא הָרוּחַ סְעָרָה הַזֶּה לְתוֹךְ בֵּית הַמֶּלֶךְ וְלֹא עָשָׂה שָׁם שׁוּם הֶזֵּק, רַק שֶׁנִּכְנַס הָרוּחַ סְעָרָה וְחָטַף אֶת הַוָּלָד שֶׁל הַבַּת-מַלְכָּה הַנַּ"ל וּבְתוֹךְ הָרַעַשׁ, [שֶׁקּוֹרִין אוּמְפִּיט], תֵּכֶף כְּשֶׁחָטַף אֶת הַתִּינוֹק הַיָּקָר הַנַּ"ל, רָדְפָה הַבַּת- מַלְכָּה אַחֲרָיו וְכֵן הַמַּלְכָּה וְכֵן הַמֶּלֶךְ, עַד שֶׁנִּתְפַּזְּרוּ כֻּלָּם, וְלֹא נוֹדַע מְקוֹמָם אַיָּם וַאֲנַחְנוּ כֻּלָּנוּ לֹא הָיִינוּ בְּכָל זֶה, כִּי הָיִינוּ עוֹלִים כָּל אֶחָד וְאֶחָד לִמְקוֹמוֹ לְחַדֵּשׁ כֹּחוֹ כַּנַּ"ל, וּכְשֶׁחָזַרְנוּ וּבָאנוּ-לֹא מָצָאנוּ אוֹתָם כֻּלָּם כַּנַּ"ל, וְגַם הַיָּד הַנַּ"ל נֶאֶבְדָה אָז, וּמֵאָז נִתְפַּזְּרוּ כֻּלָּנוּ, וּמֵאָז אֵין אָנוּ יְכוֹלִים עוֹד לַעֲלוֹת כָּל אֶחָד וְאֶחָד לִמְקוֹמוֹ לְחַדֵּשׁ כֹּחוֹ, כִּי אַחַר שֶׁנֶּהְפַּךְ וְנִתְבַּלְבֵּל הָעוֹלָם כֻּלּוֹ וְנֶחְלְפוּ כָּל מְקוֹמוֹת הָעוֹלָם-מַיִם לְיַבָּשָׁה וְכוּ', כַּנַּ"ל, בְּוַדַּאי אִי-אֶפְשָׁר עַתָּה לַעֲלוֹת בַּדְּרָכִים הָרִאשׁוֹנִים, כִּי עַתָּה צְרִיכִים דְּרָכִים אֲחֵרִים לְפִי חִלּוּף וְשִׁנּוּי הַמְּקוֹמוֹת, וְעַל-כֵּן לֹא הָיִינוּ יְכוֹלִים עוֹד לַחֲזֹר וְלַעֲלוֹת כָּל אֶחָד וְאֶחָד לִמְקוֹמוֹ לְחַדֵּשׁ כֹּחוֹ

הַנַּ"ל, אַךְ הָרְשִׁימָה שֶׁנִּשְׁאַר אֵצֶל כָּל אֶחָד וְאֶחָד הִיא גַּם-כֵּן גְּדוֹלָה מְאֹד, וְאִם הַגִּבּוֹר הַזֶּה הוּא הַגִּבּוֹר שֶׁל הַמֶּלֶךְ הַנַּ"ל, הוּא בְּוַדַּאי גִּבּוֹר גָּדוֹל מְאֹד [נִרְאֶה לִי שֶׁכָּאן חָסֵר קְצָת, וְעַיֵּן לְמַטָּה] [בהסיפור בשפת האידיש] [כָּל זֶה הֵשִׁיב הַבַּעַל-תְּפִלָּה לְהָאֲנָשִׁים הַנַּ"ל] וְהֵם שָׁמְעוּ דְּבָרָיו, וְתָמְהוּ מְאֹד, וְהֶחֱזִיקוּ אֶת הַבַּעַל-תְּפִלָּה, וְלֹא הִנִּיחוּ אוֹתוֹ לֵילֵךְ מֵאִתָּם [כִּי אוּלַי הַגִּבּוֹר שֶׁבָּא עֲלֵיהֶם הוּא הַגִּבּוֹר הַנַּ"ל, שֶׁיֵּשׁ לְהַבַּעַל-תְּפִלָּה הֶכֵּרוּת עִמּוֹ] וְהַגִּבּוֹר הַנַּ"ל הָיָה הוֹלֵךְ וּמִתְקָרֵב וְשׁוֹלֵחַ בְּכָל פַּעַם שְׁלוּחָיו, עַד שֶׁנִּתְקָרֵב וּבָא.

אֲלֵיהֶם, וְעָמַד חוּץ לָעִיר וְשָׁלַח לָהֶם שְׁלוּחָיו וְנִתְיָרְאוּ מְאֹד, וּבִקְשׁוּ מֵהַבַּעַל-תְּפִלָּה הַנַּ"ל, שֶׁיִּתֵּן לָהֶם עֵצָה וְאָמַר הַבַּעַל-תְּפִלָּה, שֶׁצְּרִיכִין לַחֲקֹר הַדֶּרֶךְ וְהַהַנְהָגָה שֶׁל אוֹתוֹ הַגִּבּוֹר כְּדֵי שֶׁיַּכִּיר עַל-יְדֵי-זֶה אִם הוּא אוֹתוֹ הַגִּבּוֹר [דְּהַיְנוּ הַגִּבּוֹר שֶׁל הַמֶּלֶךְ הַנַּ"ל] וְהָלַךְ הַבַּעַל-תְּפִלָּה, וְיָצָא אֶל הַגִּבּוֹר הַנַּ"ל, וּבָא אֶל הַמַּחֲנֶה שֶׁל הַגִּבּוֹר, וְהִתְחִיל לְדַבֵּר עִם גִּבּוֹר אֶחָד מִגִּבּוֹרָיו שֶׁל הַגִּבּוֹר [הַיְנוּ עִם אֶחָד מֵהַשּׁוֹמְרִים כְּדֵי לַחֲקֹר אִם הוּא אוֹתוֹ הַגִּבּוֹר הַנַּ"ל] וְשָׁאַל אוֹתוֹ הַבַּעַל-תְּפִלָּה: מַה מַּעֲשֵׂיכֶם וְאֵיךְ נִתְחַבַּרְתֶּם עִם הַגִּבּוֹר הַזֶּה? הֵשִׁיב לוֹ [הַיְנוּ אֶחָד מֵהַגִּבּוֹרִים הַנַּ"ל הֵשִׁיב לְהַבַּעַל-תְּפִלָּה] מַעֲשֶׂה שֶׁהָיָה, כָּךְ הָיָה.

הֱיוֹת שֶׁנִּמְצָא כָּתוּב בְּסִפְרֵי דִּבְרֵי-הַיָּמִים שֶׁלָּהֶם [שֶׁקּוֹרִין קְרָאוֹנִיקֶישׁ], אֵיךְ שֶׁהָיָה רוּחַ סְעָרָה גְּדוֹלָה בָּעוֹלָם, וְהָרוּחַ סְעָרָה הָפַךְ אֶת כָּל הָעוֹלָם כֻּלּוֹ, שֶׁהָפַךְ מִיָּם לְיַבָּשָׁה וּמִיַּבָּשָׁה לְיָם, וּמִמִּדְבָּר יִשּׁוּב וְכוּ', וּבִלְבֵּל אֶת כָּל הָעוֹלָם כֻּלּוֹ, וְאַחַר הָרַעַשׁ וְהַבִּלְבּוּל שֶׁנִּתְבַּלְבְּלוּ כָּל הָעוֹלָם, יָשְׁבוּ עַצְמָן בְּנֵי הָעוֹלָם לַעֲשׂוֹת לָהֶם מֶלֶךְ וְחָקְרוּ מִי רָאוּי לַעֲשׂוֹתוֹ מֶלֶךְ עֲלֵיהֶם, וְחָקְרוּ וְאָמְרוּ בַּאֲשֶׁר שֶׁעִקָּר הוּא הַתַּכְלִית, עַל-כֵּן מִי שֶׁהוּא מִשְׁתַּדֵּל בְּיוֹתֵר בְּהַתַּכְלִית, הוּא רָאוּי לִהְיוֹת מֶלֶךְ וְהִתְחִילוּ לַחֲקֹר מַהוּ הַתַּכְלִית, וְהָיָה בֵּינֵיהֶם כִּתּוֹת כִּתּוֹת.

כַּת אַחַת אָמְרוּ, שֶׁעִקַּר הַתַּכְלִית הוּא כָּבוֹד, כִּי אָנוּ רוֹאִים, שֶׁהַכָּבוֹד הוּא הָעִקָּר אֵצֶל הָעוֹלָם, כִּי כְּשֶׁאֵין נוֹתְנִין לְאָדָם כְּבוֹדוֹ, דְּהַיְנוּ שֶׁמְּדַבְּרִים לוֹ אֵיזֶה דִּבּוּר כְּנֶגֶד כְּבוֹדוֹ, יֵשׁ לוֹ

שְׁפִיכוּת-דָּמִים, כִּי הָעִקָּר הוּא הַכָּבוֹד אֵצֶל כָּל הָעוֹלָם, וַאֲפִלּוּ לְאַחַר מִיתָה מַקְפִּידִים לִתֵּן לְהַמֵּת כְּבוֹדוֹ, לְקָבְרוֹ בְּכָבוֹד וְכַיּוֹצֵא [וְאוֹמְרִים לוֹ, שֶׁכָּל מַה שֶּׁעוֹשִׂין-הַכֹּל עוֹשִׂין לְךָ בִּשְׁבִיל כְּבוֹדְךָ] אַף-עַל-פִּי שֶׁאַחַר מִיתָה אֵין שַׁיָּךְ מָמוֹן וְשׁוּם תַּאֲוָה אֵצֶל הַמֵּת, אַף-עַל-פִּי-כֵן עַל כְּבוֹד הַמֵּת מַקְפִּידִים נִמְצָא שֶׁהַכָּבוֹד הוּא הָעִקָּר הַתַּכְלִית וְכַיּוֹצֵא בִּסְבָרוֹת כָּאֵלּוּ [שֶׁל מְבוּכָה וּשְׁטוּת וְכֵן כָּל הַכִּתּוֹת הַמְּבֹאָרִים לְמַטָּה, כֻּלָּם הָיוּ לָהֶם סְבָרוֹת הַרְבֵּה לְדַעְתָּם הַנְּבוּכָה וְהַסְּכָלָה וּקְצָתָם מְבֹאָרִים לְמַטָּה, אַךְ רַבֵּנוּ זַ"ל לֹא רָצָה לְבָאֵר כָּל הַסְּבָרוֹת הַנְּבוּכוֹת שֶׁיֵּשׁ בְּאֵלּוּ הַדֵּעוֹת, כִּי יֵשׁ בָּזֶה סְבָרוֹת נְבוּכוֹת כָּל-כָּךְ, עַד שֶׁאֶפְשָׁר חַס וְשָׁלוֹם לִטְעוֹת בֶּאֱמֶת בְּאֵלּוּ הַסְּבָרוֹת שֶׁל שֶׁקֶר, רַחֲמָנָא לִצְלַן] עַד שֶׁנִּסְכַּם אֶצְלָם, שֶׁעִקַּר הַתַּכְלִית הוּא כָּבוֹד עַל-כֵּן צְרִיכִין לְבַקֵּשׁ אִישׁ מְכֻבָּד, וְגַם שֶׁיִּהְיֶה רוֹדֵף אַחַר הַכָּבוֹד, הַיְנוּ שֶׁיִּהְיֶה רוֹדֵף אַחַר הַכָּבוֹד וְיַשִּׂיג אֶת הַכָּבוֹד [שֶׁזֶּהוּ אִישׁ מְכֻבָּד, שֶׁיֵּשׁ לוֹ כָּבוֹד], כִּי מֵאַחַר שֶׁהוּא אִישׁ מְכֻבָּד, שֶׁיֵּשׁ לוֹ כָּבוֹד, וְהוּא רוֹדֵף אַחַר כָּבוֹד, וּמְסַיֵּעַ אֶת הַטֶּבַע שֶׁהִיא רוֹצָה בְּכָבוֹד כַּנַּ"ל, נִמְצָא שֶׁזֶּה הָאִישׁ מִשְׁתַּדֵּל אַחַר הַתַּכְלִית וּמַשִּׂיגוֹ, כִּי הַתַּכְלִית הוּא כָּבוֹד [כָּל זֶה הָיָה דַעְתָּם הַסְּכָלָה וְהַנְּבוּכָה] כַּנַּ"ל, עַל-כֵּן זֶה הָאִישׁ רָאוּי לִהְיוֹת מֶלֶךְ וְהָלְכוּ לְבַקֵּשׁ אִישׁ כָּזֶה, וְהָלְכוּ וּמָצְאוּ שֶׁהָיוּ נוֹשְׂאִים אֶת 'בֶּעטְלֶיר' [קבצן] זָקֵן אֶחָד, וְהָלְכוּ אַחֲרָיו לְעֵרֶךְ חֲמִשָּׁה מֵאוֹת אֲנָשִׁים, כֻּלָּם 'צִיגַייְנֶירְס' [צוענים], וְגַם הוּא הָיָה 'צְגַייְנֶיר' וְהַבֶּעטְלֶיר הַזֶּה הָיָה עִוֵּר וְעִקֵּם וְאִלֵּם, וְהָאֲנָשִׁים הַנַּ"ל הָלְכוּ אַחֲרָיו, כִּי כֻּלָּם הָיוּ אַנְשֵׁי הַמִּשְׁפָּחָה שֶׁלּוֹ, כִּי הָיוּ לוֹ אֲחָיוֹת וְאַחִים וְזֶרַע מְרֵעִים שֶׁלּוֹ, עַד שֶׁנַּעֲשָׂה מֵהֶם קִבּוּץ הַנַּ"ל, שֶׁהָלְכוּ אַחֲרָיו וְנָשְׂאוּ אוֹתוֹ וְהוּא הִקְפִּיד מְאֹד עַל כְּבוֹדוֹ, כִּי הָיָה כַּעְסָן גָּדוֹל וְכוֹעֵס בְּכָל פַּעַם עֲלֵיהֶם בְּקְפִידוֹת גְּדוֹלוֹת, וְצִוָּה בְּכָל פַּעַם שֶׁיִּנְשְׂאוּ אוֹתוֹ אֲנָשִׁים אֲחֵרִים וְכָעַס בְּכָל פַּעַם עֲלֵיהֶם נִמְצָא שֶׁזֶּה הַבֶּעטְלֶיר הַזָּקֵן הוּא אִישׁ מְכֻבָּד גָּדוֹל, שֶׁיֵּשׁ לוֹ כָּבוֹד כָּזֶה וְגַם רוֹדֵף אַחַר הַכָּבוֹד, כִּי הוּא מַקְפִּיד כָּל-כָּךְ עַל כְּבוֹדוֹ כַּנַּ"ל עַל-כֵּן הוּטַב בְּעֵינֵי הַכַּת הַזֹּאת הַבֶּעטְלֶיר הַזֶּה וְקִבְּלוּ אוֹתוֹ לְמֶלֶךְ וְלִהְיוֹת

גַּם אֶרֶץ גּוֹרֶמֶת, כִּי יֵשׁ אֶרֶץ שֶׁגּוֹרֶמֶת וּמְסֻגֶּלֶת לְכָבוֹד, וְכֵן יֵשׁ אֶרֶץ גּוֹרֶמֶת לְמִדָּה אַחֶרֶת, עַל- כֵּן אֵלּוּ הַכַּת [שֶׁחָקְרוּ לְעַצְמָם שֶׁעִקַּר הַתַּכְלִית הוּא כָּבוֹד] בִּקְשׁוּ אֶרֶץ גּוֹרֶמֶת לְכָבוֹד, וּמָצְאוּ מְדִינָה שֶׁמְּסֻגֶּלֶת לָזֶה וְיָשְׁבוּ שָׁם.

כַּת אַחֶרֶת אָמְרוּ, שֶׁאֵין הַכָּבוֹד עִקַּר הַתַּכְלִית, וְחָקְרוּ שֶׁעִקַּר הַתַּכְלִית הוּא רְצִיחָה כִּי אָנוּ רוֹאִים שֶׁכָּל הַדְּבָרִים נִכְלִים וְנִפְסָדִים, וְכָל מַה שֶּׁיֵּשׁ בָּעוֹלָם, עֲשָׂבִים וּצְמָחִים וּבְנֵי-אָדָם וְכָל מַה שֶּׁיֵּשׁ בָּעוֹלָם, הַכֹּל צָרִיךְ לָבוֹא לְכִלָּיוֹן וְהֶפְסֵד, נִמְצָא שֶׁתַּכְלִית הַכֹּל הוּא הַכִּלָּיוֹן וְהַהֶפְסֵד, עַל-כֵּן הָרוֹצֵחַ, שֶׁהוּא הוֹרֵג וּמְכַלֶּה בְּנֵי-אָדָם, נִמְצָא שֶׁהוּא מַרְבֶּה לְהָבִיא אֶת הָעוֹלָם אֶל הַתַּכְלִית, עַל-כֵּן נִסְכַּם בֵּינֵיהֶם שֶׁהַתַּכְלִית הוּא רְצִיחָה וּבִקְשׁוּ אִישׁ שֶׁיִּהְיֶה רוֹצֵחַ וְכַעֲסָן וּבַעַל-קִנְאָה בְּיוֹתֵר, כִּי אִישׁ כָּזֶה הוּא קָרוֹב יוֹתֵר אֶל הַתַּכְלִית [לְפִי דַּעְתָּם הַנְּבוּכָה], וְהוּא רָאוּי לִהְיוֹת מֶלֶךְ וְהָלְכוּ לְבַקֵּשׁ, וְשָׁמְעוּ קוֹל צְעָקָה וְשָׁאֲלוּ: מַהוּ קוֹל הַצְּעָקָה הַזֹּאת וְהֵשִׁיבוּ לָהֶם, שֶׁקּוֹל הַצְּעָקָה הִיא, הֱיוֹת שֶׁאֶחָד שָׁחַט אֶת אָבִיו וְאֶת אִמּוֹ עָנוּ וְאָמְרוּ: וְכִי יֵשׁ רוֹצֵחַ אַבִּיר-לֵב וְכַעֲסָן יוֹתֵר מִזֶּה שֶׁיַּהֲרֹג אֶת אָבִיו וְאֶת אִמּוֹ, הָאִישׁ הַזֶּה הִשִּׂיג אֶת הַתַּכְלִית וְהוּטַב בְּעֵינֵיהֶם, וְקִבְּלוּ אוֹתוֹ עֲלֵיהֶם לְמֶלֶךְ וּבִקְשׁוּ לָהֶם אֶרֶץ גּוֹרֶמֶת לִרְצִיחָה, וּבָחֲרוּ לָהֶם בִּמְקוֹם הָרִים וּגְבָעוֹת שֶׁהוּא מְקוֹם הָרוֹצְחִים, וְהָלְכוּ לְשָׁם וְיָשְׁבוּ שָׁם עִם מַלְכָּם.

כַּת אַחֶרֶת אָמְרוּ, שֶׁרָאוּי לְמֶלֶךְ מִי שֶׁיֵּשׁ לוֹ שֶׁפַע מְזוֹנוֹת הַרְבֵּה, וְאֵינוֹ נִזּוֹן מִמְּזוֹנוֹת שֶׁל שְׁאָר בְּנֵי-אָדָם, רַק מִמְּזוֹנוֹת דַּקִּים [כְּגוֹן חָלָב, כְּדֵי שֶׁלֹּא יִתְגַּשֵּׁם שִׂכְלוֹ], וְאִישׁ כָּזֶה רָאוּי לְמֶלֶךְ אַךְ לֹא מָצְאוּ תֵּכֶף אִישׁ כָּזֶה שֶׁלֹּא יִהְיֶה נִזּוֹן מִמְּזוֹנוֹת שֶׁל שְׁאָר בְּנֵי-אָדָם, וּבָחֲרוּ לָהֶם לְפִי שָׁעָה אִישׁ עָשִׁיר שֶׁיֵּשׁ לוֹ שֶׁפַע מְזוֹנוֹת הַרְבֵּה, עַד אֲשֶׁר יִמְצְאוּ אִישׁ כִּרְצוֹנָם, דְּהַיְנוּ שֶׁלֹּא יִהְיֶה נִזּוֹן וְכוּ' כַּנַּ"ל, וּלְפִי שָׁעָה עָשׂוּ אֶת הֶעָשִׁיר לְמֶלֶךְ, עַד אֲשֶׁר יִמְצְאוּ אִישׁ כַּנַּ"ל, אָז יֵרֵד הֶעָשִׁיר מִן הַמְּלוּכָה וַיְקַבְּלוּ אֶת אוֹתוֹ הָאִישׁ לְמֶלֶךְ וּבָחֲרוּ לָהֶם אֶרֶץ גּוֹרֶמֶת לָזֶה, וְהָלְכוּ וְיָשְׁבוּ שָׁם.

כַּת אַחֶרֶת אָמְרוּ, שֶׁיְּפַת-תֹּאַר רְאוּיָה לְמֶלֶךְ, כִּי עִקַּר הַתַּכְלִית

שֶׁיִּהְיֶה הָעוֹלָם מְיֻשָּׁב, כִּי לָזֶה נִבְרָא הָעוֹלָם, וּמֵאַחַר שֶׁהַיְּפַת-תֹּאַר מְעוֹרֶרֶת תַּאֲוָה זוֹ לְיִשּׁוּב הָעוֹלָם, נִמְצָא שֶׁהִיא מְבִיאָה אֶל הַתַּכְלִית, עַל-כֵּן יְפַת תֹּאַר רְאוּיָה לְמֶלֶךְ וּבָחֲרוּ לָהֶם יְפַת-תֹּאַר וּמַלְכָּה עֲלֵיהֶם, וּבִקְשׁוּ לָהֶם אֶרֶץ גּוֹרֶמֶת לָזֶה, וְהָלְכוּ וְיָשְׁבוּ שָׁם.

כַּת אַחֶרֶת אָמְרוּ, שֶׁעִקַּר הַתַּכְלִית הוּא הַדִּבּוּר, כִּי מוֹתַר הָאָדָם מִן הַבְּהֵמָה הוּא הַדִּבּוּר, וּמֵאַחַר שֶׁזֶּה עִקַּר הַיִּתְרוֹן שֶׁיֵּשׁ לָאָדָם, עַל-כֵּן זֶהוּ עִקַּר הַתַּכְלִית עַל-כֵּן בִּקְשׁוּ לָהֶם אִישׁ דַּבְּרָן, שֶׁיִּהְיֶה בַּעַל-לָשׁוֹן, שֶׁיֵּדַע כַּמָּה לְשׁוֹנוֹת וְיַרְבֶּה לְדַבֵּר תָּמִיד, כִּי אִישׁ כָּזֶה הוּא אֵצֶל הַתַּכְלִית וְהָלְכוּ וּמָצְאוּ אִישׁ צָרְפָתִי מְשֻׁגָּע, שֶׁהָיָה הוֹלֵךְ וּמְדַבֵּר לְעַצְמוֹ וּשְׁאֵלוּהוּ אִם יוֹדֵעַ לְשׁוֹנוֹת, וְהָיָה יוֹדֵעַ כַּמָּה לְשׁוֹנוֹת וְאִישׁ כָּזֶה בְּוַדַּאי הִשִּׂיג הַתַּכְלִית [לְפִי דַעְתָּם הַנְּבוֹכָה], מֵאַחַר שֶׁהוּא בַּעַל-לָשׁוֹן, שֶׁיּוֹדֵעַ כַּמָּה לְשׁוֹנוֹת, וּמְדַבֵּר הַרְבֵּה מְאֹד, כִּי הוּא מְדַבֵּר אֲפִלּוּ לְעַצְמוֹ עַל-כֵּן הוּטַב בְּעֵינֵיהֶם אִישׁ הַזֶּה וְקִבְּלוּ אוֹתוֹ לְמֶלֶךְ וּבָחֲרוּ לָהֶם אֶרֶץ גּוֹרֶמֶת לְעִנְיָן שֶׁלָּהֶם, וְהָלְכוּ וְיָשְׁבוּ שָׁם עִם מַלְכָּם וּבְוַדַּאי הִנְהִיג אוֹתָם בַּדֶּרֶךְ הַיָּשָׁר.

כַּת אַחֶרֶת אָמְרוּ, שֶׁעִקַּר הַתַּכְלִית הוּא שִׂמְחָה כִּי כְּשֶׁנּוֹלָד בֵּן שְׂמֵחִים, כְּשֶׁיֵּשׁ חֲתֻנָּה שְׂמֵחִים, כְּשֶׁכּוֹבְשִׁים אֵיזֶה מְדִינָה שְׂמֵחִים, נִמְצָא שֶׁתַּכְלִית הַכֹּל הוּא שִׂמְחָה עַל- כֵּן בִּקְשׁוּ אִישׁ שֶׁיִּהְיֶה שָׂמֵחַ תָּמִיד, נִמְצָא שֶׁהוּא אֵצֶל הַתַּכְלִית, וְהוּא יִהְיֶה מֶלֶךְ עֲלֵיהֶם וְהָלְכוּ וּמָצְאוּ שֶׁהָיָה הוֹלֵךְ עָרֵל אֶחָד בְּכֻתֹּנֶת בָּזוּי כְּדַרְכּוֹ, וְנָשָׂא פְלֶעשִׁיל [בקבוק] יֵין-שָׂרָף, וְהָלְכוּ אַחֲרָיו כַּמָּה עֲרֵלִים וְזֶה הֶעָרֵל הָיָה שָׂמֵחַ מְאֹד [כִּי הָיָה שִׁכּוֹר מְאֹד] וְרָאוּ שֶׁזֶּה הֶעָרֵל הוּא שָׂמֵחַ מְאֹד וְאֵין לוֹ שׁוּם דְּאָגָה, עַל- כֵּן הוּטַב בְּעֵינֵיהֶם הֶעָרֵל הַזֶּה, כִּי הִשִּׂיג אֶת הַתַּכְלִית שֶׁהוּא שִׂמְחָה, וְקִבְּלוּ אוֹתוֹ לְמֶלֶךְ עֲלֵיהֶם, וּבְוַדַּאי הִנְהִיג אוֹתָם בַּדֶּרֶךְ הַיָּשָׁר וּבָחֲרוּ לָהֶם אֶרֶץ גּוֹרֶמֶת לְעִנְיָן שֶׁלָּהֶם, דְּהַיְנוּ מְקוֹם כְּרָמִים [וְכַיּוֹצֵא], שֶׁיִּהְיוּ עוֹשִׂין יַיִן, וּמֵהַחַרְצַנִּים יִהְיוּ עוֹשִׂין יֵין-שָׂרָף, וְלֹא יֵלֵךְ שׁוּם דָּבָר לְאִבּוּד, כִּי זֶהוּ עִקַּר הַתַּכְלִית אֶצְלָם לִשְׁתּוֹת וּלְהִשְׁתַּכֵּר וְלִהְיוֹת שָׂמֵחַ תָּמִיד, אַף-עַל- פִּי שֶׁאֵין שׁוּם שַׁיָּכוּת וְעִנְיָן לְשִׂמְחָתָם, כִּי אֵין לָהֶם כְּלָל

עַל מַה לִשְׂמֹחַ, אַף-עַל-פִּי-כֵן זֶה הָיָה עִקַּר הַתַּכְלִית אֶצְלָם לִהְיוֹת שָׂמֵחַ תָּמִיד עַל לֹא דָבָר וּבָחֲרוּ לָהֶם אֶרֶץ גּוֹרֶמֶת כַּנַּ"ל וְהָלְכוּ וְיָשְׁבוּ שָׁם.

כַּת אַחֶרֶת אָמְרוּ, שֶׁעִקַּר הוּא חָכְמָה וּבִקְּשׁוּ לָהֶם חָכָם גָּדוֹל וְעָשׂוּ אוֹתוֹ מֶלֶךְ עֲלֵיהֶם, וּבִקְּשׁוּ לָהֶם אֶרֶץ גּוֹרֶמֶת לְחָכְמָה וְהָלְכוּ וְיָשְׁבוּ שָׁם.

כַּת אַחֶרֶת אָמְרוּ, שֶׁעִקַּר הַתַּכְלִית הוּא לְהַשְׁגִּיחַ עַל עַצְמוֹ בַּאֲכִילָה וּשְׁתִיָּה, [שֶׁקּוֹרִין פִּילֶווין], לְגַדֵּל הָאֵיבָרִים וּבִקְּשׁוּ בַּעַל אֵיבָרִים, שֶׁיֵּשׁ לוֹ אֵיבָרִים גְּדוֹלִים וּמַשְׁגִּיחַ לְגַדֵּל הָאֵיבָרִים כַּנַּ"ל, כִּי מֵאַחַר שֶׁיֵּשׁ לוֹ אֵיבָרִים גְּדוֹלִים יֶשׁ לוֹ חֵלֶק יוֹתֵר בָּעוֹלָם [כִּי הוּא תּוֹפֵס מָקוֹם יוֹתֵר בָּעוֹלָם], וְהוּא סָמוּךְ יוֹתֵר אֶל הַתַּכְלִית, כִּי זֶהוּ הַתַּכְלִית לְגַדֵּל הָאֵיבָרִים, עַל-כֵּן אִישׁ כָּזֶה רָאוּי לְמֶלֶךְ וְהָלְכוּ וּמָצְאוּ אִישׁ אָרֹךְ, [שֶׁקּוֹרִין וַויינְגֶיר], וְהוּטַב בְּעֵינֵיהֶם, כִּי הוּא בַּעַל אֵיבָרִים וְסָמוּךְ אֶל הַתַּכְלִית, וְקִבְּלוּ אוֹתוֹ לְמֶלֶךְ וּבִקְּשׁוּ לָהֶם אֶרֶץ גּוֹרֶמֶת לָזֶה, וְהָלְכוּ וְיָשְׁבוּ שָׁם.

וְהָיְתָה כַּת אַחֶרֶת שֶׁאָמְרוּ, שֶׁאֵין כָּל זֶה תַּכְלִית, רַק עִקַּר הַתַּכְלִית הוּא רַק לַעֲסֹק בִּתְפִלָּה לְהַשֵּׁם יִתְבָּרַךְ וְלִהְיוֹת עָנָו וּשְׁפַל- בֶּרֶךְ וְכוּ' וּבִקְּשׁוּ לָהֶם בַּעַל-תְּפִלָּה אֶחָד וְעָשׂוּ אוֹתוֹ לְמֶלֶךְ עֲלֵיהֶם [וְהַמְעַיֵּן מֵאֵלָיו יָבִין, שֶׁכָּל הַכִּתּוֹת הַנַּ"ל כֻּלָּם טָעוּ מְאֹד בִּמְבוּכוֹת גְּדוֹלוֹת מְאֹד, רַק זֹאת הַכַּת הָאַחֲרוֹנָה כִּוְּנוּ הָאֱמֶת, אַשְׁרֵי לָהֶם] כָּל זֶה סִפֵּר אֶחָד מֵהַגִּבּוֹרִים הַנַּ"ל לְהַבַּעַל- תְּפִלָּה.

וְסִפֵּר לוֹ שֶׁהֵם [דְּהַיְנוּ אֵלּוּ הַגִּבּוֹרִים שֶׁנִּתְחַבְּרוּ עִם הַגִּבּוֹר הַנַּ"ל] הֵם מִן הַכַּת שֶׁל בַּעֲלֵי הָאֵיבָרִים, שֶׁקִּבְּלוּ עֲלֵיהֶם לְמֶלֶךְ בַּעַל אֵיבָרִים כַּנַּ"ל וַיְהִי הַיּוֹם, וְהָלְכוּ מַחֲנֶה אַחַת מֵהֶם עִם הָעֲגָלוֹת שֶׁהוֹלְכִין אַחֲרֵי הַמַּחֲנֶה, [שֶׁקּוֹרִין אִיבַּאז], שֶׁמּוֹלִיכִין אַחֲרֵיהֶם מַאֲכָל וּמִשְׁתֶּה וְכַיּוֹצֵא וְאֵלּוּ הַבַּעֲלֵי אֵיבָרִים הָיְתָה בְּוַדַּאי אֵימָתָן מֻטֶּלֶת עַל הַבְּרִיּוֹת, כִּי הָיוּ אֲנָשִׁים גְּדוֹלִים וְגִבּוֹרִים, וּבְוַדַּאי מִי שֶׁפָּגַע בָּהֶם נָטָה מֵהֶם מִן הַדֶּרֶךְ וַיְהִי כַּאֲשֶׁר הָלְכוּ הַמַּחֲנֶה הַנַּ"ל, בָּא כְּנֶגְדָּם גִּבּוֹר אֶחָד [וְהוּא הַגִּבּוֹר הַנַּ"ל, שֶׁהוֹלֵךְ עַתָּה עִמָּהֶם כַּנַּ"ל], וְהַגִּבּוֹר

הַזֶּה כְּשֶׁבָּא כְּנֶגֶד הַמַּחֲנֶה לֹא נָטָה מִן הַדֶּרֶךְ, וְנִכְנַס בְּתוֹךְ הַמַּחֲנֶה וּפִזֵּר אוֹתָם לְכָאן וּלְכָאן, וְנִתְיָרְאוּ אַנְשֵׁי הַמַּחֲנֶה מִלְּפָנָיו וְהוּא נִכְנַס לְתוֹךְ הָעֲגָלוֹת הַנַּ"ל שֶׁהוֹלְכִין אַחֲרֵי הַמַּחֲנֶה וְאָכַל כָּל מַה שֶּׁהָיָה שָׁם וְנִפְלָא הַדָּבָר בְּעֵינֵיהֶם מְאֹד מְאֹד [עַל גֹּדֶל גְּבוּרָתוֹ, שֶׁלֹּא הָיָה מִתְיָרֵא מִן הַמַּחֲנֶה כְּלָל, וְנִכְנַס בְּתוֹכָם וְאָכַל כָּל מַה שֶּׁהָיָה עַל הָעֲגָלוֹת כַּנַּ"ל] וְתֵכֶף וּמִיָּד נָפְלוּ לְפָנָיו וְאָמְרוּ לוֹ: יְחִי הַמֶּלֶךְ כִּי יָדְעוּ שֶׁגִּבּוֹר כָּזֶה בְּוַדַּאי רָאוּי לְמֶלֶךְ, לְפִי דַעְתָּם שֶׁעִקַּר הַתַּכְלִית הוּא מִי שֶׁהוּא בַּעַל אֵיבָרִים כַּנַּ"ל, וּבְוַדַּאי יִמְחֹל לוֹ הַמֶּלֶךְ אֶת הַמְּלוּכָה, מֵאַחַר שֶׁנִּמְצָא גִּבּוֹר בַּעַל אֵיבָרִים כָּזֶה, כִּי לוֹ רָאוּי הַמְּלוּכָה וְכֵן הֲוָה, שֶׁנִּתְקַבֵּל [זֶה הַגִּבּוֹר הַנַּ"ל שֶׁבָּא כְּנֶגְדָּם] לְמֶלֶךְ עַל הַכַּת הַזֹּאת [שֶׁנֶּחְקַר אֶצְלָם שֶׁעִקָּר הוּא בַּעַל אֵיבָרִים כַּנַּ"ל] וְהוּא הוּא הַגִּבּוֹר שֶׁאָנוּ הוֹלְכִין עַתָּה עִמּוֹ לִכְבֹּשׁ הָעוֹלָם וְהוּא אוֹמֵר [הַיְנוּ זֶה הַגִּבּוֹר שֶׁנַּעֲשָׂה עַתָּה מֶלֶךְ עֲלֵיהֶם], שֶׁיֵּשׁ לוֹ בָּזֶה כַּוָּנָה אַחֶרֶת בַּמֶּה שֶׁהוּא הוֹלֵךְ לִכְבֹּשׁ אֶת הָעוֹלָם, כִּי אֵין כַּוָּנָתוֹ כְּלָל לָזֶה שֶׁיִּהְיֶה הָעוֹלָם כָּבוּשׁ תַּחְתָּיו, רַק שֶׁיֵּשׁ לוֹ כַּוָּנָה אַחֶרֶת בָּזֶה [כָּל זֶה הֵם דִּבְרֵי אֶחָד מֵהַגִּבּוֹרִים, שֶׁסִּפֵּר כָּל זֶה לְהַבַּעַל- תְּפִלָּה, שֶׁשָּׁאַל לוֹ אֵיךְ נִתְחַבְּרוּ עִם הַגִּבּוֹר כַּנַּ"ל, הֵשִׁיב לוֹ כָּל זֶה].

שָׁאַל לוֹ הַבַּעַל-תְּפִלָּה: וּמָה עִנְיַן גְּבוּרָתוֹ שֶׁל זֶה הַגִּבּוֹר הַנַּ"ל, שֶׁהוּא הַמֶּלֶךְ שֶׁלָּכֶם הֵשִׁיב לוֹ: הֱיוֹת שֶׁמְּדִינָה אַחַת לֹא רָצוּ לְהַכְנִיעַ עַצְמָן תַּחְתָּיו, וְלָקַח הַגִּבּוֹר הַזֶּה הַחֶרֶב שֶׁיֵּשׁ לוֹ, וְהַחֶרֶב שֶׁלּוֹ יֶשׁ לָהּ ג' כֹּחוֹת: כְּשֶׁמַּגְבִּיהִין אוֹתָהּ בּוֹרְחִין כָּל שָׂרֵי הַחֲיָלִים וְכוּ' [הַיְנוּ שְׁלֹשָׁה כֹּחוֹת הַמְבֹאָרִים לְמַעְלָה] כְּשֶׁשָּׁמַע זֹאת הַבַּעַל-תְּפִלָּה, הֵבִין שֶׁזֶּהוּ בְּוַדַּאי הַגִּבּוֹר שֶׁל הַמֶּלֶךְ הַנַּ"ל וּבִקֵּשׁ הַבַּעַל-תְּפִלָּה, אִם אֶפְשָׁר שֶׁיִּתְרָאֶה פָּנִים עִם זֶה הַגִּבּוֹר שֶׁהוּא הַמֶּלֶךְ שֶׁלָּהֶם הֵשִׁיבוּ לוֹ, שֶׁיּוֹדִיעוּ הַדָּבָר לְהַגִּבּוֹר וְיִשְׁאֲלוּ אוֹתוֹ אִם יִתֵּן רְשׁוּת, [שֶׁקּוֹרִין מֶעלְדִּינְוִוין] וְהָלְכוּ וְשָׁאֲלוּ אוֹתוֹ, וְנָתַן רְשׁוּת שֶׁיָּבוֹא אֵלָיו כְּשֶׁבָּא הַבַּעַל-תְּפִלָּה אֶל הַגִּבּוֹר, הִכִּירוּ זֶה אֶת זֶה, וְהָיָה בֵּינֵיהֶם שְׂמָחוֹת גְּדוֹלוֹת מְאֹד מְאֹד עַל שֶׁזָּכוּ לְהִתְוַעֵד יַחַד וְהָיָה בֵּינֵיהֶם שְׂמָחוֹת וּבְכִיּוֹת, כִּי זָכְרוּ אֶת הַמֶּלֶךְ וַאֲנָשָׁיו וּבָכוּ עַל זֶה, עַל-

כֵּן הָיָה בֵּינֵיהֶם שְׂמָחוֹת וּבְכִיּוֹת.

וְדִבְּרוּ יַחַד הַבַּעַל-תְּפִלָּה עִם הַגִּבּוֹר אֵיךְ נִתְגַּלְגְּלוּ וּבָאוּ לְכָאן וְסִפֵּר הַגִּבּוֹר לְהַבַּעַל-תְּפִלָּה, שֶׁמֵּאָז שֶׁהָיָה הָרוּחַ-סְעָרָה הַנַּ"ל, שֶׁאָז נִתְפַּזְּרוּ כֻּלָּם כַּנַּ"ל, אָז כְּשֶׁחָזַר מִמָּקוֹם שֶׁעָלָה לְשָׁם לְחַדֵּשׁ כֹּחוֹ כַּנַּ"ל, כְּשֶׁחָזַר וְלֹא מָצָא אֶת הַמֶּלֶךְ עִם כָּל הָאֲנָשִׁים שֶׁלּוֹ הַנַּ"ל, אָז הָלַךְ בַּאֲשֶׁר הָלַךְ, וְעָבַר עַל כָּל הָאֲנָשִׁים הַנַּ"ל, הַיְנוּ שֶׁהֵבִין שֶׁהָיָה בִּמְקוֹם כֻּלָּם, הַיְנוּ שֶׁעָבַר בְּאֵיזֶה מָקוֹם, וְהֵבִין שֶׁשָּׁם הוּא בְּוַדַּאי הַמֶּלֶךְ, אַךְ לֹא הָיָה יָכוֹל לְבַקְשׁוֹ וּלְמָצְאוֹ; וְכֵן עָבַר בְּמָקוֹם אַחֵר, שֶׁהֵבִין שֶׁשָּׁם הִיא הַמַּלְכָּה, אַךְ לֹא הָיָה יָכוֹל לְבַקְשָׁהּ וּלְמָצְאָהּ וְכֵן עָבַר עַל כָּל הָאֲנָשִׁים הַנַּ"ל, אַךְ אוֹתְךָ לֹא עָבַרְתִּי [הַיְנוּ שֶׁהַגִּבּוֹר לֹא עָבַר עַל מָקוֹם שֶׁהָיָה שָׁם הַבַּעַל- תְּפִלָּה] עָנָה וְאָמַר הַבַּעַל-תְּפִלָּה: אֲנִי עָבַרְתִּי עַל מְקוֹם כֻּלָּם וְגַם עַל מָקוֹם שֶׁלְּךָ [הַיְנוּ שֶׁהַבַּעַל-תְּפִלָּה עָבַר גַּם עַל מְקוֹם הַגִּבּוֹר], כִּי הָיִיתִי עוֹבֵר בְּמָקוֹם אֶחָד וְרָאִיתִי שֶׁעוֹמֵד כֶּתֶר הַמֶּלֶךְ, וְהֵבַנְתִּי שֶׁכָּאן יֵשׁ בְּוַדַּאי הַמֶּלֶךְ, אַךְ לֹא הָיִיתִי יָכוֹל לְבַקְשׁוֹ וּלְמָצְאוֹ וְכֵן הָלַכְתִּי יוֹתֵר וְעָבַרְתִּי עַל יָם שֶׁל דָּם, וְהֵבַנְתִּי שֶׁזֶּה הַיָּם נַעֲשָׂה בְּוַדַּאי מֵהַדְּמָעוֹת שֶׁל הַמַּלְכָּה, שֶׁהִיא בּוֹכָה עַל כָּל הַנַּ"ל, וּבְוַדַּאי הַמַּלְכָּה הִיא כָּאן, אַךְ לֹא הָיָה אֶפְשָׁר לְבַקְשָׁהּ וּלְמָצְאָהּ וְכֵן עָבַרְתִּי עַל יָם שֶׁל חָלָב, וְהֵבַנְתִּי שֶׁזֶּה הַיָּם נַעֲשָׂה בְּוַדַּאי מֵהֶחָלָב שֶׁל הַבַּת- מַלְכָּה, שֶׁנֶּאֱבַד בְּנָהּ כַּנַּ"ל, וְהָיָה דּוֹחֵק אוֹתָהּ רִבּוּי הֶחָלָב, וּמִזֶּה נַעֲשָׂה הַיָּם הַזֶּה שֶׁל חָלָב; וּבְוַדַּאי בְּכָאן הִיא הַבַּת-מַלְכָּה, אַךְ לֹא הָיָה אֶפְשָׁר לְבַקְשָׁהּ וּלְמָצְאָהּ וְכֵן עָבַרְתִּי יוֹתֵר, וְרָאִיתִי שֶׁהָיוּ מֻנָּחִים הַשְּׂעָרוֹת שֶׁל זָהָב שֶׁל הַתִּינוֹק הַנַּ"ל, וְלֹא לָקַחְתִּי מֵהֶם כְּלָל; וְיָדַעְתִּי שֶׁכָּאן הוּא בְּוַדַּאי הַתִּינוֹק הַנַּ"ל, אַךְ לֹא הָיָה אֶפְשָׁר לְבַקְשׁוֹ וּלְמָצְאוֹ וְכֵן עָבַרְתִּי יוֹתֵר, וְהָיִיתִי עוֹבֵר עַל יָם שֶׁל יַיִן, וְיָדַעְתִּי שֶׁזֶּה הַיָּם נַעֲשָׂה בְּוַדַּאי מֵהַדִּבּוּרִים שֶׁל הַמֵּלִיץ, שֶׁהוּא עוֹמֵד וּמְדַבֵּר תַּנְחוּמִין לִפְנֵי הַמֶּלֶךְ וְהַמַּלְכָּה, וְאַחַר-כָּךְ הוּא חוֹזֵר פָּנָיו וּמְדַבֵּר תַּנְחוּמִין לְהַבַּת-מַלְכָּה, וּמֵאֵלּוּ הַדִּבּוּרִים נַעֲשָׂה הַיָּם שֶׁל יַיִן [כְּמוֹ שֶׁכָּתוּב [שִׁיר-הַשִּׁירִים ז]: "וְחִכֵּךְ כְּיֵין הַטּוֹב"]; אַךְ לֹא הָיִיתִי יָכוֹל לְמָצְאוֹ וְכֵן עָבַרְתִּי יוֹתֵר, וְרָאִיתִי שֶׁעוֹמֵד

אֶבֶן שֶׁחָקוּק עָלָיו תְּמוּנַת הַיָּד הַנַּ"ל עִם שִׂרְטוּטִין, וְהֵבַנְתִּי שֶׁכָּאן הוּא בְּוַדַּאי הֶחָכָם [שֶׁל הַמֶּלֶךְ הַנַּ"ל], וְהוּא חָקַק לוֹ תְּמוּנַת הַיָּד עַל הָאֶבֶן, אַךְ לֹא הָיָה אֶפְשָׁר לְמָצְאוֹ וְכֵן עָבַרְתִּי יוֹתֵר, וְרָאִיתִי שֶׁעוֹמֵד מְסֻדָּר עַל הַר אֶחָד הַשֻּׁלְחָנוֹת שֶׁל זָהָב וְהַ'קְרֵידֶענְצִין' [חפצים יקרי ערך] וּשְׁאָר אוֹצְרוֹת הַמֶּלֶךְ, וְהֵבַנְתִּי שֶׁכָּאן הוּא בְּוַדַּאי הַמְמֻנֶּה עַל הָאוֹצָרוֹת [שֶׁל הַמֶּלֶךְ הַנַּ"ל], אַךְ לֹא הָיָה אֶפְשָׁר לְמָצְאוֹ הֵשִׁיב הַגִּבּוֹר: גַּם אֲנִי עָבַרְתִּי עַל כָּל הַמְּקוֹמוֹת הַלָּלוּ, וַאֲנִי לָקַחְתִּי מִן הַשְּׂעָרוֹת שֶׁל זָהָב שֶׁל הַתִּינוֹק הַנַּ"ל, כִּי לָקַחְתִּי שִׁבְעָה שְׂעָרוֹת שֶׁיֵּשׁ לָהֶם כָּל מִינֵי גְוָנִין, וְהֵם יְקָרִים אֶצְלִי מְאֹד וְהָיִיתִי יוֹשֵׁב בַּמָּקוֹם שֶׁיָּשַׁבְתִּי, וְהָיִיתִי מְחַיֶּה עַצְמִי בְּמָה שֶׁאֶפְשָׁר, בַּעֲשָׂבִים וְכַיּוֹצֵא, עַד שֶׁלֹּא הָיָה לִי שׁוּם דָּבָר לְהַחֲיוֹת עַצְמִי, וְהָלַכְתִּי בַּאֲשֶׁר אֵלֵךְ וְכַאֲשֶׁר הָלַכְתִּי מִמְּקוֹמִי הַנַּ"ל, שָׁכַחְתִּי אֶת הַקֶּשֶׁת שֶׁלִּי שָׁם הֵשִׁיב הַבַּעַל-תְּפִלָּה: אֲנִי רָאִיתִי אֶת הַקֶּשֶׁת הַזֶּה, וְיָדַעְתִּי שֶׁבְּוַדַּאי הוּא קֶשֶׁת שֶׁלְּךָ, אַךְ לֹא הָיִיתִי יָכוֹל לִמְצֹא אוֹתְךָ וְסִפֵּר יוֹתֵר הַגִּבּוֹר לְהַבַּעַל-תְּפִלָּה, שֶׁכְּשֶׁהָלַךְ מִשָּׁם, הָיִיתִי הוֹלֵךְ וּבָא עַד שֶׁפָּגַעְתִּי בְּהַמַּחֲנֶה הַנַּ"ל וְנִכְנַסְתִּי לְתוֹכָם, כִּי הָיִיתִי רָעֵב מְאֹד, וְהָיִיתִי רוֹצֶה לֶאֱכֹל, וְתֵכֶף כְּשֶׁנִּכְנַסְתִּי לְתוֹכָם קִבְּלוּ אוֹתִי לְמֶלֶךְ עֲלֵיהֶם כַּנַּ"ל וְעַתָּה אֲנִי הוֹלֵךְ לִכְבֹּשׁ הָעוֹלָם, וְכַוָּנָתִי, אוּלַי אוּכַל לִמְצֹא אֶת הַמֶּלֶךְ עִם הָאֲנָשִׁים שֶׁלּוֹ הַנַּ"ל.

וְדִבֵּר הַבַּעַל-תְּפִלָּה עִם הַגִּבּוֹר: מָה עוֹשִׂים עִם הָאֲנָשִׁים הַלָּלוּ, דְּהַיְנוּ בְּנֵי הַמְּדִינָה הַנַּ"ל שֶׁנָּפְלוּ בְּתַאֲוַת מָמוֹן כָּל-כָּךְ, עַד שֶׁבָּאוּ לִשְׁטוּתִים כָּאֵלּוּ, שֶׁבַּעֲלֵי הַמָּמוֹן הֵם אֱלָהוּת אֶצְלָם, וּשְׁאָר עִנְיְנֵי שְׁטוּת שֶׁיֵּשׁ לִבְנֵי מְדִינָה זֹאת עָנָה וְאָמַר הַגִּבּוֹר לְהַבַּעַל-תְּפִלָּה, שֶׁשָּׁמַע מֵהַמֶּלֶךְ, שֶׁמִּכָּל הַתַּאֲווֹת אֶפְשָׁר לְהוֹצִיא אֶת מִי שֶׁנָּפַל לְתוֹכָם, אַךְ מִי שֶׁנּוֹפֵל לְתַאֲוָה זוֹ שֶׁל מָמוֹן, אִי אֶפְשָׁר בְּשׁוּם אֹפֶן לְהוֹצִיאוֹ מִשָּׁם, וּבְוַדַּאי לֹא תִפְעוֹל כְּלָל אֶצְלָם, כִּי אִי אֶפְשָׁר לְהוֹצִיאָם מִזֶּה כְּלָל רַק שֶׁשָּׁמַע מֵהַמֶּלֶךְ, שֶׁעַל-יְדֵי הַדֶּרֶךְ שֶׁיֵּשׁ לְהַחֶרֶב הַנַּ"ל שֶׁמִּשָּׁם קִבֵּל גְּבוּרָתוֹ כַּנַּ"ל, עַל-יְדֵי-זֶה יְכוֹלִים לְהוֹצִיא מִתַּאֲוָה הַזֹּאת שֶׁל מָמוֹן אֶת מִי שֶׁנָּפַל וְנִשְׁקַע בְּתוֹכָהּ וְיָשְׁבוּ יַחַד אֵיזֶה זְמַן

הַגִּבּוֹר עִם הַבַּעַל-תְּפִלָּה וְעַל עִנְיַן הַנַּ"ל שֶׁל בְּנֵי הַמְּדִינָה הַנַּ"ל, שֶׁבִּקְּשׁוּ מֵהַבַּעַל-תְּפִלָּה שֶׁיֵּצֵא אֶל הַגִּבּוֹר בִּשְׁבִילָם כַּנַּ"ל, הִרְחִיבוּ הַזְּמַן, הַיְנוּ שֶׁהַבַּעַל-תְּפִלָּה פָּעַל אֵצֶל הַגִּבּוֹר לְהַרְחִיב לָהֶם הַזְּמַן לִבְנֵי הַמְּדִינָה, וְנָתַן לָהֶם אַרְכָּא אֵיזֶה זְמַן וּמָסְרוּ סִימָנִים זֶה לָזֶה, הַיְנוּ הַגִּבּוֹר וְהַבַּעַל-תְּפִלָּה מָסְרוּ סִימָנִים זֶה לָזֶה, כְּדֵי
שֶׁיּוּכְלוּ לֵידַע אֶחָד מֵחֲבֵרוֹ, וְהָלַךְ לוֹ הַבַּעַל- תְּפִלָּה לְדַרְכּוֹ.

וּבְדֶרֶךְ הִלּוּכוֹ שֶׁל הַבַּעַל-תְּפִלָּה רָאָה שֶׁהוֹלְכִים אֲנָשִׁים וּמִתְפַּלְּלִים, וְנוֹשְׂאִים חִבּוּרִים שֶׁל תְּפִלּוֹת וְנִתְיָרֵא מֵהֶם, וְגַם הֵם נִתְיָרְאוּ מִמֶּנּוּ וְעָמַד לְהִתְפַּלֵּל, וְגַם הֵם הִתְפַּלְּלוּ אַחַר- כָּךְ שָׁאַל אוֹתָם: מִי אַתֶּם הֵשִׁיבוּ לוֹ, שֶׁבְּעֵת שֶׁהָיָה רוּחַ-סְעָרָה הַנַּ"ל, שֶׁאָז נִפְרְדוּ בְּנֵי הָעוֹלָם לְמִינֵיהֶם, אֵלֶּה בָּחֲרוּ בָּזֶה וְאֵלּוּ בָּזֶה [כְּכָל הַמְבֹאָר לְמַעְלָה חִלּוּקֵי הַכִּתּוֹת הַנַּ"ל], אָז אֲנַחְנוּ בָּחַרְנוּ לָנוּ לַעֲסֹק בִּתְפִלָּה תָּמִיד לְהַשֵּׁם יִתְבָּרַךְ, וּבִקַּשְׁנוּ וּמָצָאנוּ בַּעַל-תְּפִלָּה אֶחָד וְעָשִׂינוּ אוֹתוֹ לְמֶלֶךְ כְּשֶׁשָּׁמַע זֹאת הַבַּעַל- תְּפִלָּה, הוּטַב הַדָּבָר בְּעֵינָיו מְאֹד, כִּי בָּזֶה הוּא חָפֵץ וְהִתְחִיל לְדַבֵּר עִמָּהֶם, וְגִלָּה לָהֶם סֵדֶר תְּפִלּוֹתָיו וְחִבּוּרָיו וְעִנְיָנָיו כְּשֶׁשָּׁמְעוּ דְּבָרָיו, נִפְתְּחוּ עֵינֵיהֶם וְרָאוּ גֹּדֶל מַעֲלָתוֹ שֶׁל הַבַּעַל- תְּפִלָּה הַזֶּה, וְתֵכֶף עָשׂוּ אוֹתוֹ לְמֶלֶךְ עֲלֵיהֶם, כִּי הַמֶּלֶךְ שֶׁלָּהֶם מָחַל לוֹ הַמְּלוּכָה, מֵחֲמַת שֶׁרָאוּ שֶׁהוּא מֻפְלָג בְּמַעֲלָה יְתֵרָה מְאֹד מְאֹד וְלִמֵּד עִמָּהֶם הַבַּעַל-תְּפִלָּה הַזֶּה וְהֵאִיר עֵינֵיהֶם, וְעָשָׂה אוֹתָם לְצַדִּיקִים גְּמוּרִים גְּדוֹלִים מְאֹד כִּי הֵם הָיוּ מִתְּחִלָּה גַּם-כֵּן צַדִּיקִים [מֵאַחַר שֶׁעָסְקוּ רַק בִּתְפִלָּה כַּנַּ"ל], אַךְ זֶה הַבַּעַל-תְּפִלָּה הֵאִיר עֵינֵיהֶם עַד שֶׁנַּעֲשׂוּ צַדִּיקִים נוֹרָאִים מְאֹד וְשָׁלַח הַבַּעַל-תְּפִלָּה אִגֶּרֶת לְהַגִּבּוֹר הַנַּ"ל דהא.

וְהוֹדִיעוֹ אֵיךְ שֶׁזָּכָה וּמָצָא אֲנָשִׁים כָּאֵלּוּ וְנַעֲשָׂה עֲלֵיהֶם מֶלֶךְ.

וּבְנֵי הַמְּדִינָה שֶׁל מָמוֹן הַנַּ"ל הָיוּ עוֹסְקִים יוֹתֵר בְּעִנְיְנֵיהֶם בַּעֲבוֹדָתָם, כְּכָל הַנַּ"ל וְהַזְּמַן שֶׁהִגְבִּיל עִמָּהֶם הַגִּבּוֹר הַנַּ"ל הָיָה מְמַשְׁמֵשׁ לָבוֹא, וְנִתְפַּחֲדוּ מְאֹד וְעָשׂוּ עֲבוֹדָתָם הַנַּ"ל, וְהִקְרִיבוּ קָרְבָּנוֹת וּקְטֹרֶת וְעָסְקוּ בִּתְפִלּוֹת שֶׁלָּהֶם שֶׁהָיוּ מִתְפַּלְּלִים לֶאֱלָקוּתָם הַנַּ"ל וְנִסְכַּם בֵּינֵיהֶם, שֶׁהֵם מֻכְרָחִים

[לְקַיֵּם עֲצָתָם הָרִאשׁוֹנָה, דְּהַיְנוּ] לִשְׁלֹחַ אֶל הַמְּדִינָה שֶׁיֵּשׁ בָּהּ עֲשִׁירוּת מֻפְלָג כַּנַּ"ל, אֲשֶׁר לְפִי דַּעְתָּם הָיוּ כָּל בְּנֵי אוֹתָהּ הַמְּדִינָה כֻּלָּם אֱלָקוּת כַּנַּ"ל וְהֵם יוֹשִׁיעוּ אוֹתָם בְּוַדַּאי כַּנַּ"ל, מֵאַחַר שֶׁכֻּלָּם הֵם אֱלָקוּת כַּנַּ"ל וְשָׁלְחוּ שְׁלוּחִים לְשָׁם.

וּבַדֶּרֶךְ הֵלוֹכָם [שֶׁל הַשְּׁלוּחִים] לְשָׁם תָּעוּ וְהָלְכוּ, וּמָצְאוּ אָדָם שֶׁהָיָה הוֹלֵךְ עִם מַקֵּל, שֶׁהַמַּקֵּל שֶׁלּוֹ הָיָה עוֹלֶה יוֹתֵר מִכָּל אֱלָקוּתָם, הַיְנוּ שֶׁהַמַּקֵּל שֶׁלּוֹ הָיָה עִם אֲבָנִים טוֹבוֹת יְקָרִים, אֲשֶׁר זֶה הַמַּקֵּל הָיָה שָׁוֶה יוֹתֵר מִכָּל הָעֲשִׁירוּת שֶׁל כָּל אֱלָקוּתָם הַנַּ"ל [הַיְנוּ בֵּין הָאֱלָקוּת שֶׁבִּמְדִינָתָם וּבֵין הָאֱלָקוּת שֶׁהָלְכוּ אֶצְלָם, כִּי הַמַּקֵּל הָיָה שָׁוֶה יוֹתֵר מִכָּל הָעֲשִׁירוּת שֶׁל כֻּלָּם] גַּם הָיָה הוֹלֵךְ בְּכוֹבַע, [שֶׁקּוֹרִין קאפּילישׁ], שֶׁהָיָה קָבוּעַ בּוֹ אֲבָנִים טוֹבוֹת שֶׁהָיָה שָׁוֶה הוֹן רַב וְתֵכֶף וּמִיָּד נָפְלוּ לְפָנָיו בִּכְרִיעָה וְהִשְׁתַּחֲוָיָה, כִּי לְפִי דַּעְתָּם הָיָה הָאָדָם הַזֶּה אֱלוֹקַ עַל כָּל אֱלֹקִים שֶׁלָּהֶם, מֵאַחַר שֶׁיֵּשׁ לוֹ עֲשִׁירוּת מֻפְלָג כָּזֶה [וְהָאָדָם הַזֶּה שֶׁפָּגְעוּ הוּא הָיָה הַמְמֻנֶּה עַל הָאוֹצָרוֹת שֶׁל הַמֶּלֶךְ הַנַּ"ל] וְאָמַר לָהֶם הָאָדָם הַזֶּה: זֶה הוּא חִדּוּשׁ אֶצְלְכֶם [בִּלְשׁוֹן תְּמִהָ], בּוֹאוּ עִמִּי וְאַרְאֶה לָכֶם עֲשִׁירוּת וְהוֹלִיךְ אוֹתָם אֶל הָהָר שֶׁהָיָה מְסֻדָּר שָׁם אוֹצַר הַמֶּלֶךְ, וְהֶרְאָה אוֹתָם אֶת הָאוֹצָר וְתֵכֶף וּמִיָּד נָפְלוּ בִּכְרִיעָה וְהִשְׁתַּחֲוָיָה, כִּי זֶהוּ אֱלוֹקַ עַל כָּל אֱלֹקִים, לְפִי דַּעְתָּם [הַסְּכָלָה וְהַנְּבוּכָה, שֶׁהָיָה אֶצְלָם עִקַּר הָאֱמוּנָה הַמָּמוֹן וְהָעֲשִׁירוּת כַּנַּ"ל] אַךְ קָרְבָּנוֹת לֹא הִקְרִיבוּ שָׁם [כִּי לְפִי דַּעְתָּם הַנַּ"ל שֶׁהוּא אֱלוֹקַ עַל וְכוּ', בְּוַדַּאי הָיוּ מַקְרִיבִים אֶת עַצְמָן לֶאֱלוֹקַ כָּזֶה, אַךְ וְכוּ'], כִּי כְּשֶׁיָּצְאוּ אֵלּוּ הַשְּׁלוּחִים, הִזְהִירוּ אוֹתָם שֶׁבַּדֶּרֶךְ לֹא יִהְיוּ מַקְרִיבִים קָרְבָּנוֹת, כִּי חָשְׁשׁוּ שֶׁאִם יִרְצוּ בַּדֶּרֶךְ לְהַקְרִיב קָרְבָּנוֹת לֹא יִשָּׁאֵר מֵהֶם כְּלוּם, כִּי אוּלַי יִמְצְאוּ אֵיזֶה אוֹצָר בַּדֶּרֶךְ, אוּלַי יֵלֵךְ אֶחָד לְבֵית-הַכִּסֵּא וְיִמְצָא שָׁם אוֹצָר [וְהוּא אֶצְלוֹ אֱלוֹקַ כַּנַּ"ל], וְיַתְחִילוּ לְהַקְרִיב אֶת עַצְמָן אֵלָיו, וְלֹא יִשָּׁאֵר מֵהֶם אֶחָד, עַל-כֵּן הִזְהִירוּ אֶת הַשְּׁלוּחִים [הַיְנוּ בְּנֵי הַמְּדִינָה הִזְהִירוּ אֶת הַשְּׁלוּחִים] שֶׁבַּדֶּרֶךְ לֹא יַקְרִיבוּ קָרְבָּנוֹת כְּלָל, עַל-כֵּן לֹא הִקְרִיבוּ אֵלּוּ הַשְּׁלוּחִים קָרְבָּנוֹת לְזֶה הַמְמֻנֶּה הַנַּ"ל אֲבָל זֶה הָיָה בָּרוּר אֶצְלָם, שֶׁהוּא

אֱלוֹק עַל כָּל אֱלֹקִים, מֵאַחַר שֶׁיֵּשׁ לוֹ עֲשִׁירוּת עָצוּם וְרֹב כָּזֶה.
וְנִתְיַשְּׁבוּ אֵלּוּ הַשְּׁלוּחִים: לָמָּה לָהֶם לֵילֵךְ אֶל הָאֱלָקוּת הַנַּ"ל, דְּהַיְנוּ אֶל הַמְּדִינָה שֶׁהָיוּ עֲשִׁירִים מֻפְלָגִים מְאֹד, שֶׁהֵם אֶצְלָם כֻּלָּם אֱלָקוּת כַּנַּ"ל, כִּי הֲלוֹא אֵצֶל זֶה הָאִישׁ בְּוַדַּאי יוּכְלוּ לְקַבֵּל יְשׁוּעָה, כִּי הֲלוֹא זֶה הָאִישׁ הוּא אֱלוֹק גָּדוֹל עַל כֻּלָּם [לְפִי דַעְתָּם הָרָעָה הַנַּ"ל], מֵאַחַר שֶׁיֵּשׁ לוֹ עֲשִׁירוּת עָצוּם וּמֻפְלָג כָּזֶה [כִּפְלֵי כִּפְלַיִם יוֹתֵר מִכֻּלָּם], עַל-כֵּן בִּקְשׁוּ מִזֶּה הָאִישׁ שֶׁיֵּלֵךְ עִמָּם לִמְדִינָתָם, וְנִתְרַצָּה לָהֶם וְהָלַךְ עִמָּם וּבָא לִמְדִינָתָם וְהָיָה אֵצֶל בְּנֵי הַמְּדִינָה שִׂמְחָה גְּדוֹלָה שֶׁמָּצְאוּ אֱלוֹק כָּזֶה, כִּי הָיוּ בְּטוּחִים שֶׁעַל-יָדוֹ יִהְיֶה לָהֶם תְּשׁוּעָה בְּוַדַּאי, מֵאַחַר שֶׁהוּא אֱלוֹק כָּזֶה [לְפִי דַעְתָּם], כִּי יֵשׁ לוֹ עֲשִׁירוּת עָצוּם כָּזֶה וְצִוָּה זֶה הָאִישׁ [שֶׁהוּא הַמְמֻנֶּה שֶׁל הַמֶּלֶךְ הַנַּ"ל, שֶׁקִּבְּלוּ אוֹתוֹ בְּנֵי הַמְּדִינָה הַזֹּאת לֶאֱלוֹק], שֶׁקֹּדֶם שֶׁיִּהְיֶה סֵדֶר מְתֻקָּן וְנָכוֹן בַּמְּדִינָה לֹא יַקְרִיבוּ קָרְבָּנוֹת כְּלָל [כִּי בֶּאֱמֶת זֶה הַמְמֻנֶּה שֶׁל הַמֶּלֶךְ הָיָה צַדִּיק גָּדוֹל, כִּי הָיָה מֵאַנְשֵׁי הַמֶּלֶךְ הַנַּ"ל שֶׁהָיוּ כֻּלָּם צַדִּיקִים גְּדוֹלִים מְאֹד, וּבְוַדַּאי הָיָה מְמָאֵס מְאֹד בְּכָל הַמִּנְהָגִים הָרָעִים וְהַשְּׁטוּתִים שֶׁל אוֹתָהּ הַמְּדִינָה אַךְ עֲדַיִן לֹא הָיָה יָכוֹל דחא.
לְהָשִׁיב אוֹתָם מִדַּרְכָּם הָרָעָה, אַךְ צִוָּה לְעֵת-עַתָּה שֶׁעַל-כָּל-פָּנִים לֹא יַקְרִיבוּ קָרְבָּנוֹת] וְהִתְחִילוּ בְּנֵי הַמְּדִינָה לְבַקֵּשׁ מֵאִתּוֹ אוֹדוֹת הַגִּבּוֹר הַנַּ"ל שֶׁעָמַד עֲלֵיהֶם וְגַם הַמְמֻנֶּה עָנָה: אֶפְשָׁר הוּא זֶה הַגִּבּוֹר [הַיָּדוּעַ לוֹ] וְהָלַךְ זֶה הַמְמֻנֶּה וְיָצָא אֶל הַגִּבּוֹר, וּבִקֵּשׁ מֵאֲנָשָׁיו שֶׁל הַגִּבּוֹר, אִם אֶפְשָׁר לְהִתְרָאוֹת פָּנִים עִמּוֹ וְאָמְרוּ שֶׁיּוֹדִיעוּ לוֹ וְיִשְׁאֲלוּ אוֹתוֹ וְהָלְכוּ וְשָׁאֲלוּ אוֹתוֹ, וְנָתַן רְשׁוּת, וְנִכְנַס הַמְמֻנֶּה אֶל הַגִּבּוֹר וְהִכִּירוּ זֶה אֶת זֶה, וְהָיָה בֵּינֵיהֶם שְׂמָחוֹת גְּדוֹלוֹת וּבְכִיּוֹת כַּנַּ"ל וְאָמַר הַגִּבּוֹר לְהַמְמֻנֶּה: תֵּדַע, שֶׁגַּם הַבַּעַל-תְּפִלָּה הַכָּשֵׁר שֶׁלָּנוּ רְאִיתִיו גַּם-כֵּן, וּכְבָר נַעֲשָׂה מֶלֶךְ [וְסִפְּרוּ זֶה לָזֶה אֵיךְ נִתְגַּלְגְּלוּ וּבָאוּ לְכָאן] וְסִפֵּר הַמְמֻנֶּה לְהַגִּבּוֹר, שֶׁהוּא עָבַר עַל מְקוֹם הַמֶּלֶךְ וְעַל מְקוֹם כָּל הָאֲנָשִׁים הַנַּ"ל, אַךְ עַל שְׁנֵיהֶם לֹא עָבַר, הַיְנוּ עַל מְקוֹם הַבַּעַל- תְּפִלָּה וְהַגִּבּוֹר, עַל [מְקוֹם] אוֹתָם שְׁנֵיהֶם

לֹא עָבַר וְדִבְּרוּ יַחַד הַמְמֻנֶּה עִם הַגִּבּוֹר אוֹדוֹת הַמְּדִינָה הַנַּ"ל, עַל שֶׁנִּתְעוּ וְנָבוֹכוּ כָּל-כָּךְ עַד שֶׁבָּאוּ לִשְׁטוּתִים כָּאֵלּוּ הֵשִׁיב הַגִּבּוֹר לְהַמְמֻנֶּה תְּשׁוּבָה הַנַּ"ל שֶׁהֵשִׁיב לְהַבַּעַל- תְּפִלָּה כַּנַּ"ל, הַיְנוּ שֶׁשָּׁמַע מֵהַמֶּלֶךְ, שֶׁמִּי שֶׁנִּשְׁקַע בְּתַאֲוָה זוֹ שֶׁל מָמוֹן, אִי אֶפְשָׁר לוֹ בְּשׁוּם אֹפֶן לָשׁוּב וְלָצֵאת מִשָּׁם כִּי אִם עַל-יְדֵי הַדֶּרֶךְ שֶׁיֵּשׁ לְהַחֶרֶב הַנַּ"ל [שֶׁמִּשָּׁם מְקַבֵּל הַגִּבּוֹר כֹּחַ גְּבוּרָתוֹ], עַל-יְדֵי-זֶה יְכוֹלִים לְהוֹצִיאָם מִזֶּה וְהִרְחִיבוּ הַזְּמַן עוֹד יוֹתֵר, הַיְנוּ שֶׁהַמְמֻנֶּה דִּבֵּר עִם הַגִּבּוֹר לְהַרְחִיב הַזְּמַן עִם בְּנֵי הַמְּדִינָה הַנַּ"ל עוֹד יוֹתֵר וְנָתַן לָהֶם הַגִּבּוֹר עוֹד אַרְכָּא וּזְמַן אַחַר-כָּךְ מָסְרוּ סִימָנִים זֶה לָזֶה, הַמְמֻנֶּה וְהַגִּבּוֹר וְהָלַךְ הַמְמֻנֶּה מִן הַגִּבּוֹר וְחָזַר הַמְמֻנֶּה אֶל הַמְּדִינָה הַנַּ"ל [וְגַם הַמְמֻנֶּה הַזֶּה בְּוַדַּאי הוֹכִיחַ אוֹתָם עַל דַּרְכָּם הָרָעָה, שֶׁנִּתְעוּ וְנָבוֹכוּ כָּל-כָּךְ בְּתַאֲוַת מָמוֹן, אַךְ לֹא הוֹעִיל לָהֶם כְּלָל, כִּי כְּבָר נִשְׁקְעוּ בָּזֶה מְאֹד מְאֹד כַּנַּ"ל רַק מֵחֲמַת שֶׁכְּבָר הוֹכִיחוּ אוֹתָם הַרְבֵּה, הַבַּעַל-תְּפִלָּה וְגַם הַמְמֻנֶּה, בִּלְבְּלוּ אוֹתָם, וְהָיוּ אוֹמְרִים: אַדְּרַבָּא, הוֹצִיאוּ נָא אוֹתָנוּ מִטָּעוּתֵנוּ אַף-עַל-פִּי שֶׁהֵם הָיוּ אוֹחֲזִים בְּדַעְתָּם בְּחָזְקָה וְלֹא הָיוּ רוֹצִים כְּלָל לָשׁוּב מִטָּעוּתָם הָרָעָה, אַךְ הָיוּ אוֹמְרִים לְמוֹכִיחֵיהֶם הַנַּ"ל: אַדְּרַבָּא, אִם הוּא כְּדַעְתְּכֶם, שֶׁאֲנַחְנוּ בְּטָעוּת וּבִמְבוּכָה גְּדוֹלָה, אִם-כֵּן הוֹצִיאוּ נָא אוֹתָנוּ מִטָּעוּתֵנוּ] וְנָתַן לָהֶם עֵצָה [הַיְנוּ הַמְמֻנֶּה נָתַן עֵצָה לִבְנֵי הַמְּדִינָה הַנַּ"ל]: בַּאֲשֶׁר שֶׁהוּא יוֹדֵעַ הַכֹּחַ שֶׁל זֶה הַגִּבּוֹר, מֵהֵיכָן הוּא מְקַבֵּל כֹּחַ גְּבוּרָתוֹ; וְסִפֵּר לָהֶם עִנְיַן הַחֶרֶב הַנַּ"ל שֶׁמִּשָּׁם מְקַבֵּל הַגִּבּוֹר כֹּחַ גְּבוּרָתוֹ-בְּכֵן נֵלֵךְ אֲנִי וְאַתֶּם אֶל מְקוֹם הַחֶרֶב, וְעַל-יְדֵי-זֶה תּוּכְלוּ לְהִתְגַּבֵּר כְּנֶגְדּוֹ וְכַוָּנַת הַמְמֻנֶּה הָיָה, שֶׁכְּשֶׁיָּבוֹאוּ לְשָׁם יוּכְלוּ לָשׁוּב וְלָצֵאת עַל-יְדֵי-זֶה מִטָּעוּתָם כַּנַּ"ל [כִּי עַל-יְדֵי אוֹתוֹ הַדֶּרֶךְ שֶׁיֵּשׁ לְהַחֶרֶב הַזֹּאת, עַל-יְדֵי-זֶה יְכוֹלִים לְהוֹצִיא מִתַּאֲוַת מָמוֹן כַּנַּ"ל] וְקִבְּלוּ דְּבָרָיו [הַיְנוּ בְּנֵי הַמְּדִינָה קִבְּלוּ עֲצַת הַמְמֻנֶּה לֵילֵךְ עִמּוֹ אֶל הַחֶרֶב הַנַּ"ל] וְהָלַךְ הַמְמֻנֶּה וּבְנֵי הַמְּדִינָה שָׁלְחוּ עִמּוֹ אֶת גְּדוֹלֵי הַמְּדִינָה, שֶׁהֵם אֶצְלָם אֱלָקוּת [וּבְוַדַּאי הָיוּ הוֹלְכִים עִם תַּכְשִׁיטֵי כֶּסֶף וְזָהָב שֶׁהָיוּ תְּלוּיִים עֲלֵיהֶם, כִּי זֶה הָיָה הָעִקָּר אֶצְלָם] וְהָלְכוּ יַחַד.

וְהוֹדִיעַ הַמְמֻנֶּה הַדָּבָר הַזֶּה לְהַגִּבּוֹר: כַּאֲשֶׁר שֶׁהוּא הוֹלֵךְ עִמָּם לְבַקֵּשׁ מְקוֹם הַחֶרֶב, וְכַוָּנָתוֹ, אוּלַי יִזְכֶּה בְּדֶרֶךְ הִלּוּכוֹ לִמְצֹא אֶת הַמֶּלֶךְ וַאֲנָשָׁיו עָנָה וְאָמַר הַגִּבּוֹר: גַּם אֲנִי אֵלֵךְ עִמְּךָ וְשִׁנָּה הַגִּבּוֹר עַצְמוֹ, כְּדֵי שֶׁלֹּא יָבִינוּ אֵלּוּ הָאֲנָשִׁים שֶׁהָלְכוּ עִם הַמְמֻנֶּה שֶׁזֶּהוּ הַגִּבּוֹר הַנַּ"ל, עַל-כֵּן שִׁנָּה עַצְמוֹ, וְהָלַךְ גַּם-כֵּן עִם הַמְמֻנֶּה וְנִתְיַשְּׁבוּ, שֶׁיּוֹדִיעוּ הַדָּבָר לְהַבַּעַל- תְּפִלָּה וְהוֹדִיעוּ לוֹ וְאָמַר הַבַּעַל-תְּפִלָּה, שֶׁגַּם הוּא יֵלֵךְ עִמָּם, וְהָלַךְ אֲלֵיהֶם הַבַּעַל-תְּפִלָּה וְצִוָּה הַבַּעַל-תְּפִלָּה לַאֲנָשִׁים שֶׁלּוֹ שֶׁיִּתְפַּלְלוּ עַל זֶה שֶׁיַּצְלִיחַ הַשֵּׁם דַּרְכָּם, שֶׁיִּזְכּוּ לִמְצֹא הַמֶּלֶךְ עִם אֲנָשָׁיו הַנַּ"ל, כִּי תָּמִיד הָיָה הַבַּעַל-תְּפִלָּה מִתְפַּלֵּל עַל זֶה, וְהָיָה מְצַוֶּה לַאֲנָשָׁיו וְהָיָה מְתַקֵּן לָהֶם תְּפִלּוֹת שֶׁיִּתְפַּלְלוּ עַל זֶה, וְעַתָּה הִזְהִיר אוֹתָם בְּיוֹתֵר, כְּשֶׁהָלַךְ אֶל הַמְמֻנֶּה וְהַגִּבּוֹר לֵילֵךְ עִמָּם לְבַקֵּשׁ אֶת הַמֶּלֶךְ וַאֲנָשָׁיו כַּנַּ"ל, שֶׁיִּתְפַּלְלוּ עַל זֶה תָּמִיד לִזְכּוֹת לִמְצֹא אוֹתָם וּבָא הַבַּעַל-תְּפִלָּה אֶל הַמְמֻנֶּה וְהַגִּבּוֹר הַנַּ"ל, וּבְוַדַּאי הָיָה בֵּינֵיהֶם שִׂמְחָה גְּדוֹלָה, שְׂמָחוֹת וּבְכִיּוֹת כַּנַּ"ל, וְהָלְכוּ שְׁלָשְׁתָּן יַחַד, דְּהַיְנוּ הַמְמֻנֶּה וְהַגִּבּוֹר וְהַבַּעַל-תְּפִלָּה וְהָאֱלָקוּת הַנַּ"ל, דְּהַיְנוּ הָעֲשִׁירִים גְּדוֹלֵי הַמְּדִינָה הַנַּ"ל [שֶׁהֵם נִקְרָאִים שָׁם בִּמְדִינָתָם אֱלֹקִים כַּנַּ"ל] הָלְכוּ עִמָּהֶם.

וַיִּתְהַלְּכוּ כַּאֲשֶׁר יִתְהַלָּכוּ, וּבָאוּ לִמְדִינָה אַחַת וְהָיוּ שָׁם שׁוֹמְרִים סְבִיב הַמְּדִינָה וְשָׁאֲלוּ אֶת הַשּׁוֹמְרִים עַל עִסְקֵי הַמְּדִינָה, וּמִי הַמֶּלֶךְ שֶׁלָּכֶם הֵשִׁיבוּ הַשּׁוֹמְרִים, שֶׁבְּעֵת שֶׁהָיָה הָרוּחַ סְעָרָה הַנַּ"ל, שֶׁאָז נִפְרְדוּ בְּנֵי הָעוֹלָם לְמִינֵיהֶם כַּנַּ"ל, אָז בָּחֲרוּ לָהֶם בְּנֵי הַמְּדִינָה שֶׁלָּהֶם, שֶׁעִקָּר הוּא הַחָכְמָה, וְקִבְּלוּ עֲלֵיהֶם חָכָם גָּדוֹל לְמֶלֶךְ, וְזֶה מִקָּרוֹב מָצְאוּ חָכָם גָּדוֹל, מֻפְלָג בְּחָכְמָה מְאֹד, וּמָחַל לוֹ הַמֶּלֶךְ אֶת הַמְּלוּכָה, וְקִבְּלוּ אוֹתוֹ לְמֶלֶךְ, כִּי אֶצְלָם הָיָה הָעִקָּר הַחָכְמָה, וּמֵאַחַר שֶׁמָּצְאוּ חָכָם מֻפְלָג כָּזֶה, עַל-כֵּן קִבְּלוּ אוֹתוֹ לְמֶלֶךְ וְאָמְרוּ אֵלּוּ הַשְּׁלֹשָׁה הַנַּ"ל [הַיְנוּ הַמְמֻנֶּה וְהַגִּבּוֹר וְהַבַּעַל-תְּפִלָּה], שֶׁנִּרְאִין הַדְּבָרִים, שֶׁזֶּהוּ הֶחָכָם שֶׁלָּנוּ [דְּהַיְנוּ הֶחָכָם שֶׁל הַמֶּלֶךְ הַנַּ"ל], וּבִקְּשׁוּ אִם אֶפְשָׁר לְהִתְרָאוֹת פָּנִים עִמּוֹ; וְהֵשִׁיבוּ לָהֶם, שֶׁיּוֹדִיעוּ לוֹ וְיִשְׁאֲלוּ אוֹתוֹ וְהָלְכוּ וְשָׁאֲלוּ, וְנָתַן לָהֶם רְשׁוּת וּבָאוּ [אֵלּוּ הַשְּׁלֹשָׁה] אֶל הֶחָכָם, שֶׁהוּא הַמֶּלֶךְ

שֶׁל אוֹתָהּ הַמְּדִינָה, וְהִכִּירוּ זֶה אֶת זֶה, כִּי הֶחָכָם הַזֶּה הָיָה הֶחָכָם שֶׁל הַמֶּלֶךְ הַנַּ"ל, וּבְוַדַּאי הָיָה שָׁם שִׂמְחָה גְּדוֹלָה, שְׂמָחוֹת וּבְכִיּוֹת כַּנַּ"ל, כִּי בָּכוּ אֵיךְ זוֹכִים לִמְצֹא אֶת הַמֶּלֶךְ עִם כָּל הַנַּ"ל, וְשָׁאֲלוּ אֶת הֶחָכָם, אִם אֵינוֹ יוֹדֵעַ מִן הַיָּד שֶׁל הַמֶּלֶךְ, וְהֵשִׁיב לָהֶם, שֶׁהַיָּד הוּא אֶצְלוֹ, אַךְ מֵעֵת שֶׁנִּתְפַּזְּרוּ עַל-יְדֵי הָרוּחַ סְעָרָה כַּנַּ"ל, שֶׁאָז נֶעְלַם מֵהֶם הַמֶּלֶךְ וְכוּ' כַּנַּ"ל, מֵאָז הוּא אֵינוֹ רוֹצֶה לְהִסְתַּכֵּל כְּלָל בְּתוֹךְ הַיָּד, כִּי הִיא שַׁיָּכָה רַק אֶל הַמֶּלֶךְ, רַק שֶׁחָקַק תַּבְנִית הַיָּד עַל אֶבֶן, כְּדֵי שֶׁיִּשְׁתַּמֵּשׁ בָּזֶה קְצָת לְצֹרֶךְ עִנְיָנוֹ, אֲבָל בְּהַיָּד אֵינוֹ מִסְתַּכֵּל כְּלָל וְדִבְּרוּ עִם הֶחָכָם אֵיךְ נִתְגַּלְגֵּל וּבָא לְכָאן, וְסִפֵּר לָהֶם, שֶׁמֵּעֵת שֶׁהָיָה הָרוּחַ סְעָרָה הַנַּ"ל, הָלַךְ בַּאֲשֶׁר הָלַךְ, [וּבְדֶרֶךְ הִלּוּכוֹ עָבַר עַל כֻּלָּם, רַק עַל אֵלּוּ הַשְּׁלֹשָׁה-הַיְנוּ הַבַּעַל- תְּפִלָּה וְהַגִּבּוֹר וְהַמְמֻנֶּה-לֹא עָבַר], עַד שֶׁמְּצָאוּ אוֹתוֹ בְּנֵי-הַמְּדִינָה אֵלּוּ וְקִבְּלוּ אוֹתוֹ לְמֶלֶךְ כַּנַּ"ל, וּלְעֵת עַתָּה הוּא צָרִיךְ לְהַנְהִיג אוֹתָם לְפִי דַּרְכָּם, כְּפִי דֶּרֶךְ חָכְמָתָם, עַד אֲשֶׁר בְּרֹבוֹת הַזְּמַן יָשִׁיב אוֹתָם אֶל הָאֱמֶת וְדִבְּרוּ עִם הֶחָכָם אוֹדוֹת בְּנֵי הַמְּדִינָה, הַנַּ"ל, שֶׁנִּתְעוּ וְנָבוֹכוּ כָּל-כָּךְ בִּשְׁטוּת וַעֲבוֹדָה זָרָה שֶׁל מָמוֹן, כַּנַּ"ל וְאָמְרוּ: אִלְמָלֵא לֹא נִתְבַּדַּרְנוּ וְנִתְפַּזַּרְנוּ כִּי אִם בִּשְׁבִיל אוֹתָהּ הַמְּדִינָה לְהַחֲזִיר אוֹתָם לְמוּטָב, הָיָה דַּי לָנוּ בָּזֶה, כִּי נִתְטַפְּשׁוּ וְנִתְעוּ כָּל-כָּךְ, כִּי בֶּאֱמֶת כָּל הַכִּתּוֹת הַנַּ"ל כֻּלָּם נִתְעוּ וְנָבוֹכוּ, וּצְרִיכִים לְתַקְּנָם; לַהֲשִׁיבָם מִשְּׁטוּתָם, וּלְהַחֲזִירָם אֶל הַתַּכְלִית הָאֲמִתִּי, כִּי אֲפִלּוּ הַכַּת שֶׁבָּחֲרוּ לָהֶם חָכְמָה לְתַכְלִית, גַּם הֵם לֹא הִשִּׂיגוּ הַתַּכְלִית הָאֲמִתִּי, וּצְרִיכִין תִּקּוּן וּתְשׁוּבָה כִּי בָּחֲרוּ בְּחָכְמוֹת חִיצוֹנִיּוֹת וְאֶפִּיקוֹרְסִית אַךְ מִכָּל הַטָּעוּתִים הַנִּזְכָּרִים לְעֵיל הוּא בְּנָקֵל יוֹתֵר לַהֲשִׁיבָם מִטָּעוּתָם וּלְהַחֲזִירָם אֶל הָאֱמֶת, אֲבָל אֵלּוּ נִתְעוּ בַּעֲבוֹדָה זָרָה שֶׁל מָמוֹן וְנִשְׁקְעוּ בָּהּ כָּל-כָּךְ כְּכָל הַנַּ"ל, עַד שֶׁאִי-אֶפְשָׁר לַהֲשִׁיבָם מִזֶּה כַּנַּ"ל [וְגַם הֶחָכָם הֵשִׁיב לָהֶם, שֶׁשָּׁמַע גַּם-כֵּן מֵהַמֶּלֶךְ, שֶׁמִּכָּל הַתַּאֲווֹת אֶפְשָׁר לְהוֹצִיא אֲבָל מִתַּאֲוָה זוֹ שֶׁל מָמוֹן אִי-אֶפְשָׁר לְהוֹצִיא אֶת מִי שֶׁנָּפַל לְתוֹכָהּ, כִּי אִם עַל-יְדֵי הַדֶּרֶךְ שֶׁיֵּשׁ לְהַחֶרֶב הַנַּ"ל] וְנִתְרַצָּה הֶחָכָם גַּם-כֵּן לֵילֵךְ עִמָּהֶם, וְהָלְכוּ אַרְבַּעְתָּן יַחַד וְגַם אֵלּוּ הָאֱלָקוּת הַשּׁוֹטִים הַנַּ"ל הָלְכוּ עִמָּהֶם

גַּם-כֵּן כַּנַּ"ל.

וְהָלְכוּ וּבָאוּ לִמְדִינָה אַחַת, וְשָׁאֲלוּ גַּם-כֵּן אֶת הַשּׁוֹמְרִים עַל עִנְיַן הַמְּדִינָה, וּמִי הַמֶּלֶךְ שֶׁלָּהֶם, הֵשִׁיבוּ, שֶׁמֵּעֵת שֶׁהָיָה הָרוּחַ סְעָרָה הַנַּ"ל, אָז בָּחֲרוּ לָהֶם בְּנֵי מְדִינָה זוֹ, שֶׁהַתַּכְלִית הוּא הַדִּבּוּר וְקִבְּלוּ עֲלֵיהֶם דַּבְּרָן, בַּעַל לָשׁוֹן, לְמֶלֶךְ אַחַר-כָּךְ מָצְאוּ אִישׁ אֶחָד, שֶׁהָיָה בַּעַל לָשׁוֹן וּמְלִיצָה, וְדַבְּרָן מֻפְלָג מְאֹד מְאֹד, וְקִבְּלוּ אוֹתוֹ לְמֶלֶךְ, כִּי הַמֶּלֶךְ מָחַל לוֹ הַמְּלוּכָה, מֵאַחַר שֶׁהוּא בַּעַל לָשׁוֹן כָּזֶה וְהֵבִינוּ אֵלּוּ הָאַרְבָּעָה הַנַּ"ל, שֶׁבְּוַדַּאי זֶה הוּא הַמֵּלִיץ שֶׁלָּנוּ [דְּהַיְנוּ הַמֵּלִיץ שֶׁל הַמֶּלֶךְ הַנַּ"ל], וּבִקְּשׁוּ גַּם-כֵּן אִם אֶפְשָׁר לְהִתְרָאוֹת עִם הַמֶּלֶךְ הַזֶּה, וְאָמְרוּ, שֶׁיּוֹדִיעוּ לוֹ וַיְקַבְּלוּ רְשׁוּת וְהָלְכוּ וְשָׁאֲלוּ, וְנָתַן לָהֶם רְשׁוּת, וְנִכְנְסוּ אֵלּוּ הָאַרְבָּעָה אֵצֶל הַמֶּלֶךְ שֶׁל מְדִינָה זוֹ, וְהוּא הָיָה הַמֵּלִיץ שֶׁל הַמֶּלֶךְ כַּנַּ"ל, וְהִכִּירוּ זֶה אֶת זֶה וְהָיָה בֵּינֵיהֶם גַּם-כֵּן שִׂמְחָה גְּדוֹלָה וּבְכִיּוֹת כַּנַּ"ל וְהָלַךְ הַמֵּלִיץ עִמָּהֶם גַּם-כֵּן, וְהָלְכוּ יוֹתֵר לְבַקֵּשׁ אוּלַי יִמְצְאוּ הַנִּשְׁאָרִים דְּהַיְנוּ הַמֶּלֶךְ וְכוּ', כִּי רָאוּ שֶׁה' מַצְלִיחַ דַּרְכָּם, שֶׁהֵם מוֹצְאִים בְּכָל פַּעַם אֶת חַבְרֵיהֶם, וְתָלוּ כָּל זֶה בִּזְכוּת הַבַּעַל-תְּפִלָּה הַכָּשֵׁר שֶׁלָּהֶם, שֶׁהוּא עוֹסֵק תָּמִיד לְהִתְפַּלֵּל עַל זֶה, וְעַל-יְדֵי תְּפִלּוֹתָיו זָכוּ לִמְצֹא אֶת חַבְרֵיהֶם הַנַּ"ל וְהָלְכוּ יוֹתֵר, אוּלַי יִזְכּוּ לִמְצֹא גַּם הַשְּׁאָר.

וְהָלְכוּ וּבָאוּ לִמְדִינָה אַחַת וְשָׁאֲלוּ גַּם-כֵּן עַל עִנְיַן הַמְּדִינָה, וּמִי הַמֶּלֶךְ שֶׁלָּהֶם הֵשִׁיבוּ לָהֶם, שֶׁהֵם מִן הַכַּת שֶׁבָּחֲרוּ לָהֶם אֶת הַשִּׂמְחָה וּמִשְׁתֶּה לְתַכְלִית, וְקִבְּלוּ עֲלֵיהֶם אֵיזֶה שִׁכּוֹר אֶחָד, שֶׁהוּא בְּשִׂמְחָה תָּמִיד לִהְיוֹת מֶלֶךְ עֲלֵיהֶם וְאַחַר-כָּךְ מָצְאוּ אִישׁ אֶחָד, שֶׁהָיָה יוֹשֵׁב בְּתוֹךְ יָם שֶׁל יַיִן, וְהוּטַב בְּעֵינֵיהֶם בְּיוֹתֵר, כִּי זֶה הוּא בְּוַדַּאי שִׁכּוֹר מֻפְלָג מְאֹד מְאֹד, וְקִבְּלוּ אוֹתוֹ לְמֶלֶךְ וּבִקְּשׁוּ גַּם-כֵּן לְהִתְרָאוֹת פָּנִים עִמּוֹ, וְהָלְכוּ וְקִבְּלוּ רְשׁוּת וְנִכְנְסוּ [אֵלּוּ הַחֲמִשָּׁה חֲבֵרִים הַנַּ"ל] אֵצֶל זֶה הַמֶּלֶךְ וְהוּא הָיָה הָאוֹהֵב נֶאֱמָן שֶׁל הַמֶּלֶךְ, שֶׁהָיָה יוֹשֵׁב בְּתוֹךְ הַיָּם שֶׁל יַיִן, שֶׁנַּעֲשָׂה מִדִּבְרֵי הַתַּנְחוּמִין שֶׁל הַמֵּלִיץ כַּנַּ"ל [וּבְנֵי הַמְּדִינָה זוֹ סָבְרוּ שֶׁהוּא אִישׁ שִׁכּוֹר גָּדוֹל, מֵאַחַר שֶׁיּוֹשֵׁב בְּיָם שֶׁל יַיִן וְקִבְּלוּ אוֹתוֹ לְמֶלֶךְ] וְהִכִּירוּ זֶה

אֶת זֶה וְהָיָה בֵּינֵיהֶם גַּם-כֵּן שִׂמְחָה גְּדוֹלָה וּבְכִיּוֹת כַּנַּ"ל וְהָלַךְ הָאוֹהֵב נֶאֱמָן עִמָּהֶם גַּם- כֵּן.

וְהָלְכוּ יוֹתֵר וּבָאוּ לִמְדִינָה אַחַת, וְשָׁאֲלוּ אֶת הַשּׁוֹמְרִים: מִי הַמֶּלֶךְ שֶׁלָּכֶם? הֵשִׁיבוּ, שֶׁמֶּלֶךְ שֶׁלָּהֶם הוּא יְפַת- תֹּאַר, מֵחֲמַת שֶׁהִיא מְבִיאָה אֶל הַתַּכְלִית, כִּי הַתַּכְלִית הוּא יִשּׁוּב הָעוֹלָם, כַּמְבֹאָר לְעֵיל וּבַתְּחִלָּה הָיְתָה אֶצְלָם אֵיזֶה יְפַת-תֹּאַר לְמַלְכָּה, אַחַר-כָּךְ מָצְאוּ יְפַת- תֹּאַר מֻפְלֶגֶת בְּיָפְיָהּ מְאֹד מְאֹד, וְקִבְּלוּ אוֹתָהּ לְמֶלֶךְ וְהֵבִינוּ [הַיְנוּ אֵלּוּ הַחֲבֵרִים הַנַּ"ל הֵבִינוּ] שֶׁהִיא בְּוַדַּאי הַבַּת-מַלְכָּה הַנַּ"ל, וּבִקְּשׁוּ גַּם-כֵּן לְהִתְרָאוֹת עִמָּהּ וְהָלְכוּ וְקִבְּלוּ רְשׁוּת, וְנִכְנְסוּ אֶל הַמַּלְכָּה, וְהִכִּירוּ כִּי הִיא הַבַּת-מַלְכָּה וְגֹדֶל הַשִּׂמְחָה שֶׁהָיָה שָׁם, בְּוַדַּאי אֵין לְשַׁעֵר וְשָׁאֲלוּ אוֹתָהּ אֵיךְ בָּאת לְכָאן וְסִפְּרָה לָהֶם, שֶׁמֵּעֵת שֶׁבָּא הָרוּחַ סְעָרָה וְחָטַף אֶת הַתִּינוֹק הַיָּקָר [מִן הָעֲרִיסָה] כַּנַּ"ל, אָז יָצְאָה בִּשְׁעַת הַבֶּהָלָה אַחַר הַתִּינוֹק-וְלֹא מָצְאָה אוֹתוֹ וְדָחַק אוֹתָהּ הֶחָלָב, וּמִזֶּה נַעֲשָׂה יָם שֶׁל חָלָב וְאַחַר-כָּךְ מָצְאוּ אוֹתָהּ בְּנֵי מְדִינָה זוֹ, וְקִבְּלוּ אוֹתָהּ לְמֶלֶךְ עֲלֵיהֶם וְהָיָה שָׁם שִׂמְחָה גְּדוֹלָה; גַּם בָּכוּ מְאֹד עַל הַתִּינוֹק הַיָּקָר הַנִּזְכָּר-לְעֵיל, שֶׁנֶּאֱבַד מֵהֶם וְעַל אָבִיהָ וְאִמָּהּ שֶׁאֵינָהּ יוֹדַעַת מֵהֶם וְהִנֵּה נִמְצָא, שֶׁבָּא בַּעְלָהּ שֶׁל הַמַּלְכָּה הַזֹּאת, [הַיְנוּ הַבַּת-מַלְכָּה שֶׁנַּעֲשֵׂית כָּאן מַלְכָּה] כִּי הַגִּבּוֹר הוּא בַּעְלָהּ כַּנַּ"ל, וְעַתָּה יֵשׁ לְהַמְּדִינָה מֶלֶךְ וּבִקְּשָׁה הַבַּת-מַלְכָּה [שֶׁהִיא מַלְכָּה בִּמְדִינָה זוֹ] אֶת הַבַּעַל-תְּפִלָּה, שֶׁיֵּלֵךְ בִּמְדִינָתָהּ, וִיטַהֵר אוֹתָהּ מֵהַזֻּהֲמָא הַגְּדוֹלָה שֶׁלָּהּ, כִּי מֵאַחַר שֶׁאֶצְלָם הָיָה עִקַּר הַתַּכְלִית עִנְיַן הַיְפַת-תֹּאַר, כַּנַּ"ל, בְּוַדַּאי הָיוּ מְזֹהָמִים מְאֹד מְאֹד בְּתַאֲוָה זוֹ, עַל-כֵּן בִּקְּשָׁה מֵהַבַּעַל-תְּפִלָּה, שֶׁיֵּלֵךְ וִיטַהֵר אוֹתָם קְצָת לְעֵת-עַתָּה, שֶׁלֹּא יִתְגַּשְּׁמוּ לְעֵת- עַתָּה, בְּזֻהֲמָא הַזֹּאת כָּל-כָּךְ, כִּי מִלְּבַד הִתְגַּבְּרוּת הַתַּאֲוָה, הָיָה אֶצְלָם כְּמוֹ אֱמוּנָה, שֶׁזֶּהוּ הַתַּכְלִית, [כִּי כָּל הַכִּתּוֹת הַנַּ"ל, שֶׁבָּחֲרוּ לָהֶם כָּל אַחַת וְאַחַת אֵיזֶה מִדָּה רָעָה לְתַכְלִית כַּנַּ"ל, הָיָה אֵצֶל כָּל אַחַת וְאַחַת כְּמוֹ אֱמוּנָה גְּמוּרָה אוֹתָהּ הַמִּדָּה רָעָה] וְעַל-כֵּן בְּוַדַּאי הָיוּ מְשֻׁקָּעִים מְאֹד בָּזֶה, עַל-כֵּן בִּקְּשָׁה מִמֶּנּוּ, שֶׁיֵּלֵךְ וִיטַהֵר אוֹתָם קְצָת לְעֵת עַתָּה.

אַחַר-כָּךְ הָלְכוּ כֻּלָּם לְבַקֵּשׁ הַשְּׁאָר, דְּהַיְנוּ הַמֶּלֶךְ וְכוּ' וְהָלְכוּ וּבָאוּ לִמְדִינָה אַחַת, וְשָׁאֲלוּ גַּם-כֵּן: מִי הַמֶּלֶךְ שֶׁלָּכֶם? הֵשִׁיבוּ, שֶׁהַמֶּלֶךְ שֶׁלָּהֶם הוּא בֶּן שָׁנָה, כִּי הֵם מִן הַכַּת שֶׁבָּחֲרוּ לָהֶם שֶׁמִּי שֶׁיֵּשׁ לוֹ שֶׁפַע מְזוֹנוֹת, וְאֵינוֹ נִזּוֹן מִמָּזוֹן שֶׁל שְׁאָר בְּנֵי-אָדָם הוּא רָאוּי לִהְיוֹת מֶלֶךְ, וְקִבְּלוּ לְפִי שָׁעָה עָשִׁיר אֶחָד לְמֶלֶךְ אַחַר-כָּךְ מָצְאוּ אָדָם שֶׁהָיָה יוֹשֵׁב בְּיָם שֶׁל חָלָב וְהוּטַב בְּעֵינֵיהֶם מְאֹד, כִּי זֶה הָאָדָם הוּא נִזּוֹן כָּל יָמָיו מֵחָלָב, וְאֵינוֹ נִזּוֹן מִמְּזוֹנוֹת שֶׁל שְׁאָר הָעוֹלָם, עַל-כֵּן קִבְּלוּ אוֹתוֹ לְמֶלֶךְ וְעַל-כֵּן נִקְרָא בֶּן שָׁנָה מֵחֲמַת שֶׁנִּזּוֹן מֵחָלָב כְּמוֹ בֶּן שָׁנָה וְהֵבִינוּ, שֶׁזֶּה הוּא הַתִּינוֹק הַנַּ"ל, וּבִקְּשׁוּ לְהִתְרָאוֹת פָּנִים עִמּוֹ וְהָלְכוּ וְשָׁאֲלוּ, וְקִבְּלוּ רְשׁוּת וְנִכְנְסוּ אֶצְלוֹ, וְהִכִּירוּ זֶה אֶת זֶה, כִּי גַּם הוּא [הַיְנוּ הַתִּינוֹק שֶׁנַּעֲשָׂה מֶלֶךְ] הִכִּיר אוֹתָם, אַף-עַל-פִּי שֶׁהָיָה תִּינוֹק קָטָן כְּשֶׁנֶּעֱלַם מֵאִתָּם, אַף-עַל-פִּי-כֵן, מֵאַחַר שֶׁהָיָה חָכָם גָּמוּר מֵעֵת הִוָּלְדוֹ, כִּי נוֹלַד עִם חָכְמָה גְּמוּרָה כַּנַּ"ל, עַל-כֵּן הִכִּיר אוֹתָם, וְהֵם הִכִּירוּ אוֹתוֹ בְּוַדַּאי, וּבְוַדַּאי הָיָה שָׁם שִׂמְחָה נוֹרָאָה מְאֹד, וְגַם בָּכוּ עֲדַיִן עַל שֶׁאֵינָם יוֹדְעִים מֵהַמֶּלֶךְ וְהַמַּלְכָּה, וְשָׁאֲלוּ אוֹתוֹ: אֵיךְ בָּאתָ לְכָאן? וְסִפֵּר לָהֶם, שֶׁבְּעֵת שֶׁחָטַף אוֹתוֹ הָרוּחַ סְעָרָה נְשָׂאוֹ לְמָקוֹם שֶׁנְּשָׂאוֹ, וְהָיָה שָׁם בְּאוֹתוֹ הַמָּקוֹם, וְהָיָה מְחַיֶּה עַצְמוֹ בַּמֶּה שֶׁאֶפְשָׁר בַּמֶּה שֶׁמָּצָא שָׁם, עַד שֶׁבָּא אֶל יָם שֶׁל חָלָב, וְהֵבִין שֶׁזֶּה הַיָּם נַעֲשָׂה בְּוַדַּאי מֵחָלָב שֶׁל אִמּוֹ, כִּי בְּוַדַּאי דָּחַק אוֹתָהּ הֶחָלָב, וּמִזֶּה נַעֲשָׂה זֶה הַיָּם וְיָשַׁב שָׁם בְּאוֹתוֹ הַיָּם שֶׁל חָלָב, וְהָיָה נִזּוֹן מִן הֶחָלָב, עַד שֶׁבָּאוּ בְּנֵי הַמְּדִינָה זוֹ וְקִבְּלוּ אוֹתוֹ לְמֶלֶךְ.

אַחַר-כָּךְ הָלְכוּ יוֹתֵר, וּבָאוּ לִמְדִינָה אַחַת, וְשָׁאֲלוּ: מִי הַמֶּלֶךְ שֶׁלָּכֶם? הֵשִׁיבוּ, שֶׁהֵם בָּחֲרוּ לָהֶם, שֶׁרְצִיחָה הוּא הַתַּכְלִית, וְקִבְּלוּ עֲלֵיהֶם לְמֶלֶךְ רוֹצֵחַ אֶחָד אַחַר-כָּךְ מָצְאוּ אִשָּׁה אַחַת, שֶׁהָיְתָה יוֹשֶׁבֶת בְּתוֹךְ יָם שֶׁל דָּם, וְקִבְּלוּ אוֹתָהּ לְמֶלֶךְ מֵחֲמַת שֶׁרָאוּ שֶׁהִיא בְּוַדַּאי רוֹצֵחַ גָּדוֹל מְאֹד מְאֹד, מֵאַחַר שֶׁיּוֹשֶׁבֶת בְּתוֹךְ יָם שֶׁל דָּם וּבִקְּשׁוּ גַּם-כֵּן לְהִתְרָאוֹת פָּנִים עִמָּהּ, וְהָלְכוּ וְקִבְּלוּ רְשׁוּת, וְנִכְנְסוּ אֵלֶיהָ וְהִיא הָיְתָה הַמַּלְכָּה הַנַּ"ל, שֶׁהָיְתָה בּוֹכָה תָּמִיד, וּמֵהַדְּמָעוֹת שֶׁלָּהּ נַעֲשָׂה הַיָּם שֶׁל דָּם

כַּנַּ"ל וְהִכִּירוּ זֶה אֶת זֶה, וְהָיָה שִׂמְחָה גְּדוֹלָה מְאֹד בְּוַדַּאי וַעֲדַיִן הָיוּ בּוֹכִים, עַל שֶׁאֵינָם יוֹדְעִים מִן הַמֶּלֶךְ עֲדַיִן וְהָלְכוּ יוֹתֵר, וּבָאוּ לִמְדִינָה אַחַת, וְשָׁאֲלוּ: מִי הַמֶּלֶךְ שֶׁלָּכֶם? הֵשִׁיבוּ, שֶׁהֵם בָּחֲרוּ לָהֶם לְמֶלֶךְ אִישׁ מְכֻבָּד אֶחָד, כִּי אֶצְלָם עִקַּר הַתַּכְלִית הוּא כָּבוֹד אַחַר- כָּךְ מָצְאוּ שֶׁהָיָה יוֹשֵׁב בַּשָּׂדֶה זָקֵן אֶחָד וְכֶתֶר עַל רֹאשׁוֹ, וְהוּטַב בְּעֵינֵיהֶם, כִּי הוּא מְכֻבָּד גָּדוֹל, מֵאַחַר שֶׁהוּא יוֹשֵׁב בַּשָּׂדֶה מֻכְתָּר בְּכֶתֶר, וְקִבְּלוּ אוֹתוֹ לְמֶלֶךְ וְהֵבִינוּ כִּי בְּוַדַּאי זֶה הוּא הַמֶּלֶךְ, [הַיְנוּ הַמֶּלֶךְ שֶׁלָּהֶם הַנַּ"ל] וּבִקְּשׁוּ גַּם-כֵּן אִם אֶפְשָׁר לְהִתְרָאוֹת עִמּוֹ, וְהָלְכוּ, וְקִבְּלוּ רְשׁוּת [קַבָּלַת רְשׁוּת הוּא מַה שֶּׁקּוֹרִין מֶעלְדִּינִין] וְנִכְנְסוּ אֶצְלוֹ וְהִכִּירוּ, כִּי הוּא הוּא הַמֶּלֶךְ בְּעַצְמוֹ; וְגֹדֶל הַשִּׂמְחָה שֶׁהָיָה שָׁם בְּוַדַּאי, אִי-אֶפְשָׁר לְשַׁעֵר בַּמֹּחַ וְאֵלּוּ הָאֱלֻקוֹת הַשּׁוֹטִים הַנַּ"ל, [הַיְנוּ הָעֲשִׁירִים, גְּדוֹלֵי הַמְּדִינָה שֶׁל עֲשִׁירוּת, שֶׁהָיוּ בִּמְדִינָתָם אֱלֻקוֹת], הָלְכוּ עִמָּהֶם, וְלֹא יָדְעוּ כְּלָל מֵחִיּוּתָם מַהוּ הַשְּׂמָחוֹת הַלָּלוּ.

וְהִנֵּה עַתָּה חָזְרוּ וְנִתְקַבְּצוּ כָּל הַקִּבּוּץ הַקָּדוֹשׁ יַחַד, וְשָׁלְחוּ אֶת הַבַּעַל-תְּפִלָּה אֶל הַמְּדִינוֹת הַנַּ"ל [הַיְנוּ הַמְּדִינוֹת שֶׁל הַכִּתּוֹת הַנַּ"ל, שֶׁבָּחֲרוּ לָהֶם מִדּוֹת רָעוֹת הַנַּ"ל לְתַכְלִית] לְתַקֵּן אוֹתָם וּלְטַהֵר אוֹתָם לַהֲשִׁיבָם מִשְּׁטוּתָם, כָּל מְדִינָה וּמְדִינָה מִשְּׁטוּת וְטָעוּת שֶׁלָּהּ, כִּי כֻּלָּם תָּעוּ וְנָבוֹכוּ כַּנַּ"ל, וְעַתָּה הָיָה בְּוַדַּאי כֹּחַ בְּיַד הַבַּעַל-תְּפִלָּה לֵילֵךְ אֲלֵיהֶם וְלַהֲשִׁיבָם, כִּי קִבֵּל כֹּחַ וּרְשׁוּת מִן הַמְּלָכִים שֶׁל כָּל הַמְּדִינוֹת הַנַּ"ל, כִּי כָּאן הָיוּ כָּל הַמְּלָכִים שֶׁלָּהֶם, כַּנַּ"ל [כִּי הַקִּבּוּץ הַקָּדוֹשׁ הַזֶּה שֶׁל הַמֶּלֶךְ שֶׁחָזְרוּ עַתָּה וְנִתְקַבְּצוּ, כֻּלָּם הָיוּ מְלָכִים עַל כָּל הַמְּדִינוֹת שֶׁל הַכִּתּוֹת הַנַּ"ל כַּנַּ"ל] וְהָלַךְ הַבַּעַל-תְּפִלָּה בְּכֹחָם לְטַהֲרָם וּלְהַחֲזִירָם בִּתְשׁוּבָה.

וְדִבֵּר הַגִּבּוֹר עִם הַמֶּלֶךְ אוֹדוֹת בְּנֵי הַמְּדִינָה, שֶׁנָּפְלוּ אֶל הָעֲבוֹדָה זָרָה שֶׁל מָמוֹן כַּנַּ"ל, וְאָמַר הַגִּבּוֹר לְהַמֶּלֶךְ: אֵיךְ שֶׁשָּׁמַעְתִּי מִפִּיכֶם, שֶׁעַל-יְדֵי הַדֶּרֶךְ שֶׁיֵּשׁ לִי אֶל הַחֶרֶב הַנַּ"ל, עַל-יְדֵי-זֶה יְכוֹלִים לְהוֹצִיא אֶת מִי שֶׁנִּשְׁקַע בַּעֲבוֹדָה זָרָה שֶׁל תַּאֲוַת מָמוֹן הֵשִׁיב לוֹ הַמֶּלֶךְ: כֵּן הַדָּבָר וְהוֹדִיעַ הַמֶּלֶךְ לְהַגִּבּוֹר; הֱיוֹת שֶׁבַּדֶּרֶךְ, שֶׁהוּא עוֹלֶה אֶל הַחֶרֶב הַנַּ"ל, יֵשׁ

דֶּרֶךְ מִן הַצַּד, וּבָאִים בְּאוֹתוֹ הַדֶּרֶךְ אֶל הַר שֶׁל אֵשׁ, וְעַל הָהָר רַבּוּץ אַרְיֵה, וְהָאַרְיֵה, כְּשֶׁהוּא צָרִיךְ לֶאֱכֹל, הוּא הוֹלֵךְ וְנוֹפֵל עַל הָעֲדָרִים וְלוֹקֵחַ לוֹ צֹאן וּבְהֵמוֹת וְאוֹכְלָם, וְהָרוֹעִים יוֹדְעִים מִזֶּה, וְשׁוֹמְרִים מְאֹד אֶת הַצֹּאן מִפָּנָיו, אֲבָל הָאַרְיֵה אֵינוֹ מַשְׁגִּיחַ כְּלָל עַל זֶה, רַק כְּשֶׁהוּא רוֹצֶה לֶאֱכֹל, הוּא נוֹפֵל עַל הָעֲדָרִים, וְהָרוֹעִים הֵם מַכִּים וּמַרְעִישִׁים עָלָיו, אֲבָל הָאַרְיֵה אֵינוֹ שׁוֹמֵעַ זֹאת כְּלָל, רַק הוּא לוֹקֵחַ לְעַצְמוֹ צֹאן וּבְהֵמוֹת וְהוֹמֶה וְאוֹכְלָם וְאוֹתוֹ הָהָר שֶׁל אֵשׁ הַנַּ"ל אֵינוֹ נִרְאֶה כְּלָל.

וְעוֹד מִן הַצַּד יֵשׁ עוֹד דֶּרֶךְ אַחֵר, וּבָאִים בְּאוֹתוֹ הַדֶּרֶךְ אֶל מָקוֹם, הַנִּקְרָא קֶעךְ [מטבח] [הַיְנוּ בֵּית הַבִּשּׁוּל], וְשָׁם, בְּאוֹתוֹ הַקֶּעךְ, יֵשׁ כָּל מִינֵי מַאֲכָלִים, וּבְאוֹתוֹ הַקֶּעךְ אֵין שׁוּם אֵשׁ כְּלָל, רַק הַמַּאֲכָלִים מִתְבַּשְּׁלִים עַל- יְדֵי הָהָר שֶׁל אֵשׁ הַנַּ"ל, וְהָהָר שֶׁל אֵשׁ הוּא רָחוֹק מִשָּׁם הַרְבֵּה, רַק שֶׁהוֹלְכִים שְׁבִילִים וְצִנּוֹרוֹת מִן הָהָר שֶׁל אֵשׁ אֶל הַקֶּעךְ הַנַּ"ל, וְעַל-יְדֵי-זֶה מִתְבַּשְּׁלִים שָׁם כָּל הַמַּאֲכָלִים הַנַּ"ל וְגַם הַקֶּעךְ הַזֹּאת אֵינָהּ נִרְאֶה כְּלָל, רַק שֶׁיֵּשׁ סִימָן, שֶׁעוֹמְדִים שָׁם צִפֳּרִים עַל אוֹתָהּ הַקֶּעךְ, וְעַל- יְדֵי-זֶה יוֹדְעִים, שֶׁשָּׁם הוּא הַקֶּעךְ, וְאֵלּוּ הַצִּפֳּרִים הֵם מְרַחֲפִים בְּכַנְפֵיהֶם, וְעַל-יְדֵי-זֶה הֵם מַבְעִירִים הָאֵשׁ וּמְכַבִּים הָאֵשׁ, הַיְנוּ, עַל- יְדֵי הָרְחִיפָה שֶׁל הַצִּפֳּרִים הֵם מַבְעִירִים וּמַלְהִיבִים הָאֵשׁ וְגַם עַל-יְדֵי-זֶה בְּעַצְמוֹ הֵם מְכַבִּים הָאֵשׁ שֶׁלֹּא יִתְלַהֵב יוֹתֵר מִדַּי וְהֵם מַלְהִיבִים הָאֵשׁ כְּפִי הַמַּאֲכָלִים; שֶׁלְּצֹרֶךְ מַאֲכָל פְּלוֹנִי צְרִיכִים לְהַלְהִיב הָאֵשׁ כָּךְ, וּלְצֹרֶךְ מַאֲכָל אַחֵר צְרִיכִים לְהַלְהִיב הָאֵשׁ כָּךְ-הַכֹּל כְּפִי הַמַּאֲכָל, כֵּן הֵם מַלְהִיבִים אֶת הָאֵשׁ [כָּל זֶה הוּא דִּבְרֵי הַמֶּלֶךְ אֶל הַגִּבּוֹר] בְּכֵן תּוֹלִיךְ אוֹתָם [הַיְנוּ אֶת אֵלּוּ הָאֲנָשִׁים הַנַּ"ל שֶׁנָּפְלוּ בַּעֲבוֹדָה זָרָה שֶׁל מָמוֹן, שֶׁהֵם הָאֱלֹקוּת שֶׁל הַמְּדִינָה שֶׁל עֲשִׁירוּת הַנַּ"ל, שֶׁהָלְכוּ עִמָּהֶם כַּנַּ"ל] תְּחִלָּה נֶגֶד הָרוּחַ, כְּדֵי שֶׁיַּגִּיעַ אֲלֵיהֶם רֵיחַ הַמַּאֲכָלִים הַנַּ"ל, אַחַר-כָּךְ, כְּשֶׁתִּתֵּן לָהֶם מִן הַמַּאֲכָלִים הַנַּ"ל, בְּוַדַּאי יַשְׁלִיכוּ תַּאֲוָה זוֹ שֶׁל מָמוֹן.

וְכֵן עָשָׂה הַגִּבּוֹר, וְלָקַח אֶת הָאֲנָשִׁים הַנַּ"ל, דְּהַיְנוּ גְּדוֹלֵי הַמְּדִינָה שֶׁל עֲשִׁירוּת, שֶׁהֵם אֱלֹקוּת בִּמְדִינָתָם, כַּנַּ"ל, כִּי אֵלּוּ

הָאֱלקוּת הָיוּ בְּכָאן, כִּי בָּאוּ עִם הַמְמֻנֶּה עַל הָאוֹצָרוֹת לְכָאן, כְּכָל הַמְבֹאָר לְמַעְלָה וּכְשֶׁיָּצְאוּ מִמְּדִינָתָם עִם הַמְמֻנֶּה כַּנַּ"ל, נָתְנוּ לָהֶם בְּנֵי הַמְּדִינָה כֹּחַ וְהַרְשָׁאָה, שֶׁכָּל מַה שֶּׁיַּעֲשׂוּ אֵלּוּ הַשְּׁלוּחִים, יִהְיֶה עָשׂוּי וְכָל בְּנֵי הַמְּדִינָה מֻכְרָחִים לְהִתְרַצּוֹת לְכָל מַה שֶּׁיַּעֲשׂוּ אֵלּוּ הַשְּׁלוּחִים, [שֶׁהֵם גְּדוֹלֵי הַמְּדִינָה אֱלקוּת שֶׁלָּהֶם] וְלֹא יוּכְלוּ לְשַׁנּוֹת וְלָקַח הַגִּבּוֹר אֶת אֵלּוּ הָאֲנָשִׁים, שֶׁהֵם נִקְרָאִים אֱלקוּת בִּמְדִינָתָם מֵחֲמַת עָשְׁרָם כַּנַּ"ל, וְהוֹלִיךְ אוֹתָם בַּדֶּרֶךְ הַנַּ"ל, וְהֵבִיא אוֹתָם עַד הַקֶּעֶךְ שֶׁל הַמַּאֲכָלִים הַנַּ"ל וּבִתְחִלָּה הוֹלִיךְ אוֹתָם כְּנֶגֶד הָרוּחַ, וְהִגִּיעַ לָהֶם הָרֵיחַ שֶׁל הַמַּאֲכָלִים, וְהִתְחִילוּ לְבַקֵּשׁ מְאֹד, שֶׁיִּתֵּן לָהֶם מֵהַמַּאֲכָלִים הַטּוֹבִים הַלָּלוּ אַחַר-כָּךְ הוֹלִיךְ אוֹתָם מִכְּנֶגֶד הָרוּחַ, וְהִתְחִילוּ לִצְעֹק שֶׁיֵּשׁ סִרְחָה גְּדוֹלָה, חָזַר וְהֵבִיא אוֹתָם כְּנֶגֶד הָרוּחַ, וְשׁוּב הִגִּיעַ לָהֶם הָרֵיחַ הַטּוֹב שֶׁל הַמַּאֲכָלִים, וְחָזְרוּ וּבִקְּשׁוּ אוֹתוֹ, שֶׁיִּתֵּן לָהֶם מִן הַמַּאֲכָלִים חָזַר וְהוֹלִיךְ אוֹתָם מִכְּנֶגֶד הָרוּחַ, וְחָזְרוּ וְצָעֲקוּ, שֶׁיֵּשׁ סִרְחָה גְּדוֹלָה מְאֹד עָנָה וְאָמַר לָהֶם הַגִּבּוֹר לְהָאֲנָשִׁים הַנַּ"ל: הֲלֹא אַתֶּם רוֹאִים, שֶׁאֵין כָּאן שׁוּם דָּבָר שֶׁיַּסְרִיחַ, בְּהֶכְרֵחַ צְרִיכִים לוֹמַר בְּוַדַּאי שֶׁאַתֶּם בְּעַצְמְכֶם מַסְרִיחִים, כִּי בְּכָאן אֵין שׁוּם דָּבָר שֶׁיַּסְרִיחַ אַחַר-כָּךְ נָתַן לָהֶם מִן הַמַּאֲכָלִים הַנַּ"ל וְתֵכֶף כְּשֶׁאָכְלוּ מֵאֵלּוּ הַמַּאֲכָלִים, הִתְחִילוּ תֵּכֶף לְהַשְׁלִיךְ וְלִזְרֹק מֵהֶם אֶת כַּסְפָּם וּזְהָבָם, וְכָל אֶחָד חָפַר לְעַצְמוֹ חֲפִירָה וְקֶבֶר, וְקָבַר אֶת עַצְמוֹ בְּתוֹךְ הַחֲפִירָה מֵחֲמַת גֹּדֶל הַבּוּשָׁה, שֶׁנִּתְבַּיְּשׁוּ עַל-יְדֵי שֶׁהִרְגִּישׁוּ גֹּדֶל הַסִּרְחוֹן שֶׁל הַמָּמוֹן [שֶׁהוּא מַסְרִיחַ כְּמוֹ צוֹאָה מַמָּשׁ] מֵחֲמַת שֶׁטָּעֲמוּ מִן הַמַּאֲכָלִים הַנַּ"ל, וְקָרְעוּ אֶת פְּנֵיהֶם, וְקָבְרוּ אֶת עַצְמָן, וְלֹא הָיוּ יְכוֹלִים לְהָרִים פְּנֵיהֶם כְּלָל וְנִתְבַּיֵּשׁ אֶחָד מֵחֲבֵרוֹ, כִּי שָׁם בְּאוֹתוֹ הַמָּקוֹם, הַמָּמוֹן הוּא הַבּוּשָׁה הַגְּדוֹלָה מִכָּל הַבּוּשׁוֹת, וּמִי שֶׁרוֹצֶה לְדַבֵּר דִּבְרֵי בִּזּוּי לַחֲבֵרוֹ, הוּא אוֹמֵר לוֹ שֶׁיֵּשׁ לוֹ מָמוֹן, כִּי מָמוֹן הוּא בּוּשָׁה גְּדוֹלָה מְאֹד שָׁם, וְכָל מִי שֶׁיֵּשׁ לוֹ יוֹתֵר מָמוֹן -מִתְבַּיֵּשׁ יוֹתֵר עַל-כֵּן קָבְרוּ אֶת עַצְמָן מִגֹּדֶל הַבּוּשָׁה, וְכָל-אֶחָד לֹא הָיָה יָכוֹל לְהָרִים פָּנָיו אֲפִלּוּ בִּפְנֵי חֲבֵרוֹ, מִכָּל-שֶׁכֵּן בִּפְנֵי הַגִּבּוֹר הַנַּ"ל וְכָל מִי שֶׁהָיָה מוֹצֵא אֶצְלוֹ עוֹד אֵיזֶה דִּינָר אוֹ גָּדוֹל, הָיָה

מְבָעֵר אוֹתוֹ מִיָּד וּמַשְׁלִיכוֹ מִמֶּנּוּ לְמֵרָחוֹק בְּחִפָּזוֹן גָּדוֹל.

אַחַר-כָּךְ בָּא אֲלֵיהֶם הַגִּבּוֹר, וְהוֹצִיא אוֹתָם [מִן הַחֲפִירוֹת וְהַקְּבָרִים הַנַּ"ל] וְאָמַר לָהֶם: בּוֹאוּ עִמִּי! כִּי עַתָּה אֵינְכֶם צְרִיכִים לְהִתְיָרֵא עוֹד מִן הַגִּבּוֹר, [שֶׁהָיוּ כָּל בְּנֵי הַמְּדִינָה שֶׁל עֲשִׁירוּת מִתְיָרְאִים מִמֶּנּוּ כַּנַּ"ל] כִּי אֲנִי אֲנִי הוּא הַגִּבּוֹר [כַּנַּ"ל] וּבִקְּשׁוּ מִן הַגִּבּוֹר שֶׁיִּתֵּן לָהֶם מִן הַמַּאֲכָלִים הַלָּלוּ, כְּדֵי לְהוֹלִיךְ לִמְדִינָתָם כִּי הֵם בְּוַדַּאי יִהְיוּ מְמָאֲסִים מְאֹד בְּמָמוֹן, אַךְ רָצוּ שֶׁגַּם כָּל בְּנֵי הַמְּדִינָה יֵצְאוּ מִתַּאֲוָה זוֹ שֶׁל מָמוֹן וְנָתַן לָהֶם מֵאֵלּוּ הַמַּאֲכָלִים, וְהוֹלִיכוּ אֶל הַמְּדִינָה שֶׁלָּהֶם, וְתֵכֶף כְּשֶׁנָּתְנוּ לָהֶם מֵאֵלּוּ הַמַּאֲכָלִים-הִתְחִילוּ תֵּכֶף לְהַשְׁלִיךְ אֶת כַּסְפָּם וּזְהָבָם כַּנַּ"ל, וְטָמְנוּ עַצְמָן בִּמְחִלּוֹת עָפָר מִגֹּדֶל הַבּוּשָׁה וְהָעֲשִׁירִים הַגְּדוֹלִים וְהָאֱלֹקוּת הַנַּ"ל, נִתְבַּיְּשׁוּ בְּיוֹתֵר וְגַם הַקְּטַנִּים שֶׁהָיוּ נִקְרָאִים אֶצְלָם "חַיּוֹת רָעוֹת" כַּנַּ"ל, נִתְבַּיְּשׁוּ בְּעַצְמָן גַּם- כֵּן, עַל שֶׁהָיוּ עַד הֵנָּה קְטַנִּים בְּעֵינֵי עַצְמָן מֵחֲמַת שֶׁאֵין לָהֶם מָמוֹן כִּי עַתָּה נִתְגַּלָּה שֶׁאַדְּרַבָּא, הַמָּמוֹן הוּא עִקַּר הַבּוּשָׁה כִּי אֵלּוּ הַמַּאֲכָלִים הַנַּ"ל יֵשׁ לָהֶם סְגֻלָּה זוֹ-שֶׁמִּי שֶׁאוֹכֵל מֵהֶם מְמָאֵס בְּמָמוֹן מְאֹד כִּי מַרְגִּישׁ סִרְחוֹן הַמָּמוֹן כְּמוֹ צוֹאָה וְטִנּוּף מַמָּשׁ וַאֲזַי הִשְׁלִיכוּ אֱלִילֵי כַּסְפָּם וֶאֱלִילֵי זְהָבָם וְאַחַר-כָּךְ שָׁלְחוּ לְשָׁם אֶת הַבַּעַל תְּפִלָּה הַנַּ"ל, וְנָתַן לָהֶם תְּשׁוּבוֹת וְתִקּוּנִים, וְטִהֵר אוֹתָם וְהַמֶּלֶךְ הַנַּ"ל מָלַךְ בְּכִפָּה וְכָל הָעוֹלָם שָׁבוּ אֶל הַשֵּׁם יִתְבָּרַךְ, וְעָסְקוּ רַק בְּתוֹרָה וּתְפִלָּה וּתְשׁוּבָה וּמַעֲשִׂים טוֹבִים אָמֵן כֵּן יְהִי רָצוֹן בָּרוּךְ ה' לְעוֹלָם אָמֵן וְאָמֵן.

מְבֹאָר בַּפָּסוּק שֶׁיֵּשׁ לְהַקָּדוֹשׁ בָּרוּךְ הוּא תַּנּוּר בְּמָקוֹם זֶה וְהָאֵשׁ הוּא שָׁם בְּמָקוֹם אַחֵר רָחוֹק מִן הַתַּנּוּר כְּמוֹ שֶׁכָּתוּב [יְשַׁעְיָה ל"א]: "נְאֻם ה' אֲשֶׁר אוּר לוֹ בְּצִיּוֹן וְתַנּוּר לוֹ בִּירוּשָׁלָיִם": וְעַיֵּן שָׁם כָּל הַקַּפִּיטְל הַנַּ"ל שֶׁמְּדַבֵּר מֵעִנְיַן כָּל הַמַּעֲשֶׂה הַנַּ"ל "הוֹי הַיֹּרְדִים מִצְרַיִם לְעֶזְרָה וְעַל סוּסִים יִשָּׁעֵנוּ וּמִצְרַיִם אָדָם וְלֹא אֵל וְסוּסֵיהֶם בָּשָׂר וְלֹא רוּחַ": הַיְנוּ בְּחִינַת הַמְּדִינָה שֶׁסָּמְכוּ עָלֶיהָ הַמְּדִינָה שֶׁל עֲשִׁירוּת שֶׁהֵם יוֹשִׁיעוּ אוֹתָם כִּי לְפִי טָעוּתָם סָבְרוּ שֶׁהֵם כֻּלָּם אֱלֹקוּת וְסוּסֵיהֶם הֵם מַלְאָכִים כַּמְבֹאָר לְעֵיל בְּתוֹךְ הַמַּעֲשֶׂה עַיֵּן שָׁם

וְזֶה שֶׁסִּיֵּם הַפָּסוּק: "וּמִצְרַיִם אָדָם וְלֹא אֵל וְסוּסֵיהֶם בָּשָׂר" וְכוּ' וְהָבֵן:

"**וַה'** יַטֶּה יָדוֹ וְכָשַׁל עוֹזֵר וְנָפַל עָזֻר וְיַחְדָּו כֻּלָּם יִכְלָיוּן" הַיְנוּ בְּחִינַת הַיָּד הַנַּ"ל: כִּי עַל הַיָּד רָאוּ שֶׁשְּׁנֵיהֶם יִהְיוּ נִכְלִין, הָעוֹזֵר וְהֶעָזוּר כַּנַּ"ל "כַּאֲשֶׁר יֶהְגֶּה הָאַרְיֵה וְהַכְּפִיר עַל טַרְפּוֹ אֲשֶׁר יִקָּרֵא עָלָיו מְלֹא רֹעִים" וְכוּ': "כְּצִפֳּרִים עָפוֹת" וְכוּ': הַיְנוּ בְּחִינַת הָאַרְיֵה הַנַּ"ל וְהַצִּפֳּרִים הַנַּ"ל עַיֵּן הֵיטֵב לְעֵיל בְּתוֹךְ הַמַּעֲשֶׂה וְהָבֵן: "כִּי בַּיּוֹם הַהוּא יִמְאָסוּן אִישׁ אֱלִילֵי כַסְפּוֹ וֶאֱלִילֵי זְהָבוֹ" וְכוּ' "וְנָפַל אַשּׁוּר בְּחֶרֶב לֹא אִישׁ וְכוּ' וְנָס לוֹ מִפְּנֵי חֶרֶב וְכוּ' וְסַלְעוֹ מִמָּגוֹר יַעֲבוֹר": זֶה בְּחִינַת הַשְּׁלֹשָׁה כִּתּוֹת שֶׁל הַחֶרֶב הַנַּ"ל וְנָפַל וְנָס זֶה בְּחִינַת שְׁנֵי הַכִּתּוֹת הַנַּ"ל "וְסַלְעוֹ מִמָּגוֹר יַעֲבֹר" זֶה בְּחִינַת חֳלִי הַדֶּאר הַנַּ"ל שֶׁחוֹלֵף וְעוֹבֵר חָזְקוֹ וְכֹחוֹ מִמֶּנּוּ כִּי סַלְעוֹ פֵּרוּשׁוֹ חָזְקוֹ [וְזֶה בְּחִינַת כֹּחַ הַשְּׁלִישִׁי שֶׁל הַחֶרֶב הַנַּ"ל] עַיֵּן הֵיטֵב: וְהָבֵן: אַחַר כָּל זֶה סִיֵּם הַפָּסוּק: "נְאֻם ה' אֲשֶׁר אוּר לוֹ בְּצִיּוֹן וְתַנּוּר לוֹ בִּירוּשָׁלָיִם" הַיְנוּ הַתַּנּוּר וְהָאֵשׁ הַנַּ"ל כַּנַּ"ל: רְאֵה וְהַבֵּט וְהָבֵן כִּי בְּהַקַּפִּיטְל הַזֶּה מְבֹאָר כָּל הַמַּעֲשֶׂה הַנַּ"ל [כָּל זֶה דִּבְרֵי רַבֵּנוּ זִכְרוֹנוֹ לִבְרָכָה]: וְכָךְ אָמַר רַבֵּנוּ זִכְרוֹנוֹ לִבְרָכָה בְּפֵרוּשׁ שֶׁכָּל הַמַּעֲשֶׂה כֻּלָּהּ מֵרֹאשׁ וְעַד סוֹף הִיא רְמוּזָה כֻּלָּהּ בְּתוֹךְ הַקַּפִּיטְל הַנַּ"ל [הַיְנוּ יְשַׁעְיָה ל"א] וְאָמַר שֶׁכָּל הַדְּבָרִים שֶׁל הַמַּעֲשֶׂה הַנַּ"ל כֻּלָּם יְכוֹלִים לִמְצֹא בַּמִּקְרָאוֹת וְכַיּוֹצֵא [כְּגוֹן "וְטִמֵּאתֶם אֶת צִפּוּי פְּסִילֵי כַסְפֶּךָ וְאֶת אֲפֻדַּת מַסֵּכַת זְהָבֶךָ תִּזְרֵם כְּמוֹ דָוָה צֵא תֹּאמַר לוֹ" [יְשַׁעְיָה למ"ד] וּכְמוֹ שֶׁכָּתוּב [יְשַׁעְיָה ב]: "בַּיּוֹם הַהוּא יַשְׁלִיךְ הָאָדָם אֶת אֱלִילֵי כַסְפּוֹ וְאֵת אֱלִילֵי זְהָבוֹ וְכוּ' לַחְפֹּר פֵּרוֹת וְכוּ' לָבוֹא בְּנִקְרוֹת הַצֻּרִים" וְכוּ' הַיְנוּ שֶׁיַּשְׁלִיכוּ תַּאֲוַת מָמוֹן שֶׁהִיא עֲבוֹדָה זָרָה מַמָּשׁ וְיַטְמִינוּ עַצְמָן בַּחֲפִירוֹת וְכוּ' כַּמְבֹאָר בַּמַּעֲשֶׂה הַנַּ"ל כִּי הַמָּמוֹן הוּא מַסְרִיחַ כְּמוֹ צוֹאָה מַמָּשׁ כְּמוֹ שֶׁכָּתוּב: "תִּזְרֵם כְּמוֹ דָוָה צֵא תֹּאמַר לוֹ" וְכֵן כַּיּוֹצֵא בָּזֶה יְכוֹלִים לִמְצֹא כָּל דִּבְרֵי הַמַּעֲשֶׂה הַנַּ"ל בַּמִּקְרָאוֹת וְכַיּוֹצֵא].

אֲבָל עִקַּר הַמַּעֲשֶׂה כֻּלָּהּ נֶאֶמְרָה עַל קַפִּיטְל הַנַּ"ל כִּי שָׁם הִיא מְבֹאֶרֶת וּמְרֻמֶּזֶת כֻּלָּהּ אֲבָל אֵין אִתָּנוּ יוֹדֵעַ עַד מָה כִּי אִם מַה

שֶׁגִּלָּה לָנוּ בְּפֵרוּשׁ [הַיְנוּ כָּל הַמְבֹאָר לְעֵיל] אֲבָל שְׁאָר עִנְיְנֵי הַמַּעֲשֶׂה לֹא זָכִינוּ לְהַשִּׂיג אֵיךְ הִיא מְרֻמֶּזֶת בַּקַּפִּיטְל הַנַּ"ל אֲבָל אָמַר בְּפֵרוּשׁ שֶׁכָּל הַמַּעֲשֶׂה כֻּלָּהּ מְרֻמֶּזֶת שָׁם סֵדֶר הַמֶּלֶךְ עִם אֲנָשָׁיו הַנַּ"ל הוּא כָּךְ הַבַּעַל תְּפִלָּה עִם הַגִּבּוֹר: הַמְמֻנֶּה עַל הָאוֹצָרוֹת וְהֶחָכָם: הַמֵּלִיץ וְהָאוֹהֵב נֶאֱמָן: הַבַּת מַלְכָּה עִם בְּנָהּ: הַמֶּלֶךְ וְהַמַּלְכָּה: כָּךְ הוּא הַסִּדּוּר שֶׁלָּהֶם: וְהֵם בְּחִינַת עוֹלַם הַתִּקּוּן: וְהֵם עֲשָׂרָה דְּבָרִים וְלֹא נֶחְשְׁבוּ כַּסֵּדֶר: הַיְנוּ שֶׁלֹּא נֶחְשְׁבוּ [אֵלּוּ הָעֲשָׂרָה הַנַּ"ל] כְּפִי הַסֵּדֶר הַמְבֹאָר בְּסִפְרֵי קַבָּלָה: אֲבָל יֵשׁ דְּבָרִים בְּגוֹ: גַּם מְבֹאָר בַּסְּפָרִים שֶׁכְּשֶׁהַשְׁפָּעַת מִדָּה אַחַת עוֹבֶרֶת דֶּרֶךְ מִדָּה אַחֶרֶת שֶׁכְּשֶׁמִּתְעַכֶּבֶת שָׁם זֹאת הַהַשְׁפָּעָה אֲזַי נִקְרֵאת עַל שֵׁם אוֹתָהּ הַמִּדָּה הַיְנוּ שֶׁהַמִּדָּה שֶׁשָּׁם מִתְעַכֶּבֶת הַהַשְׁפָּעָה שֶׁל מִדָּה אַחֶרֶת שֶׁעוֹבֶרֶת דֶּרֶךְ שָׁם הִיא נִקְרֵאת עַל שֵׁם אוֹתָהּ הַמִּדָּה שֶׁבָּא מִמֶּנָּה הַהַשְׁפָּעָה וּבִשְׁבִיל זֶה נִשְׁתַּנָּה כָּאן הַסֵּדֶר וְגַם יֵשׁ עוֹד כַּמָּה עִנְיָנִים בָּזֶה הַמְבֹאָרִים לְהַבְּקִיאִים הֵיטֵב בַּסְּפָרִים כָּל זֶה אָמַר רַבֵּנוּ זִכְרוֹנוֹ לִבְרָכָה בְּפֵרוּשׁ: גַּם הֵבַנְתִּי מִדְּבָרָיו שֶׁמְּרֻמָּז בְּזֹאת הַמַּעֲשֶׂה מִיתַת הַמְּלָכִים וְתִקּוּנָם וּבֵין בִּבְחִינַת הַחֻרְבָּן וּבֵין בִּבְחִינַת הַתִּקּוּן לֹא נֶאֶמְרוּ כַּסֵּדֶר הָעֶשֶׂר בְּחִינוֹת הַנַּ"ל מֵחֲמַת הַטְּעָמִים וְעִנְיָנִים הַנַּ"ל.

וַעֲדַיִן הַדְּבָרִים סְתוּמִים וַחֲתוּמִים כִּי סוֹד הַמַּעֲשֶׂה לֹא גִּלָּה כְּלָל רַק הֵאִיר עֵינֵינוּ בִּפְסוּקִים וְעִנְיָנִים הַנַּ"ל כְּדֵי שֶׁנֵּדַע שֶׁיֵּשׁ בְּהַמַּעֲשֶׂה סוֹדוֹת נִסְתָּרִים גְּדוֹלִים וְנוֹרָאִים מְאֹד: וְאֵין אִתָּנוּ יוֹדֵעַ עַד מָה אַשְׁרֵי מִי שֶׁיִּזְכֶּה לְהָבִין קְצָת סוֹדוֹת הַמַּעֲשִׂיּוֹת הַלָּלוּ הַמְבֹאָרִים בְּזֶה הַסֵּפֶר כִּי כֻּלָּם הֵם חִדּוּשִׁים נִפְלָאִים וְנוֹרָאִים מְאֹד מְאֹד עָמֹק עָמֹק מִי יִמְצָאֶנּוּ: מַה נֹּאמַר מַה נְּדַבֵּר מִי שָׁמַע כָּזֹאת מִי רָאָה כָּאֵלֶּה.

סיפּוּרי מוּעשׂיוֹת מעשה י"ג מוֹהר"ן

מעשה י"ג משבעה קבצנים

אֲסַפֵּר לָכֶם אֵיךְ הָיוּ שְׂמֵחִים, מַעֲשֶׂה פַּעַם אַחַת הָיָה מֶלֶךְ, וְהָיָה לוֹ בֵּן יָחִיד וְרָצָה הַמֶּלֶךְ לִמְסֹר הַמְּלוּכָה לִבְנוֹ בְּחַיָּיו וְעָשָׂה מִשְׁתֶּה גָּדוֹל [שֶׁקּוֹרִין בַּאל] וּבְוַדַּאי בְּכָל פַּעַם שֶׁהַמֶּלֶךְ עוֹשֶׂה בַּאל הוּא שִׂמְחָה גְּדוֹלָה מְאֹד, בִּפְרָט עַתָּה, שֶׁמָּסַר הַמְּלוּכָה לִבְנוֹ בְּחַיָּיו, בְּוַדַּאי הָיָה שִׂמְחָה גְּדוֹלָה מְאֹד וְהָיוּ שָׁם כָּל הַשָּׂרֵי מְלוּכָה, וְכָל הַדֻּכָּסִים וְהַשָּׂרִים, וְהָיוּ שְׂמֵחִים מְאֹד עַל הַמִּשְׁתֶּה וְגַם הַמְּדִינָה הָיוּ נֶהֱנִים מִזֶּה שֶׁמּוֹסֵר הַמְּלוּכָה לִבְנוֹ בְּחַיָּיו, כִּי הוּא כָּבוֹד גָּדוֹל לַמֶּלֶךְ וְהָיָה שָׁם שִׂמְחָה גְּדוֹלָה מְאֹד וְהָיָה שָׁם כָּל מִינֵי שִׂמְחָה: קַאפֶּעלְיֶישׁ [מקהלות זמר] וְקָאמֶעדְיֶישׁ [משחקי הצגות] וְכַיּוֹצֵא מִזֶּה, כָּל מִינֵי שִׂמְחָה, הַכֹּל הָיָה שָׁם עַל הַמִּשְׁתֶּה וּכְשֶׁנַּעֲשׂוּ שְׂמֵחִים מְאֹד עָמַד הַמֶּלֶךְ וְאָמַר לִבְנוֹ: הֱיוֹת שֶׁאֲנִי חוֹזֶה בַּכּוֹכָבִים, וַאֲנִי רוֹאֶה שֶׁאַתָּה עָתִיד לֵירֵד מִן הַמְּלוּכָה, בְּכֵן תִּרְאֶה שֶׁלֹּא יִהְיֶה לְךָ עַצְבוּת כְּשֶׁתֵּרֵד מִן הַמְּלוּכָה רַק תִּהְיֶה בְּשִׂמְחָה וּכְשֶׁתִּהְיֶה בְּשִׂמְחָה- גַּם אֲנִי אֶהְיֶה בְּשִׂמְחָה גַּם כְּשֶׁיִּהְיֶה לְךָ עַצְבוּת, אַף עַל-פִּי כֵן אֲנִי אֶהְיֶה בְּשִׂמְחָה עַל שֶׁאֵין אַתָּה מֶלֶךְ כִּי אֵינְךָ רָאוּי לִמְלוּכָה, מֵאַחַר שֶׁאֵינְךָ יָכוֹל לְהַחֲזִיק עַצְמְךָ בְּשִׂמְחָה כְּשֶׁאַתָּה יוֹרֵד מִן הַמְּלוּכָה אֲבָל כְּשֶׁתִּהְיֶה בְּשִׂמְחָה- אֲזַי אֶהְיֶה בְּשִׂמְחָה יְתֵרָה מְאֹד וְקִבֵּל הַבֵּן מֶלֶךְ אֶת הַמְּלוּכָה בְּיָד רָמָה וְעָשָׂה לוֹ שָׂרֵי מְלוּכָה, וְדֻכָּסִים וְשָׂרִים וָחַיִל וְזֶה הַבֵּן מֶלֶךְ הָיָה חָכָם, וְהָיָה אוֹהֵב חָכְמָה מְאֹד וְהָיוּ אֶצְלוֹ חֲכָמִים גְּדוֹלִים וְכָל מִי שֶׁהָיָה בָּא אֶצְלוֹ עִם אֵיזֶה דְּבַר חָכְמָה-הָיָה אֶצְלוֹ בַּחֲשִׁיבוּת גָּדוֹל מְאֹד וְהָיָה נוֹתֵן לָהֶם כָּבוֹד וַעֲשִׁירוּת בִּשְׁבִיל הַחָכְמָה, לְכָל אֶחָד כְּפִי רְצוֹנוֹ מִי שֶׁהָיָה רוֹצֶה מָמוֹן-הָיָה נוֹתֵן לוֹ מָמוֹן, וּמִי שֶׁהָיָה רוֹצֶה כָּבוֹד-הָיָה נוֹתֵן לוֹ כָּבוֹד, הַכֹּל בִּשְׁבִיל הַחָכְמָה וּמֵחֲמַת שֶׁהָיָה חָשׁוּב אֶצְלוֹ הַחָכְמָה כָּל-כָּךְ, הָיוּ כֻּלָּם לוֹקְחִין עַצְמָן אֶל הַחָכְמָה, וְעָסְקוּ כָּל הַמְּדִינָה בְּחָכְמוֹת כִּי זֶה הָיָה רוֹצֶה מָמוֹן, כְּדֵי שֶׁיְּקַבֵּל מָמוֹן עַל-יְדֵי זֶה וְזֶה הָיָה רוֹצֶה חֲשִׁיבוּת וְכָבוֹד וּמֵחֲמַת שֶׁכֻּלָּם עָסְקוּ רַק

בְּחָכְמוֹת עַל-כֵּן שָׁכְחוּ שָׁם בְּאוֹתָהּ הַמְּדִינָה טַכְסִיסֵי מִלְחָמָה, כִּי הָיוּ כֻּלָּם עוֹסְקִין בְּחָכְמוֹת עַד שֶׁהָיוּ כָּל בְּנֵי הַמְּדִינָה חֲכָמִים גְּדוֹלִים עַד שֶׁהַקָּטָן שֶׁבְּאוֹתָהּ הַמְּדִינָה-הָיָה בִּמְדִינָה אַחֶרֶת חָכָם גָּדוֹל מִכֻּלָּם וְהַחֲכָמִים שֶׁבְּאוֹתָהּ הַמְּדִינָה הָיוּ חֲכָמִים מֻפְלָגִים גְּדוֹלִים מְאֹד וּמֵחֲמַת הַחָכְמוֹת נִתְפַּקְּרוּ הַחֲכָמִים שֶׁל אוֹתָהּ הַמְּדִינָה וּמָשְׁכוּ גַּם אֶת הַבֶּן מֶלֶךְ הַנַּ"ל לְדַעְתָּם, וְנִתְפַּקֵּר גַּם-כֵּן וּשְׁאָר בְּנֵי הַמְּדִינָה לֹא נִתְפַּקְּרוּ מֵחֲמַת שֶׁהָיָה עֲמִקּוּת וְדַקּוּת גָּדוֹל בְּאוֹתָהּ הַחָכְמָה שֶׁל הַחֲכָמִים הַנַּ"ל, עַל-כֵּן לֹא יָכְלוּ שְׁאָר בְּנֵי הַמְּדִינָה לִכְנֹס בְּאוֹתָהּ הַחָכְמָה, וְלֹא הִזִּיק לָהֶם אֲבָל הַחֲכָמִים וְהַבֶּן מֶלֶךְ-נִתְפַּקְּרוּ כַּנַּ"ל

וְהַבֶּן מֶלֶךְ, מֵחֲמַת שֶׁהָיָה בּוֹ טוֹב כִּי נוֹלַד עִם טוֹב, וְהָיוּ לוֹ מִדּוֹת טוֹבוֹת וִישָׁרוֹת, הָיָה נִזְכָּר לִפְעָמִים: הֵיכָן הוּא בָּעוֹלָם, וּמַה הוּא עוֹשֶׂה וְכוּ' וְהָיָה גּוֹנֵחַ וּמִתְאַנֵּחַ עַל זֶה עַל שֶׁנָּפַל לִמְבוּכוֹת כָּאֵלּוּ וְנִתְעָה כָּל-כָּךְ וְהָיָה מִתְאַנֵּחַ מְאֹד אֲבָל תֵּכֶף כְּשֶׁהָיָה מַתְחִיל לְהִשְׁתַּמֵּשׁ עִם הַשֵּׂכֶל-חָזַר וְנִתְחַזֵּק אֶצְלוֹ הַחָכְמוֹת שֶׁל אֶפִּיקוֹרְסִית הַנַּ"ל וְכֵן הָיָה כַּמָּה פְּעָמִים שֶׁהָיָה נִזְכָּר כַּנַּ"ל וְהָיָה גּוֹנֵחַ וּמִתְאַנֵּחַ, וְתֵכֶף כְּשֶׁהִתְחִיל לְהִשְׁתַּמֵּשׁ עִם הַשֵּׂכֶל-חָזַר וְנִתְחַזֵּק אֶצְלוֹ הָאֶפִּיקוֹרְסוּת כַּנַּ"ל וַיְהִי הַיּוֹם וְהָיָה בְּרִיחָה בְּאֵיזֶה מְדִינָה, וּבָרְחוּ כֻּלָּם וּבְדֶרֶךְ בְּרִיחָתָם עָבְרוּ דֶּרֶךְ אֵיזֶה יַעַר וְאָבְדוּ שָׁם זָכָר וּנְקֵבָה: אֶחָד אִיבֵּד זָכָר וְאֶחָד אִיבֵּד נְקֵבָה וַעֲדַיִן הָיוּ בָּנִים קְטַנִּים, בְּנֵי אַרְבַּע וְחָמֵשׁ שָׁנִים וְלֹא הָיָה לָהֶם מַה לֶּאֱכֹל וְצָעֲקוּ וּבָכוּ, כִּי לֹא הָיָה לָהֶם מַה לֶּאֱכֹל בְּתוֹךְ כָּךְ בָּא אֶצְלָם בֶּעטְלֶיר [קבצן] אֶחָד עִם הַשַּׂקִּים שֶׁלּוֹ [שֶׁקּוֹרִין טָארְבֶּעס], שֶׁנּוֹשֵׂא בָּהֶם לֶחֶם וְהִתְחִילוּ אֵלּוּ הַבָּנִים לְהִתְקָרֵב אֵלָיו וְלִהְיוֹת כְּרוּכִים אַחֲרָיו וְנָתַן לָהֶם לֶחֶם לֶאֱכֹל, וְאָכְלוּ וְשָׁאַל אוֹתָם: מֵהֵיכָן בָּאתֶם לְכָאן? הֵשִׁיבוּ לוֹ: אֵין אָנוּ יוֹדְעִים, כִּי הָיוּ בָּנִים קְטַנִּים כַּנַּ"ל וְהִתְחִיל לֵילֵךְ מֵהֶם, וּבִקְּשׁוּ מִמֶּנּוּ שֶׁיִּקַּח אוֹתָם עִמּוֹ וְאָמַר לָהֶם: אֶת זֶה אֵינִי רוֹצֶה, שֶׁתֵּלְכוּ עִמִּי בְּתוֹךְ כָּךְ הִסְתַּכְּלוּ-וְהִנֵּה הוּא עִוֵּר וְהָיָה אֶצְלָם פֶּלֶא: מֵאַחַר שֶׁהוּא עִוֵּר, אֵיךְ יוֹדֵעַ לֵילֵךְ? [וּבֶאֱמֶת הוּא חִדּוּשׁ מַה שֶּׁהָיָה קָשֶׁה לָהֶם זֹאת כִּי עֲדַיִן

הָיוּ בָּנִים קְטַנִּים, רַק שֶׁהָיוּ בָּנִים חֲכָמִים, וְהָיָה פֶּלֶא אֶצְלָם כַּנַּ"ל] וּבֵרְכָם [זֶה הַבֶּעטְלֶיר הָעִוֵּר] שֶׁיִּהְיוּ כְּמוֹתוֹ, שֶׁיִּהְיוּ זְקֵנִים כְּמוֹתוֹ וְהִשְׁאִיר לָהֶם עוֹד לֶחֶם לֶאֱכֹל וְהָלַךְ לוֹ וְהֵבִינוּ אֵלּוּ הַבָּנִים כִּי הַשֵּׁם יִתְבָּרֵךְ הִשְׁגִּיחַ עֲלֵיהֶם, וְהִזְמִין לָהֶם בֶּעטְלֶיר עִוֵּר בְּכָאן לִתֵּן לָהֶם אכֶל אַחַר-כָּךְ כָּלָה אֶצְלָם הַלֶּחֶם, וְשׁוּב הִתְחִילוּ לִצְעֹק עֲבוּר אכֶל אַחַר-כָּךְ נַעֲשָׂה לַיְלָה וְלָנוּ שָׁם בַּבֹּקֶר גַּם-כֵּן לֹא הָיָה לָהֶם לֶאֱכֹל וְהָיוּ צוֹעֲקִים וּבוֹכִים וְחָזַר וּבָא בֶּעטְלֶיר שֶׁהָיָה חֵרֵשׁ וְהִתְחִילוּ לְדַבֵּר אֵלָיו, וְהֶרְאָה לָהֶם בְּיָדָיו, וְאָמַר לָהֶם שֶׁאֵינוֹ שׁוֹמֵעַ וְנָתַן לָהֶם גַּם-כֵּן לֶחֶם לֶאֱכֹל, וְהָלַךְ מֵהֶם וְרָצוּ גַּם- כֵּן שֶׁיִּקָּחֵם עִמּוֹ-וְלֹא רָצָה וּבֵרְכָם גַּם-כֵּן שֶׁיִּהְיוּ כְּמוֹתוֹ, וְהִשְׁאִיר גַּם-כֵּן לָהֶם לֶחֶם, וְהָלַךְ לוֹ.

וְחָזַר וְכָלָה הַלֶּחֶם אֶצְלָם, וְחָזְרוּ וְצָעֲקוּ כַּנַּ"ל וְחָזַר וּבָא אֶצְלָם בֶּעטְלֶיר שֶׁהָיָה כְּבַד פֶּה וְהִתְחִילוּ לְדַבֵּר עִמּוֹ וְהָיָה מְגַמְגֵּם בִּלְשׁוֹנוֹ, וְלֹא יָדְעוּ מַה הוּא אוֹמֵר וְהוּא הָיָה יוֹדֵעַ מַה הֵם מְדַבְּרִים, אַךְ הֵם לֹא יָדְעוּ מַה הוּא אוֹמֵר, כִּי הָיָה מְגַמְגֵּם בִּלְשׁוֹנוֹ כַּנַּ"ל וְנָתַן לָהֶם גַּם-כֵּן לֶחֶם לֶאֱכֹל, וְהָלַךְ לוֹ גַּם-כֵּן כַּנַּ"ל וּבֵרְכָם גַּם-כֵּן שֶׁיִּהְיוּ כְּמוֹתוֹ, וְהָלַךְ לוֹ הַכֹּל כַּנַּ"ל.

וְחָזַר וּבָא בֶּעטְלֶיר שֶׁהָיָה צַוָּארוֹ עָקֹם, וְהָיָה גַּם-כֵּן כַּנַּ"ל וְחָזַר וּבָא בֶּעטְלֶיר בַּעַל חֲטוֹטָרוֹת, [שֶׁקּוֹרִין הוֹיקֶער] [גִיבֶּנֶת], וְחָזַר וּבָא בֶּעטְלֶיר בְּלֹא יָדַיִם וְחָזַר וּבָא בֶּעטְלֶיר בְּלֹא רַגְלַיִם, וְכָל אֶחָד נָתַן לָהֶם לֶחֶם, וּבֵרְכָם שֶׁיִּהְיוּ כְּמוֹתוֹ, הַכֹּל כַּנַּ"ל.

אַחַר-כָּךְ חָזַר וְכָלָה הַלֶּחֶם אֶצְלָם וְהִתְחִילוּ לֵילֵךְ לְיִשׁוּב, עַד שֶׁבָּאוּ לְאֵיזֶה.

דֶּרֶךְ וְהָלְכוּ עַל אוֹתוֹ הַדֶּרֶךְ עַד שֶׁבָּאוּ לְאֵיזֶה כְּפָר וְנִכְנְסוּ אֵלּוּ הַבָּנִים בְּאֵיזֶה בַּיִת, וְהָיוּ מְרַחֲמִים עֲלֵיהֶם וְנָתְנוּ לָהֶם לֶחֶם וְחָזְרוּ וְנִכְנְסוּ בְּאֵיזֶה בַּיִת, וְנָתְנוּ לָהֶם גַּם-כֵּן, וְהָיוּ מַחֲזִירִים עַל הַפְּתָחִים וְרָאוּ שֶׁזֶּה טוֹב לִפְנֵיהֶם וְעָשׂוּ בֵּינֵיהֶם שֶׁיִּהְיוּ תָּמִיד בְּיַחַד וְעָשׂוּ לָהֶם שַׂקִּים [שֶׁקּוֹרִין טָארְבִּיס] גְּדוֹלוֹת, וְהָיוּ מַחֲזִירִים עַל הַפְּתָחִים, וְהָלְכוּ עַל כָּל הַשְּׂמָחוֹת: עַל סְעוּדַת בְּרִית מִילָה וְעַל חֲתֻנּוֹת, וְהָלְכוּ לָהֶם לְמָקוֹם אַחֵר

וְהָלְכוּ לָעֲיָרוֹת, וְהָיוּ מַחֲזִירִים עַל הַפְּתָחִים וְהָלְכוּ עַל הַיְרִידִים, וְיָשְׁבוּ בֵּין הַבֶּעטְלֶירְשׁ [קבצנים] כְּדֶרֶךְ שֶׁיּוֹשְׁבִים שָׁם עַל "הַפְּרִיזְבֶּיס" [אצטבאות -אבן] עִם הַטֶּעלֶיר [צלחת לאסיפת מטבעות] עַד שֶׁהָיוּ אֵלּוּ הַבָּנִים מְפֻרְסָמִים אֵצֶל כָּל הַבֶּעטְלֶירְשׁ כִּי כֻּלָּם הִכִּירוּ אוֹתָם, וְיָדְעוּ מֵהֶם שֶׁאֵלּוּ הֵם הַבָּנִים שֶׁנֶּאֶבְדוּ בַּיַּעַר כַּנַּ"ל פַּעַם אֶחָד הָיָה יָרִיד גָּדוֹל בְּאֵיזֶה עִיר גְּדוֹלָה וְהָלְכוּ לְשָׁם הַבֶּעטְלֶירְשׁ, וְאֵלּוּ הַבָּנִים הָלְכוּ גַּם-כֵּן לְשָׁם וּבָא עַל דַּעַת הַבֶּעטְלֶירְשׁ שֶׁיְּשַׁדְּכוּ אֶת אֵלּוּ שְׁנֵי הַבָּנִים, שֶׁיִּשְּׂאוּ זֶה אֶת זוֹ וְתֵכֶף שֶׁדִּבְּרוּ זֹאת קְצָת בֶּעטְלֶירְשׁ-הוּטַב הַדָּבָר מְאֹד בְּעֵינֵי כֻּלָּם, וְגָמְרוּ הַשִּׁדּוּךְ אֲבָל אֵיךְ עוֹשִׂין לָהֶם חֲתֻנָּה?! וְנִתְיַעֲצוּ בַּאֲשֶׁר שֶׁבְּיוֹם פְּלוֹנִי יִהְיֶה סְעוּדָה שֶׁל יוֹם הֻלֶּדֶת הַמֶּלֶךְ, [שֶׁקּוֹרִין מִינִינֶיס], וְיֵלְכוּ לְשָׁם כָּל הַבֶּעטְלֶירְשׁ וּמִמַּה שֶּׁיְּבַקְשׁוּ לְעַצְמָן שָׁם, בָּשָׂר וְלֶחֶם, מִזֶּה יַעֲשׂוּ חֲתֻנָּה וְכֵן הָיָה וְהָלְכוּ לְשָׁם עַל הַמִּינִינֶיס כָּל הַבֶּעטְלֶירְשׁ, וּבִקְשׁוּ לָהֶם לֶחֶם וּבָשָׂר, וְגַם קִבְּצוּ מַה שֶּׁנִּשְׁתַּיֵּר מִן הַסְּעוּדָה בָּשָׂר וְלֶחֶם [שֶׁקּוֹרִין קוֹלִיטְשׁ] [חלות גדולות מיוחדות לשמחות] וְהָלְכוּ וְחָפְרוּ בּוֹר גָּדוֹל שֶׁיִּהְיֶה מַחֲזִיק מֵאָה אֲנָשִׁים, וְכִסּוּ אוֹתוֹ עִם קָנִים וְעָפָר וְזֶבֶל וְנִכְנְסוּ לְשָׁם כֻּלָּם, וְעָשׂוּ שָׁם חֲתֻנָּה לְאֵלּוּ הַבָּנִים הַנַּ"ל, וְהִכְנִיסוּ אוֹתָם לַחֻפָּה וְהָיוּ שְׂמֵחִים שָׁם מְאֹד מְאֹד וְגַם הֶחָתָן וְהַכַּלָּה הָיוּ שְׂמֵחִים מְאֹד וְהִתְחִילוּ לִזְכֹּר הַחֲסָדִים שֶׁעָשָׂה עִמָּהֶם הַשֵּׁם יִתְבָּרֵךְ בִּהְיוֹתָם בַּיַּעַר וְהָיוּ בּוֹכִים וְהָיוּ מִתְגַּעְגְּעִים מְאֹד: אֵיךְ לוֹקְחִין לְכָאן אֶת הַבֶּעטְלֶיר הָרִאשׁוֹן הָעִוֵּר, שֶׁהֵבִיא לָנוּ לֶחֶם בַּיַּעַר? וְתֵכֶף וּמִיָּד בְּתוֹךְ שֶׁהָיוּ מִתְגַּעְגְּעִים מְאֹד אַחֲרֵי הַבֶּעטְלֶיר הָעִוֵּר, עָנָה וְאָמַר: הִנְנִי! הִנֵּה בָּאתִי אֶצְלְכֶם עַל הַחֲתֻנָּה וַאֲנִי נוֹתֵן לָכֶם מַתָּנָה לִדְרָשָׁה [שֶׁקּוֹרִין דְּרָשָׁה גִּישַׁאנְק], שֶׁתִּהְיוּ זְקֵנִים כָּמוֹנִי! כִּי בַּתְּחִלָּה בֵּרַכְתִּי אֶתְכֶם בָּזֶה, וְעַכְשָׁיו אֲנִי נוֹתֵן לָכֶם זֹאת בְּמַתָּנָה גְּמוּרָה לִדְרָשָׁה: שֶׁתִּחְיוּ חַיִּים אֲרֻכִּים כָּמוֹנִי וְאַתֶּם סְבוּרִים שֶׁאֲנִי עִוֵּר? אֵין אֲנִי עִוֵּר כְּלָל רַק שֶׁכָּל זְמַן הָעוֹלָם כֻּלּוֹ, אֵינוֹ עוֹלֶה אֶצְלִי כְּהֶרֶף עַיִן [וְעַל-כֵּן הוּא נִדְמֶה כְּעִוֵּר, כִּי אֵין לוֹ שׁוּם הִסְתַּכְּלוּת כְּלָל עַל הָעוֹלָם, מֵאַחַר שֶׁכָּל זְמַן הָעוֹלָם אֵינוֹ

עוֹלֶה אֶצְלוֹ כְּהֶרֶף עַיִן וְעַל-כֵּן אֵין שַׁיָּךְ אֶצְלוֹ הִסְתַּכְּלוּת וּרְאִיָּה בְּזֶה הָעוֹלָם כְּלָל] וַאֲנִי זָקֵן מְאֹד, וַעֲדַיִן אֲנִי יַנִּיק [צעיר מאוד] לְגַמְרֵי, [הַיְנוּ יוּנְג] וְלֹא הִתְחַלְתִּי עֲדַיִן לִחְיוֹת כְּלָל וְאַף עַל-פִּי כֵן אֲנִי זָקֵן מְאֹד וְלֹא אֲנִי בְּעַצְמִי אוֹמֵר זֹאת, רַק שֶׁיֵּשׁ לִי הַסְכָּמָה עַל זֶה מֵהַנֶּשֶׁר הַגָּדוֹל וַאֲסַפֵּר לָכֶם מַעֲשֶׂה: [כָּל זֶה הוּא דִּבְרֵי הָעִוֵּר הַנַּ"ל].

כִּי פַּעַם אַחַת הָלְכוּ אֲנָשִׁים בִּסְפִינוֹת הַרְבֵּה עַל הַיָּם וּבָא רוּחַ סְעָרָה וְשִׁבֵּר אֶת הַסְּפִינוֹת, וְהָאֲנָשִׁים נִצְּלוּ וּבָאוּ אֶל מִגְדָּל אֶחָד וְעָלוּ אֶל הַמִּגְדָּל, וּמָצְאוּ שָׁם כָּל הַמַּאֲכָלִים וּמַשְׁקָאוֹת וּמַלְבּוּשִׁים, וְכָל מַה שֶּׁצְּרִיכִים וְהָיָה שָׁם כָּל טוּב וְכָל הַתַּעֲנוּגִים שֶׁבָּעוֹלָם עָנוּ וְאָמְרוּ, שֶׁכָּל אֶחָד יְסַפֵּר מַעֲשֶׂה יְשָׁנָה מַה שֶּׁהוּא זוֹכֵר מִזִּכָּרוֹן הָרִאשׁוֹן הַיְנוּ מַה שֶּׁהוּא זוֹכֵר מֵעֵת שֶׁהִתְחִיל אֶצְלוֹ הַזִּכָּרוֹן וְהָיוּ שָׁם זְקֵנִים וּנְעָרִים וְהָיוּ מְכַבְּדִים אֶת הַזָּקֵן הַגָּדוֹל שֶׁבֵּינֵיהֶם שֶׁיְּסַפֵּר בַּתְּחִלָּה עָנָה וְאָמַר: מָה אֲסַפֵּר לָכֶם, "אֲנִי זוֹכֵר גַּם כְּשֶׁחָתְכוּ אֶת הַתַּפּוּחַ מִן הָעָנָף" וְלֹא יָדַע שׁוּם אֶחָד מַה הוּא אוֹמֵר אַךְ הָיוּ שָׁם חֲכָמִים, וְאָמְרוּ בְּוַדַּאי זֹאת הִיא מַעֲשֶׂה יְשָׁנָה מְאֹד, וְכִבְּדוּ אֶת הַשֵּׁנִי שֶׁיְּסַפֵּר.

עָנָה הַשֵּׁנִי שֶׁלֹּא הָיָה זָקֵן כְּמוֹ הָרִאשׁוֹן: זֹאת הִיא מַעֲשֶׂה יְשָׁנָה?! [בִּלְשׁוֹן תְּמִהַּ] זֹאת הַמַּעֲשֶׂה אֲנִי זוֹכֵר גַּם-כֵּן, אֲבָל אֲנִי זוֹכֵר גַּם- כֵּן "כְּשֶׁהָיָה הַנֵּר דּוֹלֵק" עָנוּ וְאָמְרוּ שָׁם: זֹאת הִיא מַעֲשֶׂה יְשָׁנָה בְּיוֹתֵר מֵהָרִאשׁוֹנָה וְהָיָה פֶּלֶא אֶצְלָם שֶׁזֶּה הַשֵּׁנִי, שֶׁהוּא יַנִּיק מֵהָרִאשׁוֹן, וְזוֹכֵר מַעֲשֶׂה יְשָׁנָה יוֹתֵר מֵהָרִאשׁוֹן וְכִבְּדוּ אֶת הַשְּׁלִישִׁי שֶׁיְּסַפֵּר.

עָנָה וְאָמַר הַשְּׁלִישִׁי, שֶׁהָיָה יַנִּיק יוֹתֵר: אֲנִי זוֹכֵר גַּם כְּשֶׁהִתְחִיל בִּנְיַן הַפְּרִי, דְּהַיְנוּ כְּשֶׁהִתְחִיל לְהִתְרַקֵּם הַפְּרִי עָנוּ וְאָמְרוּ: זֹאת הִיא מַעֲשֶׂה יְשָׁנָה בְּיוֹתֵר עָנָה הָרְבִיעִי, שֶׁהָיָה יַנִּיק עוֹד יוֹתֵר: אֲנִי זוֹכֵר גַּם "כְּשֶׁהוֹלִיכוּ הַגַּרְעִין לִנְטֹעַ הַפְּרִי" עָנָה הַחֲמִישִׁי, שֶׁהָיָה יַנִּיק עוֹד יוֹתֵר: אֲנִי זוֹכֵר גַּם "הַחֲכָמִים, שֶׁהֵם הָיוּ חוֹשְׁבִים וּמַמְצִיאִים אֶת הַגַּרְעִין" עָנָה הַשִּׁשִּׁי וְכוּ', שֶׁהוּא זוֹכֵר גַּם "אֶת הַטַּעַם שֶׁל הַפְּרִי קֹדֶם שֶׁנִּכְנַס הַטַּעַם בְּתוֹךְ הַפְּרִי" עָנָה הַשְּׁבִיעִי וְכוּ', וְאָמַר "שֶׁהוּא

זוֹכֵר גַּם אֶת הָרֵיחַ שֶׁל הַפְּרִי קֹדֶם שֶׁנִּכְנַס בַּפְּרִי" עָנָה הַשְּׁמִינִי וְאָמַר, שֶׁהוּא זוֹכֵר גַּם "הַמַּרְאֶה שֶׁל הַפְּרִי קֹדֶם שֶׁנִּמְשְׁכָה עַל הַפְּרִי" וַאֲנִי [הַיְנוּ זֶה הַבֶּעטְלֶיר הָעִוֵּר שֶׁמְּסַפֵּר כָּל זֶה] הָיִיתִי אָז תִּינוֹק לְגַמְרֵי, וְהָיִיתִי גַּם-כֵּן שָׁם וְעָנִיתִי וְאָמַרְתִּי לָהֶם: אֲנִי זוֹכֵר כָּל אֵלּוּ הַמַּעֲשִׂיּוֹת, וַאֲנִי זוֹכֵר "לָאו כְּלוּם"! [אוּן אִיךְ גֶידֶענְק גָאר נִישְׁט] עָנוּ וְאָמְרוּ: זֹאת הִיא מַעֲשֶׂה יְשָׁנָה מְאֹד, יוֹתֵר מִכֻּלָּם! וְהָיָה חִדּוּשׁ גָּדוֹל אֶצְלָם שֶׁהַתִּינוֹק זוֹכֵר יוֹתֵר מִכֻּלָּם.

בְּתוֹךְ כָּךְ בָּא נֶשֶׁר גָּדוֹל וְדָפַק עַל הַמִּגְדָּל, וְאָמַר לָהֶם: חִדְלוּ עוֹד מִלִּהְיוֹת עֲנִיִּים! שׁוּבוּ אֶל הָאוֹצָרוֹת שֶׁלָּכֶם, וְהָיוּ מִשְׁתַּמְּשִׁים בָּאוֹצָרוֹת שֶׁלָּכֶם וְאָמַר לָהֶם שֶׁיֵּצְאוּ מִן הַמִּגְדָּל כְּדֶרֶךְ זִקְנוּתָם, שֶׁכָּל מִי שֶׁזָּקֵן יוֹתֵר- יֵצֵא תְּחִלָּה וְהוֹצִיא כֻּלָּם מִן הַמִּגְדָּל וְהוֹצִיא תְּחִלָּה אֶת הַתִּינוֹק הַנַּ"ל, כִּי בֶּאֱמֶת הוּא זָקֵן יוֹתֵר מִכֻּלָּם וְכֵן כָּל מִי שֶׁהָיָה יַנִּיק יוֹתֵר- הוֹצִיא קֹדֶם וְהַזָּקֵן הַגָּדוֹל הוֹצִיא בָּאַחֲרוֹנָה כִּי כָּל מִי שֶׁהָיָה יַנִּיק יוֹתֵר, הָיָה זָקֵן יוֹתֵר כַּנַּ"ל וְהַזָּקֵן שֶׁבָּהֶם הָיָה יַנִּיק יוֹתֵר מִכֻּלָּם וְאָמַר לָהֶם: [הַנֶּשֶׁר הַגָּדוֹל הַנַּ"ל] אֲנִי אֲפָרֵשׁ לָכֶם אֶת הַמַּעֲשִׂיּוֹת שֶׁסִּפְּרוּ כָּל הַנַּ"ל כִּי זֶה שֶׁסִּפֵּר שֶׁהוּא זוֹכֵר גַּם כְּשֶׁחָתְכוּ אֶת הַתַּפּוּחַ מִן הֶעָנָף, הַיְנוּ שֶׁהוּא זוֹכֵר גַּם כְּשֶׁחָתְכוּ אֶת טַבּוּרוֹ [הַיְנוּ שֶׁגַּם אֶת הַמַּעֲשֶׂה הַזֹּאת שֶׁנַּעֲשָׂה עִמּוֹ תֵּכֶף בְּעֵת הַהוֹלָדָה, בְּעֵת שֶׁחָתְכוּ אֶת טַבּוּרוֹ, גַּם אֶת זֶה הוּא זוֹכֵר] וְהַשֵּׁנִי שֶׁאָמַר שֶׁזּוֹכֵר בְּשָׁעָה שֶׁהָיָה הַנֵּר דּוֹלֵק, הַיְנוּ שֶׁהוּא זוֹכֵר גַּם כְּשֶׁהָיָה בְּעִבּוּר, שֶׁהָיָה נֵר דּוֹלֵק עַל רֹאשׁוֹ וְזֶה שֶׁאָמַר שֶׁזּוֹכֵר גַּם בְּעֵת שֶׁהִתְחִיל רִקּוּם הַפְּרִי, הַיְנוּ שֶׁזּוֹכֵר גַּם כְּשֶׁהִתְחִיל לְהִתְרַקֵּם הַגּוּף, דְּהַיְנוּ בְּעֵת יְצִירַת הַוָּלָד וְזֶה שֶׁזּוֹכֵר בְּעֵת שֶׁהָיוּ מוֹלִיכִים הַגַּרְעִין לִנְטֹעַ הַפְּרִי, הַיְנוּ שֶׁזּוֹכֵר גַּם כְּשֶׁנִּמְשְׁכָה הַטִּפָּה בְּעֵת הַזִּוּוּג וְזֶה שֶׁזּוֹכֵר אֶת הַחֲכָמִים שֶׁהָיוּ מַמְצִיאִים אֶת הַגַּרְעִין, הַיְנוּ שֶׁזּוֹכֵר גַּם כְּשֶׁהָיָה הַטִּפָּה עֲדַיִן בַּמֹּחַ [כִּי הַמֹּחִין מַמְצִיאִים אֶת הַטִּפָּה] וְזֶה שֶׁזּוֹכֵר אֶת הַטַּעַם-הַיְנוּ הַנֶּפֶשׁ וְהָרֵיחַ-הַיְנוּ הָרוּחַ וְהַמַּרְאֶה-הַיְנוּ הַנְּשָׁמָה וְהַתִּינוֹק אָמַר שֶׁזּוֹכֵר לָאו כְּלוּם, כִּי הוּא לְמַעְלָה מִן הַכֹּל, וְזוֹכֵר אֲפִלּוּ מַה שֶּׁהוּא קֹדֶם מִנֶּפֶשׁ רוּחַ נְשָׁמָה, שֶׁהוּא בְּחִינַת

"אָיִן" וְאָמַר לָהֶם: חִזְרוּ אֶל הַסְּפִינוֹת שֶׁלָּכֶם, שֶׁהֵם הַגּוּפִים שֶׁלָּכֶם שֶׁנִּשְׁבְּרוּ, שֶׁיַּחְזְרוּ וְיִבָּנוּ עַתָּה חִזְרוּ אֲלֵיהֶם, וּבֵרֵךְ אוֹתָם וְלִי [הַיְנוּ זֶה הַבֶּעטְלֶיר הָעִוֵּר שֶׁהָיָה תִּינוֹק אָז, שֶׁהוּא מְסַפֵּר כָּל זֶה] אָמַר הַנֶּשֶׁר הַגָּדוֹל הַנַּ"ל: אַתָּה בּוֹא עִמִּי, כִּי אַתָּה כְּמוֹתִי כִּי אַתָּה "זָקֵן מְאֹד וַעֲדַיִן אַתָּה יַנִּיק מְאֹד" וַעֲדַיִן לֹא הִתְחַלְתָּ לִחְיוֹת כְּלָל וְאַף עַל-פִּי כֵן אַתָּה זָקֵן מְאֹד וְגַם אֲנִי כָּךְ, כִּי אֲנִי זָקֵן וַעֲדַיִן אֲנִי יַנִּיק וְכוּ' נִמְצָא, שֶׁיֵּשׁ לִי הַסְכָּמָה מֵאוֹתוֹ הַנֶּשֶׁר הַגָּדוֹל [שֶׁאֲנִי חַי חַיִּים אֲרֻכִּים כַּנַּ"ל] וְעַתָּה אֲנִי נוֹתֵן לָכֶם חַיִּים אֲרֻכִּים שֶׁלִּי, בְּמַתָּנָה לִדְרָשָׁה וְנַעֲשָׂה שָׁם שִׂמְחָה וְחֶדְוָה גְּדוֹלָה וַעֲצוּמָה מְאֹד מְאֹד בַּיּוֹם הַשֵּׁנִי שֶׁל שִׁבְעַת יְמֵי הַמִּשְׁתֶּה, חָזְרוּ וְזָכְרוּ הַזּוּג הַזֶּה אֶת הַבֶּעטְלֶיר הַשֵּׁנִי הַיְנוּ הַחֵרֵשׁ שֶׁהֶחֱיָה אוֹתָם וְנָתַן לָהֶם לֶחֶם וְהָיוּ בּוֹכִים וּמִתְגַּעְגְּעִים: אֵיךְ לוֹקְחִין לְכָאן אֶת אוֹתוֹ הַבֶּעטְלֶיר הַחֵרֵשׁ שֶׁהֶחֱיָה אוֹתָנוּ כַּנַּ"ל? בְּתוֹךְ שֶׁהָיוּ מִתְגַּעְגְּעִים אַחֲרָיו, וְהִנֵּה הוּא בָּא, וְאָמַר הִנְנִי! וְנָפַל עֲלֵיהֶם, וְנָשַׁק אוֹתָם, וְאָמַר לָהֶם: עַתָּה אֲנִי נוֹתֵן לָכֶם בְּמַתָּנָה שֶׁתִּהְיוּ כָּמוֹנִי, שֶׁתִּחְיוּ חַיִּים טוֹבִים כָּמוֹנִי כִּי בַּתְּחִלָּה בֵּרַכְתִּי אֶתְכֶם בָּזֶה, וְעַתָּה אֲנִי נוֹתֵן לָכֶם חַיִּים טוֹבִים שֶׁלִּי-בְּמַתָּנָה גְּמוּרָה לִדְרָשָׁה וְאַתֶּם סוֹבְרִים שֶׁאֲנִי חֵרֵשׁ? אֵין אֲנִי חֵרֵשׁ כְּלָל! רַק שֶׁכָּל הָעוֹלָם כֻּלּוֹ אֵינוֹ עוֹלֶה אֶצְלִי לִכְלוּם, שֶׁאֶשְׁמַע הַחִסָּרוֹן שֶׁלָּהֶם כִּי כָּל הַקּוֹלוֹת- כֻּלָּם הֵם מִן חֶסְרוֹנוֹת כִּי כָּל אֶחָד וְאֶחָד צוֹעֵק עַל חֶסְרוֹנוֹ וַאֲפִלּוּ כָּל הַשְּׂמָחוֹת שֶׁבָּעוֹלָם- כֻּלָּם הֵם רַק מֵחֲמַת הַחִסָּרוֹן, שֶׁשָּׂמֵחַ עַל הַחִסָּרוֹן שֶׁחָסֵר לוֹ וְנִתְמַלֵּא וְאֶצְלִי, כָּל הָעוֹלָם כֻּלּוֹ אֵינוֹ עוֹלֶה לִכְלוּם, שֶׁיִּכָּנְסוּ בְּאָזְנַי הַחִסָּרוֹן שֶׁלָּהֶם כִּי אֲנִי חַי חַיִּים טוֹבִים שֶׁאֵין בָּהֶם שׁוּם חִסָּרוֹן וְיֵשׁ לִי הַסְכָּמָה עַל זֶה שֶׁאֲנִי חַי חַיִּים טוֹבִים, מִן הַמְּדִינָה שֶׁל עֲשִׁירוּת וְחַיִּים טוֹבִים שֶׁלּוֹ הוּא, שֶׁהָיָה אוֹכֵל לֶחֶם וְשׁוֹתֶה מַיִם [וְסִפֵּר לָהֶם]:

כִּי יֵשׁ מְדִינָה שֶׁיֵּשׁ בָּהּ עֲשִׁירוּת גָּדוֹל, שֶׁיֵּשׁ לָהֶם אוֹצָרוֹת גְּדוֹלִים פַּעַם אַחַת נִתְקַבְּצוּ וְהִתְחִיל כָּל אֶחָד לְהִתְפָּאֵר עִם חַיִּים טוֹבִים שֶׁלּוֹ, אֵיךְ הוּא חַי חַיִּים טוֹבִים, וְכֵן סִפֵּר כָּל אֶחָד וְאֶחָד מִסֵּדֶר הַחַיִּים טוֹבִים שֶׁלּוֹ וְעָנִיתִי וְאָמַרְתִּי לָהֶם

אֲנִי חַי חַיִּים טוֹבִים, שֶׁהֵם טוֹבִים יוֹתֵר מֵחַיִּים טוֹבִים שֶׁלָּכֶם וְהָא רְאָיָה - כִּי אִם אַתֶּם חַיִּים חַיִּים טוֹבִים, אֶרְאֶה אִם תּוּכְלוּ לְהוֹשִׁיעַ אֶת מְדִינָה פְּלוֹנִית הֱיוֹת שֶׁיֵּשׁ מְדִינָה שֶׁהָיָה לָהֶם גַּן וְהָיָה בְּאוֹתוֹ הַגַּן פֵּרוֹת, שֶׁהָיָה לָהֶם כָּל מִינֵי טְעָמִים שֶׁבָּעוֹלָם גַּם הָיָה שָׁם כָּל מִינֵי רֵיחוֹת שֶׁבָּעוֹלָם, גַּם הָיוּ שָׁם כָּל מִינֵי מַרְאֶה כָּל הַגְּוָנִין וְכָל "הַקְוֶויַאטִין" [פרחים] שֶׁבָּעוֹלָם, הַכֹּל הָיָה שָׁם בְּאוֹתוֹ הַגַּן וְהָיָה עַל הַגַּן גַּנָּנִי אֶחָד [שֶׁקּוֹרִין אַגְרָאדְנִיק] וְהָיוּ בְּנֵי אוֹתוֹ הַמְּדִינָה חַיִּים חַיִּים טוֹבִים עַל-יְדֵי אוֹתוֹ הַגַּן וְנֶאֱבַד שָׁם הַגַּנָּנִי וְכָל מַה שֶּׁהָיָה שָׁם בְּאוֹתוֹ הַגַּן, בְּוַדַּאי מֻכְרָח לִהְיוֹת כָּלֶה וְנִפְסָד, מֵאַחַר שֶׁאֵין שָׁם הַמְמֻנֶּה, דְּהַיְנוּ הַגַּנָּנִי אֲבָל אַף עַל-פִּי כֵן הָיוּ יְכוֹלִים לִחְיוֹת מִן הַסְּפִיחִים שֶׁבַּגַּן וּבָא עֲלֵיהֶם מֶלֶךְ אַכְזָר עַל אוֹתָהּ הַמְּדִינָה, וְלֹא הָיָה יָכוֹל לַעֲשׂוֹת לָהֶם דָּבָר וְהָלַךְ וְקִלְקֵל אֶת הַחַיִּים טוֹבִים שֶׁל הַמְּדִינָה שֶׁהָיָה לָהֶם מִן הַגַּן וְלֹא שֶׁקִּלְקֵל אֶת הַגַּן רַק שֶׁהִשְׁאִיר שָׁם בְּאוֹתָהּ הַמְּדִינָה שָׁלֹשׁ כִּתּוֹת עֲבָדִים, וְצִוָּה עֲלֵיהֶם שֶׁיַּעֲשׂוּ מַה שֶּׁפָּקַד עֲלֵיהֶם וְעַל-יְדֵי זֶה קִלְקְלוּ אֶת הַטַּעַם שֶׁעַל-יְדֵי מַה שֶּׁעָשׂוּ שָׁם, כָּל מִי שֶׁיִּרְצֶה לִטְעֹם אֵיזֶה טַעַם יִהְיֶה טַעַם נְבֵלָה וְכֵן קִלְקְלוּ אֶת הָרֵיחַ שֶׁכָּל הָרֵיחוֹת-יִהְיֶה לָהֶם רֵיחַ חֶלְבְּנָה וְכֵן קִלְקְלוּ אֶת הַמַּרְאֶה, שֶׁהֶחֱשִׁיכוּ אֶת הָעֵינַיִם כְּאִלּוּ יֵשׁ עֲנָנִים וְעָבִים [הַכֹּל עַל-יְדֵי מַה שֶּׁעָשׂוּ שָׁם, כַּאֲשֶׁר צִוָּה עֲלֵיהֶם מֶלֶךְ הָאַכְזָר כַּנַּ"ל] וְעַתָּה, אִם אַתֶּם חַיִּים חַיִּים טוֹבִים, אֶרְאֶה אִם תּוּכְלוּ לְהוֹשִׁיעַ אוֹתָם וַאֲנִי אוֹמֵר לָכֶם [כָּל זֶה דִּבְרֵי הַחֵרֵשׁ הַנַּ"ל] שֶׁאִם לֹא תּוֹשִׁיעוּ אוֹתָם-יוּכְלוּ הַקִּלְקוּלִים הַנַּ"ל שֶׁל אוֹתוֹ הַמְּדִינָה לְהַזִּיק לָכֶם גַּם-כֵּן.

וְהָלְכוּ הָעֲשִׁירִים הַנַּ"ל אֶל אוֹתוֹ הַמְּדִינָה, וְגַם אֲנִי הָלַכְתִּי עִמָּהֶם וְגַם בְּדֶרֶךְ הֲלוּכָם הָיוּ חַיִּים גַּם-כֵּן כָּל אֶחָד וְאֶחָד חַיִּים טוֹבִים שֶׁלּוֹ, כִּי הָיוּ לָהֶם אוֹצָרוֹת כַּנַּ"ל כְּשֶׁבָּאוּ סָמוּךְ לַהַמְּדִינָה, הִתְחִיל לְהִתְקַלְקֵל גַּם אֶצְלָם הַטַּעַם וּשְׁאָר הַדְּבָרִים, וְהִרְגִּישׁוּ בְּעַצְמָם שֶׁנִּתְקַלְקֵל אֶצְלָם וְאָמַרְתִּי לָהֶם: אִם עַתָּה, שֶׁעֲדַיִן לֹא נִכְנַסְתֶּם אֶצְלָם, כְּבָר נִתְקַלְקֵל אֶצְלְכֶם הַטַּעַם וְכוּ', וְאֵיךְ יִהְיֶה אִם תִּכָּנְסוּ לְשָׁם? וּמִכָּל שֶׁכֵּן אֵיךְ

תּוּכְלוּ לְהוֹשִׁיעַ אוֹתָם וְלָקַחְתִּי לֶחֶם שֶׁלִּי וּמַיִם שֶׁלִּי, וְנָתַתִּי לָהֶם וְהִרְגִּישׁוּ בַּלֶּחֶם וּמַיִם שֶׁלִּי כָּל הַטְּעָמִים, [וְכָל הָרֵיחוֹת וְכוּ'] וְנִתְתַּקֵּן מַה שֶּׁנִּתְקַלְקֵל אֶצְלָם וּבְנֵי הַמְּדִינָה הַנַּ"ל, הַיְנוּ הַמְּדִינָה שֶׁהָיָה שָׁם הַגָּן הַנַּ"ל, הִתְחִילוּ לְפַקֵּחַ עַל תִּקּוּן הַמְּדִינָה שֶׁנִּתְקַלְקֵל אֶצְלָם הַטַּעַם וְכוּ' כַּנַּ"ל וְנִתְיַשְּׁבוּ: הֱיוֹת שֶׁיֵּשׁ מְדִינָה שֶׁל עֲשִׁירוּת, [הַיְנוּ אוֹתוֹ הַמְּדִינָה עַצְמָהּ הַנַּ"ל] וְנִרְאֶה לָהֶם שֶׁהַגַּנָּנִי שֶׁלָּהֶם שֶׁנֶּאֱבַד [שֶׁעַל יָדוֹ הָיָה לָהֶם חַיִּים טוֹבִים] הוּא מִשֹּׁרֶשׁ אֶחָד עִם אוֹתָן בְּנֵי הַמְּדִינָה שֶׁל עֲשִׁירוּת, שֶׁיֵּשׁ לָהֶם גַּם-כֵּן חַיִּים טוֹבִים עַל-כֵּן הָיְתָה עֲצָתָם לִשְׁלֹחַ אֶל אוֹתוֹ הַמְּדִינָה שֶׁל עֲשִׁירוּת, וּבְוַדַּאי יוֹשִׁיעוּ אוֹתָם וְכֵן עָשׂוּ וְשָׁלְחוּ שְׁלוּחִים אֶל אוֹתוֹ הַמְּדִינָה שֶׁל עֲשִׁירוּת וְהָלְכוּ הַשְּׁלוּחִים, וּפָגְעוּ בָּהֶם [הַיְנוּ שֶׁהַשְּׁלוּחִים פָּגְעוּ בִּבְנֵי אוֹתוֹ הַמְּדִינָה עַצְמָהּ שֶׁל עֲשִׁירוּת כִּי הֵם הָיוּ רוֹצִים לֵילֵךְ אֶצְלָם כַּנַּ"ל] וְשָׁאֲלוּ אֶת הַשְּׁלוּחִים: לְהֵיכָן אַתֶּם הוֹלְכִים? הֵשִׁיבוּ: אָנוּ הוֹלְכִים אֶל אוֹתוֹ הַמְּדִינָה שֶׁל עֲשִׁירוּת, שֶׁיּוֹשִׁיעוּ אוֹתָנוּ עָנוּ וְאָמְרוּ: אֲנַחְנוּ בְּעַצְמֵנוּ הֵם בְּנֵי אוֹתָהּ הַמְּדִינָה שֶׁל עֲשִׁירוּת, וְאָנוּ הוֹלְכִים אֶצְלְכֶם אָמַרְתִּי אֲנִי לָהֶם: [הַיְנוּ הַחֵרֵשׁ שֶׁמְּסַפֵּר כָּל זֶה אָמַר לָהֶם] הֲלֹא אַתֶּם צְרִיכִים אֵלַי, כִּי אַתֶּם לֹא תּוּכְלוּ לֵילֵךְ לְשָׁם לְהוֹשִׁיעַ לָהֶם כַּנַּ"ל עַל-כֵּן אַתֶּם תִּשָּׁאֲרוּ כָּאן, וַאֲנִי אֵלֵךְ עִם הַשְּׁלוּחִים לְהוֹשִׁיעַ לָהֶם וְהָלַכְתִּי עִמָּהֶם וְנִכְנַסְתִּי בַּמְּדִינָה בְּאֵיזֶה עִיר וּבָאתִי, וְרָאִיתִי שֶׁבָּאִים אֲנָשִׁים וְאוֹמְרִים אֵיזֶה דְּבַר הֲלָצָה [שֶׁקּוֹרִין וֶוערְטִיל] וְאַחַר-כָּךְ מִתְקַבְּצִים עֲלֵיהֶם עוֹד אֵיזֶה בְּנֵי-אָדָם עַד שֶׁנַּעֲשָׂה אֵיזֶה קִבּוּץ, וְאוֹמְרִים אֵיזֶה דִּבְרֵי הֲלָצוֹת [הַיְנוּ וֶוערְטְלִיךְ] וְהֵם מְחַיְּכִים וְשׂוֹחֲקִים וְהִטֵּיתִי אֹזֶן וְשָׁמַעְתִּי שֶׁהֵם מְדַבְּרִים נִבּוּל פֶּה וְזֶה אוֹמֵר דִּבְרֵי נִבּוּל פֶּה, וְזֶה אוֹמֵר בְּדַקּוּת יוֹתֵר, וְזֶה שׂוֹחֵק וְזֶה יֵשׁ לוֹ הֲנָאָה וְכַיּוֹצֵא אַחַר-כָּךְ הָלַכְתִּי לְהַלָּן לְעִיר אַחֶרֶת וְרָאִיתִי שֶׁשְּׁנֵי בְּנֵי-אָדָם מְרִיבִים זֶה עִם זֶה מֵחֲמַת אֵיזֶה מַשָּׂא וּמַתָּן וְהָלְכוּ אֶל הַבֵּית-דִּין לְדִין, וּפָסַק לָהֶם הַבֵּית-דִּין: זֶה זַכַּאי וְזֶה חַיָּב וְיָצְאוּ מִן הַבֵּית-דִּין אַחַר-כָּךְ חָזְרוּ וְנִתְקוֹטְטוּ זֶה עִם זֶה וְאָמְרוּ שֶׁאֵינָם רוֹצִים זֶה הַבֵּית-דִּין, רַק הֵם רוֹצִים בֵּית-דִּין אַחֵר וּבָחֲרוּ לָהֶם בֵּית-דִּין

אַחֵר, [כִּי מֵאַחַר שֶׁהֵם מְרֻצִּים עַל אוֹתוֹ הַבֵּית-דִּין שֶׁבָּחֲרוּ לָהֶם יְכוֹלִים לָדוּן לִפְנֵיהֶם] וְדָנוּ לִפְנֵי אוֹתוֹ הַבֵּית-דִּין אַחַר-כָּךְ חָזְרוּ וְנִתְקוֹטְטוּ אֶחָד מֵאֵלּוּ עִם אַחֵר, וּבָחֲרוּ לָהֶם בֵּית-דִּין אַחֵר וְכֵן הָיוּ מְרִיבִים וּמִתְקוֹטְטִים שָׁם, וּבָחֲרוּ לָהֶם כַּמָּה בָּתֵּי דִּינִים, עַד שֶׁכָּל הָעִיר הָיְתָה מְלֵאָה מִבָּתֵּי דִּינִים וְהִסְתַּכַּלְתִּי, שֶׁזֶּה מֵחֲמַת שֶׁאֵין שָׁם אֱמֶת וְעַתָּה זֶה מַטֶּה דִּין וְנוֹשֵׂא פָּנִים לָזֶה, וְאַחַר-כָּךְ חֲבֵרוֹ נוֹשֵׂא פָּנִים לוֹ, כִּי הֵם מְקַבְּלִים שֹׁחַד וְאֵין בָּהֶם אֱמֶת.

אַחַר-כָּךְ רָאִיתִי שֶׁהֵם מְלֵאִים נִאוּף מַמָּשׁ, וְיֵשׁ שָׁם נִאוּף הַרְבֵּה עַד שֶׁנַּעֲשָׂה כְּהֶתֵּר אֶצְלָם וְאָמַרְתִּי לָהֶם, שֶׁבִּשְׁבִיל זֶה נִתְקַלְקֵל אֶצְלָם הַטַּעַם וְהָרֵיחַ וְהַמַּרְאֶה כִּי זֶה הַמֶּלֶךְ הָאַכְזָר הִשְׁאִיר אֶצְלָם שָׁלֹשׁ כִּתּוֹת עֲבָדִים הַנַּ"ל, שֶׁיִּהְיוּ הוֹלְכִים וּמְקַלְקְלִים אֶת הַמְּדִינָה שֶׁהָיוּ הוֹלְכִים וּמְדַבְּרִים בֵּינֵיהֶם נִבּוּל פֶּה, וְהִכְנִיסוּ נִבּוּל-פֶּה בְּתוֹךְ הַמְּדִינָה, וְעַל-יְדֵי נִבּוּל פֶּה נִתְקַלְקֵל הַטַּעַם שֶׁכָּל הַטְּעָמִים הֵם טַעַם נְבֵלָה וְכֵן הֵם הִכְנִיסוּ שֹׁחַד בַּמְּדִינָה וְעַל-יְדֵי זֶה נֶחְשְׁכוּ הָעֵינַיִם וְנִתְקַלְקֵל הַמַּרְאֶה, כִּי "הַשֹּׁחַד יְעַוֵּר עֵינֵי חֲכָמִים" וְכֵן הֵם הִכְנִיסוּ נִאוּף בַּמְּדִינָה, וְעַל-יְדֵי זֶה נִתְקַלְקֵל הָרֵיחַ [וְעַיֵּן בְּמָקוֹם אַחֵר בִּדְבָרֵינוּ שֶׁעַל-יְדֵי נִאוּף נִפְגָּם הָרֵיחַ] עַל-כֵּן, תִּרְאוּ לְתַקֵּן אֶת הַמְּדִינָה מִשָּׁלֹשׁ עֲבֵרוֹת אֵלּוּ, וּלְחַפֵּשׂ אַחֲרֵי הָאֲנָשִׁים הַנַּ"ל וּלְגָרְשָׁם וְאָז כְּשֶׁתְּתַקְּנוּ שְׁלֹשָׁה עֲבֵרוֹת אֵלּוּ, לֹא דַּי שֶׁיִּתְתַּקֵּן הַטַּעַם וְהַמַּרְאֶה וְהָרֵיחַ, כִּי אִם גַּם הַגַּנָּנִי שֶׁנֶּאֱבַד יוּכַל גַּם-כֵּן לְהִמָּצֵא וְעָשׂוּ כֵּן וְהִתְחִילוּ לְתַקֵּן אֶת הַמְּדִינָה מִשָּׁלֹשׁ עֲבֵרוֹת אֵלּוּ וְחִפְּשׂוּ אַחֲרֵי הָאֲנָשִׁים הַנַּ"ל, וְהָיוּ תּוֹפְסִים אֶת אֵיזֶה אָדָם וְשׁוֹאֲלִין אוֹתוֹ: מֵהֵיכָן בָּאתָ לְכָאן? עַד שֶׁנִּתְבָּרְרוּ אֶצְלָם הָאֲנָשִׁים שֶׁל הַמֶּלֶךְ הָאַכְזָר הַנַּ"ל, וְגֵרְשׁוּ אוֹתָם וְתִקְּנוּ אֶת הַמְּדִינָה מֵעֲבֵרוֹת הַנַּ"ל בְּתוֹךְ כָּךְ נַעֲשָׂה רַעַשׁ: אֶפְשָׁר אַף-עַל-פִּי-כֵן זֶה הַמְשֻׁגָּע שֶׁהוֹלֵךְ וְאוֹמֵר שֶׁהוּא הַגַּנָּנִי, וְכָל אֶחָד מַחֲזִיק אוֹתוֹ לִמְשֻׁגָּע, וְזוֹרְקִין אַחֲרָיו אֲבָנִים וּמְגָרְשִׁין אוֹתוֹ, אֶפְשָׁר אַף-עַל-פִּי-כֵן אוּלַי הוּא הוּא הַגַּנָּנִי בֶּאֱמֶת?! וְהָלְכוּ וְהֵבִיאוּ אוֹתוֹ לִפְנֵיהֶם [הַיְנוּ לִפְנֵי אֵלּוּ שֶׁיָּשְׁבוּ וְתִקְּנוּ אֶת הַמְּדִינָה וְגַם הוּא הַיְנוּ הַחֵרֵשׁ שֶׁמְּסַפֵּר כָּל זֶה הָיָה שָׁם]

וְאָמַרְתִּי: בְּוַדַּאי זֶה הוּא הַגַּנָּבִי בֶּאֱמֶת! [נִמְצָא שֶׁנִּתְתַּקֵּן עַל יָדוֹ הַמְּדִינָה הַזֹּאת] נִמְצָא, שֶׁיֵּשׁ לִי הַסְכָּמָה מֵאוֹתוֹ הַמְּדִינָה שֶׁל עֲשִׁירוּת, שֶׁאֲנִי חַי חַיִּים טוֹבִים כִּי אֲנִי תִּקַּנְתִּי אֶת הַמְּדִינָה הַנַּ"ל כַּנַּ"ל וְעַתָּה אֲנִי נוֹתֵן לָכֶם בְּמַתָּנָה אֶת הַחַיִּים טוֹבִים שֶׁלִּי! וְנַעֲשָׂה שָׁם שִׂמְחָה גְּדוֹלָה וְחֶדְוָה רַבָּה מְאֹד: [וְכֵן כָּל הַבֶּעטְלֶירְשׁ הַנַּ"ל כֻּלָּם חָזְרוּ וּבָאוּ עַל הַחֲתֻנָּה, וְנָתְנוּ בְּמַתָּנָה לַדְּרָשָׁה מַה שֶּׁבַּתְּחִלָּה בֵּרְכוּ אוֹתָם שֶׁיִּהְיוּ כְּמוֹתָם-וְעַכְשָׁו נָתְנוּ זֹאת בְּמַתָּנָה לַדְּרָשָׁה]: הָרִאשׁוֹן נָתַן לָהֶם בְּמַתָּנָה חַיִּים אֲרֻכִּים, וְהַשֵּׁנִי נָתַן לָהֶם בְּמַתָּנָה חַיִּים טוֹבִים בַּיּוֹם הַשְּׁלִישִׁי חָזְרוּ וְנִזְכְּרוּ הַזּוּג הַזֶּה וְהָיוּ בּוֹכִים וּמִתְגַּעְגְּעִים: אֵיךְ לוֹקְחִין בְּכָאן אֶת הַבֶּעטְלֶיר הַשְּׁלִישִׁי, שֶׁהָיָה כְּבַד פֶּה? בְּתוֹךְ כָּךְ וְהִנֵּה הוּא בָּא, וַיֹּאמֶר: הִנֵּנִי! וְנָפַל עֲלֵיהֶם, וְנָשַׁק אוֹתָם וְאָמַר לָהֶם גַּם-כֵּן כַּנַּ"ל: בַּתְּחִלָּה בֵּרַכְתִּי אֶתְכֶם שֶׁתִּהְיוּ כָּמוֹנִי, עַתָּה אֲנִי נוֹתֵן לָכֶם בְּמַתָּנָה לַדְּרָשָׁה שֶׁתִּהְיוּ כָּמוֹנִי וְאַתֶּם סְבוּרִים שֶׁאֲנִי כְּבַד פֶּה? אֵין אֲנִי כְּבַד פֶּה כְּלָל, רַק שֶׁהַדִּבּוּרִים שֶׁל הָעוֹלָם, שֶׁאֵינָם שְׁבָחִים לְהַשֵּׁם יִתְבָּרַךְ, אֵין בָּהֶם שְׁלֵימוּת [וְעַל-כֵּן הוּא נִרְאָה כִּכְבַד פֶּה כִּי הוּא כִּכְבַד פֶּה מֵאֵלּוּ הַדִּבּוּרִים שֶׁל הָעוֹלָם שֶׁאֵין בָּהֶם שְׁלֵימוּת] אֲבָל בֶּאֱמֶת אֵין אֲנִי כְּבַד פֶּה כְּלָל, אַדְּרַבָּא אֲנִי מֵלִיץ וְדַבְּרָן נִפְלָא מְאֹד וַאֲנִי יָכוֹל לְדַבֵּר חִידוֹת וְשִׁירִים [שֶׁקּוֹרִין לִידֶער] נִפְלָאִים, עַד שֶׁאֵין נִמְצָא שׁוּם נִבְרָא בָּעוֹלָם שֶׁלֹּא יִרְצֶה לִשְׁמֹעַ אוֹתִי וּבְאֵלּוּ הַחִידוֹת וְהַשִּׁירִים שֶׁאֲנִי יוֹדֵעַ, יֵשׁ בָּהֶם כָּל הַחָכְמוֹת וְיֵשׁ לִי הַסְכָּמָה עַל זֶה מֵאוֹתוֹ הָאִישׁ גָּדוֹל הַנִּקְרָא "אִישׁ חֶסֶד הָאֱמֶת" [דֶער גְרוֹסִיר מַאן דֶער אֱמֶתִיר אִישׁ חֶסֶד בְּזֶה הַלָּשׁוֹן סִפֵּר רַבֵּנוּ זִכְרוֹנוֹ לִבְרָכָה] וְיֵשׁ בָּזֶה מַעֲשֶׂה שְׁלֵמָה.

כִּי פַּעַם אַחַת יָשְׁבוּ כָּל הַחֲכָמִים, וְכָל אֶחָד הִתְפָּאֵר בְּחָכְמָתוֹ זֶה הָיָה מִתְפָּאֵר שֶׁהִמְצִיא בְּחָכְמָתוֹ עֲשִׂיַּת בַּרְזֶל, וְזֶה הִתְפָּאֵר בְּמִין מַתָּכוֹת אַחֵר, וְזֶה הָיָה מִתְפָּאֵר שֶׁהִמְצִיא בְּחָכְמָתוֹ עֲשִׂיַּת כֶּסֶף שֶׁהוּא חָשׁוּב בְּיוֹתֵר, וְזֶה הִתְפָּאֵר שֶׁהִמְצִיא עֲשִׂיַּת זָהָב, וְזֶה הָיָה מִתְפָּאֵר שֶׁהִמְצִיא כְּלֵי מִלְחָמָה וְזֶה הָיָה מִתְפָּאֵר שֶׁהוּא יוֹדֵעַ לַעֲשׂוֹת אֵלּוּ הַמַּתָּכוֹת, שֶׁלֹּא מֵאֵלּוּ הַדְּבָרִים שֶׁהֵם

עוֹשִׂין מֵהֶם אֵלּוּ הַמַּתָּכוֹת וְזֶה הָיָה מִתְפָּאֵר בְּחָכְמוֹת אֲחֵרוֹת כִּי יֵשׁ כַּמָּה דְּבָרִים שֶׁהִמְצִיאוּ בָּעוֹלָם עַל-יְדֵי חָכְמוֹת, כְּגוֹן סַאלִיטְרֶע [חומר גלם לעשיית מתכות] וּפִילְוֶויר [חומר נפץ] וְכַיּוֹצֵא בָּזֶה וְהָיָה כָּל אֶחָד מִתְפָּאֵר בְּחָכְמָתוֹ.

עָנָה שָׁם אֶחָד וְאָמַר: אֲנִי חָכָם יוֹתֵר מִכֶּם, כִּי אֲנִי חָכָם כְּמוֹ הַיּוֹם וְלֹא הֵבִינוּ שָׁם מַה זֶּה שֶׁאוֹמֵר, שֶׁהוּא חָכָם כְּמוֹ הַיּוֹם וְאָמַר לָהֶם: כִּי כָּל הַחָכְמוֹת שֶׁלָּהֶם יְכוֹלִים לְקַבֵּץ אוֹתָם, וְלֹא יִהְיוּ מֵהֶם רַק שָׁעָה אַחַת אַף עַל-פִּי שֶׁכָּל חָכְמָה וְחָכְמָה הִיא נִלְקַחַת מִיּוֹם אַחֵר, כְּפִי הַבְּרִיאָה שֶׁהָיָה בְּאוֹתוֹ הַיּוֹם כִּי כָּל הַחָכְמוֹת הַנַּ"ל הֵם הַרְכָּבוֹת [וְעַל-כֵּן הַחָכְמָה נִלְקַחַת מֵאוֹתוֹ הַיּוֹם שֶׁהָיָה בּוֹ אוֹתוֹ הַבְּרִיאָה שֶׁמִּמֶּנּוּ הַהַרְכָּבָה] אַף-עַל-פִּי-כֵן יְכוֹלִים עַל-יְדֵי חָכְמָה לְקַבֵּץ כָּל אֵלּוּ הַחָכְמוֹת בְּשָׁעָה אַחַת אֲבָל אֲנִי חָכָם כְּמוֹ יוֹם שָׁלֵם [כָּל זֶה הִתְפָּאֵר אוֹתוֹ הֶחָכָם הָאַחֲרוֹן הַנַּ"ל] עָנִיתִי וְאָמַרְתִּי אֵלָיו: [הַיְנוּ זֶה הַכְּבַד פֶּה הַנַּ"ל אָמַר לְהֶחָכָם הַנַּ"ל] כְּמוֹ אֵיזֶה יוֹם? [הַיְנוּ כְּמוֹ אֵיזֶה יוֹם אַתָּה חָכָם] עָנָה וְאָמַר: [הֶחָכָם הַנַּ"ל] זֶה, [הַיְנוּ זֶה הַכְּבַד פֶּה] הוּא חָכָם מִמֶּנִּי מֵאַחַר שֶׁשּׁוֹאֵל כְּמוֹ אֵיזֶה יוֹם אֲבָל כְּמוֹ אֵיזֶה יוֹם שֶׁתִּרְצוּ-אֲנִי חָכָם וְעַתָּה יִקְשֶׁה מִפְּנֵי מָה זֶה שֶׁשּׁוֹאֵל כְּמוֹ אֵיזֶה יוֹם, הוּא חָכָם יוֹתֵר מִמֶּנּוּ, מֵאַחַר שֶׁהוּא חָכָם כְּמוֹ אֵיזֶה יוֹם שֶׁיִּרְצֶה אַךְ יֵשׁ מַעֲשֶׂה שְׁלֵמָה כִּי זֶה הָאִישׁ חֶסֶד הָאֱמֶת הוּא בֶּאֱמֶת אִישׁ גָּדוֹל מְאֹד וְהוּא [הַיְנוּ זֶה הַכְּבַד פֶּה] הוֹלֵךְ וּמְקַבֵּץ כָּל הַחֲסָדִים שֶׁל אֱמֶת, וּמֵבִיא אוֹתָם אֶל זֶה הָאִישׁ חֶסֶד הָאֱמֶת וְעִקַּר הִתְהַוּוּת הַזְּמַן [כִּי הַזְּמַן בְּעַצְמוֹ הוּא נִבְרָא] הוּא עַל-יְדֵי הַחֲסָדִים שֶׁל אֱמֶת וְזֶה הַכְּבַד פֶּה הוּא הוֹלֵךְ וּמְקַבֵּץ כָּל הַחֲסָדִים שֶׁל אֱמֶת, וּמֵבִיא אוֹתָם אֶל זֶה הָאִישׁ חֶסֶד הָאֱמֶת כַּנַּ"ל.

וְיֵשׁ הַר, וְעַל הָהָר עוֹמֵד אֶבֶן, וּמִן הָאֶבֶן יוֹצֵא מַעְיָן וְכָל דָּבָר יֵשׁ לוֹ לֵב וְגַם הָעוֹלָם בִּכְלָלוֹ יֵשׁ לוֹ לֵב וְזֶה הַלֵּב שֶׁל הָעוֹלָם הוּא קוֹמָה שְׁלֵמָה-עִם פָּנִים וְיָדַיִם וְרַגְלַיִם וְכוּ' אֲבָל הַצִּפֹּרֶן שֶׁל הָרֶגֶל, שֶׁל אוֹתוֹ הַלֵּב שֶׁל הָעוֹלָם, הוּא מְלֻבָּב [בִּלְשׁוֹן אַשְׁכְּנַז הַארְצִיקֶר] יוֹתֵר מִלֵּב שֶׁל אַחֵר וְזֶה הָהָר עִם הָאֶבֶן וְהַמַּעְיָן הַנַּ"ל עוֹמֵד בְּקָצֶה אֶחָד שֶׁל הָעוֹלָם, וְזֶה הַלֵּב שֶׁל

הָעוֹלָם עוֹמֵד בְּקָצֶה אַחֵר שֶׁל הָעוֹלָם וְזֶה הַלֵּב הַנַּ"ל עוֹמֵד כְּנֶגֶד הַמַּעְיָן הַנַּ"ל, וְכוֹסֵף וּמִשְׁתּוֹקֵק תָּמִיד מְאֹד מְאֹד לָבוֹא אֶל אוֹתוֹ הַמַּעְיָן, בְּהִשְׁתּוֹקְקוּת גָּדוֹל מְאֹד מְאֹד וְצוֹעֵק מְאֹד לָבוֹא אֶל אוֹתוֹ הַמַּעְיָן וְגַם זֶה הַמַּעְיָן מִשְׁתּוֹקֵק אֵלָיו וְזֶה הַלֵּב, יֵשׁ לוֹ שְׁתֵּי חֲלִישׁוּת אַחַת-כִּי הַחַמָּה רוֹדֶפֶת אוֹתוֹ וְשׂוֹרֶפֶת אוֹתוֹ, [מֵחֲמַת שֶׁהוּא מִשְׁתּוֹקֵק וְרוֹצֶה לֵילֵךְ וּלְהִתְקָרֵב אֶל הַמַּעְיָן] וַחֲלִישׁוּת הַשְּׁנִיָּה-יֵשׁ לוֹ לְהַלֵּב מִן גֹּדֶל הַהִשְׁתּוֹקְקוּת וְהַגַּעְגּוּעִים, שֶׁהוּא מִתְגַּעְגֵּעַ וְכוֹסֵף תָּמִיד וּמִשְׁתּוֹקֵק מְאֹד, בִּכְלוֹת הַנֶּפֶשׁ, אֶל אוֹתוֹ הַמַּעְיָן וְצוֹעֵק וְכוּ' כַּנַּ"ל כִּי הוּא עוֹמֵד תָּמִיד כְּנֶגֶד הַמַּעְיָן הַנַּ"ל, וְצוֹעֵק [נָא גִיוַואלְד] [ביטוי צעקה באידיש כמו "אהה"] וּמִשְׁתּוֹקֵק אֵלָיו מְאֹד כַּנַּ"ל וּכְשֶׁצָּרִיךְ לָנוּחַ קְצָת, שֶׁיִּהְיֶה לוֹ אֲרִיכַת הָרוּחַ קְצָת, [שֶׁקּוֹרִין אָפּ סָאפִּין] [נשימת רווחה] אֲזַי בָּא צִפּוֹר גָּדוֹל וּפוֹרֵשׂ כְּנָפָיו עָלָיו, וּמֵגֵן עָלָיו מִן הַחַמָּה וְאָז יֵשׁ לוֹ נַיְחָא קְצָת וְגַם אָז, בִּשְׁעַת נַיְחָא, הוּא מִסְתַּכֵּל גַּם-כֵּן כְּנֶגֶד הַמַּעְיָן וּמִתְגַּעְגֵּעַ אֵלָיו אַךְ מֵאַחַר שֶׁהוּא מִתְגַּעְגֵּעַ אֵלָיו כָּל-כָּךְ, מִפְּנֵי מָה אֵינוֹ הוֹלֵךְ אֶל הַמַּעְיָן? אַךְ כְּשֶׁרוֹצֶה לֵילֵךְ וּלְהִתְקָרֵב אֶל הָהָר, אֲזַי אֵינוֹ רוֹאֶה הַשִּׁפּוּעַ, וְאֵינוֹ יָכוֹל לְהִסְתַּכֵּל עַל הַמַּעְיָן וְאִם לֹא יִסְתַּכֵּל עַל הַמַּעְיָן אֲזַי תֵּצֵא נַפְשׁוֹ, כִּי עִקַּר חִיּוּתוֹ הוּא מִן הַמַּעְיָן וּכְשֶׁעוֹמֵד כְּנֶגֶד הָהָר אֲזַי הוּא רוֹאֶה רֹאשׁ הַשִּׁפּוּעַ שֶׁל הָהָר, שֶׁשָּׁם עוֹמֵד הַמַּעְיָן אֲבָל תֵּכֶף כְּשֶׁיֵּלֵךְ וְיִתְקָרֵב אֶל הָהָר-אֲזַי נֶעְלַם מֵעֵינָיו רֹאשׁ הַשִּׁפּוּעַ, [וְזֶה מוּבָן בְּחוּשׁ] וַאֲזַי אֵינוֹ יָכוֹל לִרְאוֹת אֶת הַמַּעְיָן, וַאֲזַי תֵּצֵא נַפְשׁוֹ, חַס וְשָׁלוֹם וּכְשֶׁזֶּה הַלֵּב הָיָה מִסְתַּלֵּק, חַס וְשָׁלוֹם, אֲזַי יִתְבַּטֵּל כָּל הָעוֹלָם כֻּלּוֹ כִּי הַלֵּב הוּא הַחִיּוּת שֶׁל כָּל דָּבָר וּבְוַדַּאי אֵין קִיּוּם בְּלֹא לֵב, וְעַל-כֵּן אֵינוֹ יָכוֹל לֵילֵךְ אֶל הַמַּעְיָן רַק עוֹמֵד כְּנֶגְדּוֹ, וּמִתְגַּעְגֵּעַ וְצוֹעֵק כַּנַּ"ל.

וְזֶה הַמַּעְיָן אֵין לוֹ זְמַן, כִּי זֶה הַמַּעְיָן אֵינוֹ בְּתוֹךְ הַזְּמַן כְּלָל אַךְ עִקַּר הַזְּמַן שֶׁל הַמַּעְיָן, הוּא רַק מַה שֶּׁהַלֵּב נוֹתֵן לוֹ בְּמַתָּנָה יוֹם אֶחָד וּכְשֶׁמַּגִּיעַ הַיּוֹם לִהְיוֹת נִגְמָר וְנִפְסָק, וַאֲזַי כְּשֶׁיִּגָּמֵר הַיּוֹם לֹא יִהְיֶה זְמַן לְהַמַּעְיָן וְיִסְתַּלֵּק, חַס וְשָׁלוֹם, וַאֲזַי יִסְתַּלֵּק הַלֵּב, חַס וְשָׁלוֹם כַּנַּ"ל וְיִתְבַּטֵּל כָּל הָעוֹלָם, חַס וְשָׁלוֹם כַּנַּ"ל

וַאֲזַי, סָמוּךְ לִגְמַר הַיּוֹם, אֲזַי מַתְחִילִים לִטֹּל רְשׁוּת זֶה מִזֶּה [שֶׁקּוֹרִין גִּיזֶעגִינִין] [איחולים וברכות פרידה] וּמַתְחִילִין לוֹמַר חִידוֹת וְשִׁירִים [שֶׁקּוֹרִין לִידֶער] נִפְלָאִים זֶה לָזֶה [בְּאַהֲבָה רַבָּה וְהִשְׁתּוֹקְקוּת גָּדוֹל מְאֹד מְאֹד] וְזֶה הָאִישׁ חֶסֶד הָאֱמֶת הַנַּ"ל יֵשׁ לוֹ הַשְׁגָּחָה עַל זֶה וּכְשֶׁמַּגִּיעַ הַיּוֹם בְּסוֹפוֹ מַמָּשׁ לִהְיוֹת נִגְמָר וְנִפְסָק, אֲזַי זֶה הָאִישׁ חֶסֶד הָאֱמֶת הוּא נוֹתֵן בְּמַתָּנָה יוֹם אֶחָד לְהַלֵּב הַנַּ"ל, וְהַלֵּב נוֹתֵן הַיּוֹם לְהַמַּעְיָן וַאֲזַי שׁוּב יֵשׁ זְמַן לְהַמַּעְיָן וּכְשֶׁזֶּה הַיּוֹם הוֹלֵךְ מִמָּקוֹם שֶׁהוּא בָּא מִשָּׁם, אֲזַי הוּא הוֹלֵךְ גַּם-כֵּן בְּחִידוֹת וְשִׁירִים נִפְלָאִים מְאֹד [שֶׁיֵּשׁ בָּהֶם כָּל הַחָכְמוֹת] וְיֵשׁ שִׁנּוּיִים בֵּין הַיָּמִים כִּי יֵשׁ יוֹם אֶחָד בַּשָּׁבוּעַ וְיוֹם שֵׁנִי וְכוּ' וְכֵן יֵשׁ רָאשֵׁי- חֳדָשִׁים וְיָמִים טוֹבִים.

וְכָל הַזְּמַן שֶׁיֵּשׁ לְהָאִישׁ חֶסֶד שֶׁל אֱמֶת הַכֹּל עַל יָדִי [הַיְנוּ הַכְּבַד פֶּה שֶׁמְּסַפֵּר כָּל זֶה] כִּי אֲנִי הוֹלֵךְ וּמְקַבֵּץ כָּל הַחֲסָדִים שֶׁל אֱמֶת, אֲשֶׁר מֵהֶם הִתְהַוּוּת הַזְּמַן כַּנַּ"ל [וְעַל-כֵּן הוּא חָכָם יוֹתֵר אֲפִלּוּ מֵהֶחָכָם הַנַּ"ל, שֶׁהוּא חָכָם כְּמוֹ אֵיזֶה יוֹם שֶׁיִּרְצֶה כִּי כָּל עִקַּר הַזְּמַן וְהַיָּמִים-כֻּלָּם נִתְהַוִּים עַל יָדוֹ, הַיְנוּ עַל-יְדֵי הַכְּבַד פֶּה, שֶׁהוּא מְקַבֵּץ הַחֲסָדִים שֶׁל אֱמֶת אֲשֶׁר מִשָּׁם הַזְּמַן, וּמֵבִיא אוֹתָם אֶל הָאִישׁ חֶסֶד הָאֱמֶת וְהוּא נוֹתֵן יוֹם לַלֵּב, וְהַלֵּב נוֹתֵן לְהַמַּעְיָן, אֲשֶׁר עַל-יְדֵי-זֶה נִתְקַיֵּם הָעוֹלָם כֻּלּוֹ נִמְצָא שֶׁעִקַּר הִתְהַוּוּת הַזְּמַן עִם הַחִידוֹת וְשִׁירִים שֶׁיֵּשׁ בָּהֶם כָּל הַחָכְמוֹת-הַכֹּל עַל-יְדֵי הַכְּבַד פֶּה] נִמְצָא שֶׁיֵּשׁ לִי הַסְכָּמָה מִזֶּה הָאִישׁ חֶסֶד הָאֱמֶת שֶׁאֲנִי יָכוֹל לוֹמַר חִידוֹת וְשִׁירִים, שֶׁיֵּשׁ בָּהֶם כָּל הַחָכְמוֹת [כִּי כָּל הַזְּמַן עִם הַחִידוֹת וְהַשִּׁירִים נִתְהַוִּים עַל יָדוֹ כַּנַּ"ל], וְעַתָּה אֲנִי נוֹתֵן לָכֶם בְּמַתָּנָה גְּמוּרָה לִדְרָשָׁה שֶׁתִּהְיוּ כָּמוֹנִי וְנַעֲשָׂה שָׁם שִׂמְחָה וְחֶדְוָה גְּדוֹלָה מְאֹד [הִילוּא גִיטָאן] [ביטוי שמחה].

כְּשֶׁגָּמְרוּ הַשִּׂמְחָה שֶׁל אוֹתוֹ הַיּוֹם וְלָנוּ אַחֲרֵי- כֵן, בַּבֹּקֶר חָזְרוּ הַזּוּג כַּנַּ"ל וְהָיוּ מִתְגַּעְגְּעִים וְכוּ' אַחֲרֵי הַבֶּעטְלֶיר שֶׁהָיָה צַוָּארוֹ עָקֹם בְּתוֹךְ כָּךְ וְהִנֵּה הוּא בָּא, וְאָמַר הִנְנִי וְכוּ' בַּתְּחִלָּה בֵּרַכְתִּי אֶתְכֶם שֶׁתִּהְיוּ כָּמוֹנִי, עַתָּה אֲנִי נוֹתֵן לָכֶם בְּמַתָּנָה לִדְרָשָׁה שֶׁתִּהְיוּ כָּמוֹנִי וְאַתֶּם סוֹבְרִים שֶׁיֵּשׁ לִי צַוָּאר עָקֹם?

אֵין צַוָּארִי עָקֹם כְּלָל אַדְּרַבָּא, יֵשׁ לִי צַוָּאר שָׁוֶה מְאֹד, צַוָּאר יָפֶה מְאֹד רַק שֶׁיֵּשׁ הַבְלֵי עוֹלָם וַאֲנִי אֵינִי רוֹצֶה לְהוֹצִיא שׁוּם הֶבֶל וְרוּחַ [שֶׁקּוֹרִין דּוּךְ] [נְשִׁיפַת אֲוִיר הַחוּצָה] בְּהַבְלֵי עוֹלָם [וּמֵחֲמַת זֶה נִדְמֶה שֶׁצַּוָּארוֹ עָקֹם, כִּי הוּא מְעַקֵּם צַוָּארוֹ מֵהַבְלֵי עוֹלָם וְאֵינוֹ רוֹצֶה לְהוֹצִיא שׁוּם הֶבֶל וְרוּחַ בְּהַבְלֵי עוֹלָם] אֲבָל בֶּאֱמֶת יֵשׁ לִי צַוָּאר יָפֶה מְאֹד, צַוָּאר נִפְלָא מְאֹד כִּי יֵשׁ לִי קוֹל נִפְלָא מְאֹד וְכָל מִינֵי הַקּוֹלוֹת שֶׁבָּעוֹלָם, שֶׁהֵם קוֹל בְּלֹא דִּבּוּר, כֻּלָּם אֲנִי יָכוֹל לְהוֹצִיאָם בְּקוֹלִי כִּי יֵשׁ לִי צַוָּאר וְקוֹל נִפְלָא מְאֹד וְיֵשׁ לִי הַסְכָּמָה עַל זֶה מֵאוֹתָהּ הַמְּדִינָה כִּי יֵשׁ מְדִינָה שֶׁהֵם בְּקִיאִים מְאֹד בְּחָכְמַת הַנְּגִינָה [שֶׁקּוֹרִין מָאזִיקְאַ] וְכֻלָּם עוֹסְקִים שָׁם בְּחָכְמָה זוֹ, וַאֲפִלּוּ בָּנִים קְטַנִּים וְאֵין שָׁם קָטָן שֶׁלֹּא יָכוֹל לְנַגֵּן עַל אֵיזֶה כְּלִי שִׁיר וְהַקָּטָן שֶׁבָּאוֹתוֹ הַמְּדִינָה–הוּא חָכָם גָּדוֹל בִּמְדִינָה אַחֶרֶת בְּאוֹתוֹ הַחָכְמָה שֶׁל נְגִינָה וְהַחֲכָמִים וְהַמֶּלֶךְ שֶׁבָּאוֹתוֹ הַמְּדִינָה וְהַקַּאפֶּעלְיֶיש [מַקְהֵלוֹת זֶמֶר] הֵם חֲכָמִים מֻפְלָגִים מְאֹד בְּאוֹתוֹ הַחָכְמָה.

פַּעַם אַחַת יָשְׁבוּ הַחֲכָמִים שֶׁל אוֹתוֹ הַמְּדִינָה וְהָיָה כָּל אֶחָד מִתְפָּאֵר בַּנְּגִינָה שֶׁלּוֹ: זֶה הָיָה מִתְפָּאֵר שֶׁהוּא יוֹדֵעַ לְנַגֵּן עַל כְּלִי שִׁיר פְּלוֹנִי, וְזֶה הִתְפָּאֵר שֶׁיּוֹדֵעַ לְנַגֵּן עַל כְּלִי שִׁיר פְּלוֹנִי, וְזֶה הִתְפָּאֵר בִּכְלִי שִׁיר פְּלוֹנִי וְזֶה הָיָה מִתְפָּאֵר שֶׁיּוֹדֵעַ לְנַגֵּן עַל כַּמָּה כְּלֵי שִׁיר וְזֶה הִתְפָּאֵר שֶׁיּוֹדֵעַ לְנַגֵּן עַל כָּל כְּלֵי שִׁיר, וְזֶה הִתְפָּאֵר שֶׁיָּכוֹל לַעֲשׂוֹת בְּקוֹלוֹ כְּמוֹ כְּלִי שִׁיר פְּלוֹנִי, וְזֶה הִתְפָּאֵר שֶׁיָּכוֹל לַעֲשׂוֹת בְּקוֹלוֹ כְּמוֹ כְּלִי שִׁיר פְּלוֹנִי וְזֶה הִתְפָּאֵר שֶׁיָּכוֹל לַעֲשׂוֹת בְּקוֹלוֹ כְּמוֹ כַּמָּה כְּלֵי שִׁיר וְזֶה הִתְפָּאֵר שֶׁיָּכוֹל לַעֲשׂוֹת בְּקוֹלוֹ כְּמוֹ תֹּף מַמָּשׁ, [שֶׁקּוֹרִין פּוֹיק] כְּאִלּוּ מַכִּין בְּתֹף וְזֶה הִתְפָּאֵר שֶׁיָּכוֹל לַעֲשׂוֹת בְּקוֹלוֹ כְּאִלּוּ מוֹרִין בִּקְנֵי שְׂרֵפָה [שֶׁקּוֹרִין אוֹרְמַאטִיס] [תּוֹתָחִים] וַאֲנִי הָיִיתִי גַּם-כֵּן שָׁם עָנִיתִי אֲנִי וְאָמַרְתִּי לָהֶם: קוֹלִי-טוֹב יוֹתֵר מִקּוֹלוֹת שֶׁלָּכֶם! וְהָא רְאָיָה כִּי אִם אַתֶּם חֲכָמִים כָּל-כָּךְ בְּקוֹל נְגִינָה, אִם-כֵּן הוֹשִׁיעוּ אֶת אוֹתָן שְׁתֵּי מְדִינוֹת.

וְאִלּוּ הַשְּׁתֵּי מְדִינוֹת הֵם רְחוֹקִים זֶה מִזֶּה אֶלֶף פַּרְסָאוֹת וּבְאֵלּוּ שְׁתֵּי הַמְּדִינוֹת

כְּשֶׁמַּגִּיעַ הַלַּיְלָה אֵין יְכוֹלִין לִישֹׁן כִּי כְּשֶׁנַּעֲשֶׂה לַיְלָה אֲזַי מַתְחִילִים הַכֹּל לִהְיוֹת מְיַלְּלִים בְּקוֹל יְלָלָה, אֲנָשִׁים וְנָשִׁים וָטַף אִם הָיָה מֻנָּח שָׁם אֶבֶן-הָיָה נִמּוֹחַ כִּי בַּלַּיְלָה הֵם שׁוֹמְעִים קוֹל יְלָלָה מְאֹד, וּמֵחֲמַת זֶה כֻּלָּם מְיַלְּלִים אֲנָשִׁים וְנָשִׁים וְכוּ' [וְכֵן מִתְנַהֵג בִּשְׁתֵּי הַמְּדִינוֹת] כִּי בִּמְדִינָה זוֹ שׁוֹמְעִים הַקּוֹל יְלָלָה, וּמְיַלְּלִים הַכֹּל כַּנַּ"ל וְכֵן בִּמְדִינָה אַחֶרֶת גַּם-כֵּן כֵּן וּשְׁתֵּי הַמְּדִינוֹת הֵם רְחוֹקִים זֶה מִזֶּה אֶלֶף פַּרְסָאוֹת וְעַל-כֵּן אִם אַתֶּם חֲכָמִים כָּל-כָּךְ בְּנִגִינָה, אֶרְאֶה אִם תּוּכְלוּ לְהוֹשִׁיעַ אֶת אוֹתָן שְׁתֵּי הַמְּדִינוֹת, אוֹ שֶׁתּוּכְלוּ לְכַוֵּן לַעֲשׂוֹת אֶת קוֹלָם [הַיְנוּ שֶׁהֵם יְכַוְּנוּ לְהוֹצִיא קוֹל מְכֻוָּן כְּמוֹ קוֹל הַיְלָלָה הַנִּשְׁמָע שָׁם] וְאָמְרוּ לוֹ: [הַיְנוּ הַחֲכָמִים הַנַּ"ל אָמְרוּ לָזֶה שֶׁצַּוָּארוֹ עָקֹם] הֲתוֹלִיךְ אוֹתָנוּ לְשָׁם? וְאָמַר: הֵן, אֲנִי מוֹלִיךְ אֶתְכֶם לְשָׁם וְנִתְעוֹרְרוּ כֻּלָּם לֵילֵךְ לְשָׁם.

וְהָלְכוּ וּבָאוּ לְשָׁם [הַיְנוּ לְאַחַת מִשְּׁתֵּי הַמְּדִינוֹת הַנַּ"ל] כְּשֶׁבָּאוּ לְשָׁם, כְּשֶׁהִגִּיעַ הַלַּיְלָה, הָיָה כַּנַּ"ל שֶׁהָיוּ כֻּלָּם מְיַלְּלִים מְאֹד כַּנַּ"ל וְגַם הַחֲכָמִים הַנַּ"ל גַּם-כֵּן הָיוּ מְיַילְּלִים [וּמִמֵּילָא רָאוּ בְּוַדַּאי שֶׁאֵינָם יְכוֹלִים לְהוֹשִׁיעַ אֶת אוֹתָן הַמְּדִינוֹת] וְאָמַר לָהֶם: [הַיְנוּ זֶה שֶׁצַּוָּארוֹ עָקֹם אָמַר אֶל הַחֲכָמִים הַנַּ"ל] עַל-כָּל-פָּנִים, תֹּאמְרוּ לִי מֵהֵיכָן בָּא זֹאת שֶׁנִּשְׁמָע קוֹל יְלָלָה הַנַּ"ל כַּנַּ"ל? אָמְרוּ לוֹ: וְאַתָּה יוֹדֵעַ? הֵשִׁיב: אֲנִי יוֹדֵעַ בְּוַדַּאי.

כִּי יֵשׁ שְׁנֵי צִפֳּרִים, אֶחָד זָכָר וְאַחַת נְקֵבָה, וְהֵם רַק זוּג אֶחָד בָּעוֹלָם וְנֶאֶבְדָה הַנְּקֵבָה וְהוּא הוֹלֵךְ וּמְחַפֵּשׂ אוֹתָהּ, וְהִיא מְחַפֶּשֶׂת אוֹתוֹ וְהָיוּ מְחַפְּשִׂים הַרְבֵּה זֶה אֶת זֶה עַד שֶׁנִּתְעוּ, וְרָאוּ שֶׁאֵינָם יְכוֹלִים לִמְצֹא אֶחָד אֶת חֲבֵרוֹ וְנִשְׁאֲרוּ עוֹמְדִים, וְעָשׂוּ לָהֶם קִנִּים זֶה הַצִּפּוֹר עָשָׂה לוֹ קֵן סָמוּךְ לִמְדִינָה אַחַת מִשְּׁתֵּי הַמְּדִינוֹת הַנַּ"ל וְלֹא סָמוּךְ מַמָּשׁ, רַק שֶׁבְּעֵרֶךְ קוֹל הַצִּפּוֹר הוּא סָמוּךְ, כִּי יְכוֹלִים לִשְׁמֹעַ הַקּוֹל שֶׁל הַצִּפּוֹר בְּאוֹתוֹ הַמְּדִינָה מִמָּקוֹם שֶׁעָמַד שָׁם וְעָשָׂה לוֹ קֵן וְכֵן הִיא עָשְׂתָה לָהּ גַּם-כֵּן קֵן סָמוּךְ לַמְּדִינָה הַשְּׁנִיָּה [הַיְנוּ גַּם-כֵּן כַּנַּ"ל שֶׁהוּא סָמוּךְ מֵחֲמַת שֶׁיְּכוֹלִים לִשְׁמֹעַ שָׁם הַקּוֹל כַּנַּ"ל] וּכְשֶׁמַּגִּיעַ הַלַּיְלָה, אֲזַי אֵלּוּ הַזּוּג צִפֳּרִים מַתְחִילִים כָּל אֶחָד וְאֶחָד לְיַלֵּל בְּקוֹל יְלָלָה גְּדוֹלָה מְאֹד, כִּי כָּל אֶחָד מְיַלֵּל עַל זוּגוֹ כַּנַּ"ל וְזֶהוּ

הַקּוֹל יְלָלָה שֶׁנִּשְׁמַע בְּאֵלּוּ שְׁתֵּי הַמְּדִינוֹת [אֲשֶׁר מֵחֲמַת אוֹתוֹ הַקּוֹל יְלָלָה כֻּלָּם מְיַלְלִים מְאֹד וְאֵינָם יְכוֹלִים לִישׁן] אַךְ לֹא רָצוּ לְהַאֲמִין זֹאת וְאָמְרוּ לוֹ: הֲתוֹלִיךְ אוֹתָנוּ לְשָׁם? וְאָמַר הֵן [אֲנִי יָכוֹל לְהוֹלִיךְ אֶתְכֶם לְשָׁם] אַךְ אֵין אַתֶּם יְכוֹלִים לָבוֹא לְשָׁם כִּי כְּשֶׁתִּתְקָרְבוּ לְשָׁם-לֹא תּוּכְלוּ לִסְבֹּל אֶת קוֹל הַיְלָלָה מֵאַחַר שֶׁגַּם כָּאן אֵין אַתֶּם יְכוֹלִים לִסְבֹּל, וְאַתֶּם מֻכְרָחִים גַּם-כֵּן לְיַלֵּל כַּנַּ"ל, כְּשֶׁתַּגִּיעוּ לְשָׁם לֹא תּוּכְלוּ לִסְבֹּל כְּלָל.

וּבַיּוֹם [אִי אֶפְשָׁר לָבוֹא לְשָׁם כִּי בַּיּוֹם] אִי אֶפְשָׁר לִסְבֹּל הַשִּׂמְחָה שֶׁיֵּשׁ שָׁם כִּי בַּיּוֹם מִתְקַבְּצִים שָׁם צִפֳּרִים אֵצֶל כָּל אֶחָד וְאֶחָד מֵהַזּוּג הַנַּ"ל, וְהֵם מְנַחֲמִים וּמְשַׂמְּחִים אֶת כָּל אֶחָד וְאֶחָד מֵהַזּוּג הַנַּ"ל בִּשְׂמָחוֹת גְּדוֹלוֹת מְאֹד מְאֹד, וְאוֹמְרִים לָהֶם דִּבְרֵי תַּנְחוּמִין, שֶׁעֲדַיִן אֶפְשָׁר שֶׁתִּמְצְאוּ זֶה אֶת זֶה עַד שֶׁבַּיּוֹם אִי אֶפְשָׁר לִסְבֹּל אֶת גֹּדֶל הַשִּׂמְחָה שֶׁיֵּשׁ שָׁם וְקוֹל הַצִּפֳּרִים שֶׁמְּשַׂמְּחִים אוֹתָם אֵינוֹ נִשְׁמָע לְמֵרָחוֹק, רַק כְּשֶׁמַּגִּיעִים לְשָׁם אֲבָל קוֹל הַזּוּג הַנַּ"ל שֶׁמְּיַלְלִים בַּלַּיְלָה-הוּא נִשְׁמָע לְמֵרָחוֹק וְאִי אֶפְשָׁר לָבוֹא לְשָׁם מֵחֲמַת זֶה כַּנַּ"ל אָמְרוּ לוֹ: [הַיְנוּ הַחֲכָמִים הַנַּ"ל אָמְרוּ לָזֶה שֶׁצַּוָּארוֹ עָקוֹם] וְאַתָּה יָכוֹל לְתַקֵּן זֹאת? הֵשִׁיב: אֲנִי יָכוֹל לְתַקֵּן, כִּי אֲנִי יָכוֹל לַעֲשׂוֹת וּלְכַוֵּן כָּל הַקּוֹלוֹת שֶׁבָּעוֹלָם [הַיְנוּ שֶׁכָּל מִינֵי קוֹלוֹת שֶׁבָּעוֹלָם הוּא יָכוֹל לְהוֹצִיאָם בְּקוֹלוֹ, וּלְכַוֵּן מַמָּשׁ כְּמוֹ אֵיזֶה קוֹל שֶׁיִּהְיֶה] גַּם אֲנִי יָכוֹל לְהַשְׁלִיךְ קוֹלוֹת הַיְנוּ, כִּי אֲנִי יָכוֹל לְהַשְׁלִיךְ קוֹל שֶׁבְּכָאן, בַּמָּקוֹם שֶׁאֲנִי מוֹצִיא הַקּוֹל, לֹא יִהְיֶה נִשְׁמָע הַקּוֹל כְּלָל רַק בְּרָחוֹק יִהְיֶה נִשְׁמָע שָׁם הַקּוֹל וְעַל-כֵּן אֲנִי יָכוֹל לְהַשְׁלִיךְ אֶת הַקּוֹל שֶׁל הַצִּפּוֹרָה, שֶׁיַּגִּיעַ סָמוּךְ לְמְקוֹם הַצִּפּוֹר וְכֵן לְהַשְׁלִיךְ קוֹל הַצִּפּוֹר, שֶׁיַּגִּיעַ סָמוּךְ לִמְקוֹם הַצִּפּוֹרָה וּלְהַמְשִׁיכָם יַחַד עַל-יְדֵי-זֶה [וְעַל-יְדֵי-זֶה יִתְתַּקֵּן כָּל הַנַּ"ל].

אַךְ מִי יַאֲמִין זֹאת? וְהוֹלִיךְ אוֹתָם לְתוֹךְ אֵיזֶה יַעַר וְשָׁמְעוּ כְּמוֹ אֶחָד שֶׁפּוֹתֵחַ אֶת הַדֶּלֶת, וְחוֹזֵר וְסוֹגְרוֹ וְנוֹעֲלוֹ בִּבְרִיחַ [שֶׁקּוֹרִין קְלַאמְקָא], וְנִשְׁמַע קוֹל הַהַכָּאָה שֶׁל [הַקְלַאמְקָא] וּמוֹרֶה בִּקְנֵי שְׂרֵפָה [שֶׁקּוֹרִין בִּיקְס], וְשׁוֹלֵחַ אֶת הַכֶּלֶב לַחֲטֹף [אֶת הַדָּבָר שֶׁהָיָה מוֹרֶה] וְהַכֶּלֶב הָיָה מִתְחַבֵּט וְגוֹרֵר אֶת

עַצְמוֹ בְּתוֹךְ הַשֶּׁלֶג [בִּלְשׁוֹן אַשְׁכְּנַז גִּיגְרַאזְנִיט אִין שְׁנֵייא] וְכָל זֶה שָׁמְעוּ אֵלּוּ הַחֲכָמִים וְהִסְתַּכְּלוּ-וְלֹא רָאוּ דָּבָר גַּם לֹא שָׁמְעוּ מִמֶּנּוּ [הַיְנוּ מִן זֶה שֶׁצַּוָּארוֹ עָקֹם] שׁוּם קוֹל כְּלָל [רַק שֶׁזֶּה שֶׁצַּוָּארוֹ עָקֹם הָיָה מַשְׁלִיךְ קוֹלוֹת כָּאֵלּוּ, וְעַל-כֵּן שָׁמְעוּ אֵלּוּ הַקּוֹלוֹת וּמִמֵּילָא רָאוּ שֶׁהוּא יָכוֹל לַעֲשׂוֹת כָּל הַקּוֹלוֹת וּלְכַוְּנָם מַמָּשׁ וְגַם לְהַשְׁלִיךְ קוֹלוֹת וְעַל-כֵּן יוּכַל לְתַקֵּן אֶת כָּל הַנַּ"ל-וְלֹא סִפֵּר יוֹתֵר בָּזֶה הָעִנְיָן וּמוּבָן שֶׁדִּלֵּג בְּכָאן] נִמְצָא, שֶׁיֵּשׁ לִי הַסְכָּמָה מֵאוֹתוֹ הַמְּדִינָה שֶׁקּוֹלִי נִפְלָא מְאֹד וַאֲנִי יָכוֹל לַעֲשׂוֹת כָּל מִינֵי קוֹלוֹת שֶׁבָּעוֹלָם כַּנַּ"ל וְעַתָּה אֲנִי נוֹתֵן לָכֶם זֹאת בְּמַתָּנָה גְּמוּרָה לִדְרָשָׁה-שֶׁתִּהְיוּ כָּמוֹנִי וְנַעֲשָׂה שָׁם שִׂמְחָה גְּדוֹלָה וְחֶדְוָה רַבָּה מְאֹד בַּיּוֹם הַחֲמִישִׁי גַּם-כֵּן הָיוּ שְׂמֵחִים וְזָכְרוּ הַזּוּג אֶת הַבֶּעטְלֶיר שֶׁהָיָה לוֹ חֲטוֹטָרוֹת, [שֶׁקּוֹרִין הוֹקֶיר] וְהָיוּ מִתְגַּעְגְּעִים מְאֹד: אֵיךְ לוֹקְחִים בְּכָאן אֶת אוֹתוֹ הַבֶּעטְלֶיר הַהוֹקֶיר, כִּי אִם הָיָה הוּא בְּכָאן הָיְתָה הַשִּׂמְחָה גְּדוֹלָה מְאֹד! וְהִנֵּה הוּא בָּא, וְאָמַר: הִנְנִי! הִנֵּה בָּאתִי עַל הַחֲתֻנָּה וְנָפַל עֲלֵיהֶם, וְחִבֵּק וְנִשֵּׁק אוֹתָם, וְאָמַר לָהֶם: בַּתְּחִלָּה בֵּרַכְתִּי אֶתְכֶם שֶׁתִּהְיוּ כָּמוֹנִי, וְעַתָּה אֲנִי נוֹתֵן לָכֶם בְּמַתָּנָה לִדְרָשָׁה שֶׁתִּהְיוּ כָּמוֹנִי וְאֵין אֲנִי בַּעַל חֲטוֹטָרוֹת [הַיְנוּ הוֹקֶיר] כְּלָל רַק אַדְּרַבָּא יֵשׁ לִי כְּתֵפַיִם כָּאֵלּוּ [שֶׁקּוֹרִין פְּלֵייצֶיס], שֶׁהֵם בִּבְחִינַת "מְעַט מַחֲזִיק אֶת הַמְרֻבֶּה" וְיֵשׁ לִי הַסְכָּמָה עַל זֶה כִּי פַּעַם אַחַת הָיָה שִׂיחָה וְסִפּוּר, שֶׁהָיוּ אֲנָשִׁים מִתְפָּאֲרִים עַצְמָם בִּבְחִינָה זוֹ שֶׁכָּל אֶחָד וְאֶחָד הָיָה מִתְפָּאֵר שֶׁיֵּשׁ לוֹ בְּחִינָה זוֹ שֶׁל מְעַט מַחֲזִיק אֶת הַמְרֻבֶּה וּמֵאֶחָד מֵהֶם הָיוּ מְחַיְּכִים וְשׂוֹחֲקִים מִמֶּנּוּ, וְהַשְּׁאָר שֶׁהִתְפָּאֲרוּ בִּבְחִינָה זוֹ, שֶׁל מְעַט מַחֲזִיק אֶת הַמְרֻבֶּה, נִתְקַבְּלוּ דִּבְרֵיהֶם אֲבָל בְּחִינַת מְעַט מַחֲזִיק אֶת הַמְרֻבֶּה שֶׁיֵּשׁ לִי, הוּא גָּדוֹל מִכֻּלָּם כִּי אֶחָד מֵהַנַּ"ל הִתְפָּאֵר שֶׁהַמֹּחַ שֶׁלּוֹ הוּא בְּחִינַת מְעַט מַחֲזִיק אֶת הַמְרֻבֶּה, כִּי הוּא נוֹשֵׂא בַּמֹּחַ שֶׁלּוֹ אֲלָפִים וּרְבָבוֹת אֲנָשִׁים עִם כָּל הַהִצְטָרְכוּת שֶׁלָּהֶם, [וְכָל הִתְנַהֲגוּת שֶׁלָּהֶם], וְכָל הַהֲוָיוֹת וְהַתְּנוּעוֹת שֶׁלָּהֶם, הַכֹּל כַּאֲשֶׁר לַכֹּל הוּא נוֹשֵׂא בְּמֹחוֹ, וְעַל-כֵּן הוּא מוּעָט מַחֲזִיק אֶת הַמְרֻבֶּה, כִּי מֹחוֹ נוֹשֵׂא כָּל-כָּךְ אֲנָשִׁים עִם וְכוּ' כַּנַּ"ל וְשָׂחֲקוּ מִמֶּנּוּ, וְאָמְרוּ, כִּי הָאֲנָשִׁים אֵינָם

כְּלוּם, וְהוּא אֵינוֹ כְּלוּם וְנַעֲנָה אֶחָד וְאָמַר: אֲנִי רָאִיתִי מֵעַט מַחֲזִיק אֶת הַמְּרֻבֶּה כָּזֶה כִּי פַּעַם אַחַת רָאִיתִי הַר שֶׁהָיָה מֻנָּח עָלָיו הַרְבֵּה זֶבֶל וְטִנּוּף וְהָיָה חִדּוּשׁ אֶצְלִי: מֵהֵיכָן בָּא עַל הַהַר הַזֶּה כָּל-כָּךְ זֶבֶל וְטִנּוּף? וְהָיָה שָׁם אָדָם אֶחָד אֵצֶל אוֹתוֹ הָהָר, וְאָמַר: כָּל זֶה מִמֶּנִּי כִּי אוֹתוֹ הָאָדָם הָיָה יוֹשֵׁב שָׁם אֵצֶל אוֹתוֹ הָהָר וְהִשְׁלִיךְ שָׁם תָּמִיד עַל אוֹתוֹ הָהָר זֶבֶל וּפֶרֶשׁ שֶׁלּוֹ מֵאֲכִילָה וּשְׁתִיָּה שֶׁלּוֹ, וְטִנֵּף שָׁם עַד שֶׁעַל יָדוֹ נִתְרַבָּה הַזֶּבֶל וְהַטִּנּוּף שָׁם עַל אוֹתוֹ הָהָר נִמְצָא שֶׁזֶּה הָאִישׁ הוּא מֵעַט מַחֲזִיק אֶת הַמְּרֻבֶּה, כִּי עַל יָדוֹ נִתְרַבָּה הַזֶּבֶל כָּל-כָּךְ [כֵּן הוּא בְּחִינַת מֵעַט מַחֲזִיק אֶת הַמְּרֻבֶּה שֶׁל הָאִישׁ הַנַּ"ל שֶׁהִתְפָּאֵר בְּמֹחוֹ שֶׁמַּחֲזִיק כַּמָּה אֲנָשִׁים כַּנַּ"ל].

וְאֶחָד הִתְפָּאֵר שֶׁיֵּשׁ לוֹ בְּחִינַת מֵעַט מַחֲזִיק אֶת הַמְּרֻבֶּה כִּי יֵשׁ [לוֹ] חֲתִיכַת מְדִינָה, שֶׁהִיא מוֹצִיאָה פֵּרוֹת הַרְבֵּה וְאַחַר-כָּךְ כְּשֶׁמְּחַשְּׁבִין אֶת הַפֵּרוֹת שֶׁהוֹצִיאָה הַמְּדִינָה, רוֹאִין שֶׁהַמְּדִינָה אֵינָהּ מַחֲזֶקֶת מָקוֹם כָּל-כָּךְ כְּמוֹ הַפֵּרוֹת כִּי אֵין בָּהּ מָקוֹם כָּל-כָּךְ לְהַחֲזִיק כָּל-כָּךְ פֵּרוֹת נִמְצָא שֶׁהִיא בְּחִינַת מֵעַט מַחֲזִיק אֶת הַמְּרֻבֶּה וְהוּטְבוּ דְּבָרָיו כִּי בֶּאֱמֶת, בְּוַדַּאי הוּא בְּחִינַת מֵעַט מַחֲזִיק אֶת הַמְּרֻבֶּה וְאֶחָד אָמַר שֶׁיֵּשׁ [לוֹ] פַּרְדֵּס נִפְלָא מְאֹד, שֶׁיֵּשׁ שָׁם פֵּרוֹת וְכוּ' וְנוֹסְעִים לְשָׁם כַּמָּה וְכַמָּה בְּנֵי-אָדָם וּשְׂרָרוֹת, כִּי הוּא פַּרְדֵּס נָאֶה מְאֹד וּבַקַּיִץ נוֹסְעִים לְשָׁם כַּמָּה בְּנֵי-אָדָם וּשְׂרָרוֹת לְטַיֵּל שָׁם וּבֶאֱמֶת אֵין בְּהַפַּרְדֵּס מָקוֹם כָּל-כָּךְ שֶׁיַּחֲזִיק כָּל-כָּךְ אֲנָשִׁים וְעַל-כֵּן הוּא מֵעַט מַחֲזִיק אֶת הַמְּרֻבֶּה וְהוּטְבוּ דְּבָרָיו גַּם- כֵּן.

וְאֶחָד אָמַר שֶׁהַדִּבּוּר שֶׁלּוֹ הוּא בְּחִינַת מֵעַט מַחֲזִיק אֶת הַמְּרֻבֶּה כִּי הוּא בַּעַל סוֹד [שֶׁקּוֹרִין סֶעקְרֶעטֶיר] [מזכיר] אֵצֶל מֶלֶךְ גָּדוֹל וּבָאִין אֶצְלוֹ כַּמָּה וְכַמָּה בְּנֵי-אָדָם זֶה בָּא עִם שְׁבָחִים לְהַמֶּלֶךְ, וְזֶה בָּא עִם בַּקָּשׁוֹת וְכַיּוֹצֵא בָּזֶה וּבְוַדַּאי אִי אֶפְשָׁר לְהַמֶּלֶךְ לִשְׁמֹעַ אֶת כֻּלָּם וַאֲנִי יָכוֹל לְקַבֵּץ אֶת כָּל דִּבְרֵיהֶם בְּתוֹךְ אֵיזֶה דִּבּוּרִים מֻעָטִים, וּלְסַפֵּר לִפְנֵי הַמֶּלֶךְ אֵלּוּ הַדִּבּוּרִים מֻעָטִים, וְיִהְיֶה כָּלוּל בָּהֶם כָּל הַשְּׁבָחִים וְהַבַּקָּשׁוֹת שֶׁלָּהֶם וְכָל דִּבְרֵיהֶם כֻּלָּם, בְּתוֹךְ אֵיזֶה דִּבּוּרִים מֻעָטִים שֶׁלִּי נִמְצָא שֶׁהַדִּבּוּר שֶׁלִּי הוּא מֵעַט מַחֲזִיק אֶת הַמְּרֻבֶּה וְאֶחָד אָמַר

שֶׁהַשְּׁתִיקָה שֶׁלּוֹ הִיא בְּחִינַת מֵעֵט מַחֲזִיק אֶת הַמְּרֻבֶּה כִּי יֵשׁ עָלָיו מְקַטְרְגִים הַרְבֵּה וּבַעֲלֵי לָשׁוֹן הָרָע שֶׁמַּלְשִׁינִים עָלָיו הַרְבֵּה מְאֹד וְכָל מַה שֶּׁמַּלְשִׁינִים וְדוֹבְרִים וּמְקַטְרְגִים עָלָיו בְּלָשׁוֹן הָרָע הַרְבֵּה, הוּא בִּשְׁתִיקָתוֹ מְתָרֵץ הַכֹּל עַל-יְדֵי מַה שֶׁהוּא שׁוֹתֵק לְבַד [כִּי הוּא עוֹשֶׂה רַק אֵיזֶה שְׁתִיקָה וְהוּא תֵּרוּץ עַל הַכֹּל] נִמְצָא, שֶׁשְּׁתִיקָתוֹ הוּא מֵעֵט מַחֲזִיק אֶת הַמְּרֻבֶּה.

וְאֶחָד אָמַר שֶׁהוּא בְּחִינַת מֵעֵט מַחֲזִיק אֶת הַמְּרֻבֶּה, כִּי יֵשׁ עָנִי אֶחָד וְהוּא סַגִּי נְהוֹר [עִיוּוֹר] וְהוּא [הַיְנוּ הֶעָנִי] גָּדוֹל מְאֹד וְהוּא [הַיְנוּ זֶה שֶׁהִתְפָּאֵר וְסִפֵּר זֹאת] קָטָן לְגַמְרֵי, וּמוֹלִיךְ אוֹתוֹ הַיְנוּ שֶׁזֶּה שֶׁהִתְפָּאֵר בָּזֶה הוּא קָטָן וּמוֹלִיךְ אֶת הֶעָנִי הַסַּגִּי נְהוֹר, שֶׁהוּא גָּדוֹל מְאֹד נִמְצָא שֶׁהוּא מֵעֵט מַחֲזִיק אֶת הַמְּרֻבֶּה, כִּי הַסַּגִּי נְהוֹר הָיָה יָכוֹל לְהַחֲלִיק, וְהָיָה יָכוֹל לִפֹּל, וְהוּא מַחֲזִיק אוֹתוֹ עַל-יְדֵי שֶׁמּוֹלִיכוֹ וְעַל-כֵּן הוּא מֵעֵט מַחֲזִיק אֶת הַמְּרֻבֶּה כִּי הוּא קָטָן וּמַחֲזִיק אֶת הַסַּגִּי נְהוֹר הַגָּדוֹל כַּנַּ"ל וַאֲנִי [הַיְנוּ זֶה הַהוֹקֵיר שֶׁמְּסַפֵּר כָּל זֶה] הָיִיתִי גַּם-כֵּן שָׁם וְאָמַרְתִּי: הָאֱמֶת הוּא, שֶׁיֵּשׁ לָכֶם בְּחִינַת מֵעֵט מַחֲזִיק אֶת הַמְּרֻבֶּה וַאֲנִי יוֹדֵעַ כָּל מַה שֶּׁכַּוָּנְתֶּם בְּדִבְרֵיכֶם [הַיְנוּ שֶׁהוּא יוֹדֵעַ כַּוָּנַת כָּל הַנַּ"ל שֶׁהִתְפָּאֲרוּ בִּבְחִינַת מֵעֵט מַחֲזִיק אֶת הַמְּרֻבֶּה שֶׁלָּהֶם] וְזֶה הָאַחֲרוֹן שֶׁהִתְפָּאֵר שֶׁהוּא מוֹלִיךְ אֶת הַסַּגִּי נְהוֹר הַגָּדוֹל, הוּא גָּדוֹל מִכֻּלְּכֶם אֲבָל אֲנִי לְמַעְלָה לְמַעְלָה מִכֻּלְּכֶם בִּכְלָל כִּי זֶה שֶׁהִתְפָּאֵר שֶׁהוּא מוֹלִיךְ אֶת הַסַּגִּי נְהוֹר הַגָּדוֹל, כַּוָּנָתוֹ שֶׁהוּא מוֹלִיךְ אֶת גַּלְגַּל הַיָּרֵחַ, שֶׁהוּא בְּחִינַת סַגִּי נְהוֹר כִּי אֵין לָהּ אוֹר מֵעַצְמָהּ כְּלָל, וְלֵית לָהּ מִגַּרְמַהּ כְּלוּם וְהוּא [הַיְנוּ זֶה שֶׁהִתְפָּאֵר בָּזֶה] מוֹלִיךְ אֶת הַיָּרֵחַ אַף-עַל-פִּי שֶׁהוּא קָטָן, וְגַלְגַּל הַיָּרֵחַ גָּדוֹל מְאֹד וְהוּא קִיּוּם כָּל הָעוֹלָם-כִּי הָעוֹלָם צָרִיךְ אֶת הַיָּרֵחַ נִמְצָא שֶׁהוּא בְּחִינַת מֵעֵט מַחֲזִיק אֶת הַמְּרֻבֶּה בֶּאֱמֶת אֲבָל בְּחִינַת מֵעֵט מַחֲזִיק אֶת הַמְּרֻבֶּה שֶׁיֵּשׁ לִי הוּא לְמַעְלָה מִכֻּלָּם בִּכְלָל.

וְהָא רְאָיָה כִּי פַּעַם אַחַת הָיוּ כַּת אַחַת שֶׁהָיוּ חוֹקְרִים: בַּאֲשֶׁר שֶׁכָּל חַיָּה יֵשׁ לָהּ צֵל מְיֻחָד, שֶׁבָּזֶה הַצֵּל דַּיְקָא הִיא רוֹצָה לָנוּחַ שָׁם וְכֵן יֵשׁ צֵל מְיֻחָד לְכָל חַיָּה וְחַיָּה כִּי כָּל חַיָּה וְחַיָּה בּוֹחֶרֶת

לָהּ אֵיזֶה צֵל, וּבְאוֹתוֹ הַצֵּל דַּיְקָא הִיא רוֹצָה לִשְׁכֹּן שָׁם, כְּפִי הַצֵּל הַמְיֻחָד לָהּ וְכֵן יֵשׁ לְכָל עוֹף וְעוֹף עָנָף מְיֻחָד, שֶׁבְּאוֹתוֹ הֶעָנָף דַּיְקָא הוּא רוֹצֶה לִשְׁכֹּן וְעַל-כֵּן חָקְרוּ אִם יְכוֹלִים לִמְצֹא אִילָן כָּזֶה, אֲשֶׁר בְּצִלּוֹ יִשְׁכְּנוּ כָּל הַחַיּוֹת שֶׁכָּל הַחַיּוֹת יִהְיוּ בּוֹחֲרִים וְיִתְרַצּוּ לִשְׁכֹּן בְּצֵל אוֹתוֹ הָאִילָן, וְעַל עֲנָפָיו [שֶׁל אוֹתוֹ הָאִילָן] יִשְׁכְּנוּ כָּל צִפֳּרֵי שְׁמַיָּא וְחָקְרוּ שֶׁנִּמְצָא אִילָן כָּזֶה, וְרָצוּ לֵילֵךְ לְשָׁם אֶל אוֹתוֹ הָאִילָן כִּי הָעֹנֶג הַמֻּפְלָא שֶׁיֵּשׁ שָׁם אֵצֶל אוֹתוֹ הָאִילָן אֵין לְשַׁעֵר כִּי יֵשׁ שָׁם כָּל הָעוֹפוֹת וְכָל הַחַיּוֹת, וְשָׁם אֵין שׁוּם הֶזֵּק מִשּׁוּם חַיָּה וְכָל הַחַיּוֹת וְכוּ' מְעֹרָבִים שָׁם, וְכֻלָּם מְשַׂחֲקִים שָׁם, וּבְוַדַּאי הוּא תַּעֲנוּג מֻפְלָג מְאֹד לִהְיוֹת שָׁם אֵצֶל אוֹתוֹ הָאִילָן וְחָקְרוּ לְאֵיזֶה צַד צְרִיכִים לֵילֵךְ לָבוֹא אֶל אוֹתוֹ הָאִילָן וְנָפַל מַחֲלֹקֶת בֵּינֵיהֶם עַל זֶה, וְלֹא הָיָה מַכְרִיעַ בֵּינֵיהֶם כִּי זֶה אָמַר שֶׁצְּרִיכִים לֵילֵךְ לְצַד פְּלוֹנִי לְמִזְרָח, וְזֶה אָמַר לְמַעֲרָב, וְזֶה אָמַר לְכָאן וְזֶה לְכָאן וְכוּ' עַד שֶׁלֹּא הָיוּ יְכוֹלִים לְהַכְרִיעַ לְאֵיזֶה צַד צְרִיכִים לֵילֵךְ לָבוֹא אֶל אוֹתוֹ הָאִילָן.

וּבָא חָכָם אֶחָד, וְאָמַר לָהֶם: לָמָּה אַתֶּם חוֹקְרִים בְּאֵיזֶה צַד לֵילֵךְ אֶל הָאִילָן, חִקְרוּ מִתְּחִלָּה מִי וָמִי הָאֲנָשִׁים שֶׁיְּכוֹלִים לָבוֹא אֶל אוֹתוֹ הָאִילָן כִּי אֶל אוֹתוֹ הָאִילָן לָאו כָּל אָדָם יָכוֹל לָבוֹא אֶצְלוֹ, כִּי אִם מִי שֶׁיֵּשׁ לוֹ הַמִּדּוֹת שֶׁל הָאִילָן כִּי זֶה הָאִילָן יֵשׁ לוֹ שְׁלֹשָׁה שָׁרָשִׁים: שֹׁרֶשׁ אֶחָד הוּא אֱמוּנָה, וְהַשֵּׁנִי- הוּא יִרְאָה, וְהַשְּׁלִישִׁי-הוּא עֲנִיוּוּת וֶאֱמֶת- הוּא גּוּף הָאִילָן וּמִשָּׁם יוֹצְאִים עֲנָפִים וְעַל-כֵּן אִי אֶפְשָׁר לָבוֹא אֶל הָאִילָן, כִּי אִם מִי שֶׁיֵּשׁ בּוֹ מִדּוֹת הַלָּלוּ הַנַּ"ל וְאֵלּוּ הַכַּת הַנַּ"ל הָיָה בֵּינֵיהֶם אַחְדוּת גָּדוֹל מְאֹד, וְלֹא רָצוּ לְהִתְפָּרֵד זֶה מִזֶּה שֶׁקְּצָתָם יֵלְכוּ אֶל הָאִילָן וּקְצָתָם יִשָּׁאֲרוּ כִּי לֹא הָיוּ כֻּלָּם רְאוּיִים לָבוֹא אֶל הָאִילָן, כִּי לֹא נִמְצָא בֵּינֵיהֶם כִּי אִם קְצָתָם שֶׁהָיוּ בָּהֶם מִדּוֹת הַנַּ"ל אֲבָל הַשְּׁאָר לֹא הָיוּ בָּהֶם אֵלּוּ הַמִּדּוֹת וְעַל-כֵּן נִתְעַכְּבוּ כֻּלָּם, עַד שֶׁיִּהְיוּ יְגֵעִים וְטוֹרְחִים שְׁאָר אַנְשֵׁי הַכַּת הַנַּ"ל, עַד שֶׁיִּהְיוּ בָּהֶם גַּם-כֵּן הַמִּדּוֹת הַנַּ"ל כְּדֵי שֶׁיִּהְיוּ כֻּלָּם רְאוּיִים לָבוֹא אֶל הָאִילָן וְכֵן עָשׂוּ וְיָגְעוּ וְטָרְחוּ עַד שֶׁבָּאוּ כֻּלָּם לְאֵלּוּ הַמִּדּוֹת הַנַּ"ל וַאֲזַי, כְּשֶׁבָּאוּ כֻּלָּם לְאֵלּוּ הַמִּדּוֹת

הַנַּ"ל, אֲזַי בָּאוּ כֻּלָּם עַל דַּעַת אַחַת, וְהִסְכִּימוּ כֻּלָּם עַל דֶּרֶךְ אַחַת לֵילֵךְ בְּאוֹתוֹ דֶּרֶךְ אֶל הָאִילָן הַנַּ"ל, וְהָלְכוּ כֻּלָּם.

וְהָלְכוּ אֵיזֶה זְמַן עַד שֶׁהָיוּ רוֹאִים [מֵרָחוֹק] אֶת הָאִילָן וְהִסְתַּכְּלוּ וְרָאוּ, וְהִנֵּה אֵין הָאִילָן עוֹמֵד בְּמָקוֹם כְּלָל כִּי אֵין לָאִילָן מָקוֹם כְּלָל וּמֵאַחַר שֶׁאֵין לוֹ מָקוֹם, אֵיךְ אֶפְשָׁר לָבוֹא אֵלָיו? וַאֲנִי [הַיְנוּ זֶה הַהוֹקֵיר] הָיִיתִי גַּם-כֵּן שָׁם עִמָּהֶם וְאָמַרְתִּי לָהֶם: אֲנִי יָכוֹל לְהָבִיא אֶתְכֶם אֶל הָאִילָן כִּי זֶה הָאִילָן אֵין לוֹ מָקוֹם כְּלָל, כִּי הוּא לְמַעְלָה מֵהַמָּקוֹם לְגַמְרֵי, וּבְחִינַת מְעַט מַחֲזִיק אֶת הַמְּרֻבֶּה הוּא עֲדַיִן בְּמָקוֹם כִּי עַל-כָּל-פָּנִים יֵשׁ לוֹ מָקוֹם מְעַט רַק שֶׁהוּא מְעַט מַחֲזִיק אֶת הַמְּרֻבֶּה אֲבָל עֲדַיִן יֵשׁ לוֹ מָקוֹם מְעַט עַל-כָּל-פָּנִים, וּבְחִינַת מְעַט מַחֲזִיק אֶת הַמְּרֻבֶּה שֶׁיֵּשׁ לִי, [הַיְנוּ לְבַעַל הַחֲטוֹטָרוֹת] הִיא בְּחִינַת סוֹף הַמָּקוֹם לְגַמְרֵי, שֶׁמִּשָּׁם וּלְמַעְלָה אֵין מָקוֹם כְּלָל עַל-כֵּן אֲנִי יָכוֹל לִשָּׂא אֶת כֻּלְּכֶם אֶל הָאִילָן שֶׁהוּא לְמַעְלָה מֵהַמָּקוֹם לְגַמְרֵי [כִּי זֶה בַּעַל הַחֲטוֹטָרוֹת הוּא כְּמוֹ בְּחִינַת מְמֻצָּע בֵּין הַמָּקוֹם וּבֵין לְמַעְלָה מִן הַמָּקוֹם לְגַמְרֵי כִּי יֵשׁ לוֹ בְּחִינָה עֶלְיוֹנָה שֶׁל בְּחִינַת מְעַט מַחֲזִיק אֶת הַמְּרֻבֶּה, שֶׁהִיא בְּחִינַת סוֹף הַמָּקוֹם מַמָּשׁ, שֶׁמִּשָּׁם וָהָלְאָה אֵין נִמְצָא תֵּבַת מָקוֹם כְּלָל כִּי מִשָּׁם וּלְמַעְלָה הִיא בְּחִינַת לְמַעְלָה מִן הַמָּקוֹם לְגַמְרֵי וְעַל-כֵּן הוּא יָכוֹל לִשָּׂא אוֹתָם מִתּוֹךְ הַמָּקוֹם, לִבְחִינַת לְמַעְלָה מִן הַמָּקוֹם וְהָבֵן] וְלָקַחְתִּי אוֹתָם, וְנָשָׂאתִי אוֹתָם לְשָׁם אֶל הָאִילָן הַנַּ"ל.

נִמְצָא שֶׁיֵּשׁ לִי הַסְכָּמָה מֵהַנַּ"ל, שֶׁיֵּשׁ לִי בְּחִינָה עֶלְיוֹנָה שֶׁל מְעַט מַחֲזִיק אֶת הַמְּרֻבֶּה [בִּשְׁבִיל זֶה הָיָה נִדְמֶה כְּבַעַל חֲטוֹטָרוֹת, כִּי הוּא נוֹשֵׂא עָלָיו הַרְבֵּה, כִּי הוּא בְּחִינַת מוּעָט מַחֲזִיק אֶת הַמְּרֻבֶּה כַּנַּ"ל] וְעַתָּה אֲנִי נוֹתֵן לָכֶם זֹאת בְּמַתָּנָה שֶׁתִּהְיוּ כָּמוֹנִי וְנַעֲשָׂה שָׁם שִׂמְחָה גְּדוֹלָה וְחֶדְוָה רַבָּה מְאֹד.

בַּיּוֹם הַשִּׁשִּׁי הָיוּ גַּם-כֵּן שְׂמֵחִים וְהָיוּ מִתְגַּעְגְּעִים: אֵיךְ לוֹקְחִין בְּכָאן אֶת אוֹתוֹ שֶׁהָיָה בְּלֹא יָדַיִם? וְהִנֵּה הוּא בָּא, וְאָמַר הִנְנִי! הִנֵּה בָּאתִי אֶצְלְכֶם עַל הַחֲתֻנָּה וְאָמַר לָהֶם גַּם-כֵּן כַּנַּ"ל, וְנָשַׁק אוֹתָם וְאָמַר לָהֶם: [אַתֶּם סְבוּרִים שֶׁאֲנִי בַּעַל מוּם בְּיָדַי] אֵין אֲנִי בַּעַל מוּם כְּלָל עַל יָדַי רַק בֶּאֱמֶת יֵשׁ לִי כֹּחַ בְּיָדַי, רַק

שֶׁאֵין אֲנִי מְשַׁתַּמֵּשׁ עִם הַכֹּחַ שֶׁבְּיָדַי בְּזֶה הָעוֹלָם כִּי אֲנִי צָרִיךְ אֶת הַכֹּחַ לְעִנְיָן אַחֵר וְיֵשׁ לִי הַסְכָּמָה עַל זֶה מִן הַמִּבְצָר [שֶׁקּוֹרִין שְׁלָאס] שֶׁל מַיִם [פוּן דֶעם וַאשֶׁירִיקְן שְׁלָאס] כִּי פַּעַם אַחַת יָשַׁבְנוּ יַחַד אֵיזֶה אֲנָשִׁים וְהָיָה כָּל אֶחָד וְאֶחָד מִתְפָּאֵר בַּכֹּחַ שֶׁבְּיָדָיו: זֶה הִתְפָּאֵר שֶׁיֵּשׁ לוֹ גְּבוּרָה זוֹ בְּיָדָיו, וְזֶה הִתְפָּאֵר שֶׁיֵּשׁ לוֹ גְּבוּרָה פְּלוֹנִית בְּיָדָיו וְכֵן כָּל אֶחָד הִתְפָּאֵר בַּגְּבוּרָה שֶׁיֵּשׁ לוֹ בְּיָדָיו [הַיְנוּ] כִּי אֶחָד הָיָה מִתְפָּאֵר שֶׁיֵּשׁ לוֹ כֹּחַ וּגְבוּרָה כָּזוֹ בְּיָדָיו, שֶׁכְּשֶׁהוּא מוֹרֶה חֵץ-הוּא יָכוֹל לַחֲזֹר וּלְמָשְׁכָהּ אֵלָיו כִּי יֵשׁ לוֹ כֹּחַ כָּזֶה בְּיָדָיו, שֶׁאַף עַל-פִּי שֶׁהוֹרָה כְּבָר הַחֵץ, עֲדַיִן יָכוֹל לְהַחֲזִירָהּ לַחֲזֹר וּלְמָשְׁכָהּ אֵלָיו וְשָׁאַלְתִּי אוֹתוֹ: אֵיזֶה חֵץ אַתָּה יָכוֹל לְהַחֲזִיר? כִּי יֵשׁ עֲשָׂרָה מִינֵי חִצִּים, כִּי יֵשׁ עֲשָׂרָה מִינֵי סַמִּים הַיְנוּ, כִּי כְּשֶׁרוֹצִין לִירוֹת חֵץ מוֹשְׁחִין אוֹתָהּ בְּאֵיזֶה סַם וְיֵשׁ עֲשָׂרָה מִינֵי סַמִּים שֶׁכְּשֶׁמּוֹשְׁחִין אוֹתָהּ בְּסַם זֶה-הִיא מַזֶּקֶת כָּךְ, וּכְשֶׁמּוֹשְׁחִין בְּסַם שֵׁנִי-הִיא מַזֶּקֶת יוֹתֵר, וְכֵן יֵשׁ עֲשָׂרָה מִינֵי סַמִּים, שֶׁכָּל אֶחָד גָּרוּעַ יוֹתֵר [הַיְנוּ שֶׁמַּזִּיק יוֹתֵר] וְזֶהוּ בְּעַצְמוֹ עֲשָׂרָה מִינֵי חִצִּים כִּי הַחִצִּים הֵן מִין אֶחָד, רַק מֵחֲמַת שִׁנּוּי הַסַּמִּים שֶׁמּוֹשְׁחִין אֶת הַחֵץ בָּהֶם, שֶׁהֵם עֲשָׂרָה מִינִים כַּנַּ"ל, עַל-כֵּן נִקְרָאִים עֲשָׂרָה מִינֵי חִצִּים וְעַל-כֵּן שָׁאַל אוֹתוֹ אֵיזֶה מִן חֵץ אַתָּה יָכוֹל לְהַחֲזִיר גַּם שָׁאַל אוֹתוֹ, אִם קֹדֶם שֶׁהִגִּיעַ הַחֵץ לְאוֹתוֹ שֶׁזְּרָקָהּ לוֹ הוּא יָכוֹל לְהַחֲזִירָהּ, וְאִם גַּם אַחַר שֶׁהִגִּיעַ הַחֵץ עֲדַיִן יָכוֹל לְהַחֲזִירָהּ וְעַל זֶה הֵשִׁיב: אֲפִלּוּ כְּשֶׁהִגִּיעַ הַחֵץ, עֲדַיִן יָכוֹל לְהַחֲזִירָהּ אַךְ אֵיזֶה מִין חֵץ הוּא יָכוֹל לְהַחֲזִיר וְכוּ' כַּנַּ"ל, הֵשִׁיב: מִין חֵץ פְּלוֹנִי הוּא יָכוֹל לְהַחֲזִיר אָמַרְתִּי לוֹ: [הַיְנוּ זֶה שֶׁהוּא בְּלֹא יָדַיִם שֶׁמְּסַפֵּר כָּל זֶה, אָמַר לָזֶה שֶׁהִתְפָּאֵר בְּעִנְיַן הַחֵץ כַּנַּ"ל] אִם-כֵּן, אֵין אַתָּה יָכוֹל לְרַפְּאוֹת אֶת הַבַּת מַלְכָּה, מֵאַחַר שֶׁאֵין אַתָּה יָכוֹל לַחֲזֹר וְלִמְשֹׁךְ כִּי אִם מִין חֵץ אֶחָד עַל-כֵּן אֵין אַתָּה יָכוֹל לְרַפְּאוֹת אֶת הַבַּת מַלְכָּה.

אֶחָד הָיָה מִתְפָּאֵר שֶׁיֵּשׁ לוֹ כֹּחַ כָּזֶה בְּיָדָיו שֶׁאֵצֶל מִי שֶׁהוּא לוֹקֵחַ וּמְקַבֵּל מִמֶּנּוּ, הוּא נוֹתֵן לוֹ [פֵּרוּשׁ שֶׁבָּזֶה בְּעַצְמוֹ שֶׁהוּא לוֹקֵחַ וּמְקַבֵּל בָּזֶה הוּא נוֹתֵן כִּי קַבָּלָתוֹ הִיא נְתִינָה] וּמִמֵּילָא הוּא בַּעַל צְדָקָה וְשָׁאַלְתִּי אוֹתוֹ, אֵיזֶה צְדָקָה אַתָּה נוֹתֵן? [כִּי

יֵשׁ עֲשָׂרָה מִינֵי צְדָקָה] הֵשִׁיב, שֶׁהוּא נוֹתֵן מַעֲשֵׂר אָמַרְתִּי לוֹ: אִם-כֵּן, אֵין אַתָּה יָכוֹל לְרַפְּאוֹת אֶת הַבַּת מַלְכָּה, כִּי אֵין אַתָּה יָכוֹל כְּלָל לָבוֹא לִמְקוֹמָהּ כִּי אֵין אַתָּה יָכוֹל לִכָּנֵס כִּי אִם בְּחוֹמָה אַחַת [בַּמָּקוֹם שֶׁהִיא יוֹשֶׁבֶת שָׁם] וְעַל-כֵּן אֵינְךָ יָכוֹל לָבוֹא לִמְקוֹמָהּ אֶחָד הִתְפָּאֵר שֶׁיֵּשׁ לוֹ כֹּחַ כָּזֶה בְּיָדָיו כִּי יֵשׁ מְמֻנִּים בָּעוֹלָם, וְכָל אֶחָד צָרִיךְ חָכְמָה וְיֵשׁ לוֹ כֹּחַ בְּיָדָיו, שֶׁעַל-יְדֵי יָדָיו הוּא יָכוֹל לִתֵּן לָהֶם חָכְמָה, עַל-יְדֵי שֶׁמַּסְמִיךְ אוֹתָם בְּיָדָיו שָׁאַלְתִּי אוֹתוֹ, אֵיזֶה חָכְמָה אַתָּה יָכוֹל לִתֵּן בְּיָדֶיךָ? כִּי יֵשׁ עֲשָׂרָה קַבִּין חָכְמָה הֵשִׁיב: חָכְמָה פְּלוֹנִית אָמַרְתִּי לוֹ: אִם-כֵּן אֵין אַתָּה יָכוֹל לְרַפְּאוֹת אֶת הַבַּת מַלְכָּה כִּי אֵין אַתָּה יָכוֹל לֵידַע הַדֹּפֶק שֶׁלָּהּ, כִּי אֵינְךָ יָכוֹל לֵידַע כִּי אִם דֹּפֶק אֶחָד כִּי יֵשׁ עֲשָׂרָה מִינֵי דְּפִיקִין [וְאַתָּה אֵינְךָ יָכוֹל לֵידַע כִּי אִם דֹּפֶק אֶחָד מֵאַחַר שֶׁאֵינוֹ יָכוֹל לִתֵּן בְּיָדָיו רַק חָכְמָה אַחַת] אֶחָד הִתְפָּאֵר שֶׁיֵּשׁ לוֹ כֹּחַ כָּזֶה בְּיָדָיו, כְּשֶׁיֵּשׁ רוּחַ סְעָרָה הוּא יָכוֹל לְעַכְּבוֹ בְּיָדָיו, וְלַעֲשׂוֹת בְּיָדָיו לָרוּחַ מִשְׁקָל, שֶׁיִּהְיֶה הָרוּחַ בְּמִשְׁקָל כָּרָאוּי שָׁאַלְתִּי אוֹתוֹ: אֵיזֶה רוּחַ אַתָּה יָכוֹל לֶאֱחֹז בְּיָדֶיךָ? כִּי יֵשׁ עֲשָׂרָה מִינֵי רוּחוֹת הֵשִׁיב: רוּחַ פְּלוֹנִי אָמַרְתִּי לוֹ: אִם-כֵּן, אֵין אַתָּה יָכוֹל לְרַפְּאוֹת אֶת הַבַּת מַלְכָּה כִּי אֵינְךָ יָכוֹל לְנַגֵּן לְפָנֶיהָ כִּי אִם נִגּוּן אֶחָד כִּי יֵשׁ יוּד [עשרה] מִינֵי נְגִינָה, וְהַנְּגִינָה הִיא הָרְפוּאָה שֶׁלָּהּ, וְאַתָּה אֵינְךָ יָכוֹל לְנַגֵּן כִּי אִם נִגּוּן אֶחָד מֵהָעֲשָׂרָה הַנַּ"ל עָנוּ וְאָמְרוּ הֵם מַהוּ הַיְכֹלֶת שֶׁלְּךָ? הֵשִׁיב: אֲנִי יָכוֹל מַה שֶּׁאֵין אַתֶּם יְכוֹלִים הַיְנוּ, כָּל הַתִּשְׁעָה חֲלָקִים הַנַּ"ל [מִכָּל הַנַּ"ל] שֶׁאֵין אַתֶּם יְכוֹלִים, אֲנִי יָכוֹל הַכֹּל כִּי יֵשׁ מַעֲשֶׂה כִּי פַּעַם אַחַת חָשַׁק מֶלֶךְ אֶחָד בְּבַת מַלְכָּה, וְהִשְׁתַּדֵּל בְּתַחְבּוּלוֹת לְתָפְסָהּ, עַד אֲשֶׁר עָלְתָה בְּיָדוֹ וּתְפָסָהּ.

פַּעַם אַחַת חָלַם לוֹ לְאוֹתוֹ הַמֶּלֶךְ, שֶׁהִיא עָמְדָה עָלָיו וְהָרְגָה אוֹתוֹ וְהֵקִיץ וְנִכְנַס הַחֲלוֹם בְּלִבּוֹ, וְקָרָא לְכָל פּוֹתְרֵי חֲלוֹמוֹת וּפָתְרוּ לוֹ כִּפְשׁוּטוֹ שֶׁיִּתְקַיֵּם הַחֲלוֹם כִּפְשׁוּטוֹ, שֶׁהִיא תַּהֲרֹג אוֹתוֹ וְלֹא יָכֹל הַמֶּלֶךְ לָתֵת עֵצָה לְנַפְשׁוֹ מַה לַּעֲשׂוֹת לָהּ יַהֲרֹג אוֹתָהּ-צַר לוֹ יְשַׁלְּחָהּ מֵעַל פָּנָיו-זֶה חָרָה לוֹ, כִּי אִישׁ אַחֵר יִקָּחֶנָּה וְזֶה חָרָה לוֹ מְאֹד כִּי הוּא הִשְׁתַּדֵּל אַחֲרֶיהָ כָּל-כָּךְ,

וְעַתָּה תָּבוֹא לְיַד אַחֵר וְגַם אִם יְשַׁלְּחָהּ וְתָבוֹא לְיַד אַחֵר, עַתָּה בְּוַדַּאי יָכוֹל לְהִתְקַיֵּם הַחֲלוֹם שֶׁהִיא תַּהֲרֹג אוֹתוֹ, מֵאַחַר שֶׁהִיא אֵצֶל אַחֵר יַחֲזִיקָהּ אֶצְלוֹ-הוּא מִתְיָרֵא מֵחֲמַת הַחֲלוֹם כַּנַּ"ל וְלֹא יָדַע הַמֶּלֶךְ מַה לַּעֲשׂוֹת לָהּ בֵּין כָּךְ נִתְקַלְקֵל הָאַהֲבָה שֶׁלָּהּ אֶצְלוֹ קְצָת קְצָת, מֵחֲמַת הַחֲלוֹם, וּבְכָל פַּעַם נִתְקַלְקֵל יוֹתֵר וְיוֹתֵר וְכֵן הִיא גַּם הִיא נִתְקַלְקֵל גַּם-כֵּן הָאַהֲבָה אֶצְלָהּ בְּכָל פַּעַם יוֹתֵר וְיוֹתֵר, עַד שֶׁנַּעֲשָׂה אֶצְלָהּ שִׂנְאָה עָלָיו, וּבָרְחָה מִפָּנָיו.

וְשָׁלַח הַמֶּלֶךְ אַחֲרֶיהָ לְבַקְּשָׁהּ וּבָאוּ וְהִגִּידוּ לוֹ שֶׁהִיא נִמְצֵאת אֵצֶל הַמִּבְצָר שֶׁל מַיִם כִּי יֵשׁ מִבְצָר שֶׁל מַיִם וְשָׁם הֵם עֶשֶׂר חוֹמוֹת זוֹ לִפְנִים מִזּוֹ, וְכֻלָּן שֶׁל מַיִם וְגַם הַקַּרְקַע שֶׁהוֹלְכִין עָלֶיהָ שָׁם בְּתוֹךְ הַמִּבְצָר הִיא גַּם- כֵּן שֶׁל מַיִם וְכֵן יֵשׁ שָׁם אִילָנוֹת וּפֵרוֹת, הַכֹּל שֶׁל מַיִם וְיֹפִי הַמִּבְצָר וְגֹדֶל הַחִדּוּשׁ שֶׁל זֶה הַמִּבְצָר-אֵין צָרִיךְ לְסַפֵּר כִּי בְּוַדַּאי הוּא חִדּוּשׁ נִפְלָא מְאֹד, מֵאַחַר שֶׁהוּא מִבְצָר שֶׁל מַיִם וְלִכְנֹס בְּתוֹךְ זֶה הַמִּבְצָר אִי אֶפְשָׁר כִּי יִהְיֶה נִטְבָּע בַּמַּיִם מִי שֶׁיִּכָּנֵס בּוֹ, מֵאַחַר שֶׁהוּא כֻּלּוֹ שֶׁל מַיִם.

וְהַבַּת מַלְכָּה הַנַּ"ל כְּשֶׁבָּרְחָה, בָּאָתָה עַד אוֹתוֹ הַמִּבְצָר וְהָיְתָה הוֹלֶכֶת שָׁם סְבִיב אוֹתוֹ הַמִּבְצָר שֶׁל מַיִם וְהִגִּידוּ לַמֶּלֶךְ שֶׁהִיא הוֹלֶכֶת שָׁם סְבִיב אוֹתוֹ הַמִּבְצָר כַּנַּ"ל וְהָלַךְ הַמֶּלֶךְ וְחֵילוֹ לְתָפְסָהּ כְּשֶׁרָאֲתָה זֹאת הַבַּת מַלְכָּה יָשְׁבָה עַצְמָהּ שֶׁתָּרוּץ לְתוֹךְ הַמִּבְצָר כִּי הִיא רוֹצָה יוֹתֵר לִטְבֹּעַ בַּמַּיִם מִשֶּׁיִּתְפֹּס אוֹתָהּ הַמֶּלֶךְ, וְתִהְיֶה אֶצְלוֹ וְגַם, אוּלַי אַף-עַל-פִּי-כֵן תִּנָּצֵל, וְתוּכַל לִכְנֹס לְתוֹךְ הַמִּבְצָר שֶׁל מַיִם הַנַּ"ל כְּשֶׁרָאָה הַמֶּלֶךְ כָּךְ שֶׁהִיא בּוֹרַחַת אֶל הַמַּיִם, אָמַר: מֵאַחַר שֶׁהוּא כֵּן, עַל-כֵּן צִוָּה לִירוֹת אוֹתָהּ וְאִם תָּמוּת-תָּמוּת וְהָיוּ מוֹרִים אוֹתָהּ, וְהִגִּיעוּ אֵלֶיהָ כָּל הָעֲשָׂרָה מִינֵי חִצִּים שֶׁמְּשׁוּחִים בַּעֲשָׂרָה מִינֵי סַמִּים כַּנַּ"ל וְהִיא בָּרְחָה לְתוֹךְ הַמִּבְצָר הַנַּ"ל, וְנִכְנְסָה לְתוֹכוֹ, וְעָבְרָה דֶּרֶךְ הַשְּׁעָרִים שֶׁל הַחוֹמוֹת שֶׁל מַיִם כִּי יֵשׁ שָׁם שְׁעָרִים בְּאֵלּוּ הַחוֹמוֹת שֶׁל מַיִם הַנַּ"ל וְהִיא עָבְרָה וְנִכְנְסָה לְתוֹךְ כָּל הָעֲשָׂרָה חוֹמוֹת שֶׁל הַמִּבְצָר שֶׁל מַיִם, עַד שֶׁבָּאתָה לִפְנִים וְנָפְלָה שָׁם וְנִשְׁאֲרָה חַלָּשׁוּת וַאֲנִי רוֹפֵא אוֹתָהּ [הַיְנוּ

זֶה שֶׁהוּא בְּלֹא יָדַיִם הַנַּ"ל] כִּי מִי שֶׁאֵין בְּיָדוֹ כָּל הָעֲשָׂרָה מִינֵי צְדָקוֹת הַנַּ"ל-אֵינוֹ יָכוֹל לִכְנֹס לְתוֹךְ כָּל הָעֲשָׂרָה חוֹמוֹת הַנַּ"ל, כִּי יִטְבַּע שָׁם בַּמַּיִם וְהַמֶּלֶךְ וְחֵילוֹ הַנַּ"ל רָדְפוּ אַחֲרֶיהָ וְנִטְבְּעוּ בַּמַּיִם וַאֲנִי יָכוֹל לִכְנֹס לְתוֹךְ כָּל הָעֲשָׂרָה חוֹמוֹת שֶׁל מַיִם הַנַּ"ל וְאֵלּוּ הַחוֹמוֹת שֶׁל מַיִם-הֵם גַּלֵּי הַיָּם שֶׁעָמְדוּ כְּחוֹמָה וְהָרוּחוֹת-הֵם מַעֲמִידִים גַּלֵּי הַיָּם וּמְנַשְּׂאִין אוֹתָם וְאֵלּוּ הַגַּלִּים שֶׁהֵם הָעֲשָׂרָה חוֹמוֹת הַנַּ"ל, הֵם עוֹמְדִים תָּמִיד שָׁם אַךְ הָרוּחוֹת הֵם הַמַּעֲמִידִין וּמְנַשְּׂאִין אֶת הַגַּלִּים וַאֲנִי יָכוֹל לִכְנֹס לְתוֹךְ כָּל הָעֲשָׂרָה חוֹמוֹת כַּנַּ"ל, וַאֲנִי יָכוֹל לַחֲזֹר וְלִמְשֹׁךְ מִמֶּנָּה, הַיְנוּ מִן הַבַּת מַלְכָּה הַנַּ"ל, כָּל הָעֲשָׂרָה מִינֵי חִצִּים וַאֲנִי יוֹדֵעַ כָּל הָעֲשָׂרָה מִינֵי דְּפִיקִין עַל-יְדֵי הָעֶשֶׂר אֶצְבָּעוֹת כִּי בְּכָל אֶצְבַּע וְאֶצְבַּע מֵעֶשֶׂר אֶצְבָּעוֹת-יוֹדְעִין דֹּפֶק מְיֻחָד מֵהָעֲשָׂרָה מִינֵי דְּפִיקִין, וַאֲנִי יָכוֹל לְרַפְּאוֹת אוֹתָהּ עַל-יְדֵי כָּל הָעֲשָׂרָה מִינֵי נְגִינָה וְעַל-כֵּן אֲנִי רוֹפֵא אוֹתָהּ נִמְצָא שֶׁיֵּשׁ לִי כֹּחַ כָּזֶה בְּיָדַי כַּנַּ"ל וְעַתָּה אֲנִי נוֹתֵן לָכֶם זֹאת בְּמַתָּנָה וְנַעֲשָׂה שָׁם שִׂמְחָה גְּדוֹלָה וְחֶדְוָה רַבָּה מְאֹד זֹאת הַמַּעֲשֶׂה קָשֶׁה לִי מְאֹד לְסַפֵּר אַךְ מֵאַחַר שֶׁהִתְחַלְתִּי לְסַפְּרָהּ, אֲנִי מֻכְרָח לְגָמְרָהּ בְּזֹאת הַמַּעֲשֶׂה, אֵין שׁוּם תֵּבָה שֶׁלֹּא יִהְיֶה בָּהּ כַּוָּנָה וּמִי שֶׁבָּקִי בִּסְפָרִים יוּכַל לְהָבִין קְצָת רְמָזִים וְהִנֵּה, עִנְיַן הַחִצִּים הַנַּ"ל, שֶׁיֵּשׁ לוֹ כֹּחַ בְּהַיָּדַיִם לְהַחֲזִיר הַחִצִּים כַּנַּ"ל, זֶה בְּחִינַת [דְּבָרִים לב]: "וְתֹאחֵז בְּמִשְׁפָּט יָדִי" וּכְמוֹ שֶׁפֵּרֵשׁ רַשִׁ"י "בָּשָׂר וָדָם זוֹרֵק חֵץ-וְאֵינוֹ יָכוֹל לְהַחֲזִירָהּ, וְהַקָּדוֹשׁ-בָּרוּךְ-הוּא זוֹרֵק חֵץ וּמַחֲזִירָהּ".

וּבְחִינַת הַצְּדָקָה הַנַּ"ל, שֶׁהִיא כְּנֶגֶד הַחוֹמוֹת שֶׁל מַיִם שֶׁהֵם גַּלֵּי הַיָּם, זֶה בְּחִינַת [יְשַׁעְיָה מח]: "וְצִדְקָתְךָ כְּגַלֵּי הַיָּם".

וְהָרוּחַ הַנַּ"ל שֶׁיָּכוֹל לֶאֱחֹז בְּיָדָיו, זֶה בְּחִינַת [מִשְׁלֵי ל]: "מִי אָסַף רוּחַ בְּחָפְנָיו" [שֶׁזֶּה בְּחִינַת נְגִינָה כַּמְבֹאָר בְּמָקוֹם אַחֵר] [עַיֵּן לִקּוּטֵי מוֹהֲרַ"ן סִימָן נד] וַעֲשָׂרָה מִינֵי נְגִינָה, וַעֲשָׂרָה מִינֵי דְּפִיקִין זֶה מְבֹאָר כְּבָר [וְעַיֵּן בְּלִקּוּטֵי תִּנְיָנָא [סִימָן כד] בְּדַף ל"ב] כָּל זֶה שָׁמַעְנוּ בְּפֵרוּשׁ אַךְ מִי וּמָה וְאֵימַת, זֶה עָמֹק עָמֹק הַיְנוּ שֶׁגּוּף עִנְיַן הַמַּעֲשֶׂה, מִי הֵם כָּל הַנַּ"ל, וּמַה הוּא וְאֵימַת הָיָה כָּל הַנַּ"ל, זֶה עָמֹק מִלְּהַשִּׂיג.

גְּמַר הַמַּעֲשֶׂה, הַיְנוּ מַה שֶּׁהָיָה בַּיּוֹם הַשְּׁבִיעִי, הַיְנוּ עִנְיַן הַבֶּעטְלֶיר שֶׁהָיָה בְּלֹא רַגְלַיִם, וְגַם סִיּוּם הַתְחָלַת הַמַּעֲשֶׂה מֵעִנְיַן הַמֶּלֶךְ הַנַּ"ל-לֹא זָכִינוּ לְשָׁמְעָהּ וְאָמַר שֶׁלֹּא יְסַפְּרָהּ עוֹד וְהוּא הֶפְסֵד גָּדוֹל, כִּי לֹא נִזְכֶּה לְשָׁמְעָהּ עוֹד עַד שֶׁיָּבוֹא מָשִׁיחַ בִּמְהֵרָה בְּיָמֵינוּ אָמֵן.

גַּם אָמַר: אִלּוּ לֹא יָדַעְתִּי שׁוּם עִנְיָן אַחֵר, כִּי אִם זֹאת הַמַּעֲשֶׂה, הָיָה גַּם-כֵּן חִדּוּשׁ גָּדוֹל מְאֹד!" כָּךְ אָמַר בְּפֵרוּשׁ.

כִּי זֹאת הַמַּעֲשֶׂה הִיא חִדּוּשׁ נִפְלָא מְאֹד וְיֵשׁ בָּהּ מוּסָר הַרְבֵּה מְאֹד, וְתוֹרָה הַרְבֵּה כִּי יֵשׁ בָּהּ כַּמָּה תּוֹרוֹת גַּם מְדַבֶּרֶת מֵהַרְבֵּה צַדִּיקִים קַדְמוֹנִים, מִדָּוִד הַמֶּלֶךְ, עָלָיו הַשָּׁלוֹם כִּי דָּוִד הַמֶּלֶךְ, עָלָיו הַשָּׁלוֹם, עָמַד בִּקְצֵה הָאָרֶץ וְצָעַק אֶל הַמַּעְיָן הַיּוֹצֵא מִן הָאֶבֶן שֶׁעַל הָהָר, כַּנַּ"ל כְּמוֹ שֶׁכָּתוּב [תְּהִלִּים סא]: "מִקְצֵה הָאָרֶץ אֵלֶיךָ אֶקְרָא, בַּעֲטֹף לִבִּי בְּצוּר יָרוּם מִמֶּנִּי תַנְחֵנִי".

[**כָּל** זֶה שֶׁמַּעְנוּ מִפִּיו בְּפֵרוּשׁ וְהַמּוּבָן מִדְּבָרָיו כִּי דָּוִד הַמֶּלֶךְ, עָלָיו הַשָּׁלוֹם, הוּא בְּחִינַת לֵב כַּמּוּבָא [עַיֵּן זֹהַר שְׁמוֹת קח] וְעָלָיו מְרֻמָּז בַּמַּעֲשֶׂה עִנְיַן הַלֵּב שֶׁל הָעוֹלָם, שֶׁעוֹמֵד בִּקְצֵה הָאָרֶץ כְּנֶגֶד הַמַּעְיָן, וְצוֹעֵק וּמִשְׁתּוֹקֵק אֵלָיו תָּמִיד וְכוּ' וַעֲדַיִן הַדְּבָרִים סְתוּמִים אַשְׁרֵי מִי שֶׁיִּזְכֶּה לְהַשִּׂיג סוֹדוֹת הַמַּעֲשֶׂה] עִנְיַן דָּוִד הַמֶּלֶךְ וְהַמִּקְרָא הַנַּ"ל מִקְצֵה הָאָרֶץ שֶׁמְּרֻמָּז בְּהַמַּעֲשֶׂה, זֶה שַׁיָּךְ לְיוֹם שְׁלִישִׁי כִּי שָׁם מְדַבֵּר מֵעִנְיַן הַלֵּב וְהַמַּעְיָן עַיֵּן שָׁם וְתִרְאֶה נִפְלָאוֹת אֵיךְ בְּכָל עִנְיָן מְרֻמָּז דְּבָרִים נִפְלָאִים וּבִגְדֻלַּת נוֹרְאוֹת מַעֲשֶׂה זוֹ אִי אֶפְשָׁר לְדַבֵּר כְּלָל, כִּי הִיא עוֹלָה עַל כֻּלָּם אַשְׁרֵי אַשְׁרֵי מִי שֶׁיִּזְכֶּה אֲפִלּוּ בָּעוֹלָם הַבָּא לֵידַע בָּהּ קְצָת קְצָת וּמִי שֶׁיֵּשׁ לוֹ מֹחַ בְּקָדְקֳדוֹ, תְּסַמֵּר שַׂעֲרוֹת בְּשָׂרוֹ וְיָבִין קְצָת גְּדֻלַּת הַבּוֹרֵא יִתְבָּרַךְ וּגְדֻלַּת הַצַּדִּיקִים הָאֲמִתִּיִּים, כְּשֶׁיִּסְתַּכֵּל הֵיטֵב בְּמַעֲשֶׂה נוֹרָאָה הַזֹּאת אֲשֶׁר לֹא יִשָּׁמַע כָּזֹאת.

עִנְיַן פָּסוּק מִקְצֵה הָאָרֶץ הַנַּ"ל שֶׁשַּׁיָּךְ לְהַמַּעֲשֶׂה שֶׁל יוֹם שְׁלִישִׁי כַּנַּ"ל זֶה שָׁמַעְתִּי מְפֹרָשׁ מִפִּיו הַקָּדוֹשׁ וְהַנּוֹרָא, זִכְרוֹנוֹ לִבְרָכָה עוֹד רְאֵה זֶה מָצָאתִי אַחַר- כָּךְ שֶׁרֹב דִּבְרֵי הַקַּפִּיטְל תְּהִלִּים שֶׁכָּתוּב שָׁם זֶה הַפָּסוּק, שֶׁהוּא קַפִּיטְל ס"א, רֻבּוֹ

כְּכֻלּוֹ מְבֹאָר שָׁם רְמָזֵי סוֹדוֹת נִשְׂגָּבוֹת שֶׁל הַמַּעֲשֶׂה שֶׁל יוֹם שְׁלִישִׁי הַנַּ"ל "יָמִים עַל יְמֵי מֶלֶךְ תּוֹסִיף" כו', כִּי הוּא צָרִיךְ תָּמִיד שֶׁיּוֹסִיפוּ לוֹ יָמִים עַל יָמָיו וְכוּ' וְכַנַּ"ל חֶסֶד וֶאֱמֶת מַן יִנְצְרוּהוּ זֶהוּ אִישׁ חֶסֶד הָאֱמֶת וְכוּ' דֶּער גְּרוֹסֶיר מַאן דֶּער אֱמֶתִיר אִישׁ חֶסֶד כִּי כָּל הַזְּמַן וְהַיָּמִים נַעֲשֶׂה עַל-יְדֵי הָאִישׁ גָּדוֹל, שֶׁהוּא אִישׁ חֶסֶד הָאֱמֶת וְכוּ', כַּנַּ"ל שָׁם בְּמַעֲשֶׂה הַנַּ"ל וְהוּא נוֹתֵן וּמוֹסִיף בְּכָל פַּעַם, יָמִים עַל יְמֵי מֶלֶךְ, שֶׁהוּא הַלֵּב הַנַּ"ל שֶׁהוּא בְּחִינַת דָּוִד הַמֶּלֶךְ, עָלָיו הַשָּׁלוֹם, כַּנַּ"ל וְזֶהוּ יִנְצְרוּהוּ, כִּי הוּא שׁוֹמֵר וְנוֹצֵר שֶׁתֵּכֶף כְּשֶׁמַּגִּיעַ סָמוּךְ מְאֹד שֶׁיִּסְתַּלֵּק הַיּוֹם, וְאָז הָיָה מִסְתַּלֵּק הַמַּעְיָן, וְהַלֵּב, וְכָל הָעוֹלָם כֻּלּוֹ, חַס וְשָׁלוֹם אֲזַי אִישׁ חֶסֶד הָאֱמֶת נוֹצֵר וְשׁוֹמֵר זֹאת, וּבָא וְנוֹתֵן יוֹם לְהַלֵּב וְכוּ' וְזֶהוּ: "כֵּן אֲזַמְּרָה שִׁמְךָ לָעַד לְשַׁלְּמִי נְדָרַי יוֹם יוֹם" כִּי כָּל יוֹם וָיוֹם שֶׁהוּא נוֹתֵן לוֹ, הוּא בָּא בִּזְמִירוֹת וְשִׁירוֹת וְכוּ' כַּנַּ"ל: אֶחֱסֶה בְסֵתֶר כְּנָפֶיךָ סֶלָה, כִּי כְּשֶׁהַלֵּב הַנַּ"ל צָרִיךְ לָנוּחַ בָּא צִפּוֹר גָּדוֹל וּפוֹרֵשׂ כְּנָפָיו עָלָיו וְכוּ' וְזֶהוּ אֶחֱסֶה בְסֵתֶר כְּנָפֶיךָ וְכוּ' שַׁיָּךְ לְיוֹם רִאשׁוֹן, עִנְיַן הַזְּקֵנִים שֶׁהִתְפָּאֲרוּ כָּל אֶחָד וְאֶחָד מַה שֶּׁהוּא זוֹכֵר, שֶׁזֶּה זוֹכֵר אֲפִלּוּ כְּשֶׁחָתְכוּ לוֹ אֶת הַטַּבּוּר וְכוּ', וְזֶה הָיָה הַזָּקֵן הַקָּטָן שֶׁבְּכֻלָּם וְכוּ' אָמַר רַבֵּנוּ זִכְרוֹנוֹ לִבְרָכָה, שֶׁבַּגְּמָרָא [יְרוּשַׁלְמִי] אִיתָא מֵעֵין זֶה: שֶׁשְּׁמוּאֵל הִתְפָּאֵר עַצְמוֹ שֶׁהוּא זוֹכֵר אֶת כְּאֵב הַמִּילָה וְכוּ' עַיֵּן שָׁם מִי יְפָאֵר מִי יְסַפֵּר מִי יוּכַל לְהַעֲרִיךְ מִי יוּכַל לְשַׁעֵר אֶפֶס קָצֵה אֶחָד מֵאַלְפֵי אֲלָפִים וְרִבֵּי רִבְבוֹת מֵהִתְנוֹצְצוּת קְצָת רְמָזֵי פִּלְאֵי פְּלָאוֹת מִסּוֹדוֹת נוֹרָאוֹת וְנִשְׂגָּבוֹת מְאֹד מְאֹד שֶׁל הַמַּעֲשֶׂה הַנּוֹרָאָה הַזֹּאת אֲשֶׁר הִיא מְלֵאָה סוֹדֵי סוֹדוֹת מִתְּחִלָּה וְעַד סוֹף, וּמַשְׂכִּיל עַל דָּבָר יִמְצָא טוֹב הִתְנוֹצְצוּת אֵיזֶה רְמָזִים לְפִי עֶרְכּוֹ.

שיחות שאחר סיפורי המעשיות

מַעֲשֶׂה אֶחָד הָלַךְ מֵאָבִיו, וְהָיָה בִּמְדִינוֹת אֲחֵרוֹת יָמִים רַבִּים אֵצֶל אֲחֵרִים.

וְלִזְמַן בָּא לְאָבִיו, וְהִתְפָּאֵר בְּעַצְמוֹ שֶׁלָּמַד שָׁם אֻמָּנוּת גָּדוֹל: לַעֲשׂוֹת מְנוֹרָה הַתְּלוּיָה [שֶׁקּוֹרִין הֶענְג לַייכְטֶער] וְצִוָּה לְהִתְאַסֵּף כָּל בַּעֲלֵי אֻמָּנִיּוֹת הַזֶּה, וְהוּא יַרְאֶה לָהֶם חָכְמָתוֹ בְּזֶה הָאֻמָּנוּת וְכֵן עָשָׂה אָבִיו וְקִבֵּץ כָּל הַבַּעֲלֵי אֻמָּנִיּוֹת הַזֹּאת לִרְאוֹת גְּדֻלַּת הַבֵּן, מַה שֶּׁפָּעַל בְּכָל הַיָּמִים הָאֵלּוּ שֶׁהָיָה בְּיַד אֲחֵרִים.

וְהַבֵּן הוֹצִיא מְנוֹרָה אַחַת שֶׁעָשָׂה, וְהָיְתָה מְגֻנָּה מְאֹד בְּעֵינֵי כֻּלָּם וְאָבִיו הָלַךְ אֶצְלָם, וּבִקֵּשׁ מֵאִתָּם שֶׁיְּגַלּוּ לוֹ הָאֱמֶת וְהֻכְרְחוּ לְהוֹדִיעַ לוֹ הָאֱמֶת שֶׁהִיא מְגֻנָּה מְאֹד וְהַבֵּן הִתְפָּאֵר: הֲלֹא רְאִיתֶם חָכְמַת אֻמָּנוּתִי וְהוֹדִיעַ לוֹ אָבִיו שֶׁלֹּא נִרְאָה יָפָה בְּעֵינֵי כֻּלָּם הֵשִׁיב לוֹ הַבֵּן: אַדְּרַבָּא! בָּזֶה הֶרְאֵיתִי גְּדֻלָּתִי כִּי הֶרְאֵיתִי לְכֻלָּם חֶסְרוֹנָם כִּי בְּזֹאת הַמְּנוֹרָה נִמְצָאִים הַחֶסְרוֹנוֹת שֶׁל כָּל אֶחָד מֵהַבַּעֲלֵי אֻמָּנוּת הַנִּמְצָאִים כָּאן הֲלֹא תִּרְאֶה שֶׁאֵצֶל זֶה, מְגֻנָּה חֲתִיכָה זוֹ, אֲבָל חֲתִיכָה אַחֶרֶת יָפָה אֶצְלוֹ מְאֹד וְאֵצֶל אַחֵר לְהֶפֶךְ אַדְּרַבָּא, זֹאת הַחֲתִיכָה שֶׁהִיא מְגֻנָּה אֵצֶל חֲבֵרוֹ הִיא יָפָה וְנִפְלָאָה בְּעֵינָיו, רַק זֹאת הַחֲתִיכָה מְגֻנָּה וְכֵן אֵצֶל כֻּלָּם: מַה שֶּׁרַע בְּעֵינֵי זֶה-הִיא יָפָה בְּעֵינֵי חֲבֵרוֹ, וְכֵן לְהֶפֶךְ וְעָשִׂיתִי מְנוֹרָה זֹאת מֵחֶסְרוֹנוֹת לְבַדָּם לְהַרְאוֹת לְכֻלָּם שֶׁאֵין לָהֶם שְׁלֵמוּת, וְיֵשׁ לְכָל אֶחָד חִסָּרוֹן כִּי מַה שֶּׁיָּפֶה בְּעֵינָיו-הוּא חִסָּרוֹן בְּעֵינֵי חֲבֵרוֹ, אֲבָל בֶּאֱמֶת אֲנִי יָכוֹל לַעֲשׂוֹת כְּתִקּוּנוֹ אִם הָיוּ יוֹדְעִים כָּל הַחֶסְרוֹנוֹת וְהַנִּמְנָעִים שֶׁל הַדָּבָר, הָיוּ יוֹדְעִים מַהוּת הַדָּבָר, אַף שֶׁלֹּא רָאוּ אוֹתוֹ מֵעוֹלָם גְּדוֹלִים מַעֲשֵׂי הַשֵּׁם אֵין אָדָם דּוֹמֶה לַחֲבֵרוֹ, וְכָל הַצּוּרוֹת הָיוּ בְּאָדָם הָרִאשׁוֹן.

הַיְנוּ, בְּתֵבַת אָדָם לְבַד, הָיוּ נִכְלָלִין כָּל הַצּוּרוֹת הַלָּלוּ וְכֵן בִּשְׁאָר דְּבָרִים כָּל הַמְּאוֹרוֹת הָיוּ נִכְלָלִין בְּתֵבַת "אוֹר" לְבַד, וְכֵן כֻּלָּם, הַיְנוּ כָּל מַעֲשֵׂה בְּרֵאשִׁית וַאֲפִלּוּ הֶעָלִין שֶׁל הָאִילָן-

אֵין אֶחָד דּוֹמֶה לַחֲבֵרוֹ וְכוּ': וְהֶאֱרִיךְ בְּעִנְיָן זֶה הַרְבֵּה מְאֹד וְאָמַר אָז, שֶׁיֵּשׁ חָכְמוֹת בְּזֶה הָעוֹלָם, שֶׁיְּכוֹלִים לִחְיוֹת עִם הַחָכְמוֹת לְבַד, בְּלִי שׁוּם אֲכִילָה וּשְׁתִיָּה וְהֶאֱרִיךְ אָז בְּשִׂיחָה נִפְלָאָה וְנוֹרָאָה לְעִנְיָן שֶׁהָיוּ מְסַפְּרִים מֵאֶחָד, שֶׁהָיָה אָז בִּכְרַךְ גָּדוֹל שֶׁל עֲיָרוֹת הָעוֹבְדֵי כּוֹכָבִים, וְנִתְעַכֵּב שָׁם הַרְבֵּה מֵחֲמַת שֶׁנִּדְמָה לוֹ בְּכָל פַּעַם שֶׁעַכְשָׁו יִפְעַל וְכֵן בְּכָל פַּעַם, עַד שֶׁנִּתְעַכֵּב הַרְבֵּה שָׁם וְאָמַר, שֶׁכֵּן הַדֶּרֶךְ כְּשֶׁבָּאִין לִמְקוֹמוֹת כָּאֵלּוּ שֶׁנִּדְמֶה בְּכָל פַּעַם עַתָּה אֶפְעַל עַתָּה אֶפְעַל וְכוּ' וְכוּ' וְסִפֵּר מַעֲשֶׂה שֶׁהָיָה אִישׁ אֶחָד שֶׁלֹּא הֶאֱמִין בַּמֶּה שֶׁאוֹמְרִים הָעוֹלָם, שֶׁיֵּשׁ לֵצִים מִסִּטְרָא אָחֳרָא שֶׁבָּאִים לִפְעָמִים וּמַטְעִין בְּנֵי-אָדָם, כְּמוֹ שֶׁאֵרַע כַּמָּה פְּעָמִים וְהוּא לֹא הֶאֱמִין בָּזֶה פַּעַם אֶחָד בַּלַּיְלָה בָּא אֶצְלוֹ לֵץ אֶחָד, וּקְרָאוֹ אֶל הַחוּץ שֶׁיֵּצֵא וְיָצָא לַחוּץ, וְהֶרְאָה לוֹ הַלֵּץ שֶׁיֵּשׁ לוֹ סוּס נָאֶה לִמְכֹּר וַיַּרְא, וְהִנֵּה הוּא סוּס נָאֶה מְאֹד וּשְׁאָלוֹ: כַּמָּה אַתָּה רוֹצֶה? הֵשִׁיב הַלֵּץ: אַרְבָּעָה אֲדוּמִים וְרָאָה שֶׁהוּא שָׁוֶה בְּשֶׁפִי שְׁמוֹנָה אֲדוּמִים, כִּי הוּא סוּס מֻבְחָר וְטוֹב מְאֹד וְקָנָה אֶצְלוֹ הַסּוּס בְּעַד אַרְבָּעָה אֲדוּמִים וְהָיָה אֶצְלוֹ מְצִיאָה גְּדוֹלָה לְמָחָר הוֹצִיא הַסּוּס לִמְכֹּר וְעָמְדוּ עַל הַמִּקָּח, וְרָצוּ לִתֵּן לוֹ אֵיזֶה סַךְ אָמַר: מִסְתָמָא אִם נוֹתְנִין לִי סַךְ כָּזֶה הוּא שָׁוֶה כִּפְלַיִם! וְלֹא נִתְרַצָּה וְהוֹלִיךְ הַסּוּס לְהַלָּן וְרָצוּ לִתֵּן לוֹ גַּם כִּפְלַיִם כִּרְצוֹנוֹ אָמַר: מִסְתָמָא שָׁוֶה יוֹתֵר כִּפְלַיִם מִזֶּה הַסַּךְ וְכֵן הוֹלִיךְ הַסּוּס לְהַלָּן, עַד שֶׁנִּכְנַס סַךְ מְכִירַת הַסּוּס לַאֲלָפִים, וְלֹא נִתְרַצָּה עִם אֶחָד לְמָכְרוֹ כִּי כָל מַה שֶּׁרָצוּ לִתֵּן לוֹ- אָמַר: מִסְתָמָא שָׁוֶה יוֹתֵר בְּכִפְלַיִם עַד שֶׁלֹּא נִמְצָא מִי שֶׁיִּקָּחֵהוּ, רַק הַמֶּלֶךְ וְהוֹלִיכוֹ לְהַמֶּלֶךְ וְרָצָה לִתֵּן לוֹ הַמֶּלֶךְ סַךְ עָצוּם, כִּי הַסּוּס הוּטַב מְאֹד מְאֹד בְּעֵינֵי כֹּל, וְלֹא נִתְרַצָּה עִם הַמֶּלֶךְ גַּם-כֵּן כִּי אָמַר: מִסְתָמָא שָׁוֶה יוֹתֵר עַד שֶׁגַּם הַמֶּלֶךְ לֹא קָנָה הַסּוּס וְהָלַךְ מֵהַמֶּלֶךְ עִם הַסּוּס לְהַשְׁקוֹתוֹ וְהָיָה שָׁם פְּלוּמְפְּ [משאבה] שֶׁמִּשָּׁם מַשְׁקִין וְקָפַץ הַסּוּס לְתוֹךְ הַפְּלוּמְפְּ, וְנִתְעַלֵּם וְאֵינֶנּוּ [הַיְנוּ שֶׁנִּדְמָה לוֹ כָּךְ כִּי הָיָה מַעֲשֶׂה לֵצִים כָּל הָעִנְיָן שֶׁל הַסּוּס] וְצָעַק מְאֹד עַל זֶה וְנִתְקַבְּצוּ אֵלָיו בְּנֵי הָעוֹלָם לְקוֹל זַעֲקָתוֹ, וְשָׁאֲלוּ אוֹתוֹ: מָה אַתָּה צוֹעֵק? הֵשִׁיב, שֶׁהַסּוּס שֶׁלּוֹ

קָפַץ לְתוֹךְ הַפְּלוּמְפְּ וְהִכּוּ אוֹתוֹ הַכֵּה וּפָצוֹעַ, כִּי נִדְמָה לִמְשֻׁגָּע כִּי נֶקֶב הַפְּלוּמְפְּ צַר מְאֹד, וְאֵיךְ אֶפְשָׁר שֶׁיִּקְפֹּץ הַסּוּס לְשָׁם?! וְרָאָה שֶׁמַּכִּין אוֹתוֹ וְהוּא נִרְאֶה כִּמְשֻׁגָּע, וְרָצָה לֵילֵךְ מִשָּׁם בְּתוֹךְ שֶׁרָצָה לֵילֵךְ מִשָּׁם-וְהִנֵּה הַסּוּס מַתְחִיל לְהוֹשִׁיט רֹאשׁוֹ מִתּוֹךְ הַפְּלוּמְפְּ וְהִתְחִיל לִצְעֹק שֵׁנִית: אֲהָהּ אֲהָהּ! מֵחֲמַת שֶׁנִּדְמֶה לוֹ שֶׁיֵּשׁ שָׁם סוּסוֹ וְנִתְקַבְּצוּ שׁוּב אֶצְלוֹ בְּנֵי הָעוֹלָם, וְהִכּוּ אוֹתוֹ שֵׁנִית, כִּי הוּא מְשֻׁגָּע כַּנַּ"ל וְרָצָה שׁוּב לֵילֵךְ מִשָּׁם כֵּיוָן שֶׁרָצָה לֵילֵךְ-וְהִנֵּה מוֹשִׁיט שׁוּב הַסּוּס אֶת רֹאשׁוֹ מִן הַפְּלוּמְפְּ וְהִתְחִיל לִצְעֹק עוֹד כַּנַּ"ל, וְנִתְקַבְּצוּ שׁוּב אֵלָיו וְהִכּוּהוּ כַּנַּ"ל כָּךְ הַסִּטְרָא אָחֳרָא מַטְעָה אֶת הָאָדָם בְּכָל פַּעַם, עַל לֹא דָבָר, בְּשֶׁקֶר גָּמוּר שֶׁאֵין בּוֹ מַמָּשׁ וְהוּא נִסַּת אַחֲרֶיהָ, וְהוֹלֵךְ אַחֲרֶיהָ וְנִדְמֶה לוֹ בְּכָל פַּעַם שֶׁיַּרְוִיחַ יוֹתֵר וִימַלֵּא תַּאֲוָתוֹ יוֹתֵר וְרָץ אַחֲרֵיהֶם כַּמָּה עִתִּים, וּפִתְאֹם נִתְעַלְּמוּ, וּבוֹרְחִים וּמִסְתַּלְּקִים מִמֶּנּוּ כָּל הַתַּאֲווֹת כַּאֲשֶׁר מִזְדַּמֵּן לִפְעָמִים, שֶׁהַתַּאֲווֹת מִסְתַּלְּקִים קְצָת וְכַאֲשֶׁר הָאָדָם רוֹצֶה לִפָּרֵד מֵהֶם, אֲזַי חוֹזְרִים וּמוֹשִׁיטִים רֹאשָׁם, וְהוּא חוֹזֵר וְרוֹדֵף אַחֲרֵיהֶם וְכֵן מִתְנַהֵג לְהַלָּן- שֶׁתֵּכֶף שֶׁמּוֹשִׁיטִים רֹאשָׁם הוּא חוֹזֵר לִרְדֹּף אַחֲרֵיהֶם וְלֹא בֵּאֵר הָעִנְיָן יוֹתֵר וְהָבֵן הֵיטֵב מַעֲשֶׂה בְּצַדִּיק אֶחָד שֶׁהָיָה צַדִּיק גָּדוֹל מְאֹד, שֶׁיָּצָא מִתַּאֲוָה הַיָּדוּעַ לְגַמְרֵי לְגַמְרֵי כָּרָאוּי בִּשְׁלֵמוּת, וְעָלָה לְעוֹלָמוֹת עֶלְיוֹנִים וְרָאָה שֶׁמֻּנָּח בְּיוֹרָה חֲתִיכוֹת בָּשָׂר וַעֲצָמוֹת וְשָׁאַל: מַה זֹּאת? וְהֵשִׁיבוּ לוֹ, שֶׁזֹּאת הָיְתָה אִשָּׁה יָפָה מְאֹד מְאֹד וְעַל-כֵּן, מֵחֲמַת שֶׁהָיְתָה מְחַמֶּמֶת גּוּפָהּ לַעֲבֵרָה, עַל-כֵּן מְחַמְּמִין אוֹתָהּ כָּאן וְרָצָה לִרְאוֹתָהּ וּמָסְרוּ לוֹ שֵׁמוֹת שֶׁתַּחֲזוֹר וְתִתְחַבֵּר כְּבַתְּחִלָּה וְרָאָה שֶׁהָיְתָה יְפַת תֹּאַר גְּדוֹלָה מְאֹד וּמִזֶּה רָאוּי לִרְאוֹת גְּנוּת הַתַּאֲוָה הַזֹּאת, אִם חוֹתְכִין אוֹתָהּ לַחֲתִיכוֹת חֲתִיכוֹת הַאִם יִהְיֶה שַׁיָּךְ הַתַּאֲוָה וְכוּ'.

יָדוּעַ שֶׁעַצְבוּת הִיא מִדָּה מְגֻנָּה מְאֹד, וְצָרִיךְ לְהִתְרַחֵק מִמֶּנָּה מְאֹד וְרָאוּי לִחְיוֹת וּלְהָרִים עַצְמוֹ כִּי יֵדַע שֶׁכָּל תְּנוּעָה וְהַעְתָּקָה שֶׁאָדָם מֵנִיעַ וּמַעְתִּיק עַצְמוֹ כְּשֶׁנִּכְנָס לַעֲבוֹדַת הַשֵּׁם, הִיא יְקָרָה מְאֹד בְּעֵינֵי הַשֵּׁם אֲפִלּוּ הוּא מֵנִיעַ עַצְמוֹ רַק כְּחוּט הַשַּׂעֲרָה כִּי מֵחֲמַת שֶׁהָאָדָם הוּא בְּגוּף, בְּעוֹלַם הָעֲשִׂיָּה, קָשֶׁה

מְאֹד עָלָיו כָּל תְּנוּעָה וְהַעְתָּקָה עַל-כֵּן הִיא יְקָרָה מְאֹד בְּעֵינֵי הַשֵּׁם.

וּמַעֲשֶׂה הָיָה בְּצַדִּיק אֶחָד, שֶׁנָּפַל עָלָיו עַצְבוּת וּכְבֵדוּת גָּדוֹל וְהָעַצְבוּת וְהַכְּבֵדוּת כְּשֶׁמִּתְגַּבֶּרֶת עַל הַצַּדִּיק, הִיא קָשָׁה מְאֹד עָלָיו, כִּי עָלָיו מִתְחַזֶּקֶת יוֹתֵר וְיוֹתֵר עַד שֶׁנָּפַל עָלָיו עַצְלוּת וּכְבֵדוּת כָּל-כָּךְ-עַד שֶׁלֹּא הָיָה אֶפְשָׁר לוֹ כְּלָל לָזוּז מִמְּקוֹמוֹ מַמָּשׁ מֵחֲמַת גֹּדֶל הַכְּבֵדוּת וְהָעַצְבוּת שֶׁהִתְגַּבֵּר עָלָיו מְאֹד וְרָצָה לְשַׂמֵּחַ עַצְמוֹ וּלְהָרִים עַצְמוֹ, וְלֹא הָיָה אֶפְשָׁר לוֹ בְּשׁוּם דָּבָר לְשַׂמֵּחַ וּלְהָרִים עַצְמוֹ כִּי בְּכָל דָּבָר שֶׁרָצָה לְשַׂמֵּחַ עַצְמוֹ- מָצָא לוֹ הַבַּעַל דָּבָר בְּתוֹכוֹ עַצְבוּת עַד שֶׁלֹּא הָיָה אֶפְשָׁר לוֹ בְּשׁוּם דָּבָר לְשַׂמֵּחַ אֶת עַצְמוֹ כִּי בְּכָל שִׂמְחָה שֶׁרָצָה לְשַׂמֵּחַ וּלְהָרִים עַצְמוֹ, מָצָא לוֹ עַצְבוּת בְּתוֹכָהּ וְהִתְחִיל לְשַׂמֵּחַ עַצְמוֹ בְּשִׂמְחַת "שֶׁלֹּא עָשַׂנִי גּוֹי".

וְזֶה בְּוַדַּאי שִׂמְחָה גְּדוֹלָה שֶׁאֵין לָהּ שִׁעוּר כִּי אֵין לְשַׁעֵר הַהֶפְרֵשׁ וְהַהֶבְדֵּל, אֶלֶף אַלְפֵי אֲלָפִים הַבְדָּלוֹת, שֶׁיֵּשׁ בֵּין קְדֻשַּׁת יִשְׂרָאֵל, הַפְּחוּת שֶׁבַּפְּחוּתִים, לְבֵין זֻהֲמַת טֻמְאַת הָעוֹבְדֵי כּוֹכָבִים וּכְשֶׁיִּזְכֹּר הֵיטֵב חֶסֶד הַשֵּׁם יִתְבָּרַךְ עָלָיו, שֶׁלֹּא עָשָׂהוּ גּוֹי, בְּוַדַּאי רָאוּי שֶׁתִּגְדַּל שִׂמְחָתוֹ מְאֹד וְהִיא שִׂמְחָה שֶׁאֵין עָלֶיהָ עַצְבוּת כִּי בִּשְׁלָמָא כְּשֶׁמְּשַׂמֵּחַ עַצְמוֹ בְּדָבָר שֶׁעֲשָׂהוּ הוּא עַצְמוֹ, עַל זֶה אֶפְשָׁר לִמְצֹא עַצְבוּת עַל כָּל שִׂמְחָה כִּי יִמְצָא לוֹ חֶסְרוֹנוֹת בְּכָל דָּבָר כְּדֵי שֶׁלֹּא לְהַנִּיחוֹ לְהָרִים וּלְשַׂמֵּחַ עַצְמוֹ אֲבָל בָּזֶה, שֶׁלֹּא עָשַׂנִי גּוֹי, שֶׁהוּא רַק מֵהַשֵּׁם יִתְבָּרַךְ, שֶׁהַשֵּׁם יִתְבָּרַךְ עָשָׂה כָּךְ וְחָמַל עָלָיו וְלֹא עָשָׂהוּ גּוֹי, אֵיךְ אֶפְשָׁר לִמְצֹא חִסָּרוֹן בְּזוֹ הַשִּׂמְחָה מֵאַחַר שֶׁהוּא רַק מַעֲשֵׂה הַשֵּׁם יִתְבָּרַךְ כִּי בְּוַדַּאי אֵיךְ שֶׁיִּהְיֶה עַל-כָּל-פָּנִים הוּא הֶפְרֵשׁ גָּדוֹל בֵּינוֹ לְבֵין עוֹבְדֵי כּוֹכָבִים, אֲשֶׁר אֵין שִׁעוּר וָעֵרֶךְ וְהַצַּדִּיק הַנַּ"ל הִתְחִיל לְשַׂמֵּחַ עַצְמוֹ בָּזֶה וְהִתְחִיל לְשַׂמֵּחַ וּלְהָרִים עַצְמוֹ מְעַט מְעַט וּבְכָל פַּעַם הֵרִים וְשִׂמֵּחַ עַצְמוֹ בְּיוֹתֵר, עַד שֶׁבָּא לְשִׂמְחָה גְּדוֹלָה כָּל-כָּךְ, עַד שֶׁהִגִּיעַ לְהַשִּׂמְחָה שֶׁהָיָה לְמֹשֶׁה רַבֵּנוּ, עָלָיו הַשָּׁלוֹם, בָּעֵת שֶׁעָלָה לְקַבֵּל הַלּוּחוֹת וּבְתוֹךְ שֶׁהֵרִים וְשִׂמַּח עַצְמוֹ, פָּרַח בְּעוֹלָמוֹת כַּמָּה וְכַמָּה אֲלָפִים פַּרְסָאוֹת וּבְתוֹךְ כָּךְ הִבִּיט בְּעַצְמוֹ- וְהִנֵּה

הוּא רָחוֹק מְאֹד מִמָּקוֹם שֶׁהָיָה בַּתְּחִלָּה וְהָיָה לוֹ צַעַר גָּדוֹל: כִּי הָיָה סָבוּר שֶׁיִּפֹּל לְאֵיזֶה מָקוֹם אַחֵר, וִיהְיֶה תְּמִיהָה גְּדוֹלָה עָלָיו שֶׁנֶּעְלַם פִּתְאֹם וְהַצַּדִּיק חָפֵץ תָּמִיד לִהְיוֹת הַצְּנֵעַ לֶכֶת וְהַשִּׂמְחָה הִתְחִילָה לִפְסֹק כִּי הַשִּׂמְחָה- יֵשׁ לָהּ גְּבוּל שֶׁמַּתְחֶלֶת עַצְמָהּ וּמְסַיֶּמֶת עַצְמָהּ וּכְשֶׁהִתְחִילָה הַשִּׂמְחָה לִפְסֹק-פָּסְקָה מְעַט מְעַט, וְנִשְׁפַּל מְעַט מְעַט וּכְשֶׁחָזַר וְיָרַד וְנִשְׁפַּל מִמָּקוֹם שֶׁפָּרַח לְשָׁם בִּשְׁעַת הַשִּׂמְחָה, לֹא חָזַר תְּחִלָּה לִמְקוֹמוֹ הָרִאשׁוֹן שֶׁפָּרַח מִשָּׁם, כְּדֶרֶךְ פְּרִיחָתוֹ רַק שֶׁיָּרַד מִיָּד לְמַטָּה- בַּמָּקוֹם שֶׁפָּרַח לְשָׁם וְעַל-כֵּן הָיָה פְּלִיאָה גְּדוֹלָה עַל שֶׁמָּצָא אֶת עַצְמוֹ אַחַר שֶׁיָּרַד לְמַטָּה בִּמְקוֹמוֹ הָרִאשׁוֹן וְהָבֵן הֵיטֵב עַד שֶׁחָזַר לַמָּקוֹם שֶׁהָיָה בַּתְּחִלָּה וְהִבִּיט בְּעַצְמוֹ, וְרָאָה שֶׁהוּא מַמָּשׁ בַּמָּקוֹם שֶׁהָיָה בַּתְּחִלָּה וְלֹא נֶעְתַּק מִמְּקוֹמוֹ כְּלָל, רַק אֶפְשָׁר כְּחוּט הַשַּׂעֲרָה שֶׁאִי אֶפְשָׁר לְאָדָם לְשַׁעֵר, רַק הַשֵּׁם יִתְבָּרַךְ וְהָיָה תְּמִיהָ גְּדוֹלָה בְּעֵינֵי הַצַּדִּיק שֶׁפָּרַח כָּל-כָּךְ בָּעוֹלָמוֹת, וְכָאן לְמַטָּה לֹא נֶעְתַּק כְּלָל וְהֶרְאוּ לוֹ, שֶׁכָּל-כָּךְ יָקָר בְּעֵינֵי הַשֵּׁם יִתְבָּרַךְ תְּנוּעָה וְהַעְתָּקָה קְטַנָּה שֶׁאָדָם מַעְתִּיק עַצְמוֹ בָּזֶה הָעוֹלָם, אֲפִלּוּ פָּחוֹת מִחוּט הַשַּׂעֲרָה, עַד שֶׁאֵין כְּדַאי נֶגֶד זֶה כַּמָּה וְכַמָּה אֲלָפִים עוֹלָמוֹת וּפַרְסָאוֹת.

וּלְהָבִין זֶה כִּי יָדוּעַ שֶׁהָעוֹלָם הַגַּשְׁמִי הַזֶּה הוּא רַק נְקֻדַּת הַמֶּרְכָּז בְּתוֹךְ הַגַּלְגַּלִּים, כַּמְבֹאָר לְבַעֲלֵי תְּכוּנָה וּמִכָּל שֶׁכֵּן נֶגֶד עוֹלָמוֹת עֶלְיוֹנִים בְּוַדַּאי אֵינָהּ נֶחֱשֶׁבֶת כָּל הָאָרֶץ יוֹתֵר מִנְּקֻדָּה וְיָדוּעַ שֶׁכָּל הַקַּוִּים שֶׁתִּמְשֹׁךְ מִנְּקֻדַּת הַמֶּרְכָּז, הִנֵּה הֵם אֵצֶל הַנְּקֻדָּה סְמוּכִים כָּל הַקַּוִּים זֶה לָזֶה וְכָל מַה שֶּׁמִּתְרַחֲקִים מֵהַנְּקֻדָּה -הֵם מִתְרַחֲקִים זֶה מִזֶּה יוֹתֵר וְכֵן כְּשֶׁיִּתְרַחֲקוּ הַקַּוִּים הַרְבֵּה מְאֹד מֵהַנְּקֻדָּה, יִתְרַחֲקוּ גַּם-כֵּן הַקַּוִּים זֶה מִזֶּה מְאֹד, אַף שֶׁלְּמַטָּה אֵצֶל הַנְּקֻדָּה הֵם סְמוּכִים זֶה לָזֶה כָּזֶה:

נִמְצָא, אִם יְשַׁעֵר בְּדַעְתּוֹ קַוִּים נִמְשָׁכִים מֵהָאָרֶץ הַתַּחְתּוֹנָה, אֲפִלּוּ רַק עַד הַגַּלְגַּלִּים נִמְצָא אֲפִלּוּ אִם אֵינוֹ הוֹלֵךְ מִמְּקוֹמוֹ, רַק כִּמְלֹא הַחוּט, אַף-עַל-פִּי-כֵן בִּמְקוֹם הַגַּלְגַּלִּים נִתְרַחֵק מִמָּקוֹם שֶׁהָיָה נֶגֶד רֹאשׁוֹ תְּחִלָּה, נִתְרַחֵק עַתָּה כַּמָּה וְכַמָּה אֲלָפִים פַּרְסָאוֹת לְפִי עֵרֶךְ גֹּדֶל הַגַּלְגַּל הָעֶלְיוֹן נֶגֶד הָאָרֶץ הַתַּחְתּוֹנָה כַּיָּדוּעַ כִּי שָׁם קְבוּעִים כּוֹכָבִים אֵין מִסְפָּר, וְכָל

כּוֹכָב הוּא בְּעֶרֶךְ גֹּדֶל זֶה הָעוֹלָם וְיוֹתֵר מִכָּל שֶׁכֵּן וְכָל שֶׁכֵּן כְּשֶׁיְּשַׁעֵר בְּדַעְתּוֹ הַקַּוִּים נִמְשָׁכִים עַד עוֹלָמוֹת עֶלְיוֹנִים, אֲשֶׁר כָּל הַגַּלְגַּלִּים נֶגְדָּם אֵינָם נֶחֱשָׁבִים כְּלוּם נִמְצָא שֶׁאֵין שִׁעוּר לְהָרִחוּק שֶׁנִּתְרַחֵק שָׁם בְּעוֹלָמוֹת עֶלְיוֹנִים, עַל-יְדֵי הָרִחוּק כָּל שֶׁהוּא, אֲפִלּוּ פָּחוֹת מִחוּט הַשַּׂעֲרָה שֶׁנִּתְרַחֵק וְהָלַךְ מִמָּקוֹם שֶׁהָיָה בַּתְּחִלָּה כִּי אַף שֶׁבְּכָאן בְּהָאָרֶץ הַתַּחְתּוֹנָה לֹא נִתְרַחֵק, וְהָלַךְ רַק פָּחוֹת מִחוּט הַשַּׂעֲרָה, שֶׁבְּעֵינָיו לֹא נִתְרַחֵק כְּלוּם כִּי זֶה אִי אֶפְשָׁר לְשַׁעֵר, רַק הַשֵּׁם יִתְבָּרַךְ עִם כָּל זֶה, שָׁם בְּעוֹלָמוֹת עֶלְיוֹנִים נִתְרַחֵק כַּמָּה וְכַמָּה אֲלָפִים עוֹלָמוֹת וּפַרְסָאוֹת מִכָּל שֶׁכֵּן וְכָל שֶׁכֵּן כְּשֶׁאָדָם הוֹלֵךְ פַּרְסָה אוֹ כַּמָּה פַּרְסָאוֹת בַּעֲבוֹדַת הַשֵּׁם עַיִן לֹא רָאֲתָה וְכוּ' דַּע שֶׁיֵּשׁ שְׁנֵי מִינֵי פָּלָטִין, וּשְׁנֵי הַפָּלָטִין דּוֹמִין זֶה לָזֶה בְּאֶחָד דָּר בּוֹ מֶלֶךְ, וּבְהַשֵּׁנִי דָּר עֶבֶד וּבְוַדַּאי, בֶּאֱמֶת הוּא חִלּוּק גָּדוֹל בֵּין הַפָּלָטִין שֶׁל מֶלֶךְ לְפָלָטִין שֶׁל עֶבֶד רַק אַף עַל-פִּי כֵן, אֶפְשָׁר לִטְעוֹת בֵּינֵיהֶם כִּי יֵשׁ קֶשֶׁר שֶׁמִּתְקַשְּׁרִין הַרְבֵּה נְפָשׁוֹת, עַד שֶׁנַּעֲשֶׂה מֵהֶם בַּיִת וּפָלָטִין כִּי מִתְקַשְּׁרִין אֶחָד בְּאֶחָד וְאֶחָד בְּאֶחָד עַד שֶׁנַּעֲשָׂה מֵהֶם יְסוֹד וְאַחַר-כָּךְ נַעֲשָׂה אֹהֶל, עַד שֶׁנִּבְנֶה מֵהֶם בַּיִת וּמָדוֹר וְזֶה הַמָּדוֹר הוּא מָדוֹר לָאֱמֶת וּכְשֶׁצְּרִיכִין לְבַקֵּשׁ אֱמֶת מוֹצְאִין שָׁם בְּאוֹתוֹ הַמָּדוֹר הַיְנוּ, בְּתוֹךְ הַקֶּשֶׁר שֶׁל הַנְּפָשׁוֹת הַנַּ"ל, שֶׁמֵּהֶם נַעֲשֶׂה מָדוֹר לְהָאֱמֶת כַּנַּ"ל וְעַל-כֵּן צִוְּתָה הַתּוֹרָה [שְׁמוֹת כג]: "אַחֲרֵי רַבִּים לְהַטּוֹת" כִּי מֵאַחַר שֶׁרַבִּים נִתְקַשְּׁרוּ כְּאֶחָד בְּוַדַּאי שָׁם הָאֱמֶת כַּנַּ"ל וְזֶה בְּחִינַת [בְּרֵאשִׁית מו]: "כָּל הַנֶּפֶשׁ הַבָּאָה לְבֵית יַעֲקֹב" הַיְנוּ שֶׁמֵּהַנְּפָשׁוֹת נַעֲשֶׂה בַּיִת יַעֲקֹב הַיְנוּ בַּיִת מָדוֹר לָאֱמֶת, שֶׁהוּא בְּחִינַת יַעֲקֹב כְּמוֹ שֶׁכָּתוּב [מִיכָה כ]: "תִּתֵּן אֱמֶת לְיַעֲקֹב" אֲבָל דַּע, שֶׁיֵּשׁ כְּנֶגֶד זֶה קֶשֶׁר שֶׁל רְשָׁעִים שֶׁמִּתְקַשְּׁרִין יַחַד הַרְבֵּה נְפָשׁוֹת שֶׁל רְשָׁעִים וְנַעֲשָׂה מֵהֶם בַּיִת וּמָדוֹר לַשֶּׁקֶר וְעַל זֶה הִזְהִיר הַנָּבִיא [יְשַׁעְיָה ח]: "לֹא תֹאמְרוּן קֶשֶׁר לְכָל אֲשֶׁר יֹאמַר הָעָם הַזֶּה קָשֶׁר" כִּי קֶשֶׁר רְשָׁעִים אֵינוֹ מִן הַמִּנְיָן וְעַל זֶה כְּתִיב [שְׁמוֹת כג]: "לֹא תִהְיֶה אַחֲרֵי רַבִּים לְרָעֹת" וְהִנֵּה, בֵּין שְׁנֵי הַבָּתִּים הַנַּ"ל אֶפְשָׁר לִטְעוֹת הַיְנוּ, בֵּין הָאֱמֶת וְהַשֶּׁקֶר כִּי הַשֶּׁקֶר מְדַמֶּה עַצְמוֹ לְהָאֱמֶת, כִּי גַּם שָׁם יֵשׁ קֶשֶׁר

מִנְּפָשׁוֹת רַבִּים, וְאֶפְשָׁר לָאָדָם לִטְעוֹת וְאֵינוֹ יוֹדֵעַ הֵיכָן הָאֱמֶת וּלְהֵיכָן יִקְרַב עַצְמוֹ וְדַע, שֶׁעַל-יְדֵי מִצְוַת פִּדְיוֹן שְׁבוּיִים זוֹכֶה לְהָבִין בֵּין שְׁנֵי הַבָּתִּים הַנַּ"ל, בֵּין אֱמֶת לְשֶׁקֶר, בֵּין מֶלֶךְ לְעֶבֶד כִּי הַשֶּׁקֶר הוּא בְּחִינַת עֶבֶד, בְּחִינַת אָרוּר, בְּחִינַת [בְּרֵאשִׁית ט]: "אָרוּר כְּנַעַן עֶבֶד עֲבָדִים" וְכוּ' וְדַע שֶׁיֵּשׁ שְׁנֵי שִׂכְלִיּוֹת וְהֵם בְּחִינַת אָחוֹר וָקֹדֶם הַיְנוּ שֶׁיֵּשׁ שֵׂכֶל שֶׁמַּגִּיעַ לָאָדָם לְפִי הַזְּמַן, וְכָל מַה שֶּׁנִּזְקָן וּבָא בַּיָּמִים יוֹתֵר הוּא יוֹדֵעַ יוֹתֵר, בִּבְחִינַת [אִיּוֹב לב]: יָמִים יְדַבֵּרוּ וְזֶה הַשֵּׂכֶל הוּא בְּחִינַת אָחוֹר שֶׁבָּא בְּאָחוֹר הַזְּמַן כִּי לָזֶה הַשֵּׂכֶל צָרִיךְ זְמַן אֲבָל יֵשׁ שֵׂכֶל שֶׁבָּא לָאָדָם בְּשֶׁפַע גָּדוֹל בִּמְהִירוּת גָּדוֹל בְּפָחוֹת מֵרֶגַע כִּי הוּא לְמַעְלָה מֵהַזְּמַן וְאֵין צָרִיךְ שׁוּם זְמַן לָזֶה הַשֵּׂכֶל וְזֶה הַשֵּׂכֶל הוּא בְּחִינַת פָּנִים וְהוּא בְּחִינַת יַעֲקֹב בְּחִינַת אֱמֶת בִּבְחִינַת [תְּהִלִּים כד]: מְבַקְשֵׁי פָנֶיךָ יַעֲקֹב סֶלָה אַחַר שַׁבָּת פָּרָשַׁת וַיְחִי אָמַר: בְּשָׁלֹשׁ סְעֻדּוֹת זֶה נוֹדַע לִי סְגֻלָּה לְפָּאקִין [אבעבועות] לִקַּח קְרֵייד [נתר], וְשָׁלֹשׁ פְּעָמִים כְּמוֹ מִשְׁקַל הַקְּרֵייד יִקַּח זֵייף [סבון], וְיַעֲשֶׂה מִשְּׁנֵיהֶם מֶרְחָץ לִרְחֹץ הַתִּינוֹק [שֶׁקּוֹרִין בָּאד] וְצָרִיךְ לַעֲשׂוֹת תֵּכֶף וּמִיָּד כְּשֶׁמַּתְחִיל הַתִּינוֹק לְהִתְחַמֵּם וְלִבְעֹר עַל זֶה וְיוֹעִיל בְּעֶזְרַת ה' אִם אֵין הַגְּזֵרָה חֲזָקָה אֲבָל אִם הַגְּזֵרָה חֲזָקָה חַס וְשָׁלוֹם, לֹא יוֹעִיל וְאָמַר כִּי חֳלִי הַפָּאקִין נַעֲשָׂה מֵחֵטְא הָעֵגֶל וּבְעִנְיָן הַזֶּה קָשֶׁה: הֲלֹא גַּם אֵצֶל אֻמּוֹת הָעוֹלָם יֵשׁ חֳלִי זֶה?! אַךְ אִיתָא בַּמִּדְרָשׁ [בְּרֵאשִׁית-רַבָּה פָּרָשָׁה פח]: שֶׁאֻמּוֹת הָעוֹלָם הָיוּ רְאוּיִים שֶׁלֹּא יִהְיֶה לָהֶם שׁוּם חֹלִי [מֵאַחַר שֶׁנִּתַּן לְחֶלְקָם הָעוֹלָם הַזֶּה] אַךְ כְּדֵי שֶׁלֹּא יִהְיוּ מוֹנִין וּמִתְגָּרִין בְּיִשְׂרָאֵל, נִתַּן לָהֶם כָּל הֶחֳלָאִים שֶׁיֵּשׁ לְיִשְׂרָאֵל וּכְמוֹ שֶׁפֵּרֵשׁ רַשִׁ"י עַל פָּסוּק [תְּהִלִּים לט]: "חֶרְפַּת נָבָל אַל תְּשִׂימֵנִי": "הָבֵא גַּם עָלָיו נְגָעִים וּמַכְאוֹבוֹת, כְּדֵי שֶׁלֹּא יוּכַל לוֹמַר לִי אַתֶּם לוֹקִים וְאָנוּ אֵין אָנוּ לוֹקִים" וְהַתְּפִלָּה הַזֹּאת גָּרְמָה לְהָבִיא יִסּוּרֵי חֳלָאִים עַל הָאֻמּוֹת וְגַם לִכְאוֹרָה קָשֶׁה: הֲלֹא גַּם קֹדֶם חֵטְא הָעֵגֶל בְּוַדַּאי הָיָה חֹלִי זֶה אַךְ קֹדֶם- לֹא הָיָה חֹלִי קָשֶׁה, רַק שֶׁהָיוּ הַפָּאקִין מֵחֲמַת הַדָּמִים שֶׁהַתִּינוֹק יוֹנֵק בִּמְעֵי אִמּוֹ, כַּיָּדוּעַ לְחַכְמֵי הָרוֹפְאִים אֲבָל לֹא הָיָה חֹלִי קָשֶׁה שֶׁיְּהֵא מְסֻכָּן לָמוּת,

חַס וְשָׁלוֹם, כְּמוֹ עַכְשָׁו וְזֶה נַעֲשָׂה מֵחֵטְא הַנַּ"ל.

גַּם נִרְמָז קְצָת בְּיִרְמְיָה [פֶּרֶק ב] נִזְכָּרִים כֻּלָּם בְּפָסוּק אֶחָד "גַּם כִּי תְּכַבְּסִי בַּנֶּתֶר וְתַרְבִּי לָךְ בּוֹרִית נִכְתָּם עֲוֹנֵךְ לְפָנַי" פֵּרוּשׁ רַשִׁ"י עַל עֲוֹן הָעֵגֶל נֶתֶר-פֵּרוּשׁ בְּלַעַז קְרַייד בּוֹרִית - זֵייף [נִמְצָא שֶׁמְּרֻמָּז כָּאן סוֹד הַסְּגֻלָּה הַנַּ"ל הַבָּא מֵחֵטְא הָעֵגֶל דְּהַיְנוּ לְכַבֵּס בְּנֶתֶר שֶׁהוּא קְרַייד וּלְהַרְבּוֹת בּוֹרִית שֶׁהוּא זֵייף] וְהָבֵן נִפְלָאוֹת מִימֵי יַלְדוּתוֹ פַּעַם אַחַת בָּאוּ אֵלָיו עִם פִּדְיוֹן לְהִתְפַּלֵּל עַל יַלְדָּה, "שָׂרָה אֶסְתֵּר בַּת יְהוּדִית", וְאָמַר שֶׁתָּמוּת וְכֵן הָוָה וְאָמַר, שֶׁיָּדַע זֹאת מֵהַתּוֹרָה הַקְּדוֹשָׁה שֶׁרָאָה אָז פָּסוּק [שְׁמוֹת ז]: "וְהַדָּגָה אֲשֶׁר בַּיְאֹר מֵתָה וַיִּבְאַשׁ" וּבְאֵלּוּ הַתֵּבוֹת "מֵתָה" "וַיִּבְאַשׁ" נִתְגַּלָּה לוֹ זֹאת "מת"ה ו"י"ב"א"ש", רָאשֵׁי תֵּבוֹת: שָׂרָה אֶסְתֵּר בַּת יְהוּדִית וַי-מֵתָה ה' יִשְׁמְרֵנוּ.

הִזְהִיר לַאֲנָשָׁיו שֶׁכְּשֶׁיִּקְרֶה לָהֶם מִקְרֶה בִּלְתִּי טָהוֹר, חַס וְשָׁלוֹם, שֶׁיֵּלְכוּ תֵּכֶף וּמִיָּד לְמִקְוֶה לִטְבֹּל כִּי עַל-יְדֵי הַמִּקְרֶה, חַס וְשָׁלוֹם נַעֲשָׂה מַה שֶּׁנַּעֲשָׂה עַל-כֵּן טוֹב מְאֹד שֶׁקֹּדֶם שֶׁמַּתְחִיל לְהֵעָשׂוֹת מִזֶּה אֵיזֶה דָּבָר, חַס וְשָׁלוֹם שֶׁיַּקְדִּים עַצְמוֹ הָאָדָם וְיִטְבֹּל וִיטַהֵר עַצְמוֹ.

וְהִזְהִיר מְאֹד לְבַל יִתְפַּחֵד הָאָדָם מִזֶּה כְּלָל כִּי הַפַּחַד וְהַדְּאָגוֹת וְהַמָּרָה שְׁחוֹרוֹת בְּעִנְיָן זֶה מַזִּיק מְאֹד מְאֹד בִּפְרָט אַחַר שֶׁגִּלָּה אֵלּוּ הָעֲשָׂרָה קַפִּיטְל תְּהִלִּים, הַמְּסֻגָּלִים לְתִקּוּן חֵטְא זֶה וְהֵם: ט"ז ל"ב מ"א מ"ב נ"ט ע"ז צ' ק"ה קל"ז ק"ן כַּמְבֹאָר בַּסְּפָרִים הַנִּדְפָּסִים כְּבָר אָז אָמַר: שֶׁמִּי שֶׁיִּזְכֶּה לְקַיֵּם זֹאת, לוֹמַר אֵלּוּ הָעֲשָׂרָה קַפִּיטְל תְּהִלִּים הַנַּ"ל בְּאוֹתוֹ הַיּוֹם שֶׁיִּקְרֶה לוֹ, חַס וְשָׁלוֹם, אֲזַי בְּוַדַּאי יְתַקֵּן חֶטְאוֹ וְשׁוּב אַל יִדְאַג כְּלָל גַּם הָיָה מִתְלוֹצֵץ מֵאֵלּוּ הַחֲסִידִים וְהַיְרֵאִים, שֶׁכְּשֶׁמַּגִּיעַ לָהֶם אֵיזֶה הִרְהוּר אֲזַי הֵם מִתְפַּחֲדִים שֶׁלֹּא יָבוֹאוּ לִידֵי מִקְרֶה וּמֵחֲמַת זֶה הֵם רְגִילִים בְּהֶתֵּר מֵחֲמַת פַּחַד, שֶׁלֹּא יָבוֹאוּ לִידֵי מִקְרֶה וְהוּא זַ"ל הָיָה מִתְלוֹצֵץ מִזֶּה וְעִקַּר כַּוָּנָתוֹ הָיָה שֶׁהָאָדָם צָרִיךְ לִבְלִי לְהִתְפַּחֵד וּלְהִתְיָרֵא כְּלָל מִדְּבָרִים כָּאֵלּוּ, וְלִבְלִי לַחֲשֹׁב מַחְשָׁבוֹת כְּלָל בְּעִנְיָן זֶה רַק יִהְיֶה כְּגִבּוֹר חַיִל לַעֲמֹד כְּנֶגֶד תַּאֲוָתוֹ, וְיַסִּיחַ דַּעְתּוֹ מִזֶּה לְגַמְרֵי, וְאַל יִתְפַּחֵד כְּלָל וַה'

הַטּוֹב בְּעֵינָיו יַעֲשֶׂה עִמּוֹ מַה שֶּׁהוּא יִתְבָּרַךְ חָפֵץ.

וְרָמַז בִּדְבָרָיו שֶׁזֶּה בְּחִינַת פְּגַם שֶׁל דָּוִד הַמֶּלֶךְ, עָלָיו הַשָּׁלוֹם, בְּבַת שֶׁבַע וְכוּ', וְלֹא בֵּאֵר הַדָּבָר הֵיטֵב וּמְאֹד מְאֹד צְרִיכִין לְהִתְחַזֵּק בְּשִׂמְחָה תָּמִיד וְאַל יִפֹּל בְּדַעְתּוֹ כְּלָל מִשּׁוּם דָּבָר שֶׁבָּעוֹלָם, אַף אִם יַעֲבֹר עָלָיו מָה וְאִם יִהְיֶה חָזָק בְּדַעְתּוֹ וְלֹא יִתְפַּחֵד כְּלָל, וְלֹא יַחְשֹׁב מַחֲשָׁבוֹת כְּלָל, [שֶׁקּוֹרִין אִיבֶּער טְרַאכְטִין] וְיֵלֵךְ בְּתֻמּוֹ בְּשִׂמְחָה-יִזְכֶּה לַסּוֹף לַעֲבֹר עַל הַכֹּל בְּשָׁלוֹם וּדְבָרִים כָּאֵלּוּ אִי אֶפְשָׁר לְבָאֵר בִּכְתָב וְעָרוּם יָבִין לַאֲשׁוּרוֹ.

עוֹד מַה שֶּׁסִּפֵּר בְּשַׁבַּת חֲנֻכָּה וְנִשְׁכַּח מִבֶּן מֶלֶךְ שֶׁנִּתְרַחֵק מֵאָבִיו וְכוּ'. וְהָיָה מִתְגַּעְגֵּעַ מְאֹד מְאֹד וְכוּ' וְכוּ' וְהִגִּיעַ לוֹ כְּתָב מֵאָבִיו, וְהָיָה מִשְׁתַּעֲשֵׁעַ בּוֹ מְאֹד מְאֹד וְהָיָה מִתְגַּעְגֵּעַ עֲדַיִן מְאֹד וְהָיָה מִתְגַּעְגֵּעַ עַל-כָּל-פָּנִים שֶׁיּוֹשִׁיט לוֹ יָד וְאִם הָיָה מוֹשִׁיט לוֹ יָד, הָיָה מְחַבְּקָהּ וּמְנַשְּׁקָהּ אַחַר-כָּךְ יָשַׁב עַצְמוֹ: הֲלֹא זֶה הַכְּתָב הוּא כְּתַב יַד הַמֶּלֶךְ בְּעַצְמוֹ, וְאִם-כֵּן הוּא יַד הַמֶּלֶךְ וְכוּ' וְכוּ' [כָּל זֶה לֹא נִכְתַּב כָּרָאוּי כִּי נִשְׁכַּח כִּי לֹא נִכְתַּב בִּזְמַנּוֹ] תַּם וְנִשְׁלָם שֶׁבַח לָאֵל בּוֹרֵא עוֹלָם בָּרוּךְ הַנּוֹתֵן לַיָּעֵף כֹּחַ.

וּלְאֵין אוֹנִים עָצְמָה יַרְבֶּה.

www.ingramcontent.com/pod-product-compliance
Lightning Source LLC
Chambersburg PA
CBHW070425010526
44118CB00014B/1912
9781088183212